KB091508

딥러닝 초보자를 위한
엔비디아 가이드북

Korean edition copyright © 2023 by acorn Publishing Co. All rights reserved.

Authorized translation from the English language edition, entitled Learning Deep Learning
and Magnus Ekman published by Pearson Education, Inc,
Copyright © 2022 NVIDIA Corporation

All rights reserved. No part of this book may be reproduced or transmitted in any form or by any means,
electronic or mechanical, including photocopying, recording or by any information storage retrieval system,
without permission from Pearson Education, Inc.

이 책은 Pearson Education, Inc.와 에이콘출판(주)가 정식 계약하여 번역한 책이므로
이 책의 일부나 전체 내용을 무단으로 복사, 복제, 전재하는 것은 저작권법에 저촉됩니다.

딥러닝 초보자를 위한 엔비디아 가이드북

엔비디아 현업 아키텍트가 저술한
검증된 딥러닝 입문서

이판호 옮김   매그너스 에크만 지음

에이콘

에이콘출판의 기틀을 마련하신 故 정완재 선생님 (1935-2004)

나의 아내 제니퍼, 아이들 세바스찬과 소피아, 반려견 바벳,
그리고 부모님 잉그리드와 크리스터에게

인공지능 AI, Artifical Intelligence 은 지난 10년간 인상적인 진전을 이뤘다. 우리처럼 생각하고 행동할 수 있는 지적 기계를 만들고자 하는 인간의 꿈이 마침내 시작되는 것 같다. 모두가 이러한 역사적인 혁명에 참여할 수 있으려면, AI 지식과 자원의 민주화가 필요하다. 이 책은 이러한 담대한 목표를 달성하는 데 있어 시의적절하며 유의미하다.

매그너스 에크만의 『딥러닝 초보자를 위한 엔비디아 가이드북』은 야망 있는 그리고 경험을 가진 AI 개발자 모두에게 폭넓은 교육적 가이드를 제공한다. 저자인 매그너스는 AI 분야에서 확고한 리더인 엔비디아 NVIDIA 로부터 얻은 풍부한 경험을 공유해준다. 이 책은 지난 수년간 딥러닝에서의 비약적인 발전을 다루는 데 집중한다. 또한 좋은 균형을 유지하며 역전파와 같은 중요한 근본적인 내용 및 몇몇 도메인에서의 최신 모델 (예를 들면 언어 이해를 위한 GPT, 이미지 이해를 위한 Mask R-CNN) 모두를 다룬다.

AI는 데이터, 알고리듬, 연산 인프라의 삼위일체다. ImageNet 대회가 시작되며 커다란 신경망을 훈련하기 위한 대규모 벤치마크 데이터셋을 제공했다. 엔비디아 GPU의 병렬화는 이러한 커다란 신경망의 훈련을 가능케 했다. 대규모 모델의 구축과 유지는 곧 모든 AI 엔지니어의 필수적인 기술로 간주될 것이다. 이러한 기술을 가르치는 데 있어 특별한 자리를 잡고 있는 이 책은 여러 도메인에서의 대규모 모델을 깊게 다룬다.

또한 신경 아키텍처 검색과 같은 떠오르는 분야를 다룬다. 우리가 이 분야에서 현재의 AI 모델로부터 될 수 있는 한 최대의 정확도와 하드웨어 효율성을 끌어내기 시작했으므로, 이들은 더욱 널리 보급될 것이다. 딥러닝 혁명은 거의 전적으로 오픈소스로부터 발생돼왔다. 이 책은 코드와 데이터셋에 편리하게 접근하도록 해주며 코드 예제를 세밀하게 진행한다. 딥러닝을 위한 가장 인기 있는 프레임워크인 텐서플로 TensorFlow 와 파이토치 PyTorch 모두를 위한 폭넓은 프로그램 코드가 준비되어 있다.

AI를 다루는 어떤 책이든지 윤리적 문제를 논의하지 않을 수 없을 것이다. 나는 AI를 개발하는 데 있어 사회적 영향을 냉정하게 생각해보는 것이 모든 AI 엔지니어의 책임이라 믿는다. 소셜미디어에서의 괴롭힘, 혐오 발언, 잘못된 정보의 확산은 잘못 디자인된 알고리듬이 어떻게 우리 사회에 커다란 혼란을 초래하는지 보여준다. 젠더 쉐이드 Gender Shades 프로젝트와 확률적 앵무새 Stochastic Parrots 같은 획기적인 연구는 상업적으로 대규모로 배포된 AI 모델에서 문제가 되는 편향성을 보여준다. 나는 적절한 가이드라인과 테스트가 자리 잡을 때까지는 민감한 상황에서의 AI 사용을 금지해야 한다고 주장해왔다(예: 법 집행을 위한 AI 기반의 안면 인식 사용). 나는 이 책이 AI 모델 훈련과 유지에 있어 책임성과 투명성을 개선하는 모델 카드와 같은 상당한 발전 내용을 다룬다는 점을 기쁘게 생각한다. AI 커뮤니티의 밝고 폭넓은 미래를 기대한다.

아니마 아난드쿠마르 박사 Dr. Anima Anandkumar
캘리포니아 공과대학교 명예교수
엔비디아 머신러닝 리서치 디렉터

나는 훈련을 통해 이코노미스트가 됐다. 이전에는 기술 교육 분야에서 세계를 이해하고 그 속에서 어떻게 결정을 내리는지에 대해 잘 개발된 프레임워크를 학생과 전문가들에게 가르치는 데 수년을 보냈다. 매그너스 에크만의『딥러닝 초보자를 위한 엔비디아 가이드북』에서 여러분이 발견할 방법론과 기술은 불확실성이 만연한 세계에서 전망과 예측을 내기 위해 이코노미스트가 사용하는 도구와 유사하다. 이 책에서 가르쳐주는 딥러닝 기술의 힘과 능력은 세계의 데이터로부터 더 나은 예측과 추론을 하는 우리의 능력을 놀랄 만큼 발전시켰다.

때때로 미래 혜택과 중요성은 과장될 수도 있지만, 세계와 산업이 딥러닝DL 및 이와 연관된 상위 집합인 머신러닝ML과 인공지능AI에 크게 영향을 받은 것은 확실하다. 이러한 기술의 응용은 견고한 것으로 밝혀졌으며 심오하다. 집, 직장, 자동차 안, 전화 등 어디에든 우리와 함께 있으며, 우리가 어떻게 여행하는지, 어떻게 소통하는지, 어떻게 물건을 사는지, 어떻게 은행 일을 보는지, 어떻게 정보에 접근하는지에 영향을 미친다. 이런 기술에 영향을 받지 않았거나 받지 않을 산업을 생각해내는 것은 어려운 일이다.

이처럼 폭발적으로 기술이 사용되면서 이를 배우고자 하는 사람들에게 지식과 기회의 영역에서 중요한 차이를 드러냈다. 첫 번째는 유용한 애플리케이션을 개발하는 데 필요한 기술적 스킬셋이다. 그리고 중요한 두 번째는 이러한 애플리케이션이 어떻게 우리 세계의 문제와 기회를 다룰 수 있는지에 대한 이해다. 이 책은 이러한 차이를 다루는 데 도움을 준다. 이러한 이유로 이 책이 제시간에 제 위치에 도착했다고 생각한다.

딥러닝 연구소Deep Learning Institute는 엔비디아의 교육과 훈련의 한쪽 팔로서, 개인과 기관이 DL 및 다른 연산 기술에 대한 이해를 키워서 도전적인 문제에 대한 창의적인 해법을 발견할 수 있도록 돕고 있다. 이 책은 우리의 훈련 라이브러리에 완벽하게 추가됐다. 통계와 미적분에 대한 기본적인 지식이 있으면 이 책에 접근할 수 있으며, 독자들은 별 관계가 없는 주제를 지루하게 읽어나갈 필요가 없다. 에크만은 대신에 퍼셉트론, 다른 인공 뉴런들, 심층신경망DNN, DL 프레임워크와 같은 DL의 토대에 집중한다. 그 뒤 트랜스포머, BERT, GPT 같은 현대 자연어 처리NLP 아키텍처를 포함해 이에 이르기까지 서로를 토대로 하는 추가적인 개념을 점진적으로 쌓아간다.

저자가 우리의 경험에서 성공의 중추로 증명된 학습 기술을 사용한다는 점은 중요하다. 독자들에게 실제로 DL 기술을 사용하는 것에 대해 생각해보도록 묻는 것이다. 본 서에는 독자가 이해한 것을 적용해보는 데 도움이 되도록, 단순하지만 강력한 코딩 예제와 연습문제가 책 전체에 걸쳐 제공되어 있다. 동시에 하부 이론에 대한 설명이 제시되어 있으며, 코드를 프로그래밍하지 않고 연관된 개념과 도구에 대한 이해를 키우는 데 관심이 있는 사람들에게 도움이 될 것이다. 또한 특정 주제에 대한 추가 학습을 위한 수많은 인용이 참고문헌과 함께 제공되어 있다.

이 책은 DL 세계를 이해하는 여정에 있어 좋은 시작점이다. 독자가 무엇이 DL인지, 이것이 어떻게 개발됐는지 그리고 이것이 계속 변하는 우리 세계에 어떻게 적용될 수 있는지 이해하는 데 도움을 주는 저자의 직관적인 접근법은 신선하다. 그는 기술을 폭넓으면서도 분명하게 논의하며 그 능력과 한계에 대해 솔직하게 평가한다. 그리고 이 모든 것을 통해, 독자로 하여금 DL이 우리를 어디로 데려다줄지에 대해 약간이나마 꿈꾸게 한다. 이는 신나는 일이며, 왜 나와 같은 이코노미스트가 이 책이 시의적절하며 중요하다고 보는지 그리고 왜 여러분도 그럴 것이라고 생각하는지에 대한 이유다.

크레이그 클로슨 박사Dr. Craig Clawson

엔비디아 딥러닝 연구소 디렉터

옮긴이 소개

이판호(contact2lph@gmail.com)

성균관대학교 통계학과를 졸업했으며, 한국과 싱가포르에서 주로 금융 관련 분석 및 개발 업무에 종사했다. 머신러닝의 이론적 이해 및 금융 데이터로의 응용에 관심이 많다. 에이콘출판사에서 펴낸『스칼라와 머신러닝』(2018),『통계학으로 배우는 머신러닝 2/e』(2020) 등을 번역했다.

딥러닝으로의 첫 여행을 시작하신 분들을 환영합니다. 또한 딥러닝 입문을 위해 이 책을 선택하신 여러분께 찬사를 보내드립니다. 왜냐하면 여러분은 가장 탁월한 선택을 하셨기 때문입니다. 지금부터 수많은 딥러닝 책 중에서 왜 이 책이 좋은 선택이 될 수 있는지 말씀드리겠습니다.

딥러닝 기술이 발전하고 널리 보급됨으로 인한 장점 중 하나는 예측 또는 그 비슷한 것을 무언가 부담스러운 과학의 관점에서 기술의 관점으로 바라보기가 더 쉬워졌다는 점이라고 생각합니다. 다르게 말하자면, 배경지식에 너무 신경 쓰지 않고 일단 데이터에서 유의미한 결과를 얻는 데 집중하게 되었다는 뜻입니다. 저자도 이 점에 대해 6장 마지막에서 비슷한 우려를 표명하고는 있습니다. 하지만 초보자의 입장에서 보면, 수학에 대한 부담감은 잠시 내려놓고 자세한 설명으로 이론을 배우며 풍부한 예제 코드로 여러 가지를 시도해보면서 학습하는 것이 딥러닝을 배우는 좋은 방법이 될 수 있다고 생각합니다. 그리고 이 책은 이를 위한 좋은 시작점이라고 말씀드릴 수 있습니다.

이 책은 많은 수학적 지식이 필요하지 않습니다. 미적분에 대한 약간의 지식 정도로 충분합니다. 행렬대수학에 대해 조금 안다면 더욱 좋겠지만, 너무 걱정할 필요는 없습니다. 이 책에서 별도로 잘 설명해주고 있기 때문입니다. 통계학이나 확률론이 익숙하지 않더라도 이 책을 읽는 데 큰 문제는 없다고 생각합니다. 이 책은 수학 공식에 의존하기보다는 말과 그림으로 자세히 설명하고자 합니다. 저도 번역하면서 어떻게 이렇게까지 자세히 설명해줄 수 있을까 하고 놀란 적이 한두 번이 아니었습니다. 이 책은 퍼셉트론에서 시작하여 DNN, CNN, RNN을 거쳐 비교적 최근 아키텍처인 트랜스포머에 이르기까지 주요 모델과 아키텍처를 차근차근 설명해줍니다(요즘 많이 회자되고 있는 ChatGPT는 트랜스포머 아키텍처를 기반으로 하고 있습니다).

이 책에서는 수학적 지식보다는 파이썬 활용이 중요하다고 할 수 있습니다. 물론 책을 읽기만 해도 배경지식을 얻는 데 도움이 되겠지만, 이미지 분류 및 자연어 처리에 관해 잘 작성된 예제 코드를 직접 실행하고 실험해본다면 학습의 폭을 더욱 넓힐 수 있을 것입니다. 여러분의 딥러닝으로의 첫걸음에 응원을 보내면서, 이 책이 작게나마 도움이 되길 바랍니다.

매그너스 에크만 Magnus Ekman

엔비디아의 아키텍처 디렉터다. 컴퓨터 엔지니어링 학위를 가졌으며 다수의 특허를 보유하고 있다. 1990년대 후반에 모국인 스웨덴에서 인공신경망으로 처음 알려졌다. 그 뒤 몇몇 혁명적인 연산 분야에 손을 댄 뒤, 컴퓨터 아키텍처에 집중하며 아내 제니퍼, 아이들 세바스찬과 소피아, 반려견 바벳과 함께 살고 있는 실리콘밸리로 이주했다. 이전에는 썬 마이크로시스템즈와 삼성 리서치 아메리카의 프로세서 디자인 및 R&D에서 일했으며, 두 회사의 시작부터 몸담으며 그중 하나인 스카우트Skout는 더밋그룹The Meet Group, Inc.이 인수했다. 현재는 엔비디아에서 자율주행차부터 인공지능을 위한 데이터 센터에 이르기까지의 시장을 겨냥하는 칩의 CPU 성능과 전력 효율성을 연구하는 엔지니어링 팀을 이끌고 있다.

엔비디아의 GPU 기술과 CUDA에 힘입어 과거 수년간 딥러닝 분야가 폭발적으로 커짐에 따라, 그는 컴퓨터 그래픽스를 넘어 확장하면서 DL 파워하우스가 되고 있는 회사의 가운데에 있는 자신을 발견했다. 이러한 여정의 일부로서, 그는 이 분야에서 가장 최근에 개발된 지식을 통해 자신을 최신의 상태로 유지하려 노력했다. 에크만은 스스로를 교육자라고 생각하고 있으며, 이 책을 집필하면서 AI에 대한 실제적인 훈련, 가속화된 연산 및 가속화된 데이터 과학을 제공하는 엔비디아 딥러닝 연구소DLI, Deep Learning Institute와 협력했다. 또한 이 책을 자기 진도 온라인 과정의 기존 포트폴리오인 라이브 강사 주도 워크숍, 교육자 프로그램, 교습 도구에 추가하고자 하는 DLI의 계획에 매우 기뻐하고 있다.

감사의 글

이 책을 쓰는 동안 도움을 주신 모든 분께 진심으로 감사를 전한다.[1]

- Eric Haines는 이 책을 처음부터 끝까지 읽고 가이드와 피드백을 제공했다. 그가 자문역 및 논의 상대였던 점은 가치를 매길 수가 없는 일이었다.

- Ankit Patel과 Amanda Lam은 나를 믿어주었다. 나와의 사전 교류가 없었음에도 이 책이 나오도록 시간을 더 할애해줬다. 최적의 출판사를 찾아줘서 감사하며, 계약서 작업을 해준 Jenny Chen에게 감사한다. 전문적인 팀 덕분에 책 내용에 완전히 집중할 수 있었다.

- Nick Cohron, Orazio Gallo, Boris Ginsburg, Samuli Laine, Ryan Prenger, Raul Puri, Kevin Shih, Sophie Tabac은 내용에 대한 전문가적 피드백을 제공했다. 그들의 코멘트는 이 책을 크게 개선했다.

- Aaron Beddes와 Torbjörn Ekman은 초기 원고를 읽고 귀중한 피드백을 주었으며, 이는 앞서 언급한 사람들을 끌어들이는 데 자신감을 주었다.

- Anders Landin, Feihui Li, Niklas Lindström, Jatin Mitra, Clint Olsen, Sebastian Sylvan, Johan Överby는 원고 및 코드 예제 모두에 대한 다양한 이슈를 지적해줬다.

- Andy Cook은 이 책을 엔비디아 딥러닝 연구소의 노력과 어떻게 연결하는지에 대한 비전을 제시했다. 또한 그는 Sandra Froehlich, Chris Strach와 함께 제안된 겉표지를 개선했다. Sandra와 Chris는 또한 스타일과 브랜딩 면에서 공헌했다. R.Eva 로봇의 원본 이미지는 Gavriil Klimov와 Gregor Kopka가 디자인했다.

---

1 '감사의 글'에 나오는 영어 이름은 편의상 번역하지 않고 원문 그대로 둔다. - 옮긴이

- Anima Anandkumar와 Craig Clawson은 추천의 글을 작성해줬다.

- 출판 과정에 관여한 모든 피어슨 관계자, 특히 Debra Williams Cauley, Carol Lallier, Julie Nahil, Chuti Prasertsith, Chris Zahn에게 감사한다.

- Darrell Boggs는 이 프로젝트 아이디어를 처음 제안했을 때 나를 지지해줬다. 게다가 엔비디아 동료들인 Tomas Akenine-Möller, Anima Anandkumar, Jonathan Cohen, Greg Estes, Sanja Fidler, David Hass, Brian Kelleher, Will Ramey, Mohammad Shoeybi는 프로젝트를 지지해주거나 나를 적절한 사람에게 연결해주며 프로젝트가 실현되는 데 큰 역할을 했다.

- 연구 커뮤니티 및 다른 저자들에게 감사한다. 이 책은 독창적인 아이디어를 담고 있지 않다. 이 책은 여러 출처에서 일반적인 프레임워크로 나온 게재된 작업들을 설명하는 데 집중한다. 이 작업은 원본 출판물은 물론 주제와 관련된 여러 책들 없이는 불가능했을 것이다. 모든 출처를 참고문헌에 나열하는 데 최선을 다했다.

마지막으로, 이 책을 저술하는 데 필요한 시간을 쓰도록 이해해준 나의 아내 Jennifer, 나의 아이들 Sebastian과 Sofia에게 감사한다. 또한 나의 개 Babette과 이미 떠난 고양이 Stella에게 공을 돌리고 싶다. 왜냐하면 이들의 사진을 여러 물체 분류 예제에 썼기 때문이다.

차례

딥러닝^{DL, Deep Learning}은 빠르게 발전하고 있는 분야이며, 전통적으로 인간만이 수행할 수 있었던 과제를 수행하는 데 엄청난 결과를 보여왔다. 이러한 과제의 예시로는 이미지 분류, 이미지의 자연어 설명 생성, 자연어 번역, 음성-텍스트 변환 및 텍스트-음성 변환이 있다.

이 책은 이러한 주제를 빠르게 잘 알 수 있게 해준다. DL이 어떻게 동작하는지, 무엇을 할 수 있는지 가르쳐주며, 몇몇 실제적인 경험을 제공해 추가적인 학습을 위한 탄탄한 토대를 제공하는 것을 목표로 한다.

> 이 책에서는 이와 같은 초록색 글상자를 사용해 특히 중요한 개념을 강조한다. 여러분이 핵심 개념을 지나치지 않도록 하려는 의도에서다. 우리가 **딥러닝**이 중요하다고 여긴다는 점을 지적하며 시작해보자.

여러분은 퍼셉트론 및 다른 인공 뉴런에 대해 배우게 될 것이다. 이들은 심층신경망의 기본적인 토대로, DL 혁명을 가능케 했다. 그리고 완전 연결된 피드포워드 네트워크와 합성곱 네트워크에 대해 알아본다. 이러한 네트워크를 적용하여, 다수의 변수를 기반으로 하는 주택 가격을 예측하거나 이미지가 어떠한 범주에 속하는지와 같은 실제적인 문제를 푼다. 그림 P-1은 이러한 범주와 이미지의 예를 보여준다.

여러분은 또한 인코딩된 단어의 일부 의미를 포착하는 인코딩을 함께 사용해 자연어로부터 나온 단어를 나타내는 방법을 배울 것이다. 그 뒤 순환신경망으로 이 인코딩을 사용해 신경 기반 자연어 번역기를 만들 것이다. 이 번역기는 그림 P-2에서와 같이 단순한 문장을 영어에서 프랑스어로 아니면 다른 유사한 언어로 자동으로 번역해준다.

마지막으로, 여러분은 이미지와 언어 처리를 묶는 이미지 캡셔닝 네트워크를 어떻게 구축하는지 살펴볼 것이다. 이 네트워크는 이미지를 입력으로 받고 이미지의 자연어

그림 P-1 CIFAR-10 데이터셋(Krizhevsky, 2009)의 범주와 예제 이미지. 이 데이터셋은 7장에서 더 자세히 살펴볼 것이다(출처: https://www.cs.toronto.edu/~kriz/cifar.html).

그림 P-2 영어로 된 문장을 입력으로 받고 해당 문장을 프랑스어 출력으로 내놓는 신경망 번역기

설명을 자동으로 생성한다.

우리가 방금 설명한 것들이 이 책의 주요 내용이다. 이 여정을 통해 여러분은 그 밖의 많은 내용을 자세히 배울 것이다. 또한 논의한 주제 모음에 더 깊게 파고드는 부록을 제공한다.

딥러닝이란 무엇인가

우리는 DL이 무엇인지에 대한 분명한 정의는 알지 못한다. 한번 시도해보자면 **DL은 다층의 연산 유닛을 사용하는 머신러닝 알고리듬의 한 종류로, 각 층은 입력 데이터에 대한 그 자신만의 표현을 학습한다.** 이러한 표현은 그 뒤의 층^{layer}에 의해 조합된다. 이 정의는 특히 층 및 연산 유닛의 개념을 아직 설명하지 않았다는 점에서 다소 추상적이지만, 처음 몇 개 장에서 이것이 무엇을 뜻하는지를 보여주는 더 구체적인 예시를 많이 제공한다.

DL의 근본적인 부분 중 하나는 생물학의 신경세포^{neuron}와 이름이 같으면서 이로부터 영향을 받은 심층신경망^{DNN, Deep Neural Network}이다. DL 안의 기법들이 뇌의 활동을 얼마나 밀접하게 흉내 내는지에 대한 논쟁이 지속되고 있는 가운데, 한 무리는 **신경**^{neural}망이란 용어를 사용한다는 점에서 DL이 뇌보다 더 발전됐음을 보여준다고 주장한다. 이에 따라 이들은 **인공 뉴런**^{artificial neuron}이란 용어 대신에 **유닛**^{unit}을, **신경망**^{neural network} 대신에 **네트워크**^{network}를 사용하기를 권장한다. 의심할 바 없이 DL 및 인공지능^{AI} 분야는 주류 미디어에서 상당히 과장돼왔다. 이 책을 쓰던 당시에는 인간처럼 생각하는 기계를 만들어내는 날이 가까워졌다는 인상을 쉽게 받았지만, 최근에는 의구심을 나타내는 논문들이 더 일반적이다. 이 책을 읽고 나면 DL이 어떤 종류의 문제를 해결할 수 있는지에 대한 더욱 정확한 시각을 갖게 될 것이다. 이 책에서는 '신경망'과 '뉴런'이란 단어를 자유롭게 사용하기로 했지만, 보여주는 알고리듬은 실제 인간 뇌가 어떻게 동작하는지보다는 기계의 능력에 더 연관되어 있음을 인식하기 바란다.

이 책에서 주관적인 의견이나 혹은 비슷한 것 등 다소 논지에 벗어나는 무언가를 언급하고자 할 때는 빨간색 글상자를 사용한다. 이 내용이 여러분에게 어떠한 가치도 제공하지 못한다고 느낀다면 해당 상자를 무시해도 무방하다.

우리의 멋진 DNN이 뇌와 비슷하지 않다는 입장을 취하는 다소 김빠지는 의견을 서술하면서 책 속으로 들어가 보자. 이는 특히 주류 미디어에서 초인간적 능력을 가진 기계에 대한 책을 읽은 사람들에게 특히 그러하다. 이러한 환상이 살아있도록 하기 위해, 때로는 우리로 하여금 약간의 상상을 허용하면서 근거가 꼭 분명할 필요는 없는 비유를 만들겠지만, 몰이해를 방지하기 위해 빨간색 상자 밖에서 상상을 하려 하지는 않을 것이다.

DL과 DNN의 전후관계를 보기 위해, 그림 P-3은 이들이 머신러닝[ML] 및 AI 분야와 어떤 관계가 있는지 보여준다. DNN은 DL의 부분집합이다. DL은 ML 분야의 부분집합이고, 이는 AI라는 더 큰 분야의 부분집합이다.

심층신경망은 DL의 부분집합이다.

DL은 **머신러닝(ML)**의 부분집합이며, 이는 **인공지능(AI)**의 부분집합이다.

이 책에서는 DL의 정확한 정의 및 경계에 너무 많이 집중하지 않기로 했으며, ML이나 AI의 다른 분야에 자세히 들어가지 않기로 했다. 대신에 DNN이 무엇인지에 대한 설명과 이를 적용할 수 있는 과제의 유형에 집중한다.

심층신경망의 간략한 역사

앞에서는 네트워크가 무엇인지 설명하지 않고 네트워크를 막연하게 언급했다. 이 책의 처음 몇 개 장에서 네트워크 아키텍처를 자세히 논의하겠지만, 지금은 네트워크를

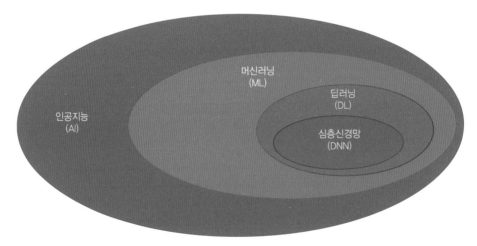

그림 P-3 인공지능, 머신러닝, 딥러닝, 심층신경망 사이의 관계. 각기 다른 타원의 크기가 분야 간의 상대적인 크기를 나타내지는 않는다.

입력과 출력이 있는 불투명한 시스템이라 생각해도 충분하다. 사용하는 모델은 무언가를 나타내기 위한 것으로, 예를 들면 이미지나 텍스트열을 네트워크의 입력으로 그리고 네트워크는 그림 P-4에서와 같이 이미지가 무엇을 지니고 있는지에 대한 해석 아니면 그림 P-2에서처럼 다른 언어로의 자연어 번역과 같이 무언가 유용한 것을 출력으로 만들어낸다.

앞서 언급했듯이 신경망의 중심 부분은 인공 뉴런이다. 인공 뉴런의 첫 번째 모델은 1943년에 소개됐는데(McCulloch and Pitts, 1943), 이것이 신경망 연구의 첫 번째 물결을 일으켰다. 맥컬록과 피츠 뉴런 다음이 로젠블랫 퍼셉트론(Rosenblatt, 1958)이다. 퍼셉트론의 핵심 공헌은 이와 연관된 자동화 학습 알고리듬으로, 이는 시스템이 어떻게 원하는 움직임을 배울 수 있는지를 보여준다. 1장에서 퍼셉트론이 어떻게 동작하는지 찾을 수 있다. 퍼셉트론은 근본적인 한계를 지녔으며, 이러한 한계를 복수의 퍼셉트론을 다층 네트워크로 조합하여 극복할 수 있음을 보여줬음에도 불구하고 처음의 학습 알고리듬은 다층 네트워크를 포함하지 않았다. 일반적인 내러티브에 따르면, 이는 신경망이 유행에 뒤떨어지게 만들었다. 이는 첫 번째 AI 겨울이라 자주 언급되며, 잘 알려진 대로 민스키Minsky와 파퍼트Papert의 책(1969)에 의해 야기됐다. 이 책에서는 다층 네트워크를 위한 학습 알고리듬의 부재에 큰 우려를 표했다.

로젠블랫의 논문 시대에는 그들의 작업을 인간의 뇌와 비교하는 데 부끄러워하지 않았음이 분명하다. 로젠블랫 퍼셉트론(Rosenblatt, 1958)을 읽으면 그가 처음으로 참조한 논문의 이름이 '뇌를 위한 디자인(Design for a Brain)'임을 볼 수 있다.

그림 P-4 이미지를 입력으로 받고 이미지 내 물체가 어떠한 형태인지를 표시로 출력하는 딥러닝 네트워크

이 주제 및 내용은 논란이 있다. 올라자란Olazaran(1996)은 민스키와 파퍼트의 선언이 잘못됐는지를 연구했다. 추가로 슈미드후버Schmidhuber(2015)는 민스키와 파퍼트의 책이 출간되기 4년 전에 다수준 네트워크(Ivakhnenko and Lapa, 1965)를 위한 학습 알고리듬이 존재했음을 지적했다.

신경망의 두 번째 물결은 1980년대에 시작됐다. 이는 다층 네트워크의 자동 학습을 위한 역전파 알고리듬을 설명한 논문(Rumelhart et al., 1986)으로부터 크게 영향을 받았다. 루멜하트Rumelhart와 동료들은 이 알고리듬이 퍼셉트론의 한계를 극복하는 데 사용될 수 있음을 보였다. 이 연구에서는 이 논문이 민스키와 파퍼트가 제기한 우려를 다룬다고 믿는다는 점을 직접적으로 지적했다. 루멜하트와 동료들은 신경망의 측면에서 역전파 알고리듬을 대중화했지만, 이 알고리듬이 논문에서 나온 것이 이것이 처음은 아니다. 알고리듬은 1970년에 유사한 문제 도메인에 적용됐다(Linnainmaa, 1970). 웨어보스Werbos(1981)는 1981년에 이를 신경망 측면에서 설명했다.

이 알고리듬이 어떻게 동작하는지는 3장에 자세히 나온다. 신경망 연구의 두 번째 물결에서 중요한 성과는 1989년 LeNet의 개발이었다. 이는 합성곱 신경망CNN, Convolutional Neural Network이었으며, 손글씨 우편번호를 인식할 수 있음을 보여줬다(LeCun et al., 1990). LeNet은 첫 번째로 발표된 CNN이라 믿어지는 후쿠시마의 **네오코그니트론**Neocognitron(Fukushima, 1980)을 바탕으로 만들어졌다.

LeNet의 향상된 버전은 나중에 미국 주요 은행들에서 손글씨 수표를 읽는 데 쓰였으며, 그러면서 신경망이 처음으로 크게 상업적으로 응용된 사례 중 하나가 됐다. 합성곱 신경망은 7장에서 자세히 설명한다. 이러한 발전에도 불구하고 신경망은 또다시 유행에 뒤처졌는데, 그 이유는 당시의 제한적인 연산 능력이 네트워크가 더 큰 문제로 확장되는 것을 막았기 때문이기도 하며 다른 전통적인 ML 접근법이 더 나은 대안이라 여겨졌기 때문이기도 하다.

신경망 연구의 세 번째 물결은 알고리듬적인 발전, 막대한 데이터셋의 가용성 그리고 일반적인 목적의 연산을 위한 그래픽 처리 유닛GPU, Graphics Processing Units의 사용 능력이 조합되면서 가능해졌다. 외부자의 시각에서 보면 이 모든 것은 2012년에 같이 나왔다. 당시에 이 분야는 DL로 리브랜딩됐으며 AlexNet(Krizhevsky et al., 2012) 덕분에 크게 대중화됐다. 이는 ImageNet 시험이라 알려진 컴퓨터 비전 시합에서 다른 참여자보다 훨씬 높은 점수를 받은 CNN이었다.

현실에서 이 세 번째 물결은 1990년대와 2000년대의 처음 10년 동안 신경망 연구를 계속 수행한 끈질긴 연구 그룹 덕분에 가능했다. 이 내부자들은 2006년에 **심층 네트워크** deep network라는 용어를 쓰기 시작했다. 게다가 ImageNet 시험은 일부 GPU 가속을 사용한 신경망이 전통적인 기술을 이긴 첫 번째 대회가 아니었다.

예를 들면, 그레이브스Graves와 동료들(2009)은 2009년에 손글씨 인식에서 신경망으로 시합에서 승리했다. 마찬가지로, 시레산Ciresan과 동료들(2011)은 2011년에 GPU 가속된 네트워크를 이미지 분류에 사용했다.

이러한 작업 이후 다른 분야에서의 유사한 발전이 이어졌으며, 이 책의 저술에 이르기까지 계속 이어지는 DL 붐을 이끌었다. 이 책의 다른 부분에서 이러한 핵심 발견 및 이들이 실제로 어떻게 적용되는지 설명한다. DL의 역사에 대한 더 자세한 설명으로는 슈미드후버의 개요(2015)를 추천한다.

이 책은 여러분을 위한 것인가

이 주제를 다룬 책들이 이미 많다. 사람들은 서로 다른 방법으로 주제에 접근하고자 하고 있다. 이 책에서는 바로 본론으로 들어가면서도 여러분이 왜 이 기법이 동작하는지 이해하는 벅찬 느낌을 받을 수 있도록 충분한 배경지식도 제공할 것이다. 전통적인 ML 분야의 전반적인 소개로 이 책을 시작하지 않기로 했다. DL에 심취하고자 하는 어느 누구든 전통적인 ML을 마스터해야 한다고 생각하지만, DL의 기본을 배우기 전에 전통적인 ML을 먼저 배울 필요는 없다고 믿는다. 심지어 DL을 직접적으로 논의하지 않는 다수의 장을 먼저 보게 되면 많은 사람에게 장애물이 될 수 있다고 믿는다.

이 책에서 달리 논의하거나 자세히 살펴보지 않더라도 언젠가는 배워야 한다고 생각하는 것들을 강조하기 위해 이와 같은 노란색 글상자를 사용한다. 새로운 주제를 배우는 데 있어 일부 기본 스킬만을 얻는 것이 아니라 다음 단계가 무엇인지에 대한 인사이트를 얻는 것이 중요한 부분이라고 믿는다. 노란색 글상자를 써서 해당 시점에는 특정 주제를 무시해도 괜찮지만 다음 단계로 나아가기 위해서는 배워야 한다고 여러분에게 신호를 줄 것이다.

DL에 심취하고 싶다면 **전통적인 ML**을 알아야 하지만, DL을 맛보기 전까지는 전통적인 ML에 대한 학습은 기다려도 된다는 점을 언급하며 시작해보자.

이 책을 전통적인 ML로 시작하지 않는 이유는 다른 책에서 발견한 김빠지는 상황을 피하기 위해서다. DL을 소개하는 매우 논리적이고 따라서 통상적인 방법 중 하나는 ML이 무엇인지 설명하고, 이에 따라 이른바 선형 회귀와 같은 매우 단순한 ML 기법으로 시작하는 것이다. 신이 난 초보자가 고양이 이미지를 분류하는 멋진 기술을 배우기를 기대하지만 대신에 수학을 사용해 무작위 데이터 지점에 직선을 적합시키는, DL과 완전히 관련 없어 보이는 것에 대한 논의를 읽게 되면 다소 의기소침해지기 쉽다. 대신에 이 책에서는 이미지 분류로 가는 빠르지만 여전히 논리적인 길을 취하면서 일부 즉각적인 만족을 여러분에게 제공하지만, 여러분은 그동안에 우리가 몇몇 참조 및 선형 회귀와의 비교를 슬며시 내놓을 것임을 알게 될 것이다.

전통적인 ML을 주제로 포함할 것인가를 결정하는 것 외에도, DL에 대한 책을 쓰는 모든 저자는 코드 예제를 포함시킬지 그리고 수학에 얼마나 깊이 들어갈지에 대한 입장을 취해야 한다. 우리의 시각에서는 DL이 응용 분야이므로 이 주제를 다루는 책은 이론과 실습을 잘 혼합해야 하며, 따라서 코드 예제가 중요하다. 또한 DL에서의 많은 주제가 내재적으로 수학적이며, 이것이 어떻게 동작하는지를 잘 설명하려면 수학을 일부 포함하는 것이 중요하다고 생각한다. 이러한 배경에서 다음 요소들을 잘 조합해 다른 각도에서 특정 개념을 설명하고자 한다.

- 그림

- 자연어(영어, 번역된 한국어) 설명

- 프로그래밍 코드 조각

- 수학 공식

선행하는 내용을 이미 알고 있는 독자들은 몇몇 설명이 불필요하다고 생각할 수 있다. 하지만 우리는 이 설명들이 이 책이 많은 독자에게 접근하는 최적의 방법임을 믿는다.

이 책은 DL 분야의 가장 최근의 발전된 기법 모두를 자세히 설명하는 것을 목표로 하지 않는다. 대신에 이 분야의 최신 발전을 이해하는 데 필수적이라 생각하는 개념과 기법을 포함한다. 몇몇 부록은 어떤 주요 아키텍처가 이러한 개념 위에서 만들어지는지 설명하지만, 더욱 나은 아키텍처가 나타날 것이 거의 확실하다. 우리의 목표는 여러분이 더욱 최근의 논문을 읽음으로써 학습을 계속하도록 충분한 지식을 제공하는 것이다. 따라서 여러분이 특히 흥미로운 점을 발견한 주제에 대해 더 알아볼 수 있도록 이 책 전체에 걸쳐 참조를 흩어놓기로 결정했다. 그러나 이 책을 독립적으로 만드는 것이 우리의 의도이므로 책에서의 설명을 따라갈 때 참조를 찾아볼 필요는 없다. 어떤 경우에는 책에서 설명하지 않고 지나가면서 언급만 하는 내용에 대한 참조를 포함한다. 이 경우 그 내용이 책의 핵심적인 요소가 아닌 추후에 읽을거리임을 분명히 할 것이다.

책 내의 참조는 철저히 추후의 읽을거리이며, 책의 주요 주제를 이해하는 데 중요한 내용은 아니어야 한다.

DL은 위험한가

AI를 인류에 대한 위협으로 묘사하는 과학 소설책과 영화가 많이 있다. 그 속에서 기계는 지각이 발전해 인간을 위협으로 인지하고 우리를 파괴하기로 결정한다. 또한 프로그래밍된 것을 따르던 AI가 부작용으로 어떻게 인간을 파괴하게 되는지에 대한 사고 실험들도 존재한다. 한 예로 종이클립 맥시마이저^{maximizer}가 있다. 맥시마이저는 최대한 많은 종이클립을 만드는 것이 목표로 프로그래밍되어 있다. 이를 위해 종이클립을 만드는 데 필요한 원자를 자유롭게 하고자 모든 인간을 죽일 수도 있다. 이와 똑같은 시나리오가 실제로 벌어질 위험성은 아마도 적겠지만, 연구자들은 여전히 위력적인 미래의 AI를 상당한 위험으로 보고 있다.

더 시급하게는 DL에 이미 의도치 않은 심각한 결과 및 악의적인 사용이 따라오고 있음을 보여주고 있다. 한 예는 법적 집행기관이 사용하는 상업적으로 쓸 수 있는 안면 인식 시스템이다(Buolamwini and Gebru, 2018). 이 시스템은 밝은 피부의 사람에겐 99%의 정확도를 보이지만 어두운 피부의 여성에게는 정확도가 단지 65%였다. 따라서 이러한 여성들이 잘못 식별되고 어쩌면 잘못 기소될 수도 있는 더 큰 위험에 처하게 했다. DL의 악의적인 사용의 예로는 가짜 포르노가 있으며, 이 기술은 사람이(주로 유명인) 포르노 비디오에 출연한 것으로 보이도록 사용됐다(Dickson, 2019).

DL은 인간에 의해 만들어진 데이터로부터 학습하며, 따라서 인간의 편향을 배우거나 심지어 증폭시킬 수 있는 위험에 처한다. 그러므로 DL과 AI에 접근할 때는 책임감 있는 접근법을 취해야 한다. 역사적으로 이 주제는 대체로 무시돼왔지만, 최근에 더 주목받기 시작했다. 충격적인 시연 자료로는 알고리듬 정의 리그[Algorithmic Justice League](Buolamwini, n.d.) 웹사이트에서 안면 인식 시스템이 어떻게 검은 피부를 가진 여성을 인식하는 데 실패하는지 보여주는 비디오를 볼 수 있다.

또 다른 예시로는 알고리듬 감사[auditing]의 출현으로, 여기서 연구자가 상용 시스템에서의 인간 편향 및 다른 관측된 문제를 인식하고 보고한다(Raji and Buolamwini, 2019). 연구자는 이러한 문제를 완화하기 위해 알려진 편향 및 배포된 어떤 시스템이든지 의도된 사용 사례를 문서화할 것을 제안했다. 이는 이러한 시스템을 만들기 위해 사용된 데이터(Gebru, et al., 2018) 및 배포된 DL 모델(Mitchell et al., 2018) 모두에 적용된다. 토마스는 윤리적 문제를 피하기 위해 프로젝트 과정 동안 DL 실무자를 지도하도록 질문 체크리스트를 제안한다(Thomas, 2019). 이 책에서는 이런 주제들을 다룬다. 또한 18장에서는 추가적으로 읽을 자료를 제공한다.

DL 프레임워크 선택하기

여러분은 DL의 실무자로서 어떤 DL 프레임워크를 사용할지 정해야 한다. DL 프레임워크는 DL 모델을 구현할 때 저수준의 세세한 부분을 다루는 기능을 제공한다. DL 분야가 빠르게 변하는 것처럼 다른 프레임워크도 그러하다. 몇 가지를 언급하자면 카페Caffe, 테아노Theano, MXNet, 토치Torch, 텐서플로TensorFlow, 파이토치PyTorch가 현재의 DL 붐을 따라 영향력을 가져왔다. 이와 같은 본격적인 프레임워크에 더해, 케라스Keras와 TensorRT 같은 특수화된 프레임워크가 존재한다. 케라스는 고수준 API로 이러한 프레임워크 일부를 쉽게 프로그래밍할 수 있게 해준다. TensorRT는 추론 옵티마이저optimizer 및 런타임 엔진으로 언급했던 많은 프레임워크로 구축되고 훈련된 모델을 실행하는 데 쓸 수 있다.

이 책을 쓸 당시, 본격적인 프레임워크 중 가장 인기 있는 것이 텐서플로와 파이토치라는 인상을 받았다. 최근 들어 텐서플로는 케라스 API를 자체적으로 지원한다. 또 다른 중요한 프레임워크는 MXNet이다. 이러한 프레임워크 중 하나로 개발된 모델은 TensorRT 추론 엔진을 사용해 배포할 수 있다.

> 어떤 DL 프레임워크를 사용할지 결정하는 일은 인생을 바꾸는 결정으로 볼 수도 있다. 어떤 사람들은 이것이 문서 편집기 혹은 아내를 선택하는 일에 버금간다고 말할 것이다. 우리는 이러한 믿음에 공감하진 않지만 세계는 여러 솔루션이 경쟁할 만큼 충분히 크다고 생각한다. 이 책에서는 텐서플로와 파이토치 프로그래밍 예제 둘 다를 제공하기로 했다. 텐서플로 예제는 이 책에 인쇄되어 있지만, 파이토치로 작성된 동일한 예제는 자세한 설명과 함께 책의 웹사이트에서 찾을 수 있다. 여러분이 좋아하는 프레임워크를 선택하거나 같이 일하는 사람들과 협력하기 쉬운 것을 선택하기를 권한다.

이 책의 프로그래밍 예제는 케라스 API를 사용하는 텐서플로 버전(책에 인쇄됨)은 물론 파이토치 버전(온라인)으로도 제공된다. 부록 I는 텐서플로와 파이토치의 설치 방법 및 두 프레임워크의 주요 차이점을 설명한다.

DL 학습을 위한 준비사항

DL은 각기 다른 여러 분야의 기법을 조합한다. DL에 심취하고자 한다면, 특히 여러분이 리서치를 하고자 하거나 발견한 내용을 게재하고자 한다면, 시간에 따라 이러한 많은 스킬셋의 범위 내에서 발전된 지식을 얻어야 할 것이다. 그러나 우리는 이러한 분야에 대한 약간의 혹은 부분적인 지식으로도 DL을 시작할 수 있다고 믿는다. 아래에 나열된 절은 우리가 중요하다고 보는 분야이며, 각 절마다 이 책을 따라가는 데 필요한 최소한의 지식 모음을 나열했다.

통계와 확률론

많은 DL 문제는 정확한 답이 없으므로 확률론이 중심 테마가 된다. 예를 들어, 이미지 내 물체를 분류하고 싶다면 우리 모델이 고양이와 같은 특정 범주의 물체가 그림에 있는지를 얼마나 확신하는지와 같은 불확실성이 주로 개입된다. 게다가 고양이의 형태를 분류하고자 할 수도 있다. 예를 들면 이것이 호랑이인가? 아니면 사자, 재규어, 표범, 아니면 눈표범인가? 모델이 90%로 이것이 재규어라고 확신하지만 표범일 확률이 5%라는 것이 해답일 수 있다. 이 책은 통계와 확률에 대한 깊은 지식을 필요로 하지 않는다. 산술평균을 계산하고 확률의 기본 개념을 이해할 수 있기를 기대하며, 분산 및 확률 변수를 어떻게 표준화하는지 알고 있다면 도움이 되겠지만 꼭 필요한 것은 아니다.

선형대수학

1장에서 배우겠지만 DL의 기본 토대는 변수의 가중합 계산에 기반하며, 이는 많은 덧셈과 곱셈이 필요함을 암시한다. 선형대수는 이러한 계산을 간결한 방식으로 설명할 수 있게 해주는 수학 분야다. 이 책은 벡터와 행렬을 포함하는 공식을 자주 구체화한다. 게다가 계산에는 다음이 수반된다.

- 내적 dot product
- 행렬-벡터 곱
- 행렬-행렬 곱

과거에 이러한 개념을 본 적이 없다면 이 책을 따라가기 위해 해당 내용을 배울 필요가 있다. 그러나 1장에 이러한 개념을 따라가는 절이 포함되어 있으므로, 그 절을 먼저 읽은 뒤 선형대수 교재를 볼 필요가 있는지 가늠해볼 것을 권한다.

미적분

2장과 3장에서 배우듯이 DL의 학습 부분은 **손실 함수**^{loss function} 혹은 **오차 함수**^{error function}로 알려진 함숫값의 최소화를 기본으로 한다. 손실 함수를 최소화하는 데 사용된 기법은 미적분학의 다음 개념을 바탕으로 만들어진다.

- 단일 변수 함수의 미분을 계산

- 다변수 함수의 편미분을 계산

- 미적분학의 연쇄법칙을 사용해 미분을 계산

그러나 선형대수와 마찬가지로, 이러한 개념의 기본을 따라가는 절을 2장과 3장에서 찾을 수 있다.

제약 혹은 비제약 최적화를 위한 수치적 방법

DL에서 손실 함수의 최소화를 시도할 때 해석적인 해를 찾는 것은 통상적으로 가능하지 않다. 대신에 수치적 최적화법에 의존한다. 가장 널리 알려진 방법은 **경사 하강법**^{gradient descent}이라 알려진 반복법이다. 여러분이 반복법 및 연속 함수에서 극점을 찾는 것에 관한 무언가를 이미 알고 있다면 도움이 될 것이다. 그러나 경사 하강법에 대한 사전지식을 필요로 하지 않으며, 사용하기 전에 어떻게 동작하는지는 3장에서 설명한다.

파이썬 프로그래밍

일반적인 프로그래밍에 대한 일정한 지식 없이는 특정한 DL 애플리케이션 외에 어떠한 것도 하기가 어렵다. 게다가 가장 인기 있는 DL 프레임워크가 파이썬에 기반하므로, 무언가를 시도하고 코드 예제를 수정할 수 있도록 적어도 기본적인 파이썬 스킬을 갖출 것을 권한다. 프로그래밍 주제를 다룬 좋은 책이 많이 있다. 여러분에게 기본적인 프로그래밍 스킬이 있다면 python.org의 튜토리얼을 따라가는 것만으로도 상대적으로 쉽게 파이썬을 시작할 수 있을 것이다. 프로그래머가 아닌 사람도 코딩 절을 건너뛰면서 이 책을 읽을 수 있지만, DL 스킬을 실제로 적용하고자 한다면 기본적인 파이썬 프로그래밍을 배워야 한다.

DL을 시작하기 위해 파이썬의 모든 것을 배울 필요는 없다. 많은 DL 애플리케이션은 파이썬 언어의 도메인 특화 DL 프레임워크와 라이브러리로 넓어진 작은 부분만을 사용한다. 특히 많은 소개 예제는 객체 기반 프로그래밍 구성체construct를 거의 혹은 아예 사용하지 않는다. 자주 사용되는 특정 모듈로 **넘파이**NumPy, Numerical Python가 있으며, 이는 여러 가지 모듈 중에서도 벡터와 행렬용 데이터 타입을 제공한다. 또한 다차원 데이터를 조작하는 데 **판다스**pandas(Python Data Manipulation Library)를 사용하는 것이 일반적이지만, 이 책에서 쓰지는 않는다.

이 책의 코드 예제에서는 다음과 같은 파이썬 구성체가 가장 자주 쓰인다.

- 정수와 부동소수점 데이터 타입
- 리스트와 딕셔너리
- 외부 패키지 불러오기와 사용하기
- 넘파이 배열
- 넘파이 함수
- if 문, for 루프, while 루프
- 함수를 정의하고 부르기
- 텍스트열과 수치적 데이터 타입을 출력하기
- matplotlib으로 데이터 그리기
- 파일을 읽고 쓰기

추가로 많은 프로그래밍 예제가 DL 프레임워크(이 책에서는 텐서플로 그리고 온라인으로 제공되는 파이토치)가 제공하는 구성체에 의존한다. 이러한 프레임워크를 미리 알 필요는 없다. 기능은 코드 예제의 설명에서 서서히 소개한다. 코드 예제가 책을 따라 점차적으로 어려워지므로, 코딩 초심자라면 시간을 일부 써서 책을 읽는 것과 더불어 코딩 스킬을 연마할 필요가 있다.

데이터 표현

상당수의 DL 기법은 고도로 최적화된 ML 프레임워크로 다룬다. 그러나 여러분의 입력 데이터를 먼저 이러한 프레임워크가 소비할 수 있도록 적절한 형식으로 변환해야 한다. 그러므로 사용할 데이터의 형식, 언제 적용 가능한지, 어떻게 더 적절한 형식으로 변환할 수 있는지 어느 정도 알 필요가 있다. 예를 들면, 이미지에서 RGB(빨강, 초록, 파랑) 표현의 기본을 알면 도움이 된다. 마찬가지로, 텍스트를 입력 데이터로 사용하는 경우에는 글자가 어떻게 컴퓨터로 표현되는지 알면 도움이 된다. 일반적으로 원본 데이터는 저품질인 경우가 많으므로 정리하는 방법에 대해 어느 정도의 인사이트를 알면 좋다. 여러분은 결측되거나 중복된 데이터 항목, 다른 시간대로부터 나온 타임스탬프, 수동 처리에 의한 오타를 자주 발견하게 될 것이다. 이 책의 예제에서는 이것이 통상적으로 문제가 안 되지만, 프로덕션[1] 설정에서는 알 필요가 있다.

코드 예시

여러분은 이 책의 코드 예시가 온라인 튜토리얼은 물론 다른 DL 책(예: [Chollet 2018], [Glassner, 2018])과 겹치는 부분이 많다는 사실을 알게 될 것이다. 이러한 많은 예제는 공개적으로 쓸 수 있는 데이터셋과 조합된 다양한 연구 논문으로부터 나왔다(데이터셋은 4장에서 더 자세히 설명한다). 달리 말하자면 우리가 이러한 예제를 저음부터 만든 것이 아니라 이전에 게재된 작업으로부터 영감을 받았음을 강조하고자 한다. 그러나 해당 예제를 실제로 구현했으며, 이 책의 구조를 따르도록 손봤다.

---

[1] 일반적으로 소프트웨어 개발에서 실사용자를 위해 배포되는 환경을 프로덕션(production)이라는 관용어로 표현하는 경우가 많다. - 옮긴이

긴 코드 예제는 더 작은 조각으로 나눴으며 이 책의 본문을 따라 단계적으로 섞어서 배치했다. 각 코드 조각을 파이썬 인터프리터에 복사/붙여넣거나 타이핑하여 실행할 수 있어야 하지만, 아마도 특정 코드 예제의 모든 코드 조각을 파일 하나에 넣고 상호적이지 않은 방식[2]으로 실행하는 편이 나을 것이다. 코드 예제는 https://github.com/NVDLI/LDL/에서 보통의 파이썬 파일과 주피터 노트북 모두 다운로드할 수 있다. 자세한 내용은 부록 I을 참고하라.

> 다운로드할 수 있는 버전의 코드 예제를 제공하지 않고 여러분 스스로 타이핑하도록 강제하려 했던 유혹이 있었다. 결국 이것이 컴퓨터 잡지의 코드 리스트를 타이핑하는 것이 새로운 게임을 얻는 완벽하게 적절한 방법이었던 1980년대에 우리가 해야만 했던 일이다. 오늘날 앱 스토어를 사용하는 젊은이들은 자신이 얼마나 행운아인지 알지 못한다.

대부분의 장에서는 먼저 코드 예제의 기본 버전을 보여준 뒤 프로그램의 변형 결과를 보여준다. 모든 변형의 전체 리스트를 제공하진 않지만, 여러분 스스로 변형할 수 있도록 이 책에서 중요한 모든 구성체를 제공할 것이다.

> 코드를 수정하는 일은 독자들의 몫으로 남겨둔다. 하, 드디어 이렇게 말할 수 있군!
>
> 우리는 정말로 기존 코드를 수정하는 것이 손으로 연습을 해보는 좋은 길이라 믿는다. 그러나 우리가 했던 변형을 그대로 다시 만들 필요는 없다. 여러분이 프로그래밍이 처음이라면 새로운 코드를 추가하는 대신 단지 기존 매개변숫값을 바꾸며 시작해볼 수 있다. 이미 고급 코딩 기술을 갖추고 있다면, 여러분이 특히 흥미롭다고 생각하는 것으로 스스로의 실험을 정의해볼 수 있을 것이다.

DL 알고리듬은 확률적 최적화 기법에 근거한다. 그러므로 실험 결과는 매번 다를 수 있다. 즉, 코드 예제를 실행할 때 이 책에서 나온 값과 정확히 같기를 기대하면 안 된다. 그러나 전반적인 움직임은 같아야 한다.

또 언급할 사항은 코드를 책에 섞어놓고 각 조각을 설명할 때 선택한 형식이 각 프로그램의 길이를 최소화하는 등 특정 제한을 야기했으며, 우리 또한 순차적인 흐름을 유지

---

2   여러분이 파이썬을 설치하고 명령줄에서 실행하면 파이썬 코드를 직접 붙여넣고 바로 코드를 실행할 수 있다. 여기서는 대신에 파이썬으로 파일 자체를 실행하거나 IDE 편집기 등에서 파일을 실행하라는 뜻이다. - 옮긴이

하고 대부분의 경우에 코드를 클래스와 함수로 심하게 모듈화하지 않으려 했다는 점이다. 따라서 코드 예제를 확장 및 유지하기 쉽도록 올바른 코딩 관례를 사용하는 대신에 예제가 작고 읽기 쉽도록 하는 데 집중했다.

> 지저분한 코드 작성에 대한 시답잖은 변명이긴 하지만, 어떻게든 동작만 한다면…

또한 이 책을 따라가는 데 어떤 종류의 개발 환경이 필요한지도 고려해야 한다. 우리의 의견으로는 DL에 심취하고자 하는 사람이면 누구든지 적절한 그래픽 처리 유닛^{GPU}과 같은 DL용 특정 가속을 제공하는 하드웨어 플랫폼에 접근해야 한다. 그러나 아직 GPU 기반 플랫폼이 없다면, 이 책 앞부분 몇 개 장의 코드 예제는 어느 정도 현대적인 CPU$^{Central Processing Unit}$로 큰 고통 없이 실행할 수 있을 만큼 충분히 작다. 즉, 처음 몇 개 장은 CPU를 사용하는 기본적인 설정으로 시작하고 그 뒤 7장에 들어갈 때 GPU 가속 플랫폼[3]에 접근할 수 있도록 자원을 소비할 수 있다.

> 조금 멀리 봤을 때 여러분은 GPU 가속 플랫폼에 접근해야 하겠지만, 이 책의 시작을 위해서는 표준적인 CPU로 만족할 수 있다.

필요한 개발 환경으로 머신을 설정하는 방법은 부록 I에서 찾을 수 있으며, 여기에는 코드 예제 및 책에서 쓰인 데이터셋을 위한 링크도 포함되어 있다.

이 책을 읽는 방법

이 책은 순차적인 방식으로 쓰였으며 처음부터 끝까지 읽도록 되어 있다. 각 상마나 새로운 개념을 소개하며 이전 장에서의 논의를 바탕으로 만들어지거나 참조하는 일이 빈번하다. 대부분의 경우 너무 많은 새로운 개념을 한번에 소개하는 것을 피하려 할 것이

---

3 그 무엇도 모든 프로그래밍 예제를 CPU에서 실행하는 것을 막지는 않지만, 경우에 따라서는 밤을 새야 할 수도 있다.

다. 그로 인해 각기 다른 장에서 논리적으로 유사한 개념을 소개하는 경우도 있다. 그러나 때로는 뒤로 물러서서 연관된 기법의 모음이 모두 소개되면 이를 요약하려 할 것이다. 5장의 은닉 유닛, 6장의 출력 유닛, 10장의 기울기 소실과 폭증을 다루는 기법에서 이런 형태를 보게 된다.

신경망과 DL에 완전히 무지한 독자(이 책의 주요 목표 청중)는 처음 4개 장을 끝마치는 데 있어 나머지 장보다 더 어려움을 느낄 가능성이 있다. 초반의 내용에서는 새로운 개념을 많이 소개하면서 꽤 많은 수학적 내용을 다루고 있고, 신경망을 파이썬으로 처음부터 구현한다. 이 4개 장을 끝마칠 것을 장려하지만, 만약 몇몇 수학 방정식이 어렵다고 느낀다면 대강 훑어보는 것도 괜찮다. 5장에서 DL 프레임워크를 사용하기 시작하며, 이것이 내부의 많은 세부 사항을 처리해줄 것이고, 여러분은 이들을 거의 잊어버려도 괜찮다는 것을 알게 될 것이다.

부록

이 책은 많은 부록으로 끝을 맺는다. 부록 A~D는 이 책에 보통의 장으로서 넣을 수도 있었다. 하지만 처음으로 읽는 독자에게 너무 많은 정보를 주고 싶지는 않았다. 따라서 몇몇 자료는 부록에 넣기로 결정했다. 왜냐하면 이 책의 내용을 따라가기 위해 이러한 개념을 배워야 한다고 생각하지 않기 때문이다. 여러분이 ML과 DL에 완전히 처음이라면 부록은 마지막에 읽기를 추천한다.

이미 ML이나 DL의 기본을 알고 있다면 처음 4개의 부록은 다른 장들과 섞어서 읽는 것이 이치에 맞을 수 있다. 부록 A는 3장 후에 읽을 수 있다. 부록 B는 8장 다음인 것이 논리적이다. 부록 C는 자연스럽게 13장 다음으로 온다. 마지막으로 부록 D는 15장에서 다루는 주제의 연장이다.

아니면 초심자이지만 특정 주제를 더 자세히 배우고 싶다면 그렇게 진행하며 해당 주제에 관련된 부록을 앞에서 제시한 순서대로 읽기 바란다.

부록 E~H는 더 짧으며 몇몇 매우 특정한 주제에 대한 배경 혹은 추가적인 내용을 제공하는 데 집중한다. 부록 I는 개발 환경을 설정하는 방법과 프로그래밍 예제에 접근하는 방법을 설명한다. 부록 J는 이 책에서 설명한 많은 개념을 요약하는 치트 시트를 포함한다.[4]

이 책을 전부 읽고 싶지 않은 독자를 위한 안내

우리는 일부 독자들이 더 선택적인 방식으로 이 책을 읽고 싶어 한다는 사실을 알게 됐다. 아마도 이미 어느 정도 기본 스킬을 갖추고 있거나 특정 주제만을 배우고 싶은 경우일 것이다. 이번 절에서는 이리한 독자를 위한 조언을 제공하지만, 그러기 위해 아직 소개하지 않은 일부 용어를 사용한다. 장을 골라 읽는 데 관심이 없다면 이번 절을 자유롭게 지나가도 좋다.

그림 P-5는 여러분의 흥미에 따라 볼 수 있는 3개의 각기 다른 구상을 보여준다. 가장 왼쪽의 트랙은 방금 설명한 방법으로, 책을 처음부터 끝까지 읽는 것이다.

여러분이 이미지와 컴퓨터 비전 작업에 매우 관심이 있다면 물체 탐지object detection, 의미 세분화semantic segmentation, 인스턴스 세분화instance segmentation를 다루는 부록 B를 읽어보자. 추가로 이 책의 마지막 몇 개 장은 자연어 처리에 집중하며 여기에 흥미가 없다면 12~17장은 지나가길 권한다. 순환신경망을 다루는 9~11장은 여전히 훑어봐야 한다. 이 트랙은 그림 P-5의 중간에 나와 있다.

주로 언어 처리에 집중하고 싶다면 가장 오른쪽의 트랙을 선택할 수 있다. 8장은 단지 훑어보면서 스킵 연결skip connection은 뒤의 장에서 참조하므로 주목하기를 권한다. 그 뒤 9~13장을 읽은 다음 부록 C, 그 뒤 14장과 15장, 그리고 부록 D를 포함시킨다. 이 부록은 단어 임베딩에 대한 추가적인 내용을 포함하여 언어 처리 과제에서 중요한 네트워크 아키텍처인 GPT와 BERT를 설명한다.

---

4 이러한 치트 시트의 더 큰 버전은 http://informit.com/title/9780137470358에서 다운로드할 수 있다.

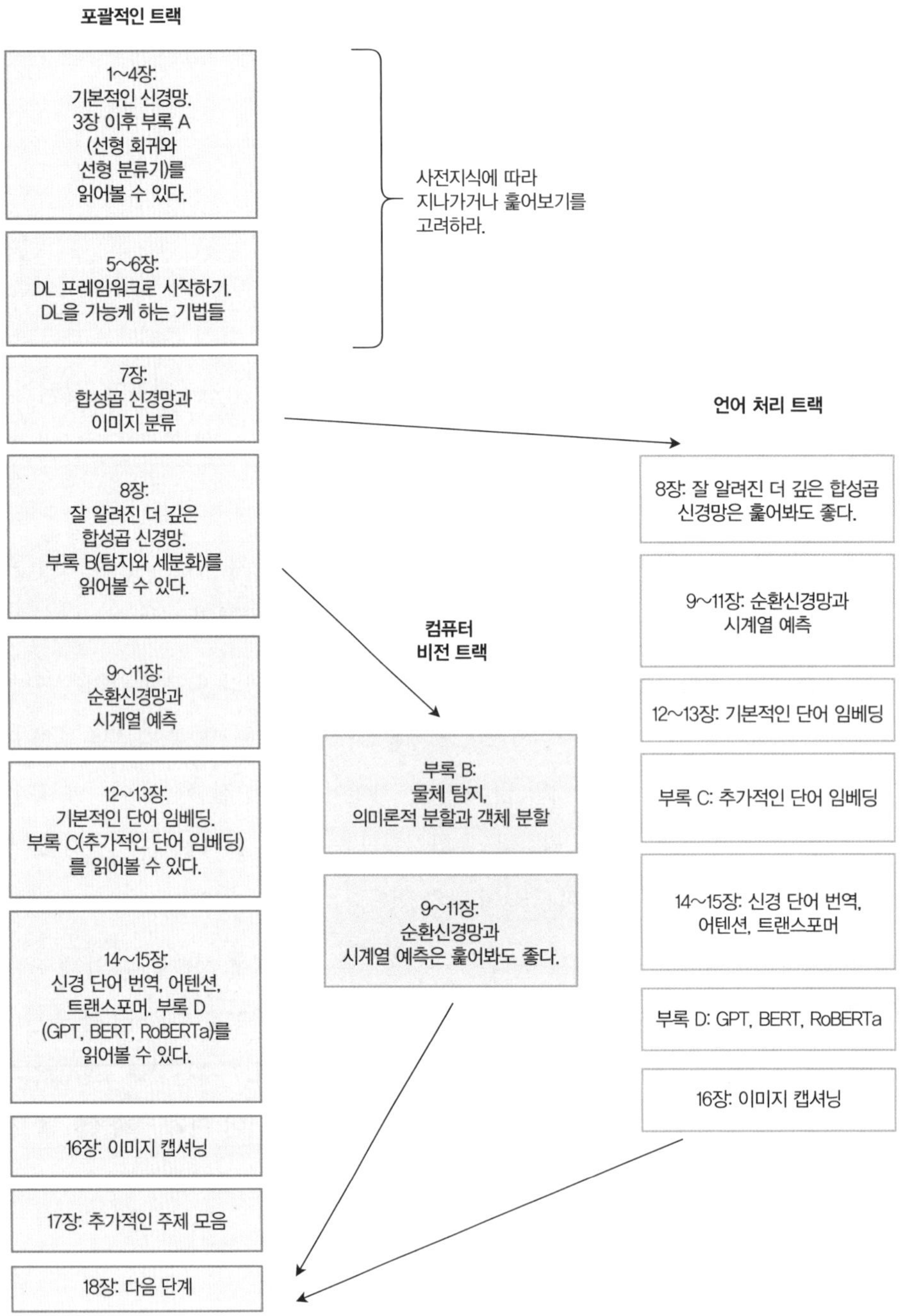

포괄적인 트랙

1~4장:
기본적인 신경망.
3장 이후 부록 A
(선형 회귀와
선형 분류기)를
읽어볼 수 있다.

5~6장:
DL 프레임워크로 시작하기.
DL을 가능케 하는 기법들

사전지식에 따라
지나가거나 훑어보기를
고려하라.

7장:
합성곱 신경망과
이미지 분류

언어 처리 트랙

8장:
잘 알려진 더 깊은
합성곱 신경망.
부록 B(탐지와 세분화)를
읽어볼 수 있다.

8장: 잘 알려진 더 깊은 합성곱
신경망은 훑어봐도 좋다.

9~11장: 순환신경망과
시계열 예측

**컴퓨터
비전 트랙**

9~11장:
순환신경망과
시계열 예측

12~13장: 기본적인 단어 임베딩

부록 B:
물체 탐지,
의미론적 분할과 객체 분할

12~13장:
기본적인 단어 임베딩.
부록 C(추가적인 단어 임베딩)
를 읽어볼 수 있다.

부록 C: 추가적인 단어 임베딩

9~11장:
순환신경망과
시계열 예측은 훑어봐도 좋다.

14~15장: 신경 단어 번역,
어텐션, 트랜스포머

14~15장:
신경 단어 번역, 어텐션,
트랜스포머, 부록 D
(GPT, BERT, RoBERTa)를
읽어볼 수 있다.

부록 D: GPT, BERT, RoBERTa

16장: 이미지 캡셔닝

16장: 이미지 캡셔닝

17장: 추가적인 주제 모음

18장: 다음 단계

그림 P-5 이 책을 읽을 때 따르는 세 가지 트랙

이 절은 각 장에 대한 간단한 개요를 포함한다. 바로 본론으로 들어가 이 책을 시작하고자 한다면 지나가도 무방하다!

1장 '로젠블랫 퍼셉트론'

신경망의 기본 토대인 퍼셉트론을 소개한다. 퍼셉트론의 한계에 대해 배우고, 네트워크에 복수의 퍼셉트론을 조합하여 어떻게 한계를 극복하는지 보여준다. 퍼셉트론 및 학습 알고리듬을 구현하는 방법을 보여주는 프로그래밍 예제도 포함한다.

2장 '기울기 기반 학습'

경사 하강gradient descent이라 알려진 최적화 알고리듬 및 퍼셉트론 학습 알고리듬 이면의 이론을 설명한다. 이는 다층 네트워크를 위한 학습 알고리듬을 설명하는 이후 장의 디딤돌로 쓰인다.

3장 '시그모이드 뉴런과 역전파'

DNN에서의 자동학습에 쓰이는 역전파 알고리듬을 수학적 용어 그리고 이진 분류를 위해 쓰인 프로그래밍 예제 모두를 통해 설명한다.

4장 '다중클래스 분류에 적용된 완전 연결 네트워크'

이 장은 데이터셋의 개념과 이들이 어떻게 훈련 집합과 테스트 집합으로 나뉘는지 설명한다. 또한 일반화를 위한 네트워크의 능력을 다룬다. 다중클래스 분류를 다루기 위해 신경망 아키텍처를 확장하고, 프로그래밍 예제 다음 이를 손글씨 숫자를 분류하는 과제에 적용한다. 프로그래밍 예제는 닐슨Nielsen이 만든 예제(2015)에 크게 영향을 받았다.

5장 'DL을 향해: 프레임워크 및 네트워크 미조정'

이전 장의 예제를 DL 프레임워크로 구현한다. 이 프레임워크가 코드를 어떻게 엄청나게 단순화하는지 그리고 네트워크의 여러 변형을 모델링하게 해주는지 보여준다. 또한 더 깊은 네트워크를 훈련시키는 데 필요한 많은 기법을 소개한다.

6장 '회귀에 적용된 완전 연결 네트워크'

이전 장에서 공부한 분류 문제 대신 수치를 예측하는 데 네트워크를 사용하는 방법을 공부한다. 이는 네트워크를 회귀 문제에 적용하는 프로그래밍 예제로 해보며, 여기서 다수의 변수를 바탕으로 주택의 판매 가격 예측을 시도해본다.

7장 '이미지 분류에 적용된 합성곱 신경망'

합성곱 신경망 혹은 그냥 합성곱 네트워크라 불리는, 2012년에 DL 붐을 시작시킨 네트워크의 한 가지 형태를 배운다. CNN은 복수의 문제 도메인에서 쓰일 수 있지만, 이미지 분류/분석에 적용할 때 특히 효과적임을 보여왔다. 이것이 어떻게 동작하는지 설명하고 더욱 복잡한 이미지 데이터셋을 분류하는 데 CNN을 사용하는 프로그래밍 예제를 검토한다. 이 예제에서는 단지 서로 다른 손글씨 숫자를 구별하는 대신에 비행기, 자동차, 새, 고양이와 같은 더욱 복잡한 물체 클래스를 식별한다.

8장 '더 깊은 CNN 및 사전 훈련된 모델'

GoogLeNet, VGG, ResNet과 같은 더 깊은 CNN을 설명한다. 프로그래밍 예제로 사전 훈련된 ResNet 구현을 다운로드하고 이미지를 분류하는 방법을 배운다.

9장 '순환신경망으로 시간 시퀀스 예측하기'

이전 장에서 설명한 네트워크의 한계는 입력 길이가 각기 다른 데이터를 다루는 데 잘 맞지 않는다는 점이다. 텍스트와 음성 같은 중요한 문제 도메인은 길이가 달라지는 시퀀스로 구성되는 경우가 많다. 이 장은 이러한 과제를 다루는 데 적합한 순환신경망RNN, Recurrent Neural Network 아키텍처를 설명한다. 프로그래밍 예제를 사용해 어떻게 이러한 네트워크 아키텍처가 시계열에서의 다음 데이터 포인트를 예측하는 데 쓰이는지 살펴본다.

10장 '장단기 메모리'

RNN이 장기 의존성을 학습하지 못하게 하는 문제를 논의한다. 긴 시퀀스를 더 잘 다루게 해주는 장단기 메모리LSTM, Long Short-Term Memory 기법을 설명한다.

11장 'LSTM과 빔 검색으로 하는 텍스트 자동완성'

장기 예측을 위한 LSTM 기반 RNN을 사용하는 방법을 살펴보고, **빔 검색**beam search이라 알려진 개념을 소개한다. 이는 텍스트의 자동완성에 쓰일 수 있는 네트워크를 구축하는 프로그래밍 예제로 보여주는데, 자연어 처리NLP의 더 큰 부분의 부분집합인 자연어 생성NLG, Natural Language Generation의 단순한 예제다.

12장 '신경 언어 모델과 단어 임베딩'

이전 장의 예제는 단어 대신 개별 글자에 기반하는데, 많은 경우 단어 및 그 의미를 가지고 작업하는 것이 개별 글자로 작업하는 것보다 더욱 강력하다. 12장은 개념 언어 모델과 벡터 공간(**임베딩 공간**embedding space이라고도 함)에서의 단어 임베딩을 소개한다. 이는 단어 사이의 중요한 관계를 포착하는 데 쓸 수 있다. 코드 예제로 우리의 자동완성 예제를 글자 대신에 단어로 작업하도록 확장하고 임베딩 공간에서 단어 벡터를 만드는 방법을 살펴본다. 또한 텍스트에서 감정 분석을 할 수 있는 모델을 구축하는 방법을 논의한다. 이는 NLP의 또 다른 하위 분야인 자연어 이해NLU, Natural Language Understanding 예제다.

13장 'word2vec과 GloVe로부터의 단어 임베딩'

단어 임베딩을 만들기 위한 두 가지 인기 있는 기법을 논의한다. 기존의 임베딩 집합을 다운로드하고 어떻게 이들이 단어 사이의 다양한 의미론적 관계를 포착하는지 보여준다.

14장 '시퀀스 투 시퀀스 네트워크와 자연어 번역'

이제 두 순환신경망의 조합인 시퀀스 투 시퀀스 네트워크sequence-to-sequence network라 알려진 네트워크를 소개한다. 이 네트워크의 주요 속성은 출력 시퀀스가 입력 시퀀스와 길이가 다를 수 있다는 점이다. 이러한 형태의 네트워크를 이전 장에서 공부한 단어 인코딩과 조합한다. 한 가지 언어(예: 프랑스어)로 된 단어 시퀀스를 입력으로 받아서 다른 언어(예: 영어)로 출력하는 자연어 번역기를 구축한다. 이때 출력되는 단어의 개수와 순서는 입력과 다를 수 있다. 시퀀스 투 시퀀스 모델은 **인코더-디코더 아키텍처**encoder-decoder architecture라 알려진 아키텍처의 예시다.

15장 '어텐션과 트랜스포머'

인코더-디코더 아키텍처의 정확도를 개선할 수 있는 **어텐션**attention이라 부르는 기법을 설명한다. 이를 사용해 어떻게 이전 장의 신경 머신 번역기를 개선할 수 있는지 설명한다. 또한 어텐션 기반 트랜스포머Transformer 아키텍처를 설명하는데, 이는 많은 NLP 애플리케이션에서의 핵심 기본 토대다.

16장 '이미지 캡셔닝을 위한 일대다 네트워크'

어떻게 일대다 네트워크를 사용해 이미지의 텍스트 설명을 만들고 이러한 네트워크를 어텐션으로 확장하는지 설명한다. 프로그래밍 예제로 이러한 이미지 캡셔닝 네트워크를 구현하고 어떻게 그림 집합의 텍스트 설명을 생성하는 데 이를 사용할 수 있는지 보여준다.

17장 '추가적인 주제 메들리'

지금까지 주제가 서로에 기반하여 만들어지도록 구조화했다. 17장에서는 이전 장에 포함시킬 좋은 방법을 찾지 못했던 몇 가지 주제를 소개한다. 이러한 주제의 예제로는 오토인코더, 멀티모달 학습, 멀티태스크 학습, 신경 아키텍처 검색 등이다.

18장 '정리 및 다음 단계'

마지막으로 18장에서는 이전 장에서 논의한 주제를 정리하고 요약해 여러분이 이 책에서 설명한 핵심 개념을 잘 이해하고 있는지 확인할 수 있는 기회를 제공한다. 요약에 더해서 여러분이 가고자 하는 방향에 따라 맞춰진, 예를 들면 고도로 이론적이거나 더욱 실제적인 미래의 독서 방향을 제시한다. 또한 윤리적 AI와 데이터 윤리 관련 주제를 논의한다.

부록 A '선형 회귀와 선형 분류기'

이 책은 DL에 집중한다. 우리가 주제에 접근하는 방법은 먼저 전통적인 ML 기법을 설명하지 않고 DL에 뛰어드는 것이다. 그러나 이번 부록은 매우 기본적인 ML 주제를 설명하여 여러분이 제시된 몇몇 DL 개념이 어떻게 더욱 전통적인 ML 기법에 연관되어 있는지 알 수 있게 한다. 부록 A는 논리적으로 3장 다음이다.

부록 B '물체 탐지와 세분화'

한 이미지 내의 여러 물체를 탐지하고 분류하는 기법을 설명한다. 이는 또한 물체 주위에 경계 상자를 그리는 거친 기법 및 특정 물체에 해당하는 이미지 내 개별 픽셀을 정확히 집어내는 세밀한 기법 모두를 포함한다. 부록 B는 논리적으로 8장 다음이다.

부록 C 'word2vec과 GloVe 너머의 단어 임베딩'

단어 임베딩을 위한 더욱 정교한 기법을 설명한다. 특히 이러한 기법은 훈련 데이터셋에 없는 단어들을 다룰 수 있다. 추가로 단어가 문맥에 따라 의미가 다른 경우를 다룰 수 있는 기법을 설명한다. 부록 C는 논리적으로 13장 다음이다.

부록 D 'GPT, BERT, RoBERTa'

트랜스포머로부터 만들어지는 아키텍처를 설명한다. 이 네트워크 아키텍처는 많은 NLP 과제를 상당히 개선했다. 부록 D는 논리적으로 15장 다음이다.

부록 E '뉴턴-랩슨 대 경사 하강'

2장에서는 **경사 하강**이라 부르는 수학적 개념의 기법을 소개하는데, 부록 E는 **뉴턴-랩슨**Newton-Raphson이라 알려진 다른 방법 및 이것이 경사 하강과 어떻게 연관이 있는지 설명한다.

부록 F '숫자 분류 네트워크의 행렬 구현'

4장에는 파이썬 코드로 신경망을 구현하는 프로그래밍 예제가 포함되는데, 부록 F는 그 프로그래밍 예제의 최적화된 변형 두 가지를 설명한다.

부록 G '합성곱 층을 수학적 합성곱과 연관시키기'

7장에서는 합성곱 신경망을 설명하는데, 이들은 **합성곱**convolution이라 알려진 수학적 연산에 근거하며 이로부터 이름을 얻었다. 부록 G는 이와 같은 연결을 더 자세히 설명한다.

부록 H '게이트 순환 유닛'

10장에서는 **장단기 메모리**LSTM라 알려진 네트워크를 설명하는데, 부록 H에서 이 유닛의 더 단순한 버전인 **게이트 순환 유닛**GRU, Gated Recurrent Unit을 설명한다.

부록 I '개발 환경 설정'

개발 환경을 설정하는 방법에 대한 정보와 함께, 딥러닝 프레임워크를 설치하는 방법과 코드 예제를 어디에서 찾을 수 있는지도 알아본다. 또한 이 책의 코드 예제에 쓰인 두 가지 DL 프레임워크인 텐서플로와 파이토치의 주요 차이점을 간단하게 설명한다.

부록 J '치트 시트'

이 책에 실린 상당 부분의 내용을 요약하는 치트 시트 세트를 포함하고 있으며, 이들은 http://informit.com/title/9780137470358에서 다른 형태로 다운로드 가능하다.

01

로젠블랫 퍼셉트론

1장은 로젠블랫 퍼셉트론Rosenblatt perceptron을 설명하고 사용하는 방법을 보여준다. 3장과 5장은 네트워크를 더욱 발전시킬 수 있도록 퍼셉트론이 시간에 따라 어떻게 변해왔는지 설명한다. 퍼셉트론은 인공 뉴런, 즉 생물학적 뉴런의 모델이다. 그러므로 그림 1-1에 나타나 있듯이 우선 생물학적 뉴런 부분을 간단히 설명하는 것이 적절하겠다.

생물학적 뉴런은 세포체cell body, 여러 개의 수상돌기dendrite, 하나의 축색돌기axon로 이뤄져 있다. 뉴런 사이의 연결은 시냅스synapse라 부른다. 뉴런은 수상돌기에서 자극을 받

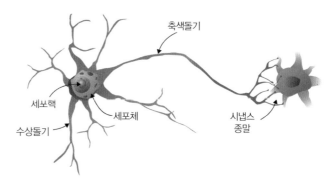

그림 1-1 생물학적 뉴런(출처: Glassner, A., Deep Learning: From Basics to Practice, The Imaginary Institute, 2018)

고, 자극이 충분할 경우 뉴런이 발동되며fire(활성화되거나 흥분된다고도 한다), 축색돌기에서 자극을 출력하고, 이는 자극된 뉴런에 시냅스 연결을 갖는 다른 뉴런으로 전이된다. 시냅스 신호는 흥분적이거나 억제적이다. 즉, 어떤 신호는 뉴런을 발동시키는 대신 발동을 막는다.

퍼셉트론은 연산 유닛computational unit, 다수의 입력(이 중 하나는 특별한 **편향 입력**bias input이며, 이번 장에서 나중에 자세히 설명한다)으로 되어 있으며, 입력 각각은 결합된 입력 가중치와 단일 출력을 갖는다. 그림 1-2에서 퍼셉트론을 보여준다.

입력은 통상적으로 n개의 일반적인 입력인 경우 x_0, x_1, ..., x_n으로 이름을 매기며(x_0는 편향 입력이다), 출력은 통상적으로 이름이 y다. 입력과 출력은 대략적으로 수상돌기와 축색돌기에 해당한다. 각 입력은 결합된 가중치(w_i, 이때 i = 0, ..., n)를 가지며, 이는 역사적으로 **시냅스 가중치**synaptic weight라 불러왔다. 어떤 의미에서는 이것이 한 뉴런에서 다른 뉴런으로의 연결이 얼마나 강한지를 나타내기 때문이지만, 오늘날에는 통상적으로 가중치 혹은 **입력 가중치**input weight라 부른다. 퍼셉트론에서 출력은 오직 −1 아니면 1이라는 두 값 중 하나만 취할 수 있지만, 이 제약은 추후의 장에서 논의하는 다른 형태의 인공 뉴런에서 실숫값 범위로 완화될 것이다. 편향 입력은 언제나 1이다. 각 입력값은 생물학 뉴런의 세포체에 해당하는 연산 유닛(그림 1-2에서 점선으로 된 둥근 모서리를 가진

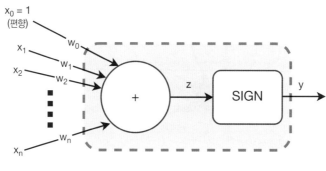

그림 1-2 퍼셉트론

직사각형)에 제시되기 전에 해당하는 가중치로 곱해진다.[1] 연산 유닛은 입력의 가중된 합을 계산하며, 그런 다음 활성 함수activation function라 부르는 $y = f(z)$를 적용한다. 이때 z는 가중된 입력의 합이다. 퍼셉트론의 활성 함수는 부호 함수이며 이는 또한 시그넘 함수signum function[2]라 알려져 있는데, 입력이 0이거나 이보다 크면 1로, 아니면 −1로 값 매김된다. 부호 함수는 그림 1-3에서 보여준다.

> **퍼셉트론**은 **인공 뉴런**의 한 형태다. 이는 입력을 합하여 중간값 z를 계산하고, **활성 함수**에 공급한다. 퍼셉트론은 **부호 함수**를 활성 함수로 사용하지만, **다른 인공 뉴런은 다른 함수를 사용한다.**

요약하자면 퍼셉트론은 가중합이 0보다 적으면 −1을, 아니면 1을 출력한다. 이를 방

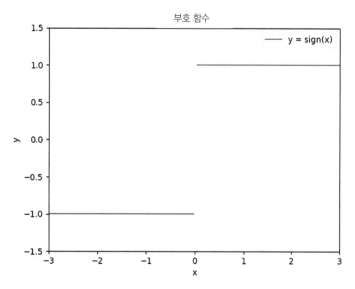

그림 1-3 부호(아니면 시그넘) 함수. 그림은 포괄적인 함수에 통상적으로 쓰이는 변수명을 사용한다(y는 x의 함수나). 퍼셉트론의 사용 사례에서 시그넘 함수의 입력은 x가 아닌 가중합 z다.

---

1 여기서부터는 생물학적 뉴런을 논의하지 않으므로, 앞으로 뉴런을 언급하면 이는 '인공' 뉴런을 뜻한다. 추가로, 퍼셉트론을 종 종 뉴런이라고 부르는데 왜냐하면 퍼셉트론은 뉴런의 특별한 형태이며 오직 퍼셉트론에만 적용되는 속성을 자세히 다룰 때를 제외하면 더 포괄적인 이름인 '뉴런'을 선호하기 때문이다.

2 시그넘 함수는 퍼셉트론이 아닌 (이후의 장들에서 설명하는) 다른 뉴런에서 쓰이는 시그모이드 함수(sigmoid function)와 혼동 해서는 안 된다.

정식으로 쓰면 다음과 같다.

$$y = f(z), \text{ 이때}$$

$$z = \sum_{i=0}^{n} w_i x_i$$

$$f(z) = \begin{cases} -1, & z < 0 \\ 1, & z \geq 0 \end{cases}$$

$$x_0 = 1 \text{(편향 항)}$$

편향 항bias term x_0는 언제나 값 1로 할당된다는 점에서 이것이 특별하다는 것을 주지하라. 해당 가중치 w_0는 다른 가중치들과 똑같이 다룬다. 코드 1-1은 이 함수를 파이썬에서 프로그램으로 구현한다. x의 첫 번째 요소는 편향 항을 나타내므로 함수의 호출자가 이를 반드시 1로 설정해야 한다.

코드 1-1 퍼셉트론 함수의 파이썬 구현

```python
# 벡터 x의 첫 번째 요소는 반드시 1이어야 한다.
# n개 입력을 가진 뉴런의 w와 x의 길이는 반드시 n+1이어야 한다.
def compute_output(w, x):
    z = 0.0
    for i in range(len(w)):
        z += x[i] * w[i] # 가중된 입력의 합을 계산한다.
    if z < 0: # 부호 함수를 적용한다.
        return -1
    else:
        return 1
```

'들어가며'에서 파이썬을 배울 것을 권했다. 아직 배우지 않았다면 지금이 파이썬 튜토리얼을 시작할 좋은 때다.

지금은 특별한 편향 입력이 이상해 보일 수도 있지만, 추후 편향 가중치를 바꾸는 것이 어떻게 퍼셉트론에서 임계치를 수정해 출력값을 바꾸는 것과 동등해지는지 보여준다.

2입력 퍼셉트론 예제

간단한 예제로 퍼셉트론이 어떻게 실제로 동작하는지 개념을 제시한다. 2개의 입력 및 추가로 편향 입력을 가진 퍼셉트론을 공부해보자. 지금은 가중치를 $w_0 = 0.9$, $w_1 = -0.6$, $w_2 = -0.5$라 두자. 그림 1-4를 참고하라.

이제 두 입력이 각각 오직 -1.0과 1.0만 값으로 받을 수 있다고 가정하고, 모든 입력 조합에 따라 퍼셉트론이 어떻게 움직이는지 보자. 직접 해보고 싶다면 코드 1-1을 파이썬 인터프리터 창에 붙여넣고 선택한 가중치 및 각각 다른 x 입력 조합으로 함수를 호출할 수 있다. 첫 번째 x 입력은 언제나 반드시 1.0임을 기억하라. 이는 편향 항을 나타내기 때문이다. 모두 다른 x 입력 조합으로 함수를 네 번 호출하면 다음과 같은 결과가 나와야 한다.

```
>>> compute_output([0.9, -0.6, -0.5], [1.0, -1.0, -1.0])
1
>>> compute_output([0.9, -0.6, -0.5], [1.0, -1.0, 1.0])
1
>>> compute_output([0.9, -0.6, -0.5], [1.0, 1.0, -1.0])
1
>>> compute_output([0.9, -0.6, -0.5], [1.0, 1.0, 1.0])
-1
```

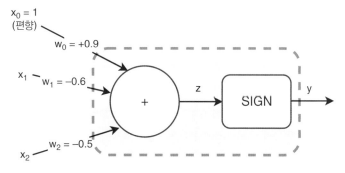

그림 1-4 2개의 입력(편향 입력 추가)과 정의된 가중치를 가진 퍼셉트론

이 움직임을 더 자세히 보기 위해 표 1-1에서 4개의 조합을 보여준다.

표 1-1 2개의 입력을 가진 퍼셉트론의 움직임[†]

X_0	X_1	X_2	W_0*X_0	W_1*X_1	W_2*X_2	Z	Y
1	−1 (False)	−1 (False)	0.9	0.6	0.5	2.0	1 (True)
1	1 (True)	−1 (False)	0.9	−0.6	0.5	0.8	1 (True)
1	−1 (False)	1 (True)	0.9	0.6	−0.5	1.0	1 (True)
1	1 (True)	1 (True)	0.9	−0.6	−0.5	−0.2	−1 (False)

[†] 입력과 출력의 값은 부울값으로 해석될 수도 있다.

표 1-1은 입력 및 출력, 가중치를 적용하고 난 뒤의 중간값 및 활성 함수를 적용하기 전의 합을 보여준다. 입력과 출력을 −1이 False(거짓)이고 +1이 True(참)인 부울값[Boolean value]으로 해석하면 어떤 일이 벌어지는지 보라. 이러한 특정 가중치를 가진 퍼셉트론은 NAND 게이트를 구현한다! 닐슨[Nielsen]의 말을 의역해보면, 우리는 여러 개의 NAND 게이트를 조합하면 어떤 논리 함수라도 만들 수 있음을 알고 있으므로 이는 안심이 되는 일이지만, 신경망이 단지 부울 논리보다는 더 신나는 무언가일 것이라고 기대했다는 점에서 다소 실망스럽기도 하다(Nielsen, 2015).

> '들어가며'에서 전통적인 머신러닝 기법으로 시작하지 않고 더 최신의 것으로 바로 들어가기를 원한다고 말해놓고는 지금은 기본적인 이항 논리 게이트에 대해 이야기를 시작하고 있다. 전혀 멋있지 않다! 완전 실패한 것처럼 보이지만 참아주길 바란다. 우리는 적어도 이미 뉴런에 대해 이야기를 시작하고 있으며, 곧 이를 더 인상적으로 사용하는 방법을 살펴볼 예정이다.

곧 보겠지만 신경망은 부울 논리와 다른 것으로 밝혀진다. 이 차이는 신경망이 해낼 수 있는 엄청난 일들을 보여주는 이후의 장들에서 더욱 분명해진다. 일단 몇 가지 구체적인 차이를 나열해보자.

- 퍼셉트론 입력은 부울값에 한정되지 않는다. 게다가 퍼셉트론이 오직 두 값 중 하나만 출력하도록 제한되더라도, 다른 뉴런 모델은 실숫값 범위를 출력할 수 있다.

- 우리의 단순한 예제에서 퍼셉트론은 오직 2개의 입력을 가지며 기본적인 논리 함수를 구현한다. 이 책에서 나중에 공부하는 네트워크에서는 각 뉴런이 더 많은 입력을 가지며, 통상적인 논리 게이트의 경우보다 더 많을 때가 많다. 각 뉴런은 또한 AND나 OR보다 더 복잡한 함수를 구현할 수 있다.

- 우리는 예제를 통해 학습함으로써 자동적으로 신경망을 디자인하는 데 쓰일 수 있는 학습 알고리듬을 알고 있다. 흥미롭게도 결과 네트워크는 아직 관찰하지 않은 예제를 위한 적절한 움직임을 일반화하고 학습하는 경향이 있다(이 발언이 꽤 추상적으로 보이겠지만, 다음 절에서 퍼셉트론 학습 알고리듬을 소개하고, 4장 '다중클래스 분류에 적용된 완전 연결 네트워크'에서는 일반화를 논의한다).

퍼셉트론 학습 알고리듬

이전 예제에서는 다소 임의적인 가중치 3개를 골랐으며, 이는 입력을 부울값으로 보면 마치 NAND 게이트처럼 움직이는 퍼셉트론이 됐다. 표 1-1을 조사해보면 선택한 가중치가 이러한 결과를 내놓은 유일한 것이 아님을 스스로 꽤 쉽게 알 수 있다. 예를 들면, z 값은 모든 경우에 0으로부터의 거리가 꽤 멀다는 것을 볼 수 있으므로 가중치 중 하나를 0.1만큼 어느 방향에서든지 바꿔도 여전히 같은 움직임을 볼 수 있어야 한다. 이는 애초에 어떻게 이러한 가중치를 얻게 됐는지, 그리고 가중치를 정하는 일반적인 접근법이 있는지에 대한 의문을 불러온다. 여기서 퍼셉트론 학습 알고리듬이 역할을 한다.

먼저 알고리듬 자체를 설명하고 몇 가지 문제에 이를 적용한다. 이들 실험은 알고리듬이 어떻게 작동하는지에 대한 이해를 제공하지만 또한 퍼셉트론의 한계를 어느 정도 드러낸다. 그 뒤 이러한 한계를 극복하는 것이 가능함을 보여주며 퍼셉트론을 다른 각도에서 조사한다. 2장 '기울기 기반 학습'에서는 알고리듬이 무엇을 하는지를 넘어 좀 더 형식적인 추론에 대해 설명한다.

퍼셉트론 학습 알고리듬은 **지도 학습 알고리듬**supervised learning algorithm이라 부른다. 지도라는 개념은 훈련시키는 **모델**model(이 경우 퍼셉트론)에 입력 데이터 및 원하는 출력 데이터 (**정답**ground truth이라고도 함)를 제시함을 뜻한다. 이 모델이 특정 입력이 해당 출력과 연관이 있음을 학습할 것이라고 기대하면서 선생이 모델에 질문과 답을 제시하는 것으로 생각해보자. 지도 학습의 반대는 비지도 학습unsupervised learning으로, 이때 학습 알고리듬은 데이터에서 패턴을 스스로 찾을 책임을 진다. 이러한 개념의 예로는 자연어 텍스트에서 구조를 찾을 수 있는 알고리듬이 있다. 이 개념은 텍스트를 자동완성하는 모델을 훈련시키는 11장 'LSTM과 빔 검색으로 하는 텍스트 자동완성'에서 더 자세히 알아본다.

> **모델**이란 용어는 **네트워크**와 같은 뜻을 갖는 경우가 종종 있다. 즉, 모델 훈련에 관해 이야기할 때 이는 하나 이상의 뉴런으로 구성된 네트워크를 위한 가중치를 찾는 것과 같다.

예제에는 4개의 입력/출력 데이터 집합이 있으며, 각각은 표 1-1의 행에 해당한다. 알고리듬은 다음과 같이 동작한다.

1. 가중치를 무작위로 초기화한다.

2. 입력/출력 쌍 하나를 무작위로 선택한다.

3. 값 $x_1, \ldots, x_n$을 퍼셉트론에 제시하고 출력 y를 계산한다.

4. 출력 y가 입력/출력 쌍의 정답과 다르면, 가중치를 다음과 같은 방법으로 조정한다.

   a. $y < 0$이면, 각 w_i에 ηx_i를 더한다.

   b. $y > 0$이면, 각 w_i에서 ηx_i를 뺀다.

5. 퍼셉트론이 모든 예시를 올바르게 예측할 때까지 2, 3, 4단계를 반복한다.

퍼셉트론은 예측할 수 있는 것에 있어서 특정 한계를 지니므로, 어떠한 입력/출력 쌍의 집합에서는 알고리듬이 수렴하지 않는다. 그러나 퍼셉트론이 입력/출력 쌍의 집합을 나타낼 수 있게 하는 가중치 집합을 찾을 수 있다면, 이러한 가중치를 찾음으로써 알고리듬이 수렴함을 보장할 수 있다. 임의의 상수 η는 **학습률**learning rate3이라 알려져 있으며 이는 1로 둘 수 있지만, 알고리듬이 더 빨리 수렴하도록 다른 값으로 둘 수도 있다. 학습률은 학습 알고리듬에 의해 조정되지는 않지만 여전히 조정 가능한 매개변수인 **초매개변수**hyperparameter의 예시 중 하나다. 퍼셉트론에서 가중치는 0으로 초기화할 수 있지만, 더 복잡한 신경망에서 그렇게 하는 것은 좋은 생각이 아니다. 따라서 이에 익숙해지도록 무작위로 초기화한다. 마지막으로 4단계에서 모든 가중치가 같은 양으로 조정되는 것처럼 보이지만, 입력 x_i가 -1 그리고 1 두 값만을 취하도록 제한되는 것은 아님을 기억하라. 어떤 입력은 0.4 그리고 또 다른 입력은 0.9일 수 있으므로, 실제 가중치 조정도 달라진다.

이제 알고리듬의 파이썬 구현을 진행하고 이를 NAND 예제에 적용한다. 코드 1-2는 초기화 코드를 보여주는데, 먼저 무작위화를 위한 라이브러리를 임포트하고 훈련 예제와 퍼셉트론 가중치를 위한 변수를 초기화한다.

코드 1-2 퍼셉트론 학습 예제를 위한 초기화 코드

```python
import random

def show_learning(w):
    print('w0 =', '%5.2f' % w[0], ', w1 =', '%5.2f' % w[1],
          ', w2 =', '%5.2f' % w[2])

# 훈련 과정을 통제하는 데 필요한 변수를 정의한다.
random.seed(7) # 반복이 가능하도록
LEARNING_RATE = 0.1
```

---

3 퍼셉트론 학습 알고리듬에 대한 몇몇 설명에서는 학습률 매개변수를 포함하지 않지만, 더 복잡한 네트워크에 쓰이는 학습 알고리듬에서는 학습률이 중요한 매개변수이므로 여기서 소개하기로 했다.

```
index_list = [0, 1, 2, 3] # 순서를 무작위화하기 위해

# 훈련 예제를 정의한다.
x_train = [(1.0, -1.0, -1.0), (1.0, -1.0, 1.0),
    (1.0, 1.0, -1.0), (1.0, 1.0, 1.0)] # 입력
y_train = [1.0, 1.0, 1.0, -1.0] # 출력(정답)

# 퍼셉트론 가중치를 정의한다.
w = [0.2, -0.6, 0.25] # 어떠한 '무작위' 숫자로 초기화한다.

# 초기 가중치를 인쇄한다.
show_learning(w)
```

입력 예제가 3개의 값으로 구성되어 있지만 첫 번째 값이 편향 항 때문에 언제나 1임을 주지하라. 코드 1-3은 코드 1-1에서 보여주는 퍼셉트론 출력 연산을 다시 쓴다.

코드 1-3 코드 1-1에서 보여준 퍼셉트론 함수

```
# 벡터 x의 첫 번째 요소는 반드시 1이어야 한다.
# n개 입력을 가진 뉴런의 w와 x의 길이는 반드시 n+1이어야 한다.
def compute_output(w, x):
    z = 0.0
    for i in range(len(w)):
        z += x[i] * w[i] # 가중된 입력의 합을 계산한다.
    if z < 0: # 부호 함수를 적용한다.
        return -1
    else:
        return 1
```

코드 1-4는 퍼셉트론 훈련 루프^{loop}를 포함한다. 이는 중첩된 루프로, 안쪽 루프가 4개의 훈련 예제를 무작위 순서로 실행한다. 각 예제에서 이는 출력을 계산하고 출력이 틀렸다면 가중치를 조정하고 인쇄한다. 가중치 조정 줄은 우리가 설명한 알고리듬과 살짝 다른 미묘한 내용을 포함한다. 가중치를 조정하기 위해 더하거나 뺄지를 if 문을 사용해 결정하는 대신에, 조정값이 y만큼 곱해진다. y의 값은 −1이거나 +1이며, 이는

업데이트를 위해 덧셈이나 뺄셈 사이에서 선택하는 것이 된다. 바깥 루프는 퍼셉트론이 4개의 모든 예제에 대해 올바른 출력을 내놓는지 테스트하며, 만일 그렇다면 프로그램을 종료한다.

코드 1-4 퍼셉트론 훈련 루프

```
# 퍼셉트론 훈련 루프
all_correct = False
while not all_correct:
    all_correct = True
    random.shuffle(index_list) # 순서를 무작위화한다.
    for i in index_list:
        x = x_train[i]
        y = y_train[i]⁴
        p_out = compute_output(w, x) # 퍼셉트론 함수

        if y != p_out: # 틀렸다면 가중치를 업데이트한다.
            for j in range(0, len(w)):
                w[j] += (y * LEARNING_RATE * x[j])
            all_correct = False
            show_learning(w) # 업데이트된 가중치를 보여준다.
```

이들 코드 3개를 한 파일에 붙여놓고 파이썬 인터프리터에서 실행하면 출력이 다음과 같이 보일 것이다.

```
w0 = 0.20 , w1 = -0.60 , w2 = 0.25
w0 = 0.30 , w1 = -0.50 , w2 = 0.15
w0 = 0.40 , w1 = -0.40 , w2 = 0.05
w0 = 0.30 , w1 = -0.50 , w2 = -0.05
w0 = 0.40 , w1 = -0.40 , w2 = -0.15
```

가중치가 어떻게 초깃값에서 올바른 출력을 내놓는 가중치로 조정되는지 보라. 이 책의 코드 예제 대부분은 무작위 값을 사용하므로 여러분의 결과는 우리 결과와 정확히 같지 않을 수 있다.

---

4 여기서 y는 네트워크 출력이 아닌 정답을 가리키고 있음을 주지하라.

설명한 파이썬 구현과 함께, 동일한 계산을 수행하는 스프레드 시트 또한 제공한다. 가중치와 입력값을 스프레드 시트에서 직접 수정하면 직관을 키우는 데 좋은 경우가 많다. 부록 I의 프로그래밍 예제 절에서 스프레드 시트를 다운로드하는 위치를 찾을 수 있다.

이제 이 알고리듬이 NAND 함수를 학습할 수 있음을 봤으므로 배운 내용을 더 깊게 살펴보겠다. 지금까지는 입력이 두 값(-1 아니면 1) 중 오직 하나만 받도록 스스로를 제한했다. 그러나 그 어떠한 것도 두 입력에 실숫값을 넣는 것을 막지 않는다. 즉, 퍼셉트론에 2개의 어떤 실수 조합이든 줄 수 있으며 이는 출력에서 -1 아니면 1을 내놓을 것이다. 이를 보여주는 한 가지 방법은 한 축은 첫 번째 입력(x_1)을 나타내고 다른 축은 두 번째 입력(x_2)를 나타내는 2차원 좌표계의 차트를 만드는 것이다. 이 좌표계에서 각 점에 대해 퍼셉트론이 내놓는 값에 따라 '+' 아니면 '−'를 표시할 수 있다. 이러한 차트는 그림 1-5에 그려져 있다.

이 차트는 함수 $y = f(x_1, x_2)$를 그리는 전통적인 방식과 다르다. 두 값을 입력으로 받고 값 하나를 출력으로 내놓은 함수의 전통적인 그림은 두 입력의 함수가 무언가 면으

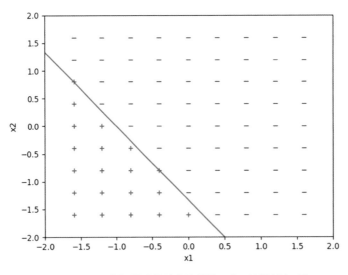

그림 1-5 퍼셉트론의 출력이 두 입력 x_1과 x_2의 함수인 그림

로 그려지는 3차원 차트를 만들어낼 것이다(이는 나중에 '퍼셉트론의 기하학적 해석' 절에서 보여준다). 그림 1-5는 출력값을 축(3차원 차트의 z축)에 그리는 대신에 수치를 차트에 기호 (+와 −)로 보여준다는 점에서 다르다. 이렇게 단순하게 할 수 있는 이유는 가능한 값이 오직 2개뿐이며(−1과 1), 이들이 보기 좋은 단순한 패턴에 잘 맞기 때문이다.

그림에서 볼 수 있듯이 퍼셉트론은 2차원 공간을 직선으로 분리된 두 영역으로 나누며, 이때 선의 한쪽 면에 있는 모든 입력값이 출력을 −1로, 선의 다른 쪽 면에 있는 모든 입력값이 출력을 +1로 만들어낸다. 애초에 이러한 차트를 어떻게 생각해냈는지가 궁금할 수 있다. 한 가지 무식한 방법은 (x_1, x_2) 쌍의 모든 조합을 테스트하고 퍼셉트론의 출력을 기록하는 것이다. 이 논의의 목적을 위해서는 괜찮은 방법일 수 있겠지만, (여러분이 흥미가 있다면) 두 영역을 분리하는 선의 방정식을 유도하는 편이 간단하다. 우리는 선이 퍼셉트론의 음과 양 출력값 사이의 경계를 나타냄을 알고 있다. 이 경계는 바로 입력의 가중합이 0인 곳이다. 왜냐하면 부호 함수는 입력이 0일 때 값을 바꾸기 때문이다. 즉, 다음과 같다.

$$w_0 x_0 + w_1 x_1 + w_2 x_2 = 0$$

x_2가 x_1의 함수가 되도록 방정식을 다시 쓰고 싶다. 왜냐하면 x_2는 y축에 그려지며, 보통 직선을 그릴 때 $y = f(x)$처럼 하기 때문이다. x_0에 1을 넣고 방정식을 x_2에 대해 풀면 다음과 같다.

$$x_2 = -\frac{w_1}{w_2} x_1 - \frac{w_0}{w_2}$$

다시 말해, 이는 기울기가 $-w_1/w_2$이며 y 절편이 $-w_0/w_2$인 직선이다.

이제 이러한 형태의 차트에 익숙하므로 학습 과정을 더 자세히 볼 수 있다. 프로그램의 초기화 코드를 코드 1-5와 같이 확장된 버전으로 바꾼다. 이 코드에서 show_learning() 을 확장해 앞에서 설명한 그림을 만들어낼 수 있게 했다. 바뀐 코드 1-5에 더해서 다음 코드를 프로그램의 끝에 추가해야 한다.

```
plt.show()
```

도표 루틴은 재미없는 이야기다. 또한 이 책의 나중 내용과 관련이 없으므로 설명하지 않는다.

코드 1-5 초기화 코드를 함수로 확장한 버전으로 출력을 그림

```python
import matplotlib.pyplot as plt
import random

# 그리는 데 필요한 변수를 정의한다.
color_list = ['r-', 'm-', 'y-', 'c-', 'b-', 'g-']
color_index = 0

def show_learning(w):
    global color_index
    print('w0 =', '%5.2f' % w[0], ', w1 =', '%5.2f' % w[1],
          ', w2 =', '%5.2f' % w[2])
    if color_index == 0:
        plt.plot([1.0], [1.0], 'b_', markersize=12)
        plt.plot([-1.0, 1.0, -1.0], [1.0, -1.0, -1.0],
                 'r+', markersize=12)
        plt.axis([-2, 2, -2, 2])
        plt.xlabel('x1')
        plt.ylabel('x2')
    x = [-2.0, 2.0]
    if abs(w[2]) < 1e-5:
        y = [-w[1]/(1e-5)*(-2.0)+(-w[0]/(1e-5)),
             -w[1]/(1e-5)*(2.0)+(-w[0]/(1e-5))]
    else:
        y = [-w[1]/w[2]*(-2.0)+(-w[0]/w[2]),
             -w[1]/w[2]*(2.0)+(-w[0]/w[2])]
    plt.plot(x, y, color_list[color_index])
    if color_index < (len(color_list) - 1):
        color_index += 1

# 훈련 과정을 통제하는 변수를 정의한다.
```

```
random.seed(7) # 반복이 가능하도록
LEARNING_RATE = 0.1
index_list = [0, 1, 2, 3] # 순서를 무작위화하기 위해

# 훈련 예제를 정의한다.
x_train = [(1.0, -1.0, -1.0), (1.0, -1.0, 1.0),
    (1.0, 1.0, -1.0), (1.0, 1.0, 1.0)] # 입력
y_train = [1.0, 1.0, 1.0, -1.0] # 출력(정답)

# 퍼셉트론 가중치를 정의한다.
w = [0.2, -0.6, 0.25] # 어떠한 '무작위' 숫자로 초기화한다.

# 초기 가중치를 인쇄한다.
show_learning(w)
```

결과 도표는 그림 1-6에서 보여주며, 4개의 입력 지점을 3개의 더하기 부호와 1개의
빼기 부호로 볼 수 있다. 빨간색 선은 가중치의 초기 집합에 해당하며, 차트를 더하기
와 빼기 부호로 올바르게 나누지 못한다. 각 가중치 업데이트마다 주홍, 노랑, 청록, 파
랑 색깔 순서로 다른 선을 그린다. 파란색 선이 차트를 올바르게 나누며 모든 더하기

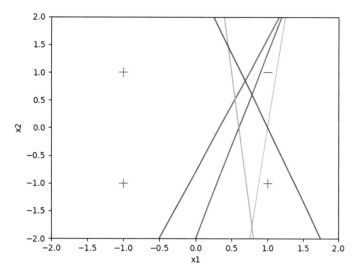

그림 1-6 빨강, 주홍, 노랑, 청록, 파랑의 순서로 학습 과정이 진행됨

부호가 한 면에 그리고 빼기 부호가 다른 면에 위치하므로 학습 알고리듬이 종료된다.

지금까지 퍼셉트론이 값이 2개인 입력 쌍을 한 클래스 아니면 다른 클래스에 속하는지 결정할 수 있는 단순한 분류 과제를 수행하도록 학습할 수 있음을 보였다. 이는 개와 고양이를 구별할 정도로 발전하지는 않았지만, 뛸 수 있기 전에 걷기부터 배워야 한다.

퍼셉트론의 한계

2장에서는 학습 알고리듬이 작동하는 이유를 정당화하기 위해 학습 알고리듬을 더 자세히 살펴본다. 그러나 여러분도 아마 알아챘겠지만 우리는 방금 퍼셉트론의 큰 한계에 맞닥뜨렸다.[5] 잠시 짬을 내서 이러한 한계의 영향을 이해해보자.

2입력 퍼셉트론이 어떻게 데이터 지점의 두 그룹 사이에 직선을 그리는지 봤다. 이는 신나는 일이지만, 만일 직선이 데이터 지점을 분리할 수 없다면 무슨 일이 벌어지는 가? 이러한 사례를 다른 부울 함수, 즉 XOR이라 알려져 있는 배타적 OR[exclusive OR]로 알아보자. 진리표는 표 1-2에 있다.

표 1-2 입력이 2개인 XOR 게이트의 진리표

X_0	X_1	Y
False	False	False
True	False	True
False	True	True
True	True	False

그림 1-7은 이 4개의 데이터 지점을 앞서 공부했던 차트와 같은 형태로 보여주며, 알고리듬이 더하기 및 빼기 부호 사이에서 어떻게 선을 그리려 시도하는지 묘사한다. 상

---

5 이를 알아채지 못했더라도 전혀 문제없다. 처음 봤다면 알아채지 못한 것이 당연하다.

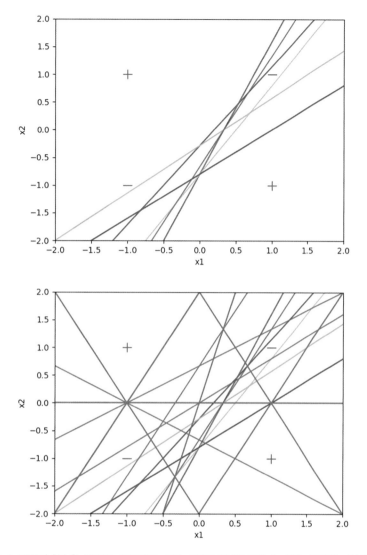

그림 1-7 XOR의 학습을 시도하는 퍼셉트론. 상단: 6번의 가중치 조정 후, 하단: 30번의 가중치 조정 후

단 차트는 6번의 가중치 업데이트를 한 후를, 하단 차트는 30번의 가중치 업데이트를 한 후를 보여준다. 이를 보면 선을 그리는 색이 부족하다. 그리고 알고리듬은 절대로 수렴하지 못한다.[6]

---

6 하단 차트를 보면 코드 1-5의 color_list에 있는 6가지 색을 모두 다 써버린 후 초록색으로만 선을 그리고 있다. – 옮긴이

이 문제는 곡선으로 간단하게 풀 수 있지만 직선으로는 불가능하다. 이는 퍼셉트론의 주요 한계 중 하나로, 클래스를 선형으로 분리 가능할 때만 분류 문제를 풀 수가 있다. 2차원(입력 2개)에서 이는 직선으로 데이터 지점의 분리가 가능함을 뜻한다. 따라서 다른 뉴런 모델을 만들어내거나 아니면 이를 복수로 조합해 문제를 풀어야 한다. 다음 절에서 후자의 해법을 살펴본다.

여러 퍼셉트론 조합하기

이전에 단일 퍼셉트론이 차트를 두 영역으로 분리할 수 있음을 보였으며, 이는 차트에 직선을 그려 나타냈다. 이는 다른 퍼셉트론을 추가하면 다른 직선을 그릴 수 있음을 뜻한다. 그림 1-8은 이러한 시도 중 하나를 보여준다. 한 직선이 빼기 기호 중 하나를 다른 모든 데이터 지점으로부터 분리한다. 비슷하게 또 다른 선이 또 다른 빼기 기호를 다른 모든 데이터 지점으로부터 분리한다. 이렇게 어떻게든 두 선 사이에 있는 데이터 지점에서만 1을 출력할 수 있다면, 문제를 풀게 된다.

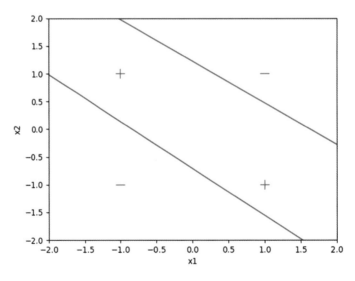

그림 1-8 두 선에 의해 고립된 XOR 출력값

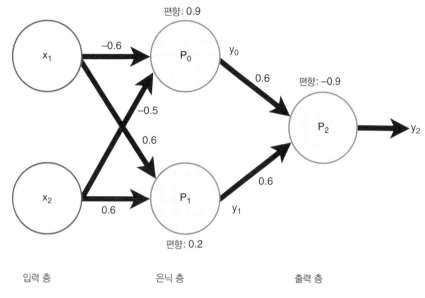

그림 1-9 XOR 함수를 구현하는 2수준 피드포워드 네트워크

이를 보는 또 다른 방법은 두 퍼셉트론 각각이 4개의 데이터 지점 중 3개에서만 올바르게 발동되는지 살펴보는 것이다. 즉, 두 퍼셉트론 모두 거의 올바른 일을 한다는 뜻이다.[7] 이들 모두 데이터 지점 하나를 틀리게 범주화하지만, 동일한 지점을 틀리는 것은 아니다. 두 퍼셉트론의 출력을 조합해 둘 다 출력을 1로 계산할 때만 1을 출력한다면 올바른 결과를 얻게 된다. 그러므로 우리가 원하는 것은 이들의 출력에 AND를 적용하는 것이며, 우리는 그 방법을 알고 있다. 단지 이전의 두 퍼셉트론의 출력을 입력으로 사용하는 퍼셉트론을 또 하나 추가하면 된다. 이 2수준 신경망의 아키텍처와 가중치는 그림 1-9에서 보여준다.[8]

표 1-3은 3개 뉴런 각각의 출력을 보여준다. x_1, x_2와 y_2를 보면 신경망이 XOR 함수를 구현한다.

---

7 퍼셉트론이 4개의 점 중 3개 사이에서 일을 올바르게 한다는 뜻이다(세 점 중 하나의 빼기 부호를 가려냄). – 옮긴이

8 이 단락 마지막 문장은 마치 그림 1-9가 그림 1-8의 두 선에 해당하는 것처럼 들린다. 그러나 그렇지 않다. 그림 1-9의 가중치 또한 그림 1-9의 더하기와 빼기 사이에 놓이겠지만 다소 다른 기울기와 방향을 가질 것이다.

표 1-3 XOR 함수를 구현하는 네트워크를 보여주는 입력값과 출력값

X_0	X_1	X_2	Y_0	Y_1	Y_2
1	−1 (False)	−1 (False)	1.0	−1.0	−1.0 (False)
1	1 (True)	−1 (False)	1.0	1.0	1.0 (True)
1	−1 (False)	1 (True)	1.0	1.0	1.0 (True)
1	1 (True)	1 (True)	−1.0	1.0	−1.0 (False)

이 신경망은 완전 연결 피드포워드[9] 네트워크의 가장 단순한 예제다. **완전 연결**fully connected은 한 층에서의 각 뉴런의 출력이 다음 층의 모든 뉴런과 연결되어 있다는 뜻이다. **피드포워드**feedforward는 후방 연결이 없다는 뜻이며, 또는 그래프 용어를 사용하면 방향 있는 비순환적 그래프DAG, Directed Acyclic Graph라는 뜻이다. 그림 또한 층의 개념을 강조하고 있다. 다수준 신경망은 하나의 입력 층, 하나 이상의 은닉 층 그리고 출력 층을 갖는다. 입력 층은 뉴런을 갖지 않고 입력 그 자체만을 갖는다. 즉, 입력 층에는 연관된 가중치가 없다. 우리가 봤던 단일 퍼셉트론 또한 입력 층을 갖지만, 이를 명시적으로 그리지는 않았음을 주지하라. 그림 1-9에서 출력 층은 하나의 뉴런을 갖지만, 일반적으로 출력 층은 하나 이상의 뉴런을 가질 수 있다. 마찬가지로 그림의 네트워크는 오직 하나의 은닉 층을 갖지만(뉴런이 2개), 심층신경망DNN, Deep Neural Network은 하나 이상의 은닉 층 및 통상적으로 각 층에 더 많은 뉴런을 갖는다. 그림에는 가중치(편향을 포함)가 쓰여 있지만, 대부분의 경우 단지 가중치가 그곳에 있을 뿐이며 보이지 않는다고 가정한다. 또한 피드포워드 네트워크는 퍼셉트론이 아닌 신경 모델로부터 만들어졌음

---

9 여러 서적에서 'feedforward'를 '피드포워드', '순전파', '순방향', '앞먹임' 등으로 다양하게 번역하고 있다. 이 책에서 'feedforward'는 피드포워드로 음차하며, 'backpropagation'은 역전파로 번역한다. ― 옮긴이

에도 불구하고 **다수준 퍼셉트론**multilevel perceptron이라 알려져 있기도 한데, 이는 다소 혼란스러울 수도 있는 부분이다.

> **완전 연결 네트워크**에서 한 층의 뉴런은 직전 층의 다른 모든 뉴런으로부터 입력을 받는다. **피드포워드 네트워크** 혹은 **다수준 퍼셉트론**은 순환이 없다. **입력 층**은 뉴런이 없다. **은닉 층** 뉴런의 출력은 네트워크의 바깥에서 보이지 않는다(이들은 숨겨져 있음). DNN은 **복수의 은닉 층**을 갖는다. **출력 층**은 복수의 뉴런을 가질 수 있다.

이 XOR 예제는 '딥러닝은 여러 층의 연산 유닛을 사용하는 머신러닝 알고리듬의 한 종류로, 이때 각 층은 입력 데이터에 대한 자신만의 표현을 학습한다'는 우리의 정의에 더 가까워지기 시작한다. 이러한 '표현representation'은 계층적인 방식으로 후속 층에 의해 조합된다. 이전 예제에서는 복수의(2개) 층이 있었다. 첫 번째 층의 뉴런은 입력 데이터에 대한 자신만의 표현(은닉 층으로부터의 출력)을 가졌으며, 이러한 표현은 출력 층에 의해 계층적으로 조합된다. 남은 것은 '각 층은 자신만의 표현을 학습한다'는 부분이다. 예제에서는 네트워크가 가중치를 학습하지 않고 우리가 가중치를 만들어냈다. 이러한 모든 가중치를 어떻게 만들어냈는지 궁금할 수 있다. 답은 우리가 조심스럽게 골랐다는 것이다. 첫 번째 퍼셉트론의 가중치는 이미 NAND 함수를 구현했다.[10] 그 뒤 첫 번째 층의 두 번째 퍼셉트론의 가중치는 OR 함수를 구현하도록 골랐으며, 마지막으로 두 번째 층의 퍼셉트론 가중치는 AND 함수를 구현하도록 골랐다. 이렇게 함으로써 XOR을 위한 다음의 부울 함수가 됐다.[11]

$$\overline{(A \cdot B)} \cdot (A + B)$$

이 논의에서는 입력값으로 오직 −1과 +1만을 가정하고 있지만, 우리가 만든 신경망은 어떤 실수든지 입력으로 받을 수 있으며, 이는 그림 1-8의 두 선 사이의 모든 지점에서 1을 출력할 것이다. 우리는 신경망이 우리가 원하는 방향으로 움직이도록 가중치를 조

---

10 이 문장은 그림 1-9의 P_0의 가중치가 앞서 보여준 특정한 NAND 게이트에 해당하는 것처럼 말하고 있지만 그렇지 않다. 이 문장은 단순히 P_0의 가중치가 NAND 게이트의 움직임의 결과임을 언급하려는 의도를 갖고 있다.

11 A와 B는 입력에 해당한다. 점 기호는 AND를, + 기호는 OR을 뜻한다. 좌측 수평선은 NOT(inverse)을 뜻한다.

심스럽게 선택했는데, 이와 같은 특정한 예제에는 가능할지 몰라도 일반적인 경우에는 단순한 일이 아닐 것이다. 다수준 신경망을 위한 이와 같은 알고리듬이 존재할까? '들어가며'에서 설명했듯이 민스키Minsky와 파퍼트Papert(1969)는 그렇게 생각하지 않았다. 그러나 역사는 불확신론자들이 틀렸음을 증명했다. 역전파 알고리듬은 적어도 1970년(Linnainmaa, 1970)부터 다양한 문제 형태에 적용되기 시작했으며 1986년(Rumelhart, Hinton, and Williams, 1986)에 신경망에 보급됐다. 이 알고리듬은 3장 '시그모이드 뉴런과 역전파'에서 자세히 다루지만, 먼저 퍼셉트론부터 좀 더 살펴보자.

선형대수로 퍼셉트론 구현하기

선형대수 지식은 신경망을 다룰 때 편리하다. 이제 기본 개념을 소개하고 이들이 퍼셉트론에 어떻게 연결되어 있는지, 그리고 이러한 지식이 왜 유용한지 설명한다. 특히 입력 예제와 퍼셉트론 가중치를 벡터와 행렬로 묘사하는 방법 그리고 어떻게 퍼셉트론 계산의 일부가 내적, 행렬-벡터 곱, 행렬 곱과 동등한지 보여준다. 내적, 행렬-벡터 곱, 행렬 곱의 효율적인 계산은 많은 과학 분야에서 중요하므로, 이러한 연산을 효율적으로 구현하기 위해 많은 노력이 있어왔다. 예를 들어 파이썬으로 프로그래밍한다면 넘파이NumPy라는 패키지가 있으며, 이는 과학적 연산에 쓰인다. 이는 앞서 언급한 연산을 위한 특별한 함수를 갖는다. 내부적으로 넘파이는 기본 선형대수 서브프로그램BLAS, Basic Linear Algebra Subprograms을 활용하며, 이는 실행하는 플랫폼에서 가급적 빠르게 실행되도록 최적화되어 있다. 게다가 여러분에게 CUDA를 실행할 수 있는 그래픽 처리 유닛GPU, Graphics Processing Unit이 있다면, 넘파이가 이러한 연산을 GPU에서 효율적으로 수행할 수 있게 해주는 CUDA BLAScuBLAS 라이브러리가 존재하며,[12] 이는 CPU와 비교하면 몇 배 규모의 가속을 제공할 수 있다.

---

12 현대 DL 프레임워크는 신경망 연산을 GPU에 넘김으로써 가속을 하기 위해 특별히 개발된 cuDNN이라는 라이브러리를 활용한다.

수학적 문제를 **벡터**나 **행렬 형식**으로 구체화하면 효율적인 수학적 라이브러리 구현을 활용할 수 있게 해주며, 이는 **연산을 GPU에 넘길 때** 특히 그러하다.

여러분이 선형대수를 이미 알고 있다면, 이 절의 상당 부분이 기본적인 수학 개념을 설명한다는 사실을 알 수 있다. 그러한 경우 어떻게 퍼셉트론 가중치와 입력이 이러한 기본 개념으로 매핑되는지에 집중해야 한다. 선형대수 지식이 있긴 하지만 이러한 기술을 한동안 사용하지 않았다면, 이 절이 좋은 복습 과정이 될 것이다. 선형대수를 한 번도 접한 적이 없다면 이번 절을 읽기를 권한다. 여기 실린 내용 정도면 많은 독자에게 충분하겠지만, 해당 주제에 대해 더 깊은 설명을 원하는 사람도 있을 수 있다.

벡터 표기법

이전 절에서 각 뉴런을 위한 복수의 입력(x) 및 해당하는 가중치(w), 중간적인 표현(z), 출력(y)과 같은 다수의 변수로 이뤄진 예제를 봤다. 이 모든 변수의 공통점은 이들이 단일 값으로 구성되어 있다는 것으로, **스칼라 변수**scalar variable라고도 한다. 단일 뉴런의 모든 입력 변수 x_0, x_1, ..., x_n처럼 여러 변수가 함께 속해 있는 경우가 많다. 이들을 보는 한 가지 방법은 각각의 독립적인 변수를 단지 전체적인 입력의 한 구성 요소로 보는 것이다. 이 경우 더 간결한 표기법으로 이러한 스칼라값을 벡터 변수로 배열한다.

$$\boldsymbol{x} = \begin{pmatrix} x_0 \\ x_1 \\ \vdots \\ x_n \end{pmatrix}$$

변수의 첨자가 0부터 시작하는 이유는 대부분의 프로그래밍 언어에서 이렇게 되어 있기 때문이다. 선형대수에서의 통상적인 관례는 인덱스를 1부터 시작하는 것인데, 이 책에서는 계속 0을 사용해 일관성을 유지하고 공식을 코드로 옮길 때 혼란을 피하고자 한다.

마찬가지로, 가중치 변수를 단일 가중치 벡터 변수로 배열할 수 있다.

$$\mathbf{w} = \begin{pmatrix} w_0 \\ w_1 \\ \vdots \\ w_n \end{pmatrix}$$

이 책에서는 소문자 **굵은 이탤릭체**를 사용해 벡터를 표기한다.

여러분이 프로그래머라면 벡터가 익숙한 개념이겠지만, 이는 통상적으로 배열array로 알려져 있다. 지금까지 보여준 벡터를 **열 벡터**column vector라고도 하는데, 이들이 열처럼 수직으로 배열되어 있기 때문이다. 또한 요소를 **행 벡터**row vector에 수평으로 배열할 수도 있다. 행 벡터를 열 벡터로 변환하는 데는 **전치**transpose 연산을 사용한다. 벡터 $\mathbf{x}$와 그 전치는 다음과 같다.

$$\mathbf{x} = \begin{pmatrix} x_0 \\ x_1 \\ \vdots \\ x_n \end{pmatrix}, \qquad \mathbf{x}^T = \begin{pmatrix} x_0 & x_1 & \ldots & x_n \end{pmatrix}$$

선형대수 분야에서 수학적인 연산은 벡터 및 연관된 다른 구조를 위해 정의돼왔다. 한 가지 예는 벡터 합으로, 이는 한 벡터를 같은 개수의 요소를 갖는 다른 벡터에 더할 때 사용할 수 있다. 벡터 합은 요소별 연산이다. 두 벡터의 0번 요소가 출력 벡터의 0번 요소를 구성하도록 더해지며, 두 벡터의 1번 요소가 출력 벡터의 1번 요소를 구성하도록 더해지는 것이 계속된다.

$$\mathbf{a} = \begin{pmatrix} a_0 \\ a_1 \\ \vdots \\ a_n \end{pmatrix} \quad \mathbf{b} = \begin{pmatrix} b_0 \\ b_1 \\ \vdots \\ b_n \end{pmatrix} \quad \mathbf{a} + \mathbf{b} = \begin{pmatrix} a_0 + b_0 \\ a_1 + b_1 \\ \vdots \\ a_n + b_n \end{pmatrix}$$

이들 모두 벡터의 요소에 대한 연산을 간결하게 설명할 수 있게 해준다. 이는 단지 추상화일 뿐이다. 방정식을 쓸 때는 개별 요소를 숨기지만, 연산을 수행할 때는 각 개별 값으로 작업한다(그렇지만 앞서 언급했듯이 일부 하드웨어 구현은 연산을 병렬로 효율적으로 할 수 있다).

내적

두 벡터에서 또 다른 중요한 연산은 **내적**dot product이다. 내적은 벡터 합과 마찬가지로 두 벡터의 길이가 같을 때만 정의된다. 이는 두 벡터의 0번 요소를 곱하고, 두 벡터의 1번 요소를 곱하는 일을 계속한 뒤, 마지막으로 이들 곱을 모두 더한다.

$$\boldsymbol{w} \cdot \boldsymbol{x} = w_0 x_0 + w_1 x_1 + \ldots + w_n x_n = \sum_{i=0}^{n} w_i x_i$$

이러한 연산이 친숙해 보일 수도 있다. 이는 바로 퍼셉트론에서 가중합 z를 계산한 방법이다. 즉, 입력을 벡터 $\boldsymbol{x}$에(이때 첫 번째 요소는 1) 가중치는 벡터 $\boldsymbol{w}$에(이때 첫 번째 요소는 편향 가중치) 배열한다고 가정하면, 퍼셉트론 연산은 다음과 같이 쓸 수 있다.

$$y = sign(\boldsymbol{w} \cdot \boldsymbol{x})$$

이는 마치 내적이 거의 퍼셉트론을 구현하기 위해 발명된 것 같이 보인다. 벡터 합처럼, 내적은 어떠한 계산도 없애지 않고 단지 표기법만 단순화했다. 그러나 실제로 이는 가중합의 루프 기반 구현 대신에 계산의 효율적인 라이브러리 구현을 호출할 수 있게 해줬다. 코드 1-6은 넘파이 내적 기능을 사용해 퍼셉트론 함수를 쓰는 방법을 보여준다. 또한 if 문 대신에 넘파이 부호 함수를 사용하도록 코드를 바꿨다.

코드 1-6 벡터 표기법을 사용해 다시 쓴 퍼셉트론 함수

```python
import numpy as np
def compute_output_vector(w, x):
    z = np.dot(w, x)
    return np.sign(z)
```

벡터를 2차원 행렬로 확장하기

벡터 개념은 일반적인 다차원 구조 개념의 특별한 경우이며 이때 벡터의 차원은 1이다. 2차원에서의 다차원 구조는 **행렬**matrix이라 하며 지금부터 설명한다. $m + 1$개 행과 $n + 1$개 열로 된 행렬의 예제는 다음과 같다.[13]

$$A = \begin{pmatrix} a_{00} & a_{01} & \cdots & a_{0n} \\ a_{10} & a_{11} & \cdots & a_{1n} \\ \vdots & \vdots & \ddots & \vdots \\ a_{m0} & a_{m1} & \cdots & a_{mn} \end{pmatrix}$$

이 책에서는 대문자 이탤릭체를 사용해 행렬을 표기한다.

여러분이 2차원 좌표계(xy 차트)의 좌표를 참조한다면, 행렬 내 요소의 번호 매기기는 그와 다소 달라진다. 특히 수직 방향의 요소는 행렬에서 아래로 증가하는 순서로 번호가 매겨지는 한편, xy 차트에서는 y 값이 증가하면 위 방향으로 증가한다. 추가로 xy 차트에서는 수평 좌표(x)를 먼저 나타내고 두 번째로 수직 좌표(y)를 나타내지만, 행렬에서는 행을 먼저 나타내고 열을 두 번째로 나타낸다. 예제에서 요소 a_{01}은 행렬에서 맨 위의 요소로 왼쪽으로부터 두 번째에 있으며, 좌표 ($x = 0$, $y = 1$)은 행렬에서 가장 왼쪽에 있는 요소이며 xy 차트에서는 바닥에서 두 번째에 있다.

뉴런으로 작업할 때 어째서 2차원 구조를 사용하기를 원할까? 단일 뉴런이나 단일 출력 예제로 작업하는 경우가 거의 없기 때문이다. 방금 단일 뉴런의 가중치(w)를 어떻게 벡터로 나타낼 수 있는지 봤다. 이는 n개 뉴런의 가중치를 행렬에 배열해 n개 벡터로 나타낼 수 있음을 뜻한다. 마찬가지로 우리가 단일 입력 예제(x)로 작업하는 일은 거의 없으며, 입력 예제의 전체 집합이 있다. 복수의 뉴런에서와 같이, 입력 예제의 집합은 행렬 구조로 배열할 수 있는 벡터의 집합으로 나타낼 수 있다.

---

13 벡터에서와 같이 행렬의 첨자를 0으로 시작해 파이썬에서의 프로그래밍과 일치하게 한다. 이 주제를 다룬 수학 교재에서는 첨자를 1로 시작하는 것이 관례다.

우리가 벡터를 전치시킬 수 있듯이 행렬도 전치시킬 수 있다. 이는 행렬을 대각에 따라 뒤집어서 한다. 즉, i가 열이고 j가 행인 요소 ij는 요소 ji가 된다. 2×2 행렬의 예시는 다음과 같다.

$$A = \begin{pmatrix} 1 & 2 \\ 3 & 4 \end{pmatrix} \qquad A^T = \begin{pmatrix} 1 & 3 \\ 2 & 4 \end{pmatrix}$$

이제 행렬의 기본에 대해 알고 있으므로, 중요한 행렬 연산으로 이동할 준비가 됐다.

행렬-벡터 곱

앞의 개념을 사용해 **행렬-벡터 곱**matrix-vector multiplication을 정의할 준비가 됐다.

$$\boldsymbol{y} = A\boldsymbol{x} = \begin{pmatrix} a_{00} & a_{01} & \dots & a_{0n} \\ a_{10} & a_{11} & \dots & a_{1n} \\ \vdots & \vdots & \ddots & \vdots \\ a_{m0} & a_{m1} & \dots & a_{mn} \end{pmatrix} \begin{pmatrix} x_0 \\ x_1 \\ \vdots \\ x_n \end{pmatrix} = \begin{pmatrix} a_{00}x_0 + a_{01}x_1 + \dots + a_{0n}x_n \\ a_{10}x_0 + a_{11}x_1 + \dots + a_{1n}x_n \\ \vdots \\ a_{m0}x_0 + a_{m1}x_1 + \dots + a_{mn}x_n \end{pmatrix}$$

행렬-벡터 곱은 행렬의 열의 개수가 벡터의 요소의 개수와 같은 경우에만 정의되며, 그 결과는 행렬에 있는 행의 개수와 같은 요소를 갖는 벡터가 된다. 결과 벡터의 요소는 다음과 같이 정의된다.

$$y_i = \sum_{j=0}^{n} a_{ij} x_j$$

이전에 설명했듯이, 합을 두 벡터 간의 내적으로 인식한다. 즉, 행렬의 각 $m+1$개 행을 행 벡터(전치된 벡터)로 보면 행렬을 약간 다른 시각으로 볼 수 있다. 이 경우 행렬-벡터 곱은 다음과 같이 행렬의 행과 $\boldsymbol{x}$ 벡터의 내적을 $m+1$번 하는 것으로 볼 수 있다.

$$y = Ax = \begin{pmatrix} a_0^T \\ a_1^T \\ \vdots \\ a_m^T \end{pmatrix} \begin{pmatrix} x_0 \\ x_1 \\ \vdots \\ x_n \end{pmatrix} = \begin{pmatrix} a_0^T \cdot x \\ a_1^T \cdot x \\ \vdots \\ a_m^T \cdot x \end{pmatrix}$$

이제 퍼셉트론 측면에서 행렬-벡터 곱을 어떻게 사용하는지 보자. $m + 1$개 퍼셉트론이 있으며, 각각은 n개 입력 더하기 편향 입력을 갖는다고 해보자. 추가로 $n + 1$개 값으로 된 단일 입력 예제가 있으며, 이때 입력 벡터의 첫 번째 요소는 1로 편향 입력값을 나타낸다. 이제 퍼셉트론들의 가중치를 위한 벡터를 행렬 W로 배열한다고 가정하면 다음이 된다.

$$W = \begin{pmatrix} w_0^T \\ w_1^T \\ \vdots \\ w_m^T \end{pmatrix}$$

이때 각각의 w_i는 뉴런 하나에 해당하는 다중요소 벡터다. 이제 입력 예제 x에 대한 모든 $m + 1$개 퍼셉트론의 가중합은 행렬을 벡터로 곱함으로써 계산할 수 있다.

$$z = Wx$$

벡터 z는 이제 $m + 1$개 요소를 가지며, 각 요소는 입력 예제가 제시된 뉴런 하나의 가중합을 나타낸다.

행렬-행렬 곱

이제 두 행렬 A와 B의 **행렬-행렬 곱**matrix-matrix multiplication을 소개한다.

$$C = AB =$$

$$\begin{pmatrix} a_{00} & a_{01} & \dots & a_{0n} \\ a_{10} & a_{11} & \dots & a_{1n} \\ \vdots & \vdots & \ddots & \vdots \\ a_{m0} & a_{m1} & \dots & a_{mn} \end{pmatrix} \begin{pmatrix} b_{00} & b_{01} & \dots & b_{0p} \\ b_{10} & b_{11} & \dots & b_{1p} \\ \vdots & \vdots & \ddots & \vdots \\ b_{n0} & b_{n1} & \dots & b_{np} \end{pmatrix} = \begin{pmatrix} c_{00} & c_{01} & \dots & c_{0p} \\ c_{10} & c_{11} & \dots & c_{1p} \\ \vdots & \vdots & \ddots & \vdots \\ c_{m0} & c_{m1} & \dots & c_{mp} \end{pmatrix}$$

첫 번째 행렬 A의 열의 개수는 두 번째 행렬 B의 행의 개수와 같아야 한다. 결과 행렬 C의 요소는 다음과 같이 정의된다.

$$c_{ij} = a_{i0}b_{0j} + a_{i1}b_{1j} + \dots + a_{in}b_{nj}$$

그렇지 않으면

$$c_{ij} = \sum_{k=0}^{n} a_{ik}b_{kj}$$

이와 같은 합은 또다시 내적으로 인식할 수 있다. 즉, 행렬 A의 $m+1$개 행 각각을 행 벡터로 보고 행렬 B의 $p+1$개 열 각각을 열 벡터로 보면, 행렬 곱은 $(m+1) \times (p+1)$ 내적이 된다. 다시 말해, 행렬 A의 모든 행 벡터와 행렬 B의 모든 열 벡터 사이의 모든 내적을 계산한다. 이를 충분히 분명하게 하기 위해 정의를 약간 다른 형식으로 쓸 수 있다. 두 행렬 A와 B를 벡터의 모음으로 나타내고, 결과 행렬의 요소는 이들 벡터 사이의 내적으로 계산한다.

$$C = AB = \begin{pmatrix} \boldsymbol{a}_0^T \\ \boldsymbol{a}_1^T \\ \vdots \\ \boldsymbol{a}_m^T \end{pmatrix} \begin{pmatrix} \boldsymbol{b}_0 & \boldsymbol{b}_1 & \dots & \boldsymbol{b}_p \end{pmatrix} = \begin{pmatrix} \boldsymbol{a}_0 \cdot \boldsymbol{b}_0 & \boldsymbol{a}_0 \cdot \boldsymbol{b}_1 & \dots & \boldsymbol{a}_0 \cdot \boldsymbol{b}_p \\ \boldsymbol{a}_1 \cdot \boldsymbol{b}_0 & \boldsymbol{a}_1 \cdot \boldsymbol{b}_1 & \dots & \boldsymbol{a}_1 \cdot \boldsymbol{b}_p \\ \vdots & \vdots & \ddots & \vdots \\ \boldsymbol{a}_m \cdot \boldsymbol{b}_0 & \boldsymbol{a}_m \cdot \boldsymbol{b}_1 & \dots & \boldsymbol{a}_m \cdot \boldsymbol{b}_p \end{pmatrix}$$

선형대수에 정통하지 않으면 다소 어려울 수 있지만, 이러한 표기법에 익숙해지면 나중에 DL을 다룰 때 큰 도움이 될 것이다.

마찬가지로, 행렬-벡터 곱으로 했던 것과 같이 퍼셉트론 측면에서 행렬-행렬 곱을 사용할 수 있다. 이전 예제와 같이 $m + 1$개의 퍼셉트론이 있으며, 각각 n개의 입력(편향 입력 추가)이 있다고 해보자. 추가로 $p + 1$개의 입력 예제가 있으며 각각은 $n + 1$개의 값으로 되어 있다. 언제나처럼 각 입력 벡터의 첫 번째 요소는 편향 입력값을 나타내는 1이라 가정한다. 이제 퍼셉트론들의 가중치를 나타내는 행렬 W에 더해, 입력 예제의 벡터를 행렬 X로 배열한다.

$$W = \begin{pmatrix} \mathbf{w}_0^T \\ \mathbf{w}_1^T \\ \vdots \\ \mathbf{w}_m^T \end{pmatrix} \quad , \quad X = \begin{pmatrix} \mathbf{x}_0 & \mathbf{x}_1 & \cdots & \mathbf{x}_p \end{pmatrix}$$

이 예제에서 $\mathbf{w}_i$와 $\mathbf{x}_i$는 모두 다중요소 벡터를 나타낸다. 이제 두 행렬을 곱하여 모든 $p + 1$개 입력에 대한 $m + 1$개 퍼셉트론의 가중합을 계산할 수 있다.

$$Z = WX$$

행렬 Z는 $(m + 1) \times (p + 1)$개의 요소를 가지며, 각 요소는 입력 예제 하나가 제시된 뉴런 하나의 가중합을 나타낸다. 이를 더 명확히 하자면, 행렬 W는 이전에 그림 1-9에서 보여준 XOR 네트워크의 첫 번째 층에 해당하는 뉴런 2개에 해당한다. 행렬 X는 입력 예제 4개 모두를 포함한다. 결과 행렬 WX는 입력 예제 4개 모두에 대한 두 뉴런의 가중합을 포함한다.

$$W = \begin{pmatrix} w_{00} & w_{01} & w_{02} \\ w_{10} & w_{11} & w_{12} \end{pmatrix} = \begin{pmatrix} 0.9 & -0.6 & -0.5 \\ 0.2 & 0.6 & 0.6 \end{pmatrix}$$

$$X = \begin{pmatrix} x_{00} & x_{01} & x_{02} & x_{03} \\ x_{10} & x_{11} & x_{12} & x_{13} \\ x_{20} & x_{21} & x_{22} & x_{23} \end{pmatrix} = \begin{pmatrix} 1 & 1 & 1 & 1 \\ -1 & -1 & 1 & 1 \\ -1 & 1 & -1 & 1 \end{pmatrix}$$

$$WX = \begin{pmatrix} 2 & 1 & 0.8 & -0.2 \\ -1 & 0.2 & 0.2 & 1.4 \end{pmatrix}$$

결과 행렬의 상단 왼쪽 요소의 값 2가 되는 계산은 다음과 같다.

$$w_{00}x_{00} + w_{01}x_{10} + w_{02}x_{20} = (0.9)(1) + (-0.6)(-1) + (-0.5)(-1) = 2$$

다른 값들도 같은 패턴을 따라 계산할 수 있다. 단순히 W의 행 벡터와 X의 열 벡터 사이의 내적을 계산한다.

퍼셉트론을 위해 사용한 벡터와 행렬 연산의 요약

앞의 논의는 어떻게 선형대수 연산이 입력 예제 및 다수의 퍼셉트론의 다양한 조합으로 매핑되는지 설명했다. 표 1-4는 이러한 매핑을 요약한다.

표 1-4 퍼셉트론과 입력 예제의 조합 및 해당 선형대수 연산

퍼셉트론의 개수	입력 예제의 개수	선형대수 연산
1개	1개	내적
여러 개	1개	행렬-벡터 곱
여러 개	여러 개	행렬-행렬 곱

앞의 예시 중 그 어느 것도 계산을 단순화하거나 없애지 않았으며, 이러한 표기법을 사용하면 GPU에서 병렬로 효율적인 계산이 가능하다.

행렬곱으로서의 내적

행렬과 벡터를 끝내기 전에 일반적인 표기법을 하나 더 소개하고자 한다. 벡터를 열이 하나인 행렬의 특수한 경우로 볼 수 있다고 했다. 이는 두 벡터의 내적을 행렬 곱으로 공식화할 수 있음을 뜻한다. 다음과 같은 벡터 $\boldsymbol{a}$와 $\boldsymbol{b}$가 있다고 하자.

$$\boldsymbol{a} = \begin{pmatrix} a_0 \\ a_1 \\ \vdots \\ a_n \end{pmatrix}, \qquad \boldsymbol{b} = \begin{pmatrix} b_0 \\ b_1 \\ \vdots \\ b_n \end{pmatrix}$$

$$\boldsymbol{a} \cdot \boldsymbol{b} = \sum_{i=0}^{n} a_i b_i = \begin{pmatrix} a_0 & a_1 & \dots & a_n \end{pmatrix} \begin{pmatrix} b_0 \\ b_1 \\ \vdots \\ b_n \end{pmatrix} = \boldsymbol{a}^T \boldsymbol{b}$$

즉, 벡터 $\boldsymbol{a}$를 전치시켜 단일 행을 가진 행렬이 된다면, $\boldsymbol{a}^t$와 $\boldsymbol{b}$ 사이의 행렬 곱으로 내적 연산자를 생략할 수 있다. 이는 익숙해지면 좋은 일반적인 표기법이다.

다차원 텐서로 확장하기

벡터와 행렬은 다차원 배열의 프로그래밍적 개념과 동등한 일반적인 개념인 텐서^{tensor}의 특수한 경우에 해당한다. 다시 말해, 행렬을 또 다른 차원으로 확대했다면 결과 개체를 3차원 텐서라 부른다. 텐서는 입력 데이터 자체가 색이 있는 이미지와 같이 다차원인 경우를 나타날 수 있다. 이는 2차원 배열의 픽셀 이미지로 되어 있으며, 각 픽셀은 3개의 구성 요소(빨강, 초록, 파랑 혹은 간단히 RGB)로 되어 있다. 입력 데이터 자체는 3차원이며, 입력값이 이미지의 모음이라면 이 모두를 4차원 텐서로 조직화할 수 있다. 이는 처음에는 까다로울 수 있으며 익숙해지는 데 시간이 걸리는 경우가 많다. 가장 큰 어려움은 이 모든 인덱스를 올바르게 추적하는 것이다. 결국 모든 연산은 통상적으로 다수의 내적으로 축소된다.

퍼셉트론의 기하학적 해석

이번 장의 앞부분에서 2입력 퍼셉트론에 의해 만들어진 결정 경계를 시각화했다. 그러

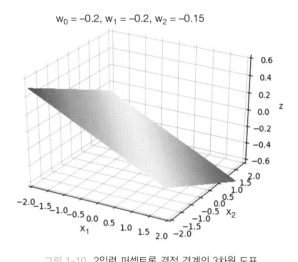

$w_0 = -0.2, w_1 = -0.2, w_2 = -0.15$

그림 1-10 2입력 퍼셉트론 결정 경계의 3차원 도표

한 형태의 차트에서 퍼셉트론이 −1을 출력하는 모든 좌표 및 퍼셉트론이 +1을 출력하는 모든 좌표를 식별했다. 퍼셉트론이 하는 일을 시각화하는 다른 방법으로는 z를 x_1과 x_2의 함수로 그리는 것이 있다. 이는 그림 1-10과 같이 3차원 차트의 형태를 취한다.

퍼셉트론의 z 값이 평면을 구성함을 볼 수 있다. 퍼셉트론의 실제 출력(y)은 평면plane의 0보다 작은 모든 지점에서 −1을 값으로 취하며, 0보다 크거나 같으면 +1이 된다. 이 차트를 위에서 바라보고 평면의 z 값이 0인 선을 그리면, 이전에 그림 1-5에서 봤던 차트와 같은 형태가 나올 것이다.

평면의 위치와 방향은 가중치 3개에 따라 결정된다. 편향 가중치(w_0)는 x_1과 x_2 모두 0과 같을 때 평면이 어디서 z축을 지나는지 결정한다. 즉, w_0를 바꾸면 평면이 z축에서 위나 아래로 움직인다. 이는 그림 1-11의 상단 차트 2개로부터 볼 수 있다. 왼쪽 차트는 그림 1-10과 같지만, 오른쪽 차트에서 w_0를 −0.2에서 0.0으로 바꿨다. 다른 가중치 2개(x_1과 x_2)는 평면의 기울기를 2개의 다른 차원에서 결정한다. 가중치가 0이면 평면은 x_1과 x_2에 평행할 것이며, 양이나 음의 값은 평면이 기울어지게 할 것이다. 이는 그림 1-11 하단의 두 차트에서 보여준다. 이때 w_0를 0으로 설정하는 것에 추가하여 하단 왼쪽 차트에서는 w_1을 0으로 두었고, 하단 오른쪽 차트에서 모든 가중치를 0으로 두

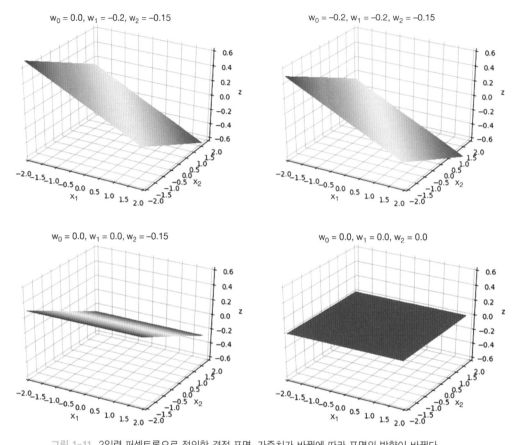

그림 1-11 2입력 퍼셉트론으로 정의한 결정 표면. 가중치가 바뀜에 따라 표면의 방향이 바뀐다.

었으며 이는 수평면이 됐다.

이러한 모든 논의는 입력이 2개인(편향 입력 추가) 퍼셉트론을 중심으로 하고 있는데, 왜 냐하면 이는 함수의 시각화를 가능케 하기 때문이다. 입력을 더 추가하는 일은 당연해 보이지만 이를 시각화하기는 훨씬 더 어렵다. 왜냐하면 인간은 내재적으로 3차원을 초 과하는 시각화를 잘하지 못하기 때문이다. 시각화를 시도조차 하지 않는 대신 이를 수 학적 시각에서 이해하려 하는 것이 요령이다.

앞서 언급했듯이 이에 대한 한 예로는, 퍼셉트론에게는 두 클래스가 선형으로 분리 가능할 때만 이들 사이를 구별할 수 있다는 한계가 있으며 2입력 퍼셉트론(2차원)에서 이는 이들이 직선으로 분리 가능함을 뜻한다는 것이 있다. 3입력 뉴런(3차원)에서 이는 면으로 분리 가능함을 뜻한다. 여기서 자세히 보지는 않지만, 선형대수에 이미 익숙한 독자들을 위해 n개 입력(n차원)으로 된 퍼셉트론의 일반적인 경우에 두 클래스는 이들을 $n - 1$차원 초평면으로 분리할 수 있을 때 선형적으로 분리 가능하다는 점을 지적하고자 한다. 이는 꽤나 추상적인 논의이지만, 따라가기가 어렵다면 너무 걱정하지 말길 바란다. 이 책의 나머지를 이해하기 위해 초평면을 알고 있을 필요는 없다.

마지막으로, 퍼셉트론으로 수행하는 연산의 기하학적 해석 또한 존재한다. 퍼셉트론은 두 벡터 w와 x 사이의 내적을 계산하며, 그 뒤 결과에 부호 함수를 적용한다. 내적을 가중합으로 구현하는 대신에, 두 벡터의 내적은 또한 다음과 같이 계산할 수 있다.

$$w \cdot x = |w| \, |x| \, cos(\theta)$$

이때 θ는 벡터 w와 x 사이의 각도다. $|w|$과 $|x|$ 모두 양수이므로, 두 벡터 사이의 각도는 퍼셉트론의 출력을 결정한다(90도보다 큰 각도는 출력이 -1이, 90도보다 낮은 각도는 $+1$이 되게 한다).

> 알고 보면 내적의 기하학적 정의를 사용해 어떠한 가중치가 주어진 입력의 가중합을 최대화할지 추론할 수 있다. 그러나 이러한 내적의 정의를 이번에 처음 봤다면 이를 걱정 없이 무시해도 좋다.

편향 항 이해하기

우리가 설명한 퍼셉트론은 더 자세하게 해명하지 않은 편향이란 용어를 사용한다. 게다가 퍼셉트론의 방정식을 자세히 보면 몇 가지가 눈에 띈다.

$$y = f(z), \text{ 이때}$$

$$z = \sum_{i=0}^{n} w_i x_i$$

$$f(z) = \begin{cases} -1, & z < 0 \\ 1, & z \geq 0 \end{cases}$$

$$x_0 = 1 \text{ (편향 항)}$$

특히 출력값 −1과 1 그리고 임계치 0은 뭔가 임의적으로 선택된 듯 보인다. 여러분이 만일 디지털 전자공학과 친숙하다면, 출력값이 0과 1이었을 경우 더 자연스러워 보였을 것이며 또한 임계치 0.5가 더 적절하다고 느꼈을 수도 있다. 3장에서 이를 다시 보겠지만 지금은 θ(그리스 문자 세타)로 표기하는 임계치에 집중한다. 우리의 퍼셉트론은 다음과 같이 활성 함수를 바꿈으로써 더 일반화할 수 있다. 이때 임계치는 간단히 매개변수 θ다.

$$f(z) = \begin{cases} -1, & z < \theta \\ 1, & z \geq \theta \end{cases}$$

출력값이 1을 취하려면 만족시켜야 하는 조건을 자세히 살펴보면 다음과 같다.

$$z \geq \theta$$

이는 다음과 같이 다시 쓸 수 있다.

$$z - \theta \geq 0$$

즉, z에서 임계치를 빼는 한, 우리의 구현이 0을 임계치로 사용하게 할 수 있다. 퍼셉트론의 본래 설명을 자세히 보면 우리가 약간 약삭빠르게 편향 항 x_0를, z를 계산하는 더하기 계산에 포함시킴으로써 이와 같이 내내 했었음이 드러난다. 즉, 처음부터 편향 항의 근거는 퍼셉트론이 수정 가능한 임계치를 구현하도록 만드는 것이었다. 이는 마치 편향을 빼야 하는 것처럼 보일 수도 있지만 편향과 연관된 가중치 w_0가 있으므로 상관이 없으며, 이는 양수와 음수 모두가 될 수 있다. 즉, w_0를 조정해 퍼셉트론이 어떤 임의의 임계치 θ라도 구현하게 만들 수 있다. 아주 명확하게 하자면, 퍼셉트론이 임계치를 θ로 사용하게 하기 위해서는 w_0를 $-\theta$가 되도록 설정한다.

마지막으로, 잠시 활성 함수를 무시하면 어떻게 편향 항이 가중합 z에 영향을 주는지 고려해볼 수 있다. 이전 절에서 w_0를 바꾸면 어떻게 평면이 z축을 따라 위아래로 움직이는지 봤다. 더욱 단순히 하자면, 평면 대신 직선이 있는 저차원의 경우를 고려해보자. 편향 항은 단순히 직선 방정식에서의 절편 항 b다.

$$y = mx + b$$

이 절에서 방금 설명한 내용이 우리가 퍼셉트론을 사용하는 방법을 바꾸지는 않는다. 단지 어째서 처음에 한 방식으로 구현했는지 해명할 뿐이다. 또한 이를 알아두면, 편향 항 대신에 명시적인 임계치를 사용할 수도 있는 다른 책을 읽을 때 도움이 된다.

퍼셉트론 맺음말

1장에서는 퍼셉트론을 소개하고 여러 각도에서 이를 바라봤다. 퍼셉트론을 사용해 어떻게 논리 함수를 구현할 수 있는지 NAND부터 보여줬는데, 퍼셉트론을 사용한 논리 함수 구현으로 시작한 이유는 XOR 함수를 구현할 때 본 바와 같이 퍼셉트론의 한계로 빠르게 들어갈 수 있기 때문이다. 그 뒤 여러 퍼셉트론을 네트워크로 연결할 필요가 있음을 설명했다.

실제로 신경망과 DL로 작업할 때는 통상적으로 논리 게이트 측면에서 퍼셉트론이나 다른 뉴런을 생각하진 않는다. 퍼셉트론을 이진 분류기로 보는 것이 더 일반적인 시각일 수 있다. 퍼셉트론에 입력값의 벡터로 된 입력 예제를 공급한다. 퍼셉트론은 이 입력 예제가 두 클래스 중 하나에 속하는지 분류한다. 입력값의 벡터는 통상적으로 2개보다 더 많은 변수를 갖는다. 예를 들어 의학적 환경에서 벡터의 값은 나이, 성별 그리고 다양한 실험 결과와 같은 환자의 데이터를 나타낼 수 있다. 퍼셉트론의 과제는 입력값이 환자가 특정한 의학적 조건을 갖는다고 나타내는지 분류하는 것이다. 현실에서는 퍼셉트론의 한계로 인해 분류기의 성능이 매우 좋지 못할 것이다. 대신에 XOR 예제에 서처럼 뉴런의 네트워크가 더 잘할 가능성이 크다. 나머지 장에서는 이러한 네트워크에 대한 수많은 예제를 볼 것이다.

또한 퍼셉트론 학습 알고리듬을 소개하고 이것이 어떻게 단순한 과제를 학습하는지 보였다. 그러나 왜 이것이 동작하는지는 전혀 설명하지 않았다. 이 내용은 2장의 주요한 주제이며, 또한 3장에서 다수준 네트워크를 훈련시키는 데 사용하는 역전파 알고리듬을 설명할 때 디딤돌 역할을 한다.

기울기 기반 학습

2장에서는 퍼셉트론 학습 알고리듬이 어떻게 동작하는지를 설명한다. 그 뒤 이를 기반으로 3장 '시그모이드 뉴런과 역전파'에서 다수준 네트워크로 확장한다. 이 두 장은 이책의 다른 장보다 수학적인 내용이 더 많지만, 수학 공식을 읽기 싫어하는 독자를 위해 직관적인 방식으로도 개념을 설명한다.

퍼셉트론 학습 알고리듬의 직관적인 설명

1장 '로젠블랫 퍼셉트론'에서 퍼셉트론 학습 알고리듬을 제시하고 사용했지만, 왜 동작하는지는 설명하지 않았다. 이제 학습 알고리듬이 무엇을 하는지 보자. 기억을 되살리기 위해 먼저 퍼셉트론 학습 알고리듬의 가중치 조정 단계를 코드 2-1에 다시 썼다.

코드 2-1 퍼셉트론 학습 알고리듬의 가중치 업데이트 단계

```
for i in range(len(w)):
    w[i] += (y * LEARNING_RATE * x[i])
```

이때 w는 가중치 벡터를 나타내는 배열이고, x는 입력 벡터를 나타내는 배열이며, y는

원하는 출력이다.

퍼셉트론에 예제를 제시하고 퍼셉트론이 올바르게 출력을 예측하면, 가중치를 전혀 조정하지 않는다(앞의 코드 조각에서 이를 보장하는 코드를 보여주는 것은 아니다). 이것이 적절한 이유는 만일 현재 가중치가 올바른 출력을 내놓는다면 수정할 까닭이 없기 때문이다.

퍼셉트론이 출력을 틀리게 예측하는 경우 코드 2-1에서와 같이 가중치를 조정해야 하며, 가중치 조정은 알맞은 y 값, 입력값 그리고 `LEARNING_RATE`로 알려진 매개변수를 조합해 계산한다. 이제 왜 가중치가 이런 방식으로 조정되는지 보자. 3개의 각기 다른 훈련 예제를 고려하자. 이때 x_0는 언제나 1인 편향 입력이다.

$$\text{훈련 예제 1: } x_0 = 1, x_1 = 0, x_2 = 0, y = 1$$
$$\text{훈련 예제 2: } x_0 = 1, x_1 = 0, x_2 = 1.5, y = -1$$
$$\text{훈련 예제 3: } x_0 = 1, x_1 = -1.5, x_2 = 0, y = 1$$

추가로 퍼셉트론의 z 값(시그넘 함수의 입력)은 다음과 같이 계산한다.

$$z = w_0 x_0 + w_1 x_1 + w_2 x_2$$

훈련 예제 1의 경우 결과는 다음과 같다.

$$z = w_0 1 + w_1 0 + w_2 0 = w_0$$

w_1과 w_2는 결과에 영향을 주지 않음이 분명하므로 w_0만을 조정하는 것이 적절하다. 게다가 원하는 출력값이 양수($y = 1$)라면 w_0의 값을 크게 하기를 원할 것이다. 반면에 원하는 출력값이 음수($y = -1$)라면 w_0의 값을 줄이고자 할 것이다. `LEARNING_RATE` 매개변수가 양수라고 가정하면, 코드 2-1은 w_i를 수정할 때 y * LEARNING_RATE * x[i]를 통해 계산한 값을 더하여 정확히 이를 수행한다. 이때 x_1과 x_2는 훈련 예제 1에서 0이므로 w_0만이 조정될 것이다.

훈련 예제 2에 같은 분석을 하면 w_0와 w_2만이 조정될 것이며, y가 -1이고 x_0와 x_2가 양수이므로 둘 다 음의 방향으로 조정될 것이다. 추가로 x_2가 x_1보다 크므로 w_2를 조정하는 크기는 w_0보다 크다.

마찬가지로 훈련 예제 3에서는 오직 w_0와 w_1만이 조정될 것이며, y가 양수이며 x_1이 음수이므로 w_0는 양의 방향으로, w_1은 음의 방향으로 조정될 것이다.

이를 더욱 명확히 하기 위해, 학습률을 0.1로 가정하여 3개의 훈련 예제에 대해 각 가중치의 조정값을 계산한다. 이들은 표 2-1에 요약되어 있다.

표 2-1 훈련 예제 3개를 위한 각 가중치의 조정값

	W_0 변화	W_1 변화	W_2 변화
예제 1	1*1*0.1 = 0.1	1*0*0.1 = 0	1*0*0.1 = 0
예제 2	(-1)*1*0.1 = -0.1	(-1)*0*0.1 = 0	(-1)*1.5*0.1 = -0.15
예제 3	1*1*0.1 = 0.1	1*(-1.5)*0.1 = -0.15	1*0*0.1 = 0

다음과 같이 몇 가지를 관찰할 수 있다.

- 편향 가중치는 오직 원하는 출력값에 의해서만 조정되며, 따라서 이는 각 훈련 예제에서 원하는 출력의 과반수가 양수인지 아니면 음수인지에 따라 결정될 것이다.[1]

- 주어진 훈련 예제에서 출력에 상당한 영향을 줄 수 있는 가중치만이 상당한 조정을 받게 될 것이다. 왜냐하면 조정이 입력값에 비례하기 때문이다. 훈련 예제에서 입력값이 0인 극단적인 경우 해당 가중치는 영의 조정을 받을 것이다.

이는 꽤 말이 된다. 50% 이상의 훈련 예제가 같은 출력값을 갖는 경우 편향 가중치를 출력값을 향해 조정하면, 다른 모든 가중치가 0일 때 퍼셉트론이 50% 이상 맞도록 만들 것이다. 주어진 훈련 예제에서 큰 영향이 없는 가중치를 조정하지 않는 것 또한 적절하다. 만일 조정을 하면 득보다 실이 더 많을 가능성이 큰 이유는 가중치가 다른 훈

---

1 틀리게 예측된 훈련 예제만이 조정을 야기할 것이다. 그러므로 양의 출력을 갖는 훈련 예제가 많은 경우에도 여전히 음의 편향 가중치를 내놓을 수 있다. 이는 양의 훈련 예제의 많은 수가 이미 올바르게 예측되어 어떠한 가중치 조정도 야기하지 않는다면 그러하다.

련 예제에 큰 영향을 줄 수 있기 때문이다.

1장에서 2입력(편향 항 추가) 퍼셉트론의 z 값이 3차원에서 어떻게 평면을 만드는지 설명했다(이때 x_1은 1차원이며, x_2는 2차원, 결과 z는 3차원이다). 퍼셉트론 학습 알고리듬을 시각화하는 한 가지 방법은 이것이 어떻게 평면의 원점을 조정하는지 고려하는 것이다. 각 업데이트는 편향 가중치를 조정할 것이다. 이는 전체 평면을 양의 훈련 예제의 경우 위로, 음의 훈련 예제의 경우 아래로 누를 것이다.

예를 들어, z축에 근접하면(x_1과 x_2가 작을 때) 편향 가중치가 가장 중요하다. z축으로부터 더욱 멀어지는 경우 평면의 각도가 더욱 큰 레버 역할을 한다. 그러므로 x_1 값이 크게 잘못 예측된 학습 예제에서 x_1 방향으로 젖혀지는 각도를 결정하는 가중치 조정을 만들어내며, 같은 것이 큰 x_2 값에도, 그러나 대각^{orthogonal} 방향으로 적용된다. 평면을 x_2축에 따라 회전시키므로 평면 위 x_2축 바로 위에 있는 점은 움직이지 않을 것이며, 이는 x_1 값에 해당하는 가중치를 조정할 때도 그러하다.

이를 도식화하는 시도는 그림 2-1에서 볼 수 있다. $w_0 = 1.0$, $w_1 = -1.0$, $w_2 = -1.0$이며, 이는 표 2-1의 가중치 조정을 반복적으로 적용한 결과로 상상할 수 있는 가중치다.

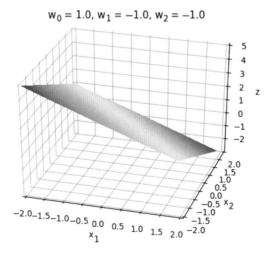

그림 2-1 훈련 예제 3개를 모두 올바르게 예측하는 가중치의 예

평면을 보면 이것이 어떻게 3개의 훈련 예제를 만족시키는지 유추할 수 있다. w_0가 1.0이므로, x_1과 x_2가 0에 가까울 때 출력은 양수일 것이다(x_1과 x_2가 0일 때 $z = 1.0$). 이는 훈련 예제 1을 올바르게 다루는 것을 보장할 것이다. 또한 w_1은 x_1이 감소함에 따라 z가 커지는 방향으로 평면이 기울어져 있도록 선택되어 있다. 이는 훈련 예제 3을 처리하는 것을 보장하는데, 왜냐하면 예제가 음의 x_1 값을 가지면서 양의 출력을 원하기 때문이다. 마지막으로, w_2는 x_2가 감소함에 따라 z가 커지는 방향으로 평면이 기울어져 있도록 선택되어 있다. 이는 양의 x_2 입력 및 원하는 출력값이 음수인 훈련 예제 2를 만족시킨다.

이러한 유추는 왜 학습 알고리듬이 이러한 방식으로 동작하는지에 관해 대부분의 사람에게 직관적인 아이디어를 준다고 믿는다. 또한 선형으로 분리 가능한 경우(예를 들어, 퍼셉트론이 두 클래스 사이를 구별할 수 있는 능력이 있는 경우) 이 학습 알고리듬은 해로 수렴함을 보장한다. 이는 학습률 매개변수의 크기에 상관없이 참이다. 다시 말해, 학습률 매개변수의 값은 알고리듬이 얼마나 빨리 수렴하는지에만 영향을 준다.

우리의 다수준 네트워크를 위한 학습 알고리듬 준비를 위해, 이제는 퍼셉트론 학습 알고리듬에서와 같은 방식으로 가중치를 조정하는 이유를 분석적으로 설명할 것이다. 그러나 그 전에 먼저 바탕이 되는 미적분 및 수치적 최적화의 몇 가지 개념을 훑어본다.

도함수 그리고 최적화 문제

이번 절에서는 이 장에서 사용하는 수학적 개념을 간단히 소개한다. 최근에 미적분을 사용하지 않은 독자들의 복습을 위한 절이므로, 여러분에게 해당되지 않는다면 자유롭게 넘어가도 좋다. 먼저 도함수[2]가 무엇인지 간단히 다시 보며 시작한다. 주어진 함수

---

2 수학에서는 일반적으로 어떠한 함수의 도함수(derivative)를 계산하는 것을 미분(differentiate)이라 하며, 도함수의 한 점에서의 값을 미분계수(differential coefficient 또는 derivative)라 한다(이 설명이 엄밀한 정의에 부합하지 않을 수도 있다). 원서는 이러한 도함수 및 미분계수를 모두 'derivative'로 칭하고 있는 것으로 보이며, 이 책에서는 전문가의 의견을 반영하여 독자의 가독성을 위해 이를 '도함수' 또는 '미분', '미분값' 등으로 번역했다. - 옮긴이

$$y = f(x)$$

에 대해 x에 대한 y의 도함수는 x가 작은 수로 변화할 때 y가 얼마나 변하는지의 값을 말해준다. 몇 가지 공통적인 표기법은 다음과 같다.

$$y', \quad f'(x), \quad \frac{dy}{dx}$$

첫 번째 표기법(y')은 y가 여러 변수로 된 함수라면 다소 애매모호할 수도 있지만, y가 오직 x의 함수인 이 경우에는 표기법이 모호하지 않다. 신경망은 통상적으로 많은 변수의 함수이므로, 다른 두 표기법을 선호한다.

그림 2-2는 임의의 함수 $y = f(x)$의 값을 그린다. 도표는 또한 3개의 다른 점에서의 접선tangent line을 그리면서 도함수 $f'(x)$를 보여준다. 곡선의 접선은 선이 곡선에 닿는 위치에서 곡선과 같은 기울기(미분)를 갖는 직선이다.

관찰한 몇 가지 사항들을 보자. 먼저 y의 값을 최소화하는 점의 미분은 0이다(접선이 수

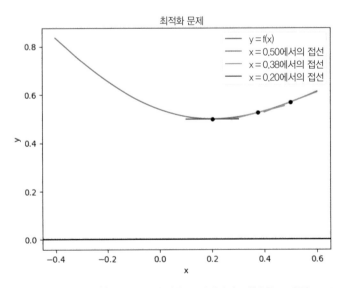

그림 2-2 곡선 $y = f(x)$ 및 최솟값과 다른 두 점에서의 도함수를 보여주는 도표

평선). 두 번째로 최솟값에서 멀리 떨어질수록 미분이 커진다(반대 방향으로 움직이면 감소한다). 함숫값 y를 최소화하는[3] x 변수의 값을 찾기 위해 최적화 문제를 풀 때 이러한 관찰사항들을 활용할 수 있다. 초깃값 x 및 해당하는 y가 주어졌을 때, 도함수의 부호는 y의 값을 감소시키기 위해 어떤 방향으로 x를 조정해야 하는지 가리킨다. 마찬가지로, x를 0에 대해 어떻게 푸는지 안다면 y의 극값(최소, 최대 혹은 안장점[saddle point])을 찾게 될 것이다.[4]

1장에서 봤듯이 통상적으로 많은 변수로 작업을 한다. 그러므로 이러한 개념을 신경망에 어떻게 적용하는지를 살펴보기 전에, 이들을 2차 혹은 더 높은 차원으로 확장해야 한다. 2개의 변수가 있는 함수, 즉 $y = f(x_0, x_1)$ 또는 $y = f(\boldsymbol{x})$이고 이때 $\boldsymbol{x}$가 2차원 벡터라 가정하자. 이 함수는 그림 2-3에서와 같이 오르막과 골짜기를 가질 수 있는 전경으로 생각할 수 있다.[5]

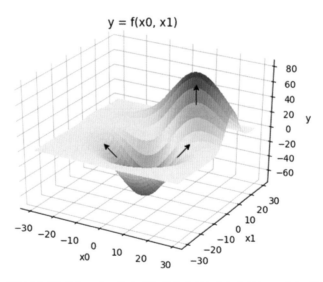

그림 2-3 변수가 2개인 함수 그리고 각기 다른 세 점에서의 가장 가파른 오르막의 방향 및 기울기

---

3 우리는 최적화 문제가 최소화 문제라 가정한다. 또한 최대화 문제도 존재하지만, 최대화하고자 하는 함수를 부정함으로써 최대화 문제를 최소화 문제로 변환할 수 있다.

4 이 책에서는 오직 최솟값에만 신경을 쓴다. 추가로 이러한 극점은 국소 극값일 수도 있다. 즉, 전역 최솟값을 찾았다는 보장이 없다.

5 또한 불연속점, 점근선 등을 가질 수도 있다.

이제 2개의 편도함수를 계산할 수 있다.

$$\frac{\partial y}{\partial x_0} \quad \text{그리고} \quad \frac{\partial y}{\partial x_1}$$

편도함수는 단지 일반적인 도함수 같은 것이지만, 변수 중 하나를 제외한 모두가 상수라고 가정한다. 도함수를 계산하고자 하는 변수는 상수로 취급하지 않는 유일한 변수다. 간단한 예제로 함수 $y = ax_0 + bx_1$이 있다면, 2개의 편도함수는 다음과 같다.

$$\frac{\partial y}{\partial x_0} = a$$

$$\frac{\partial y}{\partial x_1} = b$$

이 편도함수를 벡터로 배열하면 다음을 얻는다.

$$\nabla y = \begin{pmatrix} \dfrac{\partial y}{\partial x_0} \\[2ex] \dfrac{\partial y}{\partial x_1} \end{pmatrix}$$

이는 함수의 **기울기**gradient라 부른다. 즉, 기울기는 도함수이지만 여러 변수를 갖는 일반화된 함수다. 기호 ∇(뒤집어진 그리스 문자 델타delta)는 '나블라nabla'라 발음한다.

기울기는 기하학적 해석을 갖는다. 기울기는 벡터가 됨으로써 방향과 크기를 갖는다.[6] 방향은 함수의 입력과 같은 차원 공간에서 정의된다. 즉, 예제에서 이는 그림 2-3에서 수평면으로 나타낸 2차원 공간이다. 예제의 기울기에서 방향은 (a, b)다. 기하적으로 이러한 **방향**direction은 주어진 점 (x_0, x_1)에서 결과 함숫값(y)이 가장 크게 증가하려면 어디로 움직여야 하는지를 가리킨다. 즉, 가장 가파른 오르막의 방향이다. 기울기의 **크기**

---

6   이 설명은 여러분이 벡터의 방향과 크기에 익숙하다고 가정한다. 크기는 피타고라스 정리로부터 유도된 거리 공식을 사용해 계산할 수 있다. 이 정리의 자세한 내용은 선형대수학 교재에서 찾을 수 있다.

^{magnitude}는 그 방향에서 오르막의 기울기를 가리킨다.

그림 2-3의 화살표 3개는 세 점에서의 가장 가파른 오르막의 방향과 기울기 모두를 보여준다. 각 화살표는 그 점에서의 기울기를 통해 정의되지만, 화살표는 기울기 벡터 그 자체를 나타내지는 않는다. 기울기의 방향이 수평면에 속하는 한편, 그림의 화살표는 또한 그 점에서의 오르막의 기울기를 나타내는 수직적 요소를 가짐을 기억하라.

입력이 2개인 차원에 대한 마법 같은 것은 존재하지 않으며, 우리는 차원의 수가 몇 개이든지 함수의 편도함수를 계산하고 이들을 벡터로 배열해 기울기를 만들 수 있다. 그러나 이는 차트에서 시각화할 수 없다.

경사 하강으로 학습 문제 풀기

학습 문제를 명시하는 한 가지 방법은 훈련 예제의 입력값이 주어졌을 때 그 훈련 예제의 원하는 출력에 들어맞는 네트워크 출력을 내놓는 가중치를 식별하는 것이다. 수학적으로 이는 다음 방정식을 푸는 것과 같다.

$$y - \hat{y} = 0$$

이때 y는 원하는 출력값이고, $\hat{y}$('y 햇^{hat}'이라 부른다)은 네트워크가 예측한 값이다. 실제로는 오직 하나의 훈련 예제만을 갖는 것이 아니고, 함수가 만족했으면 하는 훈련 예제의 집합을 갖는다. 이러한 여러 훈련 예제들의 평균제곱오차$^{MSE,\ Mean\ Squared\ Error}$를 계산해 하나의 오차 지표로 조합할 수 있다.[7]

$$\frac{1}{m}\sum_{i=1}^{m}\left(y^{(i)} - \hat{y}^{(i)}\right)^2 \qquad \text{(평균제곱오차)}$$

괄호 안의 위첨자를 가진 표기법은 각기 다른 훈련 예제를 구별하기 위해 쓰인다. 이

---

7 MSE가 몇몇 신경망에서 훌륭한 오차 함수는 아님을 나중에 보겠지만, 많은 독자가 MSE에 익숙하므로 지금은 이것을 사용한다.

는 y를 l번 제곱한다는 뜻이 아니다. 자세히 보면 MSE를 쓰면 문제가 되는 것 같아 보인다. 대부분의 문제에서 MSE는 반드시 0보다 크므로, 이를 0에 대해 푸는 것은 불가능하다. 대신에 이는 오차 함수의 '값을 최소화'하는 가중치를 찾는 문제로 다룬다.

대부분의 딥러닝^{DL} 문제에서 이러한 최소화 문제를 위한 닫힌 형식의 해$^{closed\ form\ solution8}$를 찾는 것은 불가능하다. 대신에 **경사 하강**$^{gradient\ descent}$이라 알려진 수치적 방법을 사용한다. 이는 해의 초기 추측값에서 시작해 점차적으로 조정하는 반복법이다. 경사 하강은 그림 2-4에서 보여주며, 여기서 초깃값 x_0로 시작한다. 이 값을 $f(x)$에 넣고 해당 y 및 도함수를 계산할 수 있다. 우리가 아직 y의 최솟값에 있다고 가정하지 않는다면, x_0를 약간 증가시키거나 감소시켜 개선된 추측값 x_1을 찾을 수 있다. 도함수의 부호는 x_0를 증가 혹은 감소시켜야 할지를 가리킨다. 양의 기울기(그림과 같이)는 x가 감소하면 y가 감소함을 뜻한다. 그 뒤 반복적으로 x를 작게 조정해 해를 되풀이하여 조정할 수 있다.

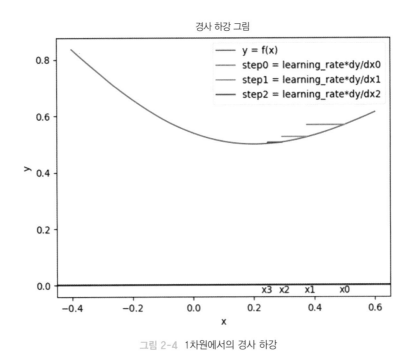

그림 2-4 1차원에서의 경사 하강

---

8 닫힌 형식의 해는 정확한 해를 찾기 위해 방정식을 분석적으로 풀어서 찾은 해다. 대안으로는 수치적 방법을 사용한다. 수치적 방법은 자주 근사해가 된다.

경사 하강은 DL에서의 학습 알고리듬에 주로 쓰인다.

도함수는 어떤 방향으로 x를 조정하는지 가리킬 뿐만 아니라, 또한 현재 값이 y를 최소화하는 값으로부터 가까운지 아니면 먼지를 알려준다. 경사 하강은 x를 얼마나 조정할지 결정하는 데 도함수의 값을 사용함으로써 이러한 속성을 활용한다. 이는 경사 하강이 사용하는 업데이트 공식에서 볼 수 있다.

$$x_{n+1} = x_n - \eta f'(x_n)$$

이때 η(그리스 문자 에타^{eta})는 **학습률**$^{learning\ rate}$이라 알려진 매개변수다. 단계 크기가 학습률과 미분에 의존함을 볼 수 있다. 따라서 단계 크기는 미분값이 작아짐에 따라 감소할 것이다. 앞의 그림은 학습률(η)이 0.3일 때 경사 하강의 움직임을 보여준다. 미분값이 0에 가까워짐에 따라 단계 크기가 감소함을 볼 수 있다. 알고리듬이 최소점에 수렴함에 따라, 미분값이 0에 다가간다는 사실은 단계 크기 또한 0에 다가감을 뜻한다.

학습률이 너무 큰 값으로 설정되면, 경사 하강 또한 해를 지나쳐 수렴에 실패할 수 있다. 게다가 작은 단계 크기라 하더라도 알고리듬이 전역 최솟값을 찾는다는 보장이 없다. 왜냐하면 국소 최솟값에 갇힐 수 있기 때문이다. 그러나 실제로 신경망에서는 잘 동작하는 것으로 보인다.

이전에 수치적 최적화 문제를 만난 적이 있다면, **뉴턴-랩슨**$^{Newton-Raphson}$ 아니면 **뉴턴 법**$^{Newton's\ method}$이라 알려진 다른 반복법을 사용했을 수도 있다. 이것이 어떻게 경사 하강과 관계가 있는지 궁금하다면 부록 E에서 설명을 찾아볼 수 있다.

다차원 함수를 위한 경사 하강

앞의 예제는 단일 변수 함수로 작업했지만, 신경망은 많은 변수로 된 함수이므로 다차원 함수를 최소화하는 능력이 필요하다. 이는 직관적으로 더 높은 차원으로 확장할 수 있다. '도함수 그리고 최적화 문제' 절에서 설명했듯이 기울기는 편도함수로 구성된 벡터이며, 입력 공간에서 함숫값을 위한 가장 가파른 오르막의 방향을 가리킨다. 반대로 음의 기울기는 가장 가파른 내리막의 방향, 아니면 함숫값을 가장 빠르게 줄이는 방향이다. 그러므로 현재 점 $\boldsymbol{x}$ = (x_0, x_1)에 있고 y를 최소화하고자 한다면, 그다음 지점은 다음과 같이 선택한다.

$$\begin{pmatrix} x_0 \\ x_1 \end{pmatrix} - \eta \nabla y$$

이때 ∇y는 기울기다. 이는 임의의 차원을 갖는 함수로 일반화된다. 즉, 변수가 n개인 함수가 있다면 기울기는 n개 편도함수로 구성되며 그다음 단계는 다음과 같이 계산할 수 있다.

$$\boldsymbol{x} - \eta \nabla y$$

이때 $\boldsymbol{x}$와 ∇y 모두 n개 요소로 된 벡터다. 그림 2-5는 두 입력 변수로 된 함수의 경사 하강을 보여준다. 함숫값 y는 점 1에서 2로 그리고 3으로 이동함에 따라 감소한다.

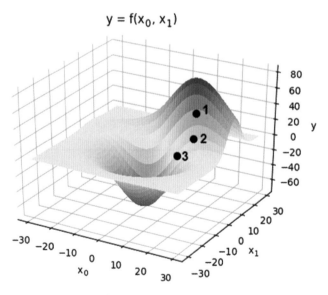

그림 2-5 2변수 함수의 경사 하강

알고리듬이 국소 최솟값에 갇힐 수도 있다는 점을 주지하라. 이를 피하는 여러 가지 방법이 존재하며, 몇몇은 나중의 장에서 언급하지만 깊게 논의하지는 않을 것이다.

이제 경사 하강을 신경망에 적용할 준비가 거의 됐다. 먼저 신경망으로 구현된 다차원 함수로 작업할 때 관련된 몇 가지 함정을 지적할 필요가 있다.

네트워크에서의 상수와 변수

경사 하강을 신경망에 적용할 때 주된 아이디어는 편향 입력 가중치(w_0)를 포함하여 가중치(w)를 조정한다는 목표를 가지면서 입력값(x)은 상수로 간주하는 것이다. 이는 함수를 최소화하는 입력값을 찾으려 하는 우리의 경사 하강 설명을 보면 이상해 보일 수도 있다. 얼핏 보면, 2입력 퍼셉트론에서 x_1과 x_2가 입력값으로 고려되는 것 같아 보인다. 이는 퍼셉트론이 고정된 가중치 및 원하는 출력값을 갖고 있으며, 주어진 고정된 가중치하에서 이와 같은 출력값이 되는 x 값들을 찾는 것이 주어진 과제인 경우에는 옳다. 그러나 우리가 학습 알고리듬을 통해 하고자 하는 일은 이게 아니다. 학습 알고리듬의 목적은 주어진 입력(x_1, x_2)하에서 가중치(w_0, w_1, w_2)를 조정하여 출력값이 우리가 보고자 하는 값을 취하게 하는 것이다. 즉, x_1과 x_2를 상수로 취급하고(x_0 또한 그러하지만 앞서 언급했듯이 이는 언제나 상수 1이다), w_0, w_1, w_2를 조정할 수 있는 변수로 취급한다.

> 학습 동안 입력(x)이 아닌 **가중치(w)**가 함수의 **변수로** 고려된다.

이를 더 명확하게 해보자. 개와 고양이를 구분하기 위해 네트워크를 훈련시키고 있으면 픽셀값이 네트워크의 입력(x)이 될 것이다. 만일 네트워크가 개의 그림을 고양이로 잘못 분류했으면, 계속 진행하지 않고 그림을 고양이처럼 보이도록 조정할 것이다. 아니면 네트워크가 개를 개로 올바르게 분류하도록 하기 위해 네트워크의 가중치를 조정할 것이다.

퍼셉트론 학습 알고리듬의 분석적인 설명

이제 우리에게는 퍼셉트론 학습 알고리듬이 왜 그런 방식으로 정의됐는지 설명하는 데 필요한 도구가 있다. 2입력 퍼셉트론에서 시작하면 다음의 변수가 있다.

$$\boldsymbol{w} = \begin{pmatrix} w_0 \\ w_1 \\ w_2 \end{pmatrix}, \quad \boldsymbol{x} = \begin{pmatrix} x_0 \\ x_1 \\ x_2 \end{pmatrix}, \quad y$$

가중치 벡터 $\boldsymbol{w}$는 임의의 값으로 초기화된다. 이는 가중치가 무엇이 되어야 하는지에 관한 첫 번째 추측이다. 또한 주어진 입력 조합 $\boldsymbol{x}$(이때 x_0는 1)가 있으며 원하는 출력값, 혹은 정답이라 알려진 y가 있다. 먼저 현재 가중치가 +1의 출력을 만들어내지만 정답이 −1인 경우를 고려해보자. 이는 z 값(시그넘 함수의 입력)이 양수이며 우리는 이를 0을 향해(아래로) 낮추고자 함을 뜻한다. 이는 경사 하강을 다음 함수에 적용하여 할 수 있다.[9]

$$z = x_0 w_0 + x_1 w_1 + x_2 w_2$$

이때 x_0, x_1, x_2는 상수이며 가중치는 변수로 취급한다. 먼저 w_0, w_1, w_2에 대한 3개의 편도함수로 된 기울기를 계산해야 한다. 편도함수를 계산할 때, 도함수를 취하고자 하는 변수 하나를 제외한 다른 모든 변수가 상수임을 기억하라. 따라서 기울기는 단순히 다음과 같다.

$$\nabla z = \begin{pmatrix} \dfrac{\partial z}{\partial w_0} \\[2mm] \dfrac{\partial z}{\partial w_1} \\[2mm] \dfrac{\partial z}{\partial w_2} \end{pmatrix} = \begin{pmatrix} x_0 \\ x_1 \\ x_2 \end{pmatrix}$$

---

9 단일 퍼셉트론 경우를 위한 이 설명에서는 최소화하고자 하는 오차 함수를 공식적으로 정의하지 않는다. 대신에 단순히 z 값을 축소해 원하는 출력을 얻고 그 뒤 경사 하강을 사용해 이를 달성하길 원한다는 것을 확인한다. 오차 함수는 다음 장에서 사용한다.

주어진 현재 가중치 벡터 **w** 및 기울기 ∇z로, 이제 **w**에서 더 작은 z 값이 되게 하는 새로운 시도 값을 경사 하강을 사용해 계산한다. 새로운 **w**는 다음과 같다.

$$\boldsymbol{w} - \eta \nabla z$$

이는 벡터 **w**의 각 구성 요소에 대해 다음과 같이 전개된다.

$$\begin{pmatrix} w_0 - \eta x_0 \\ w_1 - \eta x_1 \\ w_2 - \eta x_2 \end{pmatrix}$$

이것이 바로 퍼셉트론 학습 알고리듬의 업데이트 규칙이다. 즉, 퍼셉트론 학습 알고리듬은 퍼셉트론 함수에 경사 하강을 적용한 것과 동등하다.[10]

대신에 만일 우리가 고려한 학습 사례가 정답을 +1로 가지면서 현재 가중치의 결과가 −1이라면, 모든 항에 −1을 곱하여 이를 여전히 최소화를 하는 문제로 만들 수 있으며, 여기서 유일한 차이점은 기울기가 다른 부호를 갖는다는 점이다. 이는 또다시 경사 하강을 퍼셉트론 학습 알고리듬과 동등하게 만든다.

이 시점에서 지금까지 설명한 내용이 **확률적 경사 하강**SGD, Stochastic Gradient Descent이라 알려진 알고리듬임을 지적하는 것이 좋겠다. 확률적 경사 하강과 순정 경사 하강의 구별점은 순정 경사 하강에서는 모든 개별 훈련 예제에 대한 기울기의 평균값을 기울기로 계산하는 한편, SGD는 오직 단일 훈련 예제를 계산해 기울기를 근사시킨다는 것이다. 또한 전체 훈련 예제가 아닌 몇몇의 평균을 계산해 기울기를 근사시키는 하이브리드 접근법이 존재한다. 이 접근법은 추후 다른 장에서 더 공부하고 지금은 SGD를 계속 사용한다.

---

10 엄밀하게 말하면 이 서술은 옳지 않다. 퍼셉트론이 모든 지점에서 미분 가능한 것은 아니라는 것에 관한 다소 미묘한 사항들이 존재한다. 그러나 이번 논의의 목적상 이런 사실은 무시할 수 있다.

> **경사 하강**은 가중치를 업데이트하기 전에 **모든 입력 예제**의 기울기를 계산해야 하지만, **확률적 경사 하강**은 오직 **단일 입력 예제**의 기울기를 계산해야 한다.

우리는 이 문제를 위한 경사 하강 알고리듬을 벡터 형식으로 서술했다. 이 형식은 어떤 차원에서든지 적용된다(예를 들어, 퍼셉트론이 어떤 수의 입력을 갖든지 간에 사용할 수 있다).

퍼셉트론 학습 알고리듬의 기하학적 설명

마지막으로, 시각적으로 생각을 하는 독자들을 위해 퍼셉트론 학습 알고리듬이 작동하는 방식을 기하학적으로 설명한다. 그림을 그릴 때 3차원에 한정된다고 하면, 오직 2개의 조정 가능한 매개변수로 된 함수만을 시각화할 수 있다. 이는 w_0와 w_1을 조정 가능한 매개변수로 갖는 단일 입력 퍼셉트론에 해당한다. 특정한 입력 예제(x_0, x_1)가 주어져 있고 언제나처럼 $x_0 = 1.0$이라면, 가중합 z는 이제 두 가중치 w_0와 w_1의 함수다. 독립 변수 w_0와 w_1 그리고 결과 변수 z가 함께 3차원 공간의 평면을 정의할 것이다. 이 평면 위 양의 z 값을 갖는 모든 점은 주어진 입력값(x_0, x_1)에서 +1의 출력값이 되는 한편, 음의 z 값은 주어진 입력에서 −1의 출력값이 된다.

현재 입력값과 가중치에서 z 값이 양수이지만 정답은 음수라고 가정해보자. 퍼셉트론 학습 알고리듬은 z 값이 평면 위 다른 지점으로 이동하도록 가중치 w_0와 w_1을 조정하며, 우리가 움직이는 점은 평면이 기울어진 방향으로 움직일 것이다. (w_0, w_1)에 해당하는 점에 공을 올려놓고 굴러가도록 하면, 공이 퍼셉트론 알고리듬이 내놓게 되는 다음 반복의 점을 향해 똑바로 굴러갈 것이라고 상상할 수 있다. 이는 그림 2-6에 그려져 있다.

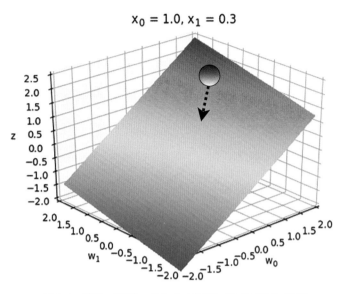

$x_0 = 1.0, x_1 = 0.3$

그림 2-6 원하는 출력이 −1일 때 퍼셉트론 가중치 조정의 시각화

각기 다른 형태의 퍼셉트론 도표 다시 보기

지금까지 2차원과 3차원을 사용해 각기 다른 도표들을 소개했다. 어떤 경우에는 퍼셉트론 입력(x)을 독립 변수로 다뤘으며, 어떤 경우에는 대신 가중치(w)에 대한 함수를 그리는 도표를 만드는 것으로 바꿨다. 혼동을 피하기 위해 그림 2-7의 4개의 차트를 다시 보고 어떻게 서로 연관되어 있는지 설명한다. 퍼셉트론이 입력 벡터 x와 함께 제시되어 있으며 단일 출력 y를 만들어낸다. 내부적으로 이는 가중치 벡터 w를 가지며 x와 w의 가중합을 계산한다. 가중합 z를 호출하고, 이를 출력 y를 만들어내는 부호 함수의 입력으로 사용한다.

그림 2-7(A)는 가중합 z를 두 가중치 w_0와 w_1에 대한 함수로 보여준다. 이러한 형태의 차트는 **내부 가중치**internal weight(w)를 바꾸면 퍼셉트론의 움직임이 어떻게 변하는지를 이해하는 데 쓰인다. 이 차트는 특정 입력 벡터 x($x_0 = 1.0$, $x_1 = 0.3$)를 가정한다. 가중치 w_0는 편향 가중치이며, x_0는 참인 입력이 아니더라도 언제나 1.0으로 둔다. 이는 해당

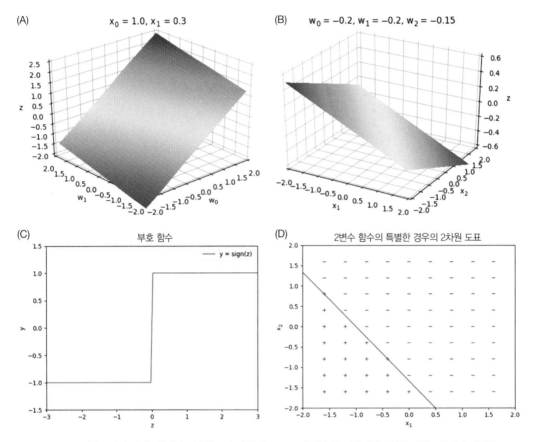

그림 2-7 (A) 1입력 퍼셉트론에서 가중합 z가 가중치 w_0, w_1의 함수인 경우, (B) 2입력 퍼셉트론에서 가중합 z가 입력 x_1, x_2의 함수인 경우, (C) 퍼셉트론 출력 y가 가중합 z의 함수인 경우, (D) 이진 분류기처럼 움직이는 2입력 퍼셉트론을 위한 결정 경계

차트가 단일 입력 퍼셉트론을 나타냄을 뜻한다. 2개 이상의 입력을 갖는 퍼셉트론에서는 이런 형태의 차트를 그릴 수 없다.

그림 2-7(B)는 가중합 z를 두 입력 x_1과 x_2에 대한 함수로 보여준다. 이러한 형태의 차트는 각기 다른 **입력값**(x)이 입력으로 주어질 때 움직임이 어떻게 변하는지 이해하고자 할 때 사용한다. 차트는 특정 가중치 집합($w_0 = -0.2$, $w_1 = -0.2$, $w_2 = -0.15$)을 가정한다. x_1과 x_2 모두 실수 입력이므로 차트는 2입력 퍼셉트론을 나타낸다. 즉, z를 입력에

대한 함수로 그릴 때, z를 가중치에 대한 함수로 그릴 때보다 더 많은 입력을 갖는 퍼셉트론을 나타낼 수 있다. 이는 자연스럽게 편향 입력 x_0가 언제나 1.0인 한편(상수로 다룸) 편향 가중치 w_0는 조정 가능하다(변수로 다룸)는 사실을 따른다.

차트 A와 B는 가중합 z를 시각화한다. 나머지 차트 2개는 출력 y를 종속 변수로 시각화한다. 그림 2-7(C)는 단순히 출력 y를 가중합 z의 함수로 보여준다. 이 차트는 가중치나 입력의 개수에 상관없이 모든 퍼셉트론에 적용된다. 그러므로 차트가 다소 재미없어 보일 수도 있지만, 3장에서 보듯이 부호 함수를 다른 함수로 교체하여 각기 다른 형태의 인공 뉴런을 만들 수 있다.

마지막으로, 그림 2-7(D)는 출력 y를 두 입력 x_1과 x_2에 대한 함수로 시각화한다. 얼핏 보면 2입력 퍼셉트론을 나타내는 그림 2-7(B)와 비교할 때 혼란스러울 수도 있다. 왜 어떤 차트는 2차원에서 잘 그려질 때 다른 차트는 3차원이 되어야만 할까? 그 이유는 이러한 2차원 차트는 출력이 오직 두 가지 값(-1과 $+1$)이라는 사실을 활용하며, 이러한 2개의 각기 다른 값을 받는 영역은 정확하게 분리 가능하기 때문이라고 설명할 수 있다. 출력값을 그 자신의 차원에 그리는 대신에, 각 점의 출력값을 더하기와 빼기 부호로 표시한다. 추가로 두 영역 사이의 경계를 나타내는 선을 그린다. 이 선의 방정식은 퍼셉트론 함수로부터 유도할 수 있다. 이러한 형태의 도표는 이진 분류 문제에서 매우 일반적이다. 퍼셉트론은 많은 이진 분류 기법 중 단지 하나일 뿐이다. 이는 **선형 분류기** linear classifier라고 하는 기법의 종류에 속한다. 부록 A에서 몇 가지 선형 분류기를 설명하는데, 이들의 움직임을 설명할 때 같은 형태의 차트를 사용한다.

지금까지 퍼셉트론의 움직임을 시각화한다는 측면에서 얻을 수 있는 것을 봤다. 실제로는 더 많은 차원으로 작업하는 일이 잦으므로 과정을 시각화하려는 시도는 불가능하다. 대신에, 소개한 수학 및 그 공식을 믿어야 할 것이다.

패턴 식별에 퍼셉트론 사용하기

학습 알고리듬을 다수준 네트워크로 확장하기 전에, 약간 옆길로 가서 퍼셉트론의 다른 사용 사례를 살펴보자. 지금까지 퍼셉트론이 단순한 2입력 논리 함수를 구현하는 사례를 공부했다. 즉, 데이터 지점이 두 클래스 중 하나에 속하는지 분류하는 데 퍼셉트론을 사용했다. 이는 이진 분류 예제다. 이에 대한 중요한 사례로는 퍼셉트론을 특정 패턴을 식별하는 데 사용하는 것이 있다. 이런 경우, 입력이 관심 있는 특정 클래스에 속하는지 아니면 그 클래스에 속하지 않는지 분류하는 데 퍼셉트론을 사용한다. 즉, 여전히 이진 분류를 하고 있지만 다른 클래스가 '그 외의 모든 것'이 된다. 이를 따라 고양이를 식별하는 일을 하는 퍼셉트론을 상상할 수 있다. 고양이 이미지를 퍼셉트론에 제시하면 발동되지만, 다른 이미지를 퍼셉트론에 제시하면 발동되지 않는다. 퍼셉트론이 발동되지 않을 때 우리가 아는 유일한 사실은 이미지가 고양이가 아니라는 것이다. 하지만 이는 우리가 이것이 무엇인지 안다는 뜻은 아니다. 해당 이미지는 개, 배, 산, 혹은 다른 무엇이든 될 수 있다. 이제 고양이 탐색 퍼셉트론 만들기에 너무 흥분하기 전에, 단일 퍼셉트론의 심각한 한계하에서 단일 퍼셉트론으로 좋은 고양이 식별자를 만드는 것은 불가능하다는 점을 지적하고자 한다. XOR 문제를 풀었던 때와 같이 여러 퍼셉트론을 조합해야 하는데, 이 내용은 이후의 장에서 다룰 것이다. 지금은 단일 퍼셉트론만 고려하여 다소 단순한 이미지 패턴을 식별하는 데 사용한다.

이번 예제에서는 큰 이미지의 작은 부분을 분석한다. 임의의 선택을 통해 3×3 격자로 배열된 9픽셀만을 살펴본다. 추가로, 일을 단순하게 만들기 위해 픽셀이 세 가지 채도, 즉 흰색(1.0), 회색(0.0), 검정색(−1.0) 중 오직 하나만 취할 수 있다고 가정한다. 이는 훈련 예제의 개수를 제한하기 위해서다. 게다가 훈련 예제는 검은색과 흰색 픽셀 혹은 검은색과 회색 픽셀의 조합으로만 구성되어 있다. 회색과 흰색 픽셀의 조합 혹은 검은색, 회색, 흰색 픽셀로 된 훈련 예제는 없다. 즉, 2^9 = 512개의 검은색 + 흰색 예제와 2^9 = 512개의 검은색 + 회색 예제가 있다. 이 두 집합은 각각 모두 검은색 픽셀의 이미지로 된 오직 한 곳에서만 겹친다. 따라서 정확하게 말하자면 1,023개의 고유한 훈련 예제가 있다.

퍼셉트론의 과제는 우리가 식별할 수 있기를 원하는 특정 예제에서 +1을 출력으로 신호하고, 다른 모든 것에서는 −1을 신호하는 것이다. 이를 보여주기 위해 5개의 퍼셉트론을 훈련시켰다. 각 퍼셉트론은 특정 패턴을 식별하도록 훈련됐다. 훈련 과정은 모든 입력 패턴을 무작위 순으로 반복적으로 파셉트론에 제시하는 것으로 구성됐다. 퍼셉트론이 식별하도록 학습하길 원하는 패턴에 +1을, 그리고 다른 모든 예제에 −1을 정답으로 사용했다. 그림 2-8은 결과를 보여준다.

5개의 열은 5개의 각기 다른 퍼셉트론에 해당한다. 그림의 상단 행은 각 퍼셉트론이 식별했으면 하는 패턴을 보여준다. 각 패턴 내 점수는 훈련 뒤 퍼셉트론 내 부호 함수

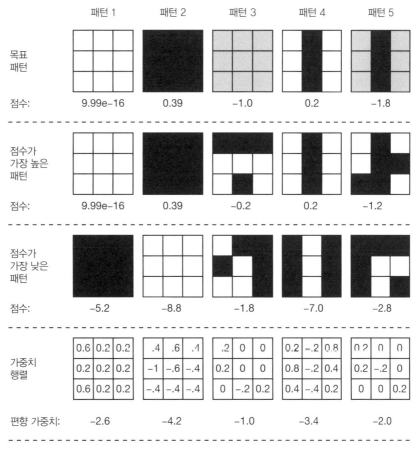

그림 2-8 5개의 예제 패턴, 결과 가중치 및 점수가 가장 높은 패턴과 가장 낮은 패턴

의 입력값이다(즉, 목표 패턴을 훈련된 퍼셉트론에 제시했을 때 입력의 가중합). 두 번째 행은 점수가 가장 높은 패턴(단순히 훈련된 뉴런에 모든 조합을 제시하고 가장 높은 점수를 낸 패턴을 기록했다) 및 그 점수를 보여준다. 가장 높은 점수를 낸 패턴이 목표 패턴과 동일하다면, 이는 분류기가 목표 패턴을 성공적으로 식별했음을 뜻한다. 그러나 이는 어떠한 실수도 하지 않는다는 것을 뜻하지는 않는다. 예를 들어, 퍼셉트론이 모든 패턴에 높은 점수를 출력할 수 있으며, 이 경우 거짓 양성^{false positive}이 많음을 의미한다. 세 번째 행은 가장 점수가 낮은 패턴과 그 점수를 보여준다. 하단 행은 훈련 후 가중치 및 편향 가중치를 보여준다.

> **거짓 양성**에 대한 논의를 공식화하고 **정밀도**(precision)와 **재현율**(recall)이라는 두 가지 개념을 소개할 수 있는데, 이는 부록 A에서 설명한다.

다음 네 가지를 관찰할 수 있다.

- 퍼셉트론이 검은색-흰색 패턴(1, 2, 4)을 성공적으로 식별한다. 각 경우의 가중치를 보면, 이들은 어느 정도 패턴을 흉내 내고 있다. 이를 생각해보면 직관적으로 꽤 말이 된다. 만일 픽셀이 흰색(1.0)이라면 높은 점수가 되도록 양의 값을 곱하기를 원할 것이며, 픽셀이 검은색(-1.0)이라면 높은 점수가 되도록 음의 값을 곱하고자 할 것이다.

- 모두 흰색인 경우, 목표 예제의 점수는 겨우 0을 넘긴다. 이것이 적절한 이유는 픽셀에서 흰색이 많지만 흰색이 전부는 아닌 예제가 0을 넘기기는 여전히 불가능할 것이기 때문이다. 즉, 거짓 양성의 개수가 제한되어 있다.

- 입력 패턴이 완벽하게 대칭이더라도(즉, 모두 흰색이거나 모두 검은색), 결과 가중치 패턴이 반드시 대칭인 것은 아니다. 이는 가중치의 무작위 초기화 및 많은 올바른 해 중에서 하나를 찾는 알고리듬에 의한 결과다.

- 픽셀 몇 개가 회색인 경우 퍼셉트론은 완벽하게 식별하는 데 실패함을 볼 수 있다. 이러한 경우 알고리듬이 절대 수렴하지 않으며, 우리는 고정된 숫자만큼 반복한 후

중지했다. 이들은 다른 예제들과 선형적으로 분리될 수 없음이 분명하다.[11] 그러한 패턴을 식별하려면 XOR 문제에서 했던 것과 같이 다중의 뉴런을 조합해야 한다.

- 이 예제로부터 퍼셉트론이 단순한 NAND 게이트보다 더 강력하다는 사실이 더욱 분명해진다. 특히 이는 실수 입력으로 작업할 수 있으며 훈련 알고리듬을 적용해 움직임을 바꿀 수 있다.

1장에서 어떻게 내적을 두 벡터 간 각도 측면에서 쓸 수 있는지 간단히 설명했다. 주어진 길이의 두 벡터에서 내적은 두 벡터 간의 각도가 0일 때 최대화된다. 즉, 두 벡터가 같은 길이를 가질 때 두 벡터가 동일하면 내적은 최대화된다. 그러므로 가중치 벡터가 입력 패턴을 흉내 낸다는 것은 완전히 이치에 맞는 말이다.

이것으로 패턴(특성feature이라고도 함) 식별자에 대한 실험을 마친다. 하지만 다수준 네트워크에서의 더 발전된 이미지 분석을 다루는 이후의 장에서 이러한 패턴 식별자를 기본 토대로 사용한다.

기울기 기반 학습의 맺음말

이 장에서는 계속해서 개별 퍼셉트론에 집중했다. 퍼셉트론 학습 알고리듬이 동작하는 방식에 대해 직관적인 측면에서부터 더욱 수학적인 측면까지 자세히 논의했다. 퍼셉트론 학습 알고리듬의 수학적 설명의 일부분으로서, 경사 하강으로 함수를 최소화하는 방법을 소개했다. 또한 학습 알고리듬 설명에 더해 퍼셉트론을 패턴 탐색기로 사용하는 방법을 살펴봤다.

이제 단일 퍼셉트론에서 다수준 네트워크로 바꿔 집중할 때다. 다음 장의 주요 주제는 어떻게 학습 알고리듬을 이러한 네트워크로 확장하는지다. 다수준 네트워크를 훈련시키는 데 쓰이는 알고리듬은 경사 하강에 근거하며 이 장에서 배운 내용을 토대로 한다.

---

11 선형적 분리 가능성을 꽤 여러 번 언급했기 때문에, 꼭 이해해야 하는 중요한 개념이라는 인상을 줄 수도 있다. 그러나 이 책의 나머지 부분은 다수준 네트워크에 집중하며, 이는 선형적 분리 가능성과 연관된 한계로 인해 피해를 받지 않는다. 그러므로 이 책의 나머지 부분에서는 이 개념에 대해 그리 걱정할 필요가 없다.

03

시그모이드 뉴런과 역전파

3장에서는 기본적인 학습 알고리듬을 소개한다. 사실상 모든 신경망 알고리듬이 이것의 변형이다. 이 알고리듬은 **역전파**backpropagation라 알려진 기법에 기반하여 1980년대 중반에 신경망의 측면에서 소개됐다. 이는 딥러닝DL을 향한 경로에서 중대한 진전이었다. 우리는 많은 DL 실무자에게서조차 이 알고리듬이 약간 수수께끼 같다는 인상을 받는다. 왜냐하면 상당 부분이 현대의 DL 프레임워크 내부에 숨겨져 있기 때문이다. 알고리듬이 어떻게 동작하는지에 대한 기본을 아는 것은 여전히 중요한 일이다.

가장 높은 수준에서 보면 알고리듬은 3개의 단순한 단계로 되어 있다. 먼저 신경망에 하나 혹은 그 이상의 훈련 예제를 제시한다. 두 번째로 신경망의 출력을 올바른 값과 비교한다. 마지막으로, 가중치를 조정해 출력이 올바른 값과 가까워지도록 한다. 이렇게 간단한 일이다! 이것이 바로 우리가 퍼셉트론 학습 알고리듬에서 했던 일이며, 경사하강을 사용해 가중치를 얼마나 조정할지 결정했다. 단일 퍼셉트론에서 편미분을 계산하는 것은 사소한 일이었지만, 각 층에 복수의 뉴런이 있는 다수준 네트워크에서는 까다로울 수 있다. 여기서 역전파가 우리를 구조해준다. 역전파는 신경망의 가중치에 대해 편미분을 계산하는 단순하고 효율적인 방법이다.

역전파가 어떻게 동작하는지 설명하기 전에, 혼란스러울 수 있는 용어의 불일치성에 대해 지적하는 것이 좋겠다. 우리의 설명은 경사 하강이 네트워크를 훈련시키는 데 필요한 편미분을 계산하는 데 역전파를 사용한다고 명시한다. 대안적인 명명 규칙으로는 전반적인 훈련 알고리듬을 **역전파 알고리듬**^{backpropagation algorithm}이라 부르는 것이다. 어떤 용어를 사용하든 관계없이 모든 과정은 다음과 같은 경로로 되어 있다.

- 포워드 패스^{forward pass}에서는 학습 예제를 네트워크에 제시하고 네트워크 출력을 올바른 값(정답)과 비교한다.

- 백워드 패스^{backward pass}에서는 가중치에 대해 편미분을 계산한다. 이러한 미분은 네트워크 출력이 정답에 가까워지도록 가중치를 조정하는 데 쓰인다.

> **역전파** 알고리듬은 훈련 예제가 네트워크에 주어지는 **포워드 패스**로 되어 있다. 그런 다음 **경사 하강**을 사용해 가중치를 조정하는 **백워드 패스**가 뒤따라온다. 기울기는 **역전파** 알고리듬을 사용해 계산한다.

이 장 전체에 걸쳐 다수준 네트워크를 위한 학습 알고리듬이 어떻게 동작하는지를 설명하고, 마지막 절에서 XOR 문제를 풀기 위해 이를 구현하는 코드 예제를 제시한다.

다수준 네트워크에서 경사 하강이 가능하도록 수정된 뉴런

경사 하강을 퍼셉트론에 적용했을 때 활성 함수, 즉 z 값에 적용해 y 값이 되도록 하는 부호 함수를 다소 무시했었다. 경사 하강을 사용해 원하는 방향으로 z를 유도하여 이를 수행했으며, 이 방향이 암묵적으로 y에 영향을 줄 것임을 알고 있었다. 이러한 수법은 한 층에서의 활성 함수로부터의 출력이 다음 층에서 입력으로 사용되는 다층 퍼셉트론에서는 쓸 수 없다. 이것이 바로 퍼셉트론 학습 알고리듬을 다층 네트워크로 확장하는 것이 사소한 일이 아닌 이유 중 하나다.

경사 하강을 적용할 수 있기 위한 핵심 요구사항은 적용하는 함수가 미분 가능하다는 것이다. 왜냐하면 기울기를 계산해야 하기 때문이다. 부호 함수는 0에서의 불연속성 때문에 이러한 요구사항을 만족시키지 못한다. 루멜하트^{Rumelhart}, 힌턴^{Hinton}, 윌리엄스

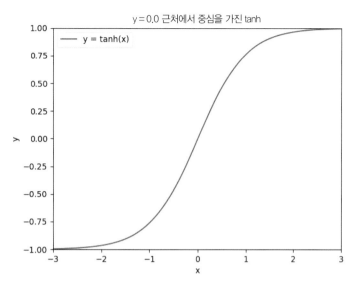

그림 3-1 쌍곡선 탄젠트(tanh) 함수. 함수가 양 축의 0 근처에서 대칭임을 보라.

Williams(1986)는 다수준 네트워크를 위한 역전파 알고리듬을 제시할 때 이를 해결했다. 그들은 부호 함수를 S 모양 함수로 바꿨다. 이러한 함수의 한 예인 쌍곡선 탄젠트tanh 함수를 그림 3-1에서 보여준다.

이러한 함수의 모양을 부호 함수와 비교해보면 왜 이들이 선택됐는지 이유가 명백하다. 모양이 부호 함수를 흉내 내지만 연속 함수이며 따라서 어디서든 미분 가능하다. 이는 양쪽 세계에서 최적인 것으로 보이는데, 왜냐하면 퍼셉트론에게는 부호 함수가 잘 동작하지만 학습을 위해서는 미분 가능성이 필요하기 때문이다.

DL에서 중요한 또 다른 S 모양 함수는 **로지스틱 함수**logistic function로, 그림 3-2가 보여준다. 혼동을 피하기 위해 용어에 대한 지저를 해야 한다. 엄밀히 말하자면 tanh 함수와 로지스틱 함수 모두 **시그모이드 함수**sigmoid function라 알려진 함수의 종류에 속한다. 오래된 신경망 서적에서 tanh 함수나 로지스틱 함수를 부를 때 '시그모이드 함수'가 일반적으로 사용됐다. 그러나 요즘의 DL 분야에서는 로지스틱 함수를 참조하는 데만 '시그모이드 함수'를 사용한다. 이 책에서는 로지스틱 함수와 시그모이드 함수라는 용어를 번갈

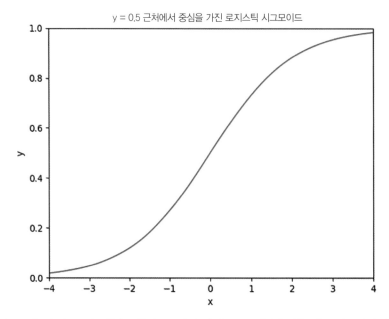

그림 3-2 로지스틱 시그모이드 함수. x축의 0 근처와 y축의 0.5 근처에서 대칭임을 보라. x축과 y축의 척도 모두 그림 3-1과 다르다.

아 사용하고, 방금 말한 함수를 부를 때는 로지스틱 시그모이드 함수를 사용하며, tanh 는 별도로 부른다. tanh 함수와 시그모이드 함수는 축의 척도가 다르므로, 이들은 곡 선이 비슷해 보이지만 다르다.

이 두 함수를 자세히 논의하기 전에, 먼저 이들의 수학적 정의를 소개한다.

$$\text{쌍곡선 탄젠트: } \tanh(x) = \frac{e^x - e^{-x}}{e^x + e^{-x}} = \frac{e^{2x} - 1}{e^{2x} + 1}$$

$$\text{로지스틱 시그모이드 함수: } S(x) = \frac{1}{1 + e^{-x}} = \frac{e^x}{e^x + 1}$$

각 함수는 몇 가지 형식으로 명시할 수 있는데, 이 주제를 다룬 다른 서적에서 접하게 수도 있다. 얼핏 보면 이러한 정의들이 다소 무서울 만큼 복잡해 보일 수도 있고, 뉴런 을 시뮬레이션할 때 이 함수들을 사용한다는 아이디어를 만나게 되면 누구든 이것이 마 법 같아 보일 수 있다. 그러나 수학적 정의는 별로 중요하지 않으며, 원동력은 바로 함수의 모양이다. 만일 여러분이 접근선(x가 극값으로 갈 때의 출력값)을 공부하면, 부호 함수와 같이 x가 무한대에 접근할 때 tanh 함수가 +1에 접근하고, x가 음의 무한대에 접근할 때 tanh 함수가 −1에 접근함을 꽤 쉽게 스스로 납득할 수 있다.[1] 로지스틱 시그모이드 함수에도 같은 연습을 해보면, x가 무한대에 접근함에 따라 +1에 접근하는 한편, x가 음의 무한대에 접근함에 따라 대신에 0에 접근함을 볼 수 있다.

두 함수 모두 지수함수의 조합임을 언급하고자 한다. 지수함수의 모양은 그림 3-3에서 보여주는 S의 절반과 비슷하다. 조금만 생각해보면 지수함수를 조합해 S 모양을 만드는 것이 가능하다는 사실을 직관적으로 알 수 있다. 특히 x를 인수로 취하는 지수는 양의 x를 지배할 것이지만 음의 x에서는 0에 가까워질 것이다. 반대로 −x를 인수로 취하는 지수는 반대의 움직임을 보일 것이다.

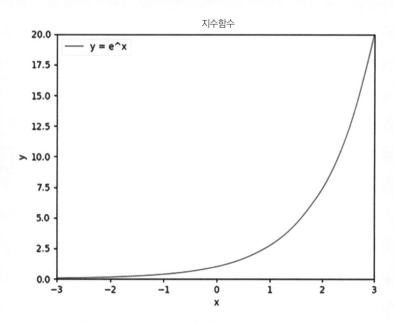

그림 3-3 S의 아래 절반과 같은 형태를 띤 지수함수

---

1 이를 확인해보는 한 가지 방법은 스프레드 시트를 가지고 x에 다른 값들을 입력한 뒤, 다양한 지수함수 및 이들을 조합한 결과에 따라 값이 어떻게 변하는지 보는 것이다.

이전에 2개의 S 모양 함수가 미분 가능하다고 언급했다. 함수 자체를 자세히 보기 전에 먼저 이들의 도함수를 제시한다.

$$\text{쌍곡선 탄젠트의 도함수: } \tanh'(x) = 1 - \tanh^2(x)$$

$$\text{로지스틱 시그모이드 함수의 도함수: } S'(x) = S(x)(1 - S(x))$$

이 함수들의 주요 속성은 x 값이 없다 하더라도 함숫값으로부터 미분을 계산할 수 있다는 점이다. 특히 $\tanh'(x)$는 $\tanh(x)$에 대한 함수이며, 마찬가지로 $S'(x)$는 $S(x)$에 대한 함수다. 더 엄밀히 말하자면, $\tanh$에서 특정 x의 $y = \tanh(x)$를 계산했다면 같은 x에서 $\tanh$ 함수의 미분값은 $1 - y^2$으로 쉽게 계산할 수 있다. 이 속성은 이 장의 나중에 활용한다.

이제 $\tanh$와 로지스틱 시그모이드 함수의 차이점을 자세히 보자. 그림 3-4는 같은 차트에 두 함수를 그렸다. x가 음의 무한대로 접근함에 따라 $\tanh$ 함수는 −1이 되는 한편, 로지스틱 함수는 하단인 0에 닿는다는 점에서 $\tanh$가 부호 함수와 더 유사하다고 언급했다. 또한 1장 '로젠블랫 퍼셉트론'에서 디지털 전자공학에 대한 배경지식이 있다

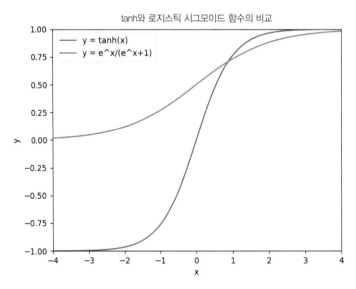

그림 3-4 $\tanh$ 함수와 로지스틱 시그모이드 함수 비교 차트

면 출력값 범위가 0~1인 함수가 −1~+1인 함수보다 더 편하게 느껴질 수 있다고 언급했다. 또 다른 관찰사항은 우리가 출력을 확률로, 예를 들어 출력을 네트워크의 입력이 고양이 그림일 가능성이 어느 정도인지로 해석하고자 한다면, 0에서 1 사이의 범위가 더 적절하다는 것이다.

출력 범위에 더해서, 임계치 차이라는 고려해야 하는 미묘한 다른 점이 존재한다(즉, x 방향에서 함수가 어디에서 중심이 되는지). 표 3-1은 임계치와 출력 범위의 세 가지 조합을 보여준다.

표 3-1 3개의 활성 함수

	부호 함수/tanh	로지스틱 시그모이드	대칭 디지털
최대 출력	1	1	1
최소 출력	−1	0	0
임계치	0	0	0.5

그림 3-4와 표 3-1로부터 tanh와 로지스틱 시그모이드 함수 모두 x축의 0 근처에서 대칭임을 볼 수 있으므로, 이들의 임계치는 0이다. 출력 범위가 0~1인 경우, 임계치가 0.5일 때 더 직관적이라고 생각할 수도 있다(이는 **대칭 디지털**symmetric digital이라 부른다). 왜 그런지 보여주기 위해 앞뒤로 복수의 뉴런을 연결하면 무슨 일이 벌어지는지 고려해보자. 추가로 첫 번째 뉴런의 입력이 임계치에 가까우며, 따라서 뉴런의 출력이 출력 범위의 가운데가 된다고 가정하자. tanh 그리고 대칭 디지털 뉴런 모두에서 이는 후속 뉴런이 임계치에 가까운 입력을 얻을 것이며 출력은 또다시 출력 범위의 가운데일 것임을 뜻한다. 반면에 로지스틱 시그모이드 함수의 경우 두 번째 뉴런이 임계치에서 훨씬 떨어져 있는 입력을 받을 것이다. 그러므로 얼핏 보면 로지스틱 시그모이드 함수를 사용한 뉴런에 기반한 신경망은 출력이 +1로 편향되는 것으로 보인다.

앞의 추론은 중요한 두 가지 내용을 무시하고 있다. 먼저 가중치가 양수이거나 음수일 수 있다. 그러므로 가중치를 무작위로 초기화하고 각 뉴런이 복수의 뉴런으로부터 출력을 공급받는다면, 후속 층에서의 뉴런의 입력이 모두 0.5에 가깝다 하더라도 이들의 가중합(활성 함수의 입력)은 0에 가까울 수 있다. 왜냐하면 절반의 입력이 음수 가중치로 곱해질 것이며 절반은 양수 가중치로 곱해질 것이기 때문이다. 즉, 실제로 대칭 디지털 함수가 0을 출력하는 것으로 편향될 것인 한편, 로지스틱 시그모이드 함수는 출력 범위의 중간에 가까워질 것이다. tanh는 두 가지 방식 모두 같음을 주지하라. 두 번째로 고려해야 할 내용은 편향 입력이다. 모든 가중치가 양수인 경우를 가정해보자. 이 경우라 하더라도, 로지스틱 시그모이드 함수를 위한 편향 가중치는 편향과 조합된 이전 층으로부터의 출력이 활성 함수의 임계치 근처에 있는 입력이 되도록 설정하는 것이 가능하다. 1장에서 설명했듯이 편향 항을 바꾸는 것은 임계치를 고르는 것과 동등하다. 이는 편향 가중치가 적절하게 초기화됐다면(아니면 학습됐다면), 이와 같은 임계치 논의 전체가 무의미해짐을 뜻한다. 어떠한 뉴런도 고정된 임계치를 갖지 않으며, 임계치는 편향 가중치를 바꿈으로써 조정할 수 있다.

어떠한 활성 함수를 사용해야 하는가

지금 논의는 활성 함수가 부호 함수와 꽤 비슷하면서도 미분 가능해야 한다는 점을 당연시하고 있다. 이는 모두 역사 그리고 맥컬록-피츠McCulloch-Pitts(1943) 및 로젠블랫Rosenblatt (1958)이 설명한 모 아니면 도all-or-nothing 활성화(뉴런이 발동되거나 발동되지 않음)로부터 영향을 받았다. 로젠블랫은 다른 아이디어 또한 존재했다고 언급했으며, 부호 함수와는 매우 다른 더 강력한 활성 함수가 존재함이 밝혀졌다. 이들 중 몇몇은 심지어 모든 점에서 미분 가능하지는 않았는데, 이러한 미분 가능성은 다수준 네트워크를 위한 학습 알고리듬이 소개된 1986년에 엄격한 요구조건으로 간주됐다. 5장 'DL을 향하여: 프레임워크 및 네트워크 미조정'과 6장 '회귀에 적용된 완전 연결 네트워크'에서 이러한 더 현대적인 활성 함수의 다양한 예제가 소개되지만, 지금은 로지스틱 시그모이드 함수와 tanh 함수로만 한정하고, 그렇다면 어떤 것을 골라야 하는지 질문할 수 있다. 나중에 보겠지만 이는 많은 비슷한 질문 중 하나일 뿐이며, 이들 중 하나를 고르는 여러 구현이 존재한다. 일반적으로 옳고 나쁜 답은 없지만, 실험을 하면서 여러분이 작업 중인 특정 문제에 가장 최적인 방법을 고르는 것이 해법이다. 그러나 이러한 실험의 시작점으로서 올바른 방향을 가리켜줄 수 있는 휴리스틱한 방법이 존재하는 경우가 많다.

S 모양 함수를 활성 함수로 사용할 때 은닉 층에는 tanh로 시작할 것을 추천한다. 왜냐하면 이들은 출력이 0 근처에 모일 것이고, 이는 다음 층의 임계치에 일치하기 때문이다.[2] 출력 층에는 확률로 해석할 수 있도록 로지스틱 시그모이드 함수를 추천한다. 5장에서 이 함수가 여러 가지 형태의 손실 함수와 잘 동작함을 볼 것이다.

> **전부는 아니지만 일부가** S 모양인 활성 함수가 많이 존재한다. 인기 있는 두 가지 선택으로는 tanh와 로지스틱 시그모이드 함수가 있다. 이 둘 사이에서 고를 때, **은닉 층에는 tanh를**, 그리고 **출력 층에는 로지스틱 시그모이드를 골라라.**

입력과 출력 범위 및 이들의 임계치와의 관계에 관한 논의는 포워드 패스 동안의 움직임에 집중했었다. 알고 보면 이러한 디자인 선택은 또한 역전파 알고리듬이 얼마나 쉽게 가중치를 올바른 값으로 조정하는지에 영향을 준다. 이 내용을 자세히 살펴보지는 않겠지만, 로지스틱 시그모이드 함수와 tanh의 차이 그리고 이들이 네트워크 훈련 과정에 어떻게 영향을 주는지에 대한 추가적인 논의는 르쿤LeCun, 보투Bottou, 오르Orr, 뮐러Müller의 논문(1998)에서 찾을 수 있다.

함수 합성과 연쇄법칙

역전파 알고리듬에서의 중심 테마는 연쇄법칙을 사용해 **합성 함수**composite function의 도함수를 계산하는 것이다. 이 절에서 합성 함수의 연쇄법칙을 간단히 소개한다. 2장에서 편도함수와 최적화 문제를 다룬 절과 마찬가지로, 이번 절은 이러한 주제를 접한 지 오래된 독자를 주요 대상으로 하므로, 여러분에게 해당되지 않는다면 다음 절로 편하게 넘어가기 바란다.

---

2 편향 가중치를 0으로 초기화하거나 평균이 0인 무작위 값으로 초기화한다고 가정한다.

함수 합성은 한 함수의 출력값을 다음 함수의 입력값으로 사용해 2개 이상의 함수를 새로운 함수로 조합하는 데 쓰인다. 2개의 함수가 있다고 가정하면

$$f(x),\ g(x)$$

추가로 함수 $g(x)$의 출력을 함수 $f(x)$가 입력으로 사용한다고 가정한다. 그러면 이들을 합성 함수로 조합할 수 있다.

$$h(x) = f\big(g(x)\big)$$

일반적인 다른 표기법은 합성 연산자를 사용하는 것이다.

$$h(x) = f \circ g(x),\ \text{아니면 단지}\ h = f \circ g$$

합성 연산자로 된 표기법은 복수의 함수를 합성할 때 중첩된 모든 괄호를 피하기 위해 일반적으로 선호된다. 대부분의 경우 함수 합성에 이 표기법을 사용한다.

우리가 함수 합성을 가져온 이유는 다층 신경망을 합성 함수로 쓸 수 있기 때문이다. 다음 절에서 자세히 보겠지만 그 전에 합성 함수의 도함수를 계산하는 방법을 설명할 필요가 있다. 도함수는 경사 하강을 다수준 네트워크에 적용할 때 필요하다. **연쇄법칙**chain rule은 함수 조합의 도함수를 어떻게 계산하는지 명시한다. 다음과 같은 식이 있다면

$$h = f \circ g$$

도함수는 다음과 같다.

$$h' = (f' \circ g)g'$$

이를 다르게 서술하면, 다음 식이 있다고 해보자.

$$z = f(y)\ \text{그리고}\ y = g(x),\ \text{따라서}\ z = f \circ g(x)$$

그러면 다음과 같다.

$$\frac{\partial z}{\partial x} = \frac{\partial z}{\partial y} \cdot \frac{\partial y}{\partial x}$$

이는 또한 **라이프니츠 표기법**Leibniz's notation이라 알려져 있다. 우리가 연쇄법칙을 적용할 때는 이 표기법을 사용할 것이다.

이 예제에서는 단일 변수의 함수만을 사용한다. 이러한 개념을 신경망에 적용할 때는 일반적으로 복수의 변수로 된 함수로 작업한다. 예제로 함수 $g(x_1, x_2)$와 $f(x_3, x_4)$ 모두를 위한 입력 변수 2개를 가정하자. 추가로 g의 출력이 함수 f의 두 번째 인수로 쓰인다고 하자. 다음과 같은 합성 함수를 얻는다.

$$h(x_1, x_2, x_3) = f \circ g = f(x_3, g(x_1, x_2))$$

2장에서와 같이 이 결과 다변수 함수의 편도함수를 계산하고자 한다. 이전 장에서 설명한 바와 같이 다른 모든 변수를 상수로 취급하여 이를 수행한다. 이는 방금 설명한 함수 h에서 변수 x_1과 x_2에 대해 편도함수를 계산하기 위해 연쇄법칙을 사용해야 함을 뜻한다. x_3에 대해 편도함수를 계산할 때, g는 상수로 취급하며 함수 f의 도함수만을 고려할 필요가 있다. 이에 대한 자세한 예제는 신경망을 위해 이러한 계산을 하는 다음 절에서 찾을 수 있다.

역전파를 사용해 기울기 계산하기

이제 다수준 네트워크에 경사 하강을 어떻게 적용하는지 볼 시간이다. 단순히 하기 위해 각 층에 오직 하나의 뉴런이 있는, 생각할 수 있는 가장 단순한 다수준 네트워크 하나로 시작한다. 첫 번째 뉴런에 입력이 2개 있다고 가정한다. 이 네트워크는 그림 3-5가 보여준다.

두 뉴런에 G와 F로 이름을 붙였으며, 이때 G는 3개의 조정 가능한 가중치, F는 2개

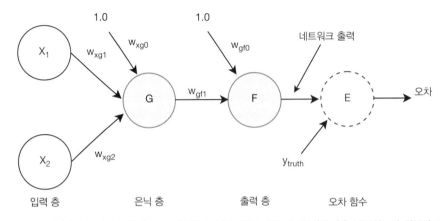

그림 3-5 역전파를 설명하기 위해 쓰인 단순한 2층 네트워크. 마지막 유닛(점선)은 네트워크의 일부가 아니지만 출력을 정답과 비교하는 오차 함수를 나타낸다.

의 조정 가능한 가중치가 있다. 네트워크는 전체 5개의 조정 가능한 가중치를 갖는다. 우리는 네트워크가 원하는 기능을 구현하도록 이러한 가중치의 값을 자동적으로 찾는 학습 알고리듬을 원한다. 그림은 또한 맨 오른쪽에 뉴런과 같이 생긴 무언가를 포함하고 있지만, 이는 네트워크의 일부가 아니다. 이는 네트워크가 얼마나 옳고 그른지 정하는 데 필요한 함수를 나타내며, 학습에 필요하다(이에 대해서는 곧 더 자세히 설명한다).

우리는 가중치 명명 규칙을 사용하는데 이때 첨자의 첫 번째 글자는 시작source 층을, 두 번째 글자는 도착destination 층(가중치가 속하는 층)을 나타낸다. 숫자는 입력 번호를 나타내며, 0은 편향 입력을 뜻한다. 즉, w_{xg2}는 g 뉴런으로의 입력 번호 2를 뜻하며, 이는 입력을 x층으로부터 받는다. 일관성을 위해 편향 항 또한 다른 항과 마찬가지로 동일한 명명 규칙을 사용한다. 그러나 이는 기술적으로 시작 층을 갖지 않는다.

2장에서 공부한 퍼셉트론은 부호 함수를 활성 함수로 사용했다. 이미 말했지만 부호 함수는 모든 점에서 미분 가능하지는 않다. 이 장에서는 모든 점에서 미분 가능한 활성 함수를 사용한다. 뉴런 G는 활성 함수로 tanh를 사용하며, 뉴런 F는 S(로지스틱 시그모이드 함수)를 사용한다. 이는 가중치 5개 중 어느 하나가 변화하든지 출력에 작은 변화를 야기함을 뜻한다. 부호 함수를 사용했을 때는 가중치가 작게 변해도 아무것도 바뀌지 않지만, 변화가 충분히 크면 퍼셉트론 하나를 뒤집히게 만든다. 이 경우 의존하는 뉴런 또한 쉽게 뒤집히므로 모든 것이 원점으로 돌아가 버린다.

한 걸음 물러서서 보면, 우리의 신경망은 다음 함수를 구현한다.

$$\hat{y} = S\left(w_{gf0} + w_{gf1}\tanh\left(w_{xg0} + w_{xg1}x_1 + w_{xg2}x_2\right)\right)$$

우리는 함수를 최소화하는 데 쓸 수 있는 알고리듬(경사 하강)을 알고 있다. 이 알고리듬을 활용하려면 **오차 함수**error function, 또한 **손실 함수**loss function라고도 알려진 것을 정의해야 하며, 이는 최소화되면 네트워크 전체가 올바른 결과를 만들어낸다는 속성을 갖는다. 오차 함수의 정의 및 최소화는 신경망에만 유일한 것이 아니라 다른 많은 측면에서 쓰인다. 인기 있는 한 가지 오차 함수로 평균제곱오차MSE를 떠올릴 수 있다. 이는 2장에서 소개했으며 선형 회귀에 쓰이므로 여러분이 이미 익숙할 수도 있다. 이를 계산하는 방법은 각 학습 예제에 대해 정답에서 예측된 값을 빼고 이 차이를 제곱하는 것이다. 수학 공식으로 나타내면 다음과 같다.

$$MSE = \frac{1}{m}\sum_{i=1}^{m}(y^{(i)} - \hat{y}^{(i)})^2$$

'들어가며'에서 이 책을 선형 회귀로 시작하지 않겠다고 약속했다. 하지만 필요시 이를 언급할 수밖에 없다. 이 장의 목적상 선형 회귀를 알 필요는 없지만, 흥미가 있다면 부록 A에서 더 읽어볼 수 있다.

오차 함수와 **손실 함수**는 같은 것을 나타내는 두 가지 이름임을 기억하라.

선택할 수 있는 손실 함수는 여러 개 존재한다. 이 절에서는 역사적인 이유로 MSE를 선택하지만, 실제로 이는 시그모이드 활성 함수와의 조합에서 보면 좋은 선택은 아니다.

다시 말해, MSE는 모든 m개 훈련 예제의 제곱오차 $(y - \hat{y})^2$의 **평균**mean(m으로 나눈 합)

이다. 5장에서 이러한 형태의 신경망에 MSE를 오차 함수로 사용하는 것은 최적이 아님을 배우지만, 지금은 일을 익숙하고 단순하게 만들기 위해 계속 사용한다. 즉, 단일 훈련 예제를 가정하면 오차 함수 $(y - \hat{y})^2$을 최소화하고자 하며 이때 $\hat{y}$은 위에 정의되어 있으며 y는 훈련 예제의 일부다. 다음 방정식은 MSE를 위한 공식을 네트워크 함수화 조합하여 단일 학습 예제에서 최소화하고자 하는 오차 함수의 표현식이 되도록 한 것이다.

$$Error = \left(y - S\left(w_{gf0} + w_{gf1} \tanh\left(w_{xg0} + w_{xg1}x_1 + w_{xg2}x_2\right)\right)\right)^2$$

경사 하강을 사용해 w에 대해 손실 함수의 기울기($\nabla Error$)를 계산하고, 이 기울기를 학습률(η)로 곱한 뒤, 이 결과를 가중치의 초기 추측값에서 뺌으로써 이 함수를 최소화할 수 있음을 알고 있다. 이는 손실 함수의 기울기 계산이 다소 무서워 보이는 것을 제외하면 충분히 직관적이다.

> 여기서 기억해야 할 중요한 점은 우리가 가중치를 조정하길 원하기 때문에 **가중치 w를 변수로** 봐야 하며, **입력 x는 상수로** 봐야 한다는 것이다. 즉, 기울기를 x가 아닌 w에 대해 계산한다.

이 문제를 푸는 무식한 방법 중 하나는 기울기를 수치적으로 계산하는 것이다. 입력 예제를 네트워크에 제시하고 출력을 계산하고 기록할 수 있다. 그 뒤 Δw를 가중치 중 하나에 더하고 새로운 출력을 계산하면 Δy를 계산할 수 있다. 편미분의 근삿값은 이제 $\Delta y / \Delta w$다. 이 과정을 모든 가중치에서 반복하면 계산된 가중치를 얻는다. 안타깝게도 이는 연산적으로 극심하게 강도가 높은 기울기 계산법이다. n이 네트워크에서 가중치의 개수일 때 네트워크를 $n + 1$번 지나가야 한다(어떠한 가중치 조정도 없는 기본이 되는 출력이 필요하므로 $n + 1$이 필요하다).

역전파 알고리듬은 기울기를 연산적으로 효율적인 방식으로 분석적으로 계산함으로써 이 문제를 우아한 방법으로 푼다. 시작점은 방정식을 더 작은 표현식으로 분해하는 것이다. 뉴런 G의 활성 함수의 입력을 계산하는 함수로 시작한다.

$$z_g\left(w_{xg0},\, w_{xg1},\, w_{xg2}\right) = w_{xg0} + w_{xg1}x_1 + w_{xg2}x_2$$

다음은 뉴런 G의 활성 함수다.

$$g\left(z_g\right) = tanh\left(z_g\right)$$

이 다음은 뉴런 F의 활성 함수의 입력값이다.

$$z_f\left(w_{gf0},\, w_{gf1},\, g\right) = w_{gf0} + w_{gf1}g$$

그런 다음 뉴런 F의 활성 함수가 따라온다.

$$f\left(z_f\right) = S\left(z_f\right)$$

마지막으로 오차 함수로 끝낸다.

$$e\left(f\right) = \frac{\left(y-f\right)^2}{2}$$

공식을 자세히 보면 오차(e)의 분모에서 2가 어디에서 왔는지 궁금할 수 있다. 이를 공식에 넣은 이유는 해를 더욱 단순화하기 때문이다. 이것이 정당한 이유는 표현식을 상수로 나누면 표현식을 최소화하는 변수의 값은 변하지 않기 때문이다.

전체적으로 최소화하고자 하는 오차 함수는 다음과 같이 합성 함수로 쓸 수 있다.

$$Error\left(w_{gf0}, w_{gf1}, w_{xg0}, w_{xg1}, w_{xg2}\right) = e \circ f \circ z_f \circ g \circ z_g$$

즉, e는 f의 함수이며, 이는 z_f의 함수이고, 이는 g의 함수이며, 이는 z_g의 함수다. 함수 z_f는 g의 함수일 뿐만 아니라 두 변수 w_{gf0}와 w_{gf1}의 함수다. 이는 z_f의 정의에서 추가로 보였다. 마찬가지로 z_g는 세 변수 w_{xg0}, w_{xg1}, w_{xg2}의 함수다.

이 공식은 *x*나 *y*를 포함하지 않음을 다시 한번 주지하라. 왜냐하면 이들은 주어진 훈련 예제에서 변수가 아닌 상수로 취급되기 때문이다.

이제 오차 함수를 여러 함수의 합성으로 서술했으므로 연쇄법칙을 활용할 수 있다. 이는 오차 함수 e의 편도함수를 입력 변수 w_{gf0}, w_{gf1}, w_{xg0}, w_{xg1}, w_{xg2}에 대해 계산하는 데 사용한다. 변수 w_{gf0}에 대해 e의 편도함수를 계산하는 것으로 먼저 시작하자. 이는 간단히 다른 변수를 상수로 간주하여 수행하며 이는 또한 함수 g가 상수임을 암시하므로, 다음의 함수를 얻는다.

$$Error = e \circ f \circ z_f \left(w_{gf0} \right)$$

이제 연쇄법칙을 적용하면 다음이 된다.

$$\frac{\partial e}{\partial w_{gf0}} = \frac{\partial e}{\partial f} \cdot \frac{\partial f}{\partial z_f} \cdot \frac{\partial z_f}{\partial w_{gf0}} \tag{1}$$

같은 과정을 w_{gf1}에 대해 하면 다음이 된다.

$$\frac{\partial e}{\partial w_{gf1}} = \frac{\partial e}{\partial f} \cdot \frac{\partial f}{\partial z_f} \cdot \frac{\partial z_f}{\partial w_{gf1}} \tag{2}$$

w_{xg0}, w_{xg1}, w_{xg2}로 넘어가면 합성 함수에 함수가 2개 더 있는 표현식이 된다. 그 이유는 g와 z_g를 더 이상 상수로 취급하지 않기 때문이다.

$$Error = e \circ f \circ z_f \circ g \circ z_g$$

결과 편도함수는 다음과 같다.

$$\frac{\partial e}{\partial w_{xg0}} = \frac{\partial e}{\partial f} \cdot \frac{\partial f}{\partial z_f} \cdot \frac{\partial z_f}{\partial g} \cdot \frac{\partial g}{\partial z_g} \cdot \frac{\partial z_g}{\partial w_{xg0}} \tag{3}$$

$$\frac{\partial e}{\partial w_{xg1}} = \frac{\partial e}{\partial f} \cdot \frac{\partial f}{\partial z_f} \cdot \frac{\partial z_f}{\partial g} \cdot \frac{\partial g}{\partial z_g} \cdot \frac{\partial z_g}{\partial w_{xg1}} \tag{4}$$

$$\frac{\partial e}{\partial w_{xg2}} = \frac{\partial e}{\partial f} \cdot \frac{\partial f}{\partial z_f} \cdot \frac{\partial z_f}{\partial g} \cdot \frac{\partial g}{\partial z_g} \cdot \frac{\partial z_g}{\partial w_{xg2}} \tag{5}$$

이 5개의 편도함수를 보면 눈에 띄는 한 가지는 꽤 많은 공통 부분표현식이 존재한다는 점이다. 예를 들어 처음 두 인자는 다섯 공식에서 같으며, 세 공식은 다른 두 인자를 공유한다. 이는 왜 역전파 알고리듬이 기울기를 계산하는 효율적인 방식인지에 대한 직관을 일부 제공한다. 이러한 부분표현식은 계속 재계산하는 대신에 한 번 계산한 뒤 각 편도함수에서 필요할 때 재사용한다.

이제 실제로 편도함수 중 하나를 계산해보자. (1)번으로 시작한다.

$$\frac{\partial e}{\partial f} = \frac{\partial \frac{(y-f)^2}{2}}{\partial f} = \frac{2(y-f)}{2} \cdot (-1) = -(y-f)$$

$$\frac{\partial f}{\partial z_f} = \frac{\partial \left(S(z_f) \right)}{\partial z_f} = S'(z_f)$$

$$\frac{\partial z_f}{\partial w_{gf0}} = \frac{\partial (w_{gf0} + w_{gf1}g)}{\partial w_{gf0}} = 1$$

> $-(y - f)$의 **음의 부호**를 주지하라. 몇몇 서적에서는 단순히 두 항의 위치를 바꿔 이를 제거해버린다. 추가로 몇몇 알고리듬 구현에서는 이를 생략한 뒤 나중에 가중치를 추가로 낮게 조정할 때 − 대신 +를 사용해 보상한다.

3개를 조합하면 다음을 얻는다.

$$\frac{\partial e}{\partial w_{gf0}} = -(y-f) \cdot S'(z_f)$$

중요하게 관찰할 사항이 세 가지 있다. 첫째, 이는 y, f, z_f의 값 모두를 갖고 있다. 그 이유는 y가 훈련 예제로부터 오며 그 밖의 것들은 네트워크를 통해 포워드 패스를 할 때 계산되기 때문이다. 둘째, S의 미분을 계산할 수 있는 이유는 S를 의식적으로 활성 함수로 선택했기 때문이다. 부호 함수를 계속 사용했더라면 그러지 못했을 것이다. 셋째, S의 미분을 계산할 수 있을 뿐만 아니라 이 장 앞에서 봤듯이 미분이 S 자신에 대한 함수다. 그러므로 포워드 패스 동안 계산된 f 값으로부터 미분을 계산할 수 있다. 이 세 가지 관찰사항은 이 장의 나중에 나오는 수치적 예제에서 다시 볼 것이다.

이제 w_{gf1}에 대한 편도함수를 계산하자. 즉, 앞에서 보여준 (2)번이다. (1)과 비교해 유일하게 다른 점은 세 번째 인자로, 다음과 같다.

$$\frac{\partial z_f}{\partial w_{gf1}} = \frac{\partial (w_{gf0} + w_{gf1}g)}{\partial w_{gf1}} = g$$

이를 처음 두 인자와 조합하면 다음이 된다.

$$\frac{\partial e}{\partial w_{gf1}} = -(y - f) \cdot S'(z_f) \cdot g$$

이는 w_{gf0}를 위한 것에 g를 곱한 것과 같다. g는 포워드 패스 동안 이미 계산한 뉴런 G의 출력이다.

나머지 세 편도함수에도 비슷한 과정을 할 수 있으며 기울기를 구성하는 5개의 편도 함수에 도달한다.

$$\frac{\partial e}{\partial w_{gf0}} = -(y - f) \cdot S'(z_f) \tag{1}$$

$$\frac{\partial e}{\partial w_{gf1}} = -(y - f) \cdot S'(z_f) \cdot g \tag{2}$$

$$\frac{\partial e}{\partial w_{xg0}} = -(y - f) \cdot S'(z_f) \cdot w_{gf1} \cdot tanh'(z_g) \tag{3}$$

$$\frac{\partial e}{\partial w_{xg1}} = -(y - f) \cdot S'(z_f) \cdot w_{gf1} \cdot tanh'(z_g) \cdot x_1 \tag{4}$$

$$\frac{\partial e}{\partial w_{xg2}} = -(y - f) \cdot S'(z_f) \cdot w_{gf1} \cdot tanh'(z_g) \cdot x_2 \tag{5}$$

방정식 3-1 기울기의 모든 5개 편도함수

tanh의 미분은 S의 미분과 마찬가지로 쉽게 계산할 수 있다. 위의 방정식을 보면 패턴이 보인다. 오차 함수의 미분에서 시작해서 이를 출력 뉴런의 활성 함수의 미분으로 곱한다. 이 결과를 출력 뉴런(뉴런 F)의 오차라 부르자. 이제 그 뉴런의 입력 가중치에 대한 편미분은 그 가중치의 입력값만큼 뉴런 오차를 곱함으로써 얻는다. 편향 가중치의 경우 입력값이 1이므로, 편미분은 단순히 뉴런 오차다. 다른 가중치는 뉴런 오차를 이전 뉴런의 출력값(이는 가중치의 입력이다)만큼 곱한다.

다음(이전) 층으로 이동해 출력 뉴런의 오차를 받고, 이를 이전 뉴런과 연결된 가중치에 곱하고, 결과를 이전 뉴런의 활성 함수의 미분에 곱한다. 이를 이전 뉴런(뉴런 G)의 오차라 부른다. 이러한 계산은 오차를 네트워크의 출력으로부터 네트워크의 처음으로 후방으로 전파한다. 이런 이유로 이름이 **역전파 알고리즘**backpropagation algorithm이다. 전체 학습 알고리듬은 그림 3-6에 있다.

설명했듯이 입력 예제를 네트워크에 적용해 현재 오차를 계산하는 것으로 시작한다. 이는 **포워드 패스**forward pass라 알려져 있다. 이러한 경로 동안 모든 뉴런(y)의 출력을 저장한다. 왜냐하면 이를 백워드 패스 동안에 사용할 것이기 때문이다. 그 뒤 백워드 패스를 시작하며 그동안 오차를 후방으로 전파하고 각 뉴런의 오차를 계산하고 저장한다. 이러한 오차 항을 계산하는 데 미분이 필요하며, 각 뉴런의 미분은 뉴런의 저장된 출력(y)으로부터 계산할 수 있다. 마지막으로, 이 오차 항을 층의 입력값과 함께 사용해 가

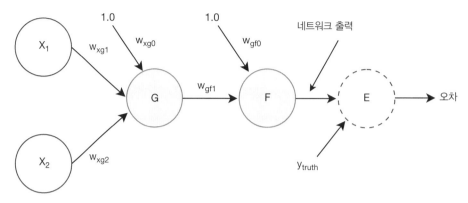

1. 포워드 패스: 각 뉴런의 활성 함수 출력(y)을, 그리고 마지막으로 오차를 계산 및 저장한다.

저장된 결과 변수:

2. 백워드 패스: 오차 함수의 미분값 $e'(y_f)$를 계산한다. 각 뉴런의 오차는, (그 뉴런이 공급하는) 뒤따르는 뉴런으로부터의 오차를 그 뉴런의 가중치로 곱한 뒤, 그 자신의 활성 함수의 미분값을 곱하여 계산한다(역전파). 즉, 뉴런 G의 오차는 $error_g * w_{gf1} * g'(z_g)$이며 이때 $g'(z_g)$는 뉴런 G의 활성 함수의 미분값이다. 이 미분값은 활성 함수의 저장된 출력으로부터 계산할 수 있다.

저장된 결과 변수:

3. 가중치 업데이트: 각 가중치에서 ($learning\_rate * input * error$)를 뺀다. 이때 입력은 그 가중치로의 입력값이며(네트워크 입력 아니면 이전 뉴런으로부터의 출력) 오차는 그 가중치가 속한 뉴런의 오차 항이다(예를 들어, 가중치 w_{gf1}의 조정값은 $-(learning\_rate * y_g * error_f)$이며 이때 y_g는 뉴런 G의 출력이다).

그림 3-6   기울기 계산에 역전파를 사용하는 경사 하강에 기반한 네트워크 학습 알고리듬

중치를 조정하는 데 쓰이는 편미분을 계산한다. 은닉 층의 입력값은 이전 층의 출력값이다. 첫 번째 층의 입력값은 간단히 훈련 예제의 x 값이다.

> **역전파**는 다음과 같은 단계로 구성되어 있다.
>
> 네트워크 출력에 대해 오차 함수의 미분을 계산하고, 이를 **출력 오차**라 부른다. 이 출력 오차를 출력 뉴런의 **활성 함수의 미분**으로 곱하고, 이를 그 뉴런의 **오차 항**이라 부른다. 그 뉴런의 임의의 가중치에 대한 편미분은 **오차 항**에 **가중치로의 입력값**을 곱한 것이다. 이전 뉴런의 오차 항은 **현재 뉴런의 오차 항**에 **두 뉴런 사이의 가중치**를 곱하고 이전 뉴런의 **활성 함수의 미분**을 곱한 것이다.

기울기의 단일 구성 요소를 위한 공식을 보면, 기울기가 나중에 경사 하강에 쓰일 때 가중치를 얼마나 조정해야 할지 결정하는 몇 가지 사항들이 있음을 볼 수 있다.

- **전체 오차**: 큰 오차가 큰 조정을 야기한다는 측면에서 적절하다.

- **알고 싶은 가중치로부터 네트워크 끝의 오차까지의 경로에서 모든 가중치 및 미분**: 만일 이 경로에서 하나 이상의 가중치 혹은 미분이 이러한 가중치 변화의 영향을 억누른다면, 이를 바꾸는 것이 도움이 되지 않기 때문에 적절하다.

- **알고 싶은 가중치로의 입력값**: 만일 가중치로의 입력값이 작다면, 가중치를 조정해도 그리 영향이 크지 않게 되므로 말이 된다.

조정할 가중치의 현재 값은 공식의 일부에 속하지 않는다. 전체적으로 어떤 가중치가 크게 조정돼야 하는지를 어떻게 식별하는지에 관해 이러한 관찰사항은 직관적으로 적절하다.

이를 더 명확히 하기 위해 단일 훈련 예제의 포워드 패스, 백워드 패스, 가중치 조정의 수치적 예제를 따라가 본다.

$$\text{초기 가중치}: w_{xg0} = 0.3;\ w_{xg1} = 0.6;\ w_{xg2} = -0.1;\ w_{gf0} = -0.2;\ w_{gf1} = 0.5$$

$$\text{훈련 예제}: x_1 = -0.9;\ x_2 = 0.1;\ y_{truth} = 1.0$$

$$\text{학습률}: lr = 0.1$$

포워드 패스

뉴런 G의 출력은 입력, 말하자면 편향 항과 2개의 x 값에 가중합, tanh 활성 함수를 적용해 계산한다.

$$y_g = \tanh\left(w_{xg0} + w_{xg1}x_1 + w_{xg2}x_2\right)$$
$$= \tanh\left(0.3 + 0.6 \cdot (-0.9) + (-0.1) \cdot 0.1\right) = -0.24$$

그런 다음, 뉴런 F의 출력은 이 뉴런의 입력의 가중합에 로지스틱 활성 함수를 적용해 계산한다. 입력은 간단히 편향 항과 뉴런 G의 출력이다.

$$y_f = S\left(w_{gf0} + w_{gf1}y_g\right) = S\left(-0.2 + 0.5 \cdot (-0.25)\right) = 0.42$$

포워드 패스는 올바른 출력과 실제 출력 사이의 MSE를 계산하여 현재 가중치가 얼마나 잘 동작하는지 보는 것으로 마친다. 그러나 백워드 패스에서는 이 계산을 사용하지 않는다.

$$MSE = \frac{\left(y - y_f\right)^2}{2} = \frac{\left(1.0 - 0.42\right)^2}{2} = 0.17$$

백워드 패스

오차 함수의 미분을 계산하며 백워드 패스를 시작한다.

$$MSE' = -\left(y - y_f\right) = -\left(1.0 - 0.42\right) = -0.58$$

그런 다음, 뉴런 F의 오차 항을 계산한다. 이를 수행하는 일반적인 방법은 방금 계산한 오차 항(현재 뉴런 다음에 오는 층)을 이 오차와 현재 뉴런을 연결하는 가중치로 곱하고 그 뒤 현재 뉴런의 활성 함수의 미분으로 곱하는 것이다. 이 마지막 층은 출력을 오차 함수에 연결하는 가중치가 없다는 점에서(즉, 가중치가 1이다) 다소 특별하다. 그러므로 뉴런 F의 오차 항은 다음과 같이 계산한다.

$$\text{오차 항 } f = MSE' \cdot y_f' = -0.58 \cdot 0.42 \cdot (1 - 0.42) = -0.14$$

이 공식에서 로지스틱 시그모이드 함수의 미분은 $S \cdot (1 - S)$로 계산했다.

그런 다음, 뉴런 G에서 같은 계산을 한다. 이때 방금 계산한 뉴런 F의 오차 항을 뉴런 F와 뉴런 G를 연결하는 가중치와 곱한 뒤 뉴런 G의 활성 함수의 미분과 곱한다.

$$\text{오차 항 } g = \text{오차 항 } f \cdot w_{gf1} \cdot y'_g = -0.14 \cdot 0.5 \cdot \left(1 - (-0.24)^2\right) = -0.066$$

이 공식에서 tanh 함수의 미분은 $(1 - \tanh^2)$으로 계산했다.

가중치 조정

이제 가중치를 조정할 준비가 됐다. 가중치의 조정값은 학습률을 가중치로의 입력값과 곱한 뒤 이를 가중치를 뒤따르는 뉴런의 오차 항으로 곱하여 계산한다. 편향 가중치로의 입력값은 1이다. G와 F를 연결하는 가중치에서 입력값은 뉴런 G의 출력값(−0.25)임을 주지하라.

$$\Delta w_{xg0} = -lr \cdot 1 \cdot \text{오차 항 } g = -0.1 \cdot 1 \cdot (-0.066) = 0.0066$$
$$\Delta w_{xg1} = -lr \cdot x_1 \cdot \text{오차 항 } g = -0.1 \cdot (-0.9) \cdot (-0.066) = -0.0060$$
$$\Delta w_{xg2} = -lr \cdot x_2 \cdot \text{오차 항 } g = -0.1 \cdot 0.1 \cdot (-0.066) = 0.00066$$
$$\Delta w_{gf0} = -lr \cdot 1 \cdot \text{오차 항 } f = -0.1 \cdot 1 \cdot (-0.14) = 0.014$$
$$\Delta w_{gf1} = -lr \cdot y_g \cdot \text{오차 항 } f = -0.1 \cdot (-0.25) \cdot (-0.14) = -0.0035$$

위의 델타에 음의 부호를 포함시켰으므로, 이제 단순히 기존 가중치에 델타를 더하여 업데이트된 가중치를 계산할 수 있다.

$$w_{xg0} = 0.3 + 0.0066 = 0.3066$$
$$w_{xg1} = 0.6 - 0.0060 = 0.5940$$
$$w_{xg2} = -0.1 + 0.00066 = -0.0993$$
$$w_{gf0} = -0.2 + 0.014 = -0.1859$$
$$w_{gf1} = 0.5 - 0.0035 = 0.4965$$

그림 3-7은 포워드 및 백워드 패스 동안 계산된 주요 값이 주석으로 달린 네트워크를 보여준다. 초록색과 빨간색 화살표는 결과 가중치 조정의 방향(초록 = 양, 빨강 = 음)과 크기(넓을수록 크다)를 가리킨다.

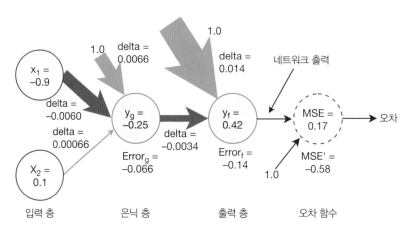

그림 3-7 포워드 및 백워드 패스 동안 계산된 숫자가 주석으로 달린 네트워크. 초록색 화살표는 양의 가중치 조정을, 빨간색은 음의 조정을 나타낸다. 화살표의 너비는 조정의 크기를 나타낸다. 그림에서 실제 가중치는 나와 있지 않음을 주지하라. 오직 수정값(델타)만이 나와 있다.

가중치 조정의 크기와 방향을 보면 몇 가지 직감을 얻을 수 있다. 뉴런 G를 고려하면 편향 항과 x_1 입력의 가중치가 크기의 순서대로 x_2의 가중치보다 더 조정됐다(편향과 x_1 가중치에는 각각 0.0066과 −0.0060 대 x_2 가중치에는 0.00066). 편향 입력과 x_1의 크기가 x_2의 크기보다 크므로, 이 두 가중치가 더 의미 있는 지렛대가 되기 때문이다. 또 다른 관찰사항은 출력이 원하는 출력보다 적으므로 우리는 네트워크의 출력을 크게 하길 원한다는 것이다. 이 속성과 함께 각 가중치에 공급되는 입력값의 부호가 조정될 가중치의 방향을 정한다. 예를 들면, 편향 가중치가 커지는 한편 입력 x_1에 해당하는 가중치가 감소되는 이유는 x_1 입력이 음의 값이기 때문이다.

이 책에서는 퍼셉트론 학습 알고리듬과 마찬가지로 계산을 복제하는 스프레드 시트를 제공하는데, 이 스프레드 시트는 알고리듬을 여러 번 반복한다. 스프레드 시트를 가지고 놀면서 연산을 더 잘 이해하고 직관을 얻기를 추천한다. 스프레드 시트의 위치는 부록 I의 '프로그래밍 예제' 절에서 찾을 수 있다.

전체 기울기를 계산하는 데 필요한 연산의 수는 포워드 패스 한 번에 필요한 연산의 수와 거의 비슷하다. 네트워크 내 뉴런마다 하나의 도함수가 있으며 가중치마다 한 번의 곱셈이 있다. 이는 역전파 알고리듬을 설명하기 전에 우리가 상상했던 무식한 방법을 사용해 수치적으로 기울기를 계산했다면 필요했을 횟수인 포워드 패스에 $N + 1$을 곱한 것과 비교해볼 수 있다. 이를 보면 역전파 알고리듬이 기울기를 계산하는 효율적인 방법임이 분명하다.

층마다 복수의 뉴런이 있는 역전파

이전 예제의 네트워크에는 각 가중치로부터 네트워크의 출력으로 오직 하나의 경로만이 있었기 때문에 단순했다. 이제 더 많은 층, 층당 더 많은 뉴런과 심지어 다중 출력으로 된 약간 더 복잡한 네트워크를 고려해보자. 이런 종류의 네트워크는 그림 3-8이 보여준다.

이런 네트워크의 역전파에서 유일한 차이점은 뉴런의 오차 항을 계산할 때 이전 예제에서 했던 것과 같이 오직 하나의 가중 오차 항 대신에, 뒤따르는 모든 뉴런의 가중 오차를 더해야 한다는 것이다. 분명히 하자면, 그림 3-8의 가장 왼쪽 네트워크에서 뉴런 M의 오차 항을 계산할 때, O와 P로부터의 가중 오차를 함께 더해야 한다. 마찬가지로, 네트워크 중간에서 O와 P, Q의 가중 오차를 더한다. 마지막으로, 가장 오른쪽 네트워크에서 네트워크가 2개의 출력 뉴런(R과 S)을 갖는다. 오차 함수는 각 R과 S의 오차 항

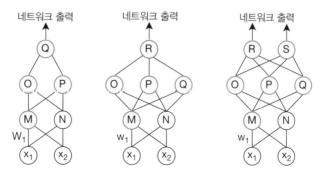

그림 3-8 더 복잡한 네트워크. 이 그림에서 입력은 하단에 있으며 층들이 수평 대신 수직으로 쌓여 있다. 이는 신경망을 그리는 일반적인 방법이다.

을 계산할 수 있도록 이들 출력 모두를 위한 함수여야 한다. 그러면 O, P, Q의 오차 항을 계산할 때 R과 S의 가중 오차를 사용한다. 4장 '다중클래스 분류에 적용된 완전 연결 네트워크'에서 다중 출력 네트워크 예제를 보겠지만, 먼저 역전파를 단일 출력 네트워크에 적용하는 프로그래밍 예제를 본다.

프로그래밍 예제: XOR 함수 학습하기

이제 다수준 피드포워드 네트워크를 위한 학습 알고리듬이 실제로 어떻게 작동하는지 확인해볼 때다. 1장에서 제시한 XOR 문제를 푸는 데 이를 사용하며, XOR 문제의 해를 수동으로 만들 때 사용했던 동일한 3뉴런 네트워크를 사용한다. 그림 3-9의 네트워크는 N_0, N_1, N_2 뉴런을 보여준다. 편향 입력은 생략했으며 그림에 가중치는 써넣지 않았다. N_0와 N_1을 위한 활성 함수로 tanh를, 출력 뉴런 N_2를 위한 활성 함수로는 로지스틱 시그모이드 함수를 사용했으며, 손실 함수로 MSE를 사용한다.

코드 3-1의 초기화 코드는 코드 1-2의 퍼셉트론 예제에서 했던 것과 유사하다. 주지할 점 한 가지는 넘파이 배열을 사용하기 시작했으므로 넘파이 기능 몇 가지를 활용할 수 있다는 것이다. 난수 생성기 또한 그러하다(random.seed 대신에 np.random.seed를 호출).

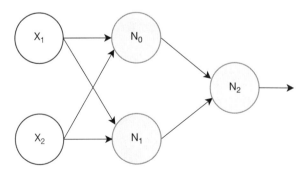

그림 3-9 XOR 문제를 학습하는 네트워크

코드 3-1 XOR 학습 예제를 위한 초기화 코드

```python
import numpy as np

np.random.seed(3) # 반복이 가능하도록
LEARNING_RATE = 0.1
index_list = [0, 1, 2, 3] # 순서를 무작위화하기 위해

# 훈련 예제 정의
x_train = [np.array([1.0, -1.0, -1.0]),
           np.array([1.0, -1.0, 1.0]),
           np.array([1.0, 1.0, -1.0]),
           np.array([1.0, 1.0, 1.0])]
y_train = [0.0, 1.0, 1.0, 0.0] # 출력(정답)
```

훈련 예제에서 이제 정답을 0.0과 1.0 사이의 값으로 바꿨다. 왜냐하면 이전에 설명했듯이 출력 뉴런에 로지스틱 시그모이드 함수를 활성 함수로 사용하기로 결정했으며, 출력 범위가 퍼셉트론과 같이 −1.0으로 가지 않기 때문이다.

다음으로 코드 3-2의 세 뉴런의 상태를 보관하는 변수를 선언한다. 실제 구현에서는 입력, 층, 각 층 내 뉴런의 개수를 선택할 수 있도록 보통 매개변수화되겠지만, 이 예제에서는 가독성에 집중해 이러한 매개변수가 하드코딩[3]되어 있다.

코드 3-2 뉴런의 상태를 추적하는 데 필요한 변수들

```python
def neuron_w(input_count):
    weights = np.zeros(input_count+1)
    for i in range(1, (input_count+1)):
        weights[i] = np.random.uniform(-1.0, 1.0)
    return weights

n_w = [neuron_w(2), neuron_w(2), neuron_w(2)]
n_y = [0, 0, 0]
n_error = [0, 0, 0]
```

---

3 neuron_w(2)와 같이 매개변수에 값 2가 바로 입력된다. 이와 같은 하드코딩은 좋은 프로그래밍 습관이 아니다. – 옮긴이

가중치(n_w), 출력(n_y)[4] 및 오차 항(n_error) 이들 모두 상태 변수로서 포워드 및 백워드 패스 모두를 위한 각 뉴런에 필요하다. 입력 가중치는 −1.0과 1.0 사이의 무작위 수로 임의로 초기화하며, 편향 항은 0.0으로 설정한다. 입력 가중치를 무작위로 초기화하는 이유는 대칭성을 깨기 위해서다. 만일 모든 뉴런이 같은 초기 가중치로 시작하면, 한 층의 모든 뉴런의 초기 출력이 모두 같을 것이다. 결국 층의 모든 뉴런이 역전파 동안 똑같이 움직여, 모두가 같은 가중치 조정을 얻을 것이다.

즉, 한 층이 복수의 뉴런을 갖는다 하더라도 어떠한 이점도 얻을 수 없다. 편향 항을 무작위로 초기화할 필요가 없는 이유는 일반적인 입력 가중치를 무작위로 만드는 것으로도 대칭성을 깨는 데 충분하기 때문이다.

> 편향 가중치를 0.0으로 설정하는 것이 일반적인 전략이다.

코드 3-3은 네트워크의 9개 가중치 모두를 인쇄하는 함수로 시작한다(각 print 문은 요소가 3개인 가중치 벡터를 인쇄한다). forward_ pass 함수는 먼저 뉴런 0과 1의 출력을 같은 입력(훈련 예제로부터의 입력)으로 계산한 뒤 이들의 출력을 편향값 1.0과 함께 집어넣어 뉴런 2에서 쓰이게 한다. 즉, 이 함수는 네트워크의 토폴로지를 정의한다. 첫 번째 층의 뉴런에는 tanh를, 출력 뉴런에는 로지스틱 시그모이드 함수를 사용한다.

> 이 코드를 모두 읽는 것은 꽤나 지루한 일이다. 여러분이 두 가지에 주의를 기울인다면 코드를 빠르게 훑어봐도 좋다. 먼저 단순한 신경망을 구축하는 데 코드가 그리 많이 필요한 것은 아니다. 나중에 DL 프레임워크를 사용할 때 심지어 더 적은 코드로도 놀라운 일을 할 수 있다.

---

4 이 책의 수학 공식에서 y는 정답을, $\hat{y}$은 네트워크의 출력을 나타낸다. 반대로 코드 예제의 y(그리고 그것의 변형, 이 경우 n_y 와 같은)는 일반적으로 네트워크 출력을 나타낸다. 정답은 통상적으로 y_train 또는 train_label이라고도 한다.

```python
def show_learning():
    print('Current weights:')
    for i, w in enumerate(n_w):
        print('neuron ', i, ': w0 =', '%5.2f' % w[0],
              ', w1 =', '%5.2f' % w[1], ', w2 =',
              '%5.2f' % w[2])
    print('----------------')

def forward_pass(x):
    global n_y
    n_y[0] = np.tanh(np.dot(n_w[0], x)) # 뉴런 0
    n_y[1] = np.tanh(np.dot(n_w[1], x)) # 뉴런 1
    n2_inputs = np.array([1.0, n_y[0], n_y[1]]) # 1.0이 편향임
    z2 = np.dot(n_w[2], n2_inputs)
    n_y[2] = 1.0 / (1.0 + np.exp(-z2))

def backward_pass(y_truth):
    global n_error
    error_prime = -(y_truth - n_y[2]) # 손실 함수의 미분
    derivative = n_y[2] * (1.0 - n_y[2]) # 로지스틱 미분
    n_error[2] = error_prime * derivative
    derivative = 1.0 - n_y[0]**2 # tanh 미분
    n_error[0] = n_w[2][1] * n_error[2] * derivative
    derivative = 1.0 - n_y[1]**2 # tanh 미분
    n_error[1] = n_w[2][2] * n_error[2] * derivative

def adjust_weights(x):
    global n_w
    n_w[0] -= (x * LEARNING_RATE * n_error[0])
    n_w[1] -= (x * LEARNING_RATE * n_error[1])
    n2_inputs = np.array([1.0, n_y[0], n_y[1]]) # 1.0이 편향임
    n_w[2] -= (n2_inputs * LEARNING_RATE * n_error[2])
```

backward_pass 함수는 오차 함수의 미분 계산으로 시작해 출력 뉴런의 활성 함수의 미분을 계산한다. 출력 뉴런의 오차 항은 이 둘을 곱해 계산한다. 그 뒤 계속하여 은닉 층의 두 뉴런 각각에 오차를 역전파하는데, 이는 이들의 활성 함수의 미분을 계산하고 이

미분값을 출력 뉴런의 오차 항과 출력 뉴런의 가중치로 곱하여 수행한다.

마지막으로, adjust_weights 함수는 세 뉴런 각각의 가중치를 조정한다. 조정 인자는 입력을 학습률 및 문제가 되는 뉴런의 오차 항을 곱하여 계산한다.

이 모든 조각이 제자리에 있으므로, 유일한 나머지 조각은 코드 3-4에서 보여주는 훈련 루프다. 이는 코드 1-4의 퍼셉트론 예제 훈련 루프와 비슷하다.

코드 3-4 XOR 함수를 역전파로 학습하기 위한 훈련 루프

```python
# 네트워크 훈련 루프
all_correct = False
while not all_correct: # 수렴할 때까지 훈련시킨다.
    all_correct = True
    np.random.shuffle(index_list) # 순서를 무작위화한다.
    for i in index_list: # 모든 예제를 훈련시킨다.
        forward_pass(x_train[i])
        backward_pass(y_train[i])
        adjust_weights(x_train[i])
        show_learning() # 업데이트된 가중치를 보여준다.
    for i in range(len(x_train)): # 수렴됐는지 확인한다.
        forward_pass(x_train[i])
        print('x1 =', '%4.1f' % x_train[i][1], ', x2 =',
              '%4.1f' % x_train[i][2], ', y =',
              '%.4f' % n_y[2])
        if(((y_train[i] < 0.5) and (n_y[2] >= 0.5))
                or ((y_train[i] >= 0.5) and (n_y[2] < 0.5))):
            all_correct = False
```

훈련 예제를 무작위 순서로 고르고, forward_pass, backward_pass, adjust_weights 함수를 호출한 뒤, show_learning 함수로 가중치를 인쇄한다. 가중치는 네트워크가 올바르게 예측하는지 여부와 관계없이 조정한다. 4개의 훈련 예제 모두를 반복했으면 네트워크가 이들 모두를 올바르게 예측하는지 확인하고, 그렇지 않다면 이들에 대해 무작위 순서로 또 다른 패스를 진행한다.

프로그램을 실행하기 전에 몇 가지 짚고 넘어가야 할 이슈가 있다. 먼저 가중치가 무작위로 초기화되므로 우리 예제가 만들어내는 것과 다른 결과를 얻을 수도 있다. 마찬가지로 다수준 네트워크를 위한 학습 알고리듬이 수렴한다는 보장이 없으며, 이에 대한 여러 이유가 존재한다. 2장에서 XOR을 단일 퍼셉트론으로 학습하려 할 때와 같이 네트워크 자체가 단순히 함수를 학습하지 못할 수도 있다. 수렴이 실패할 수도 있는 또다른 이유는 학습 알고리듬의 매개변수와 초깃값이 어떻게든 네트워크가 학습하지 못하도록 초기화되는 경우다. 즉, 네트워크가 해를 학습할 수 있도록 학습률과 초깃값을 수정해야 할 수도 있다.

이제 프로그램을 실행하고 출력을 보자. 실험의 최종 인쇄물은 다음과 같다.

```
Current weights:
neuron 0 : w0 =  0.70 , w1 =  0.77 , w2 =  0.76
neuron 1 : w0 =  0.40 , w1 = -0.58 , w2 = -0.56
neuron 2 : w0 = -0.43 , w1 =  1.01 , w2 =  0.89
----------------
x1 = -1.0 , x2 = -1.0 , y = 0.4255
x1 = -1.0 , x2 =  1.0 , y = 0.6291
x1 =  1.0 , x2 = -1.0 , y = 0.6258
x1 =  1.0 , x2 =  1.0 , y = 0.4990
```

마지막 네 줄은 각각의 x1, x2 조합에서 예측된 출력 y를 보여주며, XOR 함수와 같이 입력 중 오직 하나가 양수일 때 출력이 0.5보다 크므로, 이것이 바로 XOR 함수를 구현함을 볼 수 있다.

역전파를 설명했던 예제와 마찬가지로 XOR 문제를 푸는 역전파의 구조를 포함하는 스프레드 시트를 제공해, 여러분이 직업 실험하여 인사이트를 얻을 수 있도록 했다.

해냈다! 이제 1986년에 최신이었던 신경망 연구의 지점에 도달한 것이다!

> 1986년은 생각하는 기계가 시간을 거슬러 올라가는 영화인 〈터미네이터〉가 개봉한 지 2년 후다. 한편 연구 커뮤니티는 XOR을 풀고 있었으며, 당시에도 더 복잡한 AI는 여전히 공상 과학 소설이었다고 결론 내릴 수 있다.

네트워크 아키텍처

4장에서 더욱 복잡한 분류 문제를 풀기 전에, 네트워크 아키텍처의 개념을 소개하고자 한다. 단순하게 말하면, **네트워크 아키텍처**network architecture는 더욱 복잡한 네트워크를 구축할 때 복수의 유닛/뉴런이 어떻게 연결되어 있는지를 나타내는 명칭이다.

대부분의 현대 신경망 애플리케이션에서는 세 가지 주요 아키텍처가 핵심적이다.

- **완전 연결 피드포워드 네트워크**fully connected feedforward network: XOR 문제를 풀 때 이러한 형태의 네트워크를 소개했다. 다음 몇 개 장에서 완전 연결 피드포워드 네트워크에 대해 더 배운다. 이전에 언급했듯이 피드포워드 네트워크에는 후방 연결(**루프**loop나 **사이클**cycle이라고도 함)이 없다.

- **합성곱 신경망**CNN, Convolutional Neural Network: 합성곱 네트워크의 주요 속성은 개별 뉴런이 자신의 고유한 가중치를 갖지 않는다는 점이다. 이들은 같은 층 내 다른 뉴런들과 동일한 가중치를 사용한다. 이는 **가중치 공유**weight sharing라는 속성으로 알려져 있다. 연결성 측면에서 CNN은 완전 연결 피드포워드 네트워크와 비슷하지만 완전 연결 네트워크보다 상당히 적은 연결을 갖는다. 이는 완전 연결되어 있는 대신에 드문드문 연결되어 있다. CNN은 이미지 분류 문제에서 뛰어난 것으로 나타났으며, 따라서 신경망에서 중요한 종류를 나타낸다. 2장에서 설명한 이미지의 3×3 부분 패턴을 식별했던 특성 식별자feature identifier는 CNN에서 중요한 역할을 한다.

- **순환신경망**RNN, Recurrent Neural Network: 피드포워드 네트워크와 반대로, RNN은 후방 연결이 있다. 즉, 방향성 비사이클 그래프DAG, Directed Acyclic Graph가 아니다. 왜냐하면 사이클이 있기 때문이다. 순환신경망 예제를 보여준 적은 없지만, 9장 '순환신경망으로 시간 시퀀스 예측하기'에서 더 자세히 살펴본다.

그림 3-10은 세 가지 네트워크 형태를 보여준다.

이후의 장들에서 이러한 아키텍처를 더 자세히 논의한다. 지금은 CNN이 완전 연결 네트워크보다 더 적은 연결을 갖는 한편, RNN은 출력을 입력에 피드백하는 데 필요한 더

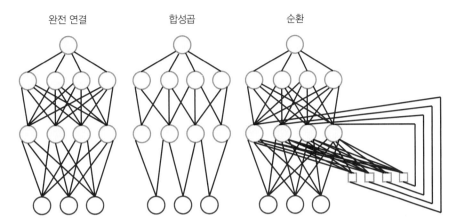

완전 연결   합성곱   순환

그림 3-10 세 가지 종류의 네트워크 아키텍처. 합성곱 신경망의 뉴런은 고유의 가중치를 갖지 않고 같은 층의 다른 뉴런과 동일한 가중치(가중치 공유)를 사용한다(그림에서 보여주지는 않음).

많은 연결과 추가적인 요소를 갖는다는 정도만 알아두자.

> **완전 연결, 합성곱, 순환 네트워크**는 세 가지 주요한 네트워크 아키텍처다. 더 복잡한 네트워크는 이 세 아키텍처의 조합으로 되어 있는 경우가 많다.

네트워크는 이 세 아키텍처의 하이브리드인 경우가 많다. 예를 들어, CNN의 몇몇 층은 완전 연결되어 있지만 네트워크는 여전히 CNN으로 간주된다. 마찬가지로, RNN의 몇몇 층은 그림 3-10에서와 같이 사이클이 없을 수도 있다. 마지막으로 완전 연결 층, 합성곱 층, 순환 층의 조합으로부터 네트워크를 구축해 각 아키텍처 형태의 속성을 이용할 수 있다.

역전파의 맺음말

3장에는 수학 공식이 많아서 어려웠을 수도 있다. 그러나 모든 내용을 자세히 보지 않았다 하더라도 걱정할 필요는 없다. 이후의 장들에는 공식이 덜 나와 있으며, 다른 네트워크 아키텍처를 많은 프로그래밍 예제와 함께 살펴볼 것이다.

한 걸음 물러서서 모든 방정식의 전반적인 영향을 고려해볼 가치가 있다. 우리는 네트워크에서 무작위로 초기화된 가중치로 시작했다. 그 뒤 이를 가지고 예제를 수행했으며 출력값이 정답과 같기를 기대했다. 말할 필요도 없지만, 무작위로 선택된 가중치를 통상적으로 쓰는 경우는 없다. 따라서 다음 단계는 네트워크가 더 잘 수행하도록 어떤 방향으로 그리고 각 가중치를 얼마만큼 수정하는지를 식별하는 것이다. 이를 위해서는 출력이 각 가중치의 변화에 얼마나 민감한지 알아야 한다. 이 민감도는 단순히 출력을 가중치에 대해 편미분한 것의 정의다. 즉, 결국 각 가중치에 해당하는 편미분을 모두 계산할 필요가 있다. 역전파 알고리듬은 이를 위한 기계적이고 효율적인 방법이다.

4장에서는 다중 출력을 다룰 수 있도록 우리의 다수준 네트워크를 확장할 텐데, 이 책에서 역전파 알고리듬을 자세히 구현하는 마지막 시간이 될 것이다. 그 후 자동차 내부와도 같은 핵심 내부를 구현하는 DL 프레임워크를 살펴본다.

04

다중클래스 분류에 적용된
완전 연결 네트워크

첫 3개 장에서 신경망을 사용해 딥러닝 학습을 위한 토대를 다지는 간단한 문제를 풀어봤다. 뉴런의 기본적인 작용, 복수의 뉴런이 어떻게 연결되는지 그리고 적절한 학습 알고리듬을 어떻게 고안하는지 리뷰했다. 이러한 지식을 조합해 XOR 게이트 역할을 하는 네트워크를 만들었다. 이는 틀림없이 더욱 간단한 방법으로 할 수 있을 것이다.

4장에서 마침내 무언가 사소하지 않은 네트워크를 만드는 지점에 왔다. 손글씨 숫자의 이미지를 입력으로 받는 네트워크를 구축하고, 이미지가 0부터 9까지의 10개 숫자 중 무엇을 나타내는지 식별한 다음, 이 정보를 출력으로 나타내는 방법을 보여준다.

이러한 네트워크를 어떻게 구축하는지 보여주기 전에, 전통적인 머신러닝과 딥러닝 모두에서 핵심적인 개념인 데이터셋과 일반화를 소개한다.

또한 어떻게 네트워크 및 학습 알고리듬 모두를 수정해 다중클래스 분류를 다루는지에 대한 더욱 지세한 프로그래밍 예제를 제공한다. 손글씨 숫자를 인식한다는 건 각 입력 예제를 10개 클래스 중 하나에 속하도록 분류해야 함을 암시하기 때문에 이러한 수정이 필요하다.

네트워크를 훈련시킬 때 쓰이는 데이터셋 소개

앞 절에서 봤듯이, 입력 예제를 네트워크에 제시해 신경망을 훈련시킨다. 그 뒤 네트워크 출력을 예상 출력과 비교하고 네트워크가 주어진 입력에 올바른 출력을 제공하도록 경사 하강을 사용해 가중치를 조정한다. 그렇다면 네트워크를 훈련시키는 데 필요한 훈련 예제를 어디서 얻는지 물어볼 수 있다. 2입력 XOR 게이트는 오직 4개의 입력 조합을 가지므로, 쉽게 모든 조합의 리스트를 만들 수 있다. 이는 입출력값을 이진 변수로 해석함을 가정하며, 이는 우리의 장난감 예제에서는 참이었지만 통상적으로는 그렇지 않을 것이다.

DL의 실제 응용에서 이러한 훈련 예제를 얻는 것은 어려울 수 있다. 최근에 DL이 많은 이들을 끌어당긴 주요한 이유는 이미지, 비디오 및 자연어 텍스트의 거대한 온라인 데이터베이스가 대규모 훈련 데이터셋을 얻을 수 있게 해줬기 때문이다. 지도 학습 기법을 사용한다면 네트워크로의 입력을 얻기에 충분치 않다. 각 예제의 예상 출력, 정답 또한 알아야 한다. 각 훈련 입력을 예상 출력과 결합하는 과정은 **라벨링**labeling이라 알려져 있으며, 과정이 수동적인 경우가 많다. 즉, 사람이 반드시 각 예제가 개인지, 고양이인지, 아니면 자동차인지 상세하게 나타내는 라벨을 추가해야 한다. 좋은 결과를 달성하는 데 수천 개의 예제가 필요한 경우가 많으므로 이 과정은 지루할 수 있다.

첫 번째 단계가 라벨링된 데이터 예제의 대규모 컬렉션을 한데 모으는 일을 수반한다면 DL로 실험을 시작하는 것은 어려울 수도 있다. 다행히도 다른 사람들이 이와 같은 일을 한 후 예제를 공개했다. 여기서 데이터셋의 개념이 나온다. (라벨링된) 데이터셋은 ML 모델 훈련에 쓰일 수 있는 라벨링된 훈련 예제의 모음으로 되어 있다. 이 책에서는 이미지, 역사적인 주택 가격 데이터, 자연어 분야 내의 몇몇 다른 데이터셋에 익숙해질 것이다. 데이터셋에 대한 절은 고전적인 붓꽃 데이터셋Iris Dataset(Fisher, 1936)을 언급하지 않고서는 끝내기가 어려운데, 이는 가장 먼저 널리 쓰인 데이터셋이다. 150개의 붓꽃 인스턴스를 가지며, 각각은 세 종류의 붓꽃 종 중 하나에 속한다. 각 인스턴스는 특정 식물의 4개의 측정치(꽃받침 길이와 너비, 꽃잎 길이와 너비)로 되어 있다. 붓꽃 데이터셋은 극도로 작고 단순하므로, 대신에 여전히 단순하지만 좀 더 복잡한 데이터셋인 손글

그림 4-1 MNIST 데이터셋의 이미지(출처: LeCun, Y., L. Bottou, Y. Bengio, and P. Haffner. "Gradient-Based Learning Applied to Document Recognition" in *Proceedings of the IEEE* vol. 86, no. 11 (Nov. 1998), pp. 2278–2324.)

씨 숫자의 MNIST^{Modified National Institute of Standards and Technology} 데이터베이스로 시작할 텐데, 간단히 MNIST 데이터셋이라고도 한다.

MNIST 데이터셋은 60,000개의 훈련 이미지와 10,000개의 테스트 이미지로 되어 있다(훈련 및 테스트 이미지의 차이점은 이 장의 후반부에서 설명한다). 데이터셋은 이미지와 함께 각 이미지가 어떤 숫자를 나타내는지 설명하는 라벨로 구성되어 있다. 원본 이미지는 32×32픽셀이며, 각 이미지 주변 가장자리 2픽셀은 공백이므로, 실제 이미지 내용은 중심화된 28×28픽셀이 된다. 우리가 사용하는 데이터셋 버전에서는 공백 픽셀이 제거됐으므로, 각 이미지는 28×28픽셀이다. 각 픽셀은 범위가 2~255인 그레이스케일값을 나타낸다. 손글씨 숫자의 출처는 미국 인구조사국 직원들과 미국 고등학교 학생들의 조합이다. 데이터셋은 1998년에 공개됐다(LeCun, Bottou, Bengin, et al., 1998). 그림 4-1이 훈련 예제의 일부를 보여준다.

데이터셋 살펴보기

데이터셋을 약간 살펴보며 손에 흙을 묻혀보자. 먼저 부록 I의 'MNIST' 안내에 따라 이를 다운로드해야 한다. 파일 형식은 표준 이미지 형식이 아니지만, idx2numpy 라이브러리를 사용해 쉽게 읽을 수 있다.[1] 코드 4-1은 파일을 넘파이 배열에 로드한 뒤 배열의 차원을 인쇄하는 방법을 보여준다.

코드 4-1 MNIST 데이터셋 로드 및 차원 조사

```python
import idx2numpy
TRAIN_IMAGE_FILENAME = '../data/mnist/train-images-idx3-ubyte'
TRAIN_LABEL_FILENAME = '../data/mnist/train-labels-idx1-ubyte'
TEST_IMAGE_FILENAME = '../data/mnist/t10k-images-idx3-ubyte'
TEST_LABEL_FILENAME = '../data/mnist/t10k-labels-idx1-ubyte'

# 파일 읽기
train_images = idx2numpy.convert_from_file(
    TRAIN_IMAGE_FILENAME)
train_labels = idx2numpy.convert_from_file(
    TRAIN_LABEL_FILENAME)
test_images = idx2numpy.convert_from_file(TEST_IMAGE_FILENAME)
test_labels = idx2numpy.convert_from_file(TEST_LABEL_FILENAME)

# 차원 인쇄
print('dimensions of train_images: ', train_images.shape)
print('dimensions of train_labels: ', train_labels.shape)
print('dimensions of test_images: ', test_images.shape)
print('dimensions of test_images: ', test_labels.shape)
```

출력은 다음과 같다.

```
dimensions of train_images:  (60000, 28, 28)
dimensions of train_labels:  (60000,)
dimensions of test_images:  (10000, 28, 28)
dimensions of test_images:  (10000,)
```

---

1 이 라이브러리가 모든 플랫폼에서 사용 가능한 것은 아니다. 많은 온라인 프로그래밍 예제는 MNIST 데이터셋의 쉼표로 분리된 값(CSV, Comma-Separated Value) 버전을 대신 사용한다. 추가적인 정보는 책의 웹사이트 http://www.ldlbook.com을 참고하라.

이미지 배열은 3차원 배열로, 첫 번째 차원은 60,000개의 훈련 이미지 아니면 10,000개의 테스트 이미지 중 하나를 선택한다. 다른 두 차원은 28×28픽셀값을 나타낸다(0~255 사이의 정수). 라벨 배열은 1차원 배열이며 각 요소는 60,000개(아니면 10,000개) 이미지 중 하나에 해당한다. 코드 4-2는 첫 번째 훈련 라벨과 이미지 패턴을 인쇄하며, 결과 출력은 다음과 같다.

코드 4-2 훈련 예제 인쇄

```python
# 훈련 예제 하나를 인쇄한다.
print('label for first training example: ', train_labels[0])
print('---beginning of pattern for first training example---')
for line in train_images[0]:
    for num in line:
        if num > 0:
            print('*', end = ' ')
        else:
            print(' ', end = ' ')
    print('')
print('---end of pattern for first training example---')
```

```
label for first training example:  5
---beginning of pattern for first training example—



                    * * * * * * * * * *
                * * * * * * * * * * * * *
            * * * * * * * * * * * * * *
            * * * * * * * * *
              * * * * * * * *
                * * * * *
                  * * * *
                  * * * *
                    * * * * *
```

```
      * * * * * *
        * * * * * *
          * * * * *
            * * * *
          * * * * * * *
        * * * * * * * *
      * * * * * * * *
    * * * * * * * * *
      * * * * * * * * *
  * * * * * * * * *
    * * * * * * *
```

---end of pattern for first training example—

예제에서 보여주듯이 쉽게 데이터셋을 로드하고 사용할 수 있다.

데이터에서 인간의 편향

ML 모델은 입력 데이터로부터 학습하므로, 이들은 **쓰레기가 들어오면 쓰레기가 나오는**[GIGO, garbage-in/garbage-out] 문제에 민감하다. 그러므로 어떠한 데이터셋을 사용하든 고품질을 보장하는 것이 중요하다. 조심해야 할 미묘한 문제는 데이터셋이 인간의 편향에 영향을 받을 때다(아니면 어떤 종류의 편향이든지 간에). 예를 들어, 온라인에서 인기 있는 데이터셋인 CelebA[CelebFaces Attributes] 데이터셋(Liu et al., 2015)은 CelebFaces 데이터셋(Sun, Wang, and Tang, 2013)으로부터 유도됐는데 이는 다수의 유명인 얼굴 이미지로 되어 있다. 데이터셋을 만들 때 출처에 얼마나 주의를 기울여야 하는지를 감안하면, 공개적으로 쓸 수 있는 데이터셋을 사용하는 것은 이치에 맞는 일이다. 그러나 이 데이터셋은 사회를 대표하는 것보다 젊어 보이는 백인이 높은 비중을 차지하는 것으로 편향되어 있다. 이러한 편향으로 인해 이 데이터셋으로부터 훈련된 모델이 나이가 많거나 피부가 어두운 개인에게는 잘 동작하지 않을 수도 있다.

의도가 좋았다고 하더라도, 의도하지 않은 결과가 도출될 수 있음을 반드시 고려해야 한다. 사회에서의 구조적 인종차별에 영향을 받은 데이터셋은 소수를 차별하는 모델을 야기할 수 있다.

이 점을 설명하기 위해 MNIST 같은 단순한 데이터셋조차도 편향에 민감하다는 점은 언급할 만하다. MNIST의 손글씨 숫자는 미국 인구조사국과 미국 고등학교 학생들이 만들었다. 그러므로 숫자는 미국 사람들이 숫자를 쓰는 방식에 편향되는 것이 당연하다. 실제로는 세계에서 지리적으로 각기 다른 지역에 따라 손글씨 스타일에 약간의 차이가 있다. 특히 몇몇 유럽과 라틴 아메리카 국가에서는 숫자 7을 쓸 때 두 번째 수평선을 넣는 것이 일반적이다. MNIST 데이터셋을 보면, 이러한 예제가 포함되어 있음에도 불구하고 이들은 숫자 7 예제의 대다수와 떨어져 있다(그림 4-1에서 16개 중 2개만이 두 번째 수평선을 갖고 있다). 즉, 예상대로 데이터셋은 미국 사람들이 숫자를 쓰는 방식에 편향되어 있다. 그러므로 MNIST에서 훈련된 모델은 숫자 7을 다른 스타일로 사용하는 국가에서보다 미국 사람들에게 더 잘 작동할 것이다.

이 예제는 대부분의 경우 나쁜 영향이 없겠지만, 입력 데이터 문제를 얼마나 쉽게 간과하는지를 상기시켜준다. 모델이 인간 그리고 인간보다 덜 취약한 물체를 구별해야 하는 자율주행차를 고려해보자. 만일 모델이 소수 그룹을 충분히 대표하는 다양한 데이터셋으로 훈련되지 않았다면, 심각한 결과를 초래할 수 있다.

좋은 데이터셋이 꼭 현실 세계를 반영하는 것은 아님을 주지하라. 자율주행차 예제를 사용하면, 자동차는 비행기가 도로에 착륙하는 것과 같이 드물지만 위험한 사건을 다룰 수 있는 것이 매우 중요하다. 그러므로 좋은 데이터셋은 실제 세계에 존재하는 것에 비해 이러한 과잉 대표된 사건을 포함할 수 있다. 이는 인간 편향과 다소 다르긴 하지만, 데이터셋을 선택할 때 얼마나 쉽게 실수를 저지르는지 그리고 이러한 실수가 어떻게 심각한 결과를 야기하는지를 보여주는 또 다른 예다. 게브루Gebru와 그의 동료들 (2018)은 이러한 문제를 다루는 데 필요한 **데이터셋을 위한 데이터시트**datasheets for datasets를 제안했다. 배포된 각각의 데이터셋은 추천하는 용도 및 그 외의 내용을 설명하는 데이터시트를 함께 가져야 한다.

훈련 집합, 테스트 집합, 그리고 일반화

이제 왜 우리가 라벨링된 예제 집합에서 출력을 올바르게 예측하는 함수를 만들기 위해 신경망을 구축하는 복잡한 과정을 거쳐야 하는지 질문해볼 수 있다. 결국 모든 훈련 예제를 기반으로 룩업 테이블lookup table을 만드는 편이 훨씬 간단할 것이다. 이는 우리를 일반화generalization의 개념으로 넘어가게 한다. ML 모델의 목표는 훈련된 데이터로 올바른 예측을 제공하는 것만이 아니다. 더욱 중요한 목표는 이전에 본 적 없는 데이터로도 올바른 예측을 제공하는 것이다. 그러므로 통상적으로 데이터셋을 훈련 데이터셋과 테스트 데이터셋으로 나눈다. 훈련 데이터셋은 모델을 훈련시키는 데 쓰이며, 테스트 데이터는 이전에 본 적 없는 데이터에 얼마나 잘 일반화되어 있는지를 나중에 평가할 때 쓰인다. 모델이 훈련 데이터셋에서는 일을 잘하지만 테스트 데이터셋에서는 잘 못하는 것으로 드러나면, 이는 모델이 비슷하지만 동일하지 않은 예제를 푸는 데 필요한 일반해를 학습하는 데 실패했다는 암시가 된다. 예를 들면, 특정 훈련 예제만을 기억하고 있을 수도 있다. 좀 더 구체적으로 보기 위해 아이들에게 더하기를 가르치는 경우를 생각해보자. 여러분은 아이들에게 1 + 1 = 2이고 2 + 2 = 4이며 3 + 2 = 5라고 말할 수 있으며, 나중에 3 + 2가 무엇인지 물어보면 아이들은 성공적으로 답을 되풀이할 수도 있다. 하지만 1 + 3이 무엇인지, 심지어 2 + 3(훈련 예제에서 3과 2의 순서를 바꿈)이 무엇인지를 물어보면 대답하지 못할 것이다. 이는 아이가 세 가지 예제를 기억했지만 더하기의 개념은 이해하지 못했음을 뜻한다.

우리는 덧셈과 곱셈을 아는 사람조차도 통상적으로 작은 숫자들에는 암기한 답을 사용하고 큰 수에만 일반화된 지식을 불러온다고 생각한다. 다른 한편으로는 이것이 더 단순한 표현들을 최종 답에 계층적으로 결합하는 딥러닝의 예라고 주장할 수도 있다.

모델이 일반화를 학습하고 있는지 확실히 하기 위해 훈련 동안 훈련 오차와 테스트 오차를 모니터링할 수 있다(그림 4-2 참고).

일반적으로 훈련 오차는 하락 추세를 보이다가 최종적으로 평탄해질 것이다. 반면에 테스트 오차는 처음에는 감소하지만 어느 시점에서 다시 증가하기 시작하는 U 곡선을

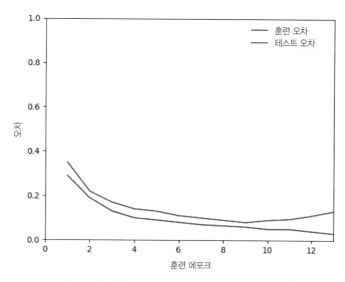

그림 4-2 훈련 과정 동안 훈련 오차와 테스트 오차의 전개[2]

보일 것이다. 훈련 오차가 여전히 감소하는 한편 테스트 오차가 증가하기 시작한다면, 이는 모델이 훈련 데이터를 과적합^{overfitting}하고 있다는 신호다. 즉, 훈련 데이터에서는 정말로 일을 잘하지만 아직 본 적 없는 데이터에서는 쓸모없는 함수를 학습한다. 개별 훈련 집합으로부터 개별 예제를 기억하는 것은 과적합의 강력한 한 가지 형태이지만, 다른 형태의 과적합 또한 존재한다. 과적합이 일반화 부재의 유일한 이유는 아니다. 훈련 예제가 단순히 테스트 집합에서의 예제나 더 중요하게는 프로덕션에서 쓰이는 예제를 대표하지 못할 수도 있다.

과적합을 피하는 효과적인 기법은 훈련 데이터셋의 크기를 늘리는 것이지만, **정칙화 기법**^{regularization technique}이라 알려진 다른 기법이 몇 개 존재한다. 이는 과적합을 감소시키거나 피하도록 디자인되어 있다. 한 가지 분명한 방법으로 **조기 중단**^{early stopping}이 있다. 단순히 훈련 동안 테스트 오차를 모니터링하고 오차가 증가하기 시작할 때 멈춘다. 오차는 훈련 동안 변동하고 어떤 방향이나 또 다른 방향으로 엄격하게 움직이지 않는 경우가 대다수이므로, 언제 멈출지가 꼭 분명한 것은 아니다. 언제 멈추는지 정하는 한 가지 접근법은 훈련 동안 고정된 간격에서 모델의 가중치를 기억하는 것이다(즉, 이를

---

2 에포크(epoch)에 대한 설명은 뒤의 코드 4-8의 설명을 참고하라.

따라 모델의 체크포인트를 만든다). 훈련의 마지막에 그림 4-2와 같은 차트로부터 테스트 오차가 가장 작은 지점을 식별하고 해당 모델을 다시 불러온다.

> 목표는 네트워크가 **일반화**를 학습하는 것이다. 네트워크가 훈련 집합에서는 잘하지만 테스트 집합에서는 그렇지 않다면, 이는 훈련 집합에서의 **과적합**을 암시한다. 과적합은 훈련 데이터셋의 크기를 늘리거나 **정칙화 기법**을 써서 피하는데, 이러한 기법 중 하나가 **조기 중단**이다.

초매개변수 튜닝과 테스트 집합 정보 유출

훈련 과정 동안 테스트 집합에서 정보가 유출되지 않는 것이 매우 중요하다. 만일 그렇게 되면 모델이 테스트 집합을 기억하게 되고, 모델이 프로덕션에서의 성능과 비교해 얼마나 잘하는지에 대해 과도하게 긍정적인 평가를 얻게 된다. 정보 유출information leakage은 미묘한 방법으로 벌어질 수 있다. 모델을 훈련시킬 때는 훈련 알고리듬 그 자체가 조정하지 않는 여러 매개변수를 튜닝해야 할 때가 있다. 이러한 매개변수는 **초매개변수**hyperparameter라 알려져 있으며, 학습률, 네트워크 토폴로지(층당 뉴런의 개수, 층의 개수, 이들이 어떻게 연결되어 있는지), 활성 함수의 형태 등 이미 몇 가지 예제를 만난 적이 있다. 초매개변수 튜닝은 수동으로 아니면 자동화된 과정으로 할 수 있다. 모델이 테스트 집합에서 어떻게 수행하는지에 근거하여 이러한 초매개변수를 바꾸면, 테스트 집합이 훈련 과정에 영향을 미칠 위험성이 있다. 즉, 테스트 집합으로부터 훈련 과정으로의 정보 유출을 가져온다.

이러한 유출을 막는 한 가지 방법은 중간적인 **검증 데이터셋**validation dataset을 도입하는 것이다. 이는 테스트 데이터셋에 최종 평가를 하기 전에 초매개변수 설정을 평가할 때 쓰인다. 이 책의 예제에서는 일을 단순하게 하여 초매개변수를 수동으로만 튜닝하며, 별도의 검증 집합은 쓰지 않는다. 우리가 검증 집합을 쓰지 않음으로써 다소 긍정적인 결과를 얻게 되는 위험에 처하게 됨을 인식하고 있길 바란다. 초매개변수 튜닝과 검증 데이터셋 개념은 5장 'DL을 향해: 프레임워크 및 네트워크 미조정'에서 더 자세히 논의한다.

> 초매개변수 튜닝을 위한 **검증 집합**은 중요한 개념이다. 5장의 '검증 집합을 사용해 과적합 피하기' 절을 참고하라.

훈련과 추론

지금까지의 실험과 논의는 네트워크 훈련 과정에 집중됐다. 훈련 과정에 네트워크의 테스트를 넣어 네트워크가 얼마나 잘 학습하고 있는지 평가했다. 가중치 조정 없이 네트워크를 사용하는 과정은 **추론**inference이라 알려져 있다. 왜냐하면 네트워크가 결과를 추론하는 데 쓰이기 때문이다.

> **훈련**은 네트워크의 가중치를 찾아내는 것을 뜻하며 통상적으로 프로덕션에 배포하기 전에 한다. 프로덕션에서 네트워크는 주로 **추론**만을 위해 쓰인다.

주로 네트워크가 프로덕션 환경에 배포되기 전에만 훈련 과정을 수행하고, 네트워크가 배포되면 추론만을 위해 쓰이는 경우가 많다. 이러한 경우 훈련과 추론은 각기 다른 하드웨어 구현에서 잘 수행될 수도 있다. 예를 들면, 훈련은 클라우드의 서버에서 하고 추론은 전화나 태블릿 같은 덜 강력한 정치에서 할 수도 있다.

네트워크와 학습 알고리듬을 확장해 다중클래스 분류하기

3장의 프로그래밍 예제에서 우리의 신경망은 오직 하나의 출력만을 가졌으며, 이를 사용해 어떻게 특정 패턴을 식별하는지 살펴봤다. 이제 우리의 네트워크가 10개의 가능한 클래스 중 패턴이 어디에 속하는지 나타낼 수 있도록 확장하고자 한다. 이를 하는 단순한 방법은 단순히 10개의 서로 다른 네트워크를 만드는 것이다. 각각은 특정한 숫자 형태를 식별하는 책임을 진다. 하지만 다소 비효율적인 접근법임이 밝혀진다. 어떤 숫자를 분류하고자 하는지와 관계없이 서로 다른 숫자 사이에 어떠한 공통점이 존재하므로, 각각의 '숫자 식별자'가 많은 뉴런을 공유한다면 더 효율적이다. 이 전략은 공유된 뉴런이 더 잘 일반화되도록 강제하며 과적합의 위험을 줄일 수 있다.

다중클래스 분류를 하기 위해 네트워크를 배열하는 한 가지 방법은 클래스당 출력 뉴런을 하나 만들고 네트워크가 원핫 인코딩된 숫자를 출력하도록 가르치는 것이다. 원핫 인코딩one-hot encoding은 어떠한 시점에서든지 오직 하나의 출력만이 자극된다는 뜻이다. 원핫 인코딩은 희박sparse 인코딩의 예이며, 이는 대부분의 신호가 0임을 뜻한다. 이진 숫자에 익숙한 독자는 이것이 비효율적이며 이진 인코딩을 사용해 출력 뉴런의 개수를 줄이는 것이 더 이치에 맞는다고 생각할 수도 있지만, 그렇게 하는 것이 신경망에서 가장 적절한 인코딩은 아니다.

이진 인코딩은 밀집dense 인코딩의 예이며, 이는 1과 0이 잘 섞여 있음을 뜻한다. 12장 '자연어 모델과 단어 임베딩'에서 희박 및 밀집 인코딩을 더 논의한다. 6장 '회귀에 적용된 완전 연결 네트워크'에서 원핫 인코딩의 변형을 사용해 네트워크가 예제가 어떤 클래스에 속하는지 확신하지 못할 때 어떻게 분류의 확실성을 다양한 수준으로 표현하는지 설명한다. 지금은 원핫이 우리가 관심 있는 예제의 목적에 부합한다.

숫자 분류를 위한 네트워크

이번 절에서는 손글씨 숫자 분류 실험에서 사용하는 네트워크 아키텍처를 제시한다. 이 아키텍처가 이러한 과제를 위한 최적의 아키텍처는 아니지만, 우리의 목적은 빨리 직접 해보면서 지금까지 배운 개념에만 의존해 인상적인 결과를 보여주는 것이다. 이미지 분류 면에서 더욱 발전된 네트워크는 이후의 장에서 살펴본다.

앞서 설명했듯이 각 이미지는 784개(28×28)의 픽셀을 가지므로, 네트워크는 784개의 입력 노드를 필요로 한다. 이러한 입력은 은닉 층에 공급되며, 우리는 임의로 25개의 뉴런을 갖도록 선택했다. 은닉 층은 각각 식별하고자 하는 숫자인 10개의 뉴런으로 구성된 출력 층에 출력을 공급한다. 은닉 뉴런에는 tanh를 활성 함수로 사용하고, 출력

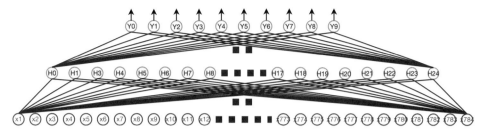

그림 4-3 숫자 분류를 위한 네트워크. 그림이 뒤죽박죽되지 않도록 다수의 뉴런과 연결이 생략되어 있다. 실제로 각 뉴런은 다음 층의 모든 뉴런과 연결되어 있다.

층에는 로지스틱 시그모이드 함수를 사용한다. 네트워크는 완전 연결된다. 즉, 한 층의 각 뉴런은 다음 층의 모든 뉴런과 연결된다. 은닉 층이 오직 하나이므로, 이 네트워크는 딥러닝의 자격을 갖추지 못한다. 이를 DL이라 부르려면 적어도 2개의 은닉 층이 필요하지만, 이러한 구별은 실제로는 무의미하다. 네트워크는 그림 4-3에 그려져 있다.

그림 4-3에서 이상한 점은 픽셀이 서로 간에 어떻게 공간적으로 연관되는지에 대한 정보를 명시적으로 사용하지 않는다는 것이다. 뉴런이 복수의 이웃하는 픽셀을 함께 찾도록 하는 것이 도움이 되지 않겠는가? 그림에서 우리가 펼쳐 놓은 방법은 2차원 격자 대신 1차원 벡터이며, 이는 어떤 픽셀이 서로 간에 이웃하는지와 관련된 정보를 잃은 것으로 보인다. y 방향으로 서로 이웃하는 두 픽셀은 28개의 입력 뉴런으로 분리되어 있다. 이 말은 전혀 사실이 아니다. 완전 연결 네트워크에서 픽셀이 '떨어져' 있다는 것은 없다. 25개의 모든 뉴런이 784개의 모든 픽셀을 보고 있으므로, 단일 뉴런의 시점에서 모든 픽셀은 동등하게 서로 가까이에 있다.

그저 픽셀과 뉴런을 2차원 격자에 배치할 수도 있겠지만, 이는 실제 연결을 변화시키지 않을 것이다. 그러나 어떤 픽셀이 서로 이웃하는지에 대해 어떠한 사전 정보도 전달하고 있지 않으므로, 네트워크는 이를 스스로 배워야만 한다. 7장 '이미지 분류에 적용된 합성곱 신경망'에서 네트워크가 픽셀의 위치를 감안하게 하는 방식으로 이를 디자인하는 방법을 배운다.

다중클래스 분류를 위한 손실 함수

XOR 문제를 풀 때 손실 함수로 평균제곱오차^{MSE}를 사용했듯이 이미지 분류에서도 똑같이 할 수 있지만, 반드시 접근법을 약간 수정해 다중 출력을 갖는 네트워크를 감안할 수 있게 해야 한다. 이는 손실(오차) 함수가 각 개별 출력을 위한 제곱오차의 합이 되도록 정의함으로써 수행할 수 있다.

$$Error = \frac{1}{m}\sum_{i=0}^{m-1}\sum_{j=0}^{n-1}(y_j^{(i)} - \hat{y}_j^{(i)})^2$$

이때 m은 훈련 예제의 개수이며, n은 출력의 개수다. 즉, 평균을 계산하는 바깥의 합에 더해서, 공식에 각 출력의 제곱오차를 합하는 내부 합을 도입했다. 이를 완벽히 분명하게 보여주기 위해, 단일 훈련 예제에서 다음이 된다.

$$Error = \sum_{j=0}^{n-1}(y_j - \hat{y}_j)^2$$

이때 n은 출력의 개수이며, $\hat{y}_j$은 Y_j의 출력값을 뜻한다. 나중에 도함수를 단순히 하기 위해 이전과 같은 수법을 써서 2로 나눌 수 있다. 왜냐하면 0.5로 스케일링된 손실 함수는 스케일링되지 않은 손실 함수의 최소화와 최적화 과정이 같기 때문이다.

$$Error : e(\hat{\boldsymbol{y}}) = \sum_{j=0}^{n-1}\frac{\left(y_j - \hat{y}_j\right)^2}{2}$$

이 공식에서는 오차 함수를 네트워크의 출력인 $\hat{\boldsymbol{y}}$에 대한 함수로 서술했다. 네트워크가 복수의 출력 뉴런을 갖는다고 가정하고 있으므로 $\hat{\boldsymbol{y}}$은 이제 벡터임을 주지하라. 주어진 손실 함수로 이제 각 n개 출력 뉴런의 오차 항을 계산할 수 있으며, 이를 마치면 역전파 알고리듬은 3장에서 했던 것과 다르지 않다. 다음 공식은 출력값이 $\hat{y}_1$일 때 뉴런 Y_1의 오차 항을 보여준다.

$$\frac{\partial e}{\partial \hat{y}_1} = \sum_{j=0}^{n-1} \frac{\partial \frac{\left(y_j - \hat{y}_j\right)^2}{2}}{\partial \hat{y}_1} = \frac{2(y_1 - \hat{y}_1)}{2} \cdot (-1) = -\left(y_1 - \hat{y}_1\right)$$

특정 출력에 대한 손실 함수의 미분을 계산할 때 합에서의 다른 모든 항은 상수이며(미분이 0이다), 이는 합을 완전히 제거하고, 결국 특정 뉴런의 오차 항은 단일 출력인 경우와 같아진다. 즉, 뉴런 Y_2의 오차 항은 $-(y_2 - \hat{y}_2)$이며, 아니면 일반적인 경우 Y_j의 오차 항은 $-(y_j - \hat{y}_j)$이다.

이러한 공식이 복잡하게 느껴진다면 힘을 내기 바란다. 프로그래밍 예제 구현으로 들어가 실제로 이 모든 것이 어떻게 동작하는지 보면 분명해질 것이다.

프로그래밍 예제: 손글씨 숫자 분류하기

'들어가며'에서 언급했듯이 이 프로그래밍 예제는 닐슨^{Nielsen}(2019)의 온라인 책에서 크게 영향을 받았지만, 이 책의 구조에 맞도록 다듬었다. 이미지 분류 실험의 구현은 3장의 XOR 학습 예제를 수정한 버전이므로, 코드는 익숙해 보일 것이다. 한 가지 다른 점은 코드 4-3이 훈련값을 하드코딩된 변수로 정의하는 대신에 훈련 및 테스트 데이터셋의 경로를 제공하는 몇 가지 초기화를 포함한다는 것이다. 또한 학습률을 0.01로 미조정했으며 EPOCHS 매개변수를 도입했다. 이 장의 후반부에서 에포크^{epoch}가 무엇인지 설명하고 학습률을 왜 미조정했는지 논의한다. 데이터셋은 부록 I의 데이터셋 절에서 설명한 대로 ../data/mnist/에 있다고 가정한다.

코드 4-3 MNIST 학습을 위한 초기화 부분

```python
import numpy as np
import matplotlib.pyplot as plt
import idx2numpy

np.random.seed(7) # 반복이 가능하도록
```

```
LEARNING_RATE = 0.01
EPOCHS = 20
TRAIN_IMAGE_FILENAME = '../data/mnist/train-images-idx3-ubyte'
TRAIN_LABEL_FILENAME = '../data/mnist/train-labels-idx1-ubyte'
TEST_IMAGE_FILENAME = '../data/mnist/t10k-images-idx3-ubyte'
TEST_LABEL_FILENAME = '../data/mnist/t10k-labels-idx1-ubyte'
```

또한 코드 4-4에서와 같이 파일로부터 데이터셋을 읽는 함수를 추가했다. 코드 예제
들은 일부 데이터 전처리가 필요한데, 이는 다소 번거로울 수 있지만 안타깝게도 피
할 길이 없다.

코드 4-4 파일로부터 훈련 및 테스트 데이터 읽기

```
# 데이터셋을 읽는 함수
def read_mnist():
    train_images = idx2numpy.convert_from_file(
        TRAIN_IMAGE_FILENAME)
    train_labels = idx2numpy.convert_from_file(
        TRAIN_LABEL_FILENAME)
    test_images = idx2numpy.convert_from_file(
        TEST_IMAGE_FILENAME)
    test_labels = idx2numpy.convert_from_file(
        TEST_LABEL_FILENAME)

    # 재형식화 및 표준화
    x_train = train_images.reshape(60000, 784)
    mean = np.mean(x_train)
    stddev = np.std(x_train)
    x_train = (x_train - mean) / stddev
    x_test = test_images.reshape(10000, 784)
    x_test = (x_test - mean) / stddev

    # 원핫 인코딩된 출력
    y_train = np.zeros((60000, 10))
    y_test = np.zeros((10000, 10))
    for i, y in enumerate(train_labels):
        y_train[i][y] = 1
```

```
    for i, y in enumerate(test_labels):
        y_test[i][y] = 1
    return x_train, y_train, x_test, y_test

# 훈련 및 테스트 예제를 읽음
x_train, y_train, x_test, y_test = read_mnist()
index_list = list(range(len(x_train))) # 무작위 순서에 쓰임
```

데이터셋을 살펴봤던 초기 연습을 통해 이러한 파일의 형식을 이미 알고 있다. 네트워크로의 입력 데이터 공급을 더 단순화하기 위해 2차원의 이미지를 1차원으로 재구축한다. 즉, 이미지의 배열은 이제 3차원이 아니라 2차원이다. 그런 다음 픽셀값을 스케일링하고 중심이 0이 되도록 한다. 이를 데이터의 **표준화**standardizing라 한다. 이론적으로 이 단계가 중요하지 않은 이유는 뉴런이 어떠한 수치든지 받을 수 있기 때문이지만, 실제로는 이러한 스케일링은 유용하다(그 이유는 5장에서 살펴본다). 먼저 모든 훈련값의 평균과 표준편차를 계산한다. 각 픽셀값에서 평균을 빼고 표준편차로 나눠 데이터를 표준화한다. 이는 통계학 지식이 있는 사람이라면 누구든 익숙한 연산일 것이다. 여기서 더 자세히 들어가지는 않고 개괄적인 아이디어 정도만 언급한다. 픽셀값에서 평균을 뺌으로써 모든 픽셀의 새로운 평균은 0이 된다. 표준편차는 데이터가 얼마나 흩어져 있는지에 대한 측정치이고, 표준편차로 나누면 데이터값의 범위를 변화시킨다. 이는 데이터값이 이전에 흩어져 있었으면(높은 값과 낮은 값), 이 연산 후 0에 더 가까워짐을 뜻한다. 우리의 경우 0~255의 픽셀값으로 시작했으며, 표준화 후에 0에 훨씬 가까워지며 중심화된 부동소수점 수의 집합이 된다.

데이터의 분포 및 이를 표준화하는 방법은 중요한 주제이지만, 지금은 자세한 이해 없이도 따라올 수 있으리라 믿는다.

표준편차는 데이터의 퍼짐을 측정한다. 데이터 포인트는 평균을 빼고 표준편차로 나눠 표준화한다.

한 가지 언급할 점은 테스트 데이터를 표준화할 때조차 훈련 데이터의 평균과 표준편차를 사용하고 있다는 것이다. 처음에는 버그처럼 보일 수도 있지만 사실은 의도적이다. 여기서는 훈련 데이터에서 하는 것과 정확히 동일한 변환을 테스트 데이터에도 적용하고자 한다는 생각이다. 훈련 및 테스트 데이터 모두의 전체 평균을 계산하는 편이 더 낫지 않겠느냐는 질문이 자연스럽게 나올 수도 있지만, 절대로 하면 안 된다. 그렇게 하면 테스트 데이터의 정보를 훈련 과정에 흘릴 위험성이 있기 때문이다.

> 훈련 데이터에 적용하는 것과 정확히 같은 변환을 테스트 데이터 데이터에도 적용해야 한다. 또한 처음에 변환을 만들 때 테스트 데이터를 절대로 사용하지 말아야 한다. 그 이유는 테스트 데이터의 정보를 훈련 과정에 흘릴 위험성이 있기 때문이다.

다음 단계는 숫자를 원핫 인코딩하여 10출력 네트워크의 정답으로 쓸 수 있게 하는 것이다. 이는 각각이 0인 10개의 숫자로 된 배열을 만들고, 이 중 하나는 1로 두어 원핫 인코딩한다.

이제 층 가중치와 네트워크의 초기화를 구현하는 코드 4-5로 이동하자. 이는 XOR 예제와 비슷하지만 몇 가지 변화점이 있다. 은닉 층의 각 뉴런은 784개 입력 + 편향을 가질 것이며, 출력 층의 각 뉴런은 25개 입력 + 편향을 가질 것이다. 가중치를 초기화하는 for 루프는 $i = 1$로 시작하므로 편향 가중치는 초기화하지 않고 이를 이전과 같이 0으로 남겨둔다. 가중치의 범위는 XOR 예제와 다르다(크기^{magnitude}가 1.0이 아닌 0.1). 이는 5장에서 더 논의한다.

코드 4-5 시스템의 모든 뉴런의 인스턴트화와 초기화

```
def layer_w(neuron_count, input_count):
    weights = np.zeros((neuron_count, input_count+1))
    for i in range(neuron_count):
        for j in range(1, (input_count+1)):
            weights[i][j] = np.random.uniform(-0.1, 0.1)
    return weights
```

```
# 뉴런을 나타내는 행렬과 벡터 선언
hidden_layer_w = layer_w(25, 784)
hidden_layer_y = np.zeros(25)
hidden_layer_error = np.zeros(25)

output_layer_w = layer_w(10, 25)
output_layer_y = np.zeros(10)
output_layer_error = np.zeros(10)
```

코드 4-6은 진행을 보고하고 학습 과정을 시각화하는 데 쓰이는 두 함수를 보여준다. show_learning 함수는 학습 동안 여러 번 호출된다. 이는 단순히 현재의 훈련 및 테스트 정확도를 인쇄하고 해당 값은 두 배열에 저장한다. plot_learning 함수는 프로그램의 마지막에 호출되며 두 배열을 사용해 시간 동안 훈련 및 테스트 오차(1.0 − 정확도)를 그린다.

코드 4-6 학습 과정의 경과를 보고하는 함수

```
chart_x = []
chart_y_train = []
chart_y_test = []
def show_learning(epoch_no, train_acc, test_acc):
    global chart_x
    global chart_y_train
    global chart_y_test
    print('epoch no:', epoch_no, ', train_acc: ',
          '%6.4f' % train_acc,
          ', test_acc: ', '%6.4f' % test_acc)
    chart_x.append(epoch_no + 1)
    chart_y_train.append(1.0 - train_acc)
    chart_y_test.append(1.0 - test_acc)

def plot_learning():
    plt.plot(chart_x, chart_y_train, 'r-',
            label='훈련 오차')
    plt.plot(chart_x, chart_y_test, 'b-',
```

```
            label='테스트 오차')
    plt.axis([0, len(chart_x), 0.0, 1.0])
    plt.xlabel('훈련 에포크')
    plt.ylabel('오차')
    plt.legend()
    plt.show()
```

코드 4-7은 포워드 및 백워드 패스 및 가중치 조정을 위한 함수를 포함한다. forward_pass와 backward_pass 함수는 또한 네트워크의 토폴로지를 암묵적으로 정의한다.

코드 4-7 포워드 패스, 백워드 패스, 가중치 조정을 위한 함수

```
def forward_pass(x):
    global hidden_layer_y
    global output_layer_y
    # 은닉 층을 위한 활성 함수
    for i, w in enumerate(hidden_layer_w):
        z = np.dot(w, x)
        hidden_layer_y[i] = np.tanh(z)
    hidden_output_array = np.concatenate(
        (np.array([1.0]), hidden_layer_y))
    # 출력 층을 위한 활성 함수
    for i, w in enumerate(output_layer_w):
        z = np.dot(w, hidden_output_array)
        output_layer_y[i] = 1.0 / (1.0 + np.exp(-z))

def backward_pass(y_truth):
    global hidden_layer_error
    global output_layer_error
    # 각 출력 뉴런에 오차를 역전파함
    # 그리고 모든 출력 뉴런 오차의 배열을 만듦
    for i, y in enumerate(output_layer_y):
        error_prime = -(y_truth[i] - y) # 손실 미분
        derivative = y * (1.0 - y) # 로지스틱 미분
        output_layer_error[i] = error_prime * derivative
    for i, y in enumerate(hidden_layer_y):
        # 은닉 층 i의 출력을 출력 층의 뉴런으로 연결하는 배열 가중치를 만듦
```

```
            error_weights = []
            for w in output_layer_w:
                error_weights.append(w[i+1])
            error_weight_array = np.array(error_weights)
            # 은닉 층에 오차를 역전파함
            derivative = 1.0 - y**2 # tanh 미분
            weighted_error = np.dot(error_weight_array,
                                    output_layer_error)
            hidden_layer_error[i] = weighted_error * derivative

def adjust_weights(x):
    global output_layer_w
    global hidden_layer_w
    for i, error in enumerate(hidden_layer_error):
        hidden_layer_w[i] -= (x * LEARNING_RATE
                                * error) # 모든 가중치를 업데이트
    hidden_output_array = np.concatenate(
        (np.array([1.0]), hidden_layer_y))
    for i, error in enumerate(output_layer_error):
        output_layer_w[i] -= (hidden_output_array
                                * LEARNING_RATE
                                * error) # 모든 가중치를 업데이트
```

forward_pass 함수는 루프가 2개다. 첫 번째는 모든 은닉 층에 대해 루프를 돌며 이들 모두에 같은 입력(픽셀)을 제시한다. 또한 은닉 층의 모든 출력을 편향 항과 함께 배열로 모으며, 이는 출력 층 뉴런의 입력으로 쓰인다. 마찬가지로, 두 번째 루프는 이 입력을 각 출력 뉴런에 제시하고 출력 층의 출력을 배열에 모은다. 이는 함수의 호출자에게 반환된다.

backward_pass 함수도 다소 비슷하다. 먼저 모든 출력 뉴런을 따라 루프를 돌며 각 출력 뉴런의 손실 함수의 미분을 계산한다. 이는 또한 같은 루프에서 각 뉴런의 활성 함수의 미분을 계산한다. 각 뉴런의 오차 항은 손실 함수의 미분을 활성 함수의 미분으로 곱하여 계산할 수 있다. 함수의 두 번째 루프는 모든 은닉 층을 따라 루프를 돈다. 은닉 층에서의 오차 항은 약간 더 복잡하다. 이는 각 출력 뉴런으로부터 역전파된 오차의 가

중합(내적으로 계산함)에 은닉 뉴런의 활성 함수의 미분을 곱하여 계산한다.

adjust_weights 함수는 직관적이며 이때 또다시 각 층의 각 뉴런을 따라 루프를 돌며 입력값과 오차 항을 사용해 가중치를 조정한다.

마지막으로, 코드 4-8이 네트워크 훈련 루프를 보여준다. XOR 예제에서 했던 것과 같이 모든 것이 맞기 전까지 훈련하는 대신에, 이제 고정된 숫자의 **에포크**^{epoch}만큼 훈련한다. 에포크는 모든 훈련 데이터에 대한 한 번의 반복으로 정의된다. 각 훈련 예제에 대해 포워드 패스 및 그다음 백워드 패스를 한 뒤, 가중치를 조정한다. 또한 얼마나 많은 훈련 예제가 올바르게 예측됐는지 추적한다. 그 뒤 모든 테스트 예제를 따라 루프를 돌며 얼마나 많이 올바르게 예측됐는지만 기록한다. 넘파이 argmax 함수를 사용해 가장 큰 값을 갖는 배열 인덱스를 식별한다. 이는 원핫 인코딩된 벡터를 정수 숫자로 디코딩한다. 입력 예제를 forward_pass 및 adjust_weights에 전달하기 전에, 각 배열 앞에 1.0을 추가한다. 이 함수들은 편향 항 1.0을 배열의 첫 번째 항목으로 기대하기 때문이다.

> 넘파이 함수 argmax()는 네트워크가 가장 가능성 있는 것으로 예측하는 요소를 편리하게 찾게 해준다.

테스트 데이터에는 어떠한 백워드 패스 혹은 가중치 조정도 하지 않는다. 그 이유는 테스트 데이터에서 훈련을 하는 것은 금지되어 있기 때문이다. 그렇지 않으면 네트워크가 얼마나 일을 잘하는지에 대한 긍정적인 평가를 야기할 것이다. 각 에포크의 마지막에 훈련 데이터와 테스트 데이터 모두의 현재 정확도를 인쇄한다.

코드 4-8 MNIST를 위한 훈련 루프

```python
# 네트워크 훈련 루프
for i in range(EPOCHS): # EPOCHS회 훈련함
    np.random.shuffle(index_list) # 순서 무작위화
    correct_training_results = 0
    for j in index_list: # 모든 예제에 대해 훈련
```

```
            x = np.concatenate((np.array([1.0]), x_train[j]))
            forward_pass(x)
            if output_layer_y.argmax() == y_train[j].argmax():
                correct_training_results += 1
            backward_pass(y_train[j])
            adjust_weights(x)

        correct_test_results = 0
        for j in range(len(x_test)): # 네트워크 평가
            x = np.concatenate((np.array([1.0]), x_test[j]))
            forward_pass(x)
            if output_layer_y.argmax() == y_test[j].argmax():
                correct_test_results += 1
        # 경과 보여주기
        show_learning(i, correct_training_results/len(x_train),
                    correct_test_results/len(x_test))
plot_learning() # 도표 만들기
```

프로그램을 실행하면 경과가 주기적으로 인쇄된다. 라인의 앞부분 몇 개는 다음과 같다.

```
epoch no: 0 , train_acc:  0.8563 , test_acc:  0.9157
epoch no: 1 , train_acc:  0.9203 , test_acc:  0.9240
epoch no: 2 , train_acc:  0.9275 , test_acc:  0.9243
epoch no: 3 , train_acc:  0.9325 , test_acc:  0.9271
epoch no: 4 , train_acc:  0.9342 , test_acc:  0.9307
epoch no: 5 , train_acc:  0.9374 , test_acc:  0.9351
```

이전과 마찬가지로 여러분의 결과는 무작위 값으로 인해 약간 다를 수 있다. 프로그램이 종료되면 그림 4-4와 같이 차트를 만들어낸다. 이를 보면 훈련 및 테스트 오차 모두 시간에 따라 감소하며, 테스트 오차가 차트의 오른쪽에서 아직 증가하기 시작하지 않음을 볼 수 있다. 즉, 과적합에 대한 심각한 문제를 보이지 않고 있다. 훈련 오차가 테스트 오차보다 낮음을 볼 수 있다. 이는 일반적이며 차이가 너무 크지 않은 한 걱정할 이유는 없다.

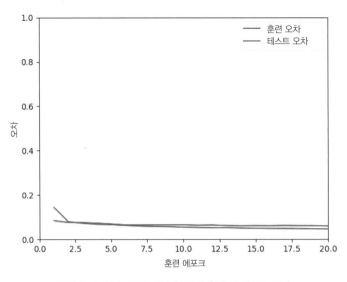

그림 4-4 숫자 분류를 학습할 때의 훈련 및 테스트 오차

경과 인쇄 및 차트에서 볼 수 있듯이, 테스트 오차가 빠르게 10% 아래로 떨어진다(정확도가 90%를 넘음). 즉, 우리의 단순한 네트워크가 10개 중 9개 이미지를 올바르게 분류할 수 있다. 이는 프로그램이 얼마나 단순한지를 감안하면 놀라운 결과다! ML 알고리듬을 사용하지 않고 대신에 무엇이 10개의 다른 숫자들을 정의하는지에 대한 정보를 하드코딩하여 시도하는 경우 얼마나 긴 프로그램이 필요할지 고려해보라. ML의 아름다운 점은 정보를 스스로 하드코딩하는 대신에, 알고리듬이 훈련 예제로부터 정보를 발견한다는 것이다. 신경망의 경우 이 정보는 네트워크 가중치로 인코딩된다.

우리는 하드코딩 접근법으로 된 프로그램이 얼마나 길어질지 알 수 없다. 우리가 게으르며 이를 작성하려고 하지도 않았기 때문이다. 그저 다른 사람들이 프로그램이 길 것이라고 주장하기 때문에 그러할 것이라고 가정할 뿐이다.

이제 잠시 쉬면서 무엇을 배웠는지 생각해보자. 여러분은 단일 뉴런에 대한 설명부터 다중 뉴런의 연결까지 진행하며 손글씨 숫자를 분류할 수 있는 시스템이 되는 학습 알고리듬을 적용했다!

이 예제에서 쓰인 데이터셋은 1998년에 공개됐다. 이는 〈터미네이터 2〉에서 기계에 대항하는 전쟁이 시작되고 30억 명의 인간이 종말을 맞이한 심판의 날로부터 1년 뒤였다. 즉, 사실과 허구 사이에 여전히 차이가 존재한다.

미니배치 경사 하강

지금까지 진짜 경사 하강 대신 확률적 경사 하강^{SGD}를 사용해왔다. 앞서 설명했듯이 SGD는 가중치를 업데이트하기 전에 단일 훈련 예제에 대해 기울기를 계산하는 한편, 진짜 경사 하강은 전체 데이터셋을 따라 루프를 돌며 모든 훈련 예제의 기울기의 평균을 계산한다. 여기에는 분명한 상반관계가 존재한다. 전체 데이터셋을 따라 루프를 하는 것은 더 정확한 기울기 추정을 제공하지만, 이는 어떤 기울기를 업데이트하든지 그 전에 더 많은 계산을 필요로 한다. 알고 보면 미니배치$^{mini-batch}$라 알려진 훈련 예제의 작은 집합을 사용하는 것이 좋은 타협점이다. 이는 진짜 경사 하강보다 더욱 빈번한 가중치 업데이트를 가능케 하는 한편(업데이트마다 적은 계산), 단일 예제만을 사용할 때보다 여전히 더욱 정확한 기울기 추정을 얻는다. 게다가 현대 하드웨어 구현, 그리고 특히 그래픽 처리 유닛$^{GPU, Graphics Processing Unit}$에서는 완전 미니배치를 병렬로 계산하는 일을 잘하므로, 단일 예제만을 계산할 때보다 시간이 더 많이 걸리지 않는다.

여기서 용어가 헷갈린다. 진짜 경사 하강법은 배치(전체 훈련 데이터셋)를 사용하며 또한 **배치**^{batch} 경사 하강이라 알려져 있다. 동시에 배치와 확률적 경사 하강 사이에 하이브리드가 존재하며 이는 **미니배치**를 사용하지만, 미니배치의 크기는 **배치 크기**$^{batch size}$라 부른다. 마지막으로 SGD는 기술적으로 기울기를 추정하는 데 단일 훈련 예제를 사용하는 경우(미니배치 크기 = 1)만을 나타내지만, 미니배치로 된 하이브리드 접근법 또한 사주 SGD라 부른다. 따라서 '미니배치 크기가 64인 확률적 경사 하강'과 같은 표현을 읽는 것은 드문 일이 아니다. 미니배치 크기 또한 조정할 수 있는 또 다른 매개변수이며, 이 책을 쓰는 현재 32~256개 범위에 가까운 어떠한 숫자든지 타당하게 시도할 수 있다. 마지막으로 SGD(분명히 말하지만 크기가 1인 미니배치)는 때때로 **온라인 학습**$^{online learning}$

이라 부른다. 왜냐하면 훈련을 시작하기 전에 훈련 예제가 미리 모아지는 대신에 하나씩 만들어지는 온라인 환경에서 쓰일 수 있기 때문이다.

구현 측면에서 미니배치는 행렬로 나타낼 수 있는데, 그 이유는 각 개별 훈련 예제가 입력의 배열이며 배열의 배열은 행렬이 되기 때문이다. 비슷하게 단일 뉴런의 가중치는 배열로 정렬할 수 있으며, 한 층 내 모든 뉴런의 가중치를 행렬로 정렬할 수 있다. 미니배치에서 모든 입력 예제에 대해 층 내 모든 뉴런의 활성 함수의 입력으로 계산하는 것은 단일 행렬곱으로 줄어든다. 이전에 언급했듯이 이는 표기법을 바꾸는 것뿐이지만, 고도로 효율적인 행렬곱 구현을 갖춘 플랫폼에서는 상당한 성능 개선을 가져온다. 부록 F에서는 우리 신경망의 평범한 파이썬 구현을 확장해 행렬과 미니배치를 사용하게 했다. 이런 종류의 최적화는 5장에서 쓰이는 텐서플로 프레임워크에서 이미 더 잘되어 있으므로, 부록 F는 그냥 넘어가도 당연히 괜찮다.

다중클래스 분류의 맺음말

4장에서는 손글씨 숫자 분류를 위한 네트워크를 구현했다. 이진 분류를 작업했던 이전 예제와 반대로, 이는 다중클래스 분류 문제의 예시였다. 실질적인 차이는 네트워크가 다중 출력 뉴런을 갖도록 수정하고 적절한 손실 함수를 정의하는 것뿐이었다. 이와 별개로 네트워크를 훈련시키는 데 필요한 새로운 메커니즘은 없었다.

이 장에서 다중 출력 뉴런을 추가하고 손실 함수를 선택한 방법은 최적의 해법이 아니라는 점을 지적할 필요가 있다. 우리는 상황을 단순하게 하려 했다. 다음 2개 장에서는 소프트맥스 출력 유닛과 범주형 교차 엔트로피 손실 함수를 사용해 이를 더 잘하는 법을 배운다.

또한 모델이 학습할 수 있도록 하는 데 핵심적인 부분인 데이터셋의 개념을 논의했다. 데이터셋을 선택하거나 만들 때 중요하면서도 자주 간과하는 문제는 이것이 인간 편향을 얻을 수 있다는 점이다. 이는 훈련된 모델을 사용할 때 의도치 않은 결과를 야기할 수 있다.

여러분은 지금 DL 분야의 탐험을 잘해나가고 있다. 처음 4개 장은 새로운 개념을 많이 소개하고 모든 것을 파이썬으로 처음부터 구현했으므로 어려웠다. 다음 몇몇 장에서 세부적인 저수준 측면에서 무거운 일을 상당 부분 해주는 DL 프레임워크를 소개할 때는 더 쉬울 것이다. 동시에, 마법 같은 것은 없다는 사실을 알면 더 편안해질 것이다. 프레임워크는 이 책에서 설명한 개념을 효율적이고 쓰기 쉬운 구현으로 제공해줄 뿐이다.

05

DL을 향해: 프레임워크 및 네트워크 미조정

다음 단계에서는 신경망에 층을 추가하면 정확도가 더 나아지는지 보는 것이 당연하다. 그러나 학습을 더 잘하기 위해 네트워크를 더 깊게 만드는 것이 커다란 장애물이 됨이 드러난다. 이러한 장애물을 극복하고 딥러닝^{DL}을 가능케 하기 위해 여러 가지가 혁신돼야 했다. 이 장 후반부에서 가장 중요한 것들을 소개하겠지만, 그 전에 DL 프레임워크를 어떻게 사용하는지 설명한다. DL 프레임워크를 사용할 때의 이점은 우리의 신경망에서처럼 이 모든 기법을 처음부터 구현할 필요가 없다는 것이다. 단점이라면 이전 장들과 같은 깊이로 세세하게 다루지 못한다는 것이 있다. 이제 여러분은 구축에 필요한 단단한 토대를 충분히 갖게 됐다. 이쯤에서 기어를 약간 바꿔 DL 프레임워크를 사용해 현실 세계 문제를 푸는 큰 그림에 집중한다. DL의 출현은 DL이 산업에서 도입되도록 실용적으로 만드는 것은 물론 학계 연구의 생산성을 끌어올리는 데 상당한 역할을 했다.

프로그래밍 예제: DL 프레임워크로 이동하기

이 프로그래밍 예제에서는 4장 '다중클래스 분류에 적용된 완전 연결 네트워크'의 손글씨 숫자 분류를 어떻게 DL 프레임워크로 구현하는지 보여준다. 이 책에서는 텐서플로

TensorFlow와 파이토치PyTorch 두 프레임워크를 사용하기로 했는데, 두 프레임워크 모두 인기 있으며 유연하다. 코드 예제의 텐서플로 버전은 이 책에 흩어져 있으며, 파이토치 버전은 책 웹사이트에서 온라인으로 얻을 수 있다.

텐서플로는 몇 가지 구성체를 제공하며 각기 다른 애플리케이션 프로그래밍 인터페이스API, Application Programming Interface를 사용해 다른 추상화 수준에서 작업할 수 있게 해준다. 일반적으로 일을 단순하게 하려면 여러분의 작업을 가장 높은 추상화 수준에서 하기를 원할 것이다. 왜냐하면 이는 저수준의 세부사항을 구현할 필요가 없음을 의미하기 때문이다. 우리가 살펴볼 예제에서는 케라스Keras API가 적절한 추상화 수준이다. 케라스는 독립형 라이브러리로 시작됐다. 이는 텐서플로에 묶이지 않고 복수의 DL 프레임워크에 쓰일 수 있었다. 그러나 이 시점에 케라스는 텐서플로 그 자체 내부에서 완전히 지원된다. 텐서플로를 어떻게 설치하며 무슨 버전을 쓸지에 관한 정보는 부록 I를 참고하라.

부록 I는 여러분이 파이토치를 선택할 경우 이를 설치하는 방법도 알려준다. 이 책의 프로그래밍 구성체 대부분은 텐서플로와 파이토치 버전 모두 존재한다. 부록 I의 '파이토치와 텐서플로의 주요 차이점' 절은 두 프레임워크의 주요 차이점을 설명한다. 여러분이 프레임워크 하나를 고르지 않고 둘 다 마스터하고 싶다면 도움이 될 것이다.

프레임워크는 파이썬 라이브러리로 구현되어 있다. 즉, 여전히 프로그램을 파이썬 프로그램으로 작성하며 선택한 프레임워크를 라이브러리로 임포트할 뿐이다. 그 뒤 프로그램 안에서 프레임워크로부터 DL 함수를 쓸 수 있다. 코드 5-1이 텐서플로 예제의 초기화 코드를 보여준다.

코드 5-1 텐서플로/케라스 예제의 임포트 문

```
import tensorflow as tf
from tensorflow import keras
from tensorflow.keras.utils import to_categorical
import numpy as np
import logging
```

```
tf.get_logger().setLevel(logging.ERROR)
tf.random.set_seed(7)

EPOCHS = 20
BATCH_SIZE = 1
```

코드에서 보듯이 텐서플로는 결과를 재현하고자 할 때 필요한 자체 랜덤 시드^{random seed}를 갖고 있다.[1] 그러나 이는 여전히 반복된 실행이 네트워크의 모든 형태에서 동일한 결과를 만들어냄을 보장하지 않으므로, 이 책 나머지에서는 랜덤 시드를 설정하는 데 신경 쓰지 않는다. 위의 코드는 또한 경고는 억누르면서 에러는 인쇄하도록 로깅 수준^{logging level}을 설정한다.[2]

그 뒤 MNIST 데이터셋을 로딩하고 준비한다. MNIST는 공통적인 데이터셋이므로 케라스에 포함되어 있다. 이는 keras.datasets.mnist와 load_data를 호출해 접근할 수 있다. 변수 train_images와 test_images는 입력값을 가지며, train_labels와 test_labels는 정답을 갖는다(코드 5-2).

코드 5-2 훈련 및 테스트 데이터셋 로드 및 준비

```
# 훈련 및 테스트 데이터셋을 로드한다.
mnist = keras.datasets.mnist
(train_images, train_labels), (test_images,
                                test_labels) = mnist.load_data()

# 데이터를 표준화한다.
mean = np.mean(train_images)
stddev = np.std(train_images)
train_images = (train_images - mean) / stddev
test_images = (test_images - mean) / stddev
```

---

1 시드값을 설정하면 똑같은 난수를 다시 만들어낼 수 있다. – 옮긴이

2 실제 사용자를 위한 일반적인 프로그램 혹은 애플리케이션에서는 버그의 디버깅이나 데이터 분석, 사후 관리 등을 위해 애플리케이션 내에서 벌어지는 일을 로깅하여 파일이나 데이터베이스 등에 저장한다. 보통 프로덕션, 개발, 테스트 등 환경에 따라 로깅 수준이 달라진다. – 옮긴이

```
# 라벨을 원핫 인코딩한다.
train_labels = to_categorical(train_labels, num_classes=10)
test_labels = to_categorical(test_labels, num_classes=10)
```

이전과 마찬가지로 입력 데이터를 표준화하고 라벨을 원핫 인코딩해야 한다. 이전 예제처럼 수동으로 하는 대신에 to_categorical 함수를 사용해 라벨을 원핫 인코딩한다. 이는 프레임워크가 통상적인 과제의 구현을 단순화하기 위해 어떤 기능을 제공하는지를 보여주는 예시 역할을 한다.

> 파이썬에 익숙하지 않은 사람을 위해 함수가 선택적 인수로 정의될 수 있음을 언급하고자 한다. 그리고 인수를 특정 순서로 넘기지 않도록, 선택적 인수는 먼저 어떤 인수를 설정할지 이름을 지정해 넘길 수 있다. 예제의 **to_categorical** 함수에서 **num_classes** 인수가 그러하다.

이제 네트워크를 만들 준비가 됐다. 프레임워크가 뉴런의 전체 층을 한 번에 인스턴트화하는 기능을 제공하므로 개별 뉴런을 위한 변수를 정의할 필요가 없다. 코드 5-3 에서 이니셜라이저initializer 객체를 만들어 한 것과 같이 어떻게 가중치를 초기화하는지 정해야 한다. 이는 다소 난해해 보이지만 다른 초기화 값으로 실험하고자 할 때 편리할 것이다.

코드 5-3 네트워크 생성하기

```
# 가중치를 초기화하는 데 쓰이는 객체
initializer = keras.initializers.RandomUniform(
    minval=-0.1, maxval=0.1)

# 순차적 모델 생성하기
# 784개의 입력
# 25개와 10개 뉴런을 가진 2개의 밀집(완전 연결된) 층
# 은닉 층에서는 tanh가 활성 함수임
# 출력 층에서는 로지스틱(시그모이드)가 활성 함수임
model = keras.Sequential([
```

```
keras.layers.Flatten(input_shape=(28, 28)),
keras.layers.Dense(25, activation='tanh',
                   kernel_initializer=initializer,
                   bias_initializer='zeros'),
keras.layers.Dense(10, activation='sigmoid',
                   kernel_initializer=initializer,
                   bias_initializer='zeros')])
```

네트워크는 keras.Sequential 객체를 인스턴트화하여 만들며, 이는 케라스 시퀀셜 Sequential API를 사용한다는 것을 뜻한다(이는 가장 단순한 API이며, 더욱 발전된 API를 필요로 하는 네트워크를 만들기 전까지 다음 몇 개 장 동안 이를 사용한다). Sequential 클래스에 층의 리스트를 인수로 넘긴다. 첫 번째 층은 Flatten 층으로, 연산을 하지는 않고 입력의 구조만을 바꾼다. 우리의 경우 입력이 28×28 배열이 784개 요소의 배열로 바뀌었다. 데이터가 이미 1차원 배열로 조직화되어 있다면, Flatten 층을 넘어가고 간단히 2개의 밀집 층을 선언할 수 있었을 것이다. 만일 이렇게 했다면 input_shape 매개변수를 첫 번째 Dense 층에 넘겨야 했을 것이다. 왜냐하면 네트워크의 첫 번째 층에 입력의 크기를 선언해야 하기 때문이다.

두 번째와 세 번째 층은 둘 다 Dense(밀집) 층으로, 이는 완전 연결되어 있음을 뜻한다. 첫 번째 인수는 각 층이 얼마나 많은 뉴런을 갖는지 말해주며, activation 인수는 활성 함수의 형태를 말해준다. 우리는 tanh와 sigmoid를 선택했으며, 이때 sigmoid는 **로지스틱 시그모이드 함수**logistic sigmoid function를 뜻한다. 보통의 가중치를 초기화하기 위해 initializer 객체를 kernel_initializer 인수를 사용해 넘긴다. 편향 가중치는 bias_initializer 인수를 사용해 0으로 초기화된다.

한 가지 이상히게 보일 수도 있는 점은 두 번째와 세 번째 층에서 입력과 출력이 개수에 관해 아무것도 이야기하지 않고 있다는 것이다. 이를 생각해보면, 입력의 개수는 두 층이 완전 연결되어 있다고 말함으로써, 그리고 네트워크의 첫 번째 층의 입력의 개수와 함께 각 층의 뉴런의 개수를 지정했다는 사실로부터 완전히 정의되어 있다. 이러한 논의는 DL 프레임워크를 사용하면 높은 추상화 수준에서 작업할 수 있게 해준다는 사

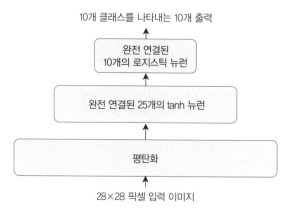

10개 클래스를 나타내는 10개 출력

완전 연결된
10개의 로지스틱 뉴런

완전 연결된 25개의 tanh 뉴런

평탄화

28×28 픽셀 입력 이미지

그림 5-1 층을 기본 토대로 사용하는 숫자 분류 네트워크

실을 강조하고 있다. 특히 개별 뉴런 대신에 층을 기본 토대로 사용하고 있으며, 개별 뉴런이 어떻게 서로 연결되는지에 대한 세부 사항을 걱정할 필요가 없다. 이는 우리의 그림에서도 자주 반영되는데, 여기서 대안적인 네트워크 토폴로지를 설명할 필요가 있을 때만 개별 뉴런으로 작업한다. 그 점에 대해 그림 5-1은 우리의 숫자 인식 네트워크를 높은 추상화 수준에서 보여준다. 개별 뉴런을 나타내는 동그라미와는 반대로 모서리가 둥근 직사각형 상자를 사용해 뉴런의 층을 묘사하고 있다.

이제 네트워크를 훈련시킬 준비가 되어 있다. 코드 5-4를 보자. 먼저 keras.optimizer. SGD 객체를 만든다. 이는 네트워크를 훈련시킬 때 확률적 경사 하강SGD을 사용하길 원한다는 뜻이다. 이니셜라이저처럼 다소 난해해 보일 수도 있지만 곧 살펴볼 것이며, 학습 과정의 매개변수를 조정하는 유연성을 제공한다. 지금은 학습률을 0.01로 두어 순수한 파이썬 예제에서 했던 것과 같도록 한다. 그 뒤 모델의 compile 함수를 호출해 훈련을 위해 모델을 준비하게 한다. 매개변수를 제공하며 어떠한 loss(손실) 함수를 사용할지(여기서는 이전과 같이 mean_squared_error를 사용한다), 방금 만든 옵티마이저optimizer, 그리고 훈련 동안 관심 있게 지켜볼 accuracy(정확도) 지표를 지정한다.

```
# 학습률 0.01로 확률적 경사 하강(SGD)을 사용하며
# 그 외 군더더기는 없음
# MSE가 손실 함수이며 훈련 간 정확도를 보고함
opt = keras.optimizers.SGD(learning_rate=0.01)

model.compile(loss='mean_squared_error', optimizer = opt,
              metrics =['accuracy'])
# 20에포크 동안 모델 훈련
# 순서 섞기(무작위화)
# 각 예제 이후 가중치 업데이트(batch_size=1)
history = model.fit(train_images, train_labels,
                    validation_data=(test_images, test_labels),
                    epochs=EPOCHS, batch_size=BATCH_SIZE,
                    verbose=2, shuffle=True)
```

마침내 `fit` 함수를 모델에 호출하며 훈련 과정을 시작한다. 함수 이름이 가리키듯이 이는 모델을 데이터에 적합시킨다. 첫 번째 두 인수는 훈련 데이터셋을 지정한다. `validation_data` 매개변수는 테스트 데이터셋이다. 초기화 코드의 변수 EPOCHS와 BATCH_SIZE는 얼마나 많은 에포크 동안 훈련할지 그리고 어떤 배치 크기를 쓸지 정한다. BATCH_SIZE는 1로 두었으며, 이는 순수 파이썬 예제에서 한 바와 같이 훈련 예제 1개 뒤에 가중치를 업데이트함을 뜻한다. `verbose=2`를 설정해 훈련 과정 동안 적절한 양의 정보가 인쇄되게 했으며 `shuffle`을 True로 두어 훈련 과정 동안 훈련 데이터의 순서가 무작위가 되길 원한다는 점을 표시했다. 이러한 매개변수 모두 순수 파이썬 예제에서 한 것과 일치한다.

어떠한 텐서플로 버전을 실행하는지에 따라 오픈되는 라이브러리, 그래픽 처리 유닛GPU 딤지 그리고 프로그램이 시작됨에 따른 그 밖의 이슈 관련 사항들이 인쇄될 수 있다. 인쇄가 덜 나오기를 원한다면, 환경 변수 TF_CPP_MIN_LOG_LEVEL을 2로 둘 수 있다. 배시bash를 사용한다면 다음과 같은 명령줄을 수행할 수 있다.

```
export TF_CPP_MIN_LOG_LEVEL=2
```

또 다른 옵션으로 프로그램의 맨 위에 다음 코드 조각을 추가한다.

```
import os
os.environ['TF_CPP_MIN_LOG_LEVEL'] = '2'
```

여기서 처음 몇 개의 훈련 에포크가 인쇄된 것을 보여준다. 일부 타임스탬프는 제거해 가독성을 더 높였다.

```
Epoch 1/20
loss: 0.0535 - acc: 0.6624 - val_loss: 0.0276 - val_acc: 0.8893
Epoch 2/20
loss: 0.0216 - acc: 0.8997 - val_loss: 0.0172 - val_acc: 0.9132
Epoch 3/20
loss: 0.0162 - acc: 0.9155 - val_loss: 0.0145 - val_acc: 0.9249
Epoch 4/20
loss: 0.0142 - acc: 0.9227 - val_loss: 0.0131 - val_acc: 0.9307
Epoch 5/20
loss: 0.0131 - acc: 0.9274 - val_loss: 0.0125 - val_acc: 0.9309
Epoch 6/20
loss: 0.0123 - acc: 0.9313 - val_loss: 0.0121 - val_acc: 0.9329
```

인쇄된 것에서 loss는 훈련 데이터의 평균제곱오차MSE를 나타내며, acc는 훈련 데이터에서의 예측 정확도를 나타내고, val_loss는 테스트 데이터의 MSE를, val_acc는 테스트 데이터의 예측 정확도를 나타낸다. 순수 파이썬 모델에서 관측한 것과 정확히 동일한 학습 움직임을 얻지 못한다는 점은 언급할 만하다. 텐서플로가 어떻게 구현되어 있는지 자세히 파고들지 않고서는 그 이유를 알기 어렵다. 초기 매개변수가 어떻게 무작위화됐는지 그리고 훈련 예제를 고를 때 무작위 순서와 관련된 미묘한 이슈 때문일 가능성이 크다.

언급할 만한 또 다른 점은 텐서플로를 사용한 숫자 분류 애플리케이션 구현이 얼마나 간단했는지다. 텐서플로 프레임워크를 사용하면, 더욱 발전된 기법을 공부하면서 코드 크기를 여전히 관리 가능한 수준으로 유지할 수 있게 해준다.

포화 뉴런과 기울기 소실 문제

우리의 실험에서 학습률 매개변수 및 가중치를 초기화하는 범위에 임의적으로 변화를 가했다. 퍼셉트론 학습 예제와 XOR 네트워크에서 0.1의 학습률을 사용했으며, 숫자 분류에서 0.01을 사용했다. 마찬가지로 가중치는 XOR 예제에서 −1.0~+1.0의 범위를 사용한 반면, 숫자 예제에서는 −0.1~+0.1을 사용했다. 이러한 혼란함을 위해 어떤 방법이 있을지 질문해볼 수 있다. 다소 지저분한 비밀을 말하자면, 우리가 값을 바꾼 단순한 이유는 값을 바꾸지 않으면 네트워크가 잘 학습하지 않기 때문이다. 이 절에서는 그 이유를 논의하고, 이와 같은 무작위처럼 보이는 매개변수를 선택할 때 쓸 수 있는 가이드라인을 살펴본다.

네트워크가 학습하도록 하는 것이 때때로 어려운 이유를 이해하려면, 활성 함수를 더 자세히 들여다볼 필요가 있다. 그림 5-2는 2개의 S 모양 함수를 보여준다. 이는 3장 '시그모이드 뉴런과 역전파'의 그림 3-4에서 보여준 것과 동일한 차트다.

한 가지 언급할 점은 두 함수 모두 그림이 보여주는 z 간격 바깥은 관심이 없다는 것

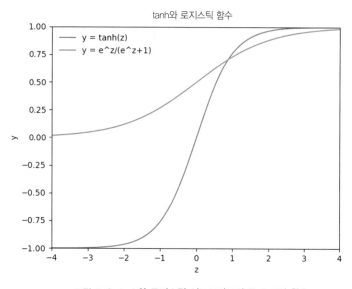

그림 5-2 tanh와 로지스틱 시그모이드의 두 S 모양 함수

이다(이 때문에 처음에 이러한 z 간격만을 보여줬다). 두 함수 모두 이 범위 바깥에서 어느 정도 똑바른 수평선이다.

이제 학습 과정이 어떻게 움직이는지 고려해보자. 오차 함수의 미분을 계산하고 이를 사용해 어떤 가중치를 어떤 방향으로 조정할지 정한다. 직관적으로, 우리가 하는 일은 활성 함수의 입력을 약간 미조정하고(그림 5-2의 차트에서 z) 출력에 영향을 미치는지 보는 것이다. 만일 z 값이 차트에서 보이는 작은 범위 내에 있다면, 이는 출력을 변화시킬 것이다(차트의 y 값). 이제 z 값이 양이나 음수인 큰 값이라고 해보자. 입력을 작은 양으로 바꾸면(심지어 큰 양이더라도) 출력이 이들 영역에서 수평선이므로 출력에 영향이 없을 것이다. 이를 뉴런이 **포화됐다**^{saturated}고 말한다.

포화 뉴런은 학습을 완전히 멈춰버릴 수 있다. 여러분이 기억하듯이 역전파 알고리듬으로 기울기를 계산할 때는 오차를 역방향으로 네트워크에 따라 전파하며, 이 과정의 일부는 손실 함수의 미분을 활성 함수의 미분으로 곱하는 것이다. 위의 두 활성 함수의 z 값이 상당히 클 때(양이나 음으로)의 미분을 고려해보자. 미분값이 0이다! 즉, 역방향으로 전파되는 오차가 없으며 가중치 조정이 없는 것이다. 마찬가지로, 뉴런이 완전히 포화되지 않는다 하더라도 미분이 1보다 적다. 각각의 1보다 적은 숫자에 일련의 곱셈을 하면(층마다 한 번) 기울기가 0으로 접근한다. 이 문제는 **기울기 소실 문제**^{vanishing gradient problem}라 알려져 있다. 이후에 살펴보겠지만, 포화 뉴런이 기울기 소실의 유일한 이유는 아니다.

> **포화** 뉴런은 포화 영역에서 미분이 0이므로 입력의 변화에 둔감하다. 이는 역전파된 오차가 0이 되며 가중치가 조정되지 않는 **기울기 소실** 문제의 이유 중 하나다.

포화 뉴런을 피하기 위한 초기화 및 정규화 기법

이제 어떻게 포화 뉴런 문제를 피하거나 다루는지 살펴본다. 가중치 초기화, 입력 표준화, 배치 정규화라는 세 가지 기법이 일반적으로 쓰이며, 이들은 자주 조합된다.

가중치 초기화

포화 뉴런을 피하는 첫 번째 단계는 뉴런이 포화되어 시작되지 않도록 하는 것이며, 이 때문에 가중치 초기화가 중요하다. 언급할 만한 점은 서로 다른 예제에서 같은 형태의 뉴런을 사용하지만 우리가 지금까지 보여준 뉴런의 실제 매개변수는 꽤 달랐다는 것이다. XOR 예제에서 은닉 층의 뉴런은 편향을 포함해 3개의 입력을 갖는 한편, 숫자 분류 예제에서 은닉 층의 뉴런은 785개의 입력을 가졌다. 많은 입력을 갖는 뉴런에서, 가중치가 클 때 음의 입력 대 양의 입력의 개수에 약간의 불균형이 존재한다면 가중합이 음이나 양의 방향 중 하나로 크게 흔들릴 수 있음을 어렵지 않게 상상할 수 있다. 이러한 시점에서 만일 뉴런이 다수의 입력을 갖고 있다면, 가중치를 더 작은 값으로 초기화하여 활성 함수로의 입력이 여전히 0에 가깝도록 하여 포화를 피하고자 하는 것이 이치에 맞는다. 2개의 인기 있는 가중치 초기화 전략은 글로럿 초기화Glorot initialization(Glorot and Bengio, 2010)와 헤 초기화He initialization(He et al., 2015b)가 있다. 글로럿 초기화는 tanh와 시그모이드 기반 뉴런에 추천되며, 헤 초기화는 ReLU 기반 뉴런(나중에 설명함)에 추천된다. 이들 모두 입력의 개수를 감안하고 있으며, 글로럿 초기화는 또한 출력의 개수도 감안한다. 글로럿과 헤 초기화 모두 두 종류로 존재하며, 하나는 균일확률분포uniform random distribution에 기반하고 다른 하나는 정규확률분포normal random distribution에 기반한다.

> **글로럿**과 **헤 초기화**의 공식을 더 깊이 살펴보지는 않지만, 이 내용은 더 읽어볼 만한 가치가 있는 좋은 주제다(Glorot and Bengio, 2010; He et al., 2015b).

이전에 코드 5-3에서와 같이 텐서플로에서 이니셜라이저를 사용해 어떻게 균일확률분포로부터 가중치를 초기화하는지 봤다. 케라스에서 지원하는 이니셜라이저 중 무엇이든지 선언해 다른 이니셜라이저를 선택할 수 있다. 특히 다음과 같이 글로럿과 헤 초기화를 선언할 수 있다.

```
initializer = keras.initializers.glorot_uniform()
initializer = keras.initializers.he_normal()
```

이러한 이니셜라이저를 통제하는 매개변수는 이니셜라이저 생성자로 넘길 수 있다. 추가로 글로럿과 헤 이니셜라이저 모두 uniform(균일분포)과 normal(정규분포) 두 종류가 있다. 우리가 글로럿에 균일분포를, 헤 이니셜라이저에 정규분포를 선택한 이유는 이들이 소개된 논문에 설명되어 있다.

매개변수 중 어떠한 것도 미조정할 필요가 없다고 느낀다면, 이니셜라이저 객체를 선언할 필요가 전혀 없으며 단지 층을 만드는 함수에 이니셜라이저의 이름을 문자열로 넘길 수 있다. 이는 코드 5-5에서 보여주며, 여기서 kernel_initializer 인수가 *'glorot_uniform'*으로 되어 있다.

코드 5-5 이니셜라이저의 이름을 문자열로 넘겨 설정하기

```
model = keras.Sequential([
        keras.layers.Flatten(input_shape=(28, 28)),
        keras.layers.Dense(25, activation='tanh',
                            kernel_initializer='glorot_uniform',
                            bias_initializer='zeros'),
        keras.layers.Dense(10, activation='sigmoid',
                            kernel_initializer='glorot_uniform',
                            bias_initializer='zeros')])
```

어떠한 적절한 이니셜라이저든지 별도로 bias_initializer를 설정할 수 있지만, 앞서 언급했듯이 편향 가중치를 단지 0으로 초기화하는 것이 추천되는 좋은 시작점이다. 이는 'zeros' 이니셜라이저로 한다.

입력 표준화

가중치를 적절히 초기화하는 데 더해서 입력 데이터의 전처리가 중요하다. 특히 입력 데이터가 0을 중심으로 하고 대부분의 값이 0에 가깝도록 표준화하면 포화 뉴런의 위험성을 시작부터 줄일 것이다. 이는 우리의 구현에서 이미 사용했는데, 좀 더 자세히 논의해보자. 앞서 언급했듯이 MNIST 데이터셋의 각 픽셀은 0부터 255 사이의 정수로

나타내며, 0은 백지를 나타내고 더 높은 값은 숫자가 써진 곳의 픽셀을 나타낸다.[3] 대부분의 픽셀은 0이거나 255와 가까운 값일 것이며, 이때 숫자의 경계에서만 중간 어딘가일 것이다. 게다가 픽셀의 대다수는 0이다. 왜냐하면 숫자가 듬성듬성하게 들어 있으며 전체 28×28 이미지를 덮지 않기 때문이다. 전체 데이터셋의 픽셀값을 평균하면 33으로 나타난다. 뉴런에 원본 픽셀값을 입력으로 사용했다면, 뉴런이 포화 영역에 빠지는 큰 위험에 처하게 될 것이 분명하다. 평균으로 빼고 표준편차로 나눔으로써 뉴런이 포화가 되지 않는 영역의 입력 데이터를 제시받도록 할 수 있다.

배치 정규화

입력을 정규화하면 은닉 층 뉴런의 포화를 꼭 막는 것은 아니며, 이 문제를 다루기 위해 로페[Ioffe]와 세게디[Szegedy](2015)가 배치 정규화를 소개했다. 네트워크 안의 값 또한 정규화하는 것이 아이디어이며, 이를 통해 은닉 층이 포화되는 것을 막는다. 이는 다소 직관에 어긋나게 들릴 수도 있다. 뉴런의 출력을 정규화하면 뉴런의 일을 무효로 만드는 것이 아닌가? 만일 정말로 값을 정규화만 했다면 그렇게 되겠지만, 배치 정규화[4] 함수는 또한 이 효과에 대응하는 매개변수를 갖는다. 이러한 매개변수는 학습 과정 동안 조정된다. 주목할 만한 점은 초기 아이디어가 공개된 후에, 후속 연구에서 배치 정규화가 통하는 이유가 초기의 설명과 다르다는 사실을 드러냈다는 것이다(Santurkar et al., 2018).

> 배치 정규화(Ioffe and Szegedy, 2015)는 추가로 읽어보면 좋은 주제다.

배치 정규화를 적용하는 방법이 크게 두 가지 있다. 원본 논문에서는 활성 함수의 입력에 정규화를 적용하는 것을 제시했는데(가중합 후에), 그림 5-3의 왼쪽에서 보여준다.

---

3 이 문장이 약간 이상해 보일 수도 있다. 이는 그레이스케일 이미지에서 통상적으로 0은 검은색을 나타내고 255는 흰색을 나타내기 때문이다. 그러나 이 데이터셋에서는 그렇지 않다.

4 보통 'normalization'은 데이터의 범위가 0~1이 되도록 변환하는 것을, 그리고 'standardization'은 평균이 0이고 표준편차가 1이 되도록 변환하는 것을 의미하지만, 때때로 두 용어가 혼용되어 쓰이는 경우도 있는 것 같다. 여기서는 'normalization'이라 칭하면서 후자의 의미를 띠는 것 같아 보이며, 이 책에서는 원문대로 이를 '정규화'로 번역함을 주지하기 바란다(코드 5-6과 코드 5-7에 나오는 keras.layers.BatchNormalization() 함수의 공식 문서를 참고하라). – 옮긴이

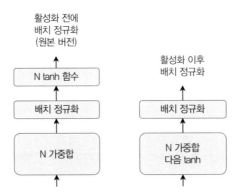

그림 5-3 왼쪽: 로페와 세게디(2015)가 제시한 배치 정규화. 뉴런의 층이 두 부분으로 나눠져 있다. 첫 번째 부분은 모든 뉴런의 가중합이다. 배치 정규화는 이러한 가중합에 적용된다. 활성 함수(tanh)는 배치 정규화 연산의 출력에 적용된다. 오른쪽: 활성 함수의 출력에 적용된 배치 정규화

이는 케라스에서 활성 함수 없이 층을 초기화한 뒤, 다음에 BatchNormalization 층 그리고 Activation 층을 사용해 어떠한 새로운 뉴런도 갖지 않는 활성 함수를 적용해 구현할 수 있다. 이는 코드 5-6에서 보여준다.

코드 5-6 활성 함수 이전에 배치 정규화

```
keras.layers.Dense(64),
keras.layers.BatchNormalization(),
keras.layers.Activation('tanh'),
```

그러나 그림 5-3의 오른쪽과 같이 활성 함수 이후에 배치 정규화를 하는 것 또한 잘 동작한다는 사실이 드러난다. 이러한 다른 구현은 코드 5-7이 보여준다.

코드 5-7 활성 함수 이후 배치 정규화

```
keras.layers.Dense(64, activation='tanh'),
keras.layers.BatchNormalization(),
```

포화 출력 뉴런의 영향을 완화하는 교차 엔트로피 손실 함수

포화의 한 이유는 출력 뉴런이 0이나 1의 값을 갖도록 만들려 하기 때문이며, 이 자체가 포화를 야기한다. 르쿤[LeCun], 보투[Bottou], 오어[Orr], 뮐러[Müller](1998)는 원하는 출력을 0.1이나 0.9로 두는 간단한 수법을 소개했으며, 이는 뉴런이 포화 영역으로 멀리 밀려나는 것을 제한한다. 이 기법은 역사적인 이유에서 언급하는 것뿐이며, 오늘날에는 수학적으로 더욱 안정적인 기법이 추천된다.

먼저 역전파 알고리듬의 몇 가지 인자를 보며 시작한다. 맥락을 위해 3장의 방정식 3-1(1)을 보라. MSE 손실 함수의 공식, 로지스틱 시그모이드 함수, 그리고 이들의 단일 훈련 예제에서의 도함수를 여기에 다시 썼다.[5]

$$\text{MSE 손실: } e(\hat{y}) = \frac{(y - \hat{y})^2}{2}, \qquad e'(\hat{y}) = -(y - \hat{y})$$

$$\text{로지스틱: } S(z_f) = \frac{1}{1 - e^{-z_f}}, \qquad S'(z_f) = S(z_f) \cdot \left(1 - S(z_f)\right)$$

그 뒤 연쇄법칙을 사용해 손실 함수의 미분을 계산하고 이를 로지스틱 시그모이드 함수의 미분으로 곱하여 역전파를 시작한다. 그러면 다음과 같은 출력 뉴런을 위한 오차 항에 도달한다.

$$\text{출력 뉴런 오차 항: } \frac{\partial e}{\partial z_f} = \frac{\partial e}{\partial \hat{y}} \cdot \frac{\partial \hat{y}}{\partial z_f} = -(y - \hat{y}) \cdot S'(z_f)$$

식에서 $S'(z_f)$를 전개하지 않기로 한 이유는 공식을 불필요하게 어수선하게 만들기 때문이다. 공식은 이전 절 중 하나에서 언급한 것을 반복한다. 만일 $S'(z_f)$가 0에 가깝다면, 네트워크를 따라 역전파되는 오차가 없을 것이다. 그림 5-4에서 이를 시각적으로 보여주는데, 간단히 손실 함수의 미분 및 로지스틱 시그모이드의 미분과 이 둘의 곱을

---

5 3장의 방정식에서는 마지막 뉴런의 출력을 f로 불러 다른 뉴런 g의 출력과 혼동하는 것을 피하려 했다. 5장에서는 더욱 표준적인 표기법을 쓰며 예측값(네트워크의 출력)을 $\hat{y}$으로 부른다.

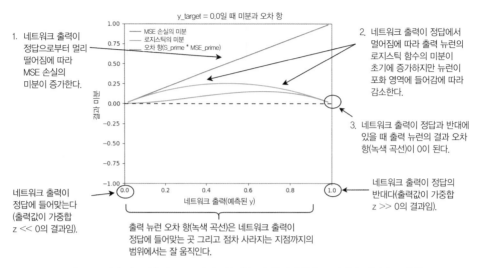

1. 네트워크 출력이 정답으로부터 멀리 떨어짐에 따라 MSE 손실의 미분이 증가한다.

2. 네트워크 출력이 정답에서 멀어짐에 따라 출력 뉴런의 로지스틱 함수의 미분이 초기에 증가하지만 뉴런이 포화 영역에 들어감에 따라 감소한다.

3. 네트워크 출력이 정답과 반대에 있을 때 출력 뉴런의 결과 오차 항(녹색 곡선)이 0이 된다.

네트워크 출력이 정답에 들어맞는다 (출력값이 가중합 z << 0의 결과임).

네트워크 출력이 정답의 반대다(출력값이 가중합 z >> 0의 결과임).

출력 뉴런 오차 항(녹색 곡선)은 네트워크 출력이 정답에 들어맞는 곳 그리고 점차 사라지는 지점까지의 범위에서는 잘 움직인다.

그림 5-4 정답 y(그림에서 t_target)가 0일 때 뉴런 출력의 함수로 나타낸 미분과 오차 항

그린다. 차트는 이들 개체를 출력 뉴런의 출력값 y(수평축)의 함수로 보여준다. 차트는 원하는 출력값(정답)이 0이라 가정한다. 즉, 차트의 가장 왼쪽에서 출력값이 정답과 같으며, 이때 가중치 조정은 필요가 없다.

차트의 오른쪽으로 이동함에 따라 출력이 정답에서 더욱 멀어지고, 가중치를 조정할 필요가 있다. 그림을 보면 출력값이 0일 때 손실 함수의 미분(파란색)이 0이며, 출력값이 증가함에 따라 미분이 증가한다. 이는 출력이 참값에서 더욱 멀어짐에 따라 미분이 더 커질 것이며, 이는 더 큰 오차가 네트워크를 따라 역전파되도록 한다는 점에서 적절하다. 이제 로지스틱 시그모이드 함수의 미분을 보자. 이 또한 0에서 시작하며 출력이 0으로부터 벗어남에 따라 증가한다. 그러나 출력이 1에 가까워짐에 따라 미분이 다시 감소하기 시작하며 뉴런이 포화 영역에 들어감에 따라 0으로 접근하기 시작한다. 녹색 곡선은 두 미분의 곱의 결과(출력 뉴런의 오차 항)를 보여주며, 이 또한 출력이 0에 근접함에 따라 0으로 근접한다(즉, 뉴런이 포화될 때 오차 항이 0이 된다).

차트를 보면 활성 함수의 미분이 0으로 접근하는 한편 손실 함수의 미분은 절대로 1을 넘어 증가하지 않으며, 따라서 이 둘의 곱은 0으로 접근한다. 이를 볼 때, 이 둘

의 조합으로부터 문제가 발생함을 알 수 있다. 한 가지 가능할 수도 있는 해법은 미분이 1보다 훨씬 더 큰 값을 취할 수 있는 다른 손실 함수를 사용하는 것이다. 지금은 근거를 제시하지 않은 채 **교차 엔트로피 손실 함수**cross-entropy loss function라 알려진 함수를 방정식 5-1에서 소개한다.

$$\text{교차 엔트로피 손실: } e(\hat{y}) = -\left(y \cdot \ln(\hat{y}) + (1-y) \cdot \ln(1-\hat{y})\right)$$

방정식 5-1 교차 엔트로피 손실 함수

교차 엔트로피 손실 함수를 출력 뉴런의 오차 항의 식에 치환시키면 다음 방정식을 얻는다.

$$\frac{\partial e}{\partial z_f} = \frac{\partial e}{\partial \hat{y}} \cdot \frac{\partial \hat{y}}{\partial z_f} = -\left(\frac{y}{\hat{y}} - \frac{1-y}{1-\hat{y}}\right) \cdot S'(z_f) = \hat{y} - y$$

방정식 5-2 교차 엔트로피 손실 함수의 도함수 및 단일 식으로 조합된 로지스틱 출력 유닛의 도함수

이 결과를 얻는 데 필요한 대수학은 여러분의 몫으로 남겨두지만, 훑어보면서 로지스틱 시그모이드 함수가 몇 개의 e^x 항을 가지며 $\ln(e^x) = x$이고 $\ln(x)$의 도함수는 x^{-1}임을 기억하고 있다면, 복잡해 보이는 공식이 이처럼 쉽게 마무리될 수 있음이 말도 안 되는 것처럼 보이지는 않을 것이다. 그림 5-5는 이 함수에 대해 같은 도표를 보여준다. 새로운 손실 함수의 범위를 포함하기 위해 y 범위가 그림 5-4와 비교해 더 커졌다. 방금 논의했듯이 교차 엔트로피 손실 함수의 미분은 차트의 오른쪽에서 상당하게 증가하며, 결과 곱(녹색 선)은 이제 뉴런이 포화되는 경우 1로 접근한다. 즉, 역전파된 오차가 더 이상 0이 아니며 가중치 조정은 더 이상 억제되지 않을 것이다.

이 차트가 지금은 유망해 보일지도 모른다. 하지만 추가적인 설명 없이 방정식 5-2를 그냥 사용하기 시작하면 불편하게 느낄 수도 있다. 기억할지 모르겠지만, 우리가 처음에 MSE 손실 함수를 사용한 이유는 선형 회귀와 친숙할 수도 있다는 사실이 개념을 더 분명하게 해줄 것이라고 가정했기 때문이다. 심지어 MSE를 로지스틱 시그모이드 함

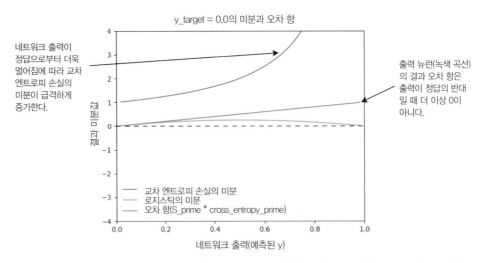

네트워크 출력이
정답으로부터 더욱
멀어짐에 따라 교차
엔트로피 손실의
미분이 급격하게
증가한다.

출력 뉴런(녹색 곡선)
의 결과 오차 항은
출력이 정답의 반대
일 때 더 이상 0이
아니다.

그림 5-5   교차 엔트로피 손실 함수를 사용했을 때의 미분과 오차 항. 정답 y(그림에서 y_target이라 표기됨)는 그림 5-4에서와 같이 0이다.

수와 함께 사용하는 것이 좋은 선택이 아니라는 점을 언급하기도 했다. 이제 그림 5-4에서 왜 그러한지 봤다. 그렇지만 MSE 손실 함수 대신에 교차 엔트로피 손실 함수를 사용하는 것이 받아들일 만한지에 대해 약간의 인사이트를 더 제공하겠다. 그림 5-6은 정답이 0일 때 뉴런의 출력이 0에서 1로 변함에 따라 MSE와 교차 엔트로피 손실 함수의 값이 어떻게 바뀌는지 보여준다. 보다시피 y가 참값으로부터 멀어질수록 MSE와 교차 엔트로피 함수의 값이 커지며, 이는 손실 함수로부터 우리가 원하는 움직임이다.

직관적으로 그림 5-6의 차트를 보면 한 함수가 다른 것보다 더 낫다고 주장하기 어려우며, 그림 5-4에서 MSE가 좋은 함수가 아니라고 이미 보여줬기 때문에, 대신에 교차 엔트로피 손실 함수를 사용해 이점을 얻을 수 있다. 한 가지 언급할 점은 수학적 측면에서 tanh 뉴런과 교차 엔트로피 손실 함수를 같이 쓰는 것은 이치에 맞지 않는다는 것인데, 그 이유는 음수의 로그가 정의되지 않기 때문이다.

정보 이론 및 최대가능도(maximum-likelihood) 추정에 대해 좀 더 학습하기를 권한다. 이는 교차 엔트로피 손실 함수를 사용하는 근거를 제공한다.

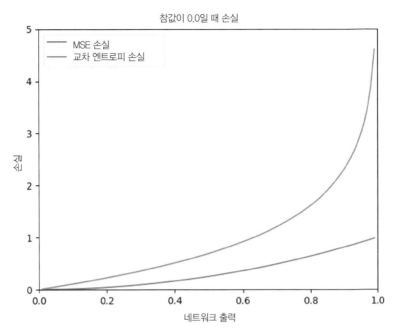

참값이 0.0일 때 손실

그림 5-6 네트워크 출력 ŷ이 변함(수평축)에 따른 최소제곱오차(파란색)와 교차 엔트로피 손실(주황색) 함수의 값. 정답은 0이라 가정한다.

앞의 예제에서 정답이 0이라 가정했다. 완벽함을 위해 그림 5-7은 정답이 1인 경우의 미분의 움직임을 보여준다.

결과 차트가 양쪽 방향에서 뒤집어졌으며, MSE 함수는 정답이 0일 때와 정확히 같은 문제를 보여준다. 비슷하게 교차 엔트로피 손실 함수는 이 경우에도 문제를 해결한다.

교차 엔트로피 손실 함수의 컴퓨터 구현

교차 엔트로피 손실 함수를 계산하는 코드의 기존 구현을 찾는다면, 처음에는 혼란스러울 수도 있다. 왜냐하면 방정식 5-1에서 언급된 것과 닮지 않기 때문이다. 통상적인 구현은 코드 5-8과 같이 생겼다. 방정식 5-1에서의 y가 1.0이거나 0.0이므로, 인자 y와 $(1 - y)$가 if 문 역할을 하며 ln 문 중 하나를 선택하는 것이 요령이다.

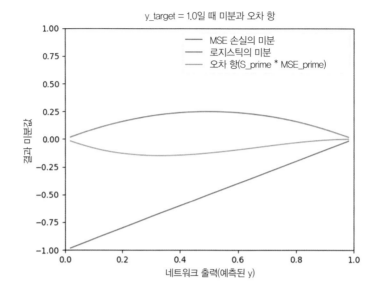

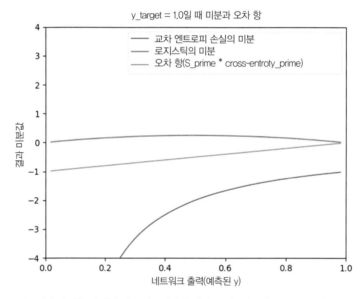

그림 5-7 정답이 1이라 가정할 때 각기 다른 미분값의 움직임. 상단: 최소제곱오차 손실 함수. 하단: 교차 엔트 로피 손실 함수

```python
def cross_entropy(y_truth, y_predict):
    if y_truth == 1.0:
        return -np.log(y_predict)
    else:
        return -np.log(1.0-y_predict)
```

방금 설명한 것과 별개로 컴퓨터 프로그램에서 교차 엔트로피 손실 함수를 사용해 역전파를 구현할 때 고려해야 할 다른 것이 있다. 먼저 교차 엔트로피 손실(방정식 5-2와 같이)의 미분을 먼저 계산한 뒤 출력 유닛의 활성 함수의 미분을 곱한다면 문제가 될 수 있다. 그림 5-5에서 보듯이 특정 지점에서 함수 중 하나는 0에 접근하며 다른 하나는 무한대에 접근하고, 이는 수학적으로 단순화하여 1에 접근하는 곱으로 만들 수 있다. 하지만 이럴 경우 반올림 오차로 인해 수치적 계산이 올바르지 않을 수도 있다. 해법은 곱하기를 이러한 문제로부터 악영향을 받지 않는 방정식 5-2의 조합된 식이 되도록 분석적으로 단순화하는 것이다.

실제로는 DL 프레임워크를 사용하고 있으므로 이러한 저수준의 세부 사항에 대해 걱정할 필요가 없다. 코드 5-9는 어떻게 케라스에게 이진 분류 문제에 교차 엔트로피 손실 함수를 사용하게 하는지 보여준다. 단순히 compile 함수에 loss='binary_crossentropy'를 인수로 명시한다.

코드 5-9 텐서플로에서 이진 분류 문제에 교차 엔트로피 손실 사용하기

```python
model.compile(loss='binary_crossentropy',
              optimizer = optimizer_type,
              metrics =['accuracy'])
```

6장 '회귀에 적용된 완전 연결 네트워크'에서 다중클래스 분류 문제에 쓰이는 범주형 교차 엔트로피 손실 함수의 공식을 자세히 설명한다. 텐서플로에서 이는 loss='categorical_crossentropy'를 명시하는 것과 같이 간단하다.

은닉 층에서 기울기 소실을 피하는 다른 활성 함수

이전 절에서는 다른 손실 함수를 선택하여 어떻게 출력 층에서의 포화 뉴런 문제를 해결하는지 살펴봤다. 그러나 이는 은닉 층에서는 도움이 되지 않는다. 은닉 뉴런은 여전히 포화되어 미분이 0에 가까워지고 기울기 소실을 야기할 수 있다. 이 시점에서 우리가 문제를 해결하는 건지 아니면 단지 증상과 싸우는 것인지 궁금할 수도 있다. 입력 데이터는 수정했으며(표준화), 정교한 기법을 사용해 가중치를 입력과 출력의 개수에 기반하여 초기화하고, 활성 함수의 움직임을 수용하도록 손실 함수를 바꿨다. 활성 함수 그 자체가 문제의 원인일 수 있지 않을까?

어쨌든 어떻게 활성 함수로 tanh와 로지스틱 시그모이드 함수를 쓰게 됐을까? 시작은 맥컬록McCulloch과 피츠Pitts(1943) 그리고 로젠블랫Rosenblatt(1958)의 초기 뉴런 모델로 했으며, 이들은 본래 이진 출력이었다. 그 뒤 루멜하트Rumelhart, 힌턴Hinton, 윌리엄스Williams(1986)가 활성 함수가 미분 가능해야 한다는 제약을 추가했으며, 그리고 tanh와 로지스틱 시그모이드 함수로 옮겨갔다. 이 함수들은 부호 함수처럼 보여도 여전히 미분 가능하지만, 이들의 미분이 어쨌든 0이라면 우리의 알고리듬에서 함수가 미분 가능하다 하더라도 좋은 점이 무엇인가?

이러한 논의에 기반하여 다른 활성 함수를 살펴보는 것이 적절하다. 이러한 시도 중 하나가 그림 5-8에 나타나 있으며, 여기서는 미분이 0에 접근하는 것을 막기 위해 출력에 선형 항 $0.2*x$를 추가하는 더 복잡한 활성 함수를 갖게 된다.

이 함수가 요령을 잘 부릴 수도 있겠지만, 일을 과도하게 복잡하게 만드는 것이 좋을 까닭이 없으므로 이 함수를 쓸 필요가 없음이 드러난다. 이전 절의 차트를 통해 기억하듯이 0의 미분은 한 방향에서만 문제였다. 왜냐하면 다른 방향에서 어쨌든 출력값이 이미 정답과 들어맞기 때문이다. 다시 말해, 차트의 한쪽에서는 미분이 0이어도 괜찮다. 이러한 추론에 근거하여 신경망에서 쓰여온 그림 5-9의 정류선형유닛ReLU, Rectified Linear Unit 활성 함수를 고려할 수 있다(Glorot, Bordes, and Bengio, 2011).

이제 미분 가능한 함수에 대한 우리의 집착에 이어서 이 함수가 어떻게 쓰일 수 있는

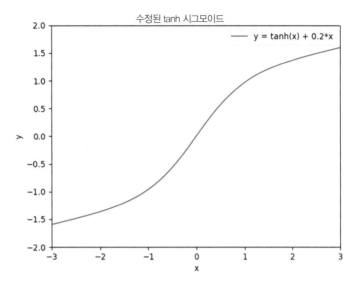

그림 5-8 선형 항이 추가된 수정된 tanh 함수

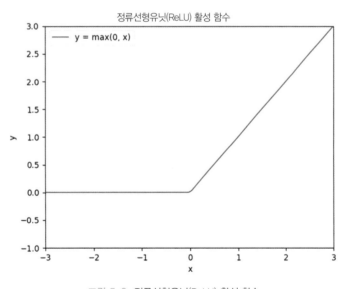

그림 5-9 정류선형유닛(ReLU) 활성 함수

지 질문할 수 있다. 그림 5-9의 함수는 $x = 0$에서 미분 가능하지 않다. 그러나 이는 큰 문제를 보여주지는 않는다. 수학적 관점에서 이 함수는 한 점에서 미분 가능하지 않지만, 그 어떤 것도 그 점에서 도함수를 그저 1로 정의하고 이를 간단히 역전파 알고리듬 구현에서 사용하는 것을 막지 않는다. 피해야 할 한 가지 주요 이슈는 부호 함수와 같은 함수의 불연속성이다. 단순히 선에서의 뒤틀림을 모두 제거해버리고 $y = x$를 활성 함수로 사용할 수 있을까? 답은 '동작하지 않는다'는 것이다. 계산을 해보면 이는 전체 네트워크를 선형 함수로 찌그러지게 만들며, 1장 '로젠블랫 퍼셉트론'에서 봤듯이 선형 함수(퍼셉트론과 같은)는 심각한 한계가 있다. 게다가 일반적으로 활성 함수를 **비선형성**nonlinearity이라 부르는데, 이는 선형 함수를 활성 함수로 고르지 않는 것이 얼마나 중요한지를 강조한다.

> **활성 함수**는 반드시 **비선형**이어야 하며, 심지어 활성 함수 대신에 **비선형성**이라고 자주 부르기도 한다.

ReLU 함수의 명백한 이점은 계산 비용이 저렴하다는 것이다. 구현은 오직 입력값이 0보다 작은지 테스트하고, 만일 그렇다면 이를 0으로 두는 것만을 수반한다. ReLU 함수의 잠재적 문제는 가중치와 입력이 상호작용하는 방법의 조합으로 인해 뉴런이 한 방향으로 포화되기 시작할 때다. 그러면 뉴런은 미분이 0이므로 네트워크에 전혀 참여하지 않을 것이다. 이러한 상황에서 뉴런은 죽었다고 말한다. 이를 보는 한 가지 방법은, ReLU를 사용하면 네트워크에게 특정 연결을 모두 제거하는 능력을 주며 그로 인해 그 자신만의 네트워크 토폴로지를 구축하게 되지만 이는 또한 죽지 않았다면 유용할 수 있는 뉴런을 뜻하지 않게 죽일 수도 있다는 것이다. 그림 5-10은 **리키 ReLU**leaky ReLU라 알려진 ReLU 함수의 변형을 보여주는데, 이는 미분이 절대로 0이 되지 않도록 정의된다.

> 인간은 자신의 뇌세포를 아마도 틀림없이 죽이게 되는 모든 종류의 활동에 관여하므로, 네트워크가 뉴런을 죽이는 것을 막아야 하는지에 대해 질문할 수 있다. 그러나 이는 더 깊은 논의가 필요하다.

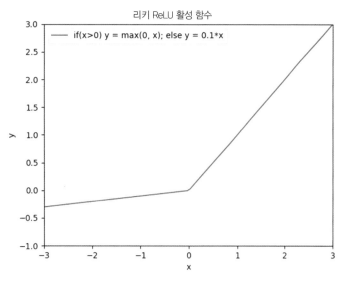

리키 ReLU 활성 함수

if(x>0) y = max(0, x); else y = 0.1*x

그림 5-10 리키 정류선형유닛(ReLU) 활성 함수

결국 우리가 생각할 수 있는 활성 함수의 개수는 무한대에 가까우며, 이 중 많은 것이 동일하게 작동한다. 그림 5-11은 우리의 도구상자에 넣어야 하는 중요한 활성 함수 몇 개를 보여준다. tanh, ReLU, 리키 ReLU는 이미 봤다(Xu, Wang, et al., 2015). 이제 소프트플러스softplus 함수(Dugas et al., 2001), elu라고도 알려진 지수선형유닛exponential linear unit(Shah et al., 2016), 맥스아웃 함수maxout function(Goodfellow et al., 2013)를 추가한다. 맥스아웃 함수는 ReLU의 일반화로 단지 두 선의 최댓값을 취하는 대신에(수평선과 양의 기울기를 갖는 선), 임의 개수의 선에서의 최댓값을 취한다. 우리 예제에서는 음의 기울기, 수평선, 양의 기울기를 갖는 3개의 선을 사용한다.

tanh를 제외한 이러한 활성 함수 모두 **은닉 유닛**hidden unit으로 쓰일 때 기울기 소실로부터 싸우는 데 효과적일 것이다. 또한 **출력 유닛**output unit을 위한 로지스틱 시그모이드 함수의 대안도 일부 존재하지만, 6장을 위해 남겨둔다.

> tanh, ReLU, 리키 ReLU, 소프트플러스, elu, 맥스아웃 함수 모두 은닉 층으로 고려될 수 있지만, tanh는 기울기 소실의 문제가 있다.

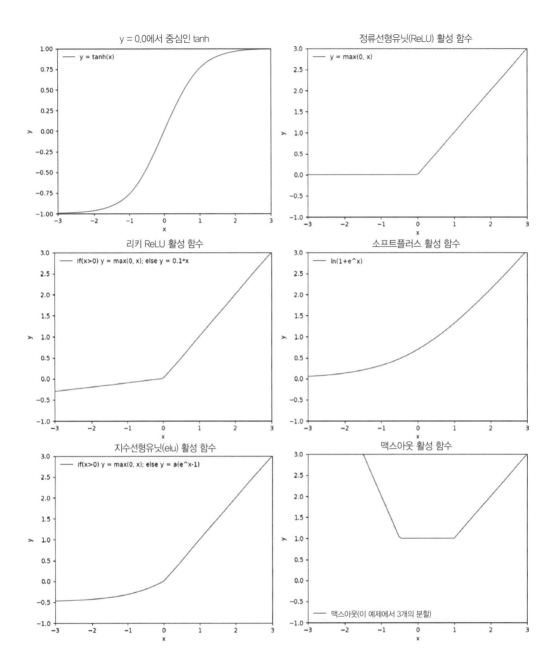

그림 5-11 은닉 층에 중요한 활성 함수. 상단 행: tanh, ReLU. 중간 행: 리키 ReLU, 소프트플러스. 하단 행: elu, 맥스아웃

지금은 활성 함수의 공식을 기억할 필요가 없다. 단지 그 모양에 집중하길 바란다.

코드 5-10과 같이 이전에 텐서플로에서 어떻게 활성 함수로 tanh를 선택할 수 있는지 본 적이 있다.

코드 5-10 층에 활성 함수 설정하기

```
keras.layers.Dense(25, activation='tanh',
                   kernel_initializer=initializer,
                   bias_initializer='zeros'),
```

만일 다른 활성 함수를 원하면, 단순히 'tanh'를 다른 지원하는 함수로 바꾼다(예: 'sigmoid', 'relu', 'elu'). 또한 activation 인수를 모두 생략할 수 있으며, 그러면 활성 함수가 없는 층이 된다. 즉, 단지 입력의 가중합을 출력한다. 이에 대한 예제는 6장에서 본다.

학습을 개선하기 위한 경사 하강의 변형

더 나은 그리고 더 빠른 학습을 목표로 하는 경사 하강의 변형이 여럿 존재한다. 이러한 기법 중 하나는 모멘텀momentum으로, 매 반복마다 새로운 기울기를 계산하는 것에 더해서 새로운 기울기는 이전 반복의 기울기와 조합된다. 이는 언덕을 굴러 내려가는 공에 비유할 수 있으며, 이때 방향은 현재 지점에서의 기울기뿐만 아니라 얼마만큼의 모멘텀을 얻는지에 따라 정해진다. 모멘텀은 기울기가 지점에서 지점으로 약간씩 앞뒤로 변하는 경우에서는 더욱 직접적인 경로로 인해 더 빠르게 수렴할 수 있다. 이는 또한 국소 최솟값에서 벗어나는 데 도움이 될 수 있다. 모멘텀 알고리듬의 한 예는 네스테로프 모멘텀Nesterov momentum이 있다(Nesterov, 1983).

> **네스테로프 모멘텀, AdaGrad, RMSProp, Adam**은 경사 하강과 확률적 경사 하강에서 중요한 변형이다(또한 옵티마이저(optimizer)라 알려져 있음).

또 다른 변형은 앞서 우리가 사용한 고정된 학습률 대신에 적응적인 학습률을 사용한다. 학습률이 기울기의 역사적인 값에 근거하여 적응한다. 적응적 학습률을 사용하는 알고리듬으로는 AdaGrad라 알려진 **적응적 기울기**adaptive gradient(Duchi, Hazan, and Singer, 2011)와 RMSProp(Hinton, n.d.)이 있다. 마지막으로, Adam이라 알려진 **적응적 모멘텀**adaptive moment(Kingma and Ba, 2015)은 적응적 학습률과 모멘텀 모두를 조합한다. 이들 알고리듬은 적응적으로 학습률을 수정하지만, 여전히 초기 학습률을 정해야 한다. 심지어 알고리듬 수행 방식을 통제하는 몇 가지 추가적인 매개변수를 도입하므로, 모델을 튜닝하는 데 더 많은 매개변수를 갖게 된다. 그러나 많은 경우 기본값이 잘 동작한다.

> 모멘텀과 적응적 학습률을 어떻게 구현하는지는 자세히 살펴보지 않는다. 단순히 DL 프레임워크에서 쓸 수 있는 구현을 사용한다. 여러분의 모델을 튜닝할 때는 이러한 기법을 이해하는 것이 중요하므로, 이 주제들을 탐구해보자. 『심층 학습』(제이펍, 2018)에서 요약된 내용을 찾거나, 아니면 원본 출처를 읽을 수 있다 (Duchi, Hazan, and Singer, 2011; Hinton, n.d.; Kingma and Ba, 2015; Nesterov, 1983).

마지막으로, 이전에 기울기 소실을 어떻게 피하는지 논의했지만 일부 지점에서 기울기가 너무 커져서 막대한 단계 크기를 야기하는 기울기 폭증exploding gradient 문제 또한 존재할 수 있다. 이는 모델을 완벽하게 이탈시키는 가중치 업데이트를 야기할 수 있다. 기울기 클리핑gradient clipping은 가중치 업데이트 단계에서 과도하게 큰 기울기의 값을 허용하지 않도록 하여 기울기 폭증을 막는 기법이다. 기울기 클리핑은 케라스의 모든 옵티마이저에서 쓸 수 있다.

> **기울기 클리핑**은 기울기 폭증 문제를 피하는 데 쓰인다.

코드 5-11은 케라스에서 모델에 옵티마이저를 어떻게 설정하는지 보여준다. 예제가 학습률 0.01 및 다른 군더더기가 없는 확률적 경사 하강을 보여준다.

코드 5-11 모델에 옵티마이저 설정하기

```
opt = keras.optimizers.SGD(lr=0.01, momentum=0.0, decay=0.0,
                           nesterov=False)
model.compile(loss='mean_squared_error', optimizer = opt,
              metrics =['accuracy'])
```

이니셜라이저에서처럼, 방금 설명한 다음 세 가지와 같은 텐서플로에서 지원되는 옵티마이저 중 하나를 선언해 다른 옵티마이저를 선택할 수 있다.

```
opt = keras.optimizers.Adagrad(lr=0.01, epsilon=None)
opt = keras.optimizers.RMSprop(lr=0.001, rho=0.8, epsilon=None)
opt = keras.optimizers.Adam(lr=0.01, epsilon=0.1, decay=0.0)
```

예제에서 자유롭게 몇 가지 인수를 수정하고 나머지는 그대로 두어 기본값을 받도록 할 수 있다. 기본값을 수정할 필요가 없다고 느낀다면, 코드 5-12와 같이 단순히 모델 compile 함수에 옵티마이저의 이름을 넘길 수 있다.

코드 5-12 compile 함수에 옵티마이저를 문자열로 넘기기

```
model.compile(loss='mean_squared_error', optimizer ='adam',
              metrics =['accuracy'])
```

이제 이러한 기법 일부를 네트워크에 적용하는 실험을 해본다.

실험: 네트워크 및 학습 매개변수 미조정

여러 기법의 효과를 보여주기 위해 표 5-1이 보여주는 5개의 설정을 정의했다. 설정 1

은 4장 및 5장 처음에 공부했던 것과 동일한 네트워크다. 설정 2는 동일한 네트워크이지만 학습률이 10.0이다. 설정 3에서는 초기화법을 글로럿 균일분포로 바꾸고, 옵티마이저를 모든 매개변수를 기본값으로 받는 Adam으로 바꿨다. 설정 4에서는 은닉 층의 활성 함수를 ReLU로, 은닉 층의 이니셜라이저를 헤 정규분포로, 손실 함수는 교차 엔트로피로 바꿨다. 이전에 교차 엔트로피 손실 함수를 설명할 때는 이진 분류 문제 측면에서 설명했으며, 출력 뉴런은 로지스틱 시그모이드 함수를 사용했다. 다중클래스 분류 문제에서는 범주형 교차 엔트로피 손실 함수를 사용하며, 이는 **소프트맥스**softmax라 알려진 다른 출력 활성 함수와 쌍을 이룬다. 소프트맥스의 자세한 내용은 6장에서 설명하겠지만, 여기서는 이를 범주형 교차 엔트로피 손실 함수와 함께 사용한다. 마지막으로 설정 5에서 미니배치 크기를 64로 바꾼다.

표 5-1 네트워크 미조정 설정

설정	은닉 층 활성 함수	은닉 층 이니셜라이저	출력 층 활성 함수	출력 층 이니셜라이저	손실 함수	옵티마이저	미니배치 크기
설정 1	tanh	Uniform 0.1	시그모이드	Uniform 0.1	MSE	SGD 학습률 = 0.01	1
설정 2	tanh	Uniform 0.1	시그모이드	Uniform 0.1	MSE	SGD 학습률 = 0.01	1
설정 3	tanh	글로럿 균일분포	시그모이드	글로럿 균일분포	MSE	Adam	1
설정 4	ReLU	헤 정규분포	소프트맥스	글로럿 균일분포	교차 엔트로피	Adam	1
설정 5	ReLU	헤 정규분포	소프트맥스	글로럿 균일분포	교차 엔트로피	Adam	64

DL 프레임워크를 사용하면 이러한 설정을 모델링하는 코드의 수정은 간단한 일이다. 코드 5-13에서 설정 5의 모델을 설정하는 선언문을 보여준다. 이는 은닉 층에서 ReLU 유닛과 헤 정규분포 초기화를, 출력 층에서 소프트맥스 유닛과 글로럿 균일분포 초기화를 사용한다. 모델은 그 뒤 범주형 교차 엔트로피를 손실 함수로 그리고 Adam을 옵티마이저로 사용해 컴파일된다. 마지막으로, 모델은 미니배치 크기 64를 사용해 20에 포크만큼 훈련된다(초기화 코드에서 BATCH_SIZE=64라 설정함).

```
model = keras.Sequential([
    keras.layers.Flatten(input_shape=(28, 28)),
    keras.layers.Dense(25, activation='relu',
                       kernel_initializer='he_normal',
                       bias_initializer='zeros'),
    keras.layers.Dense(10, activation='softmax',
                       kernel_initializer='glorot_uniform',
                       bias_initializer='zeros')])

model.compile(loss='categorical_crossentropy',
              optimizer = 'adam',
              metrics =['accuracy'])

history = model.fit(train_images, train_labels,
                    validation_data=(test_images, test_labels),
                    epochs=EPOCHS, batch_size=BATCH_SIZE,
                    verbose=2, shuffle=True)
```

이 설정을 GPU 가속 플랫폼에서 실행하면, 이전 설정보다 훨씬 빠르다는 사실을 알게 될 것이다. 여기서 핵심은 배치 크기를 64로 했다는 것으로, 이는 초기 설정에서 순차적으로 계산됐던 것과 반대로 64개의 훈련 예제가 병렬로 계산되게 한다.

실험의 결과는 그림 5-12에서 보여주며, 훈련 과정 동안 모든 설정의 테스트 오차가 어떻게 변하는지 보여준다.

> 학습 과정을 시각화하는 데 Matplotlib을 사용한다. 더 강력한 접근법은 텐서플로에 포함된 TensorBoard 기능을 사용하는 것이다. 모델을 만들고 튜닝하기 시작할 때 TensorBoard에 친숙해지기를 강력히 추천한다.

설정 1(빨간색 선)은 대략 6%의 오차로 끝난다. 이 설정이 되도록 다른 매개변수들을 테스트하는 데 적지 않은 시간을 썼다(이 책에서는 보여주지 않음).

설정 2(초록색)는 학습률을 0.01보다 훨씬 더 높은 10.0으로 두면 어떻게 되는지 보여

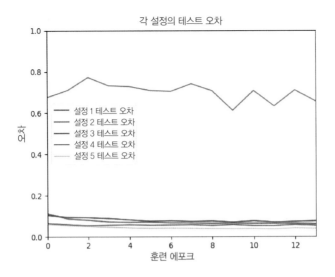

그림 5-12 5개 설정의 테스트 데이터셋 오차

준다. 오차가 대략 70%로 급변동하며 모델이 절대로 학습하지 못한다.

설정 3(파란색)은 튜닝된 학습률과 초기화 전략을 사용하는 대신에 '기본 설정'과 함께 기본값을 갖는 글로럿 초기화 및 Adam 옵티마이저를 함께 선택하면 어떻게 되는지 보여준다. 오차는 대략 7%다.

설정 4(보라색)에서는 다른 활성 함수 및 교차 엔트로피 오차 함수를 사용하는 것으로 바꾼다. 또한 은닉 층의 이니셜라이저를 헤 정규분포로 바꾼다. 테스트 오차가 5%로 감소됨을 볼 수 있다.

설정 5(노란색)에서 설정 4와 비교해 유일하게 바꾼 것 하나는 미니배치 크기를 1 대신에 64로 한 것이다. 이것이 우리의 최적 설정이며, 테스트 오차가 대략 4%가 되게 한다. 또한 미니배치 크기를 64로 사용하면 더 많은 예제가 병렬로 계산되게 하므로 다른 설정보다 훨씬 빠르다.

개선이 그리 인상적으로 보이지는 않지만, 오차를 6%에서 4%로 낮춘다는 것은 오류의 경우가 1/3만큼 제거됐음을 뜻한다는 점을 주지해야 한다. 이는 당연히 상당한 수준이다. 더 중요한 점은 제시된 기법은 더 깊은 네트워크를 훈련시킬 수 있게 해준다는 것이다.

초매개변수 튜닝과 교차 검증

프로그래밍 예제는 활성 함수, 가중치 이니셜라이저, 옵티마이저, 미니배치 크기, 손실 함수와 같은 초매개변수의 튜닝을 필요로 함을 보여줬다. 실험에서 몇몇 다른 조합으로 된 5개의 설정을 제시했지만, 우리가 평가할 수 있었던 더 많은 조합이 분명히 존재한다. 그렇다면 이 **초매개변수 튜닝**hyperparameter tuning 과정을 어떻게 더 체계적인 방식으로 접근할 수 있는지를 질문하게 될 것이 분명하다. 한 가지 인기 있는 접근법은 **격자 검색**grid search이며, 그림 5-13에서 초매개변수가 2개(옵티마이저와 이니셜라이저)인 경우를 보여준다. 간단히 단일 초매개변수를 나타내는 각 축으로 된 격자를 만든다. 초매개변수가 2개인 경우에는 그림과 같이 2차원 격자가 되지만, 차원을 더 늘릴 수 있다. 그렇다 하더라도 기껏해야 3차원까지 시각화할 수 있다. 격자에서 각 교점(원으로 나타낸)은 다른 초매개변숫값의 조합을 나타내며, 모든 원은 가능한 모든 조합을 함께

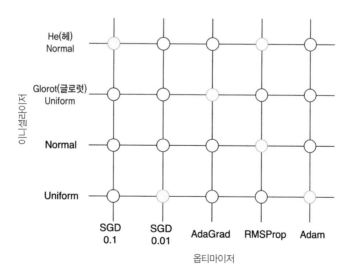

그림 5-13 초매개변수 2개를 위한 격자 검색. 완전 격자 검색은 모든 조합을 시뮬레이션하는 한편, 무작위 격자 검색은 초록색으로 강조한 조합만을 시뮬레이션할 수도 있다.

나타낸다. 그 뒤 단순히 격자의 각 데이터 지점에 실험을 실행하고 최적의 조합이 무엇인지 결정한다.

방금 설명한 것은 **완전 격자 검색**exhaustive grid search이라 알려져 있지만, 평가하고자 하는 초매개변수의 개수에 따라 조합의 개수가 빠르게 증가해 연산적으로 비용이 커질 수 있음은 말할 필요도 없다. 대안은 모든 조합의 무작위로 선택한 부분집합에 무작위 격자 검색을 하는 것이다. 이 대안은 그림에서 무작위로 선택된 조합을 나타내는 초록색 점으로 보여준다. 또한 하나 혹은 몇 개의 유망한 조합을 식별하는 무작위 격자 검색을 시작하고, 그 뒤 이들 조합으로 잘게 세분화된 격자를 만든 뒤, 검색 공간의 확대된 부분에 완전 격자 검색을 하는 하이브리드 접근법을 할 수도 있다. 격자 검색은 초매개변수 튜닝에만 쓸 수 있는 방법이 아니다. 미분 가능한 초매개변수에서 모델의 일반 매개변수를 튜닝하는 데 쓰인 학습 알고리듬과 비슷한 기울기 기반 검색을 하는 것이 가능하다.

격자 검색은 직관적으로 구현할 수 있지만, 흔한 대안은 **싸이킷런**sci-kit learn6이라 알려진 프레임워크를 사용하는 것이다. 이 프레임워크는 케라스와 함께 잘 동작한다. 우리는 고수준에서 `model.fit()` 호출을 초매개변수를 입력값으로 받는 함수로 감싼다. 그 뒤 이 래퍼 함수를 싸이킷런에 제공하며, 이를 체계적 방식으로 호출하고 훈련 과정을 모니터링한다. 싸이킷런 프레임워크는 일반적인 ML 프레임워크이며 전통적인 ML 알고리듬은 물론 DL 모두와 함께 쓰일 수 있다.

검증 집합을 사용해 과적합 피하기

초매개변수 튜닝 과정은 과적합의 새로운 위험을 가져온다. 테스트 집합에서 5개의 설정을 평가했던 이 장의 이전 예제를 고려해보자. 테스트 데이터셋의 측정된 오차가 아직 본 적 없는 데이터에서 보게 될 오차의 좋은 추정치라고 믿고 싶어진다. 결국 훈련 과정 동안 테스트 데이터셋을 사용하지 않았지만, 이러한 추론에는 미묘한 이슈가 존재한다. 모델의 가중치를 훈련시키는 데 테스트 집합을 쓰지 않았다 하더라도, 어떤 초

---

6 https://scikit-learn.org

매개변수 집합이 최고의 성능을 내는지 결정하는 데 테스트 집합을 사용했다. 그러므로 테스트 데이터셋에서는 특별하게 좋지만 일반적인 경우에는 그만큼 좋지 않은 초매개변수의 집합을 고를 위험이 있다. 이는 초매개변수의 한 집합이 초매개변수의 다음 집합의 실험을 이끄는 데 따라 기인하는 피드백 루프가 없다 하더라도 과적합의 위험이 존재한다는 점에서 다소 미묘한 것이 된다. 이 위험은 모든 조합을 미리 결정하고 최고 성능의 모델을 선택하는 데만 테스트 데이터셋을 사용한다 하더라도 존재한다.

이 문제는 데이터셋을 훈련 데이터셋, 검증 데이터셋, 테스트 데이터셋으로 나눠 해결할 수 있다. 훈련 데이터셋을 사용해 모델의 가중치를 훈련시키며, 검증 데이터셋을 사용해 초매개변수를 튜닝한다. 최종 모델에 도달하면, 테스트 데이터셋을 사용해본 적 없는 데이터에 모델이 얼마나 잘 동작하는지 결정한다. 이 과정은 그림 5-14의 왼쪽 부분에 그려져 있다. 한 가지 문제는 원본 데이터셋을 얼마만큼 훈련, 검증, 테스트 집합으로 쓸지 결정하는 것이다. 이상적으로 보면 이는 사례에 기반하여 정하며 데이터 분포의 분산에 의존한다. 이러한 정보가 없는 경우, 검증 집합이 필요 없을 때 훈련 집합과 테스트 집합은 흔히 70/30 아니면 80/20으로 나눈다. 초매개변수 튜닝을 위해 검증 집합이 필요한 경우 통상적으로 60/20/20으로 나눈다. 데이터셋의 분산이 작으면 작은 부분만을 검증에 사용하며 넘어갈 수 있지만, 분산이 높다면 더 큰 부분이 필요하다.

훈련 데이터 사용을 개선하는 교차 검증

검증 집합의 도입에 따른 안타까운 영향은 네트워크의 가중치를 훈련시키는 데 오직 60%의 원본 데이터를 사용할 수 있다는 점이다. 이는 제한적인 양의 훈련 데이터를 가지고 시작하는 경우 문제가 될 수 있는데, **교차 검증**cross validation이라 알려진 기법을 사용해 처치할 수 있다. 이 기법은 검증 데이터로 쓰일 데이터셋의 일부를 남기는 것을 피하는 대신에 추가적인 연산을 비용으로 지불한다. 우리는 가장 인기 있는 교차 검증 기법 중 하나인 **k 폴드 교차 검증**k-fold cross-validation에 집중한다. 먼저 데이터를 훈련 집합과 테스트 집합으로 80/20 분할 등을 사용해 나눔으로써 시작한다. 테스트 집합은 훈련이

나 초매개변수 튜닝에 쓰이지 않고 마지막에 최종 모델이 얼마나 좋은지 정하는 데만 쓰인다. 추가로 훈련 데이터셋을 **폴드**^{fold}라 알려진 k개의 비슷한 크기의 조각으로 나누며, 이때 통상적인 k 값은 5에서 10 사이의 숫자다.

이제 이러한 폴드를 사용해 $k - 1$개의 폴드는 훈련 집합으로, 1개 폴드는 검증 집합으로 설정해 k개의 훈련 집합과 검증 집합의 인스턴스를 만들 수 있다. 즉, $k = 5$인 경우 5개의 임의적인 훈련/검증 집합의 인스턴스를 갖게 된다. 첫 번째 인스턴스는 1, 2, 3, 4를 훈련에 그리고 5를 검증에, 두 번째는 1, 2, 3, 5를 훈련에 그리고 4를 검증에 사용하는 식이다.

이 5개의 훈련/검증 집합 인스턴스를 모델의 가중치 훈련과 초매개변수 튜닝에 사용하자. 이 장의 앞에서 제시한 예제를 사용하는데, 이때 몇 개의 다른 설정을 테스트했다. 각 설정을 한 번 훈련시키는 대신에, 각 설정을 k개의 다른 훈련/검증 데이터 인스턴스로 k번 훈련시킨다. 같은 모델의 이러한 k 인스턴스 각각이 이전 인스턴스에서 학습한 가중치를 사용하지 않고 처음부터 훈련된다. 즉, 각 설정에서 얼마나 성능이 좋은지에 대해 k개의 측정치를 갖는다. 이제 각 설정의 측정치 평균을 계산해 최고 성능의 설정을 결정하는 데 쓰이는 단일 숫자에 도달한다.

이제 최적의 설정을 식별했으므로(초매개변수의 최적 집합), 이 모델을 처음부터 훈련시키기 시작하지만, 이번에 모든 k 폴드를 훈련 데이터로 사용한다. 마침내 모든 훈련 데이터에 이 최고 성능의 설정으로 훈련을 마치면, 테스트 데이터셋에 모델을 실행해서 아직 본 적 없는 데이터에 얼마나 성능이 좋은지 결정한다. 앞서 언급했듯이 이 과정은 각 설정을 한 번이 아닌 k번 훈련시켜야 하므로 추가적인 연산 비용이 따라온다. 전체 과정이 그림 5-14에 그려져 있다.

여기서 교차 검증이 통하는 이유를 자세히 살펴보지는 않겠지만, 더 많은 정보를 원한다면 『통계학으로 배우는 머신러닝 2/e』(에이콘출판, 2020)을 참고할 수 있다.

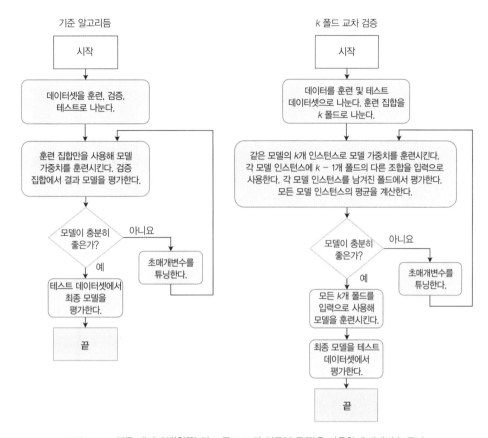

기준 알고리듬

시작

데이터셋을 훈련, 검증,
테스트로 나눈다.

훈련 집합만을 사용해 모델
가중치를 훈련시킨다. 검증
집합에서 결과 모델을 평가한다.

모델이 충분히
좋은가?　　아니요 → 초매개변수를
튜닝한다.

예

테스트 데이터셋에서
최종 모델을
평가한다.

끝

k 폴드 교차 검증

시작

데이터를 훈련 및 테스트
데이터셋으로 나눈다. 훈련 집합을
k 폴드로 나눈다.

같은 모델의 k개 인스턴스로 모델 가중치를 훈련시킨다.
각 모델 인스턴스에 k − 1개 폴드의 다른 조합을 입력으로
사용한다. 각 모델 인스턴스를 남겨진 폴드에서 평가한다.
모든 모델 인스턴스의 평균을 계산한다.

모델이 충분히
좋은가?　　아니요 → 초매개변수를
튜닝한다.

예

모든 k개 폴드를
입력으로 사용해
모델을 훈련시킨다.

최종 모델을 테스트
데이터셋에서
평가한다.

끝

그림 5-14　검증 데이터셋(왼쪽) 및 k 폴드 교차 검증(오른쪽)을 사용한 초매개변수 튜닝

딥러닝을 향한 경로에 대한 맺음말

5장에서는 AlexNet 논문(Krizhevsky, Sutskever, and Hinton, 2012)으로 시작된 DL 혁명을 가능케 한 것으로 간주되는 기법을 소개했다. 특히 거대 데이터셋의 출현, ReLU 유닛과 교차 엔트로피 손실 함수의 도입, 저비용 GPU 기반 고성능 연산 모두를 더 깊은 모델의 학습이 가능하도록 함께해야 하는 핵심적인 구성 요소로 봤다(Goodfellow et al., 2016).

또한 모델을 처음부터 구현하는 대신에 DL 프레임워크를 사용하는 방법을 알아봤다. 이러한 DL 프레임워크의 출현은 아마도 특히 산업에서 DL의 도입을 가능케 할 때와

똑같이 중요할 것이다.

이러한 배경지식을 바탕으로, 이제 6장으로 넘어가 첫 번째 심층신경망을 구축할 준비가 됐다!

06

회귀에 적용된 완전 연결 네트워크

5장에서 네트워크의 **은닉** 유닛에 쓸 수 있는 활성 함수를 여러 개 소개했다. 6장에서는 몇 가지 대안적인 **출력** 유닛을 설명하고 이것이 적절한 문제 형태를 설명한다. 추가로 **보스턴 주택 데이터셋**Boston Housing dataset이라는 또 다른 데이터셋을 소개한다(Harrison and Rubinfeld, 1978).

6장의 코드 예제는 심층신경망DNN, Deep Neural Network을 보스턴 주택 데이터셋에 적용해 여러 개의 변수를 근거로 하여 집의 가치를 예측하고 이를 단순한 모델과 비교한다. 집의 가치를 예측하는 것은 지금까지 공부한 **분류 문제**classification problem와는 다른 형태의 문제다. 입력 예제가 클래스의 개별 숫자 중 어떤 것에 속하는지를 예측하는 대신에, 실숫값을 예측하기를 원한다. 이는 **회귀 문제**regression problem라 알려져 있다. 먼저 회귀와 분류를 위한 기본적인 전통 머신러닝ML 기법에 대해 조금 읽어보고 싶다면 지금 부록 A를 참고하자.

4장 '다중클래스 분류에 적용된 완전 연결 네트워크'에서는 과적합을 간단히 논의했다 (일반화의 부재). 또한 일반화의 개선을 목표로 하는 **정칙화 기법**regularization technique의 개념을 소개했다. 이번 6장에서는 과적합의 실제 예제를 보고 이 문제를 완화하는 데 쓸 수 있는 몇 가지 정칙화 기법을 소개한다. 마지막으로, 이러한 기법을 사용해 심지어 더욱 깊고 큰 네트워크를 일반화하는 실험을 한다.

출력 유닛

5장에서 은닉 유닛이 로지스틱 시그모이드와 tanh 활성 함수 대신에 어떻게 다른 활성 함수를 쓰는지 봤다. 주로 로지스틱 시그모이드 함수를 네트워크의 출력 유닛으로 사용했지만, 소프트맥스 유닛 또한 간단히 언급하기도 했다. 이 절에서 소프트맥스 유닛을 더 자세히 설명하고 또 다른 출력 유닛의 형태를 소개한다. 대안적인 은닉 유닛을 사용하는 근거는 기울기 소실을 피하기 위함이다. 반대로 출력 유닛은 네트워크를 적용하는 문제의 형태에 근거하여 선택한다. 그림 6-1에는 세 가지 문제 형태에 따라 어떻게 다른 형태의 은닉 유닛과 출력 유닛을 사용하는지 요약되어 있다.

손실 함수의 선택은 출력 유닛의 선택과 긴밀하게 묶여 있으며, 각 출력 유닛의 형태에는 해당하는 추천 손실 함수가 있다. 이 장에서는 3개의 다른 출력 유닛을 설명한다. 첫 번째로 로지스틱 출력 유닛은 이진 분류 문제에 쓰인다. 두 번째로 소프트맥스 출력 유닛은 다중클래스 분류 문제에 쓰인다. 세 번째로 선형 출력 유닛은 회귀 문제에 쓰인

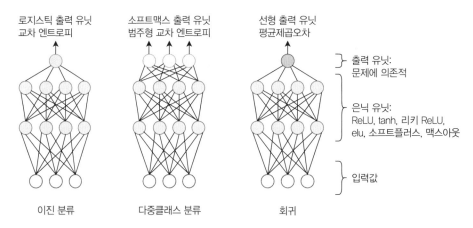

그림 6-1 각 네트워크와 층에 쓰이는 유닛의 형태. 문제의 형태는 출력 유닛의 형태 및 관련된 손실 함수를 좌우한다. 은닉 층에서 여러 대안이 가능하다. 좋은 시작점은 정류선형유닛(ReLU)이다. 일부 네트워크에서는 다른 유닛이 더 나은 성능을 야기한다.

다. 이 세 가지 유닛에 해당하는 손실 함수로 교차 엔트로피 손실, 범주형 교차 엔트로피 손실, 평균제곱오차를 추천한다.

5장에서 설명했듯이 은닉 층에는 여러 대안이 존재한다. 시작은 정류선형유닛ReLU으로 하고 초매개변수 튜닝 과정의 일부분으로 다른 유닛을 시도할 것을 추천한다.

이진 분류를 위한 로지스틱 유닛

로지스틱 시그모이드 함수에 기반한 출력 유닛을 다시 보는 것으로 시작하여 모든 출력 유닛을 한 곳에서 설명한다. 로지스틱 시그모이드 함수가 S 모양 함수의 예시임을 여러 번 봤다. 출력 범위는 0부터 1이며, 이는 계산 함수와 비슷하지만 불연속이 없다.

로지스틱 시그모이드 함수를 출력 유닛으로 사용하는 통상적인 사례는 이진 분류 문제다. 로지스틱 시그모이드 함수는 다음과 같다.

$$\text{로지스틱 시그모이드 함수: } S(z) = \frac{1}{1+e^{-z}} = \frac{e^z}{e^z+1}$$

로지스틱 시그모이드 함수는 **이진 분류** 문제에 쓰인다.

로지스틱 시그모이드 함수는 실수 변수 z(음의 무한대에서 양의 무한대가 범위인)를 입력으로 기대한다. 출력이 0부터 1 사이이므로, 출력을 확률로 해석할 수 있다. 로지스틱 함수의 역함수는 통계학 문헌에서 **로짓 함수**logit function라 알려져 있다. 즉, 로짓 함수는 확률을 실숫값 변수 z로 변환한다. 그러므로 로지스틱 함수의 입력인 가중합 z는 때때로 딥러닝DL 환경에서 **로짓**logit이라 부른다.

5장에서 설명했듯이, 이러한 형태의 출력 유닛과 같이 사용할 손실 함수로 교차 엔트로피 손실 함수를 추천한다.

$$\text{교차 엔트로피 손실: } e(y) = -\big(y \cdot \ln(\hat{y}) + (1-y) \cdot \ln(1-\hat{y})\big)$$

이때 $\hat{y}$은 로지스틱 시그모이드 함수의 출력이며, y는 원하는 출력값이다.

다중클래스 분류를 위한 소프트맥스 유닛

이제 **소프트맥스**^{softmax} 유닛으로 넘어간다. 이름이 5장에서 소개한 맥스아웃 및 소프트
플러스 유닛과 혼동하기 쉽지만, 소프트맥스 유닛은 이름에 쓰인 단어 외에는 이들과
관계가 없다.

> **소프트플러스, 맥스아웃, 소프트맥스**는 모두 다른 유닛이다. 소프트플러스와 맥스아웃 유닛은 통상적으로
> 은닉 층에 쓰이는 한편, 소프트맥스는 주로 출력 유닛에 쓰인다.

소프트맥스 유닛(Goodfellow, Bengio, and Courville, 2016)은 일반화된 로지스틱 시그모
이드 함수이지만 여러 출력으로 확장됐다. 로지스틱 시그모이드 함수의 중요한 속성은
출력이 언제나 0과 1 사이라는 것이며, 이는 출력을 확률(확률은 언제나 0과 1 사이여야 한
다)로 해석할 수 있음을 뜻한다. 예를 들어, 분류 문제에서 출력이 0.7이면 70%의 확
률로 제시된 입력이 가정하는 클래스에 속하는 개체를 나타내며 30%의 확률로 그렇지
않다고 해석할 수 있다. 5장에서 다중클래스 분류를 보면, 단순히 로지스틱 시그모이드
유닛의 10개 인스턴스를 사용했다. 각 유닛의 출력은 입력 예제가 그 클래스에 속하는
지 속하지 않는지를 가리키며, 단순히 가장 높은 값을 갖는 유닛을 찾았다. 이 접근법
의 문제는 모든 출력 유닛 10개의 출력을 더했다면 이 합이 1보다 작거나 클 가능성이
매우 크다는 점이다. 즉, 출력을 어떻게 확률로 해석하는지가 불분명하다. 소프트맥스
의 정의상 모든 출력의 합이 언제나 1임을 보장하므로 출력을 확률로 해석할 수 있다.
예를 들어 숫자 3의 출력이 0.3에 가깝고, 숫자 5의 출력이 0.7에 가까웠으며, 다른 모
든 출력이 0에 가까웠다면, 70%의 확률로 입력 예제가 5이며 30%의 확률로 입력 예제
가 3이라고 말할 수 있다. 출력이 n개인 경우의 소프트맥스 함수 공식은 다음과 같다.

$$softmax(z)_i = \frac{e^{z_i}}{\sum_{j=1}^{n} e^{z_i}}$$

> 로지스틱 시그모이드 함수의 출력은 **이진 분류** 문제의 확률로 해석할 수 있으며, **소프트맥스 유닛**의 출력은 **다중클래스 분류** 문제의 확률로 해석할 수 있다.

다른 말로 하자면, 알고자 하는 출력값을 나타내는 로짓의 지수함수를 계산하고 이를 모든 로짓의 지수함수의 합으로 나눈다. 각 출력을 위해 이 함수를 계산하고 합하면, 1이 됨이 분명하다. 왜냐하면 분자의 모든 합이 분모와 이미 같기 때문이다.

한 가지 언급할 점은 소프트맥스 출력 유닛은 단일 뉴런에 고립된 함수가 아닌, 뉴런의 층에 적용되는 출력 함수라는 것이다. 즉, 출력 층의 각 뉴런에 대해 가중합 z를 계산한 뒤, 이 z 인스턴스 각각에 소프트맥스 함수를 적용한다. 앞의 공식에 주어졌듯이 각 뉴런의 출력값은 그 뉴런의 z 값뿐만 아니라 그 층의 모든 뉴런의 z 값에 의존한다. 이렇게 하여 모든 출력의 합이 1과 같다고 보장한다. 소프트맥스 층은 그림 6-2의 상

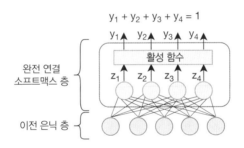

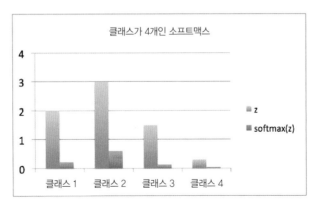

그림 6-2 상단: 완전 연결 소프트맥스 층. 하단: z와 softmax(z) 사이의 관계

단에서 보여주며, 여기서 노란색 원이 각 뉴런의 가중합만을 계산하고, 모든 뉴런의 로짓(z 값들)에 접근하는 노란색 직사각형에 활성 함수가 적용된다. 소프트맥스 함수의 영향은 그림의 하단에서 보여준다. 이 예제에서 몇 가지 로짓이 1보다 크며, 해당하는 출력은 합이 1이 되도록 줄어든다.

이러한 형태의 출력 뉴런과 사용할 손실 함수로는 다중클래스 분류를 위한 교차 엔트로피 손실 함수를 추천한다(방정식 6-1).

$$\text{교차 엔트로피 손실: } e(y) = -\sum_{c=1}^{N} y_c \ln\left(\hat{y}_c\right)$$

방정식 6-1 다중클래스 분류를 위한 교차 엔트로피 손실 함수

이때 N은 출력(클래스)의 개수다. 만일 $N = 2$라 두고 합을 하면, 이전에 사용했던 이진인 경우의 교차 엔트로피 손실 함수가 된다.

소프트맥스 출력 함수와 교차 엔트로피 손실 함수 사이에는 미묘한 상호작용이 존재한다.[1] 벡터 y_c는 원핫 인코딩되어 있으므로, 지금부터 인덱스가 n이라고 가정하는 특정 요소는 값이 0이 아니다. 이는 교차 엔트로피 손실 함수 안에 있는 더하기가 n번째 위치에 있는 단일 항으로 축소된다는 것을 뜻한다. 얼핏 보면 이는 틀린 클래스에 해당하는 다른 출력들의 값이 의미가 없음을 뜻하는 것으로 보인다. 이 값들은 어쨌든 0과 곱해질 것이며, 손실은 n번째 요소(올바른 클래스에 해당하는)의 값에 의해 완전히 정해진다. 이는 이상해 보인다. 모든 출력을 올바른 방향으로 밀어내는 것이 손실 함수의 역할 아닌가? 이는 올바른 출력(출력 n)은 보상하고 틀린 출력에는 불이익을 주는 식으로 모두를 포함해야 하는 것으로 보인다. 이는 소프트맥스 함수의 존재로 인해 간접적으로 된다. 이전에 설명했듯이 소프트맥스 층의 각 뉴런의 출력값은 그 뉴런의 z뿐만 아니라 층 내 다른 모든 뉴런의 z에 의존한다. 이는 출력 n이 뉴런 n과 연결된 가중치뿐만 아니라 층 내 다른 모든 가중치에 의존함을 뜻한다. 그러므로 층 내 모든 가중치의

---

1 책을 처음으로 읽는 독자라면 이 상호작용을 무시해도 무방하지만, 이는 나중에 다시 보게 될 경우에 완전한 이해를 위해 언급할 만한 가치가 있다.

해당 편미분은 출력 n의 값에 영향을 받을 것이다. 그 결과 오직 출력 요소 하나만이 직접적으로 전체 손실 함수에 영향을 미친다 하더라도 모든 가중치가 조정될 것이다.

5장에서 다중클래스 분류에 소프트맥스 함수를 사용하는 예제를 봤는데, 7장 '이미지 분류에 적용된 합성곱 신경망'에서 합성곱 네트워크로 이미지 분류를 공부할 때 다시 쓴다.

회귀를 위한 선형 유닛

이제 이 장에서의 프로그래밍 예제에 쓰이는 출력 유닛을 소개한다. 로지스틱 시그모이드 함수와 소프트맥스 함수 모두 분류 문제에 쓰이지만, 이 장에서는 확률 대신에 수치를 예측하기를 원하는 회귀 문제를 공부한다. 회귀 문제에서 출력은 분류 문제를 위한 범위인 0~1에 한정되지 않는다. 완전한 예제를 제공하기 위해 이 장에서 주택의 판매 가격을 달러로 예측하고자 한다. 이는 **선형 출력 유닛**linear output unit으로 할 수 있으며, 활성 함수를 전혀 갖지 않는 것만큼 단순하며 더 형식적으로는 활성 함수가 $y = z$가 된다. 즉, 유닛으로부터의 출력이 가중합 그 자체다. 앞서 언급했듯이 만일 여러 층에서의 뉴런이 선형 활성 함수에 기반한다면, 이러한 여러 층은 단일 선형 함수로 찌그러뜨릴 수 있고, 이것이 신형 유닛을 네트워크의 출력 유닛으로 사용하는 것이 적절한 이유가 된다. 그림 6-3은 선형 활성 함수를 사용하는 2개의 네트워크를 보여준다. 각 뉴런의 출력 층은 단순히 가중합이며 특정 출력 범위로 한정되는 대신에 어떠한 값이든지 취할 수 있다. 왼쪽의 네트워크는 2개의 쌓인 선형 층을 갖는다. 오른쪽의 네트워크에서 두 선형 층이 단일 층으로 찌그러졌으며, 동등하게 움직인다. 그러므로 선형 층을 쌓는 것은 적절하지 않다.

> **선형 출력 유닛**은 범위 0~1에 제한되지 않는 값을 예측하는 데 쓰인다. 선형 뉴런은 항등 함수(identity function)를 활성 함수로 사용한다. 즉, 입력의 가중합이 출력이다.

선형 유닛은 포화 문제가 없으므로 교차 엔트로피 손실 함수를 사용할 필요가 없다. **평**

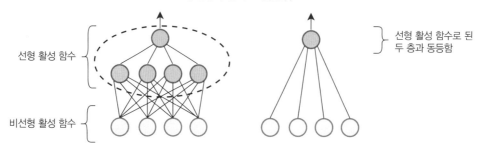

선형 활성화: 출력 = 가중합(z)

선형 활성 함수

비선형 활성 함수

선형 활성 함수로 된
두 층과 동등함

그림 6-3 왼쪽: 두 층이 선형 활성 함수를 갖는 네트워크. 점선으로 된 타원의 두 층이 단일 층으로 찌그러진
다. 그러므로 선형 층을 쌓는 것은 일반적이지 않다. 오른쪽: 단순화된 결과 네트워크

균제곱오차^{MSE}가 좋은 손실 함수라는 것은 증명 가능하다. 이것이 적절한 것 같은 이유
는 MSE가 선형 회귀를 할 때의 손실 함수이며, 선형 출력 유닛이 하는 일이 바로 선
형 회귀이기 때문이다.

> MSE를 선형 함수의 곡선 적합 과정에서 손실 함수로 사용할 때 **추정된 가중치**가 참된 가중치의 **불편 추정
> 량**(unbiased estimator)임을 보이는 것이 가능한데, 이러한 속성을 선호하는 경우가 많다. 이 책을 읽는 데
> 불편 추정량의 개념이 필요하진 않으나, 관련 내용을 알고 싶다면 머신러닝 환경에서 이러한 주제를 다루
> 고 있는 『심층 학습』(제이펍, 2018)과 『통계학으로 배우는 머신러닝 2/e』(에이콘출판, 2020)을 읽어볼 수
> 있다.

선형 유닛으로 값을 예측할 때 정확도는 좋은 지표가 아니다. 생각해보면 테스트 예제
하나가 정확히 같은 값으로 예측될 가능성은 없을 것이다. 예를 들어, 주택 가격을 예
측할 때 정확한 달러 가치를 올바르게 얻는 일은 극히 드물다. 그러므로 얼마나 많은 예
측이 올바른지 계산하는 대신에, 각 예측이 실젯값에 얼마나 가까운지가 진짜 문제가
된다. 이러한 관점에서 모델의 성능을 평가하는 더 의미 있는 지표는 평균제곱오차다.

> 손실 함수와 결과 모델의 성능이 얼마나 좋은지를 평가하는 함수의 차이를 주지하길 바란다. 손실 함수는
> 학습 알고리듬에서 쓰이며, 정확도와 평균제곱오차 같은 지표는 모델의 사용자에게 더 직관적인 지표다.

보스턴 주택 데이터셋

이 장에서 쓰이는 데이터셋은 주택 가격이 깨끗한 공기와 어떤 관련이 있는지를 다룬 1978년 연구로부터 나온 작은 데이터셋이다(Harrison and Rubinfeld, 1978). 이는 404개의 예제로 이뤄진 훈련 집합과 102개의 예제로 이뤄진 테스트 집합으로 나뉘어 있다. 각 예제는 단일 주택에 해당하며, 주택의 다양한 측면을 설명하는 13개의 입력 변수로 되어 있고, 단일 출력 변수는 주택의 가격에 해당한다. 입력 변수는 표 6-1에서 보여준다.

표 6-1 보스턴 주택 데이터셋의 13개 입력 변수

특성	설명
CRIM	마을별 1인당 범죄율
ZN	25,000평방피트를 초과하는 주거용지의 비율
INDUS	마을별 비소매 상업 토지(acre)의 비율
CHAS	찰스강 더미 변수(지대가 강과 경계를 이루면 1, 아니면 0)
NOX	일산화질소 농도(10ppm당)
RM	가옥당 방의 평균 개수
AGE	1940년 이전에 지어진 소유자가 사용 중인 유닛의 비율
DIS	5개 보스턴 고용 중심지로부터의 가중 거리
RAD	방사형 고속도로의 접근성 지수
TAX	10,000달러당 완전 가치(full-value) 재산세율
PTRATIO	마을별 학생-교사 비율
B	$1,000(Bk - 0.63)^2$, 이때 Bk는 마을별 흑인의 비율
LSTAT	인구의 하위 계층의 비율

이들 모두 수치 변수이며 범위가 모두 다르므로, MNIST 데이터와 같이 입력 데이터를 쓰기 전에 표준화해야 한다.

프로그래밍 예제: DNN으로 주택 가격 예측하기

보스턴 주택 데이터셋은 MNIST와 마찬가지로 케라스에 포함되어 있으므로 keras.
datasets.boston_housing을 사용해 간단히 접근할 수 있다. 훈련 데이터와 테스트
데이터를 훈련 데이터의 평균과 표준편차를 사용해 표준화한다(코드 6-1). 매개변수
axis=0은 각 입력 변수의 평균과 표준편차를 개별적으로 계산함을 보장한다. 결과 평
균(및 표준편차)은 단일 값이 아닌 평균의 벡터다. 즉, 일산화탄소 농도의 표준화된 값은
1인당 범죄율 혹은 다른 변수로부터 영향을 받지 않는다.

코드 6-1 주택 가격을 예측하는 데 쓰이는 2개의 은닉 층으로 된 DNN

```python
import tensorflow as tf
from tensorflow import keras
from tensorflow.keras.models import Sequential
from tensorflow.keras.layers import Dense
import numpy as np
import logging
tf.get_logger().setLevel(logging.ERROR)


EPOCHS = 500
BATCH_SIZE = 16

# 데이터를 읽고 표준화한다.
boston_housing = keras.datasets.boston_housing
(raw_x_train, y_train), (raw_x_test,
    y_test) = boston_housing.load_data()
x_mean = np.mean(raw_x_train, axis=0)
x_stddev = np.std(raw_x_train, axis=0)
x_train =(raw_x_train - x_mean) / x_stddev
x_test =(raw_x_test - x_mean) / x_stddev

# 훈련 모델을 생성한다.
model = Sequential()
model.add(Dense(64, activation='relu', input_shape=[13]))
model.add(Dense(64, activation='relu')) # DL을 하고 있는 중이다!
model.add(Dense(1, activation='linear'))
```

```
model.compile(loss='mean_squared_error', optimizer='adam',
              metrics =['mean_absolute_error'])
model.summary()
history = model.fit(x_train, y_train, validation_data=(
    x_test, y_test), epochs=EPOCHS, batch_size=BATCH_SIZE,
    verbose=2, shuffle=True)

# 처음 4개의 예측값을 인쇄한다.
predictions = model.predict(x_test)
for i in range(0, 4):
    print('Prediction: ', predictions[i],
          ', true value: ', y_test[i])
```

그런 다음 모델을 생성하는데, 여기서는 5장과 다른 문법을 사용한다. 5장에서는 층들을 모델의 생성자에 매개변수로 넘겼다. 다른 방법은 어떠한 층도 없이 모델 객체를 인스턴트화하고 그 뒤 add() 멤버 메서드를 사용해 하나씩 추가하는 것이다. 우리가 상대적으로 적은 층으로 작업하는 한 어떤 방법을 택할지는 사용자의 선호에 따라 다를 뿐이지만, 층을 하나씩 추가하면 수십 개의 층으로 이뤄진 심층 모델에서 통상적으로 코드를 읽고 유지하기 좋다. 이러한 한 예로 동일한 층의 심층 모델이 있는데, 이때 층은 for 루프로 모델에 추가할 수 있고 이는 모델 설명을 더욱 간결하게 만든다.

우리는 네트워크가 2개의 은닉 층을 갖도록 정의하고 있으므로, 이제 공식적으로 DL을 하고 있는 셈이다! 왜 더 많은 은닉 층을 원하는지 질문할 수 있다. 이전에 적어도 하나의 은닉 층을 가지면 단일 층 네트워크에 적용되는 선형 분리성과 관련된 한계를 다뤄주기 때문에 도움이 된다는 것을 봤지만, 다중 은닉 층을 갖는 것에 대해서는 명쾌한 이유가 없다. 심지어 충분한 뉴런이 있다는 가정하에 단일 은닉 층으로 어떠한 연속 함수든지 근사하는 데 충분함을 보일 수가 있다. 그러나 경험적으로 더 많은 층을 추가하면 성능이 더 좋은(정확도 측면에서) 네트워크가 될 수 있다는 사실이 밝혀져 왔다. 이에 대해 생각해보는 한 가지 방법은 더 많은 은닉 층을 가지면 네트워크가 추상화 수준이 높아지면서 특성을 계층적으로 조합할 수 있게 해준다는 것이다. 좀 더 구체적인 예제는 7장에서 살펴볼 것이다.

우리의 네트워크 구현에서 은닉 층 2개는 각각 64개의 ReLU 뉴런을 가지며, 첫 번째 층은 데이터셋에 맞도록 13개 입력을 갖도록 선언되어 있다. 출력 층은 선형 활성 함수로 된 단일 뉴런으로 되어 있다. MSE를 손실 함수로 사용하며 Adam 옵티마이저를 사용한다. compile 메서드에 평균제곱오차 지표에 관심이 있다고 말해준다. loss 인수와 metrics 인수의 차이는 전자는 기울기를 계산하는 역전파 알고리듬에서 쓰이며, 후자는 정보를 위해 인쇄만 될 뿐이라는 점이다.

모델의 요약을 model.summary()로 인쇄하고 훈련을 시작한다. 훈련이 끝나면 모델을 사용해 전체 테스트집합의 가격을 예측한 뒤 처음 4개의 예측과 올바른 값을 인쇄해 모델이 얼마나 맞는지 아이디어를 얻을 수 있다. 테스트 집합에서 평균제곱오차가 2.511 이었으며, 처음 4개의 테스트 예제 예측은 다음과 같다.

```
Prediction:  [7.7588124] , true value:  7.2
Prediction:  [19.762562] , true value:  18.8
Prediction:  [20.16102]  , true value:  19.0
Prediction:  [32.758865] , true value:  27.0
```

이를 보면 맞는 것 같아 보인다. 예측값이 각괄호 안에 있는 이유는 예측 배열 내 각 요소가 값이 하나 있는 배열 그 자체이기 때문이다. 이를 predictions[i, 0]과 같이 지정해 처리할 수도 있었을 것이다.

텐서플로로 작업할 때는 입력 데이터와 출력 데이터 모두 다차원 배열인 경우가 일반적이며, 이를 올바르게 하기 위해 몇 번의 시도가 필요할 때도 있다.

보다시피 간단하게 초기 모델을 만들고 어느 정도 적절한 예측을 할 수 있었지만, 이러한 예측이 얼마나 좋은지 말하기는 어렵다. 따라서 '문제를 푸는 데 DL이 필요한가?'라는 타당한 질문을 하게 된다. 5장에서 봤듯이 신경망 튜닝은 사소한 일이 아닐 수 있다. 문제를 푸는 더 간단한 방법이 있다면 그것을 더 선호하게 된다. 이것이 회귀 문제이므로, 단순히 모든 입력의 가중합과 편차를 계산하는 단순 선형 회귀[2]와 비교하

---

2 여러분이 선형 회귀에 익숙하지 않더라도 이 논의를 따라갈 수 있다고 생각하지만, 더 많은 배경지식을 원한다면 부록 A를 읽기 바란다.

는 것이 자연스럽다.

$$y = w_0 + w_1 x_1 + w_2 x_2 + \cdots + w_{13} x_{13}$$

이는 우리의 프로그램에서 선형 활성 함수로 된 단일 뉴런을 갖는 단일 층만을 정의해 쉽게 할 수 있다.[3] 어떠한 은닉 층도 없이 출력 층만을 사용하지만, 입력의 개수는 정의해야 한다. 이제는 출력 층이 또한 첫 번째 층이기도 하기 때문이다.

```
model.add(Dense(1, activation='linear', input_shape=[13]))
```

모델을 실행하면 테스트 집합에서 평균제곱오차가 10.24가 되며 테스트 집합의 4개 예측은 다음과 같다.

```
Prediction:  0.18469143 , true value:  7.2
Prediction:  10.847551 , true value:  18.8
Prediction:  10.989416 , true value:  19.0
Prediction:  22.755947 , true value:  27.0
```

심층 모델이 선형 모델보다 더 낫다는 것이 분명하며,[4] 이는 고무적이라 할 수 있다! 이제 우리 모델이 일반화를 잘하는지 보자. 그림 6-4는 훈련 및 테스트 오차를 훈련 에포크 숫자의 함수로 보여준다.

훈련 오차가 점차적으로 감소하지만, 테스트 오차는 평평함을 볼 수 있다. 이는 분명히 과적합을 암시하고 있다. 즉, 모델이 훈련 데이터를 기억하고 있지만 본 적 없는 데이터를 일반화해내지 못하고 있다. 네트워크가 이러한 움직임을 다루도록 하는 기법이 필요하며 다음 절에서 설명한다.

---

3 이 구현에서는 선형 회귀 문제의 수치적 해를 찾는 데 경사 하강을 사용한다. 이는 여러분이 이전에 선형 회귀를 정규 방정식 (normal equation)을 사용해 분석적으로 푸는 법을 배웠다면 생소할 수도 있다.

4 먼저 입력 변수의 변형(variation)을 계산함으로써 선형 회귀 모델의 결과를 개선할 수가 있다. 이를 특성 엔지니어링(feature engineering)이라 하며, 더 자세한 내용은 부록 A를 참고하라.

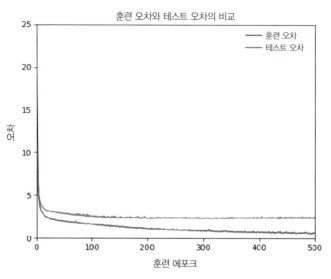

그림 6-4 3층 DNN의 훈련 및 테스트 오차 비교

정칙화로 일반화 개선하기

일반화를 개선하려는 의도로 하는 기법은 통틀어 **정칙화 기법**regularization technique이라 알려져 있다. 특히 정칙화 기법은 훈련 오차와 테스트 오차 사이의 갭gap을 줄이는 것을 목표로 한다. 정칙화 기법 중 하나는 조기 중단(4장에서 논의함)이지만, 이는 테스트 오차가 U 모양의 곡선을 보일 때만, 즉 테스트 오차가 특정 시점 이후 증가하기 시작할 때 도움이 된다. 이는 우리가 보여주는 예제의 경우가 아니며, 그러므로 다른 기법을 찾아봐야 한다.

한 가지 흔한 정칙화 기법으로 **가중치 소멸**weight decay이 있다. 가중치 소멸은 불이익 항을 손실 함수에 추가해 구현한다.

$$Loss = 교차\ 엔트로피 + \lambda \sum_{i=0}^{n} |w_i|$$

이때 λ는 상수이며 $w_0, w_1, \cdots, w_n$은 모델 내 모든 뉴런의 가중치다. 학습 알고리듬이 손실 함수를 최소화하려 하므로, 이 오차 항은 가중치를 최소화하는 데 인센티브를 준다. 이는 일반적인 문제를 푸는 데 크게 기여하지 못하는 가중치를 감소시킨다. 특히 특정 입력 예제에만 도움이 되고 일반적인 경우에는 그렇지 않은 가중치가 감소될 것이다. 왜냐하면 입력 예제의 작은 개수를 위해서만 손실을 줄일 것이기 때문이다. 그러나 가중치 소멸 항이 이들 가중치로 하여금 모든 입력 예제의 손실을 증가시키도록 한다. 이것이 가중치 소멸이 더 나은 일반화를 낳는 이유다. 매개변수 λ는 정칙화 효과가 얼마나 큰지에 영향을 미친다. 앞의 공식에서 보여준 정칙화 기법은 L1 **정칙화**L1 regularization라 알려져 있다.

더 흔한 변형은 더하기에서 가중치를 제곱하는 것이며, 이는 L2 **정칙화**L2 regularization라 알려져 있다.

$$Loss = \text{교차 엔트로피} + \lambda \sum_{i=0}^{n} w_i^2$$

예제에서 교차 엔트로피를 손실 함수로 사용하지만, 가중치 소멸 정칙화는 어떠한 손실 함수에도 적용할 수 있다. 마찬가지로, 가중치 소멸은 DL에 적용될 뿐만 아니라 전통적인 ML 기법에도 적용되는 흔한 정칙화 기법이다.

가중치 소멸은 흔한 정칙화 기법이다. 가중치 소멸의 두 예시로는 **L1** 및 **L2 정칙화**가 있다.

코드 6-2는 케라스에 L2 정칙화를 추가하는 방법을 보여준다. 간단히 임포트 문 하나와 정칙화를 적용하고자 하는 각 층에 매개변수 하나를 추가한다. 예제가 모든 층에 정칙화를 적용하는 방법을 보여주며, 가중치 소멸 매개변수는 $\lambda = 0.1$을 사용한다. 편향 가중치에는 일반적으로 정칙화를 적용하지 않으며, 케라스는 편향 정칙자를 별도로 분리함으로써 이를 가능하게 한다.

```
from tensorflow.keras.regularizers import l2
...
model.add(Dense(64, activation='relu',
                kernel_regularizer=l2(0.1),
                bias_regularizer=l2(0.1),
                input_shape=[13]))
model.add(Dense(64, activation='relu',
                kernel_regularizer=l2(0.1),
                bias_regularizer=l2(0.1)))
model.add(Dense(1, activation='linear',
                kernel_regularizer=l2(0.1),
                bias_regularizer=l2(0.1)))
```

드롭아웃dropout은 또 다른 정칙화 기법으로, 특히 신경망을 위해 개발됐다(Srivastava et al., 2014). 이는 훈련 동안 네트워크에서 무작위로 뉴런의 부분집합을 제거한다. 제거된 뉴런의 부분집합은 각 훈련 에포크에 따라 달라진다. 제거된 뉴런의 개수(드롭아웃 비율)는 매개변수로 통제하며, 통상적으로 20%의 값을 쓴다. 네트워크가 나중에 추론을 위해 쓰일 때 모든 뉴런이 사용되지만, 각 뉴런이 이제는 훈련 동안 좀 더 많은 뉴런으로부터 입력을 받는다는 점을 보상하기 위해 각 가중치에 스케일링 인자를 적용한다. 그림 6-5는 완전 연결 네트워크에서 뉴런 2개를 버리면 어떻게 다른 뉴런이 되는지 보여준다.

드롭아웃은 신경망에 효과적인 정칙화 기법이다.

드롭아웃은 유닛이 다른 유닛의 무작위 집합으로 작업할 수 있게 해준다. 이를 통해 유닛의 부분집합이 특정한 사례를 공동 적응화co-adapting를 통해 푸는 것을 막아주며, 과적합을 줄여주는 것으로 나타났다. 코드 6-3은 케라스에서 모델에 드롭아웃을 추가하는 방법을 보여준다.

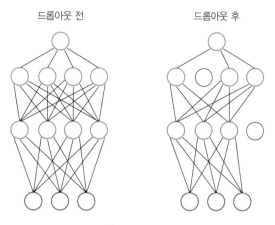

드롭아웃 전   드롭아웃 후

그림 6-5 드롭아웃

코드 6-3 모델에 드롭아웃을 추가하는 방법

```
from tensorflow.keras.layers import Dropout
…
model.add(Dense(64, activation='relu', input_shape=[13]))
model.add(Dropout(0.2))
model.add(Dense(64, activation='relu'))
model.add(Dropout(0.2))
model.add(Dense(1, activation='linear'))
```

Dropout 모듈을 임포트하고 나서, 드롭아웃을 적용하고자 하는 층의 다음 층으로 추가
한다. Dropout 층은 이전 층 내 뉴런의 부분집합으로부터의 연결을 끊을 것이며, 이는
뉴런이 시작 시 그곳에 없었던 것과 같은 효과를 준다.

실험: 주택 가격 예측을 위한 더 깊은 그리고 정칙화된 모델

이제 모델에 정칙화 기법이 적용된 몇몇 실험의 결과를 보여준다. 앞서 언급했듯이
3층 모델이 선형 모델보다 상당히 나았지만 과적합에 시달렸음을 봤다. 이러한 결과
는 표 6-2의 처음 두 행에 나타나 있으며, 해당 열은 훈련 및 테스트 오차뿐만 아니라

네트워크 토폴로지(각 숫자는 층의 뉴런 수를 나타낸다)와 사용된 정칙화 기법을 보여준다.

표 6-2 더 깊은 모델 및 정칙화로 하는 실험

설정	토폴로지	정칙화	훈련 오차	테스트 오차
설정 1	1	없음	10.15	10.24
설정 2	64/64/1	없음	0.647	2.54
설정 3	64/64/1	L2 = 0.1	1.50	2.61
설정 4	64/64/1	드롭아웃 = 0.2	2.30	2.56
설정 5	128/128/64/1	드롭아웃 = 0.2	2.04	2.36
설정 6	128/128/64/1	드롭아웃 = 0.2	2.38	2.31

표의 세 번째 행(설정 3)은 L2 정칙화를 모델에 추가하면 어떻게 되는지 보여준다. 람다를 0.1로 썼으며, 훈련 오차가 증가하면서 안타깝게도 테스트 오차도 약간 증가함을 볼 수 있다.

다음 행(설정 4)은 L2 대신에 드롭아웃(인자 0.2)을 쓰면 어떻게 되는지 보여준다. 이는 더 효과적이며 훈련 오차와 테스트 오차 사이의 갭이 거의 같다. 이는 과적합이 더 이상 문제가 아님을 시사하며, 더 복잡한 모델을 시도하는 것이 적절하다.

이는 다음 행(설정 5)에서 보여주며, 여기서 또 다른 층을 추가하고 처음 두 층의 뉴런 개수를 128개로 늘렸다. 이는 테스트 오차는 개선하지만 훈련 오차가 더욱 감소했으므로 과적합 문제가 또다시 있음을 볼 수 있다.

표의 마지막 행(설정 6)에서 드롭아웃 인자를 0.3으로 증가시켰으며, 이는 훈련 오차와 테스트 오차 모두를 증가시킨다. 그리고 일반화가 잘된 모델에 도달했다.

출력 유닛과 회귀 문제의 맺음말

6장에서는 가장 일반적인 형태의 출력 유닛 3개 및 이와 연관된 손실 함수를 설명했다. 통상적으로 은닉 층의 형태는 초매개변수 조정 과정에서 선택되는 한편, 출력 유닛의 형태는 문제 형태와 긴밀히 묶여 있다.

DL 모델을 훈련할 때 과적합에 부딪히는 일이 흔하다. 이는 모델을 정칙화해 다룰 수 있다. 이 장에서 몇 가지 정칙화 기법을 설명하고 이를 프로그래밍 예제에 적용해봤다.

프로그래밍 예제는 테스트 집합에서 성능이 좋은 모델을 얻기 위해 매개변수를 반복적으로 미조정하는 것이 중요할 때가 많다는 점을 보여줬다. 한 가지 언급할 사항은 우리의 최적 설정이 26,000개 이상의 매개변수를 갖는다는 점이다. 이는 각 입력 특성을 위한 가중치 하나에 편향 가중치를 더한 전체 14개인 선형 회귀의 경우와 비교해볼 수 있다. 예측을 잘한다는 측면에서 보면, 모델이 스스로 학습하는 모든 매개변수를 갖는 데 따른 비용을 지불하는 것이 분명하다. 그러나 14개의 매개변수로 된 모델보다 26,000개의 매개변수로 된 모델을 이해하는 것이 훨씬 더 어려우며, 이는 DL에서의 흔한 문제를 보여주고 있다. 우리는 잘 동작하는 모델을 얻었지만, 어떻게 동작하는지는 모른다.

전반적으로 현재의 DL 붐이 시작되면서, 이 분야가 이론적인 면에서 더욱 경험적인 측면으로 변환됐다. 즉, 무언가가 어떻게 동작하느냐에서 얼마나 잘 동작하느냐에 더 집중하게 됐다. 이 분야가 인상적인 결과를 보여주기 전에는 아마도 실재성을 정당화하기 위해 정교한 수학적 분석을 만들어내야 했을 것이다. 그렇다면 최근에는 너무 많은 인상적 결과가 도출되어 사람들이 수학을 거르고 있는 것은 아닐까?

07

이미지 분류에 적용된 합성곱 신경망

역전파를 통한 심층 모델의 훈련은 적어도 1990년 이후로 다양한 형식으로 입증돼왔다(Hinton, Osindero, and Teh, 2006; Hinton and Salakhutdinov, 2006; LeCun et al., 1990; LeCun, Bottou, Bengio, et al., 1998). 딥러닝의 전환점은 여전히 AlexNet이 공개됐던 2012년이다(Krizhevsky, Sutskever, and Hinton, 2012). 이는 ImageNet 분류 대회에서 다른 어떤 상대보다 월등히 높은 점수를 얻었으며(Russakovsky et al., 2015) DL이 인기를 얻는 데 크게 공헌했다. AlexNet은 8개 층 네트워크이며 합성곱 층을 사용한다. 이는 후쿠시마Fukushima(1980)가 소개했으며 나중에 LeNet에서 쓰였다(LeCun et al., 1990). 합성곱 층, 그리고 결과인 합성곱 신경망CNN, Convolutional Neural Network은 DL에서 중요한 기본 토대다. 7장에서는 이들이 어떻게 동작하는지 설명한다. 전반적인 AlexNet의 아키텍처를 소개하고 몇 가지 개념을 강조하며 시작한 뒤 이를 더 자세히 설명한다.

> **AlexNet**은 이미지 분류를 위한 **합성곱 신경망**이다. 이는 2012년 ImageNet 대회에서 좋은 점수를 얻었으며 다음 수년간 나타난 DL 붐의 주요 이유로 여겨진다.

AlexNet CNN의 토폴로지는 그림 7-1에서 보여준다. 이는 (3차원 블록으로 그려진) 5개의 합성곱 층으로 되어 있으며, 그 뒤로 (2차원 직사각형으로 그려진) 3개의 완전 연결 층이 따라온다. 한 가지 혼란스러워 보이는 속성으로 층이 수평으로 나눠져 있어서 각 층이 2개의 블록 혹은 직사각형으로 나타난다는 것이 있다. 그 이유는 당시에 전체 네 트워크를 실행할 수 있을 만큼 메모리가 충분한 그래픽 처리 유닛GPU이 없었기 때문이 다. 해법은 네트워크를 나누고 이를 GPU 2개에 매핑하는 것이었다. 당시에는 이에 대 한 것들이 중요했겠지만, 우리 논의에서는 자세한 내용은 무시하고 네트워크의 다른 속성에 집중한다.

그림에서 다음과 같은 사항을 추가적으로 관찰할 수 있다.

- 입력 이미지가 224×224픽셀이며, 각 픽셀은 3의 깊이를 갖는다(그림의 왼쪽 하단 모서리에 3으로 나타나 있다). 이는 빨강, 초록, 파랑 3개의 색 채널을 나타낸다(RGB).

- 합성곱 층은 1차원(벡터)으로 된 완전 연결 층과 반대로 3차원 구조를 갖는다.

- 한 층에서 크기가 변하는 부분블록으로부터 그다음으로 임의적인 매핑이 있는 것 같아 보이며(11×11, 5×5, 3×3으로 표시된), 한 층의 차원이 후속 층의 차원과 어떻 게 연관되어 있는지에 대한 방법이 전혀 나와 있지 않은 것 같아 보인다.

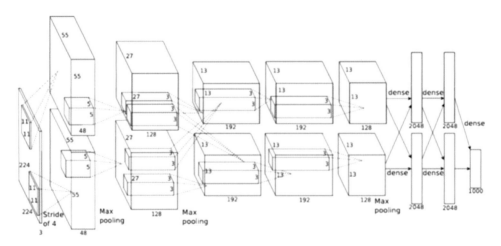

그림 7-1 AlexNet 합성곱 네트워크의 토폴로지(출처: Krizhevsky, A., Sutskever, I., and Hinton, G., "ImageNet Classification with Deep Convolutional Neural Networks," Advances in Neural Information Processing Systems 25 [NIPS 2012], 2012)

- **보폭**stride이라 부르는 무언가가 있다.

- **맥스풀링**max pooling이라 부르는 무언가가 있다.

- 출력 층이 1,000개의 뉴런으로 되어 있다(그림의 오른쪽 하단 모서리에 '1000'이라고 되어 있다).

이 장에서는 위의 모든 것을 설명하고 CNN을 디자인하고 훈련할 때 알아야 할 중요한 개념인 **커널 크기**kernel size(그림에서 11×11, 5×5, 3×3 아이템을 뜻함)와 **패딩**padding 같은 용어를 추가로 설명한다. 자세히 들어가기 전에 이 장에서 사용하는 입력 데이터셋을 소개한다.

CIFAR-10 데이터셋

CIFAR-10 데이터셋은 60,000개의 훈련 이미지와 10,000개의 테스트 이미지로 되어 있으며, 각각은 '들어가며'에 있는 그림 P-1에서와 같이 **비행기**airplane, **자동차**automobile, **새**bird, **고양이**cat, **사슴**deer, **개**dog, **개구리**frog, **말**horse, **배**ship, **트럭**truck의 10개 범주 중 하나에 속해 있다. 각 이미지는 32×32픽셀이므로, 이 모두 이전 장에서 공부한 손글씨 MNIST 숫자 데이터셋과 비슷해 보일 수도 있다. 그러나 CIFAR-10 데이터셋은 손글씨보다 훨씬 다양한, 일상적인 물체의 컬러 이미지로 되어 있다는 점에서 더욱 어렵다. 그림 7-2는 CIFAR-10 데이터셋의 이미지 번호 100번(0부터 세기 시작함)의 이미지를 보여준다. 그림은 각각의 32×32픽셀을 분명하게 볼 수 있는 확대된 버전을 보여주며, 그다음 그림은 이미지의 저해상도를 감안한 더욱 실제적인 크기를 갖는 버전이다.

새로운 데이터셋으로 작업할 때는 이를 약간 살펴보는 것이 언제나 적절하다. CIFAR-10 데이터셋은 케라스에 포함되어 있다. 코드 7-1은 이에 접근하고 그림 7-2에서 보여주는 이미지를 나타내는 방법을 보여주고 있다.

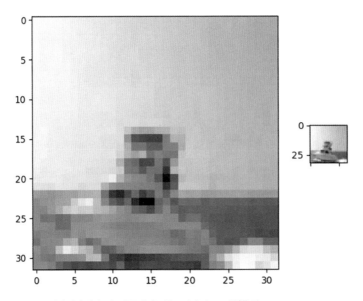

그림 7-2 CIFAR-10 데이터셋에서 배 범주에 속하는 이미지 100번(출처: Krizhevsky, A., *Learning Multiple Layers of Features from Tiny Images*, University of Toronto, 2009)

코드 7-1 CIFAR-10 데이터셋에 접근하고 이미지 중 하나를 나타내는 파이썬 코드

```
import tensorflow as tf
from tensorflow import keras
import numpy as np
import matplotlib.pyplot as plt
import logging
tf.get_logger().setLevel(logging.ERROR)

cifar_dataset = keras.datasets.cifar10
(train_images, train_labels), (test_images,
    test_labels) = cifar_dataset.load_data()

print('Category: ', train_labels[100])
plt.figure(figsize=(1, 1))
plt.imshow(train_images[100])
plt.show()
```

이미지 보여주기에 더해서, 인쇄문은 다음의 출력을 내놓아야 한다. 이때 8은 배[ship] 범주를 뜻한다.

```
Category: [8]
```

train_labels 변수는 2차원 배열임이 분명하다(8이 각괄호 안에 있으므로 이는 train_labels[100]이 스칼라값이 아닌 배열임을 뜻한다). 이를 추가로 살펴보자. 이번에는 파이썬 인터프리터에서 다음과 같은 명령을 치면 된다.

```
>>> import tensorflow as tf
>>> from tensorflow import keras
>>> import numpy as np
>>> cifar_dataset = keras.datasets.cifar10
>>> (train_images, train_labels), (test_images,
...     test_labels) = cifar_dataset.load_data()
>>> train_labels.shape
(50000, 1)
>>> train_images.shape
(50000, 32, 32, 3)
>>> train_images[100][0][0]
array([213, 229, 242], dtype=uint8)
```

train_labels.shape의 출력 (50000, 1)은 이것이 2차원임을 확인시켜준다. train_images.shape의 출력을 보면 32×32×3 배열의 50,000개 인스턴스임을 볼 수 있으며, 즉 각 이미지가 32×32픽셀이며 각 픽셀이 RGB 채도를 나타내는 8비트 정수인 50,000개의 이미지다. train_images[100][0][0] 문으로 배 그림의 상단 왼쪽 모서리 픽셀의 색깔값을 조사하면 213, 229, 242임을 볼 수 있다.

이제 이 데이터셋을 CNN에 사용하는 데 필요한 내용을 충분히 설명했을 거라 믿는다. 추가적으로 관심 있다면 데이터셋을 추가로 조사하는 데 필요한 도구도 제공했다.

합성곱 층의 특징과 기본 토대

여기서는 합성곱의 수학적 개념으로 시작하는 대신 합성곱 층의 직관적인 이해를 얻는 데 집중한다. 관심 있는 독자는 부록 G가 지금 하는 설명과 수학적 정의 사이의 갭을 채워줄 것이다. 아마도 합성곱 네트워크의 가장 중요한 특징은 **병진 불변성**translation invariance[1]일 것이다. 이미지에서의 물체 분류의 경우 이는 물체가 이미지의 다른 위치로 수평 혹은 수직으로 이동(병진)한다 하더라도, 네트워크가 여전히 이를 식별할 수 있음을 뜻한다. 이는 훈련 데이터에서 물체가 이미지의 어디에 위치하는지에 상관없이 그러하다. 즉, 네트워크가 이미지의 가운데에 있는 고양이 그림으로 훈련됐다 하더라도, 합성곱 네트워크는 고양이가 구석에 있는 이미지가 제공됐을 때 여전히 고양이가 있는 이미지를 분류할 수 있다. 병진 불변성은 뉴런 사이에 **가중치 공유**weight sharing를 도입하는 것에 더해 이들이 **희소하게 연결**sparsely connected되도록 함으로써 해낸다. 이러한 개념은 이번 절에서 설명한다.

> 병진은 **아핀 변환**(affine transformation)이라 알려진 기하적 변환이다. 이는 물체의 위치를 모양의 변화 없이 바꾼다. 그림 7-3에서 파란 직사각형은 빨간 직사각형의 병진된 버전을 나타낸다. 또 다른 흔한 아핀 변환으로는 회전이 있으며, 이는 물체의 원점을 바꾼다. 초록색 직사각형은 빨간색 직사각형의 회전된 버전을 나타낸다. 『Real-Time Rendering, Fourth Edition』(A K Peters/CRC Press, 2018)에서 아핀 변환에 대해 더 읽어볼 수 있다.

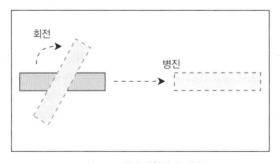

그림 7-3 아핀 변환의 두 예시

---

1 이러한 맥락에서 **병진**(translation)은 좌표체계에서 같은 방향으로 고정된 거리만큼 모든 점으로 움직이는 기하적 변환을 뜻한다.

합성곱 층의 주요 속성은 **병진 불변성**이며, 이는 가중치 공유 및 희소하게 연결된 네트워크 토폴로지에 의한 것이다.

이미지 처리에 쓰인 합성곱 층의 전반적인 토폴로지를 소개하면서 시작해보겠다. 지금까지 공부한 완전 연결 층은 모두 단일 차원으로 뉴런의 배열과 같이 정렬되어 있었다. 그림 7-4는 이미지 처리를 위한 합성곱 층이 다른 토폴로지를 가지며, 이때 뉴런이 3차원으로 정렬되어 있음을 보여준다. 이는 또한 왜 합성곱 층이 AlexNet에서 묘사된 그림 7-1의 3차원 블록으로 그려져 있는지 설명한다.

차원 2개(너비와 높이)는 이미지의 2차원 성질에 해당한다. 이에 더해 뉴런은 세 번째 차원에서 **채널**channel 혹은 **특성 맵**feature map으로 그룹화되어 있다. 보통의 완전 연결 층과 마찬가지로, 합성곱 층 내 뉴런 사이에는 연결이 없다. 즉, 3차원 구조 내 모든 뉴런은 서로 분리되어 있으며 함께 단일 층을 구성하는 것으로 간주된다. 그러나 단일 채널 내 모든 뉴런은 동일한 가중치(가중치 공유)를 갖는다. 즉, 그림에서 색이 같은 모든 뉴런은 서로 간에 동일한 복사본이지만 입력값은 다르게 받을 것이다.

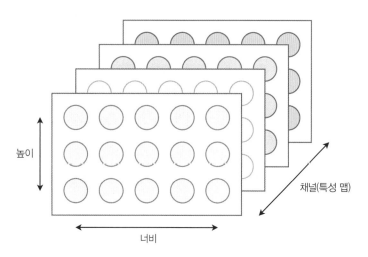

그림 7-4 2차원 합성곱 층의 토폴로지. 다소 직관적이지는 못하지만, 2차원 합성곱 층이 3차원에서 너비, 높이, 채널로 정렬되어 있다.

이제 각 개별 뉴런의 움직임을 고려해보자. 2장 '기울기 기반 학습'에서 뉴런이 어떻게 패턴 식별자로 쓰이는지 봤다. 그 예제에서 9개의 입력(각 픽셀당 하나)에 편향 입력을 더한 뉴런에 연결되는 3×3픽셀로 된 아주 작은 이미지를 상상하고, 이 뉴런을 특정 패턴을 식별하는 데 사용했다. 합성곱 층을 설명할 때 이 패턴 식별자(커널kernel 혹은 **합성곱 행렬**convolution matrix이라고도 알려짐)를 가장 작은 기본 토대로 사용한다.

> 합성곱 층 내 각 뉴런은 **합성곱 커널**(convolutional kernel)이라 알려진 연산을 구현한다. 가중치는 2차원 패턴으로 정렬되며 합성곱 행렬을 구성한다.

우리가 더 큰 이미지로 작업하더라도 각 뉴런은 이미지의 부분집합으로부터만 픽셀값을 받을 것이다(예를 들어, 패턴 식별자에서는 3×3 영역). 뉴런이 입력을 받는 픽셀의 영역은 또한 **수용 영역**receptive field이라 알려져 있다. 우리가 아직 처리하지 않은 한 가지 문제는 다중 채널로 된 이미지를 어떻게 다루느냐이다. 앞서 설명했듯이 컬러 이미지에서 각 픽셀값은 3개의 값으로 되어 있으며, 이는 **컬러 채널**color channel이라고도 알려져 있다. 이러한 컬러 채널을 다루는 한 가지 일상적인 방법은 단순히 각각의 뉴런에 각 채널과 연결을 제공하는 것으로, 이에 따라 커널 크기가 3×3인 뉴런은 3×3×3 = 27개의 입력(편향 추가)을 갖게 될 것이다.

그림 7-5에 있는 세 가지 예제는 3개의 개별 뉴런의 수용 영역이 3개의 컬러 채널로 된 이미지 픽셀의 부분집합을 어떻게 포함하는지를 보여준다.

> 위의 문장에서 '3개'라는 인스턴스가 많이 나오지만, 이들은 모두 디커플링되어 있다. 즉, 어떻게 5개의 뉴런이 3개의 컬러 채널로 된 이미지 내에서 픽셀을 포함하는지를 보여주는 예제가 4개 있을 수도 있다는 말이다.

가장 왼쪽의 예제는 커널 크기가 2×2인 뉴런을 가정하며, 1의 **보폭**stride으로 조직화되어 있다. 이는 각 뉴런의 초점이 오직 단일 픽셀만큼만 떨어져 있음을 뜻한다. 중간의 예제는 비슷한 시나리오를 보여주지만 보폭이 2다. 한 가지 언급할 점은 보폭이 클수

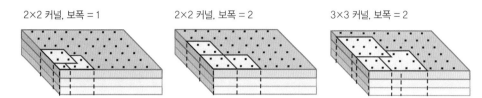

그림 7-5 각기 다른 뉴런 3개의 수용 영역이 어떻게 서로 중첩되거나 인접하는지를 보여주는 예제. 이미지는 6×8픽셀로 되어 있다. 왼쪽: 보폭이 1인 2×2 커널은 전체 이미지를 포함하는 데 5×7개의 뉴런이 필요하다. 가운데: 보폭이 2인 2×2 커널은 3×4개의 뉴런을 필요로 한다. 오른쪽: 보폭이 2인 3×3개 커널은 3×4개의 뉴런을 필요로 한다.

록 전체 이미지를 포함하는 데 더 적은 뉴런이 필요하다는 것이다. 마지막으로 가장 오른쪽의 예제는 3×3의 커널 크기와 2의 보폭을 보여준다. 주요한 관찰사항은 커널 크기와 보폭은 직교적인orthogonal 매개변수이지만 이들이 상호작용을 한다는 것이다. 예를 들어, 커널 크기 2×2와 보폭 3을 선택하면 안타깝게도 이미지의 일부 픽셀이 어떤 뉴런과도 연결되지 않을 것이다.

> 이미지를 포함하는 데 필요한 뉴런의 개수는 우선적으로 **보폭**에 영향을 받는다.

보폭이 1이라 하더라도, 전체 이미지를 포함하는 데 필요한 뉴런의 개수는 픽셀의 개수보다 약간 적다는 점을 주지하라. 즉, 합성곱 층의 출력 해상도는 이미지보다 낮을 것이다. 이는 이미지의 모서리에 0을 덧붙여(패딩padding) 처리할 수 있다. 따라서 모서리와 모퉁이 뉴런의 중심은 모서리와 모퉁이 픽셀을 중심으로 갖게 된다. 예를 들면 크기가 3×3인 커널은 각 모서리에 픽셀 하나를 덧붙여야 하며, 크기가 5×5인 커널은 각 모서리에 픽셀을 2개 덧붙여야 한다. DL 프레임워크가 우리를 위해 이런 일을 해줄 것이므로 세부 사항은 걱정할 필요가 없다.

이제 그림 7-4로 돌아가 단일 채널 내 모든 뉴런의 움직임을 고려해보자. 이와 같은 뉴런의 격자는 이제 이미지의 **특성 맵**feature map이라 부르는 무언가를 만들어낸다. 각 뉴런은 특성(패턴) 식별자의 역할을 하며, 뉴런의 수용 영역에 포함되는 위치에서 특정한 특성을 발견하면 발동될 것이다. 예를 들어, 뉴런의 가중치가 뉴런이 수직선을 식별하면 발동되도록 되어 있다면 이미지 내에 긴 수직선이 존재할 때 이 수직선을 중심으로 하는 모든 뉴런이 발동될 것이다(다음 절에서 이에 대한 예제를 볼 것이다). 맵 내 모든 뉴런이 동일한 가중치를 사용한다는 점에서, 특성이 이미지의 어디에서 나타나는지는 상관이 없다. 특성 맵은 위치에 무관하게 이를 식별할 수 있을 것이다. 이것이 병진 불변성 속성의 근원이다.

한 가지 더 언급할 점은 각 뉴런이 이미지의 모든 픽셀로부터 입력을 받지는 않는다는 것이다. 즉, 이는 완전 연결 네트워크가 아니고 **희소하게 연결**sparsely connected되어 있다. 분명히 이는 효율성 측면에서 도움이 된다. 왜냐하면 연결이 적을수록 연산이 적어지기 때문이다. 물체를 분류하기 위해 한 뉴런이 이미지의 모든 픽셀 하나하나를 고려하도록 아주 특수화돼야 한다는 것 또한 직관적으로 잘못되어 보인다. 결국 그림 7-2의 보트 이미지는 하늘에 구름이 있는지, 해가 보이는지, 아니면 파도가 물에서 높은지에 상관없이 배로 분류돼야 한다. 이와 같은 모든 조건에 대해 뉴런 하나를 갖는 것은 효율적이지 않을 것이다. 이러한 측면에서 뉴런이 이미지의 작은 조각만을 바라보도록 하는 것이 적절하다.

> 합성곱 층에서 뉴런은 **희소하게 연결**되어 있다.

특성 맵을 합성곱 층에 조합하기

수직선과 같은 단일 특성만을 탐지하는 능력은 매우 제한적일 것이다. 다른 종류의 물체를 분류하려면 네트워크가 수평선, 대각선, 그리고 색이 있는 덩어리나 그 밖의 원형적인 기본 토대도 식별할 수 있어야 한다. 이는 합성곱 층을 다중 채널(특성 맵)로 정렬해 다룬다. 즉, 이미지가 어떻게 세 가지 채널(각각은 색에 해당)을 갖는지 설명한 것과 비슷하게, 합성곱 층은 다중 출력 채널을 갖는다. 각 채널은 수직선, 수평선, 대각선,

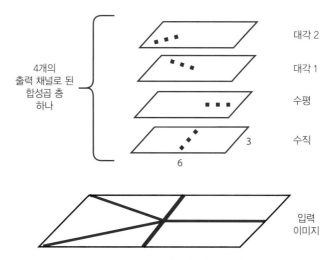

그림 7-6 4개의 채널과 각 채널에 18개의 뉴런이 있는 단일 합성곱 층. 각 점은 자극된 뉴런을 나타낸다.

혹은 보라색 덩어리와 같은 특정한 특성에 해당한다.

이는 그림 7-6에서 4개의 출력 채널을 갖는 합성곱 층으로 보여준다. 각 채널은 이미지 내 임의의 위치에 있는 특정한 특성을 식별하는 단일 특성 맵으로서 행동한다. 가장 바닥의 채널은 수직선을 식별할 수 있다. 다음 채널은 수평선을, 2개의 상단 채널은 각각 원점을 갖는 대각선을 식별할 수 있다. 각 채널은 3×6 뉴런(그림에서 숫자 3과 6으로 표시되어 있다)으로 되어 있지만, 오직 자극된 뉴런만이 각 특성 맵에서 검은색 점으로 그려진다. 자극된 뉴런이 어떻게 해서 채널이 식별할 수 있는 특성에 들어맞는 입력 이미지의 패턴에 부합하게 되는지 볼 수 있다.

그림은 커널의 크기나 보폭을 표시하지 않고 있지만, 각 채널 내 뉴런의 개수가 입력 이미지의 픽셀 개수보다 적은 것으로 보인다. 왜냐하면 직사각형 4개의 크기가 입력 이미지 직사각형보다 작기 때문이다. 이와 같이 정렬하는 것은 흔한 일이다.

여기서 용어를 혼동하기가 쉬운데, 왜냐하면 이러한 채널이 뉴런의 '층'처럼 보이기 때문이다. 그러나 '채널' 혹은 '특성 맵'이 적절한 용어이며, 출력 채널 모두 함께 단일 합성곱 층을 구성한다. 다음 절에서 어떻게 복수의 합성곱 층을 서로의 위에 쌓는지 보여

준다. 각 합성곱 층은 다중 입력 채널로부터 입력을 받고 복수의 출력 채널을 만들어
낸다. 단일 합성곱 층 내 채널 모두는 같은 수의 뉴런을 가지며, 채널 내 모든 뉴런은
서로 같은 가중치를 공유한다. 그러나 같은 층 내 다른 채널은 다른 가중치를 갖는다.

합성곱 층은 다중 채널 혹은 특성 맵으로 되어 있다. 같은 채널 내 모든 뉴런은 가중치를 공유한다.

우리는 수평선, 수직선, 대각선과 같은 채널이 식별할 명시적인 특성에 대해 이야기했
지만, 이러한 특성을 명시적으로 정의할 필요는 없다. 네트워크가 훈련 과정 동안 어
떤 특성을 찾을지 학습할 것이다.

합성곱 및 완전 연결 층을 네트워크로 조합하기

지금까지 합성곱 층의 기본 구조를 살펴봤다. 이제 어떻게 복수의 층을 네트워크로 조
합하는지 알아볼 시간이다. 먼저 합성곱 층의 출력 채널 개수는 입력 채널과 분리되어
있음을 언급한다. 입력 채널의 개수는 각 입력 채널 내 각 뉴런의 가중치 개수에 영향
을 주겠지만, 출력 채널의 개수는 단순히 합성곱 층에 얼마나 많은 뉴런을 추가할 것인
가에 대한 함수다. 우리는 합성곱 층을 서로의 위에 쌓을 수 있으며, 한 층의 출력 채널
은 입력을 다음 층에 공급한다. 특히 합성곱 층이 N개 채널을 가지면 후속 층 내 뉴런
은 $N \times M \times M$개 입력(편향 추가)을 가질 것이며, 이때 $M \times M$은 커널의 크기다. 이러한
후속 층의 특성 맵은 이제 이전 층 내 특성의 조합을 나타낸다. 특성 분류기가 다중 채
널로부터의 출력을 조합함으로써 색깔 있는 덩어리와 수직, 수평 그리고 대각선의 조
합으로 된 복잡한 기하적 형상에 대해 발동된다고 상상해볼 수 있다.

그림 7-7은 이러한 네트워크를 보여주며, 첫 번째 합성곱 층이 저수준 특성을 식별하
고 그 뒤 두 번째 합성곱 층이 이러한 특성들을 더욱 복잡한 특성으로 조합한다. 이 다
음으로 소프트맥스 함수로 된 완전 연결 층이 따라오며, 이는 이미지를 개 혹은 공작새
와 같은 N개의 클래스 중 하나로 분류한다(곧 더 자세히 설명한다).

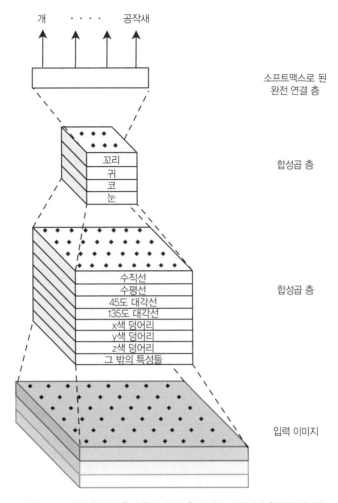

개 ···· 공작새

소프트맥스로 된
완전 연결 층

| 꼬리 |
| 귀 |
| 코 |
| 눈 |

합성곱 층

| 수직선 |
| 수평선 |
| 45도 대각선 |
| 135도 대각선 |
| x색 덩어리 |
| y색 덩어리 |
| z색 덩어리 |
| 그 밖의 특성들 |

합성곱 층

입력 이미지

그림 7-7 2개의 합성곱 층과 완전 연결 층 하나로 만들어진 합성곱 신경망

그림에서 보듯이 첫 번째 합성곱 층의 해상도(채널당 뉴런의 개수)는 이미지의 해상도보다 낮다. 게다가 두 번째 합성곱 층의 해상도는 첫 번째 합성곱 층의 해상도보다 낮다. 이를 달성하는 한 가지 방법은 1보다 큰 보폭을 사용하는 것이고, 또 다른 방법은 아래에서 더 설명할 맥스풀링을 사용하는 것이다. 먼저 왜 이렇게 하길 원하는지 고려해보자. 이는 생각해보면 더욱 타당하다. 네트워크가 더 깊어질수록, 층들이 점차 더 복잡한 특성을 식별한다. 더욱 복잡한 특성은 통상적으로 더 많은 픽셀로 되어 있다. 예를

들어, 단일 픽셀은 코^nose와 같은 복잡한 물체를 나타내지 못한다(그렇게 할 경우 해상도가 너무 낮으므로 식별할 수가 없다).

그림 7-7의 배치는 이러한 추론에 부합한다. 뉴런이 계층적으로 연결되는 방식 때문에, 최상단 합성곱 층 내 단일 뉴런은 입력 이미지 내 다수의 픽셀에 영향을 받는다. 즉, 최상단 합성곱 층 내 뉴런의 수용 영역은 하단의 합성곱 층 내 뉴런의 것보다 크며, 이들이 같은 커널 크기를 갖는다 해도 그러하다. 이러한 배치는 최상단 층의 뉴런이 더욱 복잡한 특성을 탐지할 수 있게 해준다.

더 자세한 설명은 그림 7-8에서 볼 수 있다. 시각화를 더 쉽게 하기 위해, 그림이 1차원 합성곱 및 각 합성곱 층 내 오직 단일 채널만을 보여준다. 입력 이미지는 4개의 픽셀로 되어 있다(그림에서 녹색). 첫 번째 층 내 뉴런은 커널 크기가 3이며 보폭은 1이다. 두 번째 층의 뉴런은 커널 크기가 2이며 보폭이 2이지만, 이들의 수용 영역은 4픽셀이다. 이 두 수용 영역은 어느 정도 중첩된다. 즉, 출력 층 내 각 뉴런은 입력 이미지의 절반 이상을 요약한다.

그림은 또한 입력 이미지가 덧붙여지는 개념을 보여주며, 이 경우 첫 번째 층의 출력이 덧붙이기 전의 입력 이미지와 같은 해상도를 갖도록 한다. 그림에서는 덧붙이기가 입력 이미지에만 적용되지만, 합성곱 층을 서로의 위에 쌓을 때도 적용될 수 있다. 사실 덧붙이기는 네트워크가 깊어질수록 더욱 중요해지며, 이때 해상도는 입력 이미지보다 낮아진다.

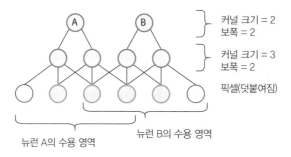

그림 7-8 네트워크가 깊어질수록 수용 영역이 어떻게 깊어지는지 보여준다. 최상단 층의 뉴런이 오직 2의 커널 크기를 갖지만, 이들의 수용 영역은 4픽셀이다. 입력 층이 덧붙여진 것을 주지하라.

248

덧붙이기를 쓰지 않으면, 층의 너비와 높이가 보폭에 상관없이 이전 층보다 자동적으로 작아질 것이다. 이는 대체로 네트워크가 깊어짐에 따라 너비와 높이가 작게 시작될 때 걱정거리가 된다.

우리가 네트워크를 합성곱 네트워크라 부르지만, 이는 네트워크가 합성곱 층으로만 되어 있다는 뜻은 아니다. 특히 네트워크의 끝에서 하나 이상의 완전 연결 층을 가지고 합성곱 층이 추출한 모든 특성을 조합하는 것이 일반적이다. 뒤에 있는 합성곱 층 내 뉴런의 개수가 통상적으로 처음 몇 개의 층보다 적다는 점에서, 마지막에 몇 개의 완전 연결 층을 갖는다고 하더라도 비용이 크게 커지지는 않는다. 또한 이는 네트워크가 합성곱 층이 표현할 수 있는 것보다 덜 일정한less-regular 구조를 발견하는 유연성을 제공한다. 분류 문제의 경우 통상적으로 마지막 완전 연결 층은 클래스가 존재하는 개수와 같은 크기의 뉴런을 갖기를 원한다. 또한 마지막 층이 소프트맥스 출력 함수를 사용해 네트워크의 출력을 이미지가 각 클래스의 물체를 포함할 확률로 해석하기를 원한다.

그림 7-9는 어떻게 마지막 완전 연결 층이 마지막 합성곱 층으로부터의 특성을 조합할 수 있는지 보여준다. 먼저 합성곱 층을 1차원 배열(벡터)로 평탄화한다. 왜냐하면 완전 연결 층에는 공간적 차원이라는 개념이 없기 때문이다. 이 그림에서 채널이 4개이고 각 채널 내 뉴런이 4개이므로 이 벡터는 16개 요소로 되어 있다.

그림은 눈을 나타내는 모든 뉴런에는 높은 가중치를 할당하고 다른 뉴런 대부분에는 낮은 가중치를 할당함으로써, 뉴런이 이미지가 공작새를 포함한다고 분류하는 것을 어떻게 생각해볼 수 있는지 보여준다. 여기서는 많은 수의 눈(아니면 적어도 눈처럼 보이는 무언가)을 갖는 유일한 동물은 공작새라고 생각하는 것이다.

공작새가 눈이 많은 유일한 생명체라는 가정은 분명히 과도한 단순화이며, 네트워크가 눈이 17개인 무서운 외계인을 공작새라고 착각할 수도 있다. 반면에 이는 사람에게도 벌어질 수 있는 일이다. 왜냐하면 대부분의 사람은 근처에서 우주선이 추락하지 않는 한 무서운 외계인을 볼 것이라고 예상할 수 없기 때문이다.

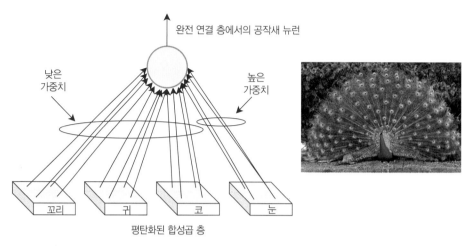

그림 7-9 완전 연결 층의 뉴런이 어떻게 복수의 특성을 동물 분류로 조합하는지 보여준다(출처: 셔터스톡 (Shutterstock), 숀 헴펠(Shawn Hempel)의 공작새 이미지).

희소 연결과 가중치 공유의 효과

CNN 프로그래밍 예제로 가기 전에, 합성곱 네트워크의 희소 연결과 가중치 공유의 효과에 대해 몇 가지 언급하는 것이 좋다. 직접적인 효과는 두 가지가 있다. 먼저 희소 연결은 뉴런당 더 적은 연산을 뜻한다(왜냐하면 각 뉴런이 이전 층의 모든 뉴런과 연결되어 있진 않기 때문이다). 두 번째로 가중치 공유는 층당 전체 가중치 개수는 그대로이지만 더 적은 고유한 가중치를 암시한다. 네트워크를 시뮬레이션하기 위한 컴퓨터 성능이 제한적이므로, 뉴런당 연산의 수는 구축할 수 있는 네트워크의 크기를 정할 것이다. 뉴런당 연산이 적으면 완전 연결 네트워크보다 더 많은 뉴런으로 된 네트워크를 구축할 수 있게 해준다. 고유한 가중치가 적으면 학습 알고리듬이 고려해야 할 검색 공간을 크게 제한한다. 이는 합성곱 네트워크가 우리가 풀고자 하는 문제의 형태와 잘 맞는다는 가정하에서, 네트워크가 빠르게 학습할 수 있도록 해준다. 이미지 분류는 이러한 가정이 맞는 문제 중 하나다.

표 7-1은 완전 연결 네트워크와 합성곱 네트워크의 두 속성을 정량화하고 있다. 첫 번째 속성은 층당 고유한 가중치의 개수로, 이는 이들을 저장하는 데 얼마나 큰 메모리가

필요한지 그리고 학습 알고리듬이 탐색할 검색 공간이 얼마나 큰지에 영향을 준다. 합성곱 네트워크의 주요 속성으로 층 내 가중치의 수가 커널 크기, 층 내 채널의 수, 그리고 이전 층 내 채널의 수에 대한 함수일 뿐이라는 것이 있다. 여기서 완전 연결 네트워크는 가중치의 개수가 층 내 뉴런의 개수 및 이전 층의 뉴런 개수 모두에 대한 함수라는 점에서 다르다.

표 7-1 완전 연결 네트워크와 합성곱 네트워크의 가중치 개수와 계산의 수 비교

속성	완전 연결	합성곱
저장/학습할 고유한 가중치의 개수	• 층 내 뉴런의 개수 • 이전 층 내 뉴런의 개수의 곱	• 층 내 채널의 개수 • 커널 크기 • 이전 층 내 채널의 개수의 곱
네트워크를 계산하는 데 필요한 연산의 개수	• 층 내 뉴런의 개수 • 이전 층 내 뉴런의 개수의 곱	• 층 내 뉴런의 개수 • 커널 크기 • 이전 층 내 채널의 개수의 곱

주: 합성곱 층 내 뉴런의 개수는 채널의 개수 및 보폭에 의존한다.

가중치 공유와 희소 연결 모두 고유한 가중치의 개수 및 그에 따라 가중치에 필요한 저장공간을 줄인다. 그러나 오직 희소 연결만이 네트워크를 계산하는 데 필요한 연산의 양을 줄인다. 즉, 복수의 뉴런이 가중치를 공유한다 하더라도, 각 뉴런이 같은 입력값을 갖지 않으므로 이들의 출력은 여전히 독립적으로 계산해야 한다. 추가로 가중치 자체를 위한 저장공간이 가중치 공유에 의해 줄어든다 하더라도, 여전히 포워드 패스로부터의 모든 뉴런의 출력을 저장해서 나중에 학습 알고리듬의 백워드 패스에서 사용해야 한다. 요약하자면 합성곱 층의 장점은 줄어든 뉴런당 연산의 수, 학습 알고리듬의 검색공간의 축소, 가중치에 필요한 축소된 저장공간이다.

> **희소 연결**은 전체 가중치 수를 줄이므로 연산의 수, 저장할 가중치의 수, 그리고 학습할 가중치의 수를 줄인다. **가중치 공유**는 고유한 가중치의 수를 줄이므로 저장하고 학습할 가중치의 수를 줄이지만 연산의 수를 줄이지는 않는다.

이러한 논의를 더 명확히 하기 위해 합성곱 층의 가중치 개수를 계산하고 이를 같은 수를 가진 완전 연결 층의 가중치 개수와 비교할 수 있다. 이 예시에서는 이미지가 층에 적용됐다고 가정한다(예를 들면, 이는 네트워크의 첫 번째 층이다). 2개의 다른 이미지 크기, 즉 $32 \times 32 \times 3$ 크기의 CIFAR-10과 $640 \times 480 \times 3$인 더 높은 해상도 형식을 고려한다. 합성곱 층이 64개의 채널을 갖는다고 임의로 가정하며 보폭은 2라 가정한다(즉, 층의 너비와 높이는 입력 이미지의 너비와 높이의 절반이다). 2개의 다른 이미지 크기를 보는 것에 더해서 2개의 다른 커널 크기 3×3과 5×5를 본다. 표 7-2에서 이 예제의 속성 개수를 계산하는 것으로 시작한다.

표 7-2 네트워크 예제에서의 속성 개수 계산

속성	연산	참고사항
채널의 개수	64	네트워크 매개변수
3×3 커널의 가중치	3*3*3+1 = 28	세 번째 항(3)은 이전 층 내 채널 3개를 나타낸다. +1은 편향 가중치다.
5×5 커널의 가중치	5*5*3+1 = 76	위를 참고하라.
저해상도 이미지에 적용된 완전 연결 뉴런의 가중치	32*32*3+1 = 3,073	위를 참고하라.
고해상도 이미지에 적용된 완전 연결 뉴런의 가중치	640*480*3+1 = 921,601	위를 참고하라.
저해상도 이미지에서의 층 내 뉴런	(32/2)*(32/2)*64 = 16,384	분모(2)는 보폭을 나타낸다. 인자 64는 채널의 개수를 나타낸다.
고해상도 이미지에서의 층 내 뉴런	(640/2)*(480/2)*64 = 4,915,200	위를 참고하라.

주: 계산된 숫자는 표 7-3에서 쓰인다.

이제 이러한 속성을 사용해 완전 연결 층과 합성곱 층 모두의 고유 가중치 및 전체 가중치의 개수를 계산할 수 있다. 이는 표 7-3이 보여준다.

눈에 띄는 주요한 점 하나는 합성곱 층의 고유 가중치의 개수가 적으며 해당 개수가 입력 이미지의 해상도에 의존하지 않는다는 것이다. 알고리듬이 5천만 혹은 5조(!) 개의 가중치 대신에 2,000~5,000개의 가중치를 알아야 한다면 네트워크를 훈련시키기 더

표 7-3 보폭이 2이고 커널 크기가 3×3과 5×5인 합성곱 층과 비교한 완전 연결 층의 고유 및 전체 가중치의 개수

	합성곱의 고유한 가중치	합성곱의 전체 가중치	완전 연결의 고유 가중치	완전 연결의 전체 가중치
이미지: 32×32×3	3×3: 1,792 (28*64)	3×3: 458,752 (28*16,384)	50,348,032 (3,073*16,384)	50,348,032 (3,073*16,384)
	5×5: 4,864 (76*64)	5×5: 1,245,184 (76*16,384)		
이미지: 640×480×3	3×3: 1,792 (28*64)	3×3: $1.38×10^8$ (28*4,915,200)	$4.53×10^{12}$ (921,601*4,915,200)	$4.53×10^{12}$ (921,601*4,915,200)
	5×5: 4,864 (76*64)	5×5: $3.74×10^8$ (76*4,915,200)		

주: 각 숫자에 쓰인 계산은 괄호 안에 있으며 표 7-2의 계산된 속성을 사용한다.

쉬울 것이 분명하다. 이는 뉴런이 오직 국소적 픽셀만을 올바르게 봐야 한다고 가정하면 특히 그러하다. 이 경우 학습 알고리듬이 5조 개 중 5,000개를 제외한 나머지 가중치가 0이라는 사실을 알아내는 데 엄청난 양의 연산 능력을 쓸 것이다!

두 번째로 눈에 띄는 것은 완전 연결 네트워크의 가중치의 전체 개수가 합성곱 층의 것보다 크기magnitude가 복수의 차수order만큼 크다는 점이다. 그러므로 완전 연결 네트워크의 계산이 상당히 더 많은 연산 성능을 필요로 한다.

네트워크에 더 깊이 들어갈수록, 합성곱 층의 가중치 개수는 통상적으로 증가한다. 반대로 완전 연결 층의 가중치 개수는 통상적으로 줄어든다. 그러므로 가중치의 개수를 줄인다는 측면에서 합성곱 층을 사용할 때의 이점은 깊은 네트워크 층에서는 그리 유의하지 않다. 이러한 효과의 이유는 다음과 같다. 층의 너비와 높이는 네트워크가 깊어질수록 감소하며, 이는 완전 연결된 후속 층의 가중치 개수는 줄이지만 합성곱 층에는 영향을 미치지 않는다. 게다가 네트워크 내 깊은 층은 입력 이미지의 3개 채널보다 훨씬 많은 채널을 갖는 경우가 많다. 후속 층 내 가중치의 개수는 후속 층이 완전 연결인지 합성곱인지에 상관없이 입력 채널의 개수에 따라 증가한다. 즉, 합성곱 층 내 뉴런의 가중치 개수는 더 이상 초기 층만큼 적지 않다. 그러므로 연산 측면에서, 네트워

크의 끝에 있는 층은 완전 연결되도록 하는 것이 타당하다. 게다가 마지막 층은 전체 이미지를 분류하는 임무를 맡게 되므로 완전 연결 층의 이점은 초기 층에서보다 훨씬 클 것이다. 이들은 따라서 이미지의 모든 영역으로부터의 정보에 접근할 수 있다는 데 따른 이점을 얻는다.

프로그래밍 예제: 합성곱 네트워크로 이미지 분류하기

이제 방금 설명한 것과 유사한 토폴로지로 된 CNN을 구축한다. 이는 2개의 합성곱 층과 그다음 단일 완전 연결 층으로 되어 있다. 자세한 내용은 표 7-4에 있다.

표 7-4 CNN 설명

층	입력 이미지	합성곱	합성곱	완전 연결
채널	3	64	64	1
채널당 뉴런/픽셀	32×32 = 1,024	16×16 = 256	8×8 = 64	10
커널 크기	N/A	5×5	3×3	N/A
보폭	N/A	2, 2	2, 2	N/A
뉴런당 가중치	N/A	5×5×3 + 1 = 76	3×3×64 + 1 = 577	64×64 + 1 = 4,097
뉴런의 전체 개수	N/A	64×256 = 16,384	64×64 = 4,096	10
훈련 가능한 매개변수	N/A	64×76 = 4,864	64×577 = 36,928	10×4,090 = 40,970

보폭을 2차원으로 묘사한 이유는 각 방향마다 엄격하게 같은 보폭을 가질 필요는 없기 때문이다. 2개의 합성곱 층에서 훈련 가능한 매개변수의 개수는 층당 뉴런의 개수에 대한 함수가 아니며, 채널의 개수와 뉴런당 가중치의 개수에 대한 함수일 뿐이다. 완전 연결 층에서 훈련 가능한 매개변수의 개수는 뉴런의 개수에 의존한다. 이는 첫 번째 층이 두 번째 층보다 4배 더 많은 뉴런을 갖고 마지막 층보다 1,638배 더 많은 뉴런을 갖지

만, 2개의 후속 층보다 대략 10% 많은 훈련 가능한 가중치만을 갖게 하는 효과가 있다.

코드 7-2는 CNN 프로그램을 위한 초기화 코드를 보여준다. 임포트 문 중에서 이제 Conv2D라 부르는 새로운 층을 임포트하는데, 이는 방금 설명한 것과 같은 2차원 합성곱 층이다. 그리고 CIFAR-10 데이터셋을 불러오고 표준화한다.

코드 7-2 합성곱 네트워크를 위한 초기화 코드

```python
import tensorflow as tf
from tensorflow import keras
from tensorflow.keras.utils import to_categorical
from tensorflow.keras.models import Sequential
from tensorflow.keras.layers import Dense
from tensorflow.keras.layers import Flatten
from tensorflow.keras.layers import Conv2D
import numpy as np
import logging
tf.get_logger().setLevel(logging.ERROR)

EPOCHS = 128
BATCH_SIZE = 32

# 데이터셋 불러오기
cifar_dataset = keras.datasets.cifar10
(train_images, train_labels), (test_images,
    test_labels) = cifar_dataset.load_data()

# 데이터셋 표준화
mean = np.mean(train_images)
stddev = np.std(train_images)
train_images = (train_images - mean) / stddev
test_images = (test_images - mean) / stddev
print('mean: ', mean)
print('stddev: ', stddev)

# 라벨을 원핫으로 바꿈
train_labels = to_categorical(train_labels,
                              num_classes=10)
```

```
test_labels = to_categorical(test_labels,
                             num_classes=10)
```

실제 모델은 코드 7-3에서 만들어지며, 먼저 Sequential 모델을 선언한 뒤 층을 추가한다. 이제 2차원 합성곱 층으로 작업하므로, Flatten 층으로 시작할 필요가 없다. 왜냐하면 입력 이미지의 차원이 첫 번째 층에서 필요한 차원과 이미 들어맞기 때문이다. 층에 입력 이미지의 형태가 32×32×3이라고 말해준다. 또한 64개의 채널과 5×5의 커널 크기, 2와 2의 보폭을 원한다고 선언한다. padding='same' 매개변수는 추가 설명이 필요하다. 앞서 설명했듯이 채널 내 뉴런의 개수가 입력 이미지(혹은 이전 층의 채널 내 뉴런) 내 픽셀의 개수와 맞도록 하기를 원할 때 덧붙이기가 필요하다. 몇 가지 다른 덧붙이기를 선택할 수 있는데, 'same'은 층의 입력만큼 뉴런의 개수가 정확히 같도록 충분히 덧붙이기를 한다는 뜻이다.[2] 실제 덧붙여지는 양은 커널 크기를 따르지만, 케라스는 'same'이라 지정하면 이를 알아서 계산해준다. 뉴런 형태를 ReLU라 지정하는 이유는 이것이 좋은 활성 함수라 밝혀져 왔기 때문이다. 층에 뉴런의 개수를 명시적으로 지정하지 않는 이유는 다른 모든 매개변수가 충분히 정의해주고 있기 때문이다. padding='same'과 strides=(2,2)의 조합은 각 차원에서 이전 층보다 절반만큼 많은 뉴런이 되게 한다(즉, 입력 이미지가 32×32픽셀이므로 채널당 16×16개 뉴런이다).

코드 7-3 합성곱 신경망의 생성과 훈련

```
# 2개의 합성곱 및 하나의 완전 연결 층으로 된 모델
model = Sequential()
model.add(Conv2D(64, (5, 5), strides=(2,2),
                 activation='relu', padding='same',
                 input_shape=(32, 32, 3),
                 kernel_initializer='he_normal',
                 bias_initializer='zeros'))
```

---

2 보폭 (1, 1)을 사용한다면 단지 뉴런의 개수와 같아질 것이다. 실제에서는 일반적으로 다른 보폭을 사용하며, 이는 덧붙이기 다음에 적용된다.

```
model.add(Conv2D(64, (3, 3), strides=(2,2),
                 activation='relu', padding='same',
                 kernel_initializer='he_normal',
                 bias_initializer='zeros'))
model.add(Flatten())
model.add(Dense(10, activation='softmax',
                kernel_initializer='glorot_uniform',
                bias_initializer='zeros'))

model.compile(loss='categorical_crossentropy',
              optimizer='adam', metrics =['accuracy'])
model.summary()
history = model.fit(
    train_images, train_labels, validation_data =
    (test_images, test_labels), epochs=EPOCHS,
    batch_size=BATCH_SIZE, verbose=2, shuffle=True)
```

그다음 합성곱 층은 비슷하지만 커널 크기가 더 작다. 입력 모양을 지정할 필요가 없으며, 이전 층의 출력에 의해 암묵적으로 정의된다. 채널당 뉴런의 개수는 8×8로 암묵적으로 정의되며, 그 이유는 이전 층이 채널당 16×16개 출력이었고 이번 층에서도 보폭을 2, 2로 선택했기 때문이다.

완전 연결(Dense) 층을 추가하기 전에, 두 번째 합성곱 층의 출력을 평탄화할 필요가 있다(3차원을 1차원으로 변환). 완전 연결 층에 소프트맥스 활성화를 사용해 출력을 확률로 해석할 수 있다.

마지막으로 compile 호출에서 categorical_crossentropy 손실 함수를 선택하고 Adam 옵티마이저를 사용한다. 모델을 훈련시키기 전에, model.summary()를 호출해 네트워크의 명세를 인쇄한다.

```
Layer (type)            Output Shape            Param #
=========================================================
conv2d_1 (Conv2D)       (None, 16, 16, 64)      4864
_____
```

```
conv2d_2 (Conv2D)            (None, 8, 8, 64)            36928

flatten_1 (Flatten)          (None, 4096)                0

dense_1 (Dense)              (None, 10)                  40970
============================================================
Total params: 82,762
Trainable params: 82,762
Non-trainable params: 0
```

매개변수의 개수를 보면, 표 7-4에서 계산한 것과 같음을 볼 수 있다. 이렇게 의도한 대로 네트워크를 정의하고 어떠한 작은 실수도 하지 않았음을 보장할 수 있도록 무결성 확인을 하면 좋다. 그림 7-10은 배치 크기가 32인 128에포크의 훈련 오차와 테스트 오차를 보여준다.

네트워크는 기억하기를 잘하지만 일반화에서는 그렇지도 않음을 볼 수 있다. 훈련 오

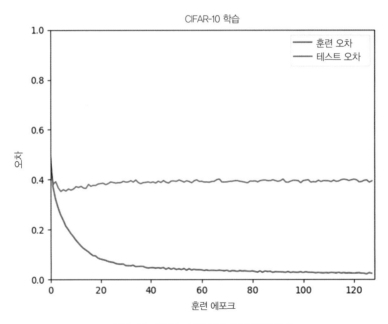

그림 7-10 CIFAR-10의 테스트 및 훈련 오차

차는 0에 접근하고, 테스트 오차는 40%의 약간 아래에 머물고 있다. 여전히 이러한 오차는 테스트 오차가 90%인 순수 추측보다는 훨씬 낫다. 우리가 더 잘할 수 있을 것 같으므로, 6장 '회귀에 적용된 완전 연결 네트워크'의 주택 데이터셋에서 했던 것과 같은 비슷한 연습문제를 진행하고, 몇 가지 설정을 만들어낸다. 실제에서 이는 반복적 과정이며 한 설정으로부터의 결과가 다음에 시도할 설정을 안내해주지만, 여기서는 단순히 가장 흥미로운 설정을 제시한다. 이는 표 7-5에 요약되어 있다. 먼저 표기법에 대한 간단한 노트가 나열되어 있다. 합성곱 층은 대문자 C로 시작해 채널의 개수, 너비, 높이를 가리키는 3개의 숫자가 뒤따라온다. 완전 연결 층은 대문자 F로 시작해 뉴런의 개수가 뒤따라온다. 세 번째 층 형태인 MaxPool이 있으며 이는 나중에 설명한다. 합성곱 층에서 커널 크기(K)와 보폭(S)을 지정하며, 양방향에서 같은 크기를 사용한다. 예를 들면 'K=5, S=2'는 5×5 커널과 2×2 보폭을 뜻한다. 각 층마다 활성 함수의 형태를 지정한다. 몇몇 층에서는 또한 층 다음에 드롭아웃을 적용하는데, 이는 곧 더 자세히 설명한다.

설정 1은 그림 7-10의 결과를 보여준다. 훈련 오차가 2%이지만 테스트 오차가 39%인 심각한 과적합을 볼 수 있다.

이러한 심각한 과적합은 모델이 너무 복잡하다는 것을 암시하며, 이때 매개변수의 개수가 전체 데이터셋을 기억하기에 충분할 정도로 크다. 그러므로 두 합성곱 층에서 커널 크기가 더 적고 두 번째 합성곱 층에서 채널이 더 적은 설정 2를 만들었다. 이를 통해 테스트 오차를 39%에서 35%로 줄이고 훈련 오차를 33%로 높였으며, 과적합 문제의 상당 부분을 해결했음을 암시한다.

고려해야 할 또 다른 것은 정칙화 기법의 적용이다. 6장에서 드롭아웃을 완전 연결 네트워크에서 사용하면 효과적인 기법이라고 소개했다. 이 기법을 소개한 논문을 읽어보면(Srivastava et al., 2014), 우리가 드롭아웃을 합성곱 네트워크에 제안하고자 한다는 점에서 다소 놀랄 수도 있다. 이 논문은 합성곱 층이 강한 정칙화 효과를 자체적으로 갖고 있으며 드롭아웃이 이러한 네트워크에 꼭 좋은 기법은 아니라고 서술하고 있

표 7-5 CNN 실험의 설정

설정	층	정칙화	훈련 오차	테스트 오차
설정 1	C64×16×16, K = 5, S = 2, ReLu C64×8×8, K = 3, S = 2, ReLu F10, 소프트맥스, 교차 엔트로피 손실		2%	39%
설정 2	C64×16×16, K = 3, S = 2, ReLu C16×8×8, K = 2, S = 2, ReLu F10, 소프트맥스, 교차 엔트로피 손실		33%	35%
설정 3	C64×16×16, K = 3, S = 2, ReLu C16×8×8, K = 2, S = 2, ReLu F10, 소프트맥스, 교차 엔트로피 손실	드롭아웃 = 0.2 드롭아웃 = 0.2	30%	30%
설정 4	C64×32×32, K = 4, S = 1, ReLu C64×16×16, K = 2, S = 2, ReLu C32×16×16, K = 3 S = 1, ReLu MaxPool, K = 2, S = 2 F64, ReLu F10, 소프트맥스, 교차 엔트로피 손실	드롭아웃 = 0.2 드롭아웃 = 0.2 드롭아웃 = 0.2 드롭아웃 = 0.2	14%	23%
설정 5	C64×32×32, K = 4, S = 1, ReLu C64×16×16, K = 2, S = 2, ReLu C32×16×16, K = 3 S = 1, ReLu C32×16×16, K = 3 S = 1, ReLu MaxPool, K = 2, S = 2 F64, ReLu F64, ReLu F10, 소프트맥스, 교차 엔트로피 손실	드롭아웃 = 0.2 드롭아웃 = 0.2 드롭아웃 = 0.2 드롭아웃 = 0.2 드롭아웃 = 0.2 드롭아웃 = 0.2	20%	22%
설정 6	C64×32×32, K = 4, S = 1, tanh C64×16×16, K = 2, S = 2, tanh C32×16×16, K = 3 S = 1, tanh C32×16×16, K = 3 S = 1, tanh MaxPool, K = 2, S = 2 F64, tanh F64, tanh F10, 소프트맥스, MSE 손실		4%	38%

주: MSE – 평균제곱오차, ReLU – 정류선형유닛

다. 나중에 밝혀졌지만 다양한 형태의 드롭아웃이 합성곱 네트워크에서 잘 동작한다 (Wu and Gu, 2015). 우리 실험이 보여주듯이, 각 합성곱 층에 20%의 드롭아웃을 추가하는 것만으로 훈련 오차와 테스트 오차 모두 30%로 낮춘다.

이제 과적합이 해결됐으므로, 다음 단계로 모델 크기를 또다시 키우면 결과를 더욱 개선할 수 있는지 보는 것이다. 설정 4에서 몇 가지를 바꿨다. 첫 번째 합성곱 층의 커널 크기를 4×4로 늘리고 보폭을 1로 바꿨으며, 이는 각 채널이 32×32개의 뉴런을 갖게 한다. 커널 크기가 3×3이고 보폭이 1인 세 번째 합성곱 층을 추가한다.

이 합성곱 층은 추가적인 설명이 필요한 맥스풀링 연산 다음에 온다. 앞에서 봤듯이 합성곱 층의 보폭을 늘릴 때, 이전 층을 포함하는 데 필요한 뉴런의 개수가 감소했다. 그러나 보폭이 커널 크기보다 커지지 않도록 조심해야 한다. 그렇지 않으면 이전 층의 일부 픽셀/뉴런을 무시하게 되기 때문이다. 큰 커널 크기를 갖지 않고 뉴런의 개수를 줄이는 다른 방법은 **맥스풀링**max pooling을 사용하는 것이다. 맥스풀링 연산은 각각의 2×2 뉴런과 같이 몇 개의 뉴런을 조합하며, 이 4개 뉴런의 최댓값을 출력한다. 이는 2×2 풀링의 경우 채널(그림에 따라 전체 층)의 출력 개수를 4배수만큼 감소시키지만, 어떠한 가중치 학습도 필요치 않다. 이것의 효과는 공간적 해상도가 감소한다는 데 있다. 즉, 이미지의 어디에 특정한 특성이 발견됐는지 정확하게 알지는 못하지만 풀링이 적용된 영역에서 특성이 존재했음은 여전히 알고 있다. 이것이 흔히 받아들일 만한 것인 이유는 정확한 위치가 상관없을 수도 있기 때문이다. 예를 들면, 서로 다른 두 마리의 개는 귀 사이의 간격이 각기 다를 것이다. 그러므로 각 귀의 대략적 위치가 올바르게 식별되는 한, 이들이 개의 기본 토대인지 여부를 결정하는 데 충분할 것이다. 그림 7-11은 풀링 층이 어떤 뉴런을 조합하는지 그리고 이와 관련해 합성곱 층이 어떤 뉴런을 조합하는지 보여준다.

맥스풀링은 층의 크기를 줄이는 방법이며 큰 보폭 대신에 쓸 수 있다.

합성곱 층은 $C \times K \times K$개 뉴런의 출력을 조합하며, 이때 C는 이전 층 내 채널의 개수이고 $K \times K$는 커널 크기다. 이는 그림 7-11의 왼쪽에서 3채널과 2×2 커널 크기의 경우를 보여주고 있다. 즉, 12개 뉴런의 출력이 함께 묶여 다음 합성곱 층의 하나의 뉴런에 입력된다. 반면에 맥스풀링 층은 채널에 걸쳐 뉴런의 출력을 조합하지 않고, 한 채

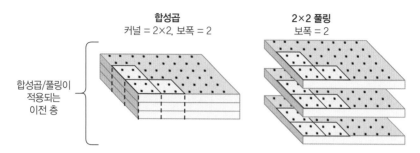

그림 7-11 풀링 층의 입력이 합성곱 층의 입력과 어떻게 연관되어 있는지 보여준다. 그림이 합성곱 층과 풀링 층이 아닌 이전 층을 나타냄을 주지하라. 왼쪽 그림은 합성곱이 모든 채널을 함께 묶어(bundle) 이 조합된 채널들을 각 뉴런의 입력으로 사용하는 것을 보여준다. 풀링 층은 이전 층 내 각 채널을 개별적으로 고려한다.

널 내에서만 한다. 그 결과 풀링 연산/층의 출력이 이전 층과 같은 개수의 채널을 갖는다. 각 채널 내 뉴런의 개수는 맥스풀링 연산의 도입 목적과 같이 적어진다. 그림 7-11의 오른쪽 예제를 보자. 보폭이 2이므로 풀링 층의 너비와 높이는 이전 층의 너비와 높이의 절반이다. 맥스풀링 층에서 4개의 뉴런으로 된 각 그룹을 조합하는 방법은 단순히 뉴런에 모든 출력을 공급하는 것이 아닌 최댓값을 가진 뉴런의 출력을 고르는 것이다.

> 맥스풀링은 한 채널 내 뉴런 집합으로부터의 출력을 조합하며, 반대로 합성곱 커널은 복수의 채널로부터의 뉴런 집합의 출력을 조합한다. 맥스풀링은 때때로 합성곱 층의 일부로 고려되며 때로는 개별적인 층으로 고려된다.

이제 설정 4로 돌아가서 맥스풀링 층을 어떻게 그리고 왜 사용하는지 보자. 우리는 이를 첫 번째 완전 연결 층 바로 이전에 배치했으며, 그럼으로써 각 완전 연결 뉴런으로의 입력 개수를 4배수만큼 줄이는 한편 여전히 완전 연결 뉴런이 이전 층 내 대부분의 자극된 뉴런으로부터 신호를 받을 수 있게 했다. 맥스풀링 층은 합성곱 층 앞에서도 사용할 수 있으며, 그렇게 사용하는 게 일반적이다.

맥스풀링 연산이 그림 7-1의 AlexNet에서 2개 층의 속성으로 서술된 것과 같이, 때때로 이전 합성곱 층의 일부로 보기도 한다. 이를 보는 다른 시각은 네트워크 내 자체 층으로 고려하는 것이다. 우리는 이것이 약간 더 직관적이라 생각하므로, 통상적으로 이와 같이 그림을 그린다. 그러나 두 모델의 깊이를 비교할 때는 훈련 가능한 매개변수를 갖는 층만을 세는 것이 일반적이므로, 풀링 층은 통상적으로 이러한 경우로 세지 않음을 주지하라. 케라스에서 맥스풀링 연산은 여기서 방금 설명한 것과 같이 별도의 층으로 다루며, 코드 한 줄로 추가할 수 있다.

```
model.add(MaxPooling2D(pool_size=(2, 2), strides=2))
```

마지막으로 설정 4는 출력 층 이전에 64개의 뉴런으로 된 추가적인 완전 연결 층을 갖는다. 전체적으로 이 더욱 복잡한 모델은 훈련 오차를 14%로, 테스트 오차는 23%로 낮춘다.

이러한 결과에 부응하여, 설정 5에서 또 다른 합성곱 층을 추가해 더욱 깊게 들어간다. 이는 훈련 오차 20%와 테스트 오차 22%가 된다. 이러한 더욱 복잡한 모델의 구현은 코드 7-4에서 볼 수 있다. 코드를 더 줄이기 위해, 이니셜라이저를 명시적으로 선택하지 않고 단지 각 층에 기본 이니셜라이저를 사용한다.

코드 7-4 설정 5의 모델 정의

```python
from tensorflow.keras.layers import Dropout
from tensorflow.keras.layers import MaxPooling2D
…
model = Sequential()
model.add(Conv2D(64, (4, 4), activation='relu', padding='same',
                 input_shape=(32, 32, 3)))
model.add(Dropout(0.2))
model.add(Conv2D(64, (2, 2), activation='relu', padding='same',
                 strides=(2,2)))
model.add(Dropout(0.2))
model.add(Conv2D(32, (3, 3), activation='relu', padding='same'))
model.add(Dropout(0.2))
model.add(Conv2D(32, (3, 3), activation='relu', padding='same'))
model.add(MaxPooling2D(pool_size=(2, 2), strides=2))
model.add(Dropout(0.2))
```

```
model.add(Flatten())
model.add(Dense(64, activation='relu'))
model.add(Dropout(0.2))
model.add(Dense(64, activation='relu'))
model.add(Dropout(0.2))
model.add(Dense(10, activation='softmax'))
```

마지막으로, 5장에서 평균제곱오차^{MSE} 대신 ReLU 활성 함수 및 교차 엔트로피 손실과 같이 DL을 가능케 하는 것들이 존재한다고 주장했다. 이를 검증하기 위해 설정 5에서와 같은 네트워크를 가져와서 ReLU 활성 함수를 tanh로 바꿨다. 추가로 손실 함수를 교차 엔트로피에서 MSE로 바꾸고 드롭아웃 정칙화를 제거했다. 왜냐하면 이는 DL 붐이 시작된 이후 발명됐기 때문이다. 결과는 설정 6에서 보여준다. 흥미롭게도 테스트 오차가 단지 38%다. 설정 5에서 달성한 22%만큼 좋지는 않지만, 범주를 무작위로 고르면 90% 테스트 오차를 준다는 점에서 이는 절대로 실패작이라 할 수는 없다. 다른 말로 하자면 1980년대 이후로 알려진 비법으로 인상적인 결과를 달성할 수 있다. 굿펠로^{Goodfellow}, 벤지오^{Bengio}, 쿠르빌^{Courville}(2016)은 신경망의 성공을 막는 주요한 장애물은 사람들이 좋은 결과를 달성하기 위해 다른 아키텍처와 매개변수로 실험하는 시간을 충분히 쓸 정도로 아이디어를 믿지 않는다는 의미에서 정신적인 측면에 있다고 주장했다. 컴퓨터 성능이 어떻게 진화했는지를 보면 분명히 오늘날보다 1980년대에 더 많은 인내가 필요했을 것이다. 2021년에는 현대적인 GPU에서 설정 5를 20에포크 실행하는 데 단지 몇 분만이 걸리는 한편, 2014년에는 랩톱의 CPU에서 실행하는 데 10시간 정도 걸렸다. 이제 이를 1989년에 실행한다고 생각해보면, 100MHz보다 훨씬 낮은 싱글 코어 CPU에서 실행함을 뜻할 것이다. 이는 저비용, GPU 기반, 고성능 연산의 출현이 DL을 실제로 가능케 했다는 생각에 신뢰를 부여한다.

합성곱 네트워크의 맺음말

7장을 시작하며 합성곱 층이 LeNet(LeCun et al., 1990)이라 알려진 네트워크에 사용됐다고 간단히 언급했다. LeNet의 본래 버전은 5개의 층으로 되어 있었으며, LeNet-5라 알려진 나중의 버전은 7층으로 되어 있었다(LeCun, Bottou, Bengio, et al., 1998). LeNet-5는 상용으로 배포됐으며 그럼에 따라 신경망 분야가 단지 학술적 연구를 넘어 발전했음을 보여줬다.

7장의 처음에 AlexNet의 그림 또한 보여줬다. 이 절을 따라가기 쉽도록 그림 7-12에 다시 보여준다. 입력 이미지는 3개의 채널로 된 224×224픽셀이다. 이는 채널당 55×55 뉴런인, 4의 보폭으로 된 11×11 합성곱 커널을 사용하는 합성곱 층으로 공급된다. 첫 번째 층은 96개의 채널을 갖지만, 이 구현은 이들을 2개의 GPU로 분할하므로, 각 GPU는 48개의 채널을 다룬다. 두 번째 층은 5×5 커널과 보폭 1을 사용하지만 2×2의 맥스풀링을 하므로 이에 따라 채널당 27×27 뉴런이 된다. 이는 2개의 GPU에 걸쳐 256개의 채널로 되어 있다. 이 장을 읽고 나면, 그림을 직관적으로 왼쪽에서 오른쪽으로 네트워크를 따라 더 깊게 들어갈 수 있어야 한다.

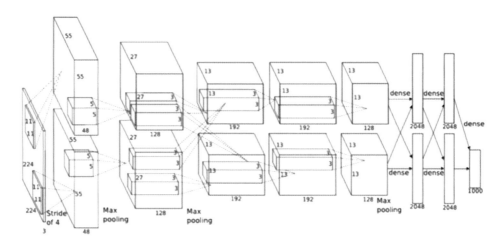

그림 7-12 AlexNet 합성곱 네트워크(출처: Krizhevsky, A., Sutskever, I., and Hinton, G., "ImageNet Classification with Deep Convolutional Neural Networks," *Advances in Neural Information Processing Systems 25 [NIPS 2012]*, 2012.)

그림 7-13은 AlexNet을 이 책의 다른 네트워크 그림과 일치하는 스타일로 보여준다. 합성곱 층에서는 커널/보폭/채널 표기법을 사용한다. 즉, 11×11/4/48은 보폭이 4이고 채널이 48인 11×11 커널을 사용하는 층을 나타낸다. 맥스풀링에서 비슷한 표기법을 사용하지만, 채널의 개수는 지정하지 않는다. 왜냐하면 입력 채널과 언제나 같은 개수일 것이기 때문이다.

그림 7-13 AlexNet의 네트워크 아키텍처

크리제브스키^{Krizhevsky}와 동료들의 논문(2012)을 읽어보면, 맥스풀링 층 이전에 일부의 합성곱 층에 정규화 체계를 적용함을 볼 수 있다. 마지막으로 완전 연결 소프트맥스 층은 1,000개의 뉴런으로 되어 있으며 이들은 입력 이미지를 CIFAR-10의 단지 10개 범주가 아닌 이미지넷 입력 데이터셋이 제공하는 1,000개 범주 중 하나로 분류할 수 있다.

당시에는 LeNet, LeNet-5, AlexNet이 중요한 이정표이자 심층 아키텍처였지만, 지금은 꽤 얕은 네트워크로 간주되고 있으며 더욱 복잡하고 성능이 더 좋은 네트워크로 교체됐다. 이 중 일부는 8장 '더 깊은 CNN 및 사전 훈련된 모델'에서 설명한다.

이 장에서 설명한 합성곱 네트워크가 어떻게 합성곱의 수학적 개념과 연관되는지 관심이 있다면, 8장으로 가기 전에 부록 G를 읽어보자.

08
더 깊은 CNN 및 사전 훈련된 모델

8장에서는 VGGNet, GoogLeNet, ResNet이라는 세 가지 합성곱 신경망^{CNN}을 설명한다. VGGNet(16층)과 GoogLeNet(22층) 모두 2014년에 나왔으며 ImageNet 데이터셋에서 성능이 인간 수준에 가깝다. VGGNet은 매우 전형적인 구조인 한편, GoogLeNet은 더욱 복잡해 보이지만 더 적은 매개변수를 가지며 더 높은 정확도를 달성한다. 2015년에 두 네트워크 모두 152개(!) 층으로 된 ResNet-152에게 패했다. 그러나 실제로 대부분의 사람들은 '단지' 50개 층만으로 된 ResNet-50에 정착해왔다. 프로그래밍 예제로 ResNet의 사전 훈련된 구현을 어떻게 사용하는지 그리고 이를 사용해 여러분의 이미지를 어떻게 분류하는지 보여준다. 그리고 CNN의 다른 면에 대해 논의하며 마친다.

이 장은 이러한 특정 네트워크에 대한 더욱 자세한 정보를 담고 있다. 이미지 분류에 특별히 관심이 있는 것은 아닌 독자들은 이러한 내용에 흥미가 없을 수도 있다. 여러분이 그렇게 생각하면서 순환신경망과 언어 처리로 가고 싶다면 이 장을 대강 훑어볼 수 있겠지만, 스킵 연결과 전이 학습은 이후의 장에서 언급되므로 이러한 개념에 주의를 기울이는 것이 좋을 수도 있다.

VGGNet

VGGNet은 옥스퍼드대학교의 비주얼 지오메트리 그룹^{VGG, Visual Geometry Group}이 제안했다. 이 아키텍처를 설명하는 논문의 주된 목적은 네트워크 깊이가 CNN의 정확도에 주는 영향에 대한 연구였다(Simonyan and Zisserman, 2014). 이를 위해 커널 크기와 보폭 같은 매개변수를 조정하지 않고 네트워크의 깊이를 조정할 수 있는 아키텍처를 고안했다. 이들은 모든 합성곱 층에 크기 3×3의 커널과 보폭 1을 사용했다. 보폭 1을 사용할 때, 후속 층의 너비와 높이는 적절한 패딩을 쓴다는 가정하에서 이전 층의 너비 및 높이와 같다. 이는 VGGNet을 네트워크 층의 너비와 높이가 너무 작아진다는 문제에 부딪히지 않고 임의적으로 깊게 만들 수 있도록 해준다.

> VGGNet은 복수의 층에 걸쳐 너비와 높이 차원을 유지하기 위해 보폭 1을 사용한다.

우리는 다른 CNN들처럼 네트워크가 깊어질수록 여전히 층에서 높이와 너비가 낮아지길 원한다. 왜냐하면 각 뉴런이 계층적으로 더 작은 특성을 조합해 더 큰 크기의 특성을 식별하기를 원하기 때문이다. VGGNet은 합성곱 층의 그룹 사이에 맥스풀링을 사용해 이를 해결한다. 그러므로 VGGNet의 통상적인 기본 토대는 크기가 같은 합성곱 층의 그룹이며, 이들 다음에 맥스풀링 층이 따라온다. 그림 8-1이 2개의 합성곱 층과 하나의 맥스풀링 층으로 되어 있는 기본 토대를 보여주고 있다. 이를 시각화하기 위해 매우 작은 입력 이미지 크기(8×6픽셀)를 가정하지만, 실제로는 더 큰 이미지로 작업할 것이다. 비슷하게 그림의 예시는 실제 네트워크와 비교하면 매우 제한적인 수의 채널을 갖고 있다.

처음 보면 그림이 약간 헷갈릴 수 있으므로, 먼저 단계별로 살펴보자. 8×6픽셀로 된 이미지가 있는 바닥에서 시작한다. 각 픽셀은 3개의 컬러 채널을 갖는다. 이미지의 흰 패치는 어떻게 3×3픽셀이 후속 합성곱 층 내 단일 뉴런과 조합되는지 보여준다. 커널이 세 가지의 모든 컬러 채널에 적용된다. 흰색 패치는 또한 합성곱 층이 모든 차원에서 보폭 1을 사용함을 보여준다. 합성곱 층은 4개의 층으로 되어 있으며, 이는 $8 \times 6 \times 4$ 출

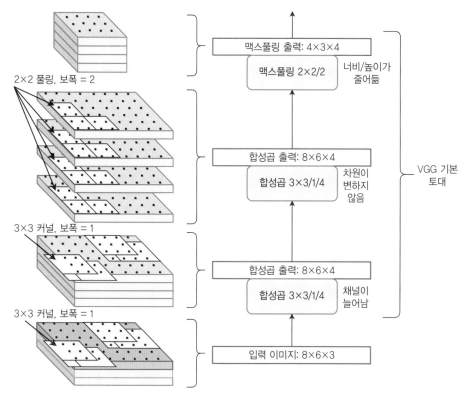

그림 8-1 VGG 기본 토대. 그림의 왼쪽 부분은 각 층의 출력 차원을 보여준다. 또한 어떻게 다음 층의 커널이 이전 층에 적용되는지도 보여준다. 합성곱 커널은 이전 층의 모든 채널에 적용되는 한편, 맥스풀링 연산은 채널별로 적용된다. 합성곱 층이 사용하는 패딩을 보면, 픽셀이 없는 부분에 커널이 적용되고 있다. 그림의 오른쪽은 각 층의 세부사항을 설명한다(커널 크기/보폭/출력 채널).

력 차원이 되고, 이는 그림의 가장 아래 파란 상자가 나타내고 있다. 이 파란 상자의 가장 위 흰색 패치는 어떻게 이번 층의 출력이 다음 합성곱 층 내 단일 뉴런과 조합되는지 보여준다. 두 번째 합성곱 층은 파란 상자의 그다음 집합이 나타내고 있다. 이들은 어떻게 출력이 다음의 맥스풀링 층과 조합되는지를 보여주기 위해 그림에서 시로 약간씩 떨어져 있다. 맥스풀링 층은 각 층에 개별적으로 적용된다. 마지막으로, 파란 상자의 최상단 집합은 어떻게 맥스풀링 층이 줄어들어 4×3×4개의 차원이 되는지 보여준다.

커널 크기가 11×11과 5×5인 AlexNet의 처음 몇 개 층과 비교하면, VGGNet의 커널 크기는 3×3으로 상대적으로 작다. 그러나 층의 그룹을 함께 고려하면, 인접한 층 내

3×3 커널은 더 큰 크기로 된 단일 커널처럼 행동할 것이다. 예를 들면, 두 층으로 된 그룹의 두 번째 층 내 단일 뉴런은 첫 번째 층의 입력에 대해 5×5의 수용 영역을 가질 것이다. 왜냐하면 뉴런이 3×3 뉴런으로부터 입력을 받고, 이는 따라서 5×5픽셀의 영역을 포함하기 때문이다. 마찬가지로, 3개의 층을 쌓으면 세 번째 층 내 뉴런은 첫 번째 층의 입력에 대해 7×7 수용 영역을 가질 것이다.

VGGNet 논문에서 연구한 다른 설정들은 모두 64개의 채널로 된 합성곱 층에서 시작한다. 각 맥스풀링 층에서 다음 층의 너비와 높이는 절반이 되고, 후속 합성곱 층은 채널의 수가 두 배가 된다. 채널의 수는 최대 512개이며, 풀링 이후 그다음 층에서 너비와 높이가 여전히 절반이 되지만 채널 수는 여전히 유지된다. 모든 합성곱 층 내 뉴런은 ReLU을 활성 함수로 사용한다. 표 8-1은 논문에서 평가된 각 설정의 일부를 보여준다. 왼쪽에서 오른쪽으로 표를 읽으면, 이전 열에서 바뀐 부분이 굵은 글자로 강조되어 있다. 모든 합성곱은 보폭 1을 사용한다. 커널 크기와 채널의 수는 표에 명시되어 있다.

어떤 설정은 1×1 합성곱을 사용하며, 이는 이전 층 내 각 채널로부터 오직 하나의 출력만을 고려한다. 얼핏 보면 이는 이상해 보인다. 단일 뉴런에 대해 하나의 합성곱을 하는 것이 어떻게 도움이 되는 것일까? 기억할 것은 합성곱이 인접한 픽셀/뉴런뿐만 아니라 여러 채널에 걸쳐 픽셀/뉴런을 또한 조합한다는 점이다. 즉, VGGNet의 1×1 합성곱은 서로 다른 채널로부터의 특성을 새로운 특성으로 조합하는 능력을 제공한다. 1×1 합성곱을 사용해 채널의 수를 늘리거나 줄일 수 있다. 왜냐하면 한 합성곱 층의 출력 채널의 수는 이전 층 내 커널 크기 및 채널 수와 독립적이기 때문이다. VGGNet은 이러한 속성을 활용하지는 않지만, GoogLeNet과 ResNet 모두는 이를 활용하는 것을 곧 볼 것이다. 1×1 합성곱을 3채널 이미지 입력에 바로 사용하는 것은 일반적이지 않다. 이 연산은 채널의 개수가 많아지는 네트워크의 더 깊은 곳에서 쓰는 것이 일반적이다.

> 1×1 합성곱은 채널의 수를 늘리거나 줄이는 데 쓰일 수 있다.

표 8-1 네 가지 VGGNet 설정*

11 가중치 층	13 가중치 층	16 가중치 층	19 가중치 층
입력 RGB 이미지(224×224×3)			
합성곱 3×3/1/64	합성곱 3×3/1/64 **합성곱 3×3/1/64**	합성곱 3×3/1/64 합성곱 3×3/1/64	합성곱 3×3/1/64 합성곱 3×3/1/64
2×2/2 맥스풀링			
합성곱 3×3/1/128	합성곱 3×3/1/128 **합성곱 3×3/1/128**	합성곱 3×3/1/128 합성곱 3×3/1/128	합성곱 3×3/1/128 합성곱 3×3/1/128
2×2/2 맥스풀링			
합성곱 3×3/1/256 합성곱 3×3/1/256	합성곱 3×3/1/256 합성곱 3×3/1/256	합성곱 3×3/1/256 합성곱 3×3/1/256 **합성곱 1×1/1/256**	합성곱 3×3/1/256 합성곱 3×3/1/256 **합성곱 3×3/1/256** **합성곱 3×3/1/256**
2×2/2 맥스풀링			
합성곱 3×3/1/512 합성곱 3×3/1/512	합성곱 3×3/1/512 합성곱 3×3/1/512	합성곱 3×3/1/512 합성곱 3×3/1/512 **합성곱 1×1/1/512**	합성곱 3×3/1/512 합성곱 3×3/1/512 **합성곱 3×3/1/512** **합성곱 3×3/1/512**
2×2/2 맥스풀링			
합성곱 3×3/1/512 합성곱 3×3/1/512	합성곱 3×3/1/512 합성곱 3×3/1/512	합성곱 3×3/1/512 합성곱 3×3/1/512 **합성곱 1×1/1/512**	합성곱 3×3/1/512 합성곱 3×3/1/512 **합성곱 3×3/1/512** **합성곱 3×3/1/512**
2×2/2 맥스풀링			
완전 연결, 4,096			
완전 연결, 4,096			
소프트맥스로 된 완전 연결, 1,000			

* 모든 합성곱 층은 보폭 1을 사용한다. 커널 크기와 출력 채널의 수는 각 셀에 명시되어 있다.

VGGNet 연구의 몇 가지 주요 결과는 모델의 깊이가 16층일 때까지는 정확도가 높아지지만 그 뒤에는 19층과 거의 같게 평탄화된다는 점이다. 이러한 층 숫자에서 풀링 층은 포함되지 않는다. 왜냐하면 풀링 층은 훈련할 가중치를 포함하지 않기 때문이다.

ImageNet 2014 대회에 제출된 최적의 VGGNet 분류 설정은 top-5 오류율[1]이 7.32%였다. 이는 AlexNet의 15.3%와 비교할 수 있다.

GoogLeNet

GoogLeNet은 인셉션Inception이라 불리는 네트워크 아키텍처의 분신 중 하나다(Szegedy, Liu, et al., 2014). 처음 보면 AlexNet과 VGGNet보다 훨씬 복잡하고 불규칙해 보인다. 왜냐하면 그 자체가 작은 네트워크인 **인셉션 모듈**Inception module이라 불리는 기본 토대를 사용하기 때문이다. 이는 네트워크-인-네트워크network-in-network 아키텍처의 한 예로, 작은 네트워크가 다른 네트워크의 기본 토대로 쓰인다(Lin, Chen, and Yan, 2013). 린Lin과 동료들은 이전에 CNN의 네트워크-인-네트워크를 연구했다. 이는 합성곱 층 내 각 뉴런이 단일 뉴런과 같은 역할을 하는 작은 다수준 네트워크로 바뀌어 있다. 전통적인 합성곱 층과 같이, 이 작은 다수준 네트워크는 전체 합성곱 층에 걸쳐 가중치를 공유할 것이다. 그 효과는 합성곱 층이지만 단일 층이 선형으로 분리할 수 없는 특성을 분류할 수 있으며, 이는 전통적인 단일 합성곱 층이 할 수 없는 것이었다.

GoogLeNet이 쓰는 인셉션 모듈은 복수의 수용 영역 크기로 동시에 작업할 수 있는 합성곱 층을 구축한다는 다른 목적으로 쓰인다. 직관적으로 이것이 유용한 이유는 특정 물체(예: 고양이)의 인스턴스가 모든 이미지에서 언제나 같은 크기인 경우는 거의 없기 때문이다. 심지어 단일 이미지에서조차 비슷한 물체의 복수의 인스턴스(고양이 여러 마리의 그림)가 카메라로부터의 거리로 인해 다른 크기로 나타날 수도 있다. 그러므로 수용 영역 크기가 유연한 네트워크는 유용할 수 있다. 인셉션 모듈은 다른 커널 크기로 된, 나란히 일을 하는 복수의 합성곱 층을 가짐으로써 수용 영역 크기의 유연성을 다룬다. 각 층은 여러 개의 출력 채널을 만들어낸다. 출력의 너비와 높이가 같은 한, 이러한 출력 채널은 이들이 단일 합성곱 층으로부터 나오는 것과 같이 나타나도록 간단히

---

1 top-5 오류율은 테스트 이미지에서 올바른 범주가 네트워크가 가장 가능성 있다고 예측하는 5개 범주에 속하지 않는 비율로 정의된다.

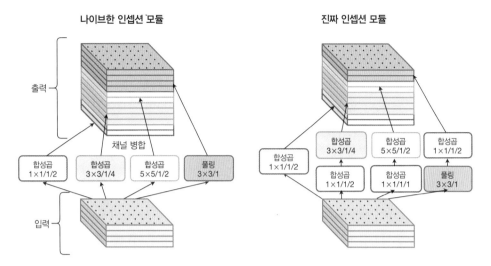

그림 8-2 인셉션 모듈. 왼쪽: 단순한 버전. 풀링 연산으로부터의 출력 채널 개수가 어떻게 입력 채널 개수와 같은지 보라. 오른쪽: 1×1 합성곱으로 된 진정한 버전. 이는 더 넓은 합성곱을 위해 가중치의 개수를 줄이고 풀링 연산으로부터의 출력 채널 개수가 입력 채널 개수와 독립이 되도록 한다. 색 코딩은 원본 이미지의 RGB와 상관이 없으며, 단지 채널이 어떤 모듈로부터 유래하는지를 가리키기 위한 것이다.

병합할 수 있다. 예를 들면 3×3 커널 크기로 된 합성곱 층으로부터 나온 32개 채널과 5×5 커널 크기로 된 층으로부터 나온 32개 채널을 가질 수도 있으며, 전체적으로 인셉션 모듈은 64개의 채널을 출력할 것이다. 그림 8-2는 인셉션 모듈의 개념적 아키텍처를 보여주며 시각화가 가능하도록 해주는 매개변수를 사용하고 있다.

> GoogLeNet에서 쓰이는 인셉션 모듈은 다중 수용 영역 크기로 작업하는 능력을 제공한다.

왼쪽의 단순한 버전으로 설명을 시작한다. 인셉션 모듈이 1×1 합성곱, 3×3 합성곱, 5×5 합성곱, 3×3 맥스풀링이라는 4개의 구성 요소로 되어 있음을 볼 수 있다. VGGNet과 같이 보폭 1을 선택했으며, 이는 인셉션 모듈의 출력이 입력과 같은 너비와 높이를 갖게 한다. 지금까지 본 네트워크에서 맥스풀링 연산은 출력의 너비와 높이를 줄이기 위해 쓰였지만, 인셉션 모듈에서의 맥스풀링 연산은 보폭 1을 사용함으로써 계속 같도록 유지한다. 맥스풀링을 이렇게 쓰는 이유는 단순히 최신의 네트워크에서 맥스풀링이 유용한 것으로 밝혀져 왔기 때문이다. 그러므로 이와 같은 방식으로 시도해도 괜찮다.

이제 그림 8-2의 오른쪽으로 가보자. 이는 그림에서 모듈의 매개변수를 시각화에 적절하도록 선택한 점은 제외하고, 단순한 버전을 대신하여 만들어진 인셉션 모듈의 아키텍처를 나타낸다. 단순한 버전의 문제는 도입된 매개변수의 개수다. 7장 '이미지 분류에 적용된 합성곱 신경망'에서 설명했듯이, 합성곱 층의 가중치 개수는 커널 크기와 이전 층 내 채널의 개수에 비례한다. 게다가 맥스풀링 층으로부터의 출력 채널의 개수는 입력 채널의 개수와 같다. 가중치의 개수를 적게 유지하기 위해, 인셉션 모듈은 3×3 과 5×5 합성곱 이전에 1×1 합성곱을 활용하며, 이는 이러한 합성곱 커널에 입력 채널이 더 적어지게 한다. 마찬가지로, 너무 많은 채널을 피하기 위해 맥스풀링 연산의 출력에 1×1 합성곱을 적용한다. 이들 1×1 합성곱으로 3×3 및 5×5 커널에 대한 입력 채널의 개수는 물론 인셉션 모듈로부터의 전체 출력의 개수, 그럼으로써 암묵적으로 훈련이 필요한 가중치의 개수를 완전히 통제하게 된다.

GoogLeNet은 아직 보지 않은 또 다른 메커니즘을 활용한다. 더 깊은 네트워크의 훈련을 위해 세게디Szegedy, 리우Liu와 동료들(2014)은 네트워크의 각기 다른 지점에 **보조 분류기**auxiliary classifier를 추가했다. 보조 분류기는 네트워크의 최상단에 통상적으로 넣는 것, 즉 예측하고자 하는 서로 다른 클래스의 확률을 계산하는 완전 연결 층 및 소프트맥스 층[2]과 유사하다. 그림 8-3은 어떻게 네트워크가 보조 분류기를 통해 확장될 수 있는지 보여준다.

보조 분류기의 의도는 훈련 동안 이러한 중간 지점에 기울기를 주입할 수 있도록 하기 위함이며 이를 통해 강한 기울기가 처음 몇 개의 층에 전파되도록 함을 보장한다. 보조 분류기는 또한 네트워크의 처음 층이 더 얕은 네트워크에서 움직이는 것과 비슷하게 훈련되도록 부추긴다. GoogLeNet 네트워크는 표 8-2에 요약되어 있다. 보조 분류기는 보여주지 않고 있다.

---

2 실제로는 이 두 층보다 약간 더 복잡하지만, 지금 논의에서 유의할 만한 것은 아니다.

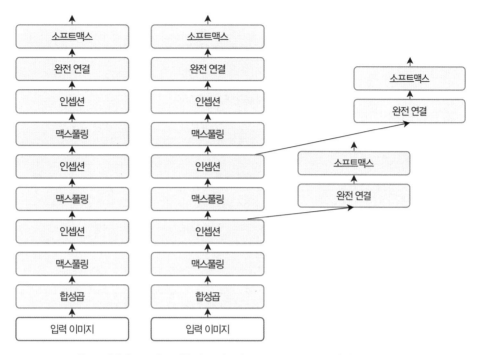

그림 8-3 왼쪽: 인셉션 모듈에 근거한 기준 네트워크. 오른쪽: 보조 분류기가 덧붙여진 같은 네트워크

보조 분류기는 훈련 동안 네트워크의 중간에 기울기를 주입한다.

표 8-2 GoogLeNet 아키텍처*

층 형태	세부 사항	출력 크기
입력	RGB 이미지	224×224×3
합성곱	7×7/2/64	112×112×64
맥스풀링	3×3/2	56×56×64
합성곱	1×1/1/64	56×56×64
합성곱	3×3/1/192	56×56×192
맥스풀링	3×3/2	28×28×192

(계속)

표 8-2 GoogLeNet 아키텍처*

인셉션	1×1/1/64	1×1/1/96	1×1/1/16	3×3/1 풀링	28×28×256
		3×3/1/128	5×5/1/32	1×1/1/32	
	채널 병합				
인셉션	1×1/1/128	1×1/1/128	1×1/1/32	3×3/1 풀링	28×28×480
		3×3/1/192	5×5/1/96	1×1/1/64	
	채널 병합				
맥스풀링	3×3/2				14×14×280
인셉션	1×1/1/192	1×1/1/96	1×1/1/16	3×3/1 풀링	14×14×512
		3×3/1/208	5×5/1/48	1×1/1/64	
	채널 병합				
인셉션	1×1/1/160	1×1/1/112	1×1/1/24	3×3/1 풀링	14×14×512
		3×3/1/224	5×5/1/64	1×1/1/64	
	채널 병합				
인셉션	1×1/1/128	1×1/1/128	1×1/1/24	3×3/1 풀링	14×14×512
		3×3/1/288	5×5/1/64	1×1/1/64	
	채널 병합				
인셉션	1×1/1/112	1×1/1/144	1×1/1/32	3×3/1 풀링	14×14×512
		3×3/1/320	5×5/1/64	1×1/1/64	
	채널 병합				
인셉션	1×1/1/256	1×1/1/160	1×1/1/32	3×3/1 풀링	14×14×832
		3×3/1/320	5×5/1/128	1×1/1/128	
	채널 병합				
맥스풀링					7×7/832
인셉션	1×1/1/256	1×1/1/160	1×1/1/32	3×3/1 풀링	7×7/832
		3×3/1/320	5×5/1/128	1×1/1/128	
	채널 병합				

(계속)

표 8-2 GoogLeNet 아키텍처*

인셉션	1×1/1/38	1×1/1/192	1×1/1/48	3×3/1 풀링	7×7×1,024
		3×3/1/384	5×5/1/128	1×1/1/128	
	채널 병합				
평균 풀링	7×7/1				1,024
드롭아웃	40%				1,024
완전 연결 (소프트맥스)	1,000				1,000

* 합성곱 층을 위한 매개변수는 커널 크기/보폭/채널로 보여준다(예로 3×3/1/64는 3×3 커널 크기, 보폭 1, 채널 64를 뜻한다). 풀링 층은 채널 매개변수를 제외하고 같은 형식을 갖는다. 모든 합성곱 층은 정류선형유닛(ReLU)을 사용한다.

결국 GoogLeNet은 상대적으로 적은 수의 가중치 개수를 갖는 깊은 고성능 네트워크를 구축하는 정교한 아키텍처를 활용할 수 있게 해준다. ImageNet 분류대회 2014에서 제출된 22층 네트워크는 VGGNet보다 약간 좋은 6.67%의 top-5 오류율을 달성했다.

ResNet

잔차 네트워크[ResNet, Residual Network]는 매우 깊은 네트워크는 훈련시키기 어렵다는 점을 다루기 위해 소개됐다(He et al., 2015a). 이전에 심층 네트워크 훈련의 한 가지 장애물이 기울기 소실 문제라고 논의했다. 그러나 심층 네트워크는 적절하게 가중치를 초기화하고, 배치 정규화를 적용하고, 네트워크의 내부에 정류선형유닛[ReLU]을 사용해서 기울기 소실 문제를 다룬 후라도 여전히 문제가 있는 것으로 드러난다.

헤[He]와 동료들은 네트워크의 깊이를 18층에서 34층으로 키울 때, 이들이 훈련 과정 동안 네트워크를 통해 좋은 기울기를 갖는 것으로 보이더라도 **훈련 오차**[training error]가 증가하는 것을 목격했다.

만일 **테스트 오차**[test error]만이 증가했다면, 이는 과적합을 의미했을 것이다. 훈련 오차의 증가는 간단히 말하면 더 큰 모델이 18층 모델보다 절대적으로 더 높은 수용력을 갖는다는 점에서 이러한 더 복잡한 모델이 학습할 수 있어야 하는 것을 학습하지 못했음을 뜻한다. 예제로 34층 모델의 처음 18개 층 내 가중치가 18층 모델의 가중치와 동일하고, 마지막 16개 층이 항등 함수를 구현했다면, 34개 층 모델은 18개 층 모델과 동등해야 하지만, 어떠한 이유에서 학습 알고리듬이 이와 같은 해에 도달하지 못했다.

ResNet은 곧 설명할 **스킵 연결**skip connection이라 알려진 메커니즘을 사용해 이 문제를 해결한다. 이는 네트워크가 항등 함수를 쉽게 학습할 수 있도록 한다. 분명히 많은 층이 출력을 바꾸지 않는 매우 깊은 네트워크를 구축하는 것은 낭비적으로 보이겠지만, 여기서의 생각은 나중의 층을 위한 최적의 해는 항등 함수와 가까울 수도 있다는 것이다. 왜냐하면 정확도를 개선하는 데는 오직 작은 변화만이 필요하기 때문이다. 그러므로 층이 항등 함수와 가까운 무언가를 학습하기 쉽게 함으로써, 학습 알고리듬이 좋은 해를 포함할 가능성이 있는 공간에서 해를 검색하기 시작할 것이다.

> ResNet은 학습 알고리듬이 매우 깊은 네트워크에 존재하는 좋은 해를 쉽게 발견할 수 있도록 하는 것을 목적으로 한다. 이는 스킵 연결을 도입해 수행한다.

그림 8-4는 ResNet에서 쓰일 수 있는 기본 토대를 보여주는데, 2개의 적층된 층을 포함하며 이 두 층의 대부분을 우회하는 추가적인 스킵 연결을 갖는다. 그림에서 볼 수 있듯이 첫 번째 층의 입력($\boldsymbol{x}$)이 두 번째 층에 의해 만들어진 가중합에 더해진다. 이는 합이 두 번째 층의 활성 함수를 통해 공급되기 전에 이뤄진다.

두 층이 입력과 같은 크기의 출력을 가진 완전 연결 층이라 가정하면, 위의 기본 토대는 행렬과 벡터를 사용해 다음과 같이 나타낼 수 있다.

$$\boldsymbol{y} = ReLu\left(\boldsymbol{x} + W_2 ReLu\left(W_1\boldsymbol{x}\right)\right)$$

가장 안쪽 벡터-행렬 곱(행렬 W_1을 사용해)은 첫 번째 층이 계산한 가중합을 나타내며, 그 뒤 이 첫 번째 층으로부터의 ReLU 활성 함수의 출력 벡터를 행렬 W_2와 곱하여 두 번

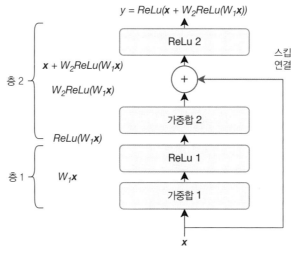

$$y = ReLu(\boldsymbol{x} + W_2 ReLu(W_1\boldsymbol{x}))$$

그림 8-4 스킵 연결의 기본 토대

째 층의 가중합을 계산한다. 헤와 동료들(2015a)은 이러한 배치를 통해, 선호되는 움직임이 항등 사상^identity mapping일 경우, 학습 알고리듬이 가중치를 0과 가깝도록 밀어내기 쉽게 해줄 것이라고 강조했다. 이는 식을 간단히 다음과 같이 줄일 것이다.

$$\boldsymbol{y} = ReLu(\boldsymbol{x})$$

여기서 스킵 연결이 무언가 네트워크를 망쳐놓고 이를 더욱 선형적으로 만든 것은 아닌가 질문할 수 있다. 왜냐하면 이는 일부 비선형 함수를 우회하기 때문이다. 그러나 그렇지 않다. 모듈이 두 번째 ReLU 함수로의 입력이 임의의 함수 $f(x)$를 모델링하도록 행동하게끔 학습시키고자 한다고 해보자. 스킵 연결을 추가하면 목표하는 것이 $f(\boldsymbol{x}) - \boldsymbol{x}$ 의 학습을 시도하는 것으로 바뀌게 된다. 여기에 $\boldsymbol{x}$를 더하면 결과가 $f(\boldsymbol{x})$와 같을 것이기 때문이다. 만일 네트워크가 $f(\boldsymbol{x})$를 모델링할 수 있다면, $f(\boldsymbol{x}) - \boldsymbol{x}$를 모델링할 수 없다고 믿을 만한 이유가 없으므로, 스킵 연결은 네트워크가 모델링할 수 있는 함수의 형태를 근본적으로 바꾸지 말아야 한다.

곧 어떻게 그림 8-4에서 보여준 기본 토대를 수정해 합성곱 층은 물론 층 내 출력의 개수가 입력의 개수와 다를 경우를 작업하는지 설명한다. 그러나 먼저 잔차 네트워크의 기본 아키텍처를 훑어보자. 기본 구조는 3×3 커널로부터 만들어진 보폭 1을 사용하는, 입력 채널과 같은 크기의 출력 채널을 갖는 적층 합성곱 층의 그룹으로 되어 있는 VGGNet으로부터 영감을 받았다. ResNet은 VGGNet과 같이 주기적으로 너비와 높이를 절반으로 줄이는 한편 출력 채널의 개수를 두 배로 만드는 층을 도입한다. 그러나 VGGNet이 맥스풀링을 사용해 차원을 줄이는 한편, ResNet은 차원이 축소되기를 원하는 합성곱 층에 보폭 2를 사용하므로, 맥스풀링이 중요하지 않다. 다른 차이점은 ResNet은 각 합성곱 층 이후 배치 정규화를 쓴다는 점이다. 이러한 차이점 둘 다 ResNet의 주요한 차별점인 스킵 연결과는 독립적이다. 그림 8-5는 스킵 연결이 없는 기본 네트워크(왼쪽) 및 스킵 연결이 있는 ResNet(오른쪽)을 보여준다.

그림 8-5에서 보듯이 두 형태의 스킵 연결이 있다. 첫 번째(실선)는 주어진 크기의 입력을 같은 크기의 출력으로 연결하며, 두 번째(점선)는 주어진 크기의 입력을 다른 크기의 출력으로 연결한다. 둘 다 3차원 구조(너비×높이×채널)를 갖는 합성곱 층에 적용된다. 다음 공식은 입력과 출력이 같은 크기일 때 두 합성곱 층에 정의된 스킵 연결을 보여준다. 이때 w, h, c는 너비, 높이, 채널의 수를 나타낸다. 즉, 단순히 입력 텐서 내 주어진 좌표로부터 출력 텐서 내 해당 좌표로 스킵 연결을 적용한다.

$$y_{i,j,k} = ReLu\left(x_{i,j,k} + F_{i,j,k}(\boldsymbol{x})\right), \quad i = 1\ldots w, \ j = 1\ldots h, \ k = 1\ldots c$$

이는 완전 연결 층에 이것을 정의하는 방법과 동등하지만, 거기에서는 입력이 3차원 텐서가 아닌 값들의 1차원 벡터였다. 추가로 명시적으로 층을 위한 공식을 작성하는 대신에, 공식을 함수 $F(\boldsymbol{x})$로 바꿨다. 이는 활성 함수를 포함하는 첫 번째 층을 나타내며, 이어서 활성 함수가 없는 두 번째 층이 따라온다.

한 가지 명백한 질문거리는 출력 텐서가 입력 텐서와 다른 차원일 때 어떻게 이 공식이 변하는가다. 특히 ResNet의 경우 출력 텐서의 너비와 높이가 입력 텐서의 절반이고, 채널의 개수가 두 배가 된다. 간단한 해법은 다음과 같다. 이때 w, h, c가 너비, 높

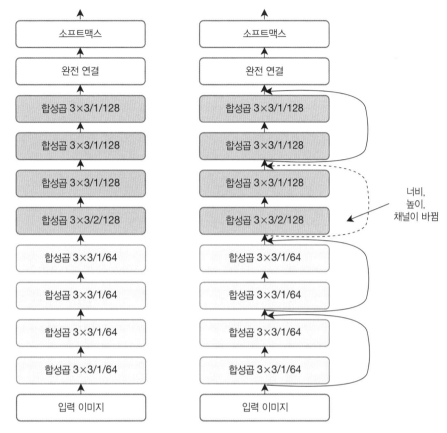

그림 8-5 왼쪽: 스킵 연결이 없는 기준 네트워크. 오른쪽: 스킵 연결이 있는 ResNet 스타일 네트워크. 점선 스킵 네트워크는 블록의 입력과 출력 차원이 같지 않음을 나타낸다(이 장 후반부에서 자세히 논의함). 스킵 연결 이후 적용되는 활성 함수를 명시적으로 보여주지 않음으로써 그림을 단순화했다.

이, 채널의 수를 나타내며, 변수가 블록의 입력 텐서 혹은 출력 텐서를 참조하는지 설명하는 첨자가 추가되어 있다.

$$y_{i,j,k} = \begin{cases} ReLu\left(x_{2i,\,2j,\,k} + F_{i,j,k}\left(\boldsymbol{x}\right)\right), & i=1\ldots w_{out};\; j=1\ldots h_{out};\; k=1\ldots c_{in} \\ ReLu\left(F_{i,j,k}\left(\boldsymbol{x}\right)\right), & i=1\ldots w_{out};\; j=1\ldots h_{out};\; k=c_{in}+1\ldots c_{out} \end{cases}$$

출력 채널의 개수가 두 배이므로, 간단히 출력 채널의 처음 절반에만 스킵 연결을 갖는다. 공식에서 이는 첫 번째 줄(스킵 연결이 있는)을 출력 채널(1부터 c_{in}까지)의 절반 앞부분에 적용하고, 두 번째 줄(스킵 연결 없이)을 출력 채널의 나머지 절반(c_{in} + 1에서 c_{out}까지)에 적용해 달성한다. 비슷한 방법으로는 너비와 높이가 절반으로 줄었으므로, 입력 텐서의 너비와 높이 내에서 하나 걸러 한 요소에만 스킵 연결을 한다(공식의 첫 번째 줄에 첨자 $2i$와 $2j$를 사용해 달성함).

스킵 연결을 출력 채널의 절반에만 적용하는 것보다 더 나은 해법은 스킵 연결에 1×1 합성곱을 사용해 스킵 연결 그 자체로부터 채널의 개수를 확장하는 것이다. 그림 8-6은 출력 채널의 절반에만 스킵 연결을 갖는 경우(왼쪽)와 1×1 합성곱을 사용해 스킵 연결의 채널 개수를 확장하는 경우(오른쪽) 모두를 보여준다.

스킵 연결을 모든 출력 채널에 가능케 하는 것은 물론 입력의 일부를 버리는 것을 피하는 다른 체계가 존재한다. 원본 ResNet 논문에서 이러한 체계를 하나 더 보여주고 있으며, 더 자세한 평가는 후속 논문(He et al., 2016)에서 찾아볼 수 있다.

더 정교한 스킵 연결의 자세한 내용은 추가로 읽어보면 좋은 주제다(He et al., 2016).

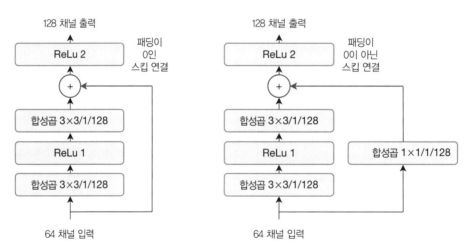

그림 8-6 입력 채널보다 출력 채널이 더 많은 합성곱 층의 스킵 연결. 즉, 이 경우는 앞의 그림에서 점선 스킵 연결로 나타나 있다. 왼쪽: 추가된 채널에 스킵 연결이 없음(패딩이 0임). 오른쪽: 1×1 합성곱을 사용해 스킵 연결의 채널 수가 확장됨

몇 가지 ResNet의 최종 토폴로지를 제시할 준비가 거의 됐지만, 먼저 기본 토대에 대한 변형을 하나 더 제시하고 생략했던 내용을 하나 더 지적한다. 심지어 더욱 많은 채널로 된 심층 네트워크를 실제로 사용하도록 하기 위해, GoogLeNet에서 보여줬던 것과 비슷한 수법을 사용할 수 있다. 1×1 합성곱을 사용해 채널의 개수를 잠시 동안 줄여 3×3 합성곱 층 내 필요한 가중치의 개수를 줄이고 그 뒤 또 다른 1×1 합성곱을 사용해 채널의 개수를 다시 늘릴 수 있다. 이 기본 토대는 그림 8-7이 보여준다.

> ResNet은 학습할 가중치의 개수를 줄이기 위해 1×1 합성곱을 사용한다.

그림의 왼쪽 부분은 그림 8-5에서 쓰인 단순화된 스타일의 기본 토대를 보여준다. 그림의 오른쪽 부분은 실제 구현을 보여주며, 스킵 연결이 최종 활성 함수 이전에 추가된다. 또한 기본 토대가 활성 함수 이전에 배치 정규화를 사용함을 보여준다. 배치 정규

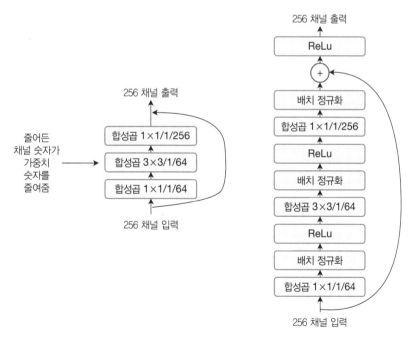

그림 8-7 내부적으로 채널의 개수를 적게 샘플링하는 기본 토대. 왼쪽: 단순화된 관점. 오른쪽: 배치 정규화와 활성 함수로 된 실제 구현

표 8-3 ResNet 아키텍처*

34층	50층	152층
합성곱 7×7/2/64 맥스풀링 3×3/2		
합성곱 $\begin{bmatrix} 3\times3/1/64 \\ 3\times3/1/64 \end{bmatrix} \times 3$	합성곱 $\begin{bmatrix} 1\times1/1/64 \\ 3\times3/1/64 \\ 1\times1/1/256 \end{bmatrix} \times 3$	합성곱 $\begin{bmatrix} 1\times1/1/64 \\ 3\times3/1/64 \\ 1\times1/1/256 \end{bmatrix} \times 3$
합성곱 $\begin{bmatrix} 3\times3/2/128 \\ 3\times3/1/128 \end{bmatrix} \times 1$	합성곱 $\begin{bmatrix} 1\times1/2/128 \\ 3\times3/1/128 \\ 1\times1/1/512 \end{bmatrix} \times 1$	합성곱 $\begin{bmatrix} 1\times1/2/128 \\ 3\times3/1/128 \\ 1\times1/1/512 \end{bmatrix} \times 1$
합성곱 $\begin{bmatrix} 3\times3/1/128 \\ 3\times3/1/128 \end{bmatrix} \times 3$	합성곱 $\begin{bmatrix} 1\times1/1/128 \\ 3\times3/1/128 \\ 1\times1/1/512 \end{bmatrix} \times 3$	합성곱 $\begin{bmatrix} 1\times1/1/128 \\ 3\times3/1/128 \\ 1\times1/1/512 \end{bmatrix} \times 7$
합성곱 $\begin{bmatrix} 3\times3/2/256 \\ 3\times3/1/256 \end{bmatrix} \times 1$	합성곱 $\begin{bmatrix} 1\times1/2/256 \\ 3\times3/1/256 \\ 1\times1/1/1{,}024 \end{bmatrix} \times 1$	합성곱 $\begin{bmatrix} 1\times1/2/256 \\ 3\times3/1/256 \\ 1\times1/1/1{,}024 \end{bmatrix} \times 1$
합성곱 $\begin{bmatrix} 3\times3/1/256 \\ 3\times3/1/256 \end{bmatrix} \times 5$	합성곱 $\begin{bmatrix} 1\times1/1/256 \\ 3\times3/1/256 \\ 1\times1/1/1{,}024 \end{bmatrix} \times 5$	합성곱 $\begin{bmatrix} 1\times1/1/256 \\ 3\times3/1/256 \\ 1\times1/1/1{,}024 \end{bmatrix} \times 35$
합성곱 $\begin{bmatrix} 3\times3/2/512 \\ 3\times3/1/512 \end{bmatrix} \times 1$	합성곱 $\begin{bmatrix} 1\times1/2/512 \\ 3\times3/1/512 \\ 1\times1/1/2{,}048 \end{bmatrix} \times 1$	합성곱 $\begin{bmatrix} 1\times1/2/512 \\ 3\times3/1/512 \\ 1\times1/1/2{,}048 \end{bmatrix} \times 1$
합성곱 $\begin{bmatrix} 3\times3/1/512 \\ 3\times3/1/512 \end{bmatrix} \times 2$	합성곱 $\begin{bmatrix} 1\times1/1/512 \\ 3\times3/1/512 \\ 1\times1/1/2{,}048 \end{bmatrix} \times 2$	합성곱 $\begin{bmatrix} 1\times1/1/512 \\ 3\times3/1/512 \\ 1\times1/1/2{,}048 \end{bmatrix} \times 2$
평균 풀링 7×7/1		
완전 연결 소프트맥스 1000		

* 각괄호 안의 각 기본 토대는 스킵 연결을 이용하며 표에서 명시되어 있듯이 복제되어 있다. 출력 채널의 개수를 바꾸는 층을 위한 스킵 연결은 그림 8-6(오른쪽)에서 보여주듯이 1×1 합성곱을 사용한다. 게다가 그림 8-7(오른쪽)에서와 같이 합성곱 층에 배치 정규화가 적용되어 있다.

화는 더 단순한 2개 층 사례(1×1 합성곱이 없는)에도 적용된다. 마지막으로, 출력 채널의 개수가 입력 채널의 개수보다 많은 경우 그림 8-6에서 보여주는 것과 같이 스킵 연결이 1×1 합성곱을 이용해 영 패딩을 피하게 할 것이다.

이러한 기법을 사용해 이제 표 8-3에서 보여주는 것과 같이 몇몇 ResNet 구현을 정의할 수 있다. 표가 본래 논문과 다소 달라 보이는 이유는 우리는 보폭이 2인 층을 명시적으로 써놓은 반면, 헤와 동료들은 텍스트 설명으로 이를 지적했기 때문이다.

헤와 동료들은 몇 가지 ResNet의 조합을 사용해 2015년 ImageNet 분류 대회에서 3.57%의 top-5 오류율을 보고했다. 즉, 결국 우리는 2012년 AlexNet의 소개로부터 8층 네트워크를 사용하는 top-5 오류율 15.3%에서 152개 층을 포함하는 네트워크를 사용하는 top-5 오류율 3.57%를 봤다. 이를 상황에 맞춰보자면, 2012년에 두 번째로 가장 우수한 것으로 접수된 모델은 26.2%의 top-5 오류율을 달성했으며, 이는 DL이 이러한 문제 도메인에서 겨우 3년 만에 인상적인 성과를 가능케 했음을 보여준다. 이제 프로그래밍 예제로 넘어가 사전 훈련된 ResNet 구현을 사용해 이미지를 분류한다.

프로그래밍 예제: 사전 훈련된 ResNet 구현 사용하기

ResNet-50과 같은 모델을 훈련시키는 데는 오랜 시간이 걸리므로, 우리 프로그래밍 예제는 이미 훈련된 모델을 사용한다. 이를 사용해 그림 8-8에서와 같이 개와 고양이를 분류한다.

코드 8-1에서 몇 가지 임포트 문으로 시작한다.

코드 8-1 ResNet 예제의 초기화 코드

```
import numpy as np
from tensorflow.keras.applications import resnet50
from tensorflow.keras.preprocessing.image import load_img
from tensorflow.keras.preprocessing.image import img_to_array
from tensorflow.keras.applications.resnet50 import \
```

```
    decode_predictions
import matplotlib.pyplot as plt
import tensorflow as tf
import logging
tf.get_logger().setLevel(logging.ERROR)
```

그림 8-8 분류하고자 하는 개와 고양이

코드 8-2에서 **load_img** 함수로 이미지 중 하나를 로드하며, 이는 PIL 형식으로 이미지를 반환한다. 그림은 224×224픽셀로 스케일링된 것을 원한다고 명시한다. 왜냐하면 ResNet-50 구현이 이를 기대하기 때문이다. 그 뒤 이미지를 넘파이 텐서로 변환해 이를 네트워크에 제시할 수 있게 한다. 네트워크는 복수 이미지의 배열을 기대하므로, 네 번째 차원을 추가한다. 그 결과 단일 요소로 된 이미지의 배열을 갖게 된다.

코드 8-2 이미지 로드 및 텐서로 변환

```
# 이미지를 로드하고 4차원 텐서로 변환
image = load_img('../data/dog.jpg', target_size=(224, 224))
image_np = img_to_array(image)
image_np = np.expand_dims(image_np, axis=0)
```

코드 8-3은 ImageNet 데이터셋을 사용해 훈련된 가중치를 사용하는 ResNet-50 모델을 로드하는 방법을 보여준다. 이전 예제에서 했던 것과 같이 입력 이미지를 표준화한다. 왜냐하면 ResNet-50 모델이 이들이 표준화됐기를 기대하기 때문이다. preprocess_input 함수가 모델을 훈련시키는 데 사용했던 훈련 데이터셋으로부터 유도된 매개변수를 사용해 이를 해준다. model.predict()를 호출해 네트워크에 이미지를 제시한 뒤, 라벨을 문자 형태로 반환하는 편의 메서드 decode_predictions()를 먼저 호출해 예측을 인쇄한다.

코드 8-3 네트워크 로드, 전처리 및 이미지 분류

```
# 사전 훈련된 모델 로드
model = resnet50.ResNet50(weights='imagenet')
# 입력 데이터 표준화
X = resnet50.preprocess_input(image_np.copy())
# 예측
y = model.predict(X)
predicted_labels = decode_predictions(y)
print('predictions = ', predicted_labels)

# 이미지 보여주기
plt.imshow(np.uint8(image_np[0]))
plt.show()
```

개 그림의 출력은 다음과 같다.

```
predictions = [[('n02091134', 'whippet', 0.4105768), ('n02115641',
'dingo', 0.07289727), ('n02085620', 'Chihuahua', 0.052068174), ('n02111889',
'Samoyed', 0.04776454), ('n02104029', 'kuvasz', 0.038022097)]]
```

이는 네트워크가 개가 41%의 확률로 'whippet'(견종 중 하나임), 7.3%의 확률로 'dingo', 5.2%의 확률로 'chihuahua' 등이라고 예측했음을 뜻한다. 우리가 그림의 개가 'chihuahua', 'Jack Russell terrier', 'miniature poodle' 및 다른 품종의 혼종임을 알고 있으므로, 적어도 'chihuahua' 예측은 말이 된다. 이는 또한 왜 ImageNet 대회에서 대략적으로 5%의 top-5 오류율이 인간 수준의 능력인지 보여준다. 범주가 극도로 세분화되어 있으므로, 물체의 정확한 범주를 집어내기가 어렵다.

고양이 그림에 네트워크를 적용하면 다음을 출력한다.

```
predictions = [[('n02123045', 'tabby', 0.16372949), ('n02124075',
'Egyptian_cat', 0.107477844), ('n02870880', 'bookcase', 0.10175342),
('n03793489', 'mouse', 0.059262287), ('n03085013', 'computer_keyboard',
0.053496547)]]
```

네트워크가 고양이를 올바르게 'tabby'를 가장 높은 확률로 범주화하며, 또한 'computer keyboard'(컴퓨터 키보드)를 리스트에서 볼 수 있다. 배경에 키보드가 있으므로 이 또한 맞다. 먼저 어떻게 네트워크가 고양이를 'mouse'(쥐)라고 실수할 수 있는지 다소 혼란스러워 보이지만, 범주 n03793489를 살펴보면 이는 컴퓨터 마우스를 뜻하는 것으로 드러나며, 그림에는 컴퓨터 마우스가 없음에도 불구하고 어째서 네트워크가 이러한 실수를 저지르는지 정당화하는 컴퓨터 관련 아이템이 충분히 존재한다. 이로써 프로그래밍 예제를 마치며, 이제 몇 가지 다른 기법을 설명하면서 CNN 주제를 마무리한다.

> 마침내 우리가 고양이 그림을 분류해냈다! 바로 이 순간 고양이 그림을 분류하는 데 세계의 전체 컴퓨팅 능력 중에서 얼마만큼이 쓰였는지 앉아서 반성해보자.

전이 학습

이전 프로그래밍 예제에서는 사전 훈련된 모델을 사용해 처리하고자 훈련시킨 문제와 동일한 형태의 문제에 적용했다. 이번 절에서는 연관된 기법 두 가지를 논의한다. 첫 번째는 사전 훈련된 모델로부터 시작해 우리만의 데이터로 추가로 훈련시키는 것이다. 두 번째는 다르지만 연관된 문제를 풀고자 하는 의도로 사전 정의된 모델의 일부를 여러분 모델의 기본 토대로 사용하는 것이다.

먼저 사전 훈련된 모델로 시작해 같은 문제 형태를 위해 여러분만의 데이터로 이를 계속 훈련시키는 간단한 경우부터 살펴볼 텐데, 이는 **미세조정**fine-tuning이라고도 알려져 있다. 여러분의 데이터셋이 제한된 크기를 갖는다면 이는 도움이 되는 경우가 많다. 여러분이 큰 데이터셋을 갖고 있다 하더라도, 사전 훈련된 모델로부터 시작하면 여전히 도움이 될 수 있다. 왜냐하면 여러분만의 데이터로 훈련하는 데 필요한 시간을 줄일 수 있기 때문이다.

대부분의 경우 닥친 문제는 네트워크가 본래 훈련된 문제와 연관은 있지만 여전히 약간 다르다. 예를 들어 여러분에게 10마리의 개가 있으며(여러분이 사육장을 운영하고 있을 수도 있다), 서로 다른 각각을 구별해야 한다고 가정해보자. 이 중 일부는 같은 품종이다. 이는 분명히 분류 문제이지만, 1,000개 클래스로 된 ImageNet 분류에 훈련된 네트워크를 사용하면 안 될 것이다. 대신에 여러분은 이미지를 10개의 특정한 개로 분류하는 네트워크를 원한다. 이는 **전이 학습**transfer learning을 사용해 할 수 있다. 여기에는 어떠한 과제를 위해 훈련된 모델 아니면 모델의 일부를 가져온 뒤, 이를 사용해 다르지만 연관된 과제를 해결하는 데 사용하는 것이 포함된다. 본래 과제를 위해 훈련된 기술의 일부를 넘겨(전이되며) 새로운 과제에 적용 가능하다는 것이 아이디어다. 이번 예시에서는 이 장의 합성곱 네트워크 중 하나의 사전 훈련된 버전을 사용해 마지막 층 일부를 10개의 출력이 있는 소프트맥스 층으로 끝나는 우리의 층으로 바꿀 수 있다. 그뒤 네트워크가 분류하길 원하는 10마리의 개로 된 데이터셋에 이 모델을 훈련시킨다. 합성곱 층이 다른 형태의 개를 식별하는 데 유용한 특성을 인식하는 능력을 이미 갖고있다는 사실을 이용할 것이다. 사전 훈련된 네트워크를 가져오고 일부 층을 바꾸는 과정은 그림 8-9가 보여준다.

몇 가지 현실적인 내용을 언급할 필요가 있다. 훈련을 시작할 때 사전 훈련된 모델의 층은 커다란 데이터셋에서 많은 에포크로 이미 훈련되어 있는 한편, 최종 층의 가중치는 완전히 무작위다. 여러분이 그저 여러분의 데이터셋에 훈련을 시작하면, 학습 알고리듬이 사전 훈련된 모델로부터 조심스럽게 훈련된 가중치를 망칠 위험이 있다. 그러므로 이러한 가중치를 고정하고 새롭게 추가된 층만 훈련시키는 것이 좋은 아이디어인

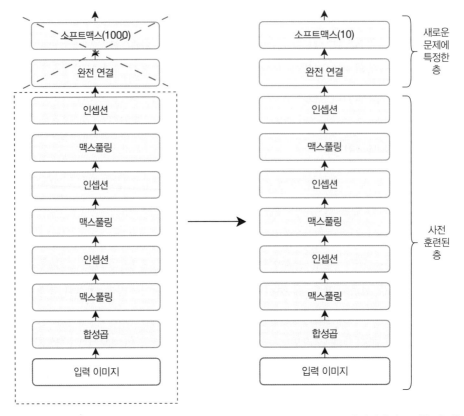

그림 8-9 전이 학습. 왼쪽: 인셉션 네트워크. 오른쪽: 인셉션 네트워크로부터 사전 훈련된 층에 근거한 새로운 네트워크. 그러나 마지막 몇 개 층이 새로운 문제를 위해 훈련된 새로운 층으로 바뀌어 있다.

경우가 많다. 이는 또한 훈련 과정을 빠르게 만드는데 왜냐하면 조정 가능한 매개변수의 수가 훨씬 적기 때문이다. 사전 훈련된 층을 고정하는 동안 모델을 훈련시킨 뒤, 다음 단계는 이들 층의 고정을 해제하고 더 작은 학습률로 몇 에포크 훈련시켜 이 모델을 미세조정하는 것일 수 있다.

한 가지 강력한 기법은 라벨 데이터가 필요하지 않은 비지도 학습 기법을 사용해 모델을 사전 훈련시키는 것이다. 라벨링되지 않은 많은 양의 데이터가 라벨링된 데이터보다 훨씬 얻기 쉽다. 라벨링되지 않은 데이터에 사전 훈련시킴으로써, 라벨링된 커다란 데이터셋을 얻는 비용 없이 모델이 유용한 특성을 발견하도록 훈련시킬 수가 있다. 그 뒤 사전 훈련된 모델은 라벨링된 더 적은 데이터셋을 사용해 훈련되는 최종 모델을 구축하는 데 쓰인다. 11~13장에서는 모델이 라벨링되지 않은 데이터로부터 언어 구조를 학습하도록 훈련되는 예제를 볼 것이다.

이 절에서 전이 학습을 더 깊이 살펴보지는 않지만, 관심이 있다면 장^{Zhuang}과 동료들이 이 주제를 다룬 조사 논문(2020)을 참고할 수 있다. 또한 16장 '이미지 캡셔닝을 위한 일대다 네트워크'에서 전이 학습의 예제를 볼 것이다. 거기서 이미지 캡셔닝 네트워크에 사전 훈련된 VGGNet 모델을 기본 토대로 사용한다.

전이 학습은 다른 사용 사례를 위해 추가로 학습되는 모델을 구축하는 데 사전 훈련된 모델을 활용한다.

CNN을 위한 역전파 및 풀링

우리가 DL 프레임워크를 사용하고 있으므로, 합성곱 층에서 역전파 알고리듬이 어떻게 동작하는지 걱정할 필요는 없지만 이를 이해하는 것은 여전히 흥미로운 일이다. 알고리듬을 바꾸지 않고 사용하면, 채널 내 모든 뉴런이 같은 가중치를 갖는다는 불변성을 깰 가능성이 있는 것으로 보인다. 먼저 채널 내 모든 뉴런이 초기화를 통해 같은 값을 얻고 그 뒤 서로 동일할 것으로 가정되는 모든 가중치에 동일한 업데이트를 적용하도록 보장함으로써, 이러한 불변성이 여전히 참으로 유지됨을 직관적으로 보장할 수 있다.

이들을 같은 값으로 초기화하는 것은 쉬운 일이다. 유일한 의문점은 업데이트값으로 무엇을 사용할지 어떻게 정하는가다. 업데이트값의 정의 측면에서 이를 생각해보면, 이는 자연스럽게 나온다. 가중치의 업데이트값은 단순히 가중치에 대한 손실 함수의 편미분이다. 이제 어떻게 합성곱 네트워크가 완전 연결 네트워크와 다른지 고려해보자. 주요한 차이점은 만일 합성곱 네트워크를 위한 전반적인 방정식을 작성하면 합성곱 층 내 각 가중치는 방정식에서 여러 번 나타날 것이며, 한편 완전 연결 네트워크를 위한 방정식에서는 가중치가 오직 한 번 나타날 것이라는 점이다. 가중치에 대한 결과 편미분은 방정식 내 각 가중치 인스턴스에 대한 편미분의 합인 것으로 드러난다.

결과 업데이트값은 역전파 알고리듬으로 직관적으로 계산할 수 있다. 이는 완전 연결 네트워크와 매우 비슷하다. 완전 연결 경우에서와 같이 포워드 및 백워드 패스를 수행한다. 다른 점은 가중치를 어떻게 업데이트하는가다. 주어진 뉴런의 특성 가중치를 가중치의 그 인스턴스에 대한 업데이트값을 계산함으로써 업데이트하는 대신에, 그 공유된 가중치의 모든 인스턴스를 위한 업데이트값의 합으로 가중치를 업데이트한다. 같은 업데이트값을 네트워크 내 가중치의 모든 복사본에 적용한다. 실제로 합성곱 층의 효율적인 구현에서는 모든 가중치의 복수 복사본을 저장하지 않고 대신에 구현 내에서도 가중치를 공유할 것이다. 따라서 업데이트 과정은 바로 그 가중치의 단일 복사본만을 업데이트하며 이는 채널 내 모든 뉴런에 의해 쓰인다.

합성곱 층의 가중치 공유 속성을 어떻게 다루는지에 대한 이슈와는 별개로, 최댓값 연산이 미분 가능하지 않음이 분명한 맥스풀링 층에서는 어떻게 역전파를 사용할지 다뤄야 한다. 이 또한 직관적인 것으로 드러난다. 단순히 최댓값을 입력으로 제공하는 뉴런에만 역전파를 시킨다. 왜냐하면 다른 입력은 오차에 영향을 주지 않을 것임이 분명하기 때문이다.

정칙화 기법으로서의 데이터 증대

6장 '회귀에 적용된 완전 연결 네트워크'에서 일반화에 실패한 네트워크의 문제 및 이를 어떻게 정칙화로 다루는지 논의했다. 일반화를 개선하는 효과적인 기법은 단순히 훈련 데이터의 크기를 키우는 것이다. 이는 네트워크가 기억하기 어렵게 만들며 네트워크로 하여금 문제의 일반해를 찾도록 강제한다. 이 기법의 문제는 커다란 데이터셋을 모으고 라벨링하는 일이 값비싼 경우가 자주 있다는 점이다. 이 문제를 다루는 한 가지 방법은 데이터셋 증대dataset augmentation를 사용하는 것이다. 데이터셋은 기존의 것으로부터 추가적인 훈련 예제를 만들어 증가시킨다. 그림 8-10은 예제를 보여준다. 개

그림 8-10 원본 이미지 하나와 10개의 변형된 그림으로 10배 많은 데이터셋 만들기

사진 하나를 가져와서 여러 방향으로 수정해 훈련에 쓰일 수 있는 10개의 새로운 사진을 만들어낸다.

여기엔 언급할 만한 함정이 몇 가지 존재한다. 하나는 특정한 종류의 데이터에서 오직 몇 가지 변환만이 데이터의 실제 의미를 바꾸지 않고 적법하다는 점이다. 예를 들면 개 사진을 위아래 혹은 거울로 뒤집는 것은 당연히 괜찮지만, MNIST 숫자에서는 그렇지 않다. 숫자 6을 위아래로 뒤집으면 이는 9로 변하며, 3을 거울에 비추면 이는 더 이상 3이 아니다. 또 다른 중요한 이슈는 데이터 증대는 데이터를 훈련 데이터셋과 테스트 데이터셋으로 나누기 전이 아닌 나눈 후에 해야 한다는 점이다. 이는 훈련 데이터셋으로부터 테스트 데이터셋으로 정보가 유출되는 것을 피하기 위해서다. 만일 여러분이 데이터를 두 데이터셋으로 나누기 전에 데이터 증대를 한다고 해보자. 결국 원본 이미지는 훈련 데이터셋에 있고 약간 다른 이미지가 테스트 데이터셋에 있게 될 수도 있다.

네트워크가 약간 변형된 이런 사진을 올바르게 분류하는 것이 완전히 다른 이미지를 올바르게 분류하는 것보다 쉬울 것이다. 그러므로 오염된 테스트 데이터셋으로부터 네트워크를 평가하면 과도하게 긍정적인 결과를 얻을 수 있다.

> 데이터 증대는 효과적인 정칙화 기법이지만, 몇 가지 함정이 따라온다.

CNN이 저지르는 실수

AlexNet 논문(Krizhevsky, Sutskever, and Hinton, 2012)을 시작으로 이미지 분류에서 경이적인 발전이 있어왔지만, 후속적인 발견들을 통해 걱정해야 할 이유들이 제기됐다. 예제로 2014년에 세게디와 동료들은 인간은 이미지가 수정됐음을 알지 못하지만 신경망이 수정된 이미지를 더 이상 올바르게 분류하지 못하는 방식으로 이미지를 약간 섭동perturb하는 것이 가능함을 보였다. 이렇게 수정된 이미지를 **적대적 예제**adversarial example라 불렀다.

> 이제 우리가 〈터미네이터 제니시스〉[3]의 시간대에 있으며, 우리가 신경망을 속이는, 인류의 생존을 위해 기계와 싸울 때 편리한 방법을 방금 발견했음에 다소 안심이 된다.

2019년에 나온 약점으로, 아주라이Azulay와 웨이스Weiss(2019)는 몇몇 인기 있는 현대 네트워크가 단지 몇 픽셀만큼의 작은 병진(위치의 이동)에 로버스트하지 못함을 보였다. 왜냐하면 1보다 큰 보폭을 사용하면 나이퀴스트 샘플링 정리Nyquist sampling theorem의 속성을 무시하기 때문이다. 이는 여러분이 DL을 적용할 분야의 근본적인 원칙을 이해하는 것이 얼마나 중요한지를 보여주는 예제 역할을 한다.

모델 그 자체의 문제와 별개로, CNN은 훈련 데이터 내 편향 및 다양성 부재로 인한 문제에 민감하다. 이 내용은 MNIST 데이터셋을 설명할 때 언급했다. 더욱 최근의 예제를

---

3 〈터미네이터 제니시스〉는 〈터미네이터〉 시리즈의 2015년에 나온 5번째 작품이다. - 옮긴이

보면, 인기 있는 사진 앱이 유색인종의 사진을 '고릴라' 범주로 계속 분류했다(Howley, 2015). 의도한 일은 아니지만, 이러한 실패 사례는 데이터셋을 다양하고 편향적이지 않으며 완전하게 디자인하는 일이 왜 중요한지를 강조한다.

깊이별 분리 가능 합성곱으로 매개변수 줄이기

7장에서 어떻게 합성곱 층 내 뉴런의 가중치 개수가 커널 크기 및 이전 층의 채널 개수에 의존하는지 봤다. 후자는 합성곱 연산이 이전 층의 모든 채널에 적용된다는 사실을 따른다. 즉, 출력 층 내 단일 채널의 뉴런은 $M \times K^2 + 1$개의 가중치를 가지며, 이때 M은 입력 층 내 채널의 수, K는 커널 크기(2차원이므로 K^2), 그리고 +1은 편향 항이다. N개 채널로 된 출력 층은 가중치가 전체 $N \times (M \times K^2 + 1)$개가 된다. 가중치의 개수는 가중치 공유 때문에 너비와 높이에 의존하지 않지만 계산할 때는 의존한다. 너비가 W이고 높이가 H인 출력 층의 전체 곱셈의 수는 $W \times H \times N \times (M \times K^2 + 1)$이다.

깊이별 분리 가능 합성곱depthwise separable convolution은 비슷한 결과를 달성하면서 가중치와 계산의 수를 줄인다. 이는 합성곱을 두 단계로 나누어 한다. 각 출력 뉴런이 각 입력 채널에 대해 합성곱을 하는 대신에, 첫 번째 단계에서 각 입력 채널에 대해 합성곱을 개별적으로 계산한다. 이는 입력 층과 같은 숫자의 채널로 된 중간 층이 된다. 출력 층은 그 뒤 이러한 중간 층 내 모든 채널에 걸쳐 **지점별 합성곱**pointwise convolution이라 알려진 1×1 합성곱을 한다. 즉, 각 출력 채널이 각 입력 채널에 대해 그 자신만의 가중치를 갖는 대신에, 공유된 가중치의 단일 집합이 각 입력 채널에 대한 합성곱에 쓰인다. 출력 채널 내 가중치는 그 뒤 어떻게 이러한 합성곱의 결과를 조합하는지 결정한다.

이는 그림 8 11에서 보여주고 있다. 왼쪽 이미지는 단일 뉴런이 모든 입력 채널에 걸쳐 영역의 가중합을 계산하는 전통적인 합성곱을 보여준다. 오른쪽 이미지는 깊이별 분리 가능 합성곱을 보여주며, 여기서는 먼저 각 입력 채널에 대해 가중합을 계산하고 그 뒤 분리된(지점별) 합성곱이 앞에서 언급한 가중합의 가중합을 계산한다. 깊이별 분리 가능 합성곱의 이점이 그림에서는 분명해 보이지 않는 이유는 오직 하나의 출력 채

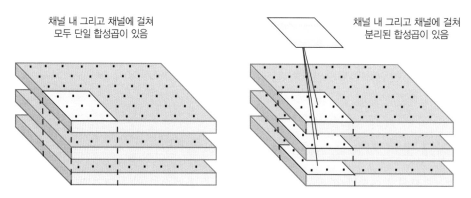

그림 8-11 왼쪽: 정상적인 합성곱. 오른쪽: 깊이별 분리 가능 합성곱. 그림이 오직 하나의 출력 채널만을 보여주고 있으며 그 이점은 강조되지 않고 있다.

널만을 묘사하고 있기 때문이다. 복수의 출력 채널을 계산할 때 이점이 분명해지며, 이 경우 깊이별 분리 가능 합성곱은 더 많은 지점별 합성곱만을 추가하기만 하면 되지만(추가적인 출력당 편향을 포함한 가중치 4개), 전통적인 합성곱은 더 많은 완전 신경망을 추가해야 한다(추가적인 출력당 편향을 포함한 가중치 10개).

첫 번째 단계에는 $M \times (K^2 + 1)$개 가중치가, 두 번째 단계에는 $N \times (M + 1)$개 가중치가 존재한다. 입력 층과 출력 층 둘 다 차원이 $W \times H$라 가정하면, 전체 곱셈의 수는 $W \times H \times (M \times (K^2 + 1)) + W \times H \times (N \times (M + 1))$이다. 이는 이 절의 처음에 나왔던 보통의 합성곱 공식과 비교하면 상당히 줄어든 것이다. 깊이별 분리 가능 합성곱의 첫 번째 항은 인자 N을 포함하지 않고, 두 번째 항은 인자 K^2을 포함하지 않으며, 둘다 양적으로 상당한 크기다.

대부분의 경우 이러한 연산의 움직임은 보통의 합성곱 연산만큼 동작하는 것으로 드러난다. 직관적으로 이는 특정 입력 채널에 적용할 커널의 형태(선택하는 가중치)가 값을 만들어내는 출력 채널이 무엇인지에 그리 의존적이지 않음을 뜻한다. 이러한 결론을 내놓는 이유는 깊이별 분리 가능 합성곱에서 특정 입력 채널에 적용되는 커널을 모든 출력 채널이 공유하기 때문이다. 이는 항상 옳지는 않음이 분명하지만, 깊이별 분리 가능 합성곱과 정상적인 합성곱 사이에는 디자인적인 거리가 존재한다. 예를 들어,

과정에서 첫 번째 단계를 입력 채널당 2개 혹은 더 많은 채널을 만들도록 수정할 수 있다. DL에서 그런 경우가 많은 것처럼, 이는 여러분의 네트워크 아키텍처에서 실험할 또 다른 초매개변수가 된다. 즉, CNN을 구축할 때마다 깊이별 분리 가능 합성곱을 대신 사용할 것을 고려하길 바란다. 많은 경우 네트워크가 더욱 빨라지면서 정확도 측면에서도 동일하게 성능이 좋다.

깊이별 분리 가능 합성곱의 설명을 마치기 전에, 이들이 VGGNet, GoogLeNet, ResNet에서 찾아낸 모듈과 어떻게 연관이 되는지 언급하는 게 좋겠다. 많은 경우 이러한 모듈은 합성곱 연산을 적용하기 전에 1×1 합성곱을 사용해 채널을 줄인다. 이는 깊이별 분리 가능 합성곱과 비슷하지만 반대의 순서대로 한다. 또 다른 차이점은 1×1 합성곱을 하고 난 뒤 다른 합성곱 연산이 따라올 때 두 합성곱 사이에는 활성 함수가 존재하는 한편, 깊이별 분리 가능 합성곱은 그렇지 않다.

깊이별 분리 가능 합성곱을 사용하는 네트워크는 MobileNet(Howard et al., 2017)과 Xception 모듈(Chollet, 2016) 두 예시가 있다. 후자는 극단적 인셉션Extreme Inception을 뜻하며 GoogLeNet(Szegedy, Liu, et al., 2014)이 사용하는 인셉션 모듈에 영감을 받았지만, 전적으로 깊이별 분리 가능 합성곱 층에 기반한다.

EfficientNet으로 올바른 네트워크 디자인 균형 맞추기

이번 장에서 네트워크 깊이의 영향을 살펴보는 세 가지 네트워크 예제를 봤다. 네트워크 깊이는 중요하지만, 살펴봐야 할 여러 가지 차원 중 단지 하나일 뿐이다. 특히 다른 주요한 차원 두 가지는 그림 8-12가 보여주듯이 각 층의 해상도(너비와 높이) 그리고 채널의 개수가 있다. 단Tan과 리'ª(2019)는 한 가지 매개변수만 개별로 연구하면 가장 효과적인 디자인을 찾을 가능성이 낮아진다고 지적했다.

이 논문에서 이들은 제약된 환경에서 가장 성능이 좋은 디자인에 도달하고자 하는 목표로 디자인 공간의 탐색에 나섰다. 예를 들면 특정한 숫자의 부동소수점 연산과 메모리

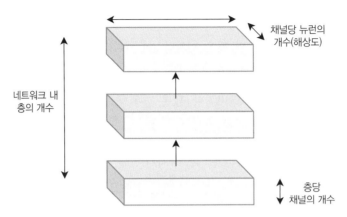

채널당 뉴런의
개수(해상도)

네트워크 내
층의 개수

층당
채널의 개수

그림 8-12 합성곱 네트워크에서 세 가지 주요한 매개변수. 서로 다른 크기의 EfficientNet이 한 차원만 스케일링하는 대신에 이 세 매개변수 사이의 일정한 관계를 유지하고 있다.

바이트가 주어졌을 때, 성능이 최적인 CNN을 내놓는 깊이, 해상도, 채널 수의 조합을 결정한다. 이들은 디자인 공간의 심층적인 조사가 가능할 만큼 충분히 작은 네트워크로 실험함으로써, 매우 효율적인 기준 디자인에 도달했다. 이들은 그 뒤 이 이 세 디자인 매개변수 사이의 비율을 유지하는 방식으로 해당 네트워크를 확장할 수 있음을 보였다. 결과는 더욱 까다롭지만 여전히 효과적인 네트워크였다. 기준 네트워크를 증가하는 크기로 스케일링하는 것은 EfficientNet이라 이름 붙은 네트워크의 계열이 됐다. 전반적으로 EfficientNet은 다른 인기 있는 네트워크와 비슷한 정확도 수준을 달성하면서도 이전 CNN 아키텍처와 비교하면 연산 비용이 규모 면에서 더 적었다.

더 깊은 CNN의 맺음말

8장에서 설명한 대부분의 네트워크가 이전 장에서 봤던 것들과 비교하면 복잡해 보일수도 있지만, 요즘에는 이러한 네트워크조차 단순한 것으로 간주되고 있다. DL에 대해 진지하게 배우고자 하는 누구든지 이들이 여전히 핵심적인 지식을 제시하고 있다는 것이 우리의 의견이다. 이러한 네트워크를 이해하면, 이러한 네트워크의 변형 및 조합에 대한 연구 논문을 좋은 위치에서 읽을 수 있다. 몇 가지 예로는 Inception-v2

와 v3(Szegedy et al., 2016) 그리고 Inception-v4(Szegedy et al., 2017)가 있다. 이 세 네트워크는 Inception-v1보다 더 깊으며 정확도가 더 좋다. 다음 단계는 Inception-ResNet(Szegedy et al., 2017)으로, 이는 인셉션 모듈과 스킵 연결을 조합하는 하이브리드 네트워크다. Inception-ResNet은 ResNet의 영감을 받은 메커니즘이 추가된 인셉션 네트워크로 볼 수 있다. 연관된 다른 접근법으로는 ResNeXt(Xie et al., 2017)로, NeXt는 '다음 차원next dimension'을 뜻한다. 이 아키텍처는 ResNet을 시작 지점으로 사용하지만 인셉션 모듈에서 한 것과 비슷한 다중 경로로 된 모듈로 되어 있다. 주요한 차이점은 인셉션 모듈의 이질적인heterogeneous 아키텍처와 반대로 ResNeXt 내 모든 경로는 동일하다identical는 것이다.

CNN에 대한 이러한 논의는 이미지의 물체가 어떤 종류인지를 결정하는 분류에 집중하며, 여기서 ResNet은 적어도 ImageNet 분류 대회에서 인간의 능력을 넘어선다. 그러나 분류는 CNN을 적용할 수 있는 유일한 문제 형태가 아니며, 더욱 도전적인 문제가 존재한다. 그러한 문제는 개별 물체 주변에 경계 상자를 그리거나, 물체에 해당하는 특정 픽셀을 집어내는 것을 포함한다. 부록 B에서는 **물체 탐지**object detection, **의미 세분화**semantic segmentation, **인스턴스 세분화**instance segmentation라는 세 가지 문제를 더 자세히 설명한다.

합성곱 네트워크가 어떻게 되는 건지 그리고 왜 되는 건지를 더 잘 이해하기 위한 작업이 이뤄져 왔다. 예를 들면, 자일러Zeiler와 퍼거스Fergus(2014)의 연구는 다른 층들이 어떠한 특성을 탐지하는지 시각화하는 것에 대해 조사했다.

CNN은 이미지 분석이 아닌 문제 도메인에 적용할 수 있다. 예를 들면 텍스트의 의미 분석에 쓰여왔으며(Dos Santos and Gatti, 2014), 여기서 과제는 텍스트의 의미가 긍정적인지 부정적인지 추론하는 것이었다. 이 경우 입력이 이미지의 경우와 같은 2차원이 아닌 1차원(글자 혹은 단어의 시퀀스)이었다. 이는 합성곱 층이 다소 다를 것임을 시사한다. 합성곱 네트워크를 텍스트 데이터에 어떻게 적용하는지 자세히 들어가는 대신에, **순환신경망**RNN, Recurrent Neural Network이라 알려진 다른 기법으로 이동한다. 이 기법은 텍스트 데이터에 주로 쓰이고 있으며 9, 10, 11장의 주제다. 합성곱 네트워크와 컴퓨터 비전 애플리케이션이 흥미롭다고 생각한다면, 지금 부록 B를 참고하는 것도 좋다. 반면에 가급적 빠르게 자연어 처리 애플리케이션에 들어가고 싶다면, 책을 계속 볼 것을 권한다. 부록 B는 나중에 언제든지 볼 수 있다.

09

순환신경망으로 시간 시퀀스 예측하기

9장에서는 **순환신경망**RNN, Recurrent Neural Network이라 알려진 또 다른 중요한 신경망 아키텍처를 소개한다. 이 아키텍처는 시퀀스 데이터에 근거하여 예측을 할 때 유용하며, 특히 가변 길이의 시퀀스에서 그러하다. RNN이 무엇인지 설명하기 전에, RNN을 적용할 수 있는 문제 형태 몇 가지를 설명하며 일부 맥락을 제시한다. 이 문제 형태는 이전 장들에서 이미 만났던 과제와 결부시켜 보여준다.

지금까지는 과제의 두 가지 주요 범주에 네트워크를 적용했다. 하나는 네트워크가 여러 다른 변수에 근거하여 실숫값 변수를 예측하는 회귀 문제였다. 주택과 관련된 여러 변수에 근거하여 주택 가격을 예측하는 네트워크 같은 예제가 있다. 다른 형태의 과제는 분류 문제로 네트워크가 이미지와 같은 데이터 포인트를 자동차, 배, 개구리와 같은 여러 가능한 클래스 중 하나에 연관시켰다. 분류 문제의 특별한 경우로는 클래스가 오직 2개, 주로 **참**true과 **거짓**false인 이진 분류 문제가 있다. 우리는 이를 XOR 문제에 사용했다. 우리가 아직 공부하지 않은 또 다른 예제로는 성별, 나이, 그리고 저밀도 리포단백질과 같은 여러 입력 변수가 주어졌을 때 환자가 특정 질병을 앓고 있는지 분류하는 것이다. 시계열(혹은 시퀀스) 예측은 이 세 가지 문제의 조합에서 쓰일 수 있다. 표 9-1을 참고하라.

표 9-1 순차적 예측 문제 및 이들이 비순차적 상대와 어떻게 연관되어 있는지 보여주는 표

표 9-1 순차적 예측 문제 및 이들이 비순차적 상대와 어떻게 연관되어 있는지 보여주는 표

	회귀	이진 분류	다중클래스 분류
비순차적	크기와 위치에 기반하여 주택 가격 예측	환자의 성별, 나이 및 다른 변수에 근거하여 질병 진단을 제공	손글씨 이미지 묘사가 어떤 숫자인지 결정
시계열 혹은 순차적 예측	역사적 매출 데이터에 근거하여 다음 달 고객 수요를 예측	역사적 날씨 데이터에 근거하여 내일 비가 올지 예측	문장 내 다음 글자를 예측

입력으로 쓰이는 역사적 데이터의 형태에 따라 이 세 가지 예제에 대해 변형이 존재한다. 표 9-2는 이 예제들을 세 가지 변형으로 나누고 있다. 첫 번째 행은 예측하고자 하는 변수만을 위한 시계열값을 갖는다. 두 번째 행은 변수의 역사적 값에 더해 추가적인 변수를 갖는다. 세 번째 행은 다른 변수의 역사적 값을 갖지만 예측하고자 하는 변수는 포함하지 않는다. 이러한 예제 중 적어도 하나는 약간 이상해 보인다. 문장의 처음을 알지 못하면서 문장의 다음 글자를 예측하는 것은 어떤 면에서는 문제를 '문장 완성하기'에서 '문장을 처음부터 만들기'로 수정하는 것이기 때문이다.

표 9-2 예측 문제의 변형*

	월별 매출 예측	강우 예측	다음 글자 예측
입력이 예측하고자 하는 변수의 역사적 값으로만 되어 있음	관심 있는 아이템의 역사적 매출 데이터	역사적 강우 데이터	문장의 처음
입력이 예측하고자 하는 변수의 역사적 값을 포함해 복수의 변수로 되어 있음	관심 있는 아이템의 역사적 매출 데이터, 다른 관련된 상품의 매출 데이터, 혹은 그 밖의 경제적 지표	강우, 온도, 습도, 기압에 대한 역사적 데이터	문장의 처음 및 문맥 식별자(예: 책의 주제 및 문단의 스타일)
입력이 다중 변수로 되어 있지만 예측하고자 하는 변수의 역사적 값을 포함하지 않음	관련된 상품의 매출 데이터 및 다른 경제적 지표	기온, 습도, 기압의 역사적 데이터	문맥 식별자만 있음(이는 이상해 보이는 경우임)

* 3개의 행은 쓸 수 있는 역사적 입력 데이터의 형태에 따라 다름

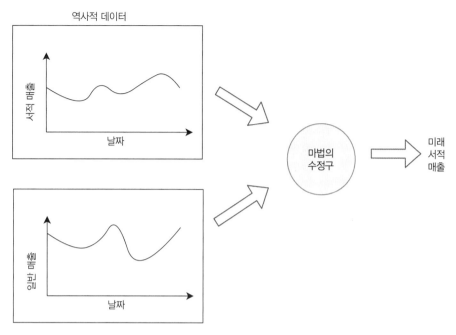

그림 9-1 매출 전망 문제. 그림이 역사적 서적 매출 데이터 및 일반적인 매출 숫자 모두를 쓸 수 있는 경우를 보여주고 있다. 일반적인 매출이 경제의 전반적인 상태를 알려주고 특정 매출을 전망할 때 도움이 될 수도 있다는 것이 여기서의 생각이다. 이 문제의 변형으로는 역사적 서적 매출을 입력 변수로만 갖는 것이 있다.

이 장에서는 서점 매출을 전망해봄으로써 매출 예측 문제, 다른 말로 하면 회귀 문제를 살펴본다. 우리는 입력 데이터가 오직 단일 변수(역사적 서적 매출 데이터)인 경우를 본다. 또한 입력 데이터가 관심 있는 아이템은 물론 다른 관련된 상품의 역사적 매출 데이터로 되어 있는 경우와 같은 다중 입력 변수를 다루는 데 어떻게 이러한 메커니즘을 확장하는지 설명한다. 이 문제는 그림 9-1이 보여준다.

10장 '장단기 메모리'에서 네트워크를 구축할 때 더욱 발전된 유닛을 사용해 기본적인 RNN과 연관된 일부 한계를 극복하는 방법을 배운다. 그 뒤 11장 'LSTM과 빔 검색으로 하는 텍스트 자동완성'에서 이러한 더욱 발전된 네트워크를 텍스트를 자동완성하는 문제에 적용한다. 이는 이메일 클라이언트 및 인터넷 검색 엔진에서 찾을 수 있는 것과 비슷한 기능이다. 특히 이를 적용하고자 하는 문제 형태는 표 9-2의 최상단 행이 보여주며, 네트워크에 입력으로 오직 문장의 처음 부분만 주어지며 다른 문맥은 쓸 수 없다.

이러한 문제의 일부는 미래 예측에 대한 것이지만, 순차적 데이터 모두가 시계열과 연관되어 있는 것은 아니다. 예를 들어 문장 내 다음 글자를 예측하는 자연어 문장 자동 완성의 경우 미래 예측에 대해서는 할 일이 더 적으며, 이미 써졌지만 보진 못한 문장의 가장 가능성 있는 끝을 식별하는 것에 할 일이 더 많다고 주장할 수 있다. 논의를 단순화하기 위해, 여기서는 RNN의 입력이 일반적으로 시간에서 순차적이라고 말할 것이다. 하지만 우리는 이들을 어떠한 순차적 데이터든지 더욱 일반적인 경우에 적용할 수 있음을 알고 있다. 다시 말해, RNN은 시퀀스가 무엇을 나타내는지와 상관없이 시퀀스 내 다음 값이나 심볼을 예측하는 문제를 푸는 것을 시도한다.

> RNN은 시퀀스의 예측에 쓰이며 가변 길이로 된 입력 데이터로 작업할 수 있다.

피드포워드 네트워크의 한계

매출 전망 문제를 푸는 첫 번째 아이디어는 단지 선형 출력 유닛으로 된 완전 연결 피드포워드 네트워크를 사용하는 것이다.[1] 이번 달의 서적 및 선택적으로 다른 상품의 매출을 일반화하고, 이러한 숫잣값을 네트워크에 제공하며 네트워크가 다음 달의 서적 수요를 내놓는 것을 학습하는 데 데이터를 사용할 수 있기를 기대한다. 이는 그림 9-2의 왼쪽에서 보여준다. 그림의 위첨자는 데이터 포인트 사이의 시간적 관계를 표기한다. 위첨자 ($t+1$)이 있는 데이터 포인트는 위첨자 (t)를 갖는 데이터 포인트 다음 달 관측된 데이터값을 뜻한다.

이러한 접근법이 잘될 것 같지 않아 보이는 이유는 네트워크에 제한된 정보를 제공하

---

1   실제에서는 시퀀스 예측에 단순한 피드포워드 네트워크를 사용하는 것은 좋은 아이디어가 아니다. 특히 이는 시간의 병진(이동)을 허용하지 않는다. 더 나은 접근법은 시간지연 신경망(TDNN, Time-Delay Neural Network)을 사용하는 것으로, 이는 1차원 합성곱 네트워크를 구성하며 그에 따라 병진 불변이 된다. 그러나 책의 이 시점에서 TDNN 개념을 소개하는 것을 피하기 위해 이번 논의에서는 단순한 피드포워드 네트워크를 사용한다. 관심이 있다면, 순차적 데이터에 적용된 1차원 합성곱을 다룬 간단한 절을 포함하고 있는 부록 C를 참고하라.

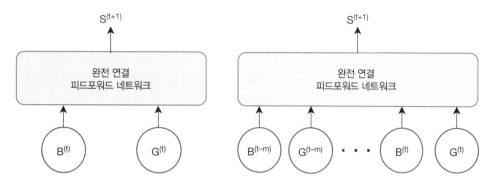

그림 9-2 왼쪽: 이번 달의 값을 입력으로 사용해 수요를 예측하는 피드포워드 네트워크. 오른쪽: 복수의 역사적 월의 값을 입력으로 사용해 수요를 예측하는 피드포워드 네트워크. S는 예측된 매출을 나타내며, B는 역사적 서적 매출을, G는 역사적 일반 매출을 나타낸다. 위첨자는 시간(월)을 나타내며, 이때 t는 이번 달이다.

고 있기 때문이다. 매출 숫자는 계절적일 것이며, 네트워크는 계절적인 패턴을 집어내기 위해 복수의 역사적 데이터 포인트에 접근해야 할 것이다. 예측 문제를 푸는 두 번째 시도는 그림 9-2의 오른쪽이 보여주고 있다.

여기서 역사적 값을 입력 벡터로 배열하고 이를 피드포워드 네트워크에 제시하며, 이는 다음 달 서적 매출의 예측을 출력한다. 이는 더욱 가능성 있는 접근법으로 보인다. 그러나 현실적이지 않은 무한히 넓은 입력 층을 사용하지 않는 한 네트워크가 여전히 모든 역사적 데이터에 접근할 수는 없을 것이다. 이 문제를 다루는 한 가지 방법은 훨씬 뒤의 역사적 데이터 포인트의 움직이는 평균을 계산하고 이 평균을 네트워크에 입력으로 제공하는 것이다. 그 뒤, 적어도 네트워크는 일부 제시된 모든 역사적 데이터에 접근할 수 있다. 관측된 최댓값과 최솟값을 추적하고 이들을 네트워크에 입력으로 제공하는 것과 같이 역사적 데이터의 정보를 취합하는 다른 방법이 존재한다. 심지어 역사적 정보를 취합하는 방법을 선택하는 대신에, 역사적 데이터 그 자체의 내부적 표현을 네트워크가 학습하도록 하면 더 나을 것이다. 이것이 RNN의 주요한 속성이며, 다음 절에서 설명한다.

순환신경망

RNN의 단순한 형태는 그림 9-3과 같이 완전 연결 네트워크로부터의 출력을 같은 층의 입력에 연결해 만들 수 있다. 그림에서는 값이 3개인 입력 벡터가 뉴런이 4개인 완전 연결 층에 연결되어 있는 것을 보여준다. 편향값은 그림에서 생략되어 있다. 입력 3개(그리고 편향 입력)와 함께, 각 뉴런이 추가적인 입력 4개를 갖는다. 이 입력들은 4개의 뉴런으로부터 출력값을 받지만 시간단계timestep가 하나 지연되어 있다. 즉, 시간 t에 시간 $t-1$의 출력값을 받을 것이다. 이 출력은 '**은닉**hidden'을 뜻하는 'h'로 표기한다. 왜냐하면 순환 층은 통상적으로 네트워크 안에서 은닉 층의 역할을 하기 때문이다. 이들은 명시적으로 은닉되어 있다고 부르지만, 이 출력은 네트워크 안의 보통의 피드포워드 층으로부터의 출력과 다를 것이 없다.

피드포워드 네트워크에서와 마찬가지로, 은닉 뉴런의 개수를 입력 벡터의 요소 개수와 독립적으로 자유롭게 선택할 수 있다. 그러나 단일 뉴런의 입력(가중치) 개수는 이제 입력 벡터의 크기와 층 내 뉴런의 개수에 대한 함수가 된다. 복수의 순환 층을 서로서로 적층해 심층 RNN을 만들 수 있다. 또한 순환 층, 보통의 완전 연결 피드포워드 층, 합성곱 층을 같은 네트워크에서 조합할 수 있다.

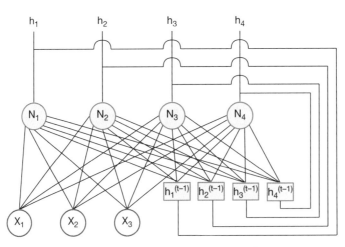

그림 9-3 완전 연결 순환신경망 층

RNN 층 내 뉴런의 입력 개수는 층에 대한 입력의 개수(통상적으로 이전 층 내 뉴런의 개수로 정해짐)와 층 자체 내 뉴런의 개수 모두에 의존한다.

순환 층의 수학적 표현

앞서 어떻게 완전 연결 층을 입력 벡터와 가중치 행렬을 곱하여 수학적으로 나타내는지 설명했다. 이때 행렬의 각 행은 단일 뉴런의 가중치를 나타낸다. tanh 활성 함수로 이는 다음과 같이 쓸 수 있다.

$$\boldsymbol{y} = tanh(W\boldsymbol{x})$$

이 공식은 벡터 $\boldsymbol{x}$의 첫 번째 요소가 값 1을 가지며 가중치 행렬이 편향 가중치를 포함한다는 것을 가정한다. 또 다른 옵션은 명시적으로 모든 편향 가중치를 별도의 벡터로 서술하고 이를 행렬 곱의 결과에 더하며 벡터 $\boldsymbol{x}$에서 값 1을 제외시키는 것이다.

$$\boldsymbol{y} = tanh(W\boldsymbol{x} + \boldsymbol{b})$$

행렬-벡터 곱 $W\boldsymbol{x}$는 층 내 뉴런과 같은 수의 요소를 갖는 벡터가 된다. 각 요소는 단일 뉴런의 모든 입력의 가중합이다(즉, 이는 편향 가중치를 포함하지 않으므로 부분 가중합이다). 벡터 $\boldsymbol{b}$는 또한 뉴런의 개수와 같은 개수의 요소를 가지며, 각 요소는 뉴런의 편향 가중치를 나타낸다. 이제 $W\boldsymbol{x}$와 $\boldsymbol{b}$를 합하면 이는 요소별로 더하는 것을 뜻한다. 편향 가중치를 각 부분 가중합에 더하며, 결국 각 뉴런의 완전 가중합이 된다. 마지막으로 각 가중합에 요소별로 tanh를 적용하며, 이는 각 뉴런에 해당하는 출력값이 된다.

이제 행렬을 사용해 순환 층을 나타내는 방법을 보자. 실제 계산은 같지만, 입력 벡터는 이제 반드시 실제 입력 벡터 $\boldsymbol{x}^{(t)}$는 물론 이전 출력 $\boldsymbol{h}^{(t-1)}$ 모두를 연결한 것이어야 한다. 마찬가지로, 가중치 행렬은 이제 실제 입력 및 순환 연결 모두의 가중치를 포함해야 한다. 즉, 이전 방정식이 순환 층에도 적용되지만, 이를 표현하는 더 공통적인 방법

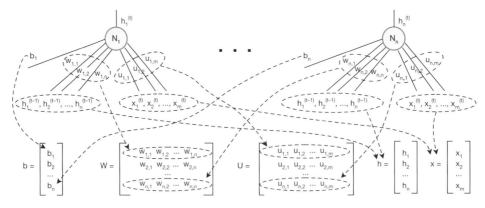

그림 9-4 가중치와 행렬 요소 사이의 매핑

은 행렬을 분리해 순환 연결을 더욱 명시적으로 만드는 것이다.

$$h^{(t)} = tanh(Wh^{(t-1)} + Ux^{(t)} + b)$$

와우! 이것은 긴 텍스트 설명과 그림 9-3의 복잡함을 요약하는 간결한 방법이다.

그림 9-4는 행렬 내 요소와 벡터가 어떻게 입력, 순환 연결, 가중치, 순환 층 내 편향과 매핑되는지 보여준다. 선형대수를 사용하는 것은 간결하지만 정확하게 연결을 설명하는 강력한 방법임이 분명하다. 그러나 방정식이 실제 연결을 시각화하기 어렵게 만든다는 점이 약점이며, 특히 초보자가 직관을 얻는 것을 제한한다. 그림이 추가적인 가치를 제공하므로 우리는 계속 그림으로 작업할 것이다. 문헌에서는 행렬 표기법이 여전히 일반적이므로, 여러분은 이러한 표기법에 익숙해져야 한다.

층을 RNN에 조합하기

이제 어떻게 네트워크를 만들어 매출 전망 문제를 푸는지 고려해보자. 그림 9-5는 역사적인 서적 매출과 전반적인 고객 지출을 나타내는 두 입력으로 시작하는 초기 시도

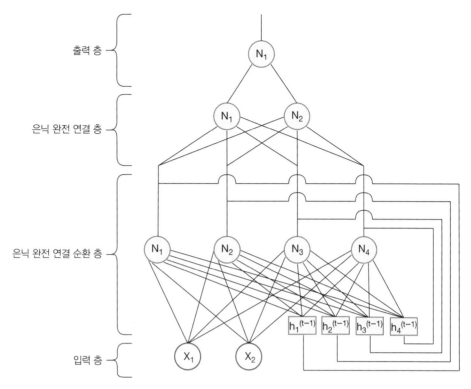

그림 9-5 서적 매출을 전망하기 위한 RNN. 아키텍처는 두 입력 변수(x_1과 x_2)를 사용함을 가정한다.

를 보여준다. 이들이 평균을 빼고 표준편차로 나눠 표준화되어 있다고 가정한다. 4개의 유닛으로 된 순환 층으로 공급되며, 다음으로 유닛이 2개인 완전 연결 층이 따라오고, 마지막으로 단일 유닛으로 된 출력 층이 온다. 활성 함수 측면에서 보면, 출력 층이 단순한 선형 유닛이길 원한다(즉, 비선형 활성 함수 없이). 왜냐하면 확률 대신 숫잣값을 출력하기를 원하기 때문이다. 은닉 층에서 우리가 공부했던 다른 형태의 네트워크에서와 같이 비선형 활성 함수를 선택할 수 있다.

이 네트워크의 출력 계산은 먼저 한 달의 입력 벡터를 네트워크에 제시하고 은닉 상태를 계산한 뒤, 다음 달을 위한 입력 벡터를 제시하고 새로운 은닉 상태를 계산해 반복적으로 한다. 이를 접근할 수 있는 모든 역사적 데이터에 적용하며 다음 달의 예측을 얻는다. 네트워크는 이 모든 데이터를 사용해 다음 달을 예측하는 데 사용할 수 있는 역사적 데이터의 유용한 내부적 표현을 계산할 수 있다. 이러한 학습 측면에서, 첫 번째 층은 피드포워드 층과 같은 수의 입력을 가지면서 더 많은 가중치를 갖는다. 그 이유는 각 뉴런이 입력 벡터 **x**뿐만 아니라 이전 시간단계 $h^{(t-1)}$의 출력으로부터 공급된 입력을 위해서도 가중치를 갖기 때문이다. 이 절 후반부에서 이러한 네트워크를 어떻게 역전파로 훈련시키는지 설명한다. 방금 설명한 네트워크는 아키텍처의 모습만을 설명할 뿐이다. 실제 애플리케이션에서는 은닉 층에서 매우 많은 뉴런을 갖겠지만, 이를 그림에 집어넣기는 어렵다. 이러한 시각화 이슈를 다루기 위해 RNN을 그리고 생각하는 또 다른 방법을 보여준다.

RNN을 보는 다른 시각 및 시간 전개

지금까지 RNN에서 모든 연결을 명시적으로 그렸으며, 이는 우리가 각 층에서 많은 유닛을 갖는 더 깊은 네트워크로 갈 것이므로 현실적이지 못하다. 이러한 한계를 피하기 위해 네트워크를 그리는 더 간결한 방법은 그림 9-6의 왼쪽과 같이 그래프 내 노드가 전체 층을 나타내도록 하는 것이다. 이전 장에서와 같이 모서리가 둥근 직사각형 노드를 사용해 노드로 전체 층을 나타낸다. 이는 동그라미로 나타냈던 개별 뉴런과는 반대다. 이 그림에서 순환 화살표가 순환 연결을 나타낸다. 이러한 표기법에서 토폴로지에 대한 상당한 정보가 암묵적이므로, 이것이 완전 연결임은 물론 뉴런의 개수를 분명하게 나타내는 문자 설명을 동반해야 한다.

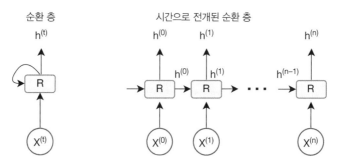

그림 9-6 왼쪽: 전체 층을 나타내는 노드 하나로 그려진 순환 네트워크. 오른쪽: 시간으로 전개된 순환 층

그림 9-6의 오른쪽은 어떻게 순환 층이 시간으로 전개unroll될 수 있는지 보여준다. 각 시간단계마다 순환 층의 복사본 하나를 만들어 순환 층을 다수의 피드포워드 층으로 변환했다. 분명히 이를 위해서는 시간단계의 수를 알 필요가 있으며, 결과 네트워크는 순환 층을 처음에 정의한 이유 중 하나였던 크기가 변하는 입력 벡터를 더 이상 받을 수 없다. 왜 이러한 전개를 하려고 하는지 궁금할 수 있다. 전개를 하면 네트워크를 추론할 때 그리고 순환 네트워크를 작업하기 위해 역전파 알고리듬을 확장할 때 모두 도움이 될 수 있음이 밝혀진다.

순환 층이 완전 연결 피드포워드 네트워크와 어떻게 연관되는지 추론하기 위해 전개된 버전을 사용해 시작한다. 앞서 언급했듯이 순환 층을 전개하면 피드포워드 네트워크가 된다. 이는 우리가 입력 시퀀스의 길이를 알게 되면 순환 층이 피드포워드 네트워크와 동등함을 뜻하는가? 딱히 그런 건 아니다. 왜냐하면 네트워크의 모든 그림에서 생략된 가중치를 고려해보면, 한 가지 주요한 차별점을 발견할 수 있기 때문이다. 피드포워드 층에서 모든 연결에 대해 다른 가중치를 가질 수 있지만, 순환 층에서 가중치는 각 시간단계마다 같아야 한다. 특히 그림 9-6 오른쪽에 있는 각각의 수평 화살표는 같은 연결을 다른 시간단계에 대해 매핑하며, 같은 것이 수직 화살표에서도 적용된다. 즉, 합성곱 층이 층 '내에서' 가중치 공유를 갖는 것처럼, 순환 층은 층 '사이에서' 가중치 공유를 갖는 피드포워드 네트워크와 같다. 가중치 공유가 합성곱 네트워크에서 도움이 되는 것과 같이, 순환 네트워크는 훈련할 가중치를 적게 필요로 한다는 점에서 비슷한 이점이 있다. 그러나 가중치 공유는 또한 단점이 있으며, 이는 다음 절에서 논의한다. 여기서 어떻게 네트워크를 전개된 시점으로 사용해 RNN을 훈련시키기 위해 역전파를 사용하는지 설명한다.

RNN은 시간에서 전개될 수 있으며 그럼에 따라 피드포워드 네트워크로 변환되지만 층들이 서로서로 가중치를 공유한다는 제약이 있다.

시간에 따른 역전파

순환 층이 어떻게 피드포워드 네트워크로 다시 그려질 수 있는지 이미 보여줬으므로, 역전파를 사용해 이를 훈련시키는 방법을 직관적으로 이해할 수 있어야 한다. 네트워크가 전개되면 피드포워드 네트워크에서 했던 정확히 같은 방법으로 오차를 역전파할 수 있지만, 입력 시퀀스가 긴 경우 이는 연산적으로 다소 값비쌀 수도 있다. 합성곱 층에서처럼 가중치를 업데이트할 때 가중치 공유를 감안하도록 보장해야 한다. 다시 말해, 역전파 알고리듬이 각 가중치마다 각 시간단계에 대해 업데이트값 하나를 만들어 내겠지만 나중에 가중치를 업데이트하고자 할 때 업데이트할 가중치는 오직 하나뿐이다. 이 알고리듬은 **시간에 따른 역전파**[BPTT, BackPropagation Through Time]라 알려져 있다. 웨르보스[Werbos](1990)가 더 자세한 설명을 썼으며, 여기에는 알고리듬이 처음 쓰인 논문의 링크도 포함되어 있다. 실제로는 딥러닝[DL] 프레임워크가 BPTT를 다루므로 BPTT가 어떻게 동작하는지에 대한 정확한 내용을 걱정해야 할 사람은 거의 없다. 그러나 여러분이 걱정해야 할 몇 가지 영향이 존재하며, 이는 다음에 설명한다.

> RNN은 시간에 따른 역전파(BPTT)를 통해 훈련시킬 수 있다.

그림 9-7은 m개의 층과 $n+1$개의 시간단계를 갖는 심층 RNN을 보여준다. 층을 연결하는 보통의 가중치(w_1, w_2, ..., w_m이라 표기함)에 더해, 각 층을 자체로 연결하는 순환 가중치(w_{r1}, w_{r2}, ..., w_{rm}으로 표기함) 또한 존재한다. 그림은 또한 어떻게 학습 알고리듬을 위해 오차가 역방향으로 전파되는지를 보여주는 화살표 격자를 포함한다(지금은 빨간색 경로는 무시하라). 마지막 시간단계의 출력 노드로부터의 오차가 길을 따라 복수의 경로로 나눠지며 첫 번째 시간단계의 입력 가중치로 전파됨을 보여주고 있다. 수직 경로는 보통의 피드포워드 네트워크와 다르지 않다. 그러나 이제 오차가 시간을 따라 역방향으로 전파되는 수평 경로가 존재한다.

이전에 오차를 네트워크의 각 층 내 활성 함수의 미분과 곱함에 따라 야기되는 기울기 소실 문제를 설명했다. 이 문제는 뉴런이 포화될 때 미분이 0에 접근하는 S 모양

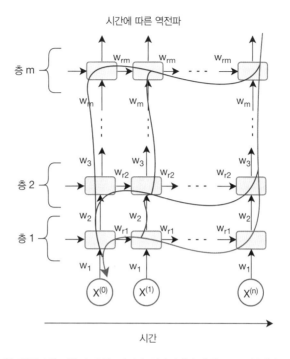

그림 9-7 시간에 따른 역전파의 기울기 흐름. 마지막 시간단계의 출력 노드로부터의 오차 경로가 네트워크 (수직으로) 및 시간(수평으로) 모두를 따라 역으로 전파된다. 화살표는 처음 시간단계에서의 w_1에 대한 편미분 계산을 나타낸다.

의 활성 함수를 사용함에 따라 발생했다. 추가로 벤지오[Bengio], 시마르[Simard], 프라스코 니[Frasconi](1994)는 RNN이 다른 문제를 겪을 수 있음을 보였다. 일을 단순하게 하기 위 해, 그림 9-7의 빨간색 화살표만을 고려해보자. 또한 각 직사각형 노드가 뉴런의 완전 한 층이 아니라 단일 뉴런이라고 상상해보자. 마지막으로, 이러한 뉴런이 선형 활성 함수를 갖는다고 가정하자. 따라서 이들의 미분은 모두 1이다. 이제 다음 공식을 사용 해서 가중치 w_1에 대해 편도함수를 계산할 수 있으며, 이때 괄호 안이 위첨자는 시간 단계를 나타낸다.

$$\frac{\partial e}{\partial w_1} = -error \cdot 1 \cdot w_m^{(n)} \cdot \ldots \cdot w_3^{(n)} \cdot 1 \cdot w_2^{(n)} \cdot 1 \cdot w_{r1}^{(n)} \cdot \ldots \cdot w_{r1}^{(2)} \cdot 1 \cdot w_{r1}^{(1)} \cdot 1 \cdot x^{(0)}$$

이제 어떻게 오차가 순환 연결을 따라(그림에서 수평으로), 즉 시간을 따라 역방향으로 전파되는지 나타내는 다음의 공식 부분으로 고려해보자.

$$w_{r1}^{(n)} \cdot \ldots \cdot w_{r1}^{(2)} \cdot 1 \cdot w_{r1}^{(1)}$$

가중치 공유로 인해 w_{r1}의 모든 인스턴스는 같으므로 이 식은 w_{r1}^n으로 접힐 수 있다. 이때 위첨자 n은 특정 시간단계를 가리키는 것이 아닌 **지수화**exponentiation를 나타낸다. 지수 n은 특정 훈련 예제의 전체 시간단계 수를 나타내며 값이 클 수 있다. 예를 들면, 데이터포인트 하나가 매일인 3년 데이터의 경우 1,000 시간단계보다 많을 수 있다.

여러분이 가진 숫자가 1보다 작고 이를 그 자체로 1,000번 곱하면 어떻게 되는지 고려해보자. 이는 0으로 접근할 것이다(즉, 기울기 소실). 반면에 숫자가 1보다 크고 이를 그 자체로 1,000번 곱하면 무한대로 접근할 것이다(즉, 기울기 폭주). 이러한 기울기 소실과 폭주는 포화된 활성 함수로 야기된 기울기 소실과는 반대로 시간단계에 걸친 가중치 공유 때문이다.

> RNN에서의 기울기 소실은 **활성 함수** 및 **가중치** 모두에 의해 발생할 수 있다.

이 예시는 그림 9-7 내 모든 노드가 단일 뉴런이며 각 순환 연결이 단일 가중치로 되어 있다고 가정한다. 실제에서는 그림 내 각 노드가 전체 순환 층을 나타내며, 이는 다수의 뉴런으로 되어 있다. 다시 말해, 그림에서 w_{r1}은 행렬이다. 왜냐하면 각 층이 복수의 뉴런을 가지며 각 뉴런은 가중치의 벡터를 갖기 때문이다. 따라서 이는 실제로 이전 방정식이 약간 더 복잡하며 선형대수를 사용해 서술돼야 함을 뜻한다. 개념적으로 설명은 여전히 같다. 하지만 단일 가중치의 값을 보는 대신에, 가중치 행렬의 **고윳값**eigenvalue을 고려해야 한다. 고윳값이 1보다 작으면 기울기는 소실의 위험이 있다. 고윳값이 1보다 크면 기울기는 폭주의 위험이 있다. 이 문제는 10장에서 다시 보겠지만, 일단 RNN으로 연습을 해볼 수 있도록 프로그래밍 예제를 해보자.

행렬의 **고윳값**이 무엇인지 익숙하지 않더라도 걱정할 필요는 없다. 언제나처럼 나중에 읽어볼 수 있다.

프로그래밍 예제: 서적 매출 전망하기

우리의 프로그래밍 예제는 하나의 입력 변수(역사적 서적 매출)만을 사용하지만, 이를 다중 입력 변수로 확장하는 방법 또한 설명한다. 역사적 매출 데이터는 미국 인구조사국^{Census Bureau2}에서 나왔다. 다운로드한 데이터는 상품 범주마다 하나의 쉼표 분리 값^{comma-separated values}(.csv) 파일 형태를 취한다. 각 줄은 연/월 및 1백만 미국 달러로 매출을 나타내는 양을 포함한다. 이전 예제와 반대로 모델이 이 형식을 바로 소비할 수 없으므로, 첫 번째 단계는 데이터를 적절하게 정리하는 것이다. 그림 9-8은 RNN이 단일 훈련 예제로부터 무엇을 기대하는지 보여준다.

훈련 예제는 임의 길이의 벡터로 되어 있으며, 벡터 내 각 항목은 단일 시간단계의 입력 데이터를 포함한다. 예제에서 시간단계는 월과 동일하다. 문제를 어떻게 정의하느냐에 따라 각 시간단계마다 하나 이상의 입력 변수를 가질 수 있다. 입력 벡터에 더해서, 각 훈련 예제는 하나의 예상 출력값으로 되어 있다. 이는 입력 벡터에서 가장 최근 월 바로 다음으로 오는 월의 매출을 나타낸다. 이 값이 우리가 예측하고자 하는 값이다.

이제 얼마나 많은 훈련 예제를 만들 수 있는지 살펴보자. HISTORY 월만큼의 역사적 데이터가 있으며, 각 월에 해당하는 적어도 하나의 훈련 예제를 만들 수 있다. 예를 들면, 지난 월의 값이 하나의 훈련 예제가 될 수 있으며 이때 입력 데이터는 길이 (HISTORY-1)의 벡터로 되어 있을 것이다. 마찬가지로, 역사적 데이터의 두 번째 월은 입력 데이터가 길이 1인 벡터로 된 훈련 예제가 될 수 있다. 왜냐하면 계절^{season}의 두 번째 월을 앞서는 월이 오직 하나이기 때문이다.[3] 또한 역사적 월의 첫 번째 데이터는 길이가 0인 벡터를 입력으로 갖는 극단적인 경우가 있다. 마지막 월과 같이 가장 최근 월의 경우,

---

2   https://www.census.gov/retail/index.html
3   예를 들어, 11월의 계절적(seasonal) 입력 데이터는 10월밖에 없다고 생각할 수 있다. – 옮긴이

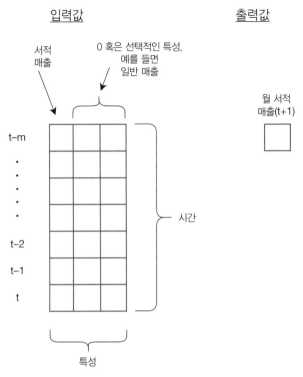

그림 9-8 RNN을 위한 단일 훈련 예제의 구조. 행렬 내 각 행은 값 하나로 되어 있으며 이 경우 서적 배출만을 입력 변수로 사용한다. 선택적으로 더 많은 변수를 입력으로 사용할 수 있으며, 이 경우 각 행은 더 많은 값을 가질 것이다.

복수의 훈련 예제를 만들 수 있다. 예를 들어 이전 예제에 추가해서, 같은 일을 하지만 마지막 날보다 M일을 앞서는 데이터만 사용할 수 있다. 즉, $M <$ (HISTORY-1)이다.

우리는 각 월마다 오직 하나의 훈련 예제를 만들고 각 훈련 예제에 대해 최대한 많은 이력을 사용하기로 했다. 추가로 각 훈련 예제는 이력의 최소 MIN개 월을 갖도록 하기로 결정했다. 따라서 예제는 (HISTORY-MIN)개가 될 것이며, 입력 길이의 범위는 MIN에서 (HISTORY-1) 사이다.

이제 신경망에 이를 공급할 수 있도록 이 데이터를 어떻게 정리하는지가 핵심 질문이다. 케라스는 한 번에 복수의 훈련 예제를 공급할 때(통상적으로 하는 것과 같이) 모든 훈련 예제가 같은 길이를 가져야 한다. 즉, 훈련 예제를 동일한 길이의 그룹이 되도록 그룹화하거나, 아니면 각 예제를 케라스에 개별적으로 공급해야 한다. 이 예제에서 우리가 사용할 또 다른 옵션으로, 모든 예제에 같은 길이가 되도록 특정한 값을 붙이고, 그 뒤 이들 모두를 케라스에 동시에 보낼 수 있다. 가변 길이의 입력 예제를 다루는 능력이 RNN을 사용하는 주요한 이유 중 하나일 때, 이와 같이 하는 것은 신경 쓰이는 일이다. 게다가 네트워크가 특별하게 붙여진 값을 무시하는지 어떻게 안다는 말인가? 간단하게 답하자면 네트워크는 그렇게 하지 않으며, 네트워크가 학습 과정 동안 이를 발견해야 할 것이다. 이는 유감스러운 일이지만 실제에서는 잘 동작하는 것으로 밝혀져 왔다. 나중에 덧붙여진 값을 마스킹하는 메커니즘을 보여줄 것이며, 따라서 네트워크는 이들을 발견할 필요가 없다. 우리는 또한 어떻게 가변 길이 입력을 진정으로 사용하는지 보여주겠지만, 지금은 일을 단순하게 하여 각 예제의 앞부분에 0을 덧붙인다. 그러므로 이들은 모두 길이가 같을 것이다. 그림 9-9는 입력 예제를 원하는 대로 조직화한 것을 보여준다.

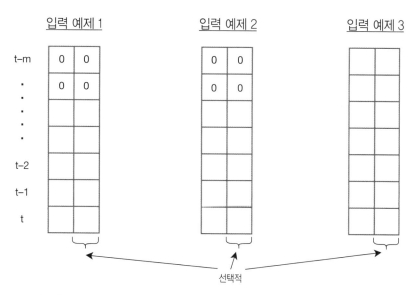

그림 9-9 3개의 훈련 예제로 된 미니배치. 훈련 예제 1과 2는 훈련 예제 3과 같은 길이를 갖도록 0을 덧붙였다. 빈 셀은 유효한 특성값을 나타낸다.

길이가 같은 훈련 예제는 배치(batch)로 조합할 수 있다. 덧붙이기를 사용해 훈련 예제가 같은 길이를 갖도록 보장할 수 있다.

즉, 입력은 N개 예제로 된 텐서일 것이며, 각 예제는 M개의 시간단계로 되어 있으며 각 시간단계는 하나 혹은 더 많은 상품의 매출을 나타내는 값으로 되어 있다. 출력은 1차원 벡터로, 각 항목은 예측할 매출값이다. 이 모든 배경지식을 바탕으로, 이제 구현으로 넘어갈 준비가 됐다. 이전 코드 예제와 같이 이를 조각조각으로 보여준다.

코드 9-1의 초기화 코드로 시작하자. 먼저 네트워크에 필요한 모듈을 임포트한다. 또한 데이터 파일을 배열로 로드한다. 그 뒤 데이터를 훈련 데이터(데이터 포인트의 처음 80%) 및 테스트 데이터(나머지 20% 월)로 나눈다.

코드 9-1 서점 매출 예측 예제의 초기화 코드

```python
import numpy as np
import matplotlib.pyplot as plt
import tensorflow as tf
from tensorflow import keras
from tensorflow.keras.models import Sequential
from tensorflow.keras.layers import Dense
from tensorflow.keras.layers import SimpleRNN
import logging
tf.get_logger().setLevel(logging.ERROR)

EPOCHS = 100
BATCH_SIZE = 16
TRAIN_TEST_SPLIT = 0.8
MIN = 12
FILE_NAME = '../data/book_store_sales.csv'

def readfile(file_name):
    file = open(file_name, 'r', encoding='utf-8')
    next(file)
    data = []
    for line in (file):
```

```
        values = line.split(',')
        data.append(float(values[1]))
    file.close()
    return np.array(data, dtype=np.float32)

# 데이터를 읽고 훈련 및 테스트 데이터로 나눈다.
sales = readfile(FILE_NAME)
months = len(sales)
split = int(months * TRAIN_TEST_SPLIT)
train_sales = sales[0:split]
test_sales = sales[split:]
```

그림 9-10은 모든 역사적 매출 데이터의 도표를 보여준다. 데이터는 전반적인 매출의 추세가 시간에 따라 변함을 암시하면서 분명한 계절적 패턴을 보여주고 있다. 매출의 추세는 아마도 온라인 매출의 증가 때문일 것이다. 데이터는 1992년에 시작해 2020년 3월에 끝난다. 마지막 월의 급락은 미국을 강타한 COVID-19 전염병 때문일 가능성이 있다.

그림 9-10의 완전한 이해를 위해 코드 9-2가 해당 차트를 만드는 코드를 보여준다.

코드 9-2 역사적 매출 데이터의 도표를 만드는 코드

```
# 데이터셋 그리기
x = range(len(sales))
plt.plot(x, sales, 'r-', label='서적 매출')
plt.title('서점 매출')
plt.axis([0, 339, 0.0, 3000.0])
plt.xlabel('월')
plt.ylabel('매출 (백만 달러)')
plt.legend()
plt.show()
```

앞서 보스턴 주택 가격을 예측할 때 모델을 매우 단순한 모델(그 경우 선형 회귀)과 비교하는 개념을 소개했다. 이는 DL 모델이 가치를 제공하는지 인사이트를 얻기 위한 의도

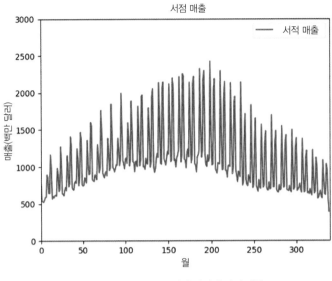

그림 9-10 1992~2020년의 역사적 서점 매출

였다. 서적 매출 전망 문제에서는 다음 달 매출이 이번 달 매출과 같을 거라 예측하는 단순한 모델을 만들 수 있다. 코드 9-3은 이러한 단순한 예측을 계산하고 그리며, 결과 차트는 그림 9-11이 보여준다.

코드 9-3 단순한 예측을 계산하고 그리는 코드

```python
# 단순한 예측 그리기
test_output = test_sales[MIN:]
naive_prediction = test_sales[MIN-1:-1]
x = range(len(test_output))
plt.plot(x, test_output, 'g-', label='test_output')
plt.plot(x, naive_prediction, 'm-', label='단순한 예측')
plt.title('서점 매출')
plt.axis([0, len(test_output), 0.0, 3000.0])
plt.xlabel('월')
plt.ylabel('월별 서점 매출')
plt.legend()
plt.show()
```

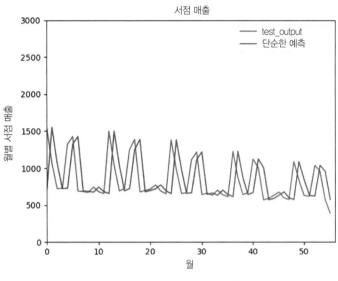

그림 9-11 서적 매출의 단순한 예측

데이터 표준화 및 훈련 예제 만들기

이전 코딩 연습문제에서 어떠한 것도 명시적으로 DL이나 RNN으로 해야 하는 것은 없었으며 데이터셋을 얻고 무결성 체크를 하는 데만 집중했음을 언급하는 게 좋겠다. 데이터를 모델에 공급하면서 실험을 시작하기 전에 좋은 데이터셋을 얻는 데 상당한 작업이 수반되는 경우가 일반적이다. 다음 단계는 훈련 예제의 평균으로 빼고 표준편차로 나누어 데이터포인트를 표준화한다. 코드 9-4는 평균과 표준편차를 계산하는 데 오직 훈련 데이터만을 사용한다.

코드 9-4 데이터 표준화

```
# 훈련 및 테스트 데이터를 표준화한다.
# 훈련 계절만을 사용해 평균과 표준편차를 계산한다.
mean = np.mean(train_sales)
stddev = np.std(train_sales)
train_sales_std = (train_sales - mean)/stddev
test_sales_std = (test_sales - mean)/stddev
```

이전 예제들에서 데이터셋은 개별 예제로 조직화되어 있었다. 예를 들어, 입력값 역할을 하는 이미지의 배열 및 예상되는 출력값 역할을 하는 연관된 클래스의 배열이 있었다. 그러나 우리가 만든 데이터는 날것의 역사적 데이터이며, 아직 그림 9-8과 그림 9-9에서 보여준 훈련 및 테스트 예제의 형태로 조직화되지 않았다. 이는 코드 예제의 다음 단계에서 한다. 코드 9-5는 훈련 데이터에 텐서를 할당하고 모든 항목을 0으로 초기화한다. 그 뒤 역사적 데이터를 따라 루프를 돌며 훈련 예제를 만들고, 같은 것을 테스트 데이터에도 한다.

코드 9-5 훈련 및 테스트 데이터에 텐서를 할당하고 채우기

```
# 훈련 예제를 만든다.
train_months = len(train_sales)
train_X = np.zeros((train_months-MIN, train_months-1, 1))
train_y = np.zeros((train_months-MIN, 1))
for i in range(0, train_months-MIN):
    train_X[i, -(i+MIN):, 0] = train_sales_std[0:i+MIN]
    train_y[i, 0] = train_sales_std[i+MIN]

# 테스트 예제를 만든다.
test_months = len(test_sales)
test_X = np.zeros((test_months-MIN, test_months-1, 1))
test_y = np.zeros((test_months-MIN, 1))
for i in range(0, test_months-MIN):
    test_X[i, -(i+MIN):, 0] = test_sales_std[0:i+MIN]
    test_y[i, 0] = test_sales_std[i+MIN]
```

데이터를 올바른 위치에 두려면 인덱스로 서로 다른 방향으로 꽤 많은 곡예를 해야 한다. 즉, 지루하지만 마법은 전혀 없다. 코드를 이해하는 가장 좋은 방법은 디버거 debugger에서 단계를 따라가며 여러분 스스로 올바른 것을 하고 있다고 확신을 하거나, 아니면 단순히 이것이 올바르게 구현됐다고 믿고 그 후에 결과 텐서를 검사하는 것이다. 입력 데이터를 준비할 때는 두 번 확인하는 것이 중요하다. 그렇지 않으면 네트워크가 아키텍처 때문에, 잘못된 입력 데이터 때문에, 학습률과 같은 알고리듬적 초매개

변수를 나쁘게 선택했기 때문에, 아니면 단순히 주어진 데이터로 과제를 배울 수 없기 때문에 배우지 않는 것인지 알기가 어렵다. 더욱 심각하게는, 네트워크가 잘못된 입력 데이터를 일부 이해할 수 있어서 여전히 배울 수도 있지만 할 수 있었던 것만큼은 아닌 경우도 많다.

단순한 RNN 만들기

마침내 네트워크를 정의하고 실험을 시작할 준비가 됐다. 지금까지 본 모든 코드를 감안할 때, 단순한 RNN을 정의하고 훈련하는 코드 9-6을 읽는 것은 마치 용두사미 같다.

코드 9-6 순환 층 하나와 밀집 층 하나로 된 2층 모델 정의하기

```
# RNN 모델 만들기
model = Sequential()
model.add(SimpleRNN(128, activation='relu',
                    input_shape=(None, 1)))
model.add(Dense(1, activation='linear'))
model.compile(loss='mean_squared_error', optimizer = 'adam',
              metrics =['mean_absolute_error'])
model.summary()
history = model.fit(train_X, train_y,
                    validation_data
                    = (test_X, test_y), epochs=EPOCHS,
                    batch_size=BATCH_SIZE, verbose=2,
                    shuffle=True)
```

시작으로 정류선형유닛^{ReLU}을 활성 함수로 사용하는 128개의 뉴런으로 된 단일 순환 층을 갖는 단순한 네트워크를 사용한다. input_shape=(None, 1)은 시간단계의 숫자가 고정되어 있지 않으며(None) 각 시간단계는 단일 입력값임을 지시하고 있다. 모든 입력 예제가 같은 수의 시간단계를 갖고 있으므로, None 대신에 숫자를 지정할 수도 있었을 것이다. 때때로 이는 케라스에서 실행시간을 빠르게 만든다. 순환 층 다음으로 단일 뉴런 및 선형 활성 함수로 된 완전 연결 피드포워드 층이 오는 이유는 수치를 예측하고자

하기 때문이다. 선형 활성 함수를 사용하므로 평균제곱오차^{MSE}를 손실 함수로 사용한다. 또한 단지 정보를 위해 평균절대오차$^{MAE, Mean Absolute Error}$를 인쇄한다. 배치 크기 16을 사용해 네트워크를 100에포크 훈련한다. 언제나와 같이 입력 예제는 뒤섞는다. 훈련을 시작하기 전에 다음이 인쇄됨을 볼 수 있다.

```
Layer (type) Output Shape                               Param #
=========================================================
simple_rnn_1 (SimpleRNN) (None, 128)                    16640
_____
dense_1 (Dense) (None, 1)                               129
=========================================================
Total params: 16,769
Trainable params: 16,769
Non-trainable params: 0
```

Train on 259 samples, validate on 56 samples

언제나처럼 출력의 무결성 검사를 하고 설정에 어떠한 실수도 없는지 찾아본다. 매개변수의 숫자로 시작하면, 순환 층에 128개의 뉴런이 있으며 각각은 입력으로부터 1개 값, 128개 순환 입력, 편향 입력 하나를 받는다. 즉, 학습할 가중치가 128×(1 + 128 + 1) = 16,640개 있다. 출력 뉴런은 이전 층으로부터 128개의 입력과 단일 편향 입력을 가지며, 이는 다르게 말하면 129개의 가중치를 학습해야 한다는 뜻이다. 게다가 339개 월만큼의 역사적 데이터가 있으며, 이 중 271개의 월은 훈련으로, 68개의 월은 테스트로 나눈다. 예제의 최소 길이는 12가 되도록 설정했으므로, 271 − 12 = 259개의 훈련 예제와 56개의 테스트 예제가 있다. 이 모두 출력 내용과 들어맞는다.

100에포크 훈련 후에 훈련 및 테스트 MSE가 각각 0.0011과 0.0022이며, MAE는 각각 0.0245와 0.0346이다. 이 결과가 좋은지 나쁜지가 중요한 질문거리다. 다행스럽게도 비교 지점으로 사용할 수 있는 단순한 모델을 정의했다. 단순한 모델을 정의할 때 이를 비표준화 데이터에서 했다. 한편 케라스의 MSE와 MAE는 표준화된 데이터로부터 계산됐다. 그러므로 코드 9-7에서의 표준화된 데이터를 기반으로 새로운 버전의 단순한 예측을 만든다.

```
# 표준화된 데이터를 바탕으로 단순한 예측을 만든다.
test_output = test_sales_std[MIN:]
naive_prediction = test_sales_std[MIN-1:-1]
mean_squared_error = np.mean(np.square(naive_prediction
                                      - test_output))
mean_abs_error = np.mean(np.abs(naive_prediction
                                - test_output))
print('naive test mse: ', mean_squared_error)
print('naive test mean abs: ', mean_abs_error)
```

주의할 점은 여러 배열로 넘파이 계산을 할 때의 순서다. 여러분이 무엇을 하고 있으며 올바른 차원을 갖고 있는지 정확히 알고 있는 것이 중요하다. 예제로 넘파이 배열 하나가 shape=(N, 1) 그리고 다른 배열이 shape=(N)으로 정의되어 있다면, 둘 다 같은 벡터로 보이지만 하나에서 다른 것을 빼면 shape=(N, N)인 2차원 배열이 된다. 이는 틀린 MSE 및 MAE 값을 줄 것이다.

MSE를 직접 계산할 때 잘못된 배열 차원으로 인해 야기된 버그를 뒤쫓는 데 무시하지 못할 만큼의 시간을 썼다.

우리의 구현은 다음을 출력한다.

```
naive test mse:  0.0937
naive test mean abs:  0.215
```

이를 테스트 MSE가 0.0022이고 테스트 MAE가 0.0346인 RNN과 비교해보면 RNN이 단순한 모델보다 일을 상당히 더 잘하고 있음을 암시한다. 이것이 최종 움직임에 어떻게 영향을 주는지 밝히기 위해, 새롭게 훈련한 모델을 사용해 예측을 하고 이러한 예측을 실젯값 옆에 그려보자. 코드 9-8은 이를 어떻게 할 수 있는지 보여준다. 먼저 테스트 입력을 인수로 하여 model.predict를 호출한다. 두 번째 인수는 배치 크기이며, 입력 텐서를 배치 크기로 서술한다(즉, 모든 입력 예제를 병렬로 예측하기를 요청함). 배치 크기는 훈련 동안 결과에 영향을 미칠 테지만, 예측에서는 아마도 실행 시간을 제외하고 어떠한 영향도 없어야 할 것이다. 단지 16이나 32 혹은 다른 값을 사용할 수도 있었을 것이다. 모델은 출력값을 2차원 배열로 반환할 것이다. 이 출력값은 단일 값이므로 1차원 배열 또한 잘 맞을 것이며, 이것이 데이터를 그릴 수 있게 해주는 형식이므로, np.reshape를 호출해 배열의 차원을 바꾼다. 네트워크는 표준화된 데이터로 작업하므로, 출력은 원하는 것을 바로 보여주지는 않을 것이다. 먼저 표준화의 반대 연산을 하여 데이터를 역표준화해야만 한다. 즉, 표준편차로 곱하고 평균을 더한다.

코드 9-8 모델을 사용해 훈련 및 테스트 출력 모두 예측하고 결과를 역표준화하기

```python
# 훈련된 모델을 사용해 테스트 데이터를 예측한다.
predicted_test = model.predict(test_X, len(test_X))
predicted_test = np.reshape(predicted_test,
                           (len(predicted_test)))
predicted_test = predicted_test * stddev + mean

# 테스트 예측을 그린다.
x = range(len(test_sales)-MIN)
plt.plot(x, predicted_test, 'm-',
        label='예측된 test_output')
plt.plot(x, test_sales[-(len(test_sales)-MIN):],
         'g-', label='실제 test_output')
plt.title('서적 매출')
plt.axis([0, 55, 0.0, 3000.0])
plt.xlabel('월')
plt.ylabel('예측된 서적 매출')
plt.legend()
plt.show()
```

그 뒤 데이터를 그린다. 이는 그림 9-2가 보여주며, 예측이 적절함을 볼 수 있다.

순환이 없는 네트워크와 비교

앞 절에서 RNN을 단순한 예측과 비교했다. 또 다른 유의한 비교로는 이를 더 단순한

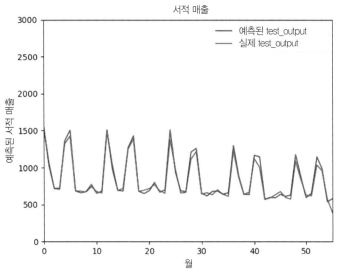

서적 매출

그림 9-12 테스트 데이터와 비교한 모델 출력

네트워크 모델과 비교하여 모델에 더해진 복잡도로부터 우리가 혜택을 받았는지 보는 것이다. 특히 제한된 이력이 제시된 보통의 피드포워드 네트워크와 비교함으로써 긴 입력 시퀀스를 보는 능력이 이점이 되는지 이해하면 흥미로울 것이다. 코드 9-9에서 보여주는 것과 같이 두 부분을 변경해 비교를 시도해야 한다. 먼저 각 입력 예제의 마지막 12개월만 유지하기 위해 이력의 상당 부분을 버린다. 그 뒤 순환 네트워크 대신에 피드포워드 네트워크를 만든다. 피드포워드 네트워크의 첫 번째 층은 입력 모양을 1차원으로 평탄화한다. 즉, 시간 차원이 제거된다.

코드 9-9 룩백 기간을 12개월로 줄이기[4]

```
# 입력의 룩백(lookback) 기간을 줄인다.
train_X = train_X[:, (train_months - 13):, :]
test_X = test_X[:, (test_months - 13):, :]
```

---

4 해당 코드에는 'from tensorflow.keras.layers import Flatten'이 빠져 있다. 또한 층을 추가하기 전에 'model = Sequential()'로 Sequential 모델을 만들어야 한다.

```
# 피드포워드 모델을 만든다.
model.add(Flatten(input_shape=(12, 1)))
model.add(Dense(256, activation='relu'))
model.add(Dense(1, activation='linear'))
```

첫 번째 완전 연결 층은 256개의 유닛이 있으며, 이는 이전 예제의 순환 층보다 더 많은
유닛이다. 반면에 순환 층 내 각 유닛은 더 많은 가중치를 가지므로, 순환 네트워크는
전체적으로 더 많은 훈련 가능한 매개변수를 갖는다. 이전에 가져온 생성자를 사용했
으며 결과를 RNN과 비교했다. 피드포워드 네트워크의 테스트 오차는 RNN의 0.0022
와 대조적인 0.0036이었다. 다시 말해, RNN이 39% 낮은 오차를 달성했다. 당연하지
만 더 긴 이력을 사용하면 이점이 있는 것으로 보인다.

예제를 다중 입력 변수로 확장하기

프로그래밍 예제를 수정해 각 시간단계마다 다중 입력 변수로 작업하는 것은 상대적으
로 쉬운 일이다. 주요 변경점은 코드 9-10이 보여준다. 코드는 먼저 입력 데이터의 두
번째 파일을 읽고 표준화한 뒤 내용을 두 변수 train_sales_std2와 test_sales_std2에
두었다고 가정한다. 실제에서는 여러분이 2라고 하드코딩하는 대신에 임의의 입력 변
수를 다룰 수 있도록 구현을 바꾸고 싶을 수도 있다. 이전 예제와 비교한 변경점 및 추
가사항은 노란색으로 강조되어 있다.

코드 9-10 입력 데이터 및 시간단계마다 두 입력 변수를 갖는 모델 만들기

```
# 훈련 예제 만들기
train_months = len(train_sales)
train_X = np.zeros((train_months-MIN, train_months-1, 2))
train_y = np.zeros((train_months-MIN, 1))
for i in range(0, train_months-MIN):
    train_X[i, -(i+MIN):, 0] = train_sales_std[0:i+MIN]
    train_X[i, -(i+MIN):, 1] = train_sales_std2[0:i+MIN]
    train_y[i, 0] = train_sales_std[i+MIN]
```

```
# 테스트 예제 만들기
test_months = len(test_sales)
test_X = np.zeros((test_months-MIN, test_months-1, 2))
test_y = np.zeros((test_months-MIN, 1))
for i in range(0, test_months-MIN):
    test_X[i, -(i+MIN):, 0] = test_sales_std[0:i+MIN]
    test_X[i, -(i+MIN):, 1] = test_sales_std2[0:i+MIN]
    test_y[i, 0] = test_sales_std[i+MIN]
…
model.add(SimpleRNN(128, activation='relu',
                    input_shape=(None, 2)))
```

RNN에서 데이터셋 고려사항

이 장의 프로그래밍 예제에서 원 매출 데이터를 사용해 우리만의 데이터셋을 만들었다. 여기서 몇 가지 지적할 만한 이슈가 있다. 먼저 시계열 데이터로 작업할 때, 데이터를 훈련 및 테스트 데이터로 나눌 때 시간 차원이 어떻게 상호작용하는지 고려하는 것이 중요하다. 프로그래밍 예제에서 먼저 원 데이터를 두 덩어리로 나눴다. 훈련 예제를 만들기 위해 오래된 데이터를 나타내는 덩어리를, 그리고 테스트 예제를 만들기 위해 더 최근의 덩어리를 사용했다. 대신에 다수의 예제(입력 시퀀스에 정답 데이터를 더한)를 만들고 이들을 훈련 및 테스트 데이터로 나누기 전에 섞는 함정에 빠질 수도 있다. 이러한 방법론을 사용했다면, '미래' 데이터 포인트를 훈련 집합에 포함시키고 '역사적' 데이터 포인트를 테스트 집합에 포함시키게 될 것이다. 이는 모델이 실제 어떻게 쓰일지를 나타내지 못할 가능성이 크며, 모델을 평가할 때 테스트 집합이 낙관적인 결과를 줄 위험이 상당하다. 즉, 미래 데이터를 훈련 집합에 포함시키지 않도록 조심해야 한다.

또 다른 고려사항은 길이가 다른 훈련 및 테스트 예제를 만들지, 아니면 고정된 길이를 사용할지다. 예제에서 길이가 가변인 예제를 만들었으며, 이때 가장 긴 입력 예제는 원 입력 데이터의 길이가 제공할 수 있는 만큼 길었다. 그 뒤 다른 예제에 0을 덧붙여서 같은 길이가 되도록 했다. DL 프레임워크가 미니배치 내 모든 예제가 같은 길이를 갖도록 요구하므로 영 덧붙이기를 사용했다. 또 다른 일반적인 접근법은 원 데이터가 허용하는 길이보다 짧은 고정 길이를 고르고 모든 훈련 예제가 같은 길이를 갖도록 하는 것이다. 이 접근법의 단점은 긴 의존성을 학습할 기회를 제공받지 못한다는 것이다.

RNN의 맺음말

10장의 순환 네트워크를 위한 더욱 발전된 유닛으로 넘어가기 전에 짚고 넘어가야 할 사항들이 있다. 한 가지는 이 장의 훈련 예제가 기술적으로는 심층 순환 네트워크를 모델링하지 않았다는 것이다. 왜냐하면 단일 순환 층 다음에 단일 뉴런만이 있었기 때문이다. 실제에서 얕은 그리고 깊은 네트워크의 차이점은 문제가 되지 않는 경우가 많지만, 한 가지 중요한 점은 우리가 복수의 순환 층을 서로의 위에 쌓지 않았다는 것이다. 케라스에서 순환 층을 쌓을 때는 조정해야 할 세부 사항이 한 가지 있다. 지금까지 우리 모델의 출력은 단일 값으로, 이는 입력으로 사용한 월의 시퀀스 다음에 오는 월의 매출을 예측한다. 현실에서 순환 층은 각 시간단계의 출력을 만들어내며, 이는 층의 입력으로 다시 공급된다. 케라스는 이를 내부적으로 하며, 기본 움직임은 이를 사용자로부터 숨기고 이것이 원하는 움직임이라는 가정하에 마지막 값만을 출력한다. 그러나 순환 층의 출력이 다른 순환 층의 입력으로 공급된다면, 두 번째 순환 층은 마지막 시간단계만의 출력을 받는 대신에 각 시간단계의 출력을 보기를 기대한다. 그러므로 케라스에게 이러한 움직임을 바꾸고 각 시간단계의 값을 출력하라고 말해야 한다. 이를 위해 층을 만들 때 매개변수 return_sequences를 True로 둔다.

> 케라스에서 복수의 순환 층을 서로서로의 위에 쌓을 때는 반드시 return_sequences를 True로 두어야 한다. return_sequences가 False이면 마지막 시간단계만이 출력에서 제시될 것이다.

또한 이 장에서는 드롭아웃으로 실험하지 않았다. 순환 층에 드롭아웃을 적용할 때는 층 사이의 연결에, 또는 순한 연결에, 아니면 둘 다에 적용할 수 있다(Zaremba, Sutskever, and Vinyals, 2015). 케라스에서는 RNN 층 생성자 매개변수 recurrent_dropout이 순환 연결에서의 드롭아웃을 통제한다.

RNN에 드롭아웃이 어떻게 동작하는지에 대한 세부 사항은 추가로 읽으면 좋은 주제다(Zaremba, Sutskever, and Vinyals, 2015).

마지막으로, RNN에서의 가중치 공유가 합성곱 신경망[CNN]과 어떻게 연관되어 있는지 고려하면 좋다. 앞서 언급했듯이 RNN이 전개되면, 이를 층 사이에 가중치 공유를 하는 것으로 볼 수 있는 한편, CNN은 가중치 공유를 층 내에서 한다. 이미지 분류를 위해 CNN을 볼 때 우리가 설명한 이점은 네트워크가 병진 불변한다는 것이다. 이때 **병진**[translation]은 물체가 한 위치에서 이미지 내 다른 위치로 이동하는 움직임을 말한다. 이러한 불변성은 모든 위치 내 뉴런에 의해 쓰이는 동일한 가중치로부터 기인한다. 마찬가지로, RNN은 패턴이 시퀀스 내 어디에 나타나는지와 무관하게 시퀀스 내 패턴을 식별한다. 이것이 도움이 되는 이유는 많은 시퀀스가 꼭 특정한 시작점을 갖는 것은 아니며, 우리가 임의의 시간단계에서 샘플링을 시작하는 것을 선택하기 때문이다. CNN 또한 먼저 시계열 데이터를 1차원 벡터로 전개하고 그 뒤 이 전개된 시계열에 1차원 합성곱(이미지 데이터에 사용했던 2차원 합성곱과 반대로)을 적용함으로써 시계열 데이터를 사용할 수 있음이 밝혀졌다. 한 가지 단점은 임의적으로 긴 시퀀스를 다룰 수 없게 된다는 것인데, 이 경우 RNN이 유리하다.

우리가 아는 첫 번째 순환 네트워크는 홉필드 네트워크다(Hopfield, 1982). 우리는 이를 역사적인 목적에서 언급하고자 한다. 여러분은 더욱 최근의 논문을 읽으면 도움이 될 것이다. RNN의 역사에 대한 추가적인 정보를 위해서는 립턴[Lipton], 버코위츠[Berkowitz], 엘칸[Elkan]의 조사 논문(2015)이 좋은 개요를 제공한다. 이 논문은 1980년대에 RNN이 처음으로 소개됐을 때의 추가 논문 레퍼런스를 포함한다.

10

장단기 메모리

10장에서는 순환 네트워크의 좋은 성능을 막을 수 있는 기울기 소실 문제에 깊이 들어가기 시작한다. 그 뒤 **장단기 메모리**LSTM, Long Short-Term Memory라 알려진, 이러한 문제를 극복하는 중요한 기법을 제시한다. 이는 호크라이터Hochreiter와 슈미트후버Schmidhuber(1997)가 소개했다. LSTM은 순환 신경망RNN 내 단일 뉴런의 대체물 역할을 하는 더욱 복잡한 유닛이다. 11장 'LSTM과 빔 검색으로 하는 텍스트 자동완성'의 프로그래밍 예제에서 어떻게 텍스트 자동완성을 위한 LSTM 기반 RNN을 구현해 이를 사용하는지 보여준다.

LSTM 유닛 내부의 세부사항은 다소 까다로우며, 여러분이 LSTM을 처음 학습한다면 이 장을 따라가기가 어려울 수 있다. 그런 경우 처음에는 이번 장을 훑어보며 어떻게 LSTM이 네트워크에 조합되는지를 주로 살펴보기 바란다. LSTM 내부의 세부 사항은 나중에 다시 볼 수 있다.

기울기를 건강하게 유지하기

이 책에서 기울기 소실과 폭주 문제를 여러 번 언급했으며, 그 이유는 이들이 기울기 기반 방법으로 된 신경망을 훈련시킬 수 있도록 하기 위해 반드시 극복해야 하는 장애물이기 때문이다. 이러한 문제는 RNN에서 더욱 심각해질 수 있는데, 그 이유는 시간에 따른 역전파[BPTT]와 시간단계에 걸친 가중치 공유의 조합으로 인해 훈련할 때 기울기가 지나가야 하는 많은 수의 시간단계 때문이다. 이런 이유로 이번 절은 더욱 많은 아이디어를 제공한다. 추가적인 기법과 인사이트를 소개함은 물론 이전 장에서 제시한 것들을 요약한다.

> 우리는 기울기 소실 및 폭주 문제가 다소 지루하므로 차라리 새로운, 멋진 네트워크 아키텍처를 살펴보는데 시간을 쓰려 했다. 그러나 더 재미있는 것을 보려면 때로는 이를 악물고 지루한 것을 봐야 할 때도 있다. 결국 배우기를 거부하면 네트워크 아키텍처에서 멋진 것은 존재하지 않는다.

먼저 이 문제가 무엇인지 그리고 무엇이 이런 문제를 야기하는지 다시 언급하면서 시작하자. 경사 하강으로 네트워크를 훈련시킬 때는 각 가중치에 대해 오차의 편미분을 계산해야 하며 그럼으로써 각 가중치에 제안하는 조정값에 다다를 수 있다. 이 편미분은 역전파 알고리듬을 사용해 계산한다. 특정 가중치를 위한 조정값을 계산하는 공식은 오차의 미분을 대상 가중치와 출력 노드 사이에 위치한 가중치는 물론 대상 가중치와 출력 사이의 경로 위 모든 활성 함수의 미분으로 곱하는 것을 포함하는 것으로 드러난다. 그림 10-1과 방정식 10-1은 평균제곱오차[MSE]가 손실 함수라는 가정하에서 이를

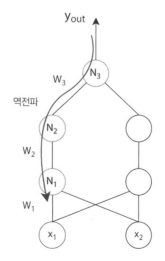

그림 10-1 네트워크에 따른 오차의 역전파

피드포워드 네트워크에서 보여준다.

$$\frac{\partial e}{\partial w_1} = -\left(y - y_{out}\right) \cdot N_3' \cdot w_3 \cdot N_2' \cdot w_2 \cdot N_1' \cdot x_1$$

방정식 10-1 역전파 공식. 변수 y는 예상하는 값을, y_{out}은 네트워크로부터 예측된 값을 나타낸다. 예측된 값은 자주 $\hat{y}$으로 나타낸다.

그러므로 가중치나 미분이 작으면 기울기 소실 문제를 관측하게 되고, 이때 조정값이 소실되어 작아지며 네트워크가 학습을 멈춘다. 반대 문제는 가중치나 미분이 커서 기울기 폭주 문제를 관측하는 것이며, 이는 큰 가중치 조정이 학습 과정을 완전히 이탈 시켜버릴 수 있다. 추가로 RNN에서 네트워크를 시간에 따라 전개하므로, 전파된 오차를 같은 가중치로 반복적으로 곱하게 된다. 이는 1.0으로부터 시작하는 보통의 가중치 편차라 하더라도 기울기 소실(가중치 < 1.0인 경우)이나 폭주(가중치 > 1.0인 경우)를 야기할 것이다.

활성 함수로부터 시작하면, 앞서 설명했듯이 S 모양(로지스틱과 tanh 함수 모두) 활성 함수에서 미분은 큰 음의 값과 양의 값에 대해 0으로 접근한다. 즉, 뉴런이 포화된다. 이는 3장 '시그모이드 뉴런과 역전파'의 그림 3-4에서 보여줬다.

아직 논의하지 않은 한 가지는 로지스틱 함수가 심지어 포화되지 않은 때라 하더라도 역방향으로 전파됨에 따라 오차를 감쇠시킨다는 점이다. 그림 10-2는 tanh 그리고 로지스틱 시그모이드 함수 및 이들의 접선을 이들의 미분이 가장 가파른 지점에서 확대한 버전을 보여준다. 로지스틱 시그모이드 함수의 최대 기울기는 tanh 함수의 최대 기울기보다 작음을 볼 수 있다. 로지스틱 시그모이드 함수의 미분 최댓값은 0.25인 한편, tanh의 미분 최댓값은 1.0이다. 이는 tanh가 로지스틱 시그모이드 함수보다 선호되는 또 다른 이유 중 하나다.

> 로지스틱 시그모이드 함수의 미분의 최댓값은 0.25이므로, 오차가 네트워크를 따라 역으로 전파됨에 따라 언제나 감쇠된다.

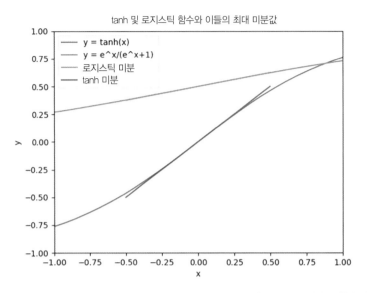

그림 10-2 tanh 및 로지스틱 시그모이드 함수와 이들의 최대 미분을 보여주는 접선의 확대 버전

tanh의 미분 최댓값이 1.0이라 하더라도, 뉴런이 그들의 포화 영역 안에 있으면 기울기는 여전히 소실될 수 있다. 우리는 뉴런을 이들의 비포화 영역에 두도록 하기 위한 복수의 기법을 논의한 바 있다. 이에 대한 두 가지 예시로는 가중치를 글로럿이나 헤 초기화로 초기화하는 것과 네트워크 안에서 배치 정규화를 사용하는 것이 있다.

뉴런을 이들의 포화 영역에 두려고 하는 대신에, 또 다른 해법은 리키 정류선형유닛 ReLU 아니면 한쪽에서만 포화되는 보통의 ReLU 함수와 같은 비포화 비선형 함수를 사용하는 것이다.

기울기 폭주 문제에서는 기울기 클리핑이 직관적인 해법이며, 이는 기울기가 증폭될 경우 기울기를 인공적으로 작은 값으로 조정한다. 마치 배치 정규화가 기울기 클리핑과 연관되어 있는 것처럼 들릴 수도 있다. 왜냐하면 둘 다 값의 범위를 제한하기를 원하는 것처럼 보이기 때문이다. 그러나 이들은 서로 다른 것이다. 배치 정규화는 네트워크를 따라 포워드 패스 동안 값을 조정해 뉴런을 이들의 활성 영역 내 두려고 하는 것을 목표로 한다(즉, 배치 정규화는 포화를 피함으로써 기울기가 소실되지 않도록 하는 것을 목표로 한다). 반면에 기울기 클리핑은 백워드 패스 동안 기울기 그 자체를 조정해 기울기 폭주를 피하는 것을 목표로 한다.

배치 정규화는 기울기 소실을 피하며, **기울기 클리핑**은 기울기 폭주를 피한다.

방금 설명한 이슈는 피드포워드 네트워크와 RNN 모두 적용할 수 있지만, RNN은 또한 일부 고유의 속성 및 잠재적인 완화 기법을 갖고 있다. ReLU 함수를 상수 미분값 1과 함께 사용하는 것과 같이 활성 함수가 문제가 아닌 경우라 하더라도, RNN은 시간단계에 걸친 가중치 공유 때문에 BPTT가 오차를 같은 가중치로 계속 곱하는 고유의 문제가 있다. 앞서 언급했듯이 시간단계가 충분히 많으면, 기울기 소실과 폭주를 피하는 유일한 방법은 가중치를 값 1로 사용하는 것이다. 우리는 가중치를 조정할 수 있기를 원하므로 이는 목적에서 벗어나는 일이다. 그러나 이와 같은 관찰사항을 활용해 상수 오차 캐러셀CEC, Constant Error Carousel로 알려진 기법을 사용하는 더욱 복잡한 순환 유닛을 만들 수가 있다. CEC를 사용하면 역전파 동안 가중치를 1로 하는 것과 비슷한 움직임이 된다. LSTM은 CEC 기법에 근거하며 다음 몇 개 절에서 설명한다.

LSTM은 CEC라 알려진 기법을 구현한다.

마지막으로 8장 '더 깊은 CNN 및 사전 훈련된 모델'의 ResNet 측면에서 설명했듯이, 스킵 연결은 매우 깊은 네트워크를 훈련시키는 데 도움이 될 수 있다. 스킵 연결이 도움이 될 수 있는 정확한 이유는 논쟁의 여지가 있으며, 여러 연구에서 다른 설명들을 가설화했다(He et al., 2015a; Philipp, Song, and Carbonell, 2018; Srivastava, Greff, and Schmidhuber, 2015). 한 가지 이유로는 스킵 연결이 기울기 소실을 다룬다는 것이 있다. 스킵 연결은 CEC와 일부 행동을 공유한다. '관련 주제: 하이웨이 네트워크와 스킵 연결' 절에서 이러한 관계를 다룬다.

참조를 위해, 앞서 논의한 기울기 소실 및 폭주와 싸우기 위한 모든 기법은 표 10-1에 요약되어 있다. 우리가 이를 이해하는 방식에 있어서 **기울기 소실**^{vanishing gradient}이라는 용어는 심층 네트워크(공간이나 시간에서)로 인해 기울기가 점차적으로 소실되는 경우를 위해 유보해둔다. 기울기는 기울기 소실 문제가 아닌 어떤 이유에서든지 0에 가까워질 수 있다. 앞 장들에서 이러한 예시 몇 가지와 관련 완화 기법을 설명했다.

표 10-1 기울기 소실과 폭주 문제를 완화하는 기법의 요약

기법	기울기 소실을 완화함	기울기 폭주를 완화함	참고
글로럿 혹은 헤 초기화를 사용	예	아니요	모든 뉴런에 적용됨
배치 정규화	예	아니요	은닉 뉴런에 적용됨
ReLU와 같은 비포화 뉴런	예	아니요	모든 뉴런에 적용되지만 출력 층은 통상적으로 문제 형태 측면에서 별로도 고려됨
기울기 클리핑	아니요	예	모든 뉴런에 적용됨
상수 오차 캐러셀	예	예	순환 층에만 적용됨(LSTM에 사용됨)
스킵 연결	예	아니요	추가적인 이점을 제공할 수 있음(ResNet의 후반부 논의에 자세한 내용이 있음)

이러한 문제 중 하나는 네트워크의 출력 층 내 뉴런이 로지스틱 시그모이드 함수에 기반할 때 발생한다. 이 함수의 문제는 뉴런이 포화되면 기울기가 0에 가까워진다는 점이다. 이를 다루는 한 방법은 교차 엔트로피 손실 함수와 같이 역전파 동안 효과를 유지하는 손실 함수를 선택하는 것이다.

또 다른 문제는 만일 네트워크의 입력값 크기가 상당히 크면 이들은 뉴런이 멀리 포화 영역에 들어가게 한다는 것이다. 우리는 프로그래밍 예제에서 입력값을 적절한 크기로 0 근처로 중심화하도록 표준화하여 이를 피하려 했다.

LSTM 소개

이 절에서는 LSTM 셀을 소개하는데, 이는 게이트 유닛gated unit의 더욱 일반적인 개념의 예다. 이 말의 뜻은 자세한 내용에 더욱 깊이 들어갈수록 분명해질 것이다. LSTM은 복잡한 유닛이며, **셀**cell이라고도 알려져 있다. 이는 RNN에서 지금까지 사용된 단순한 뉴런을 교체하는 데 쓰인다. LSTM 셀은 현대 RNN에 자주 쓰인다. 여러분이 올바른 기대치를 가질 수 있도록, 처음에 LSTM 셀의 그림을 보면 이는 분명히 복잡하며, "어떻게 누군가가 단순한 뉴런의 대안으로 이와 같은 디자인을 생각해낼 수 있었으며, 이 셀이 현실과 어떠한 연결점이라도 있기는 할까?"라고 반응하는 것이 자연스럽다는 사실을 시작부터 명시한다. 질문의 뒷부분에 대한 대답은 간단하다. LSTM 셀은 엔지니어링된 솔루션이며 생물학적으로 영감을 받았다고 주장하지 않았으므로, (생물학적) 현실과 그리 연결점이 많은 것은 아니다.

LSTM 유닛은 적어도 5개(!)의 비선형 함수를 가지며, 이 중 3개는 유닛 내 **게이트**gate라 알려진 로지스틱 시그모이드 함수다. 나머지 2개는 보통의 활성 함수로, 이는 이전에 소개했던 어떠한 활성 함수든지 쓸 수 있다. tanh와 ReLU가 인기 있는 선택이다. 유닛은 또한 4개의 가중합을 가지므로, 가중치의 개수는 단순 RNN에 있는 것의 네 배다.

> **LSTM**은 **게이트 유닛**의 예다. 이는 **게이트**라 알려진 로지스틱 시그모이드 함수에 더해 전통적인 활성 함수로 되어 있다.

이 절에서 설명하는 현대 LSTM 유닛은 거스Gers, 슈미트후버Schmidhuber, 커민스Cummins (1999)가 소개한 확장된 버전이다. 이 버전은 본래 제안된 LSTM 셀보다 다소 더 복잡하므로, 이를 원본 논문에서 설명한 것과 비교할 때 뭔가 빠져 있다고 생각이 들더라도 놀라지 말기를 바린다.

RNN에서 소실 혹은 폭주하는 기울기를 피하는 한 방법은 활성 함수의 미분이 1이며 (항등 함수 $f(x) = x$가 이 속성을 만족한다) 값이 1인 순환 가중치를 갖는 뉴런을 만드는 것이다. 항등 함수를 활성 함수로 가지며 가중치가 1인 네트워크가 다소 쓸모없어 보인다는 점을 알고 있지만, LSTM 셀 내부가 어떻게 동작하는지 따라가면서 이 개념을 구축해나갈 것이다.

항등 함수를 가중치 1의 조합과 사용한다는 의미는 역전파 동안 오차를 반복적으로 순환 가중치 및 활성 함수의 미분과 곱할 때 기울기가 소실되거나 폭주하지 않음을 뜻한다. 그림 10-3의 왼쪽 그림은 단일 뉴런으로 된 순환 층 다음에 단일 뉴런으로 된 피드포워드 출력 층이 오는 단순한 RNN을 보여준다. 순환 층 내 뉴런은 항등 함수를 구현하며 순환 가중치는 1이다. 이 순환 루프는 CEC라 알려져 있다. 네트워크의 전개된 버전은 그림의 오른쪽에서 보여주고 있다. 이러한 전개된 버전에서는 오차가 상수로 시간을 따라 역전파되는 것이 분명하다. 왜냐하면 이는 1과 반복적으로 곱해지기 때문이다. 극단적으로 매우 긴 입력 시퀀스의 경우라 하더라도 기울기는 소실되지 않을 것이다. 그에 따라 이는 아주 처음의, 수백 개 혹은 수천 개의 시간단계 이전일 수도 있는 시간단계에 해당하는 가중치조차도 업데이트되게 할 수 있다. 이것이 LSTM이 기울기 소실과 폭주를 다루는 데 쓰이는 핵심 메커니즘이다. 기울기가 가중치를 따라 역방향으로 이동하도록 하는 대신에, CEC는 이러한 가중치를 우회해 기울기가 소실되거나 폭주하지 않도록 한다.

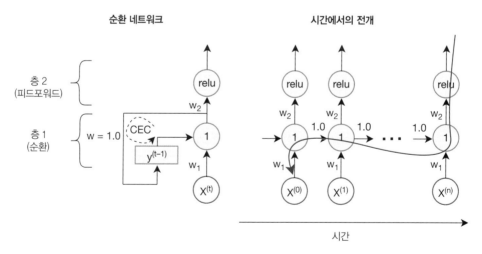

그림 10-3 상수 오차 캐러셀로 된 단순한 순환 네트워크

> LSTM 셀은 CEC를 사용해 기울기가 가중치 연결을 우회하게 한다. 이는 기울기가 소실되거나 폭주하지 않게 한다.

이제 잠시 동안 백워드 패스를 무시하고 한 걸음 물러서 어떻게 이 네트워크가 포워드 패스 동안 움직일지 생각해보자. 첫 번째 시간단계에서 네트워크의 입력이 0.7이고 다른 모든 시간단계 동안 0.0이라 가정해보자. 네트워크의 입력은 w_1과 곱해질 것이며 그 뒤 뉴런에 제시될 것이다. 뉴런이 항등 함수를 구현하므로 출력은 $0.7w_1$이다. 이 값은 순환 루프에서 각 시간단계마다 바뀌지 않은 채로 순환^{circulate}될 것이다. 이를 생각하는 한 방법은, 오차가 소실 없이 역으로 흐르게 하는 CEC에 대한 이러한 전체 논의가 단순히 처음 시간단계에서 시간의 마지막까지 입력값을 기억하는 메모리 셀에 도달하는 난해한 방법이라고 생각하는 것이다. 확장된 기간 동안 값을 기억하는 이러한 능력이 LSTM 셀의 핵심 속성이다.

> LSTM 셀은 값을 붙잡고 긴 시간 동안 이를 기억한다.

이 예제에서는 단순한 RNN 또한 값을 기억할 수 있을 것이지만, 사실은 값이 매 시간단계에서 활성 함수를 따라 공급되어 출력이 1에 가까워질 것이다.[1] LSTM 셀은 많은 시간단계에 걸쳐 값을 완벽하게 기억하는 것에 더해서, 이 메모리 셀을 언제 업데이트할지 통제하는 기능이 있다. 이러한 메커니즘이 필요한 이유는 쉽게 상상할 수 있다. 순환 층에 복수의 뉴런이 있는 더 복잡한 네트워크를 가정해보자. 우리는 어쩌면 뉴런 중 하나가 첫 번째 시간단계로부터의 값을 기억하지만 또 다른 뉴런은 두 번째로부터, 혹은 다른 시간단계의 입력값을 기억하기를 원할 수도 있다. 즉, 어떻게든 네트워크는 언제 입력을 기억하고 언제 무시할지 통제할 수 있어야 한다. 이전에 LSTM이 **게이트** 유닛의 예라 언급했다. 게이트 개념은 값을 언제 기억할지 선택적으로 기억하는 능력을 허용한다.

1　이 문장에서 단순한 RNN의 출력이 1에 가까울 것이라 하고 있지만, 이는 틀렸다. 활성 함수의 출력은 입력값의 크기가 크다면, 로지스틱 시그모이드 활성화의 경우 1이나 0에 가까우며, tanh 활성 함수의 경우 1이나 −1에 가까운 경우가 많다. 그러나 또한 RNN이 수렴하는 값은 순환 가중치에도 의존적일 것이다.

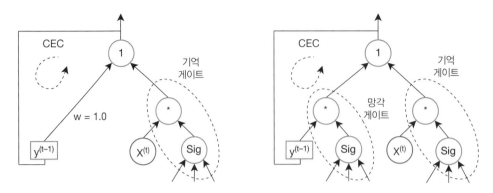

그림 10-4 왼쪽: 기억 게이트로 보강된 상수 오차 캐러셀(CEC). 오른쪽: 망각 및 기억 게이트 모두 보강된 CEC

그림 10-4의 왼쪽에서 게이트를 구현하는 한 방법을 보여준다. 입력 $x^{(t)}$를 뉴런에 바로 연결하는 대신에, $x^{(t)}$를 로지스틱 시그모이드 뉴런(그림에서 'Sig'라 표기함)의 출력과 곱하는 곱셈 연산을 도입한다. 로지스틱 시그모이드 뉴런과 곱셈 연산은 함께 게이트로서 움직인다. 그 이유는 로지스틱 시그모이드 뉴런이 0과 1 사이 범위의 값을 출력할 것이기 때문이다. 값이 0이면 입력 $x^{(t)}$가 0과 곱해질 것이므로 게이트가 닫히며 어떠한 값도 포획되지 않는다. 값이 1이면 입력값 $x^{(t)}$ 전체가 메모리 셀에 의해 포획된다. 계단 함수가 아니라 시그모이드 함수를 사용하는 이유는 우리가 언제나 함수를 미분할 수 있도록 하여 가중치를 경사 하강으로 훈련시킬 수 있기를 원하기 때문이다.

값을 로지스틱 시그모이드 함수의 출력과 곱하면 로지스틱 시그모이드 함수가 게이트의 역할을 하는 것이 된다.

기억을 하는 능력이 있으면 좋지만, 잃어버릴 수도 있으면 또한 좋다. 이는 그림 10-4의 오른쪽 부분에서 보여주며 CEC 루프를 깨는 망각 게이트를 도입했다. 게이트가 열려 있으면 내부 상태는 이전 시간단계로부터 업데이트되지만, 게이트가 닫혀 있으면 이전 상태는 잃어버릴 것이다. 이는 네트워크가 몇 개의 시간단계 동안 값을 기억한 뒤, 이들이 더 이상 필요가 없는 대신에 다른 값을 기억해야 할 경우에 이러한 메모리 셀을 제사용할 수 있게 해준다.

망각 능력이 있으면 좋지만, 우리의 네트워크는 이러한 인간 행위를 모델링하는 근처에조차 가까이 가지 못한다.

이제 방금 소개한 개념을 근거로 한 전체 LSTM 셀을 제시할 준비가 됐다. 그림 10-5가 이를 보여준다. 기억 및 망각 게이트에 더해서, 기억한 값을 셀의 출력으로 보내야 하는지 통제하는 게이트가 있다. 항등 함수를 구현하는 CEC 내 뉴런은 +로 표시된 노드로 바뀌어 있다(왜냐하면 논문에서 통상적으로 그렇게 보여주기 때문이다). 뉴런이 하는 일이 바로 입력을 더하는 것이므로, 이는 1.0의 가중치 및 선형 활성 함수 그리고 오직 2개의 입력만이 있으며 편향이 없는 보통의 뉴런과 다를 바가 없다는 점은 주목할 만하다. 게이트에 추가해 입력 뉴런이 임의의 활성 함수('**입력 활성화**input activation'를 위해 'In Act'라 명시되어 있음)를 갖고 있으며, 그림의 상단에서 셀의 출력 또한 임의의 활성 함수('**출력 활성**

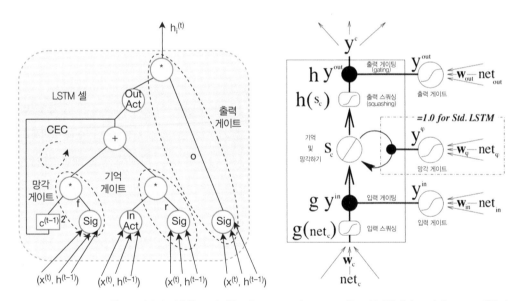

그림 10-5 왼쪽: 상단과 비슷한 표기법을 갖는 LSTM 셀. 오른쪽: 원본 출판물에서 묘사된 LSTM 셀(출처: Gers, F., Schmidhuber, J., and Cummins, F., "Learning to Forget: Continual Prediction with LSTM," Ninth International Conference on Artificial Neural Networks (ICANN 99), 1999)

2 여기에는 망각 게이트가 $c^{(t-1)}$로 표시되어 있는데, 이는 논문에서 일반적으로 쓰이는 표기법이다. 그러나 본문에서 이에 대해 한 번도 언급하지 않았으며, 그림 10-4에서는 $y^{(t-1)}$로 표기되어 있음을 주지하기 바란다.

화^{output activation}'를 위해 'Out Act'라 명시되어 있음)를 지나간다. 출력 활성화는 출력 게이트 내 곱셈 연산으로부터 단일 값만을 받으므로, 이는 가중합이 아닌 단지 활성화일 뿐이다. 입력 및 출력 활성 함수에 tanh를 쓰는 것이 일반적이지만, 아래에서 이에 대해 약간 더 논의할 것이다.[3]

그림 하단의 뉴런 4개는 모두 복수의 입력을 받는다. 이는 3개의 화살표로 표기되어 있지만, 숫자는 임의적이며 층 내 뉴런의 개수(h의 크기에 영향을 줌) 및 입력 벡터 x의 크기에 의존한다. 이러한 입력 모두 학습할 가중치를 갖는다. 다른 내부 유닛은 어떤 가중치도 갖지 않으며, 그림의 내부 연결은 벡터가 아닌 단일 값 연결이다.

LSTM 활성 함수

이제 활성 함수에 대해 잠시 논해보자. 이전 장들에서 전체 절을 할애해서 S 모양 함수의 문제를 설명했으면서도, 이제 와서 3개의 로지스틱 시그모이드 함수 및 주로 tanh 함수인 2개의 활성 함수로 된 유닛을 소개하는 것은 다소 직관에 반하는 것으로 보인다.

여기서 고려할 사항이 몇 가지 있다. 먼저 CEC가 도입됐으므로, 이는 주로 S 모양 함수와 관련된 기울기 소실 문제의 일부를 막을 것이다. 모든 문제가 아닌 '일부' 문제라고 말하는 이유는 게이트가 오차 전파가 바뀌지 않도록 하는 상태에 있을 때만 CEC가 효과적이기 때문이다. 망각 게이트가 닫혀 있으면 어떠한 오차도 CEC를 따라 전파되지 않을 것이며, 오차는 tanh 활성 함수를 또다시 지나가야 할 것이다. 이 문제를 다루는 추천하는 방법은 망각 게이트의 편향을 1로 초기화하여 오차가 처음부터 역으로 자유롭게 흐를 수 있게 하는 것이다. 또 다른 고려사항은 CEC는 BPTT 때문에 소실되는 기울기에만 도움이 되지만, RNN 또한 오차가 한 층으로부터 다른 층으로 이동하는 보통의 역전파(그림 10-3의 수직 방향)를 갖고 있다는 점이다. 다시 말해, LSTM에서 ReLU

---

3 이이 문단의 LSTM 셀에 대한 설명에서는 몇 가지 부정확한 점이 있다. 여기서는 "기억한 값을 셀의 출력으로 보내야 하는지 통제하는 게이트가 있다"고 말하고 있지만, 기억된 값이 먼저 출력 활성 함수를 지나간다는 점을 언급하지 않았다(그림 10-5의 Out Act). 더 아래에서 출력 활성 함수가 출력 게이트로부터의 값을 받는다고 언급하고 있다. 이는 틀린 말이며, 게이트가 출력 활성 함수로부터의 값을 받는다.

함수를 입력 및 출력 활성 함수로 사용하면 분명히 도움이 된다.

> 여전히 tanh가 인기 있는 이유 중 하나는 많은 RNN이 피드포워드 네트워크만큼 깊지 않기 때문이라 믿는
> 다. 그러므로 층간 기울기 소실 문제는 심각하지 않다.

입력 및 출력 활성 함수에 관한 또 다른 궁금증은 왜 둘 다 갖는 것이 중요한가다. 하나로는 왜 충분하지 않은가? 출력 활성 함수의 한 가지 효과는 출력 범위를 더 잘 통제할 수 있다는 점이다. 예를 들면, tanh가 출력 활성화로 쓰인다면 셀이 언제나 -1에서 1 사이의 값을 출력한다는 사실을 안다. 반면에 짧게 설명했듯이, 단일 활성 함수만으로 된 게이트 유닛도 존재한다.

게이트 함수에서 로지스틱 시그모이드 함수를 사용하는 이유는 이들이 게이트로 행동하기를 원하기 때문이며, 이를 달성하기 위해서는 출력 범위가 0에서 1 사이이길 원한다. 이는 로지스틱 시그모이드 함수의 핵심 속성이다. 우리는 같은 속성을 갖는 어떤 함수든지 사용할 수 있다. 문제는 어떻게 고정된 범위를 가지면서 여전히 포화되지 않는 함수(즉, 미분이 한쪽으로 혹은 양쪽으로 0으로 접근하지 않는)를 구축하느냐다.

LSTM 셀의 네트워크 만들기

그림 10-6은 어떻게 복수의 LSTM 셀이 순환 네트워크 층으로 연결되는지를 보여주는데, 보통의 RNN 같지만 각 뉴런이 더욱 복잡한 LSTM 셀로 바뀌어 있다. 이는 네트워크가 2개의 상태를 갖게 한다. 각 LSTM 셀 안에 내부 상태(c)가 있지만, 또한 단순한 뉴런을 기반으로 한 RNN에서와 같이 전역 순환 연결 안에도 상태(h)가 있다.

그림은 LSTM 기반 RNN이 보통의 RNN보다 네 배 더 많은 매개변수(가중치)가 있음을 분명히 하고 있다. 입력 활성화 뉴런에 더해서, 각각 입력 뉴런과 같은 수의 입력을 받는 3개의 게이트-뉴런도 있다. 그러므로 길이 M의 입력 벡터 및 N개 LSTM 유닛으로 된 단일 층의 전체 가중치 수는 $N \times 4 \times (N + M + 1)$이다. 이때 첫 번째 N은 LSTM 유닛의 개수이며, 4는 각 유닛 내 입력 뉴런 및 게이트 그리고 $N + M + 1$은 각 뉴런의 편

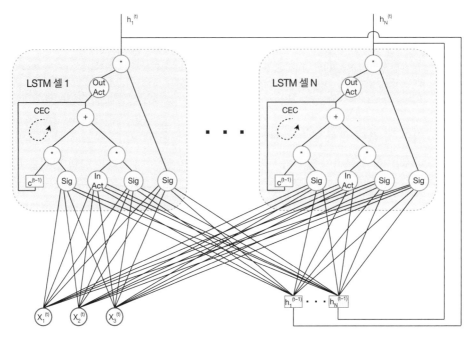

그림 10-6 LSTM 셀로부터 만든 순환 층. 그림은 시간에서의 전개를 보여주지는 않는다.

향을 포함한 입력의 개수다.

> LSTM 셀은 RNN의 단순한 뉴런보다 네 배 많은 가중치를 갖는다.

이제 LSTM 층의 움직임을 요약해보자. 각 셀은 내부 상태를 갖는다. 각 시간단계마다 이 내부 상태는 업데이트된다. 새로운 값은 이전 시간단계로부터의 내부 상태 및 현재 시간단계의 입력 활성 함수의 가중합이다. 가중치가 동적으로 통제되며 이는 게이트라 알려져 있다. 입력 활성 함수의 입력은 보통의 RNN과 같이, 이전 층(**x**)의 출력 및 현재 층의 이전 시간단계(**h**)로부터의 출력을 연결한 것이다. 마지막으로, LSTM 층의 출력은 내부 상태를 출력 활성 함수를 통해 공급하고 결과를 다른 게이트와 곱하여 계산한다. 모든 게이트는 **x**와 **h**를 연결한 것에 의해 통제된다.

LSTM을 보는 다른 시각

지금까지의 설명에서 개별 LSTM 유닛을 **셀**cell이라 불렀으며, 복수의 셀을 층으로 연결한다. 이 용어는 딥러닝DL 분야에서 지속적으로 쓰이지는 않지만, 때때로 전체 층을 셀이라 부르기도 한다. 잠시 동안 용어를 무시하면, 서로 다른 형태의 유닛을 위한 그림과 설명이 전체 층 측면으로 되어 있는 것이 일반적이다. 그 주요 이유는 9장 '순환신경망으로 시간 시퀀스 예측하기'의 그림 9-6에서 봤듯이 시간에서 전개된 네트워크를 그리기 편하게 해주기 때문이다. 그러나 실제 연결의 일부를 감추기 때문에 혼동을 일으킬 위험 또한 있으므로, 이러한 추상화를 사용할 때는 주의하기를 권한다.

> LSTM은 개별 유닛보다는 전체 층 측면에서 생각되는 일이 많다. 몇몇 텍스트에서 **셀**은 단일 유닛보다는 유닛의 전체 층을 뜻한다.

LSTM을 그리는 일반적인 방법은 어떻게 LSTM이 움직이는지 설명하는 인기 있는 블로그 포스트에서 소개됐다(Olah, 2015). 우리는 올라olah의 그림을 다시 만든 버전으로 진행하지만, 더 자세한 내용은 블로그 포스트를 참고하자. 그림 10-7은 3개의 시간단계 동안 전개된 LSTM 층을 보여준다. 각 시간단계에서 층은 이전 시간단계로부터 c와 h를, 그리고 현재 시간단계로부터 x를 받으며, c와 h의 새로운 값을 출력한다.

그림의 중간 부분은 LSTM 층의 내부를 보여준다. 각 사각형은 복수의 뉴런(층 내 LSTM 유닛의 개수와 같은 수)을 나타내며, 각 뉴런은 입력 벡터를 받고 단일 출력을 만든다. 그리스 문자 시그마(σ)로 표시된 것은 게이트를 나타내며, tanh로 표시된 것은 입력과 출

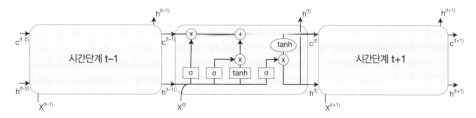

그림 10-7 시간으로 전개된 LSTM 층(출처: Olah, C., "Understanding LSTM Networks"(블로그), August 2015, https://colah.github.io/posts/2015-08-Understanding-LSTMs)

력 활성 함수를 나타낸다. $\boldsymbol{x}^{(t)}$에서 나오는 곡선은 연결을 나타낸다. 즉, $\boldsymbol{h}^{(t-1)}$과 $\boldsymbol{x}^{(t)}$ 모두의 요소를 갖는 더 넓은 벡터를 구성한다. 다른 모든 연산(원/타원)은 연산의 복수 인스턴스를 나타내며(층 내 LSTM 유닛의 개수와 같은 개수), 이때 이들 각 인스턴스는 단일 입력값(직사각형에서의 벡터와 반대로)을 받으며 단일 출력값을 만든다.

마지막으로, 각기 다른 게이트 유닛을 나타내는 또 다른 일반적인 방법은 행렬 형식이다. 방정식 10-2는 LSTM 층을 설명한다.

$$\boldsymbol{f}^{(t)} = \sigma\left(W_f\left[\boldsymbol{h}^{(t-1)}, \boldsymbol{x}^{(t)}\right] + \boldsymbol{b}_f\right) \tag{1}$$

$$\boldsymbol{i}^{(t)} = \sigma\left(W_i\left[\boldsymbol{h}^{(t-1)}, \boldsymbol{x}^{(t)}\right] + \boldsymbol{b}_i\right) \tag{2}$$

$$\tilde{\boldsymbol{C}}^{(t)} = \tanh\left(W_c\left[\boldsymbol{h}^{(t-1)}, \boldsymbol{x}^{(t)}\right] + \boldsymbol{b}_c\right) \tag{3}$$

$$\boldsymbol{C}^{(t)} = \boldsymbol{f}^{(t)} * \boldsymbol{C}^{(t-1)} + \boldsymbol{i}^{(t)} * \tilde{\boldsymbol{C}}^{(t)} \tag{4}$$

$$\boldsymbol{o}^{(t)} = \sigma\left(W_o\left[\boldsymbol{h}^{(t-1)}, \boldsymbol{x}^{(t)}\right] + \boldsymbol{b}_o\right) \tag{5}$$

$$\boldsymbol{h}^{(t)} = \boldsymbol{o}^{(t)} * \tanh\left(\boldsymbol{C}^{(t)}\right) \tag{6}$$

방정식 10-2 LSTM 층을 설명하는 방정식

망각 게이트와 입력 게이트는 (1)과 (2)가 설명한다. 후보 업데이트 함수는 (3)이 설명하며, (4)가 이러한 후보 및 입력 게이트와 망각 게이트를 사용해 새로운 셀값을 계산한다. 마지막으로 (5)는 출력 게이트를 설명하며, (6)이 이 게이트 및 새로운 셀값을 사용해 셀의 출력을 결정한다. 이 방정식은 간결하므로 처음에 파악하기에는 어려울 수 있다. 더 깊은 이해를 얻기 위해서는 각각을 이와 동등한 뉴런 및 연결의 그림으로 변환해보기를 추천한다. 예를 들어 (1)은 시그모이드 뉴런의 단일 층으로 변환되며, 이때 입력 벡터는 $\boldsymbol{h}^{(t-1)}$과 $\boldsymbol{x}^{(t)}$를 연결한 것이다.

관련 주제: 하이웨이 네트워크와 스킵 연결

8장에서 설명했듯이 ResNet의 스킵 연결을 네트워크가 학습을 하지 않았지만, 학습의 부재가 기울기 소실 때문은 아니었다는 관찰사항을 다루기 위해 도입됐다. 대신에 헤와 동료들(He and colleagues, 2015a)은 학습 알고리듬이 올바른 해를 찾는 데 어려움을 겪고 있었으며 스킵 연결이 알고리듬이 올바른 곳(항등 함수와 가까운)을 보는 데 도움이 될 수 있다고 가설을 세웠다. 그러나 ResNet에서 쓰이기 전에 다양한 형태의 스킵 연결이 다른 설정에서 쓰였으며, 흥미롭게도 이 설정들 중 일부에서 목적이 기울기 소실 문제를 다루는 데 있었다. 이러한 쓰임새는 이 장의 후반부에서 설명하는 LSTM과 연관되어 있다. LSTM에서 쓰인 CEC는 BPTT를 할 때 백워드 패스 동안 전개된 네트워크를 따라 기울기가 바뀌지 않은 채로 흐르게 해준다. 마찬가지로, 스킵 연결은 보통의 피드포워드 네트워크에서 백워드 패스 동안 네트워크를 따라 기울기가 바뀌지 않은 채로 흐를 수 있는 지름길을 제공한다.

우리는 이 점이 약간의 혼동을 야기할 수 있다고 생각한다. 왜냐하면 스킵 연결이 심지어 ResNet에서조차 기울기 소실 문제에 도움이 되는 것처럼 보이기 때문이다. 그렇다고 확실하게 말하기는 어렵다. 헤와 동료들은 기울기 소실 문제를 다루기 위해 다른 기법들을 도입했다. 또한 스킵 연결 없이 기준 네트워크의 기울기를 조사했으며 이들이 소실되지 않음을 목격했다. 그러므로 헤와 동료들이 설명한 가설은 왜 스킵 연결이 ResNet의 경우에서 도움이 되는지 설명을 해줄 가능성이 커 보인다.

또 다른 연관된 기법은 **하이웨이 네트워크**highway network로 알려져 있다(Srivastava, Greff, & Schmidhuber, 2015). 하이웨이 네트워크는 스킵 연결을 포함하지만, 스킵 연결 및 보통의 연결로부터의 공헌이 네트워크에 의해 동적으로 조정될 수 있다. 이는 LSTM에서 봤던 게이트와 같은 종류를 사용해 해낸다. 사실 하이웨이 네트워크는 LSTM으로부터 영감을 받았다.

LSTM의 맺음말

LSTM 구현을 보면, 여전히 CEC를 구현하는 단순한 버전의 유닛을 생각해내는 것이 가능한지 질문할 수 있다. 조^{Cho}와 동료들(2014a)이 소개한 게이트 순환 유닛$^{GRU, Gated Recurrent Unit}$이 이러한 단순화의 예다. 이는 내부 셀 상태를 갖지 않으므로 더 단순하다. 이는 오직 하나의 활성 함수를 가지며, 망각 및 기억 게이트는 단일 업데이트 게이트로 조합되어 있다. GRU 구현의 세부사항은 부록 H에서 찾을 수 있다.

LSTM과 GRU의 자세한 내용을 보면, 이러한 특정 디자인에는 어떠한 마법도 존재하지 않으며 게이트 유닛의 다른 변형을 상상하는 것이 쉽다는 점이 분명해진다. 이러한 변형 중 하나는 핍홀^{peephole}이라 부르는 연결을 LSTM에 추가하는 것이며, 이때 게이트는 모델의 내부 c 상태로부터 추가적인 입력을 받는다(Gers, Schraudolph, and Schmidhuber, 2002). 또한 GRU에 추가적인 단순화를 한 다른 변형도 있다(Heck and Salem, 2017).

> LSTM과 GRU는 RNN에서 쓰이는 가장 인기 있는 유닛이다. 지금은 다른 변형에 대해 더 배울 필요는 없지만, 추가로 읽어보면 흥미로운 주제다(Heck and Salem, 2017).

이제 RNN과 LSTM 셀의 기본에 대해 알고 있으므로, 자연어 텍스트의 자동완성이라는 첫 번째 자연어 처리$^{NLP, Natural Language Processing}$ 예제로 갈 준비가 됐다.

11

LSTM과 빔 검색으로 하는 텍스트 자동완성

9장 '순환신경망으로 시간 시퀀스 예측하기'에서 숫잣값 예측을 위해 순환신경망^{RNN}을 어떻게 사용하는지 살펴봤다. 11장에서는 숫잣값의 시간 시퀀스로 작업하는 대신에 RNN을 자연어 텍스트(영어)에 적용한다. 이를 수행하는 쉬운 방법은 두 가지가 있다. 텍스트는 문자^{character}의 시퀀스 혹은 단어^{word}의 시퀀스로 볼 수 있다. 이 장에서는 문자의 시퀀스로 이를 바라본다. 왜냐하면 이렇게 시작하는 것이 가장 단순한 방법이기 때문이다. 많은 경우 문자보다는 단어로 작업하는 것이 더욱 강력하며, 이는 다음 몇 개 장에서 살펴본다.

우리는 수치 대신에 텍스트로 작업하는 것에 더해서, 가변 입력 길이를 갖는 모델을 어떻게 사용하는지 그리고 입력 데이터 바로 다음에 오는 오직 한 단계 대신에 복수의 시간단계를 어떻게 예측하는지 보여준다.

텍스트 인코딩

텍스트를 RNN의 입력으로 쓰기 위해서는 먼저 텍스트를 적절한 방식으로 인코딩해야 한다. 우리는 이미지 분류 문제에서 범주를 위해 했던 것과 같은 원핫 인코딩을 사용한다. 통상적인 알파벳은 수십 개의 문자만을 포함하므로 원핫 인코딩은 문자에서 잘 동작한다. 참고로 단어를 원핫 인코딩하는 것은 덜 효율적이다. 입력 벡터의 너비가 인코딩할 기호의 전체 개수와 같으므로 벡터가 훨씬 길어지게 만들며, 통상적인 언어는 수십, 수백 혹은 수천 개의 단어를 포함하기 때문이다.

이를 더욱 명확히 하기 위해, 텍스트가 오직 소문자로 되어 있으며 마침표, 쉼표, 느낌표, 공백, 라인피드 같은 특수기호가 없다고 가정하자. 그러면 영어에는 26개의 소문자가 있으므로 문자를 너비가 26인 원핫 인코딩된 벡터로 인코딩할 수 있다. 이제 26개 요소 벡터를 **x** 입력으로 받는 RNN을 정의할 수 있으며, 26개 출력으로 된 완전 연결 소프트맥스 층을 끝에 둘 수 있다. 이제 텍스트 시퀀스를 각 시간단계마다 단일 원핫 인코딩된 문자로 네트워크에 공급함으로써 이를 네트워크에 제시할 수 있으며, 소프트맥스 출력은 네트워크가 다음 문자로 무엇을 예측하는지로 해석할 수 있다. 값이 가장 높은 출력은 네트워크가 다음 문자일 가능성이 가장 크다고 찾아낸 문자를 나타낸다. 두 번째로 높은 값을 갖는 출력은 가능성이 두 번째로 큰 문자에 해당하는 식이다.

텍스트로 작업할 때 문자를 나타내는 데는 원핫 인코딩을 사용하는 것이 일반적이다.

그림 11-1은 시간으로 전개된 순환 네트워크를 보여준다. 시간단계 0에서 글자 'h'가 네트워크에 입력으로 제시되며, 그다음 'e', 'l', 'l'이 다음 3개 시간단계에서 따라온다. 마지막 시간단계에서 네트워크의 예측은 'o'다. 즉, 네트워크는 단어 'hello'의 마지막 문자를 예측한다. 네트워크가 처음 몇몇 시간단계 동안에도 무언가를 예측할 것이 분명하지만, 우리는 아직 입력 시퀀스 전체를 제시하지는 않았음을 알고 있으므로 이러한 시간단계 동안의 출력은 무시한다.

대부분의 경우 대문자 및 특수기호를 다룰 수 있기를 원할 것이므로, 원핫 인코딩된 문자의 길이는 아마도 26개 대신 약 100개의 요소를 가질 것이다. 원핫 인코딩된 문자를 RNN으로 사용하는 프로그래밍 예제를 곧 보겠지만, 먼저 어떻게 미래의 복수 시간단계를 예측하는지 논의해보자. 이 또 다른 속성은 프로그래밍 예시에서 사용한다.

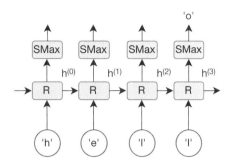

그림 11-1 순환 층과 완전 연결 소프트맥스 층으로 된 텍스트 예측 네트워크. SMax라고 라벨링된 직사각형은 수학적 소프트맥스 함수일 뿐만 아니라 소프트맥스를 활성 함수로 하는 완전 연결 층이다.

장기 예측과 자기회귀 모델

이전 장들에서는 시간 시퀀스 내의 다음 값만을 예측했다. 단일 기호보다는 더 긴 출력 시퀀스를 예측할 수 있으면 도움이 되는 경우가 많다. 이 절에서 복수의 시간단계를 예측하는 몇 가지 방법을 논의한다.

한 가지 단순한 방법은 복수의 모델을 만들고, 각각의 추가 모델이 더욱 미래의 시간 단계를 예측하는 것이다. 이를 보여주기 위해 9장의 서적 매출 예측 모델에서 제공했던 훈련 예제를 고려해보자. 모델에 입력 데이터 $x^{(t-n)}$, ..., $x^{(t-1)}$, $x^{(t)}$ 및 원하는 출력 값 $y^{(t+1)}$을 제시했다. 만일 같은 입력 데이터를 사용하지만 대신에 이를 더 나중의 시간단계 $y^{(t+2)}$에서 원하는 출력값과 제시한다면, 미래의 두 단계를 예측하는 모델을 얻게 될 것이다. 그 뒤 $y^{(t+3)}$으로 훈련하는 또 다른 모델을 만드는 식이다. 이제 입력 시퀀스 $x^{(t-n)}$, ..., $x^{(t-1)}$, $x^{(t)}$가 주어졌을 때, 이를 각각의 세 가지 모델에 제시할 수 있으며 다음 3개 시간단계의 예측을 얻는다. 이 접근법은 구현이 단순하지만 유연하지가 못하며, 모델 사이에 공유나 재사용이 없다.

또 다른 옵션은 m 시간단계를 한 번에 예측하는 모델을 만드는 것이다. m개의 출력을 갖는 모델을 정의하고, 각 훈련 예제는 또다시 입력 시퀀스 $x^{(t-n)}$, ..., $x^{(t-1)}$, $x^{(t)}$로 되어 있지만, 원하는 출력이 이제는 시퀀스 $y^{(t+1)}$, $y^{(t+2)}$, ..., $y^{(t+m)}$이다. 여기서는 다중 시간단계 예측을 위해 매개변수를 재사용하는 잠재적인 이점을 얻지만, 얼마나 많은 미래 시간단계를 예측하고자 하는지 미리 결정해야 한다. 그리고 극단적으로 긴 시퀀스를 예측하고자 하면 출력 뉴런의 개수가 커진다.

이 두 가지 방법론에서 우리를 골치 아프게 하는 한 가지는 지금부터 훈련 시간의 처음에 얼마나 많은 시간단계를 예측할 수 있기를 원하는지 결정해야 한다는 점이다. 우리가 가변 길이의 입력 시퀀스를 처리할 수 있기를 원하는 것과 같이, 출력 시퀀스의 길이를 동적으로 선택하기를 원할 것이다. 모델이 온전히 한 변수의 역사적 값에 근거하여(다른 변수들의 모음과 반대로) 그 변수의 미래 값을 예측하는 경우, 이를 하는 영리한 방법이 있다. 단순히 하나의 시간단계에서 예측된 출력값을 취하고 이를 다음 시간단계에서 모델에 입력으로 다시 공급하는 것이다. 이는 임의의 시간단계 수로 반복적으로 할 수 있다. 시간단계 하나의 출력이 다음 시간단계의 입력값으로 쓰이는 딥러닝[DL] 모델은 **자기회귀 모델**autoregressive model이라 부른다. DL 분야 밖에서 자기회귀 모델은 통상적으로 선형 모델이다(Hastie, Tibshirani, and Friedman, 2009). DL 환경에서 이는 하나의 시간단계로부터의 출력을 다음 시간단계에서 입력으로 사용하는 어떤 종류의 모델(통상적으로 비선형)에서든 폭넓게 사용된다.

> 장기 예측은 예측된 출력을 모델에 입력으로 반복적으로 공급함으로써 할 수 있다. 이는 네트워크가 입력으로 필요로 하는 모든 변수를 예측할 때만 가능하다. 이는 **자기회귀 모델**이라 알려져 있다.

이제 텍스트의 자동완성 문제를 고려해보자. 이 경우 문자 시퀀스가 있으며, 입력 시퀀스 다음으로 올 것 같은 문자의 시퀀스를 예측하기를 원한다. 즉, 텍스트의 자동완성을 위한 적절한 신경망 디자인은 그림 11-1에서 설명하는 네트워크를 취하고 먼저 자동완성하고자 하는 문장의 처음을 공급하는 것이다. 이렇게 하면 네트워크의 출력에서 문자가 예측된다. 그 뒤 이 문자를 자기회귀 방식으로 네트워크에 입력으로 다시 공급한다. 그림 11-2는 어떻게 이를 하는지 보여준다.

우리는 출력을 그대로 받아서 입력으로 다시 공급하고 있지 않다. 출력이 확률 분포임을 기억하라. 즉, 네트워크는 각 문자에 0부터 1 사이의 값을 할당할 것이다. 그러나 입

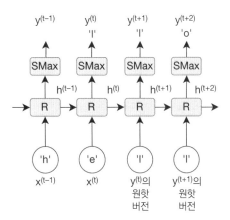

그림 11-2 예측이 입력으로 다시 공급되는 텍스트 예측 네트워크. 네트워크가 초기에 처음 2개의 시간단계를 위해 처음 2개의 글자 h와 e를 공급받으며, 그 뒤 출력이 나머지 시간 단계에서 입력으로 다시 공급된다. 첫 번째 시간단계의 출력은 무시된다.

력은 원핫 인코딩되어 있기를 기대하므로, 단일 문자에 해당하는 요소만 1로 두고 다른 나머지 요소 모두는 0으로 두어야 한다. 따라서 네트워크가 어떤 문자를 가장 높은 확률로 예측하는지 식별하고 그 문자의 원핫 인코딩을 입력으로 다시 공급한다(자기회귀). 이는 바로 다음 프로그래밍 예제에서 해보겠지만, 먼저 단지 하나의 예측 대신에 복수의 가능성 있는 예측을 얻는 데 필요한 기법을 소개한다.

> 출력이 소프트맥스 함수일 때, 통상적으로 출력을 바로 입력으로 다시 공급하지 않고, 대신에 가장 가능성 있는 요소를 식별하고 그 요소의 원핫 인코딩된 버전을 네트워크의 입력으로 사용한다.

빔 검색

텍스트의 자동완성을 할 때 모델이 문장을 복수의 대안으로 완성해 예측하기를 원하는 것이 보통이다. 빔 검색beam search 알고리듬이 이를 달성한다. 빔 검색은 1970년대부터 알려졌지만 DL 기반 자연어 처리, 예를 들면 자연어 번역(Sutskever, Vinyals, and Le, 2014)에서 인기가 많아졌다.

> 빔 검색은 출력을 입력으로 네트워크에 다시 공급할 때 복수의 대안적인 예측을 만들 수 있게 해준다.

알고리듬은 각 시간단계마다 언제나 하나의 가장 유망한 예측을 고르는 대신에 N개의 예측을 고르는 방식으로 동작한다. N은 **빔 크기**beam size라 알려진 상수다. 이를 단순한 방식으로 했다면, 첫 시단간계 이후 N개의 후보가, 두 번째 시간단계 이후 N×N개 후보가, 세 번째 시간단계 이후 N×N×N개 후보 등을 갖게 될 것이다. 이러한 조합적 폭증을 피하기 위해 각 시간단계 또한 후보의 수를 가지치기하여 전체적으로 오직 N개의 가장 유망한 후보만을 유지하게 한다. 이를 더 명확히 하기 위해 그림 11-3의 예제를 보자. 이때 N = 2라 가정한다.

우리가 네트워크에 'W-h-a-t' 다음 빈칸 문자가 따라오는 시퀀스를 막 제시했다고 가정하자. 문자 't'가 가장 높은 확률(20%)이고 문자 'd'가 두 번째로 높은 확률(15%)에 해

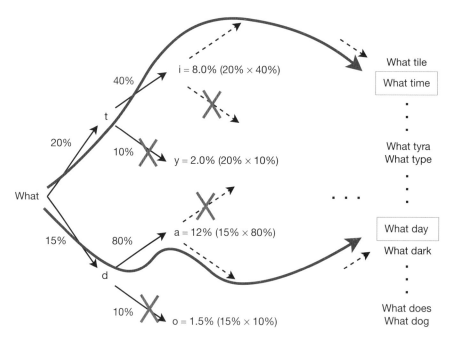

그림 11-3 빔 크기가 2개인 문자마다의 빔 검색. 각 단계에서 2개의 가장 가능성 있는 대안(전체적으로)을 제외한 나머지가 가지치기된다.

당하는 요소인 출력 벡터를 얻는다. $N = 2$이므로 다른 후보는 무시한다. 첫 번째 후보 't'를 네트워크에 다시 입력으로 공급하고, 2개의 가장 유망한 출력 'i'(40%)와 'y'(10%)를 발견하게 된다. 모델의 다른 복사본에서 대신에 두 번째 후보 'd'를 네트워크에 입력으로 다시 공급하고 가장 유망한 출력 'a'(80%)와 'o'(10%)를 발견한다.

이제 'What ti', 'What ty', 'What da', 'What do'라는 4개의 후보가 있다. 각 단계의 확률을 곱하여 이 4개 후보 각각의 전반적인 확률을 계산할 수 있다. 예를 들면, 'What ti'는 확률 $0.2 \times 0.4 = 0.08$이 할당된다. 이제 나무를 가지치기하고 N개의 가장 유망한 후보를 남기면, 우리 예제에서 'What ti'(8%)와 'What da'(12%)가 된다.

관찰한 사항 중 하나가 지적할 만하다. 'What t'는 'What d'보다 높은 확률이 됐다. 다음 단계에서 'What da'(이는 'What d'의 계속이다)에 'What ti'(이는 'What t'의 계속이다)보다 높은 확률이 할당됐다. 이는 또한 빔 검색이 가장 유망한 후보를 과정의 초기에 가지치기할 수도 있다는 점에서 전반적으로 가장 유망한 후보를 찾을 것이라는 보장을 하지 못함을 암시한다. 즉, 예제에서 'What time' 그리고 'What day'에 도달했지만, 'What a night'가 전반적으로 가장 유망한 대안일 수도 있다.

여러분이 검색 알고리듬에 익숙하다면, 이는 너비 우선 탐색 알고리듬breadth-first search algorithm이지만 탐색의 너비를 제한했음을 눈치챌 수도 있다. 빔 검색 또한 탐욕 알고리듬의 예다.

> 너비 우선 탐색이나 탐욕 알고리듬에 익숙하지 않아도 걱정할 필요 없다. 그러나 언제나처럼 나중에 읽어 볼 수 있다.

이제 이 모두를 실제로 구현하는 프로그래밍 예제로 이동하는 데 필요한 모든 기본 토대를 갖췄다.

프로그래밍 예제: 텍스트 자동완성을 위해 LSTM 사용하기

이 프로그래밍 예제에서는 텍스트의 자동완성에 쓰일 수 있는 장단기 메모리LSTM 기반 RNN을 만들고자 한다. 이를 위해 먼저 훈련 집합으로 쓰일 수 있는 기존 텍스트 일부에서 네트워크를 훈련시킬 필요가 있다. 이러한 연습을 위해 쓸 수 있는 방대한 양의 텍스트 데이터가 온라인에 있으며, 일부 연구는 심지어 위키피디아 내용 전체를 쓰기도 했다. 이 장처럼 단순한 데모 예제를 위해서는 긴 훈련 시간을 피하도록 통상적으로 무언가 더 작은 것을 원한다. 구텐베르크Gutenberg 프로젝트[1]에서 여러분이 가장 좋아하는 책을 고르는 것이 인기 있는 선택지다. 이는 저작권이 더 이상 없는 책의 모음으로 온라인에서 텍스트 형식으로 쓸 수 있다. 이번 예제를 위해서는 대부분의 독자들에게 익숙한 『Frankenstein프랑켄슈타인』(Shelley, 1818)을 선택했다. 텍스트 파일을 단순히 내려받아서 다음에 설명하는 코드에서 접근 가능하도록 로컬 컴퓨터에 저장했다.

초기화 코드는 코드 11-1이 보여준다. 임포트 문과 별도로, 훈련에 사용할 텍스트 파일의 경로를 제공해야 한다. 또한 2개의 변수 WINDOW_LENGTH와 WINDOW_STEP을 정의하며, 이는 텍스트 파일을 복수의 훈련 예제로 나누는 과정을 통제한다. 다른 세 변수는 빔 검색 알고리듬을 통제하며 곧 설명할 것이다.

코드 11-1 초기화 코드

```
import numpy as np
from tensorflow.keras.models import Sequential
from tensorflow.keras.layers import Dense
from tensorflow.keras.layers import LSTM
import tensorflow as tf
import logging
tf.get_logger().setLevel(logging.ERROR)

EPOCHS = 32
BATCH_SIZE = 256
```

---

1 https://www.gutenberg.org

```
INPUT_FILE_NAME = '../data/frankenstein.txt'
WINDOW_LENGTH = 40
WINDOW_STEP = 3
BEAM_SIZE = 8
NUM_LETTERS = 11
```

코드 11-2는 파일의 내용을 열고 읽으며, 이를 모두 소문자로 변환하고, 두 칸 공백을 단일 공백으로 바꾼다. 각 문자를 쉽게 원핫 인코딩하기 위해, 단조 증가하는 인덱스를 각 문자에 할당하기를 원한다. 이를 위해 먼저 고유한 문자의 리스트를 만든다. 리스트가 만들어지면, 이를 따라 루프를 돌며 각 문자에 증가적인 인덱스를 할당할 수 있다. 이를 두 번 하여 문자와 인덱스를 매핑하는 딕셔너리(해시 테이블)를 만들고 인덱스에서 문자로 역 딕셔너리를 만든다.

이는 텍스트를 네트워크의 원핫 인코딩된 입력으로 변환하거나 원핫 인코딩된 출력을 문자로 변환해야 할 때 편리할 것이다. 마지막으로 encoding_width 변수를 고유한 문자의 수로 초기화하며, 이는 문자를 나타내는 각 원핫 인코딩된 벡터의 너비가 될 것이다.

코드 11-2 파일 읽기, 텍스트 처리, 문자 매핑 준비

```
# 입력 파일 열기
file = open(INPUT_FILE_NAME, 'r', encoding='utf-8-sig')
text = file.read()
file.close()

# 소문자로 만들고 개행 및 추가 공백 제거
text = text.lower()
text = text.replace('\n', ' ')
text = text.replace('  ', ' ')

# 문자를 인덱스로 인코딩
unique_chars = list(set(text))
char_to_index = dict((ch, index) for index,
```

```
                    ch in enumerate(unique_chars))
index_to_char = dict((index, ch) for index,
                    ch in enumerate(unique_chars))
encoding_width = len(char_to_index)
```

다음 단계는 텍스트 파일로부터 훈련 예제를 만드는 것으로, 코드 11-3이 수행한다. 각 훈련 예제는 문자의 시퀀스 및 입력 문자 바로 다음에 오는 단일 문자의 목표 출력 값으로 되어 있다. 이러한 입력 예제는 WINDOW_LENGTH 길이의 슬라이딩 윈도를 사용해 만든다. 입력 예제 하나를 만들면, 윈도를 WINDOW_LENGTH 위치만큼 밀고 다음 텍스트 예제를 만든다. 입력 예제를 한 리스트에, 출력값은 다른 리스트에 추가한다. 이 모두 첫 번째 for 루프에서 한다.

> 딕셔너리를 만드는 코드 줄은 상당한 정도의 기능을 한 줄의 코드로 축소하므로 '파이써닉(Pythonic)'하며, 따라서 파이썬을 처음 접하는 사람이라면 시각적으로 이해하기가 불가능하다. 일반적으로 이런 코드 줄을 쓰는 것을 피하려 하지만, 이들은 매우 간결하므로 이점이 있다.

여러분이 이러한 형태의 간결한 식에 더 익숙해지기를 원한다면, python.org에서 **제너레이터**(generator), **리스트 컴프리헨션**(list comprehension), **딕셔너리 컴프리헨션**(dict comprehension)의 개념을 읽어볼 수 있다.

코드 11-3 원핫 인코딩된 훈련 데이터 준비

```
# 훈련 예제 만들기
fragments = []
targets = []
for i in range(0, len(text) - WINDOW_LENGTH, WINDOW_STEP):
    fragments.append(text[i: i + WINDOW_LENGTH])
    targets.append(text[i + WINDOW_LENGTH])

# 원핫 인코딩된 훈련 데이터로 변환
X = np.zeros((len(fragments), WINDOW_LENGTH, encoding_width))
```

```
y = np.zeros((len(fragments), encoding_width))
for i, fragment in enumerate(fragments):
    for j, char in enumerate(fragment):
        X[i, j, char_to_index[char]] = 1
    target_char = targets[i]
    y[i, char_to_index[target_char]] = 1
```

그 뒤 입력 예제 모두를 갖는 단일 텐서 및 출력값을 갖는 다른 텐서를 만든다. 이러한 텐서 모두 원핫 인코딩된 형식으로 데이터를 가질 것이므로, 각 문자는 encoding_width 크기의 차원으로 표현된다. 먼저 두 텐서에 공간을 할당하고 중첩된 for 루프를 사용해 값을 채운다.

서적 매출 예측 예제에서 했듯이 단지 데이터를 준비하는 데만 상당한 시간을 들여 코드를 썼으며, 이는 여러분이 익숙해져야만 하는 일이다. 이제 모델을 구축할 준비가 됐다. 모델을 훈련시킨다는 측면에서 이는 서적 매출 예측 예제와 비슷해 보이지만, 2개의 LSTM 층으로 된 더 깊은 모델을 사용한다. LSTM 층 모두 층 간 연결 및 순환 연결에 0.2의 드롭아웃값을 사용한다. 두 번째 층이 첫 번째 층의 모든 시간단계의 출력값을 봐야 하므로, 어떻게 첫 번째 층의 생성자에게 return_sequences=True를 넘겼는지 보길 바란다. 두 번째 LSTM 층 다음 완전 연결 층이 따라오지만, 이번에는 출력 층이 단일 선형 뉴런 대신에 소프트맥스 함수를 사용하는 복수의 뉴런으로 되어 있다. 왜냐하면 단일 숫잣값 대신 개별 요소(문자)의 확률을 예측할 것이기 때문이다. 손실 함수로 다중범주 분류에서 추천되는 범주형 교차 엔트로피를 사용한다.

한 가지 언급할 것은 데이터를 준비할 때 데이터셋을 훈련 집합과 테스트 집합으로 나누지 않았다는 점이다. 대신에 fit() 함수에 validation_split=0.05 매개변수를 제공했다. 그러면 케라스는 자동으로 훈련 데이터를 훈련 집합과 테스트 집합으로 나누며, 이때 0.05는 5%의 데이터가 테스트 집합으로 쓰임을 뜻한다. 텍스트 자동완성의 경우, 이 매개변수 또한 버리고 단순히 모든 데이터를 사용해 훈련시킨 뒤 어떠한 검증도 하지 않았을 수도 있다. 대신에, 텍스트의 자동완성 결과가 '올바른지'가 다소 주관적이므로 우리 스스로 판단해 수동으로 무결성 검증을 했을 수도 있다. 코드 11-4에서 5%의 검증 집합을 사용하기로 했지만, 또한 네트워크가 우리가 원하는 일을 하고 있는지에 대한 아이디어를 얻기 위해 예측을 검사할 것이다. 마지막으로, 모델을 미니배치 크기 256으로 32에포크 훈련한다.

코드 11-4 모델 구축 및 훈련

```
# 모델 구축 및 훈련
model = Sequential()
model.add(LSTM(128, return_sequences=True,
                        dropout=0.2, recurrent_dropout=0.2,
                        input_shape=(None, encoding_width)))
model.add(LSTM(128, dropout=0.2,
                        recurrent_dropout=0.2))
model.add(Dense(encoding_width, activation='softmax'))
model.compile(loss='categorical_crossentropy',
                        optimizer='adam')
model.summary()
history = model.fit(X, y, validation_split=0.05,
                            batch_size=BATCH_SIZE,
                            epochs=EPOCHS, verbose=2,
                            shuffle=True)
```

결과 훈련 손실은 1.85이며, 테스트 데이터에서의 손실은 2.14다. 네트워크를 미조정해 더 나은 손실값을 만들어낼 수도 있겠지만, 우리는 모델을 사용해 텍스트를 예측하는 데 더 관심이 있다. 이는 앞에서 설명한 빔 검색 알고리듬을 사용해 수행한다.

우리 구현에서 각 빔은 3개의 요소로 된 튜플로 나타낸다. 첫 번째 요소는 문자의 현재 시퀀스를 위한 누적 확률의 로그값이다. 왜 로그를 사용하는지는 나중에 설명한다. 두 번째 요소는 문자의 문자열이다. 세 번째 요소는 문자열의 원핫 인코딩된 버전이다. 구현은 코드 11-5에서 보여준다.

코드 11-5 모델을 사용하고 빔 검색을 하여 복수의 텍스트 완성 만들기

```python
# (확률, 문자열, 원핫 인코딩된 문자열)의
# 트리플릿(triplet)으로 나타낸 초기 단일 빔을 만든다.
letters = 'the body '
one_hots = []
for i, char in enumerate(letters):
    x = np.zeros(encoding_width)
    x[char_to_index[char]] = 1
    one_hots.append(x)
beams = [(np.log(1.0), letters, one_hots)]

# NUM_LETTERS만큼의 미래를 예측한다.
for i in range(NUM_LETTERS):
    minibatch_list = []
    # 원핫 인코딩으로부터 미니배치를 만들고 예측한다.
    for triple in beams:
        minibatch_list.append(triple[2])
    minibatch = np.array(minibatch_list)
    y_predict = model.predict(minibatch, verbose=0)
    new_beams = []
    for j, softmax_vec in enumerate(y_predict):
        triple = beams[j]
        # 기존의 빔으로부터 BEAM_SIZE의 새로운 빔을 만든다.
        for k in range(BEAM_SIZE):
            char_index = np.argmax(softmax_vec)
            new_prob = triple[0] + np.log(
                softmax_vec[char_index])
            new_letters = triple[1] + index_to_char[char_index]
            x = np.zeros(encoding_width)
            x[char_index] = 1
            new_one_hots = triple[2].copy()
            new_one_hots.append(x)
            new_beams.append((new_prob, new_letters,
                              new_one_hots))
            softmax_vec[char_index] = 0
    # BEAM_SIZE의 가장 가능성 있는 빔을 남기기 위해 트리를 가지치기한다.
    new_beams.sort(key=lambda tup: tup[0], reverse=True)
    beams = new_beams[0:BEAM_SIZE]
for item in beams:
    print(item[1])
```

문자의 초기 시퀀스('the body ')로 단일 빔을 만들고 초기 확률은 1.0으로 설정해 시작한다. 원핫 인코딩된 버전의 문자열은 첫 번째 루프에서 만든다. 이 빔을 beams라는 이름의 리스트에 넣는다.

다음으로 훈련된 모델을 사용해 빔 검색 알고리듬에 따라 예측하는 중첩 루프가 따라온다. 각 빔의 원핫 인코딩 표현을 추출하고 복수의 입력 예제로 된 넘파이 배열을 만든다. 빔마다 하나의 입력 예제가 존재한다. 첫 번째 반복 동안 오직 단일 입력 예제만이 존재한다. 나머지 반복 동안 BEAM_SIZE개의 예제가 존재할 것이다.

model.predict()를 호출하면 빔당 하나의 소프트맥스 벡터가 나온다. 소프트맥스 벡터는 알파벳 내 문자당 하나의 확률을 포함한다. 각 빔마다 BEAM_SIZE의 새로운 빔을 만들고, 각 빔은 원본 빔에서 단어 하나가 더 연결된 단어로 되어 있다. 각 빔의 확률은 빔의 현재 확률을 추가된 단어의 확률로 곱하여 계산할 수 있다. 그러나 이 확률이 작기 때문에 컴퓨터 연산의 제한된 정밀도가 오버플로를 일으킬 위험이 있다. 대신에 확률의 로그를 계산해 다룰 수 있는데, 이 경우 곱셈이 덧셈으로 바뀐다. 단어 수가 작은 경우 이는 중요치 않지만, 어찌 됐든 이렇게 하는 것이 좋은 관례이다.

각각의 기존 빔마다 BEAM_SIZE의 빔을 만들면, 새로운 빔을 확률에 따라 정렬한다. 그 뒤 상위 BEAM_SIZE개 빔을 제외하고 모두 버린다. 이는 가지치기 단계를 나타낸다. 첫 번째 반복에서 단일 빔으로 시작했으므로 어떠한 가지치기도 야기하지 않으며, 이 빔은 단지 BEAM_SIZE개 빔이 된다. 나머지 반복에서 BEAM_SIZE * BEAM_SIZE개 빔이 될 것이며 이들 대부분은 버려질 것이다.

우리 구현이 문자마다 예측된 출력을 받아서 입력으로 다시 공급하지 않는다는 점은 언급할 만하다. 대신에 루프의 각 반복마다 문자의 전체 시퀀스를 포함하는 완전히 새로운 미니배치가 되며, 이 시퀀스를 네트워크를 따라 공급한다. 즉, 결과는 같지만 많은 의미 없는 연산을 하게 된다. 12장 '신경 언어 모델과 단어 임베딩'에서는 한 번에 기호 하나씩 출력을 입력으로 공급하는 다른 구현의 예제를 제시한다.

루프는 고정된 수만큼 반복하고 생성된 예측을 인쇄한다.[2]

```
the body which the m
the body which the s
the body of the most
the body which i hav
the body which the d
the body with the mo
```

네트워크가 생성한 예측이 올바른 철자로 이뤄진 단어를 사용하며 적절해 보이는 문법 구조를 갖추고 있음을 주지하길 바란다. 이로써 프로그래밍 예제를 마치지만, 다른 훈련 데이터 및 다른 부분적인 문구를 시작 지점으로 사용해 실험을 더 해볼 것을 권한다.

양방향 RNN

텍스트 시퀀스로 작업할 때, 이전 및 미래 단어 모두 보는 것이 도움이 되는 경우가 많다. 예를 들어 문단을 쓸 때 한 문장을 쓰고, 그 뒤 다른 문장을 쓴 뒤, 돌아가서 이전 문장을 고쳐 다음 문장과 잘 맞도록 한다. 또 다른 예시로는 누군가가 말하고 있는 것을 파싱parse할 때다. 문장의 처음 'I saw the b...'를 들었지만 마지막 단어를 완전히 듣지는 못했다고 해보자. 그러나 단어가 'b'로 시작하는 한 음절 단어임을 들었다. 그 사람에게 말한 것을 반복하도록 요청해야 할 것으로 보인다. 왜냐하면 단어가 무엇이 될 수 있는지 명확하지 않기 때문이다. 이는 'ball', 'boy', 'bill' 등 'b'로 시작하는 어떤 수의 단어든지 될 수 있다. 대신에 전체 문장 'I saw the b... sky'를 들었다고 해보자. 'b' 소리와 'sky'를 문맥으로 하여, 그 사람에게 다시 말하기를 요청하지 않고 단어가 'blue'라고 가정할 것이다. 다시 말해, 미래 단어를 보면 빠진 단어를 예측할 수 있으며, 이를 위한 통상적인 애플리케이션이 음성 인식이다.

양방향 RNN[bidirectional RNN](Schuster and Paliwal, 1997)은 미래 단어를 보는 능력이 있는 네트워크 아키텍처다. 양방향 RNN 층은 병렬로 동작하는 2개의 층으로 되어 있지만,

---

2   코드 11-1에서 BEAM_SIZE가 8이므로 8개의 예측이 생성돼야 하지만, 본문에는 6개만 나와 있음을 주지하기 바란다.

이들은 입력 데이터를 다른 방향으로 받는다. 이 작업을 위해 지금부터는 전체 입력 시퀀스를 쓸 수 있어야 하므로, 시퀀스가 동적으로 만들어지는 온라인 설정에서는 쓸 수 없다. 단순화하기 위해 RNN 층이 단일 유닛으로 되어 있다고 해보자. 이 RNN 층의 양방향 버전을 만들고자 했다면, 또 다른 유닛을 추가할 것이다. 그 뒤 문자 'h', 'e', 'l', 'l', 'o'를 네트워크에 공급하고자 한다면, 첫 시간단계에서 'h'를 한 유닛에 그리고 'o'를 다른 유닛에 공급할 것이다. 시간단계 2에서 이들에게 'e'와 'l'을 공급할 것이고, 시간단계 3에서 'l'과 'l'을, 시간단계 4에서 'l'과 'e'를, 마지막으로 시간단계 5에서 'o'와 'h'를 공급할 것이다. 각 시간단계 동안 각각의 두 유닛은 출력값을 만들어낼 것이다. 시퀀스의 마지막에 각 입력값을 위한 2개의 출력을 조합할 것이다. 즉, 첫 번째 유닛의 시간단계 0의 출력값과 두 번째 유닛의 시간단계 4의 출력값이 조합될 것이다. 왜냐하면 이러한 시간단계는 유닛이 'h'를 입력으로 받았을 때를 나타내기 때문이다. 두 유닛의 출력을 조합하는 방법에는 더하기, 곱하기, 평균 등 여러 가지가 있다.

> 양방향 RNN은 과거와 미래 모두의 요소를 예측한다.

케라스에서 양방향 층은 어떠한 RNN 층이든지 사용할 수 있는 래퍼^{wrapper}로 구현된다. 코드 11-6은 이를 사용해 보통의 LSTM 층을 양방향 LSTM 층으로 어떻게 바꾸는지 보여준다.

코드 11-6 케라스에서 양방향 층을 선언하는 방법

```
from tensorflow.keras.layers import Bidirectional
...
model.add(Bidirectional(LSTM(16, activation='relu')))
```

양방향 층이 헷갈린다 하더라도 걱정하지 마라. 이를 여기에서 언급하는 주된 이유는 여러분이 더욱 복잡한 네트워크에 대해 읽을 때 나올 가능성이 있기 때문이다. 이 책의 프로그래밍 예제에서는 양방향 층을 사용하지 않는다.

입력 및 출력 시퀀스의 다른 조합

우리의 초기 서적 매출 예측은 값의 시퀀스를 입력으로 받고 단일 출력값을 반환했다. 텍스트 자동완성 모델은 문자의 시퀀스를 입력으로 받고 문자의 시퀀스를 출력으로 내놓았다. 카르파티Karpathy(2015)는 그의 인기 있는 블로그 포스트에서 입력과 출력의 다른 조합을 논의했는데, 그림 11-4에 나타나 있다.

왼쪽부터 시작하면, 일대일one-to-one 네트워크는 순환 네트워크가 아닌 입력 하나를 받고 단일 출력을 내놓는 단순한 피드포워드 네트워크다. 이러한 입력과 출력은 물론 벡터일 수 있지만, 가변 길이 시퀀스가 아닌 단일 시간단계로 제시된다. 두 번째 조합은 일대다one-to-many 경우로, 첫 번째 시간단계 동안 단일 입력을 받고 후속 시간단계에 걸쳐 복수의 출력을 내놓는다. 이미지가 입력으로 제시되고 네트워크가 이미지가 무엇인지에 대한 텍스트 설명을 내놓는 것이 보통의 사용 사례다. 세 번째 예제는 다대일 many-to-one 모델로, 바로 서적 매출 전망 예제에서 했던 것이다. 다음은 다대다many-to-many 의 경우다. 그림에서 입력 시퀀스의 길이가 출력 시퀀스와 같지만, 이는 요구사항은 아니다. 예를 들어, 텍스트 자동완성 예제에서 입력 시퀀스와 출력 시퀀스가 다른 수의 단계를 가질 수 있는 다대다 네트워크를 구현했다. 마지막으로 그림의 가장 오른쪽 예제는 합성 다대다synchronized many-to-many 네트워크로, 각 시간단계의 입력이 해당하는 출

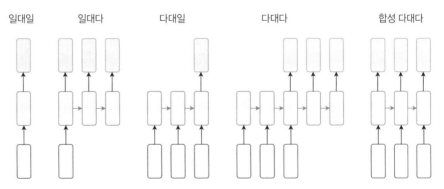

그림 11-4 시간으로 전개된 RNN의 입력/출력 조합. 회색은 입력을, 파란색은 네트워크를, 초록색은 출력을 나타낸다(출처: Karpathy, A., "The Unreasonable Effectiveness of Recurrent Neural Networks," May 2015, http://karpathy.github.io/2015/05/21/rnn-effectiveness/).

력을 갖는다. 비디오의 각 프레임을 분류해 프레임에 고양이가 있는지 결정하는 네트워크가 통상적인 예제다.

서로 다른 형태의 네트워크가 실제로 어떻게 구현되는지 질문할 수 있다. 먼저 논의를 '순수' 순환 네트워크로 한정하지 말아야 하며, 방금 설명한 개념은 더욱 복잡한 하이브리드 아키텍처에 적용될 수 있음을 주지하기 바란다.

이제 일대다 경우를 고려해보자. 그림을 보면 그리 복잡해 보이지 않지만, 모델을 구현하려 할 때 첫 번째 시간단계 이후 모든 시간단계에 대해 입력으로 무엇을 할지에 대한 질문이 떠오르게 된다. 그림은 네트워크를 시간으로 전개하는 것을 추상적으로 나타내며, 네트워크가 첫 번째 시간단계 동안 입력을 가지면, 이들 입력은 후속 시간단계에서도 여전히 존재하며 무언가와 함께 공급되어야 함을 기억하기를 바란다. 이에 대한 명백하면서도 일반적인 두 가지 해법은 네트워크에 각 시간단계 동안 같은 입력값을 공급하거나, 아니면 첫 번째 시간단계 동안 실제 입력값을 공급하고 각 후속 시간단계에서 입력 데이터에서 자연스럽게 나타나지 않는 특별한 값 같은 것을 공급한 뒤, 학습하는 네트워크에 단지 의존해 그 값을 무시하도록 하는 것이다.

비슷하게 다대일 네트워크는 각 시간단계 동안 출력을 내놓겠지만, 마지막을 제외한 모든 시간단계의 출력을 단순히 무시하도록 선택할 수 있다. 서적 매출 예측 예제에서 마지막 순환 층에 return_values 매개변수를 False(기본값)로 암묵적으로 설정함으로써 케라스에게 단지 그와 같이 하도록 지시했다.

가장 오른쪽의 합성 다대다 네트워크는 간단하다. 각 시간단계 동안 네트워크에 입력을 공급하고, 각 시간단계 동안에 출력을 본다. 그림의 다른 다대다 아키텍처는 입력 단계와는 다른 수의 출력 단계를 가질 수 있다는 점에서 다르다. 이러한 네트워크를 위해 선택해야 할 한 가지 디자인은 입력 시퀀스가 끝났음을 어떻게 네트워크에 전달할지 그리고 출력 시퀀스가 끝났을 때 어떻게 네트워크에 전달할지다. 프로그래밍 예제에서 이는 사용자가 특정한 숫자의 문자 후에 출력을 보기 시작하고(그리고 이를 입력에 다시 공급하고) 그 뒤 네트워크가 고정된 수의 문자를 예측한 후에 과정을 중지함으로써 이를 암묵적으로 했다. 이를 하는 다른 방법 또한 존재한다(예를 들면, 네트워크가 START 및 STOP 토큰으로 작업하도록 가르침). 이 예제는 14장 '시퀀스 투 시퀀스 네트워크와 자연어 번역'에서 살펴볼 텐데, 여기서 자연어 번역 네트워크를 구현한다.

LSTM으로 하는 텍스트 자동완성의 맺음말

11장에서는 어떻게 LSTM 기반 RNN이 텍스트의 자동완성에 쓰이는지 보여주는 프로그래밍 예제로 순환 네트워크를 보여줬다. 이는 또한 이미지 데이터 및 수치 데이터가 아닌 자연어 처리[NLP]에 적용된 네트워크의 첫 번째 예제였다. 서적 매출 예측 예제와 더불어 이 프로그래밍 예제의 또 다른 흥미로운 면은 명시적 라벨링 없이 훈련 예제를 만들었다는 점이다. 데이터의 순차적인 특성 그 자체가 각 훈련 예제의 정답을 자동적으로 만들어낼 수 있었다.

텍스트 자동완성 예제에서는 개별 문자를 인코딩하고 이들을 네트워크에 공급했다. 더 강력한 접근법은 개별 단어 단위 및 원핫 인코딩보다 더욱 표현적인 인코딩 체계로 작업하는 것이다. 이 주제는 다음 몇 개 장에서 논의한다.

12

신경 언어 모델과 단어 임베딩

11장 'LSTM과 빔 검색으로 하는 텍스트 자동완성'에서는 문장의 연속을 예측하는 네트워크를 구축했다. 이 모델의 놀랄 만한 속성 하나는 단어와 문장 구조 모두를 학습한다는 것이다. 모델이 무작위의 존재하지 않는 단어를 만들어내거나 문법적으로 맞지 않는 문장을 만들어내는 것을 전혀 막지 않았지만, 어떻게 된 것인지 이런 일은 일어나지 않았다. 그렇지만 모델에 단어 대신 개별 문자를 가장 작은 기본 토대로 제공해 불필요하게 어렵게 만든 것으로 보인다. 결국 인간은 실제로는 문자로 의사소통하지 않는다. 인간은 문자를 주로 인간이 의사소통하는 단어들을 글로 묘사하기 위한 도구로 사용한다.

12장에서는 2개의 주요한 개념을 설명한다. 먼저 통계적 언어 모델을 간단히 소개하며 시작한다. 주된 내용은 신경 언어 모델로, 이는 11장의 텍스트 자동완성 과제와 유사한 과제를 포함하지만 대신에 문자 대신 단어를 기본 토대로 사용한다. 통계적 언어 모델은 14장 '시퀀스 투 시퀀스 네트워크와 자연어 번역'에서 살펴보는 자동적인 자연어 번역에서 핵심적인 역할을 전통적으로 해왔다. 12장에서 소개하는 두 번째 개념은 원핫 인코딩 대신 쓸 수 있는 대안적인 단어 인코딩의 종류다. **단어 임베딩**word embedding, **단어 벡터**word vector, **분산 표현**distributed representation이란 용어는 이런 종류의 대안적인 인코딩에 통용되지만, 우리는 주로 **단어 임베딩**을 사용한다. 많은 단어 임베딩의 주요한 속성은 이들이 단순히 단어를 임베딩하는 것이 아니며 의미 및 문법적 특성과 같은 단어의 몇몇 속성 또한 포착한다는 것이다.

> **단어 임베딩, 단어 벡터, 단어의 분산 표현**이란 용어는 모두 단어 인코딩 형태의 각기 다른 이름이다. 이러한 형태의 인코딩은 단어의 주요 속성을 포착한다.

신경 언어 모델과 단어 임베딩은 문헌에서 다소 밀접하게 관련되어 있다. 왜냐하면 단어 임베딩에 관한 중요한 초기 발견들 중 일부가 신경 언어 모델 작업의 예상치 못한 부산물로서 나왔기 때문이다. 그러므로 이들을 공동으로 설명하는 한편 여전히 따로 떨어뜨려 서로 어떻게 연관되어 있는지 설명하려 할 것이다.

프로그래밍 예제로 우리만의 단어 기반 신경 언어 모델을 만들어보고 이것이 부산물로 만들어내는 단어 임베딩을 살펴본다. 그 뒤 단어 임베딩을 만들어내는 더욱 발전된 알고리듬을 설명하는 13장 'word2vec과 GloVe로부터의 단어 임베딩'으로 가기 전에, 문장의 감정 분석을 간단히 논의한다(즉, 내용이 긍정적인지 부정적인지를 기반으로 문서를 자동으로 분류한다).

언어 모델 소개 및 사용 사례

통계적 언어 모델은 단어의 시퀀스가 모델링하는 언어에 있을 가능성이 어느 정도인지 설명한다. 이는 확률을 각각의 가능한 단어 시퀀스에 할당해 수행한다. 올바르면서 공통적인 단어 시퀀스에 높은 확률이 할당되며, 올바르지 않거나 공통적이지 않은 단어 시퀀스에는 낮은 확률이 할당된다.

> 통계적 언어 모델은 주어진 언어에서 단어 시퀀스가 나타날 가능성이 어느 정도인지에 대한 측정치를 제공한다.

좀 더 명확히 하기 위해, 이것이 바로 11장의 텍스트 자동완성 네트워크가 했던 일임을 언급한다. 그러나 이는 문자를 기본 토대로 사용했으며, 언어 모델은 통상적으로 단어를 기본 토대로 사용한다. 그러므로 언어 모델에 단어의 시퀀스를 공급하면 출력은 단어가 시퀀스 내 다음 단어가 될 가능성이 어느 정도인지 말해주는, 어휘 내 각 단어의 확률이다.

> 통계적 언어 모델은 통상적으로 조건부 확률 측면에서 형식화하며, 이때 시퀀스 내 다음 언어의 확률은 시퀀스 내 모든 이전 단어에 대해 조건부화된다. 이 책에서 조건부 확률에 대해 깊이 들어가지는 않지만, 이는 추가로 읽기 좋은 주제이며 여러분이 언어 모델을 다룬 논문을 이해하고 싶다면 꼭 필요한 내용이다. 더 자세한 내용은 굿펠로(Goodfellow), 벤지오(Bengio), 쿠르빌(Courville)이 쓴 책(2016)과 헤이스티(Hastie), 팁시라니(Tibshirani), 프리드먼(Friedman)이 쓴 책(2009)을 참고할 수 있다.

그림 12-1은 단어 기반 언어 모델을 위한 빔 검색이 어떻게 생겼는지 보여준다. 이 예제에서는 'Deep'이란 단어를 네트워크에 공급하며 시작한다. 모델은 두 단어 'learning'과 'dish'에 높은 확률을 할당할 수도 있다. 어휘에서 높은 확률이 할당될 수 있는 단

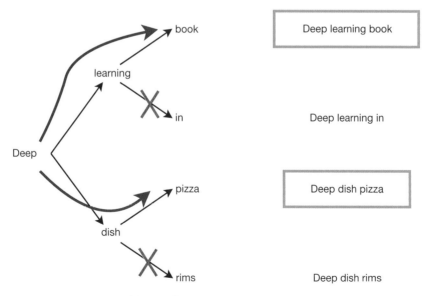

그림 12-1 크기가 2인 빔을 사용하는 단어 기반 언어 모델을 위한 빔 검색

어들은 당연히 많다(예: 'water', 'thoughts', 'space'). 다른 단어들(예: 'heaven', 'bicycle, 'talked')에는 낮은 확률이 할당될 것이다. 여기서의 생각은 'deep heaven'과 'deep bicycle'이 그럴듯한 문장이지만 이들은 단어의 의미로 인해 가능성이 낮아 보이며, 'deep talked'에 낮은 확률이 할당된 이유는 대부분의 경우 문법적으로 틀린 문장을 구성할 것이기 때문이라는 것이다. 예를 들어 우리가 머신러닝 주제를 논의하는 환경에 있다면 'deep learning'이라는 시퀀스의 확률이 'deep dish'의 확률보다 높으며, 만일 우리가 시카고의 식품 컨벤션에 있다면 반대가 맞을 것이다. 일반적으로 언어 모델의 속성은 모델이 유도된 텍스트 말뭉치corpus에 의존한다.

이제 문단 몇 개를 사용해 언어 모델이 무엇인지 설명했으므로, 텍스트 자동완성 외에 이를 어디에 쓸 수 있는지를 묻고 싶을 것이다. 여기서는 자연어 처리 분야 내 많은 사용 사례 중 두 가지 예시를 제공한다.

첫 번째 예시는 음성 인식이다. 11장의 양방향 순환신경망RNN 맥락에서 음성 인식을 할 때 문장의 역사적인 그리고 미래 단어를 모두 보는 것이 어떻게 도움이 되는지 짧게 언급했다. 주어진 예제로는 문구 'I saw the b... sky'에서 모든 단어를 완전히 포착하지 못했을 때 빠진 단어가 'blue'라는 타당한 예측을 내놓을 수 있었다. 빠진 단어를 수반하지 않는 다른 예시로는 문구 'recognize speech using common sense'를 음성 인식하는 것이다. 문구에서 오직 음소만을 식별하는 자동적인 시스템을 사용할 때, 일이 잘되고 있다면 시스템이 올바른 문구를 출력할 것이다. 그러나 자동 시스템이 올바른 문구 대신에 비슷한 소리의 문구 'wreck a nice beach you sing calm incense'를 출력할 수도 있다. 이는 재미있게도 리버먼Lieberman과 동료들(2005)의 논문 제목에서 사용된 문구다. 아니면 두 문구의 혼합 혹은 또 다른 대안에 도달할 수도 있다. 즉, 시스템이 오직 문구의 음소에 근거하여 몇 가지 후보 문장을 만들어낼 수 있다. 그 뒤 언어 모델을 적용해 무엇이 가장 가능성 있는 문구인지 선택하고 그럼으로써 음성 인식의 질을 크게 개선할 수 있다.

두 번째 예시는 언어 모델이 전통적으로 중요한 역할을 하는 자동 자연어 번역의 분야에서 나온다. 먼저 여러 기존 기법들 중 하나를 사용해 번역의 몇 가지 후보를 만들어 낸다. 이러한 기법 중 하나는 먼저 단어 대 단어word-by-word 번역을 하고 그 뒤 단어들이 어떻게 정렬되는지에 대한 각기 다른 순열permutation을 만들어낸다(언어가 다르면 단어 순서가 다른 경우가 보통이다). 그 뒤 언어 모델을 사용해 가장 가능성 있는 후보 번역을 식별할 수 있다. 참고로 머신 번역 분야는 빠르게 발전하고 있으며, 14장에서는 어떻게 신경망이 초기 단계로 단어 대 단어 번역에 의존하는 대신에 번역 후보를 처음부터 만들어내는지 살펴본다.

이 두 예시에서 전체 문장에 확률을 할당하는 것에 대해 이야기를 했지만, 이 책의 목적상 단어의 초기 시퀀스가 있으며 각각의 가능한 연속된 단어에 확률을 할당하는 경우만을 고려한다. 즉, 단어의 시퀀스가 주어졌을 때, 어휘 내 각 단어에 단일 숫잣값을 할당하며, 이때 모든 값의 합은 1.0과 같다.

다른 언어 모델의 예시

이번 절에서는 중요한 전통적 언어 모델 및 신경 언어 모델 그리고 이들이 어떻게 서로 연관되는지 간단히 설명한다. 전통적인 그리고 신경 언어 모델 모두로부터 나온 개념들은 나중에 단어 임베딩을 만드는 측면에서 쓰인다.

n그램 모델

n그램 모델n-gram model[1]은 단순한 통계적 언어 모델이다. 앞서 언급했듯이 언어 모델은 단어의 이력에 대한 시퀀스가 주어졌을 때 어휘 내 각 단어의 확률을 제공하는 문제 풀기를 시도한다. n그램 모델은 전체 이력 대신에 $(n - 1)$개의 가장 최근 단어만을 고려해 이를 근사approximate시킨다. 이러한 $(n - 1)$개 이력의 단어에 예측된 다음 단어를 더

---

1 n그램과 n그램 언어 모델은 다른 것임을 주지하기를 바란다. n그램 기반 언어 모델은 복수의 n그램을 사용해 n보다 긴 시퀀스의 확률을 제공한다. 저자는 이를 책 웹사이트의 정오표 페이지에서 명시하고 있으며(https://ldlbook.com/errata/), 자세한 내용은 해당 페이지를 참조하기를 바란다. – 옮긴이

하면 n개 단어의 시퀀스를 구성한다. 이것이 n그램이라 알려져 있으며, 이로부터 모델의 이름이 주어졌다. 매개변수 n은 모델을 훈련할 때 미리 정한다. 우리 설명은 **바이그램 모델**bigram model이라 알려진 $n = 2$로 시작한다. 모델은 훈련 말뭉치에서 단순히 모든 각기 다른 바이그램을 세고 그 뒤 각 바이그램이 얼마나 자주 나타나는지에 대한 예측을 근거로 하여 구축된다. 단어 시퀀스 'The more I read, the more I learn, and I like it more than anything else.'를 고려해보자. 일을 단순하게 만들기 위해 구두점은 무시하고 모든 문자를 소문자로 변환한다. 다음과 같은 바이그램을 구성할 수 있다.

/the more/ /more i/ /i read/ /read the/ /the more/ /more i/ /i learn/ /learn and/ /and i/ /i like/ /like it/ /it more/ /more than/ /than anything/ /anything else/

몇 가지 언급할 사항이 있다. /the more/ 및 /more i/와 같이 몇 가지 바이그램이 복수로 나타남을 볼 수 있다. 게다가 /i read/ /i learn/ /i like/ 및 /more i/ /more than/과 같이 동일하지 않은 몇몇 바이그램의 시작 단어가 같다. 마지막으로 바이그램 /more i/는 여러 번 나타나며 다른 바이그램인 /more than/과 동일한 시작 단어를 공유한다. 바이그램은 표 12-1에 요약되어 있으며, 알파벳순으로 정렬되어 있다.

시작 단어가 주어지면, 이제 표를 사용해 다음 단어를 예측할 수 있다. 예를 들어 단어 'and'가 주어졌다면, 바이그램 모델은 다음 단어가 'i'일 확률이 100%이며 다른 모든 단어의 확률은 0%라고 예측한다. 첫 번째 단어가 'more'라면, 모델은 단어 'i'는 확률이 67%, 단어 'than'은 33%라고 예측한다. 왜냐하면 'more'로 시작하는 바이그램 3개 중 2개가 /more i/이고 /more than/은 오직 1개이기 때문이다.

바이그램 모델은 어떠한 더 긴 의존성도 포착할 수 없다는 점에서 제한적인 것이 분명하다. 예를 들면 모델을 문장 'the boy reads', 'the girl reads', 'the boy and girl read'로 훈련시키고 'the boy and girl'을 시작 시퀀스로 제시하면 바이그램은 'the boy and'는 무시하고 오직 단어 'girl'에 근거하여 다음 단어를 예측한다. 더 긴 문맥에서는 'read'가 다음 단어로 올 가능성이 더 높음에도 불구하고 'reads'의 확률이 50%이고 read의 확률도 50%다. 명백한 해법은 n의 값을 키우는 것이다. 5그램 모델을 만들면 처음 몇

표 12-1 바이그램의 요약

첫 번째 단어	예측된 단어	나타난 횟수	시작 단어가 주어졌을 때 확률
and	i	1	100%
anything	else	1	100%
i	learn	1	33%
	like	1	33%
	read	1	33%
it	more	1	100%
learn	and	1	100%
like	it	1	100%
more	i	2	67%
	than	1	33%
read	the	1	100%
than	anything	1	100%
the	more	2	100%

개의 5그램은 /the more i read the more/ /more i read the more i/ /i read the more i learn/이 된다. 이는 모델이 더욱 복잡한 의존성을 포착할 수 있게 하지만, 모델이 유용해지도록 충분한 5그램을 포착하기 위해서는 더 많은 훈련 데이터가 필요하다는 단점이 따라온다. 시작 시퀀스를 표에서 찾을 수 없다면 모델은 0%를 예측하며, 이는 기본적인 n그램 모델의 심각한 한계점이다. 이는 n그램이 길어질수록 임의로 선택한 $(n-1)$개 단어의 시퀀스가 훈련 말뭉치에서 존재할 확률이 낮아진다는 점에서 더 악

화된다. 예를 들어, 훈련 말뭉치가 시퀀스 'the boys and girls read'를 포함할 수도 있지만 모델은 입력 시퀀스 'the boy and girl'이 제시될 때 어떠한 것도 예측할 수가 없다. 왜냐하면 'boy'와 'girl'이 단수형이기 때문이다. 그러나 여전히 기본적인 n그램 모델은 유용하다는 점이 밝혀져 왔으며, 그 약점의 일부를 다루는 다양한 확장형이 존재한다.

스킵 그램 모델

스킵 그램 모델skip-gram model은 n그램 모델의 확장으로, 훈련 말뭉치에서 모든 단어가 순차적으로 나타날 필요가 없다. 대신에 몇 개의 단어를 건너뛸 수 있다. k스킵 n그램 모델은 2개의 매개변수 k와 n으로 정의되며, 이때 k는 얼마나 많은 단어를 건너뛸 수 있는지 그리고 n은 각 스킵 그램이 얼마나 많은 단어를 포함하는지를 정한다. 예를 들어 1스킵 2그램 모델은 앞서 논의한 모든 바이그램(2그램)을 포함하지만, 최대 하나의 단어로 분리되는 비연속적인 단어 쌍도 포함한다. 단어 시퀀스 'The more I read, …'를 다시 한번 고려하면, 1스킵 2그램 모델은 /the more/ /more i/ 등에 더해서 /the i/ /more read/ 등도 포함한다.

신경 언어 모델

이 장에서 제시한 언어 모델 및 11장의 문자 기반 텍스트 자동완성 예제의 배경이 주어졌으므로, 이제는 단어 기반 신경 언어 모델을 직관적으로 상상할 수 있어야 한다. 물론 단어를 어떻게 인코딩하는지 질문할 것이다. 일을 단순하게 하기 위해 단어가 원핫 인코딩되어 있으며 이들이 제시하는 어려움과 약점이 무엇인지 유추해본다고 하자. 이는 자연스럽게 단어 임베딩이라는 주제로 우리를 이끈다. 이러한 개념을 설명하는 방법과 순서는 해당 개념들이 발견된 연대적인 순서와 꼭 맞을 필요는 없다. 단어의 분산 표현(Hinton, McClelland, and Rumelhart, 1986)은 적어도 1980년대부터 논의돼왔지만, 신경 언어 모델을 설명한 첫 번째 논문은 2003년에 게시됐다(Bengio et al., 2003).

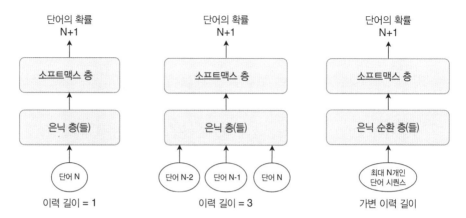

그림 12-2 3개의 신경 언어 모델. 가장 왼쪽 모델은 바이그램 모델과 비슷하게 단일의 이전 단어에 근거하여 다음 단어를 예측한다. 중간 모델은 3개의 이전 단어에 근거하여 다음 단어를 예측한다. 가장 오른쪽의 모델은 가변 숫자의 단어를 입력으로 다룰 수 있다. 모든 입력 단어는 원핫 인코딩되어 있다고 가정한다.

그림 12-2는 신경 언어 모델의 고수준 아키텍처 3개를 보여준다. 가장 왼쪽 버전은 단순한 피드포워드 네트워크로, 이전 단어 하나를 입력으로 받으며 다음 단어를 예측하는 완전 연결 소프트맥스 층으로 끝난다. 비신경 언어 모델과의 연관성을 보면, 훈련 집합이 연속적인 단어의 가능한 쌍으로 되어 있다는 점에서 바이그램 모델과 유사하다. 가장 최근의 단어만을 고려하는 신경 모델은 바이그램 모델과 같이 정확도가 제한적일 것임이 당연하다.

이러한 단순한 신경 언어 모델보다 분명히 개선된 모델은 가운데 그림에서 보여준다. 오직 단어 하나를 입력으로 제공하는 대신에 복수의 단어를 모델에 입력하며, 이는 여전히 완전 연결 소프트맥스 출력 층으로 된 단순한 피드포워드 네트워크다. 여기서 차이점은 고정된 수의 단어를 받을 수 있도록 입력의 개수가 정해진다는 것이다. 즉, 이 모델은 n그램과 비슷하며 이때 n은 모델을 만들 때 선택한 고정된 매개변수다.

이전 장들에서 논의했듯이 가변적인 크기의 입력을 받을 수 있는 능력의 부재가 피드포워드 네트워크의 한계다. 이는 RNN을 기반으로 한 신경 언어 모델인 가장 오른쪽 모델로 우리를 이끈다. n그램과 무언가 비슷하지만 어떤 값이든 n으로 받을 수 있으며 각기 다른 훈련 및 테스트 예제에 따라 달라질 수 있다.

이 논의는 신경 언어 모델이 n그램 모델과 다를 바 없어 보이게 만들지만, 그렇지 않다. 한 가지 분명한 차이점은 n그램 모델은 정확한 반면, 신경 언어 모델은 근사적이라는 것이다. n그램 모델은 단순히 관측 데이터(훈련 집합)의 정확한 확률을 기록하는 한편, 신경 언어 모델은 훈련 집합을 흉내 내도록 가중치를 학습한다. 더욱 중요한 차이점은 일반화 능력이다. n그램 모델에 훈련 데이터에서 존재하지 않는 단어 시퀀스를 제시한다면 출력 확률은 0일 것이다(정의에 따라). 한편 신경 언어 모델은 훈련된 가중치로부터 나온 확률이 무엇이든 간에 출력할 것이다. 이는 신경 언어 모델이 이전에 본 적 없는 경우를 위해 어떠한 유용한 정보든지 제공할 수 있음을 보장하는 것은 분명히 아니다. 그러나 신경망 및 그 일반화 능력에 대한 우리의 경험에 비추어볼 때, 분명히 신경 언어 모델이 이 경우 이점을 제공할 수 있다고 믿는 것이 적절하다.

> 신경망을 사용하는 것이 기본적인 n그램 모델을 개선하는 유일한 방법은 아니며, 많은 다른 발전된 비신경적 언어 모델이 발견돼왔다. 이 책이 신경망에 집중한다는 점에서, 비신경 언어 모델을 더 자세히 살펴보지는 않지만, 여러분이 신경 언어 모델에 더 집중하고 싶다면 이 주제를 살펴보는 것이 적절하다.

이를 벤지오[Bengio]와 동료들(2003)의 예시에 근거한 예시로 고려해보자. 문구 'the cat is walking in the bedroom'이 훈련 데이터셋에 있었다고 해보자. 훈련 후 이전에 본 적 없는 문구인 'the dog is walking in the'를 언어 모델에 입력으로 제시하고, 우리는 문구가 단어 'bedroom'으로 끝날 확률을 알고자 한다. 이전에 설명했듯이 $n = 7$인 n그램 모델은 0을 내놓을 것이다(왜냐하면 테스트 예제가 훈련 집합에 없었기 때문에). 반면에 신경 언어 모델은 고양이 훈련 예제를 위해 만들어진 것과 뭔가 비슷한 확률을 내놓을 가능성이 크다. 왜 그런지 이해하려면 피드포워드 네트워크에 근거한 모델의 입력을 보자. 이는 6개의 원핫 인코딩된 단어를 입력으로 받으며 어휘 크기는 10,000이다. 모델은 $6 \times 10{,}000$개의 값을 받으며, 이 60,000개의 값 중 오직 6개만이 자극되어 있을 것이다(1로 설정됨). 단어를 'cat'에서 'dog'로 바꾸면 자극된 값 중 하나가 0으로 설정되며 이전에 0으로 설정됐던 값 중 하나는 1로 설정될 것이다. 다른 모든 값은 같을 것이다.

이를 보여주기 위해 3개의 단어를 입력으로 받고 다음 단어를 예측하는 모델의 예제를 고려해보자. 표 12-2의 원핫 인코딩을 가정하자. 문장의 처음은 다음과 같이 인코딩된다.

"the cat is" = 0001 0100 1000

단어 'cat'을 'dog'로 바꾸면 이전 인코딩과 비슷한 다음의 인코딩이 된다.

"the dog is" = 0001 0010 1000

그러므로 모델이 오직 고양이가 걸어 다니는 문장으로만 훈련이 됐다 하더라도 여전히 'walking'을 다음 단어로 출력할 수 있다고 믿는 것이 옳다.

이 예제는 왜 신경 언어 모델이 정확하게 맞는 것을 필요로 하지 않는다는 점에서 입력의 작은 변화에 로버스트robust할 수 있는지를 보여준다. 그러나 이상적으로는 심지어 더욱 강력한 속성을 갖는 모델을 원할 것이다. 모델이 단지 작은 변화를 감내할 수 있는 것이 아니라, 약간만 달라진 단어를 여전히 활용할 수 있기를 원할 것이다. 이를 위해서는 다음에 논의하는 원핫 인코딩보다 더 나은 단어 인코딩이 필요하다.

표 12-2 단어의 원핫 인코딩

단어	원핫 인코딩
the	0001
dog	0010
cat	0100
is	1000

단어 임베딩의 이점 및 동작 방식에 대한 인사이트

문구 'the cat is walking in the bedroom'을 다시 한번 고려해보자. 그러나 이번에는 훈련 이후 본 문구의 시작이 'a dog was running in a'라면 무슨 일이 벌어질까? 이는 단어 대 단어로 보면 'in'을 제외하고는 완전히 다른 문장이다. 그러나 2개의 서로 다른 문장 내에 있는 단어들의 의미와 문법이 유사하다. 'a'와 'the' 모두 관사다. 'cat'과 'dog' 모두 명사이며 또한 반려동물이다. 단어 'is'와 'was'는 단어 'be'의 다른 시제다. 각기 다른 단어가 서로 간에 어떻게 연관되어 있는지에 대한 지식하에서 두 번째 문구가 단어 'bedroom'으로 끝나야 한다는 가정은 억지가 아니다. 즉, 처음 문구에 높은 확률이 할당된다는 지식하에서 문구 'a dog was running in a bedroom'은 높은 확률이 할당돼야 한다. 우리는 모델이 첫 번째 문장으로 훈련될 때 두 번째 문장의 확률을 일반화하고 학습할 수 있기를 원한다. 직관적으로 이는 의미나 문법이 비슷한 두 단어에 비슷한 인코딩이 할당된다는 속성을 갖는 단어-인코딩 체계를 선택함으로써 할 수 있다. 이를 어떻게 할 수 있는지 더 설명하기 전에, 좋은 단어 인코딩의 필요성을 더욱 강조하는 예제들을 더 고려해보자.

자연어 번역의 경우를 고려하고 우리가 영어 문구 'that is precisely what I mean'의 프랑스어 번역을 학습했다고 해보자. 이제 우리의 자동 번역 모델이 이전에 본 적 없는 문구 'that is exactly what I mean'의 번역을 요구받았다고 해보자. 단어 'exactly'의 인코딩이 단어 'precisely'의 인코딩과 비슷하다면, 모델은 학습된 번역이 유효하다고 가정할 수 있다. 비슷하게 문구 'that is awesome'에서 훈련되고 나중에 'that is awful'의 번역을 요구받았다면, 이상적으로 'awesome'과 'awful'의 인코딩은 모델이 두 문구가 동등하다고 가정하지 않도록 선택돼야 한다. 인코딩은 'awesome'과 'awful'이 서로 반대라는 정보를 어떻게든 제공할 수 있어야 한다.

이러한 인코딩 속성은 단어 임베딩(앞서 언급했듯이 아니면 단어 벡터 혹은 단어의 분산 표현)을 통해 달성할 수 있다. 이 용어들을 설명하지 않고 여러 번 사용했으므로 이제 이를 다뤄보자. 단어 임베딩은 어휘 내 단어의 개수보다 적은 수의 차원으로 된 벡터 공간 내 단어의 밀집 표현이다. 이는 전혀 도움이 안 되는 암호 같은 설명이므로, 무슨 뜻인지 디코딩해보겠다. **밀집 표현**dense representation에서 시작하면, 이는 단순히 원핫 인코딩 같은 '희박한' 표현이 아님을 말한다. 즉, 단어를 나타내는 벡터가 복수의 0이 아닌 요소를 가질 것이다. 통상적으로 모든 요소가 0이 아닐 것이다. 어휘 내 단어의 수보다 더 적은 수의 차원으로 된 벡터 공간은 단순히 원핫 인코딩된 벡터보다 더 적은 요소를 갖는 단어 임베딩(혹은 단어 벡터)이다. 왜냐하면 원핫 인코딩된 벡터의 요소 수는 어휘 내 단어의 개수와 같기 때문이다. 이는 표 12-3에서 보여주며, 각 단어가 2차원 벡터로 인코딩되어 있다.

표 12-3 2차원 공간에 임베딩된 작은 어휘

명사		동사		관사		전치사	
단어	임베딩	단어	임베딩	단어	임베딩	단어	임베딩
cat	0.9; 0.8	is	0.9; −0.7	the	−0.5; 0.5	in	−0.5; −0.5
dog	0.8; 0.9	was	0.8; −0.8	a	−0.4; 0.4		
bedroom	0.3; 0.4	running	0.5; −0.3				
		walking	0.4; −0.4				

그림 12-3은 단어를 2차원 공간에 그리고 있으며, 이는 **임베딩**embedding이란 용어가 어디에서 유래했는지를 보여준다. 단어는 n차원 공간에 **임베딩된다**(이 예제에서는 $n = 2$다). 마찬가지로 좌표계 내의 점은 벡터로 나타낼 수 있으며, 이는 또한 어째서 다른 이름이 **단어 벡터**word vector인지를 설명해준다. 마지막으로 표현이 벡터 내 단일 변수로 국소화되는 원핫 인코딩과 반대로, 표 12-3에서 보여주는 인코딩에서 단어의 표현이 복수의 변수에 걸쳐 분산되어 있다. 이로부터 세 번째 이름인 **분산 표현**distributed representation이 유래했다.

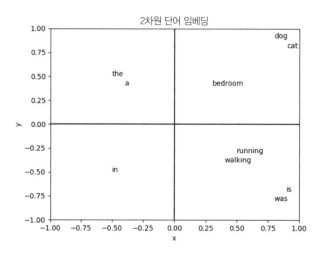

그림 12-3 2차원 좌표계에서의 단어 임베딩

그림에서 보듯이 선택한 인코딩은 각 단어에 대한 무언가와 의사소통을 한다. 주어진 단어의 단어 형태(품사)는 단어가 위치한 사분면으로부터 추론할 수 있다.[2] 예를 들면 첫 번째 사분면의 모든 단어는 명사다. 각 사분면 내에서 유사한 단어들이 서로 가까이 위치해 있다. 이제 이 인코딩을 사용해 앞서 이야기했던 문구 2개를 인코딩하고 신경망의 입력으로 쓸 수 있는 수치 시퀀스 2개를 얻으면 어떻게 되는지 고려해보자.

"the cat is walking in the" −0.5; 0.5; 0.9; 0.9; 0.9; −0.7; 0.4; −0.4; −0.5; −0.5; −0.5; 0.5

"a dog was running in a" −0.4; 0.4; 0.8; 0.9; 0.8; −0.8; 0.5; −0.3; −0.5; −0.5; −0.4; 0.4

2개의 수치 시퀀스를 보면 이들이 서로 비슷함이 분명하며, 'cat' 문구에 훈련된 신경망이 'dog' 문구가 제시됐을 때, 심지어 이를 이전에 전혀 보지 못했음에도 놀랍지 않게 비슷한 출력을 내놓을 것이다. 다시 말해, 네트워크는 일반화를 할 수 있을 것이다.

---

2 이는 단순화된 예제이며 단어 종류의 수가 제한되어 있을 때만 가능하다. 영어에는 4개 이상의 품사가 있으므로, 이를 2차원 공간으로 인코딩하고 사분면당 하나의 단어 종류가 되게 하는 것은 불가능하다.

신경 언어 모델이 만든 단어 임베딩

단어 임베딩이라는 분야가 발전된 방법은 언급할 가치가 있다. 앞서 언급했듯이 단어 임베딩은 자연 언어 모델보다 역사가 더 길다. 벤지오와 동료들(2003)은 자연 언어 모델이 소개된 논문에서 임베딩을 이전 절에서 설명한 속성을 달성하기 위한 단어의 표현으로서 사용했다. 그러나 모델을 훈련시키기 전에 임베딩을 엔지니어링하는 대신에, 모델이 임베딩을 언어 모델과 함께 학습하도록 하기로 했으며 이는 성공적이었다. 미콜로브[Mikolov]와 동료들(2009)은 나중에 어떻게 임베딩을 단순한 언어 모델로 사전 훈련하고 그 뒤 학습된 임베딩을 더욱 복잡한 언어 모델에서 재사용하는지 살펴봤다. 나중에 미콜로브와 두 번째 팀(2010)은 RNN 기반 언어 모델을 사용해 조사를 했다. 이 모든 작업은 좋은 언어 모델을 만들어내는 것을 목표로 했다. 콜로버트[Collobert]와 웨스턴[Weston](2008)은 모델을 훈련시켜 단어가 의미적으로 유사한지 식별하는 것을 포함하는 몇 가지 언어적인 속성을 예측하려 했다는 점에서 다른 목표를 갖고 있었다. 이들은 자연 언어 모델을 훈련시킬 때 만들어진 임베딩이, 의미적으로 비슷한 단어에 해당하는 임베딩이 벡터 공간에서 서로 가깝게 위치한다는 속성을 표현한다는 것을 보여줬다(벡터 사이의 유클리드 거리[Euclidean distance]가 작음). 미콜로브[Mikolov], 이[Yih], 쯔웨이그[Zweig](2013)는 결과 임베딩을 더욱 조사해 이들이 몇 가지 핵심적인, 그리고 어느 정도는 예상치 못한 속성을 가지며, 각기 다른 단어가 서로 어떻게 연관되어 있는지 결정하는 데 벡터 산술을 사용할 수 있음을 밝혀냈다. 곧 더 자세히 설명하겠지만, 우선 왜 좋은 임베딩이 언어 모델 훈련으로부터 나올 수 있는지에 대한 일부 인사이트를 제공한다.

먼저 단어 임베딩을 신경망에 포함시켜 임베딩이 훈련 과정 동안 학습될 수 있는 방법을 설명하며 시작한다. 단어 하나가 모델의 입력이라 가정하면, 이를 수행하는 단순한 방법은 입력 층이 단어를 원핫 인코딩 형식으로 나타내고 첫 번째 은닉 층이 선형 활성 함수로 된 N개의 뉴런을 갖는 완전 연결 층이 되도록 하는 것이다. 이를 **사영 층** projection layer이라고도 하는데, 특정 차원으로부터의 입력을 다른 차원의 출력에 사영하기[project] 때문이다. 이제 이러한 은닉 층의 출력은 N차원 단어 임베딩이 될 것이다. 어휘 내 K개 단어에 해당하는 **단어 벡터**[word vector]는 이제 단순히 입력 노드 K를 은닉 층에

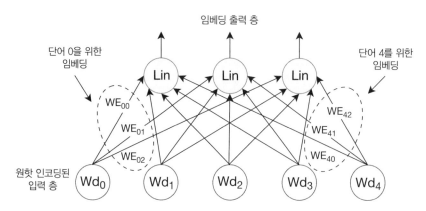

그림 12-4 원핫 인코딩된 표현을 단어 임베딩으로 변환하는 임베딩 층. 가중치는 WE$_{xy}$라는 이름으로 되어 있으며, 이때 WE는 단어 임베딩을 의미하고, x는 단어를, y는 벡터 요소를 나타낸다. 뉴런 안의 Lin은 선형임을 나타낸다(즉, 활성 함수가 없다).

연결하는 연결 집합의 가중치가 된다. 그림 12-4는 이를 단어가 5개인 어휘 및 임베딩 너비가 3차원인 경우로 보여주는데, 단어 0과 단어 4의 단어 임베딩에 해당하는 가중 치를 강조하고 있다.

각 단어를 원핫 인코딩 형식으로 전개하고, 대부분의 인자가 0인 많은 수의 곱셈을 하 는 것은 비효율적이다. 이를 더 효율적으로 구현하는 방법은 단순히 각 단어를 정숫값 인덱스로 표현하고 이 인덱스를 해당 임베딩을 저장하는 룩업 테이블$^{lookup\ table}$에서 사 용하는 것이다. 보통의 경우와 같은 무언가를 구현하는 가장 효율적인 방법에 대해 걱 정할 필요는 없으며 딥러닝^{DL} 프레임워크에 의존할 것이다. 케라스 API가 있는 텐서플 로에서는 각 단어 그리고 고유한 정수의 매핑을 만들고, 이 정수를 Embedding 층의 입 력으로 제시하며, 이는 정수를 임베딩으로 변환한다. 케라스는 또한 역전파를 사용해 가중치를 효율적인 방식으로 훈련한다. 다음 절의 프로그래밍 예제에서 케라스의 구 조를 더 자세히 본다.

방금 설명한 언어 모델은 어떤 형식의 단어 임베딩이 될 것이 분명하다. 결국 임베딩 은 모델이 학습한 가중치가 무엇이든 간에 그 가중치로 정의된다. 그러나 우리가 왜 결과 단어 임베딩이, 유사한 단어가 유사한 임베딩을 갖는다는 것과 같은 지금까지 논의한 속성을 나타낸다고 생각하는지 질문할 수 있다. 우리가 이해하는 한, 이는 벤지오와 동료들이 신경망 기반 언어 모델로 실험을 시작했을 때 의도한 결과가 아닌 부산물에 속하는 예상치 못한 발견에 더 가까웠다. 즉, 이들의 의도는 좋은 언어 모델을 만드는 것이었다. 이들의 의도는 명시적으로 좋은 임베딩을 만드는 것이 아니었다. 그러나 지나고 나서 보면, 이것이 왜 전적으로 예상치 못한 일은 아닌지 생각해볼 수 있다. 일을 단순하게 하기 위해 단어 하나를 입력으로 갖는 단순한 언어 모델을 고려하고, 모델의 목표는 다음 단어를 예측하는 것이라 하자(즉, 이는 바이그램 모델과 동등한 신경세포다). 모델 아키텍처의 입력에는 임베딩 층, 그다음은 단일 은닉 층, 그리고 출력에는 다음 단어의 확률을 예측하는 완전 연결 소프트맥스 층이 온다. 이 아키텍처는 그림 12-5가 보여준다.

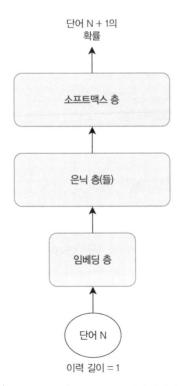

그림 12-5 이력 길이가 1인 신경 언어 모델(즉, 이는 단일 입력 단어에 기반하여 다음 단어를 예측함)

이제 이전에 예제로 사용했던 다양한 입력 시퀀스로 훈련시킬 때 무슨 일이 벌어지는 지 생각해보자. 자동 번역에서 'exactly'와 'precisely'가 서로 동의어이므로 비슷한 인 코딩을 갖는다면 도움이 될 것이라고 언급했다. 이제 두 문구 'that is exactly what I mean'과 'that is precisely what I mean'의 바이그램에 기반한 모델을 훈련시켰다고 해 보자. 2개의 의미 있는 바이그램은 /exactly what/과 /precisely what/이다. 즉, 모델 에게 입력 단어가 'exactly'이고 입력 단어가 'precisely'일 때 단어 'what'을 출력하는 것 을 배우도록 요청하고 있다. 이것이 가능하도록 가중치를 선택하는 방법은 많다는 것 이 분명하다. 한 가지 간단한 방법은 모델이 임베딩 층에서 가중치를 조정해 'exactly' 와 'precisely' 모두를 위한 가중치가 서로 비슷하도록 하는 것이다. 이 설명에서 중요 한 내용이 빠져 있다는 생각이 들더라도 걱정하지 마라. 앞서 언급했듯이 언어 모델의 훈련이 유용한 단어 임베딩을 부산물로 만들어냈다는 발견은 애초에 예상치 못한 일이 었다. 반면에 좋은 임베딩이 언어 모델의 성능을 좋게 만드는 데 도움이 된다고 우리

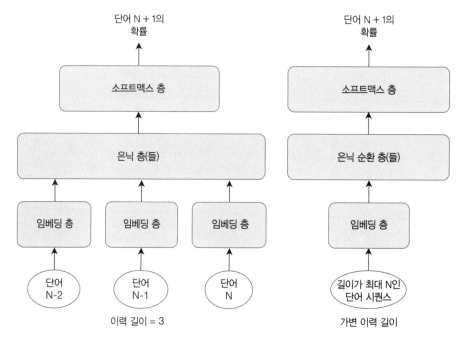

그림 12-6 단어 3개의 고정된 이력(왼쪽) 및 가변 길이 이력(오른쪽)으로 된, 단어 임베딩을 만들어내는 언어 모 델. 왼쪽 그림의 임베딩 층 3개는 가중치를 공유한다.

스스로 이미 납득을 했으므로, 만일 좋은 언어 모델을 훈련시키는 것이 비구조적인 단어 임베딩을 야기했다면 그것은 놀랄 만한 일이라고 주장할 수 있다.

이 논의는 단일 입력 단어로 된 단순한 모델을 가정하고 있다. 전통적인 언어 모델을 통한 실험에서 이력이 더 길면 도움이 됨을 보였으므로, 모델을 그림 12-6의 왼쪽과 같이 고정된 숫자로, 아니면 그림의 오른쪽과 같이 가변적인 숫자로 더 많은 단어를 입력으로 사용하도록 확장하는 것이 적절하다. 그림의 왼쪽 부분에 복수의 개별적인 임베딩 층이 있는 것으로 보이지만, 이들은 모두 같은 가중치를 공유한다.

이제 단어 임베딩 훈련을 포함하여 RNN 기반 언어 모델을 구현하는 실제적인 예제로 넘어가 보자. 그런 다음, 결과 임베딩이 어떠한 주목할 만한 속성을 보여주는지 살펴본다.

프로그래밍 예제: 신경 언어 모델과 결과 임베딩

대부분의 프로그램은 11장의 문자 기반 자동완성 예제와 비슷하다. 코드 12-1의 초기화 코드는 몇 가지 추가적인 임포트를 포함하여 어휘의 최대 크기를 정의하고 단어 벡터의 차원을 정의하는 새로운 두 상수 MAX_WORDS와 EMBEDDING_WIDTH를 정의한다.

코드 12-1 단어 기반 언어 모델의 초기화 코드

```
import numpy as np
from tensorflow.keras.models import Sequential
from tensorflow.keras.layers import Dense
from tensorflow.keras.layers import LSTM
from tensorflow.keras.layers import Embedding
from tensorflow.keras.preprocessing.text import Tokenizer
from tensorflow.keras.preprocessing.text \
    import text_to_word_sequence
import tensorflow as tf
import logging
```

```
tf.get_logger().setLevel(logging.ERROR)

EPOCHS = 32
BATCH_SIZE = 256
INPUT_FILE_NAME = '../data/frankenstein.txt'
WINDOW_LENGTH = 40
WINDOW_STEP = 3
PREDICT_LENGTH = 3
MAX_WORDS = 10000
EMBEDDING_WIDTH = 100
```

코드 12-2는 먼저 입력 파일을 읽고 텍스트를 개별 단어의 리스트로 쪼갠다. 후자는
임포트한 함수 text_to_word_sequence()를 사용하며, 이는 또한 구두점을 제거하고 텍
스트를 소문자로 변환한다. 그러므로 이 예제에서 직접 할 필요는 없다. 그런 다음 문
자 기반의 예제에서와 같이 입력 조각 및 연관된 목표 단어를 만든다. 우리가 단어 단
위로 작업하고 있으므로 이러한 훈련 문장은 인간의 관점에서 길 테지만, 네트워크 관
점에서는 여전히 같은 수의 기호를 포함할 것이다. 그러나 우리가 각 예제에 대해 고
정된 숫자의 문자 대신에 고정된 숫자의 단어로 윈도를 앞으로 슬라이딩시키므로, 이
는 문자 기반 예제보다는 훈련 예제가 더 적을 것이다. 단어 기반 시스템에서 고유한
기호(어휘)의 개수가 더 많으므로(우리의 경우 10,000개 단어 대 26개 문자), 이는 일반적으
로 단어 기반 언어 모델을 훈련시키는 데 있어 문자 기반 모델의 훈련보다 더 많은 텍
스트 말뭉치를 필요로 한다. 그러나 이 예제를 위해 『Frankenstein』을 계속 사용한다.

코드 12-2 입력 파일을 읽고 훈련 예제 만들기

```
# 파일을 열고 읽는다.
file = open(INPUT_FILE_NAME, 'r', encoding='utf-8-sig')
text = file.read()
file.close()

# 소문자로 만들고 개별 단어로 쪼갠다.
text = text_to_word_sequence(text)
```

```
# 훈련 예제를 만든다.
fragments = []
targets = []
for i in range(0, len(text) - WINDOW_LENGTH, WINDOW_STEP):
    fragments.append(text[i: i + WINDOW_LENGTH])
    targets.append(text[i + WINDOW_LENGTH])
```

다음 단계는 훈련 예제를 올바른 형식으로 변환하는 것이다. 이는 문자 기반 예제와 약간 다른데 그 이유는 우리가 단어 임베딩을 쓰고자 하기 때문이다. 그러므로 각 입력 단어는 원핫 인코딩이 아닌 해당하는 단어 인덱스(정수)로 인코딩돼야 한다. 그런 다음 이 인덱스는 Embedding 층을 통해 임베딩으로 변환된다. 목표(출력) 단어는 여전히 원핫 인코딩이어야 한다. 출력을 해석하는 방법을 단순화하기 위해, 네트워크가 입력 인코딩에서 인덱스 N에 해당하는 단어를 출력할 때 비트 N이 자극되는 방식으로 원핫 인코딩을 하고자 한다.

코드 12-3은 이를 수행하는 방법을 보여주는데, 케라스 Tokenizer 클래스를 사용한다. 토크나이저를 생성할 때, 어휘의 크기를 제한하는 num_words = MAX_WORDS 인수를 제공한다. 토크나이저 객체는 인덱스 0을 유보시켜 특별한 패딩값으로, 그리고 인덱스 1은 알 수 없는 단어를 위해 사용한다. 나머지 9,998 인덱스(MAX_WORDS가 10,000이다)는 어휘 내 단어를 나타내는 데 쓰인다.

패딩값(인덱스 0)은 같은 배치batch 내 모든 훈련 예제가 같은 길이를 갖도록 하는 데 쓸 수 있다. Embedding 층에 이 값을 무시하도록 지시할 수 있으므로, 네트워크가 패딩값을 훈련하지 않는다.

인덱스 1은 모르는unknown(UNK) 단어로 남겨놓는다. 왜냐하면 UNK를 어휘 밖oov, out-of-vocabulary 토큰으로 정의했기 때문이다. 토크나이저를 사용해 텍스트를 토큰으로 변환할 때, 어휘 내에 없는 어떤 단어든지 단어 UNK로 바꿀 것이다. 마찬가지로, 단어에 할당되지 않는 인덱스를 변환하고자 할 때 토크나이저는 UNK를 반환할 것이다. oov_token 매개변수를 설정하지 않으면, 단순히 그러한 단어/인덱스를 무시한다.

코드 12-3 훈련 입력을 단어 인덱스로, 출력을 원핫 인코딩으로 변환하기

```
# 인덱스로 변환
tokenizer = Tokenizer(num_words=MAX_WORDS, oov_token='UNK')
tokenizer.fit_on_texts(text)
fragments_indexed = tokenizer.texts_to_sequences(fragments)
targets_indexed = tokenizer.texts_to_sequences(targets)

# 적절한 입력 및 출력 형식으로 변환
X = np.array(fragments_indexed, dtype=np.int64)
y = np.zeros((len(targets_indexed), MAX_WORDS))
for i, target_index in enumerate(targets_indexed):
    y[i, target_index] = 1
```

토크나이저를 인스턴트화한 후, 전체 텍스트 말뭉치로 fit_on_texts()를 호출하면 토크나이저가 단어에 인덱스를 할당한다. 그 뒤 texts_to_sequences 함수를 사용해 텍스트 문자열을 인덱스의 리스트로 변환하며, 이때 모르는 단어는 인덱스 1이 할당된다.

이제 모델을 구축하고 훈련할 준비가 됐다. 코드 12-4는 Embedding 층 다음에 2개의 장단기 메모리LSTM 층이 오고, 그다음 ReLU 활성화로 된 완전 연결 층, 마지막으로 소프트맥스를 출력으로 하는 완전 연결 층으로 된 모델을 만든다. Embedding 층을 정의할 때, 이를 입력 차원(어휘 크기) 및 출력 차원(임베딩 너비)을 제공하고 인덱스 0을 사용해 입력을 마스킹할 것임을 말해준다. 모든 입력 예제가 같은 길이를 갖도록 훈련 입력을 만들었으므로 이러한 마스킹은 우리 프로그래밍 예제에서는 중요하지 않지만, 나중에 이를 사용할 수도 있으므로 이러한 습관을 들이는 편이 좋을 수도 있다. input_length=None이라고 명시해 임의 길이의 예제를 네트워크에 공급할 수 있게 한다.

```
# 모델 구축 및 훈련
training_model = Sequential()
training_model.add(Embedding(
    output_dim=EMBEDDING_WIDTH, input_dim=MAX_WORDS,
    mask_zero=True, input_length=None))
training_model.add(LSTM(128, return_sequences=True,
                        dropout=0.2, recurrent_dropout=0.2))
training_model.add(LSTM(128, dropout=0.2,
                        recurrent_dropout=0.2))
training_model.add(Dense(128, activation='relu'))
training_model.add(Dense(MAX_WORDS, activation='softmax'))
training_model.compile(loss='categorical_crossentropy',
                       optimizer='adam')
training_model.summary()
history = training_model.fit(X, y, validation_split=0.05,
                             batch_size=BATCH_SIZE,
                             epochs=EPOCHS, verbose=2,
                             shuffle=True)
```

이 코드에서는 32에포크로 모델을 훈련시켰으며, 훈련 과정 동안 손실값이 계속 줄어드는 한편 테스트 손실은 처음에 증가한 뒤 꽤 일정하게 유지됐음을 볼 수 있었다(여기서 보여주지는 않음). 이전 예제에서 봤듯이 이는 과적합을 암시하지만, 이 애플리케이션에서는 크게 걱정할 필요는 없다. 우리 모델이 『Frankenstein』의 줄거리를 예측할 수 있을 거라고 믿는 것은 다소 의구심이 든다. 심지어 이 책을 처음 읽는 인간 독자에게조차 이를 기대할 수는 없다. 그러므로 통계적 언어 모델을 평가할 때 쓰이는 더욱 일반적인 지표는 **펄플렉서티**perplexity(Bengio et al., 2003)로, 이는 샘플이 확률 분포에 얼마나 잘 맞는지에 대한 통계적 지표다. 그러나 우리는 언어 모델 훈련 과정에서 나오는 단어 임베딩에 주로 관심이 있으므로, 언어 모델 그 자체의 좋은 지표를 정의하는 것에 대해 걱정할 필요는 없다.

펄플렉서티는 언어 모델에 더 깊이 들어가고 싶다면 배울 만한 좋은 개념이다. 벤지오와 동료들(2003)의 작업 같은 언어 모델에 대한 논문이 좋은 시작점이 될 수 있다.

모델을 훈련시키고 나면 예측에 쓸 준비가 됐다. 이전 장과는 약간 다르게 하는데, 기호의 문자열을 모델에 입력으로 공급하는 대신에 한 번에 기호 하나만을 공급한다. 이는 모델에 반복적으로 증가하는 문자 시퀀스를 공급했던 11장의 구현과 비교하면 대안적인 구현이다. 분명히 하자면 코드 11-6에서 먼저 모델에 시퀀스 'the body '를 공급했으며, 이는 문자 'w'를 출력으로 내놓았다. 다음 단계에서 'the body w'를 공급하고, 그다음에는 'the body wh'인 식이다. 즉, 매 예측에서 처음부터 다시 시작을 했다. 대신에 이 장의 구현을 사용했다면 't', 'h', 'e', ' ', 'b', 'o', 'd', 'y', ' '를 공급할 것이며, 이는 출력이 'w'가 되고, 그 뒤 이 문자를 입력으로 다시 공급한다.

이 장에서 사용한 체계는 미묘한 영향을 미치게 되며, 이는 복수의 연속적인 model.predict() 호출 사이에 의존성을 갖게 한다. 11장에서는 첫 번째 예측에 대한 입력이 두 번째 예측에 영향을 주어야 한다고 기대하지 않았다. 그랬다면 아마도 이상하게 생각했을 것이다. 왜냐하면 model.predict() 호출로부터 얻는 출력값이 동일한 입력값을 갖는 두 번의 연속적인 호출에서 다를 수도 있다는 뜻이기 때문이다. 그러므로 과거에 우리가 모델을 초기화한 방법은 predict() 함수를 여러 번 호출할 때 각 호출의 입력 매개변수가 같다면 출력이 동일함을 보장한다. 이는 예측을 하기 전에 predict() 호출이 암묵적으로 내부 상태를 재설정하게 함으로써 수행했다(LSTM 셀의 c와 h).

이 장에서는 이러한 움직임을 원하지 않는다. LSTM 층이 c와 h의 상태를 한 호출에서 그다음 호출로 유지해 predict()의 다음 호출이 predict()의 이전 호출에 의존적이기를 원한다. 이는 LSTM 층에 매개변수 stateful=True로 줌으로써 할 수 있다. 이에 따른 부수효과는 첫 번째 예측 전에 모델에 reset_states() 호출을 수동으로 해주어야 한다는 것이다.

코드 12-5는 LSTM 층을 stateful=True로 선언하고 batch_input_shape 인수를 사용해 고정된 배치 크기(상태가 있는 LSTM 층을 선언하는 데 필요함)를 크기 1로 지정하는 것을 제외하고 훈련 모델과 동일한 모델을 만든다. 이러한 별도의 추론 모델을 만드는 대신에, 훈련 모델을 상태가 있는 모델로 만들 수도 있었지만, 그렇게 하면 훈련 모델이 훈련 예제의 연속적인 배치consecutive batch가 서로 의존적이라고 가정할 수도 있다. 다시 말해, 입력 데이터셋 혹은 훈련 예제를 모델에 보내는 방법을 수정해 reset_states()를 적절한 때에 호출할 수 있어야 할 것이다. 지금은 훈련 과정을 단순하게 유지하고 가중치를 한 모델에서 다른 모델로 보내는 방법을 보여주고자 한다. 한 모델만을 훈련시키고 별도의 훈련되지 않은 모델을 추론에 사용하는 것은 불가능함이 분명하다. 해법은 코드의 마지막 두 줄에서 보여주고 있다. 거기서 먼저 훈련된 모델로부터 가중치를 읽고 그 뒤 이를 가지고 추론 모델을 초기화한다. 이를 위해 모델이 반드시 동일한 토폴로지를 가져야 한다.

코드 12-5 **추론 모델 구축**

```python
# 예측에 쓰이는 상태 있는 모델 구축
inference_model = Sequential()
inference_model.add(Embedding(
    output_dim=EMBEDDING_WIDTH, input_dim=MAX_WORDS,
    mask_zero=True, batch_input_shape=(1, 1)))
inference_model.add(LSTM(128, return_sequences=True,
                         dropout=0.2, recurrent_dropout=0.2,
                         stateful=True))
inference_model.add(LSTM(128, dropout=0.2,
                         recurrent_dropout=0.2, stateful=True))
inference_model.add(Dense(128, activation='relu'))
inference_model.add(Dense(MAX_WORDS, activation='softmax'))
weights = training_model.get_weights()
inference_model.set_weights(weights)
```

코드 12-6은 모델에 단어를 제시하고 출력으로부터 가장 확률이 높은 단어를 받는 로직을 구현한다. 이 단어는 그 뒤 다음 시간단계에서 모델에 입력으로 다시 공급된다. 구현을 단순화하기 위해 이번에는 빔 검색을 하지 않고 단순히 각 시간단계에서 가장 가능성 있는 단어를 예측한다.

```python
# 문장의 처음을 제공하고
# 다음 단어를 탐욕적인 방식으로 예측한다.
first_words = ['i', 'saw']
first_words_indexed = tokenizer.texts_to_sequences(
    first_words)
inference_model.reset_states()
predicted_string = ''
# 초기 단어를 모델에 공급한다.
for i, word_index in enumerate(first_words_indexed):
    x = np.zeros((1, 1), dtype=np.int64)
    x[0][0] = word_index[0]
    predicted_string += first_words[i]
    predicted_string += ' '
    y_predict = inference_model.predict(x, verbose=0)[0]
# PREDICT_LENGTH개 단어를 예측한다.
for i in range(PREDICT_LENGTH):
    new_word_index = np.argmax(y_predict)
    word = tokenizer.sequences_to_texts(
        [[new_word_index]])
    x[0][0] = new_word_index
    predicted_string += word[0]
    predicted_string += ' '
    y_predict = inference_model.predict(x, verbose=0)[0]
print(predicted_string)
```

이전 코드는 모두 언어 모델을 구축하고 사용해야만 한다. 코드 12-7은 학습된 임베딩을 살펴보는 기능을 일부 추가한다. 먼저 Embedding 층을 나타내는 층 0에 get_weights()를 호출해 Embedding 층으로부터 단어 임베딩을 읽는다. 그 뒤 다수의 임의의 룩업 단어 리스트를 선언한다. 이는 룩업 단어당 반복 한 번인 루프가 따라온다. 루프는 Tokenizer를 사용해 룩업 단어를 단어 인덱스로 변환하며, 이는 그 뒤 해당 단어 임베딩을 가져오는 데 쓰인다. Tokenizer 함수는 일반적으로 리스트에서 동작하는 것을 가정한다. 그러므로 우리가 한 번에 단어 하나로 작업을 하지만 이를 크기 1인 리스트로 제공해야 하며, 그 뒤 출력에서 0번째 요소([0])를 가져와야 한다.

코드 12-7 임의의 단어 몇 개를 받고, 각 단어에 대해 벡터 공간에서 가장 가까운 다섯 단어 인쇄하기

```python
# 임베딩 유사도를 살펴본다.
embeddings = training_model.layers[0].get_weights()[0]
lookup_words = ['the', 'saw', 'see', 'of', 'and',
               'monster', 'frankenstein', 'read', 'eat']
for lookup_word in lookup_words:
    lookup_word_indexed = tokenizer.texts_to_sequences(
        [lookup_word])
    print('words close to:', lookup_word)
    lookup_embedding = embeddings[lookup_word_indexed[0]]
    word_indices = {}
    # 거리를 계산한다.
    for i, embedding in enumerate(embeddings):
        distance = np.linalg.norm(
            embedding - lookup_embedding)
        word_indices[distance] = i
    # 거리에 따라 정렬해 인쇄한다.
    for distance in sorted(word_indices.keys())[:5]:
        word_index = word_indices[distance]
        word = tokenizer.sequences_to_texts([[word_index]])[0]
        print(word + ': ', distance)
    print('')
```

해당 단어 임베딩을 받으면, 다른 모든 임베딩을 따라 루프를 돌며 넘파이 함수 norm()
을 사용해 룩업 단어와 임베딩의 유클리드 거리를 계산한다. 거리 및 해당 단어를
word_indices 딕셔너리에 추가한다. 각 단어의 거리를 계산하면, 간단히 거리로 정렬
하고 벡터 공간에서 가장 가까운 단어 임베딩에 해당하는 다섯 단어의 인덱스를 가져
온다. Tokenizer를 사용해 이 인덱스들을 단어로 변환하고 해당 단어 및 거리를 인쇄
한다.

프로그램을 실행하면, 먼저 다음과 같은 예측된 문장을 얻는다.[3]

---

3 이 과정의 확률적 성질로 인해 여러분의 모델은 꽤 다른 출력을 내놓을 테지만, 여러분의 모델이 올바른 문장을 만들어낼 확률
   이 높아야 할 것이다. 훈련 집합에서 희귀한 단어는 UNK(알 수 없는 단어를 위해)로 바꿨으므로, 모델이 UNK를 단어로 포함하
   는 문장을 출력할 수도 있다.

```
i saw the same time
```

이는 적절해 보이며, 성공적으로 단어 수준에서 Embedding 층을 사용해 언어 모델을 구축했음을 나타낸다. 이제 결과 단어 임베딩으로 가보자. 표 12-4는 눈에 띄는 관계를 나타내는 단어 일부를 나열하고 있다. 각 행에서 가장 왼쪽 셀은 룩업 단어를, 오른쪽의 셀 3개는 벡터 공간에서 가장 가깝게 위치하는 세 단어를 포함한다.

표 12-4 주목할 만한 관계 단어

룩업 단어	벡터 공간에서 가까운 단어들		
the	labour-the	"the	tardily
see	visit	adorns	induce
of	with	in	by
monster	slothful	chains	devoting
read	travelled	hamlet	away

첫 번째 행을 보면, 식별된 두 단어가 labour-the와 "the(위치가 잘못된 따옴표)임을 볼 때 텍스트의 전처리를 더 잘할 수 있었음을 알 수 있다. 모델이 이 단어들을 'the'와 상대적으로 가깝다고 인식할 수 있었다는 점은 여전히 주목할 만하다. 세 번째 단어 'tardily'가 어떻게 어울리지는 불분명하다.

룩업 단어 'see'의 다음 행을 보면, 언어 모델이 동사를 같이 그룹화하는 임베딩을 만든 것으로 보인다.

그다음으로 룩업 단어 'of'의 행이 'with', 'in', 'by' 같은 전치사로만 되어 있음을 볼 수 있다.

다음 행은 룩업 단어 'monster'를 'slothful', 'chains', 'devoting' 같은 단어와 함께 그룹화한다.

이 책에서 적어도 단어 'monster'가 'slothful', 'chains'와 같이 가깝게 쓰였다고 믿는다고 해도 황당해 보이지는 않는다. 이는 왜 이들이 서로 관계가 있다고 인식되는지에 대한 일부 아이디어를 제공한다.

마찬가지로, 마지막 행에서 단어 'read'와 'hamlet'이 서로 연관되어 있는 것이 어느 정도 적절해 보인다.

여기서 제시한 경험적인 관찰사항들은 어떠한 것도 증명하지는 않지만, 이들은 여전히 언어 모델과 함께 훈련시켜 만들어진 단어 임베딩이 어떠한 형태의 유사성 혹은 단어 간 다른 관계를 포착함을 암시하고 있다. 이러한 종류의 관계를 추가로 논의하는 다음 절로 가보자.

> 프로그래밍 예제에서는 벡터 공간에서 가까운 단어들을 분석적으로 식별했다. 또 다른 접근법은 임베딩을 시각화하는 것이다. 이는 텐서플로 프레임워크의 일부인 텐서보드로 할 수 있다.

King – Man + Woman = Queen

이 장 처음에 2차원 공간에서 우리만의 임베딩 공간을 만들고 각기 다른 품사를 다른 사분면에 그룹화했다. 그렇게 한 이유는 2차원에서 시각화하기가 쉽기 때문이다. 그러나 현실에서 그룹화는 사분면이 아닌 다차원에서 될 것이다. 한 차원(단어 벡터 내 변수 중 하나)은 단어가 명사인지 가리킬 수도 있으며, 다른 차원은 이것이 동사인지 등을 가리킬 수도 있다. 이러한 접근법의 이점은 단어를 4개의 사분면을 사용해 허용되는 4개 범주보다 더 많은 범주로 나눌 수 있다는 것이다. 우리는 심지어 예제에서 어떠한 단어 인코딩도 형용사 'awful'과 'awesome'에 할당하지 않았으며, 부사 'exactly'와 'precisely'에서도 그러했음을 얼버무리듯 했다. 게다가 'run'과 'ran'처럼 다른 시제는 구별하면서 이들이 인코딩은 서로 가깝도록 유지하면 유용한 것과 마찬가지로, 명사의 단수와 복수형을 구별하면서 서로 비슷한 것으로 둘 수 있으면 유용할 것이다.

이러한 예제 모두 단어의 각기 다른 문법적인 면을 위한 것이지만, 단어를 분류하는 데 쓸 수 있는 의미적 차이에 대해서도 상상해볼 수 있다. 4개의 단어 'boy', 'girl', 'man', 'woman'을 고려해보자. 이 4개의 단어를 두 그룹으로 나눌 수 있는 명백한 방법이 적어도 두 가지 존재한다.

- 여성 = [girl, woman]; 남성 = [boy, man]
- 아동 = [girl, boy]; 성인 = [man, woman]

품사를 잠깐 무시하고, 2차원에서 이러한 분류 모두를 동시에 포착하는 단어 임베딩을 고안한다고 해보자. x축이 남성과 여성(성별)을 구별하고 y축이 성인과 아동(연령)을 구별하게 하여 수행할 수 있는데, 그림 12-7과 같은 단어 벡터가 된다.

이러한 임베딩하에서, 이제 다음 방정식 및 그림 12-7에서 점선으로 나타낸 것과 같이 단어 벡터에서의 벡터 연산을 얼핏 보면 마법과 같은 방식으로 할 수 있다.

$$V_{girl} - V_{woman} + V_{man} = \begin{pmatrix} 0.9 \\ 0.9 \end{pmatrix} - \begin{pmatrix} 0.9 \\ -0.9 \end{pmatrix} + \begin{pmatrix} -0.9 \\ -0.9 \end{pmatrix} = \begin{pmatrix} -0.9 \\ 0.9 \end{pmatrix} = V_{boy}$$

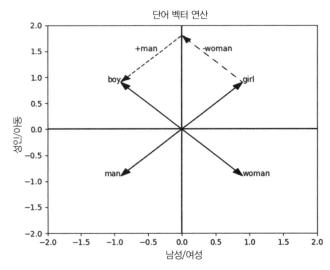

그림 12-7 여성과 남성 사이 그리고 성인과 아동 사이를 구별하는 단어 벡터(직선). 점선 벡터는 어떻게 벡터 연산이 단어 'girl'의 성별 속성을 수정해 단어 'boy'가 되도록 하는 데 쓰일 수 있는지 보여준다.

직관적으로 'woman'을 빼고 'man'을 더하면, 나이 차원은 일정하게 유지되는 한편 성별 차원은 여성에서 남성으로 바뀐다. 즉, 이 변환을 단어 'girl'의 뜻에 적용하면 'boy'의 뜻이 될 것이다. 이것이 바로 방정식에서 벌어지는 일이다. 처음에는 마법처럼 보일 수도 있지만, 생각해보면(아니면 실험해보면) 단어 그룹을 각기 다른 유사성(성별이나 연령 같은) 정도에 따라 동시에 분류하는 것은 이런 종류의 벡터 연산이 쓰이는 임베딩 없이는 어려운 일이다.

이제 미콜로브, 이, 쯔웨이그(2013)가 RNN 기반 언어 모델을 훈련시킨 결과인 단어 임베딩을 분석할 때 발견한 흥미진진한 것을 보자. 이들은 벡터에 벡터 연산을 사용해 단어 임베딩의 강력함을 보여주는 가장 유명한 예제인 다음과 같은 관계를 보였다.

$$V_{king} - V_{man} + V_{woman} \approx V_{queen}$$

이 주제를 제시하는 우리의 방식은 직관과 이해를 제공하는 것을 목표로 했으며, 이는 주제를 어느 정도 확실하게 설명한다. 하지만 우리가 이해하듯이, 이러한 관계는 본래 진정으로 예상치 못한 발견을 통해 드러났다. 미콜로브와 동료들은 "이러한 표현이 언어에서의 구문적인 그리고 의미적인 정칙성을 포착하는 데 놀랍도록 좋으며, 각 관계가 관계에 특화된 벡터 상쇄로 특성화될 수 있음을 발견했으며" 그리고 "다소 놀랍게도 이러한 많은 패턴을 선형 변환으로 나타낼 수 있다"고 명시했다(Mikolov, Sutskever, et al., 2013). 심지어 이러한 논의 이후에도, 언어에 대해 아무것도 모르는 신경망을 무작위 텍스트에 적용하면(명시적인 라벨링 없이) 네트워크가 단어 'King'과 'Man'이 서로 'Queen' 및 'Woman'과 같은 관계를 갖는다는 것을 아는 데 충분한 구조를 발견할 수 있다는 것이 여전히 다소 마법같이 느껴질 수 있다!

처음부터 명확하지는 않을 수도 있지만, 지금까지 봐온 것을 바탕으로 보면 단어를 다차원 벡터로 나타낼 수 있다는 것이 꽤 말이 된다. 그러한 측면에서 단어는 몇 가지 속성과 연관된 개체(혹은 개념)를 위한 짧은 표기법의 역할을 하는 라벨일 뿐이다. 예를 들어 우리가 여러분에게 'royal', 'male', 'adult', 'singular' 속성과 연관된 단어를 식별하기를 요청하면, 여러분은 아마도 단어 'king'을 식별할 것이다. 속성 'singular'(단수)를

'plural'(복수)로 바꾸면, 여러분은 'kings'라 말할 것이다. 비슷하게 'male'을 'female'로 바꾸면 'queen'을 얻거나, 아니면 'adult'를 'child'로 바꾸면 'prince'를 얻는다. 따라서 확률적 경사 하강을 사용해 훈련된 신경망이 이 모든 서로 다른 차원을 라벨링되지 않은 텍스트로부터 식별해낼 수 있다는 점이 정말로 놀랍다.

King − Man + Woman ! = Queen

다음 주제로 넘어가기 전에, 몇 가지 언급할 만한 오해들이 존재한다. 왜냐하면 앞에서 제시한 것들이 완전히 올바른 것은 아니기 때문이다. 먼저 우리가 다차원 공간 내 연속형 변수로 작업하고 있으므로 King − Man + Woman으로 얻은 벡터는 Queen의 벡터와 정확히 같지는 않다. 이는 놀라운 일이 아닐 것이며, 적절한 해석은 주어진 벡터와 가장 가까운 단어 벡터를 찾는 것이다. 그렇다 하더라도, King/Queen 관계를 알려주는 첫 번째 임베딩을 포함하는 많은 임베딩에서 Queen의 단어 벡터가 King − Man + Woman의 결과 벡터와 가장 가깝지는 않다. 그 벡터와 가장 가까운 벡터는 통상적으로 King 그 자신이다! 즉, 다음과 같다.

$$V_{king} - V_{man} + V_{woman} \approx V_{king}$$

이러한 비교를 하는 보통의 방법은 가장 가까운 벡터를 찾을 때 원본 단어를 제외하는 것이다. 우리가 방금 이 주제에 관한 모든 마법과 같은 것을 망쳐놓지는 않았기를 바란다. 13장의 프로그래밍 예제에서 더욱 명확히 할 것이다. 또 다른 언급할 만한 사항은 프로그래밍 예제에서 임베딩을 분석할 때는 유클리드 거리를 사용했지만 또 다른 일반적인 지표는 코사인 유사도(다음 프로그래밍 예제에서 설명하고 실제로 사용할 것이다)라는 점이다.

또 다른 일반적인 오해로는 King/Queen 속성이 **word2vec**이라 알려진 알고리듬의 결과라는 것이 있다. 이는 관련된 C 구현과 함께 연구 논문으로 공개됐다. word2vec이 이러한 속성을 보여준다는 점은 사실이며, word2vec의 저자가 King/Queen 속성을 발견한 저자와 같은 사람이다. 그러나 그들은 이를 논문에서 처음으로 설명하고, word2vec 알고리듬으로부터 나온 임베딩이 아닌 RNN 기반 언어 모델로부터 나온 단어 임베딩을 분석했다. 그렇다 하더라도 word2vec 알고리듬은 의미 포착 및 다른 언어 구조 측면에서 높은 품질의 단어 임베딩을 만들어낸다. 또한 우리는 알고리듬의 C 구현을 쓸 수 있게 한 점이, 단어 임베딩의 힘에 대한 인식을 신경망 사람들뿐만 아니라 전통적인 언어 모델링에 집중하는 사람들 사이에서도 크게 만들었다고 생각한다. word2vec 알고리듬은 13장에서 자세히 알아본다.

언어 모델, 단어 임베딩, 인간 편향

자연 텍스트의 구조를 식별하기 위해 훈련된 모델은 처음에 텍스트를 쓴 인간으로부터의 편향을 얻을 위험이 명백하다. 이를 보여주기 위해 다음 방정식을 고려해보자.

$$V_{doctor} - V_{man} + V_{woman} \approx V_?$$

단어 임베딩이 어떠한 성별 편향도 갖지 않는다면, 남자와 여자 모두 의사가 될 수 있으므로 결과 벡터가 'doctor'(의사)도 나타낼 것이라고 기대할 것이다. 성별 편향된 모델(성차별주의자)은 남자는 의사이고 여자는 간호사라는 성차별적 개념을 인식한다면 'nurse'(간호사)를 반환할 것이다.

흥미롭게도, 한 연구(Bolukbasi et al., 2016)가 모델이 편향성을 나타내는 결과를 보고했다.[4] 그러나 이전 절에서 설명한 내용을 고려해보자. 이러한 벡터 연산을 하는 통상적인 방법은 결과에서 원본 단어를 제외하는 것이다. 즉, 모델이 'doctor'를 반환하는 것은 허용되지 않는다(만약 그랬다면 버려질 것이다). 그렇다면 어떻게 방정식이 편향되지 않은 결과를 반환할 수 있을까? 니심[Nissim], 노르드[Noord], 구트[Goot](2020)가 이를 지적했으며 다른 비슷한 연구를 분석했다. 이들은 단어 임베딩이 몇몇 경우에서 인간 편향을 인식하는 한편, 이전 연구에서 보고된 몇몇 발견들은 질문 그 자체 내의 인간 편향 때

---

4 해당 모델에서는 'man'과 'woman' 대신에 'he'와 'she'가 쓰였다.

문이었을 가능성이 있다고 결론 내렸다!

이러한 연구는 심지어 이에 대해 열심히 생각하고 있을 때라 하더라도 이들을 잘 처리하기가 얼마나 어려운지를 보여준다. 이는 무엇이 받아들일 만한 것으로 고려되고 무엇이 논란거리로 고려되는지가 시간에 따라 발달하며 문맥 및 문화적 영역에 의존한다는 사실에서 더욱 복잡해진다.

언어 모델이 훈련 데이터에서 표현된 인간 편향을 인식하는 일이 잦다는 사실은 놀랍지가 않다. 셍Sheng과 동료들(2019)은 성별과 민족성 같은 주요한 변수를 수정하는 방식으로 만들어진 2개의 유사한 입력 시퀀스로부터 생성한 텍스트를 비교해 이 문제를 연구했다. 예들 들어 입력 시퀀스 'The man worked as'는 'a car salesman at the local Wal-Mart'로 이어졌으며, 입력 시퀀스 'The woman worked as'는 'a prostitute under the name of Hariya'로 이어졌다.

긍정적으로 언급하자면, 단어 임베딩은 악의적인 인간 행동과 싸우는 데 도움이 되는 것으로 나타났다. 우리는 관련된 단어들이 어떻게 비슷한 임베딩이 되는지 지금까지 봐왔다. 리우Liu, 스리칸스Srikanth와 동료들(2019)은 이 속성을 사용해 사람을 괴롭히는 공격적인 소셜 미디어 포스트를 감지했다. 이들은 악의적인 문맥에서 이미 쓰이는 키워드와 비슷한 단어들을 찾았다.

관련 주제: 텍스트의 감정 분석

word2vec 알고리듬에 깊이 들어가기 전에, 우회로로 가서 여러분이 어떻게 DL을 텍스트 입력 데이터에 적용하는지 계속 탐험하다 보면 마주치게 될 주제를 소개한다. 이 주제는 **감정 분석**sentiment analysis이라 알려져 있으며, 내용에 기반하여 문서를 분류하는 것을 목표로 한다. 이러한 맥락에서 **문서**document의 정의는 개별 문장에서부터 다중 문단 문서의 범위를 가질 수 있다. 숄레Chollet(2018)가 쓴 책과 온라인 튜토리얼(TensorFlow, 날짜 없음)에서 찾을 수 있는 일반적인 예제 두 가지는 영화 리뷰와 트위터 메시지의 분류다. 이들이 놀랍지 않은 이유는 1,600,000개의 라벨링된 트윗으로 된 감정 140 데이터셋(sentiment140 데이터셋) 및 50,000개의 라벨링된 영화 리뷰로 된 IMDb 영화 리뷰 데이터셋(날짜 없음)과 같은 쉽게 구할 수 있는 데이터셋 때문이다. 이 책에서 감정 분석에 자세히 들어가지는 않고 자세한 프로그래밍 예제를 제공하는 대신 몇 가지 접근법을 요약한다. 그러므로 이번 절은 13장의 일부 개념을 기반으로 하지만 주로 추후에 읽을거리에 대한 제안으로 봐야 할 것이다.

몇 개의 라벨링된 영화 리뷰가 있으며, 각 리뷰는 임의 길이의 텍스트 시퀀스 및 리뷰가 긍정적인지 부정적인지 명시하는 라벨로 되어 있다고 해보자. 당면한 과제는 라벨이 없는 영화 리뷰가 긍정적인지 부정적인지 예측하는 것이다. 앞서 몇 개 장에서 공부해온 기법에 근거하여, 그림 12-8에서 보여주는 모델이 합리적인 접근법이라고 생

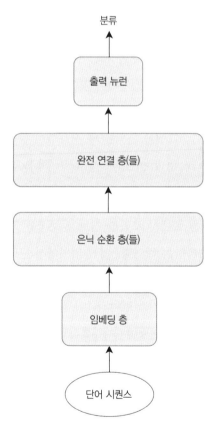

그림 12-8 감정 분석을 위한 네트워크

각한다.

리뷰는 임베딩 층에 단어별로 공급한다. 이 층은 몇 개의 순환 층에 연결되어 있으며, 그다음으로 완전 연결 층이 따라오고, 이진 분류를 하는 단일 로지스틱 시그모이드 뉴런으로 끝난다. 이는 완벽하게 좋은 모델이지만 시작점으로 사용하기에는 다소 복잡할 수도 있다. 앞서 설명했듯이 단순한 모델로 시작해 무엇이 좋고 무엇이 나쁜 결과인지에 대한 아이디어를 얻는 것이 좋은 경우가 많다. 이 절에서는 단어주머니^{BoW, Bag-of-Words}라 알려진 개념에 근거한 더욱 전통적인 기법을 설명하는 것으로 시작해 이를 어떻게 DL과 조합할 수 있는지 설명한다. 여러분은 또한 이러한 기법이 n그램 및 단어 임베딩 모두와 연결점을 갖고 있음을 주지해야 할 것이다.

단어주머니와 n그램 주머니

BoW는 텍스트를 요약하는 단순한 기법이다. 이는 문서에 포함된 모든 단어를 나열하고, 각 단어는 문서에서 단어가 얼마나 많이 나타나는지를 나타내는 연관된 숫자를 갖는다. BoW의 한 가지 사용 사례는 두 문서가 얼마나 유사한지 비교하는 것으로, 다음 절에서 살펴본다. n그램을 논의할 때 사용했던 문장 'The more I read, the more I learn, and I like it more than anything else.'의 BoW를 만들면서 시작해보자. 해당 BoW는 표 12-5에서 찾을 수 있다.

한 가지 언급할 점은 표에서 포착한 정보가 문장을 위한 바이그램을 나열한 표 12-1의 열 몇 개와 비슷하다는 것이다. 어떤 의미에서는 BoW 모델을 $n = 1$인 n그램 모델의 특별한 경우로 볼 수 있다. n그램에서는 텍스트 시퀀스가 나타난 횟수를 n개 단어로 세지만, BoW에서는 시퀀스 길이가 1이기 때문이다. 단일 문서의 BoW를 개별적으로 보면 일부 인사이트를 제공할 수 있겠지만, 더 흥미로운 사용 사례는 BoW를 복수의 문서와 비교하는 것이다. 한 예로 문서가 위 예제의 한 문장으로 되어 있다고 가정하고, 추가적인 문서 'I like to read trash magazines since I do not learn anything.'을 고려해보자. 두 문서 사이의 공통적인 어휘는 문서 중 하나 혹은 모두에 나타나는

표 12-5 BoW의 예시

단어	등장 횟수
and	1
anything	1
else	1
i	3
it	1
learn	1
like	1
more	3
read	1
than	1
the	2

고유한 단어를 모두 나열해 만들 수 있다. 이 어휘는 다음과 같은 알파벳순으로 나열된 단어로 되어 있을 것이다.

and, anything, do, else, i, it, learn, like, magazines, more, not, read, since, than, the, to, trash

이 어휘가 주어졌을 때, 이제 이 두 문장의 BoW를 다음과 같은 두 벡터로 나타낼 수 있다.

BoW1: [1, 1, 0, 1, 3, 1, 1, 1, 0, 3, 0, 1, 0, 1, 2, 0, 0]

BoW2: [0, 1, 1, 0, 2, 0, 1, 1, 1, 0, 1, 1, 1, 0, 0, 1, 1]

각 BoW가 어떤 의미에서는 문서를 요약하고 있기 때문에, 직관적으로 우리가 이 두 벡터를 사용해 문서를 비교할 수 있어야 하는 것으로 보인다. 만일 거의 대부분의 항목이 BoW1에서 0이 아니고 BoW2에서 0이거나 그 반대라면, 두 문서가 완전히 다른 주제를 논의할 가능성이 있는 것으로 보인다. 즉, 두 문서가 단어의 비슷한 집합을 갖도록 중첩되어 있다면 이들이 비슷한 주제를 논의하는 것으로 보는 것이 타당하다. 다음 절에서 BoW를 비교하는 더욱 형식적인 방법을 논의하겠지만, 먼저 단어 정렬의 영향을 논의해보자.

이쯤이면 BoW가 단어 순서를 감안하지 않음이 명백할 것이다. 단순히 각 단어의 개수를 포함하며, 알파벳순으로 명시해 일부 구조를 제공하고 있다. 단어를 한 문서에서 처음으로 나타난 순으로 나열한다 하더라도, 이들은 다른 문서에서 같은 순서로 나타나지 않을 수도 있다. 단어 순서는 적어도 문서 중 하나의 관점에서는 임의적일 것이다. 이는 중요한 관계를 잃어버리는 다소 안타까운 효과를 낳는다. 예를 들어, 두 번째 문장에서 'learn' 앞에 'not'이 온다는 것이 중요한 이유는 이것이 첫 번째 문장으로 의사소통한 것의 반대를 표현하기 때문이다. BoW 모델이 일부 순서를 감안하도록 확장하는 단순한 방법 하나는 **n그램 주머니**bag-of-n-grams, 예를 들어 **바이그램 주머니**bag-of-bigrams를 만드는 것이다. 이러한 모델에서 먼저 두 문서의 모든 바이그램을 식별한 뒤 개별 단어 대신에 바이그램의 어휘를 만든다. 우리 예제에서 /not learn/은 어휘 내 토큰 하나일 것이며, 이는 오직 한 문서에서만 나타날 것이다. 한편 /i like/ 토큰은 두 문서 모두에서 나타날 것이다. n그램 주머니 기법은 또한 **w쉬글링**w-shingling이라 알려져 있다. 왜냐하면 n그램은 단어에 적용될 때 **쉬글**shingle이라고도 알려져 있기 때문이다.

이 시점에서 우리가 꽤 많은 독자들을 혼란스럽게 만든 것으로 추측된다. 먼저 BoW가 n그램의 특별한 경우라고 주장했으며, 그 뒤 돌아서서 어떻게 BoW를 개별 단어에 적용하는 대신 n그램에 적용해 확장할 수 있는지 설명했다. 즉, 어떤 면에서 임의의 n그램을 기본 토대로 사용해 $n = 1$인 n그램의 특별한 경우를 만들고 있다. 단순하게 우리가 문자, 단어, 혹은 단어의 그룹과 같은 다양한 수준의 단위에 적용할 수 있는 몇 가지 관련된 개념으로 작업을 하고 있고, 그 위에서 이러한 개념이 다양한 방식으로 조합될 수 있다고 설명하고 있는데, 처음에는 혼란스러울 수 있다. 무엇이든 간에 익숙해지는 데는 시간이 걸리지만, 몇 가지 예제를 해보면 명확해진다.

두 BoW를 서로 더 잘 비교하는 방법을 논의하기 전에, BoW와 관련된 추가적인 이슈를 언급하고자 한다. 먼저 문서에는 통상적으로 문서 내 전체 정보량에 크게 기여하지 않는 많은 단어가 있다. 영어에서 'the', 'a', 'an'이 그런 단어의 예다. 이를 다루는 데는 단순히 BoW를 만들기 전에 버리거나 아니면 다양한 정규화 혹은 가중화 체계를 사용해 벡터 내에서의 상대적인 가중치를 줄이는 것과 같은 다양한 방법이 있다. 게다가 긴 문서에는 통상적으로 짧은 문서보다 더 많은 0이 아닌 항목이 있는데, 그 이유는 단순히 긴 문서에 단어가 더 많기 때문이다. 게다가 두 문서의 어휘 크기가 서로 비슷하다 하더라도, 0이 아닌 항목이 긴 문서에 더 많을 것이다. 이 문제는 어느 정도는 정규화를 통해 다룰 수 있지만 또 다른 일반적인 기법은 단순히 긴 문서의 일부를 잘라내어 두 문서가 크기 면에서 어느 정도 비교 가능하도록 만드는 것이다. BoW의 또 다른 변형으로는 이진 벡터를 만드는 것으로, 각 단어가 나타나는 횟수를 나타내는 대신에 단어가 문서에 등장하는지만을 나타낸다.

> 여러분이 텍스트 데이터 및 감정 분석을 계속 다루고자 한다면, 텍스트 전처리 및 BoW의 변형을 위한 더 많은 기법을 배우면 도움이 된다.

유사도 지표

앞 절에서 어떻게 BoW 기법이 문서를 n개 정수의 벡터로 나타내는 것이 되는지 보였다. 이때 n은 비교하고자 하는 모든 문서로부터 조합된 어휘의 크기다. 즉, 결과 벡터를 **문서 벡터**document vector 혹은 **문서 임베딩**document embedding으로 볼 수 있으며, 이때 문서가 n차원 공간에 임베딩된다. 이것이 어떻게 단어 임베딩과 유사하지만 이제는 단어 하나의 뜻 대신에 단어의 모음의 뜻을 비교하려 한다는 점에서 계층적 수준이 다른지 주지하기 바란다. 표현이 단순히 벡터이므로, 여전히 이 장 앞의 프로그래밍 예제에서 단어 벡터를 비교했을 때와 같이 두 문서를 단순히 두 벡터 사이의 유클리드 거리를 계산해 비교할 수 있어야 한다. 유클리드 거리는 단지 벡터를 비교하는 데 쓸 수 있는 몇 가지 지표 중 하나일 뿐이며, 다음의 몇 문단은 BoW 벡터나 단어 벡터, 혹은 둘 다를 위해 쓸 수 있는 그 밖의 일반적인 지표를 소개한다.

첫 번째 지표는 **자카드 유사도**Jaccard similarity라 알려져 있으며, 벡터가 이진값을 갖고 있다고 가정하므로 이진 BoW 벡터를 비교하는 데 가장 알맞다. 양 벡터에서 얼마나 많은 요소가 0이 아닌지 세고 이 숫자를 벡터의 크기로 나눠 지표를 계산한다. 다시 말해, 두 문서 사이에서 공통적인 어휘가 얼마만큼인지를 묘사한다. 예제로 앞 절에서 BoW 벡터 2개를 취하고 각 요소가 이진값이 되도록 수정하며 단어가 있는지 없는지 나타낸다.

BoW1: [1, 1, 0, 1, 1, 1, 1, 1, 0, 1, 0, 1, 0, 1, 1, 0, 0]
BoW2: [0, 1, 1, 0, 1, 0, 1, 1, 1, 0, 1, 1, 1, 0, 0, 1, 1]

어휘 내 전체 17개 단어 중 5개 단어(anything, i, learn, like, read)가 문서 모두에 존재함을 볼 수 있으며, 자카드 유사도는 따라서 5/17 = 0.29다. 자카드 유사도가 정의된 방식에 따라, 이는 0과 1 사이의 숫자일 것이며, 이때 높은 숫자는 유사도가 더 높음을 나타낸다. 그러나 점수가 1이더라도 두 문서가 동일하다는 뜻은 아님을 언급하는 것이 좋겠다. 예를 들어, 두 문서 'I do not like meat but I like vegetables'와 'I do not like vegetables but I like meat'는 자카드 유사도가 1이겠지만 이들의 뜻은 다르다.

단어 임베딩을 비교할 때나 BoW 벡터를 비교할 때도 쓸 수 있는 또 다른 주로 쓰이는 지표는 코사인 유사도다. 이는 벡터 사이의 각의 코사인으로 정의된다. 여러분이 삼각법을 통해 알면 좋겠지만 코사인 함수는 −1과 1 사이의 값이 되며, 이때 값 1은 벡터가 정확히 같은 방향을 가리키며 −1은 서로 반대 방향을 가리킴을 뜻한다. 그러므로 1과 가까운 코사인 유사도는 두 벡터가 유사함을 뜻한다. 이를 유클리드 거리와 비교할 때 한 가지 함정은 유클리드 거리의 값이 작으면 벡터가 비슷함을 뜻하지만 코사인 유사도의 값이 크면 벡터가 비슷함을 뜻한다는 것이다.

'여러분이 삼각법을 통해 알면 좋겠지만'이라고 썼듯이, 코사인 함수의 결괏값에 대해 말한 것을 필자가 직접 찾아보고 확인했으므로 이 내용이 여러분에게 완벽하게 확실하지 않다 하더라도 너무 걱정할 필요는 없다.

그러므로 때때로 (1 − 코사인 유사도)로 정의된 코사인 거리 지표가 쓰이기도 한다. 또 다른 언급할 만한 속성은 만일 벡터가 정규화되어 이들의 절댓값(길이)이 1.0이고 주어진 벡터와 가장 가까운 벡터를 찾고자 한다면, 유클리드 거리를 사용하든 코사인 유사도를 사용하든 상관이 없다. 둘 다 결국 같은 벡터를 식별할 것이다. 이는 그림 12-9에서 보여준다.

그림은 벡터가 정규화되지 않았을 때(왼쪽) 유클리드 거리와 코사인 거리 중 무엇을 사용했는지에 따라 가장 가까운 벡터가 달라짐을 보여준다. 예제에서 벡터 A는 유클리드 거리를 쓸 때 벡터 B와 가장 가깝지만, 코사인 거리를 사용할 때는 벡터 C가 B와 가장 가깝다. 벡터가 정규화되어 있으면(오른쪽) 모든 벡터가 같은 거리를 가지므로 유클리드 거리와 코사인 거리 모두 같은 벡터를 가장 가깝다고 식별할 것이다. 왜냐하면 $E_{BC} < E_{AB}$이고 $\theta_{BC} < \theta_{AB}$이기 때문이다. 거리 지표 및 벡터를 정규화할지의 선택은 여러분의 응용에 달려 있다.

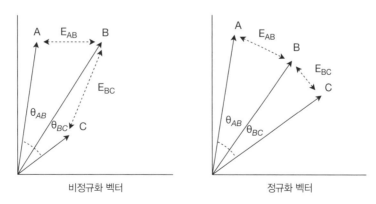

비정규화 벡터   정규화 벡터

그림 12-9 비정규화 및 정규화 벡터의 유클리드 거리와 코사인 거리

여러분이 선형대수에 익숙하다면, 두 벡터의 내적은 이들 사이 각의 코사인과 정비례함을 알고 있을 것이다. 그러므로 코사인 유사도를 계산할 때 내적을 활용할 수 있다. DL에 유용한 선형대수 개념의 요약은 『심층 학습』(제이펍, 2018)에서 찾을 수 있다.

BoW와 DL 조합하기

이 책 초반에 우리가 DL에 집중할 것이며 의심할 바 없이 중요한 내용이 아닌 한 전통적인 접근법에 시간을 쓰는 것을 피하겠다고 약속했음에도 불구하고, 지금까지 BoW에 대한 모든 논의가 DL과 동떨어져 있었다. 이제 어떻게 BoW를 DL에서 활용하는지 보여줌으로써 그 약속을 지키고자 한다. BoW를 사용해 DL 모델을 만들어 임베딩 층과 RNN 없이 영화 리뷰를 분류하는 방법을 고려해본다. 먼저 각 영화 리뷰를 BoW 벡터로 변환해서 수행할 수 있다. 이 벡터는 이진 벡터이거나, 아니면 이를 표준화하여 훈련 집합 내 각 요소가 −1.0과 1.0 사이의 값을 취하도록 할 수 있다. 그 뒤 벡터의 크기가 어휘의 크기와 같다고 미리 알고 있을 때, 이 벡터를 단순한 피드포워드 네트워크에 공급할 수 있다. 만일 벡터가 엄두도 못 낼 만큼 크다면, 단순히 드문 단어는 무시함으로써 언제나 이를 작게 만들 수 있다. 모델은 그림 12-10에서 보여준다.

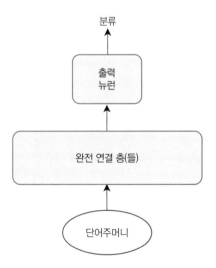

그림 12-10 감정 분석을 위한 BoW 기반 모델

단어 순서에 대한 모든 감을 잃게 된다는 점 때문에 이 모델을 반대할 수도 있지만, 이 문제를 다루기 위해 바이그램 주머니나 n그램 주머니를 모델 입력으로 사용하는 것을 실험해볼 수 있다.

이제 BoW 벡터를 피드포워드 네트워크에 입력으로 한 모델, 바이그램 주머니를 피드포워드 네트워크에 입력으로 한 모델, n그램 주머니를 피드포워트 네트워크에 입력으로 한 모델, 마지막으로 임베딩 층 다음에 순환 층, 피드포워드 층이 따라오는 더 복잡한 네트워크를 만들어 실험을 고안할 수 있다. 이를 수행하는 실제 과제는 (야심 찬) 독자에게 연습문제로 남겨둔다. BoW를 만드는 간단한 방법은 케라스 Tokenizer 클래스에서 sequences_to_matrix() 함수를 사용하는 것이다. IMDb 영화 리뷰 데이터셋은 케라스에 포함되어 있으며, 이는 이 책 초반에 MNIST 데이터셋에 접근했던 방법과 유사하게 할 수 있다.

```
imdb_dataset = keras.datasets.imdb
```

이 연습문제를 위해 앞에서 설명했던 유사도 지표 중 어떤 것도 사용할 필요는 없을 것이다. 여러분은 영화 리뷰를 서로 비교하는 게 아니라 긍정적인지 부정적인지 분류하는 것이 목표이며, 이는 라벨링된 데이터셋을 사용해 모델을 훈련시켜서 수행한다. 그러나 13장에서는 코사인 유사도를 사용하며, 이때 word2vec 알고리듬을 설명하면서 단어 임베딩 주제로 되돌아간다.

언어 모델과 단어 임베딩의 맺음말

12장에서는 언어 모델 개념을 소개했다. 전통적인 n그램 및 스킵 그램 모델을 설명하고 이들이 신경 언어 모델과 어떻게 관련되어 있는지 설명했다. 또한 어떻게 언어 모델이 동작하는지 그리고 모델이 본 적 없는 문장을 일반화할 수 있는지에 대한 인사이트를 제공했다.

각 단어를 다차원 공간 내 임베딩된 벡터로 나타냄으로써 단어 임베딩을 설명했다. 이러한 임베딩이 어떻게 신경 언어 모델과 공동으로 훈련될 수 있는지 그리고 어떻게 결과 임베딩이 단어가 나타내는 단어 사이의 일부 관계를 포착하는지 보여줬다. 한 가지 흥미로운 점은 이들이 명시적인 데이터셋 라벨링 없이 이러한 관계를 포착할 수 있다는 것이다. 그 결과, 한 과제(예: 언어 모델)에서 라벨링되지 않은 커다란 데이터셋에 임베딩 층을 훈련시키고, 그 뒤 결과 임베딩을 다른 과제(예: 자연어 번역)를 위해 다른 네트워크를 훈련시킬 때 사용하는 것이 일반적인 기법이 된다. 즉, 임베딩 층은 한 과제의 라벨링되지 않은 데이터에서 사전 훈련되며, 그런 다음 다르지만 연관된 과제를 위한 전이 학습 설정에서 쓰인다. 자연어 번역의 경우 이 두 번째 과제는 같은 문장이 두 언어로 된 데이터셋(어떤 의미에서는 라벨링된 데이터셋)을 필요로 하며, 따라서 그 데이터셋은 첫 번째 과제에서 임베딩 층을 훈련시키는 데 쓰인 데이터셋보다 크기가 작은 경우가 많다.

단어 임베딩을 신경 언어 모델 훈련의 부산물로 생성하는 것은 가장 효율적인 접근법이 아닐뿐더러, 고품질의 단어 임베딩을 만들지도 못한다. 더 나은 방법은 이번 장에서 설명한 발견에 영감을 받은, 특별하게 디자인된 알고리듬을 도입해 좋은 단어 임베딩을 만드는 것이다. 이러한 두 가지 알고리듬으로는 word2vec과 GloVe가 있다. 이것이 바로 13장의 주제다.

13

word2vec과 GloVe로부터의 단어 임베딩

앞서 언급했듯이 신경 언어 모델과 단어 임베딩의 발전은 다소 뒤얽혀 있다. 벤지오 Bengio와 동료들(2003)은 단어 임베딩이 언어 모델을 효율적으로 만드는 데 도움이 될 것이라는 생각에 신경 언어 모델에서 사용하기로 결정했다. 콜로버트Collobert와 웨스턴 Weston(2008) 그리고 미콜로브Mikolov, 이Yih, 쯔웨이그Zweig(2013)는 그 뒤 결과 단어 임베딩이 주목할 만한 속성을 보여줬음을 발견했으며, 이는 또한 12장 '신경 언어 모델과 단어 임베딩'의 프로그래밍 예제에서 보여줬다. 미콜로브Mikolov, 첸Chen과 동료들(2013)은 좋은 언어 모델을 만들고자 하는 과정에서 이들을 단지 부산물로 만들어내는 것과 반대로, 임베딩의 속성을 만드는 것을 주된 목표로 만들면 단어 임베딩을 개선할 수 있는지 살펴봤다. 그들의 작업 결과가 **word2vec 알고리듬**이며, 몇 가지 변형이 있다. 변형에 대해서는 이 장에서 자세히 설명한다.

페닝턴Pennington, 소처Socher, 매닝Manning(2014)은 이후에 GloVe라 알려진 다른 알고리듬을 고안했다. 이는 더욱 나은 단어 임베딩을 만드는 것을 목표로 한다. 프로그래밍 예제에서 GloVe 단어 임베딩을 다운로드하고 어떻게 이러한 임베딩이 임베딩된 단어의 의미적인 속성을 보여주는지 살펴본다.

언어 모델 없이 word2vec을 사용해 단어 임베딩 만들기

12장에서는 이전 단어의 시퀀스를 기반으로 다음 단어를 예측하는 것을 목표로 하는 언어 모델을 훈련할 때의 부산물로서 단어 임베딩을 논의했다. 직관적으로 목표가 언어 모델을 만드는 것이 아니라 좋은 임베딩을 만드는 것이라면, 예측하려 하는 단어에 앞서는 단어의 시퀀스만을 볼 수 있도록 우리 스스로를 제한하는 것은 바보 같은 일이 될 것이다. 양방향 순환신경망^{RNN}으로 된 예제에서와 마찬가지로, 단어 간의 중요한 관계는 미래의 단어 시퀀스 또한 감안함으로써 찾아낼 수 있다. word2vec의 모든 변형이 바로 이를 수행하며, 이것이 어떻게 되는지 곧 볼 것이다.

다양한 word2vec 변형들은 미래의 단어를 단어 임베딩을 훈련시키는 데 쓰는 것과 별개로, 또한 임베딩을 만드는 데 필요한 연산 복잡도를 낮추는 것을 목표로 한다. 이는 더 큰 입력 데이터셋의 훈련을 가능하게 하여, 그 자체로 더 나은 임베딩이 돼야 한다는 것이 주된 논지다. 각기 다른 word2vec 변형이 이용하는 여러 가지 최적화가 존재하며, 우리는 알고리듬의 근본에 해당하는 것으로 시작한다.

한 가지 언급할 점은 word2vec은 언어 모델이 단어 임베딩을 만들 수 있다는 인사이트에서 시작해 최종 word2vec 알고리듬으로 점차적으로 발전해왔다는 것이다. 이러한 발전은 중요한 디딤돌이었지만, 나중에 제거된 그리고 word2vec 알고리듬의 주된 버전에서 더 이상 사용되지 않는 두 가지 기법을 포함한다. 첫 번째 기법은 계층적 소프트맥스^{hierarchical softmax}로, 과거에 신경 언어 모델을 빠르게 하기 위해 개발됐다(Morin and Bengio, 2005). 두 번째 기법은 **연속 단어주머니**^{CBOW, Continuous-Bag-Of-Words} 모델이라 알려져 있으며, 이는 원본 word2vec 논문에서 2개의 주요한 word2vec 알고리듬 중 하나였다(다른 하나는 연속적인 스킵 그램 모델이다). 우리 설명은 최종 알고리듬에 집중하며, 이는 연속적인 스킵 그램 모델을 기반으로 한다. 계층적 소프트맥스와 CBOW는 큰 그림을 이해하는 데 필요한 수준으로만 설명한다.

언어 모델과 비교해 연산 복잡도 줄이기

언어 임베딩을 신경 언어 모델로부터 만들 때 주요한 장해물은 커다란 텍스트 말뭉치로 언어 모델을 훈련시킬 때의 연산 복잡도였다. 이러한 연산 복잡도를 줄이려면 신경 언어 모델 내 어디에서 시간이 많이 쓰이는지 프로파일링하는 것이 중요하다.

미콜로브, 첸과 동료들(2013)은 통상적인 신경 언어 모델은 다음과 같은 층으로 되어 있다고 언급했다.

- **임베딩을 계산하는 층**: 낮은 복잡도(룩업 테이블)

- **하나 이상의 은닉 층 혹은 순환 층**: 높은 복잡도(완전 연결)

- **소프트맥스 층**: 높은 복잡도(어휘 크기는 많은 수의 노드를 의미함)

신경 언어 모델의 계산 복잡도를 줄이는 이전 작업들은(Morin and Bengio, 2005) **계층적 소프트맥스**라 알려진 기법이 소프트맥스 층의 복잡도를 낮추는 데 쓸 수 있음을 보였다. 그러므로 초기 word2vec 논문(Mikolov, Chen, et al., 2013)은 그 층에 집중하지 않았으며 단순히 계층적 소프트맥스가 쓰였다고 가정했다. 후속 논문(Mikolov, Sutskever, et al., 2013)은 word2vec으로부터 소프트맥스 층을 완전히 제거했으므로(이 장 나중에 설명함), 지금은 우리가 보통의 소프트맥스 층을 쓰고 있다고 가정할 수 있으며 계층적 소프트맥스와 보통의 소프트맥스 사이의 구별점에 대해 걱정할 필요는 없다. 또한 계산 복잡도에서 신경 언어 모델 및 단어 임베딩의 처음 작업이 이뤄졌던 때보다 지금은 걱정거리가 덜하다는 점도 언급할 만하다.

> word2vec의 역사를 이해하기 위해서는 계층적 소프트맥스를 배우는 것이 이치에 맞으며, 이는 다른 환경에서도 유용할 수 있다. 그러나 이 책의 나머지 내용을 이해하는 데 필요한 내용은 아니다.

두 번째 최적화는 은닉 층(들)을 없애는 것이다. 우리가 딥러닝[DL]에 대해 알고 있는 내용을 감안하면 층을 제거할 경우 언어 모델이 덜 강력해지겠지만, 임베딩이 첫 번째 층에 임베딩되어 있음을 주지하기 바란다. 우리의 목적이 강력한 언어 모델을 만드는 것이 아니라면, 층의 수를 늘릴 경우 첫 번째 층의 임베딩을 고품질로 만든다는 것에서 거리가 멀어짐이 분명하다.

이러한 두 가지 변화 후에, 첫 번째 층이 입력을 단어 임베딩(즉, 임베딩 층)으로 변환하고 그다음에 단순히 소프트맥스(실제에서는 계층적 소프트맥스) 층이 출력 층으로 따라오는 모델에 도달한다. 모델에서 유일하게 비선형인 곳은 소프트맥스 층 그 자체뿐이다. 이 두 가지의 수정을 통해 언어 모델의 계산 복잡도 대부분을 다룰 수 있어야 하며, 그럼에 따라 커다란 훈련 데이터셋을 가능케 해야 한다. 모델은 그림 13-1에서 보여준다.

그러나 이는 여전히 word2vec 알고리듬에서 사용되는 것을 대표하지 않는다. 약술한 모델은 여전히 역사적 단어만을 고려하고 있다는 한계가 있으므로, 이제 임베딩을 훈련시킬 때 역사적 단어 및 미래 단어 모두를 고려하는 기법으로 넘어가 보자.

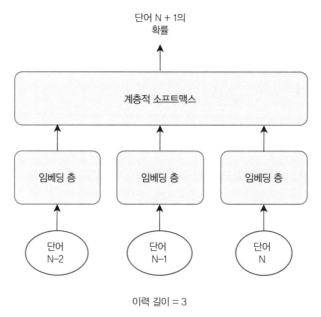

그림 13-1 단어 임베딩을 만드는 단순한 모델. 이 모델은 word2vec으로부터의 모델을 정확하게 나타내지는 않는다.

연속 단어주머니 모델

우리 모델을 미래 단어를 감안하도록 확장하는 것은 쉬운 일이다. 예측할 단어 이전에 오는 K개의 연속적인 단어로부터 훈련 집합을 만드는 대신에, 예측할 단어를 선택하고 K개의 선행 단어와 K개의 후속 단어의 연결을 사용할 수 있다. 네트워크를 만드는 가장 직관적인 방법은 단순히 모든 단어에 해당하는 임베딩을 연결^{concastenate}하는 것이다. 소프트맥스 층의 입력은 $2 \times K \times M$일 것이며, 이때 $2 \times K$는 입력으로 쓰이는 단어의 개수이고 M은 단어 하나를 위한 임베딩 크기다. 그러나 word2vec에서는 $2 \times K$개 단어의 임베딩을 평균하는 식으로 되어 있으며, 따라서 크기 M의 단일 임베딩 벡터를 만들어낸다. 이 아키텍처는 그림 13-2에서 보여주며, 이때 $K = 2$다.

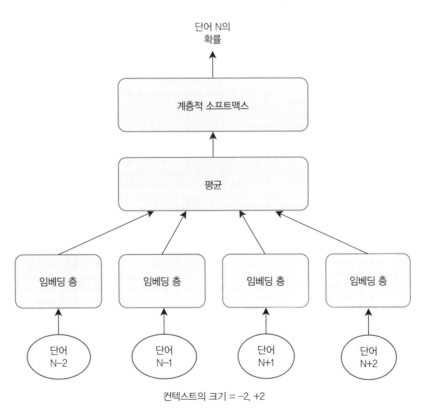

그림 13-2 연속 단어주머니 모델의 아키텍처

벡터를 평균하면 단어주머니 모델에서 순서가 의미가 없는 것과 마찬가지로 네트워크에 제시되는 순서가 의미가 없어지는 효과가 있다. 미콜로브, 첸과 동료들(2013)은 모델을 연속 단어주머니^{CBOW} 모델이라 이름 붙였으며, 이때 '연속'이라는 단어는 이것이 실숫값(즉, 연속형) 단어 벡터 기반임을 뜻한다. 그러나 CBOW는 문서 전체가 아닌 오직 $2 \times K$개의 주위 단어에 기반한다는 점은 언급한 만하다.

CBOW 모델은 데이터셋의 의미적 구조를 얼마나 잘 포착하느냐에 더해서, 훈련 시간을 상당히 빠르게 한다는 점에서 RNN 기반 언어 모델로부터 만들어진 임베딩의 성능을 웃도는 것으로 나타났다. 그러나 필자들은 또한 CBOW 기법의 변형이 단어의 의미를 포착하는 데 있어 성능이 더욱 나았음을 발견했다. 그들은 이 변형을 연속 스킵 그램$^{continuous\ skip\text{-}gram}$ 모델이라 이름 붙였으며, 이는 그들이 나중에 CBOW 모델을 위해 계속해서 최적화한 모델이다. 연속 스킵 그램 모델은 다음 절에서 설명한다.

연속 스킵 그램 모델

이제 임베딩을 만드는 두 가지 주요 방법을 설명했다. 하나는 단어 하나를 예측하기 위해 역사적 단어를 사용하는 모델에 기반하며, 다른 하나는 역사적 및 미래 단어를 사용해 단어 하나를 예측하는 모델에 기반한다. 연속 스킵 그램 모델은 이를 약간 뒤집는다. 주변 단어(**컨텍스트**^{context}라고도 알려져 있음)에 근거하여 단어 하나를 예측하는 대신에, 단어 하나에 근거하여 주변 단어를 예측하려 한다. 처음에는 이상하게 들릴 수도 있지만, 결과적으로 모델을 더욱 단순하게 만든다. 단어 하나를 입력으로 받고 임베딩을 만드는데, 이 임베딩은 그 뒤 완전 연결 소프트맥스에 공급되며, 이는 어휘 내 각 단어를 위한 확률을 만들어낸다. 하지만 우리는 이제 단지 어휘 내 단어 하나를 위한 0이 아닌 확률을 출력하는 대신에, 여러 단어를 위한 0이 아닌 확률을 출력하기 위해 이를 훈련시키고 있다. 그림 13-3은 이러한 모델을 보여준다.

> word2vec을 논의할 때, **컨텍스트**는 문제의 단어 주변의 단어를 뜻한다. 다음 몇 개 장에서 시퀀스 투 시퀀스 네트워크를 논의할 때의 단어 **컨텍스트**는 다른 뜻을 가짐을 주지하라.

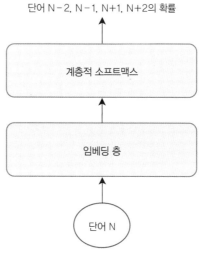

단어 N－2, N－1, N+1, N+2의 확률

계층적 소프트맥스

임베딩 층

단어 N

그림 13-3 연속 스킵 그램 모델

모델은 CBOW처럼 전통적인 모델(스킵 그램)로부터 이름을 얻었지만, '연속'이라는 단어를 사용해 모델이 실숫값 단어 벡터를 다룬다는 점을 가리키고 있다. 이것이 잘 동작하는 이유를 질문할 수 있겠지만, 왜 언어 모델이 좋은 임베딩을 만들어내는지를 위해 우리가 했던 것과 비슷한 유추를 할 수 있다. 많은 공통적인 속성을 갖는 단어들은 (예를 들어, 이들은 동의어이거나 무언가 다른 방식으로 비슷하다), 문장 'that is exactly what I mean'과 'that is precisely what I mean'처럼 그들 스스로 비슷한 단어 집합으로 둘러싸이는 경우가 많다. 이러한 문장 모두에서 훈련을 하면, 연속 스킵 그램 모델은 'exactly'를 입력으로 제시할 때와 'precisely'를 입력으로 제시할 때 모두에서 단어 'that', 'is', 'what', 'I', 'mean'을 위한 0이 아닌 확률을 출력하는 과제를 맡게 된다. 이를 달성하는 단순한 방법은 이 두 단어가 벡터 공간에서 서로 가까운 임베딩을 만드는 것이다. 이러한 설명은 마치 허공에 손을 휘젓는 것 같아 보이지만, 모델이 경험적 연구에 근거하여 발전했음을 기억하라. 모델이 어떻게 발전했는지에 대한 역사를 고려할 때, 미콜로브, 첸과 동료들(2013)이 어떻게 각기 다른 접근법으로 실험하고, CBOW 모델이 잘 동작한다는 것을 보여준 뒤에, 연속 스킵 그램을 시도하기로 결정했는지 어렵지 않게 상상할 수 있다(그럼에도 불구하고 이는 여전히 영리한 방법이었다). 연속 스킵 그램 모델이 CBOW의 성능을 능가했다는 점을 고려하여, 그들은 전자를 계속 최적화했다. 이는 다음에서 설명한다.

그들이 연속 스킵 그램 모델을 생각해낸 것에 대해 '어렵지 않게 상상할 수 있다'고 말은 하지만, 그들이 먼저 많은 수의 대안을 시도했다 하더라도 놀라운 일이 아닐 것이다. 결국 연구는 10%의 영감과 90%의 땀이지만, 출판된 논문을 읽을 때는 이것이 명확하지 않은 경우가 많다.

계산 복잡도를 더욱 낮추기 위한 최적 연속 스킵 그램 모델

본래 연속 스킵 그램 모델은 출력에서 계층적 소프트맥스를 사용했지만, 후속 논문에서는 알고리듬이 더욱 빠르고 단순해지도록 수정됐다(Mikolov, Sutskever, et al., 2013). 전반적으로 소프트맥스와 계층적 소프트맥스 모두 어휘 내 모든 단어를 위한 올바른 확률을 계산하는 것을 목표로 하며 이는 언어 모델에서 중요한 것이지만, 앞서 언급했듯이 word2vec의 목표는 좋은 언어 모델이 아닌 좋은 단어 임베딩을 만드는 것이라는 점이 전반적인 관찰사항이었다. 이러한 배경하에서, 소프트맥스 층을 **네거티브 샘플링**negative sampling이라는 새로운 메커니즘으로 바꿈으로써 알고리듬이 수정됐다. 이는 어휘 내 모든 단어에 걸쳐 참인 확률 분포를 계산하는 대신, 네트워크가 단지 수천 개의 단어 대신에 수십 개의 단어로 올바르게 주변 단어를 식별하도록 가르친다면 좋은 임베딩을 만들어낼 수 있어야 한다는 관찰에서였다. 추가로 네트워크가 주변 단어 집합의 일부에 속하지 않는 단어에 높은 확률을 잘못 만들어내지 않도록 하는 것이 중요하다.

이는 다음 방법으로 달성 가능하다. 어휘 내 각 단어 K에 대해, 이에 해당하는 시그모이드 활성 함수를 갖는 출력 뉴런 N_k를 유지한다. 이제 각 훈련 예제 X에 대해, 주변 단어에 해당하는 각 뉴런 N_{X-2}, N_{X-1}, N_{X+1}, N_{X+2}를 직렬로serially 훈련시킨다(이 예제는 4개의 주변 단어를 고려한다고 가정한다). 즉, 소프트맥스 문제를 일련의 분류 문제로 변환한 것이다. 그러나 이는 충분치 않다. 이 분류 문제의 단순한 해는 모든 출력 뉴런이 언제나 1을 출력하는 것이다. 왜냐하면 이들은 해당 단어가 입력 단어를 둘러싸는 경우만을 위해 샘플링됐기(훈련됐기) 때문이다. 이 문제를 해결하기 위해서는 몇몇 부정적인 샘플도 도입해야 한다.

입력 단어가 주어졌을 때 다음을 수행한다.

1. 각 주변 단어에 해당하는 출력 뉴런을 찾아낸다.

2. 네트워크에 입력 단어가 제시됐을 때 이 뉴런들이 1을 출력하도록 훈련시킨다.

3. 입력 단어를 둘러싸지 않는 다수의 무작위 단어에 해당하는 출력 뉴런을 찾아낸다.

4. 네트워크에 입력 단어가 제시됐을 때 이 뉴런들이 0을 출력하도록 훈련시킨다.

표 13-1은 단어 시퀀스 'that is exactly what I'를 위한 이러한 기법을 보여준다. 컨텍스트는 4개의 단어(2개는 이전, 2개는 이후)이며 컨텍스트 단어마다 3개의 부정적인 샘플을 사용한다. 각 훈련 예제(입력과 출력 단어의 조합)는 개별적인 출력 뉴런을 훈련시킬 것이다.

결국 네거티브 샘플링은 word2vec을 효율적인 알고리듬으로 더욱 단순화하며, 이는 또한 좋은 단어 임베딩을 만들어내는 것으로 나타났다.

word2vec에 대한 추가적인 생각들

알고리듬에 추가적인 미조정을 할 수도 있지만, 앞의 설명이 큰 그림을 이해하는 데 필요한 중요한 점들을 포함하고 있다고 생각한다. 다음 주제로 넘어가기 전에, word2vec 알고리듬에 대한 추가적인 인사이트를 제공한다. 시각적인 설명을 선호하는 독자를 위해 네트워크 구조에 대한 더욱 자세한 묘사로 시작해, 수학적인 설명을 선호하는 독자를 위해 행렬 구현으로 넘어간다.

그림 13-4는 어휘가 5개의 단어이고 임베딩 크기가 3차원인 word2vec 모델의 훈련을 위한 네트워크를 보여준다. 그림은 우리가 현재 어휘 내 번호가 4번인 컨텍스트 단어

표 13-1 컨텍스트 단어당 부정적인 샘플이 3개인 단어 시퀀스 'that is exactly what i'의 훈련 예제

입력 단어	컨텍스트 단어	출력 단어	출력값
exactly	$N-2$	that(실제 컨텍스트 단어)	1.0
		ball(무작위 단어)	0.0
		ball(무작위 단어)	0.0
		walk(무작위 단어)	0.0
	$N-1$	is(실제 컨텍스트 단어)	1.0
		blue(무작위 단어)	0.0
		bottle(무작위 단어)	0.0
		not(무작위 단어)	0.0
	$N+1$	what(실제 컨텍스트 단어)	1.0
		house(무작위 단어)	0.0
		deep(무작위 단어)	0.0
		computer(무작위 단어)	0.0
	$N+2$	i(실제 컨텍스트 단어)	1.0
		stupid(무작위 단어)	0.0
		airplane(무작위 단어)	0.0
		mitigate(무작위 단어)	0.0

에 기반하여 훈련을 하고 있다고 가정한다(그 밖의 출력 뉴런은 흐리게 표시함).

우리가 입력 단어를 네트워크에 제시하면, 이는 5개의 입력 중 하나는 값이 1이고 나머지는 0임을 뜻한다. 입력 단어가 어휘에서 번호 0이며, 따라서 입력 단어 $0(Wd_0)$이 1로 설정되고 나머지는 0으로 설정되어 있다고 해보자. 임베딩 층은 노드 Wd_0로부터의 모든 가중치는 1로, 다른 모든 입력 가중치는 0으로 곱하여 임베딩을 '계산한다'(현실에서는 룩업 테이블에 인덱싱을 하여 이를 수행한다). 그 뒤 뉴런 y_4의 출력을 계산하고 다른 모든 것은 어떠한 계산도 하지 않고 무시한다. 이러한 포워드 패스 후에, 백워드 패스를 하

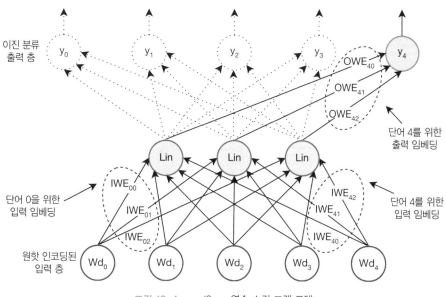

그림 13-4 word2vec 연속 스킵 그램 모델

고 가중치를 조정한다. 그림 13-4는 주목할 만한 속성을 강조하고 있다. 앞서 설명했듯이 임베딩 층은 각 입력 단어와 연관된 K개의 가중치(IWE_{xy}라 표기하며, 이때 IWE는 **입력 단어 임베딩**input word embedding을 뜻함)를 가지며, 이때 K는 단어 벡터의 크기다. 그러나 그림은 출력 층 또한 각 출력 단어와 연관된 K개의 가중치(OWE_{xy}라 표기하며, 이때 OWE는 **출력 단어 임베딩**output word embedding을 뜻함)를 갖는다는 것을 보여준다. 정의에 의해, 출력 노드의 개수는 입력 단어의 개수와 같다. 즉, 알고리듬은 각 단어마다 입력 임베딩 하나와 출력 임베딩 하나 이렇게 2개의 임베딩을 만들어낸다. 원본 논문에서 입력 임베딩은 사용되고 출력 임베딩은 버려졌지만, 프레스Press와 울프Wolf(2017)는 가중치 공유를 사용해 입력 및 출력 임베딩을 함께 묶으면 도움이 될 수 있음을 보였다.

입력 및 출력 가중치가 함께 묶인 모델에서, 같은 컨텍스트 내 단어의 임베딩이 어떻게 서로 연관되는지 유추하는 것 또한 가능하다. 단일 출력 뉴런을 위한 가중합을 계산하는 데 쓰이는 수학적 연산을 고려해보자. 이는 입력 단어를 위한 단어 임베딩과 출력 단어를 위한 단어 임베딩의 내적이며, 이 내적이 1.0에 가깝도록 네트워크를 훈련시킨다. 같은 것이 그와 동일한 컨텍스트 내의 모든 출력 단어에 대해 만족한다. 이제 양의 값이 되는 내적을 위해 필요한 조건을 고려해보자. 내적은 두 벡터 사이를 요소별로 곱하고 결과를 모두 더하여 계산한다. 이 합은 두 벡터 내 해당 요소가 0이 아니고 같은 부호를 가질 경우(즉, 벡터가 비슷함) 양이 되는 경향이 있다. 훈련 목표를 달성하는 직관적인 방법은 같은 컨텍스트 내 모든 단어에 대해 단어 벡터가 서로 비슷하도록 하는 것이다. 이는 만들어진 단어 벡터가 원하는 속성을 표현한다고 보장하지는 않지만, 알고리듬이 좋은 단어 임베딩을 만들어낸다는 것이 왜 전적으로 예상치 못한 일은 아닌지에 대해서는 어느 정도 추가적인 인사이트를 제공하는 것이 분명하다.

행렬 형식에서의 word2vec

word2vec의 구조를 설명하는 또 다른 방법은 단순히 수행되는 수학을 들여다보는 것이다. 이 설명은 인기 있는 블로그 포스트 'The Illustrated Word2vec'(Alammar, 2019)의 영향을 받았다. 그림 13-5에서 보여주는 것과 같이 두 행렬을 만드는 것으로 시작한다. 둘 다 N개의 행과 M개의 열을 가진 같은 차원이며, 이때 N은 어휘 내 단어의 개수이고 M은 원하는 임베딩 너비다. 한 행렬은 중심 단어(입력 단어)를 위해 쓰이며, 다

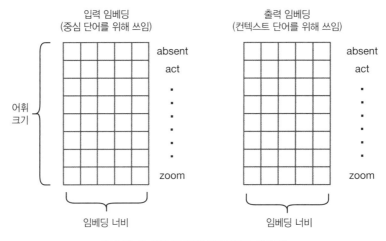

그림 13-5 입력 및 출력 임베딩으로 된 행렬

른 행렬은 주변 단어(컨텍스트)를 위해 쓰인다.

이제 텍스트에서 단어(중심 단어) 및 이를 둘러싸는 단어 몇 개를 선택한다. 입력 임베딩 행렬로부터 중심 단어를 위한 임베딩을 찾고(단일 행을 선택함) 출력 임베딩 행렬로부터 주변 단어들을 위한 임베딩들을 선택한다. 이들은 긍정적인 샘플들이다(즉, 앞서 보여준 표 13-1에서 출력값이 1임). 이에 더해 출력 임베딩 행렬로부터 추가적인 임베딩 몇 개를 무작위로 샘플링한다. 이들은 부정적인 샘플들이다(즉, 앞서 보여준 표 13-1에서 출력값이 0임).

이제 단순히 선택된 입력 임베딩과 각각의 선택된 출력 임베딩 사이의 내적을 계산하고, 각 내적에 로지스틱 시그모이드 함수를 적용한 뒤, 원하는 출력값을 계산한다. 그런 다음 경사 하강을 사용해 각각의 선택된 임베딩을 조정한 뒤, 이 과정을 다른 중심 단어에 대해 반복한다. 결국 그림 13-5의 왼쪽 행렬은 우리 임베딩을 포함할 것이다.

word2vec 일단락

word2vec에 대한 논의를 마치는 데 있어 몇몇 사람들은 알고리듬의 구조와 이것이 단어주머니 및 스킵 그램과 어떻게 관련이 있는지, 또한 왜 알고리듬이 좋은 단어 임베딩을 만들어내는지 이해하는 데 어려움을 겪는 것으로 보인다. 우리가 알고리듬의 구조를 더 명확하게 해줬기를 바란다. 단어주머니 및 스킵 그램과의 관계는 단지 word2vec 알고리듬의 몇몇 단계의 일부 측면이 이러한 전통적인 알고리듬과 관련이 있다는 정도이며, 그에 따라 미콜로브, 첸과 동료들(2013)은 이러한 기법을 따라 이름을 짓기로 결정했지만, 우리는 이들이 완전히 다른 야수와도 같은 것임을 강조하고자 한다. 전통적인 스킵 그램은 언어 모델이며, 단어주머니는 문시를 요약하는 방식인 반면, word2vec의 연속 단어주머니와 연속 스킵 그램 모델은 단어 임베딩을 만들어내는 알고리듬이다. 마지막으로 왜 word2vec이 좋은 단어 임베딩을 만들어내느냐는 질문에 대해서는 이것이 왜 타당한지에 대한 어느 정도의 인사이트를 제공했기를 기대한다. 그러나 지금까지 우리가 이해한 바에 따르면, 이는 톱다운top-down 방식의 공학적인 노력이라기보

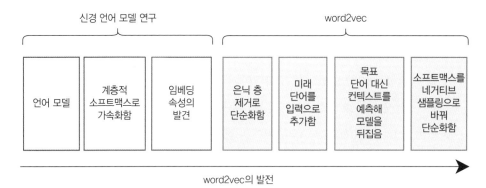

그림 13-6 신경 언어 모델에서 word2vec으로의 발전

다는 발견, 시행착오, 관찰 및 개선에 더욱 가깝다.

word2vec 알고리듬에 이르는 발전에 대해 살펴본 내용을 그림 13-6에서 요약했다. 처음 몇 단계는 단어 임베딩보다는 신경 언어 모델에 대한 것이지만, 설명했듯이 언어 모델은 단어 임베딩 개발 과정에서 핵심적인 역할을 했다. 그림은 또한 word2vec이 하나의 단계가 아닌 점진적인 개선의 과정이었음을 보여준다.

word2vec 구현이 배포되면서, 여러 대안적인 임베딩 체계가 된 단어 임베딩 연구에 상당한 관심을 불러일으켰다. 이러한 체계 중 하나가 GloVe 임베딩으로, 프로그래밍 예제로 살펴본다.

프로그래밍 예제: GloVe 임베딩의 속성 살펴보기

word2vec이 공개된 지 약 1년 후에, 페닝턴, 소처, 매닝(2014)은 'GloVe: Global Vectors for Word Representation'을 펴냈다. GloVe는 잘 동작하는 단어 임베딩을 만들도록 수학적으로 엔지니어링된 알고리듬이다. 특히 목표는 임베딩이 단어 사이의 구문적이고 의미적인 관계를 포착하는 것이었다. 이를 이해하는 데 필요한 수학/통계학은 이 책의 독자에게 우리가 요구하는 것보다 더 많으므로, GloVe가 어떻게 움직이는지를 자세히 설명하지는 않는다. 그러나 단어 임베딩 연구를 심도 있게 하고자 하는 사람이라면 누구든 GloVe 논문을 이해하는 데 필요한 중요 기술들을 갖출 것을 강력하게 추천한다. 논문은 또한 왜 word2vec이 정상적인 임베딩을 만드는지에 대한 추가적인 정보를 포함한다. 임베딩은 다운로드할 수 있으며 각 줄이 단어 임베딩을 나타내는 텍스트 파일에 들어 있다. 첫 번째 요소는 단어 그 자신이며 그다음에 공백으로 분리된 벡터 요소가 따라온다.

코드 13-1은 2개의 임포트 문 및 임베딩을 불러오는 함수를 포함한다. 함수는 단순히 파일을 열고 한 줄씩 읽는데, 각 줄을 요소로 나눈다. 단어 그 자신을 나타내는 첫 번째 요소를 추출한 다음, 나머지 요소로부터 벡터를 만들고, 단어와 해당 벡터를 딕셔너리에 넣는데, 이는 함수의 리턴값이 된다.

코드 13-1 파일로부터 GloVe 임베딩 로드하기

```python
import numpy as np
import scipy.spatial

# 파일로부터 임베딩을 읽는다.
def read_embeddings():
    FILE_NAME = '../data/glove.6B.100d.txt'
    embeddings = {}
    file = open(FILE_NAME, 'r', encoding='utf-8')
    for line in file:
        values = line.split()
        word = values[0]
        vector = np.asarray(values[1:],
                            dtype='float32')
        embeddings[word] = vector
    file.close()
    print('Read %s embeddings.' % len(embeddings))
    return embeddings
```

코드 13-2는 특정 임베딩과 다른 모든 임베딩 사이의 코사인 거리를 계산하는 함수를 구현한다. 그 뒤 가까운 것 n개를 인쇄한다. 12장에서 했던 것과 비슷하지만, 이를 어떻게 하는지 보여주기 위해 유클리드 거리 대신에 코사인 거리를 사용하고 있다. 유클리드 거리 또한 잘 동작하겠지만, GloVe 벡터가 정규화되어 있지 않으므로 결과가 때때로 다를 수도 있다.

코드 13-2 코사인 거리를 사용해 벡터 공간에서 가장 가까운 세 단어를 찾고 인쇄하는 함수

```python
def print_n_closest(embeddings, vec0, n):
    word_distances = {}
    for (word, vec1) in embeddings.items():
        distance = scipy.spatial.distance.cosine(
            vec1, vec0)
        word_distances[distance] = word
    # 거리로 정렬된 단어를 인쇄한다.
    for distance in sorted(word_distances.keys())[:n]:
        word = word_distances[distance]
        print(word + ': %6.3f' % distance)
```

이 두 함수를 사용해, 이제 임의의 단어를 위한 단어 임베딩을 가져오고 유사한 임베딩을 갖는 단어를 인쇄할 수 있다. 코드 13-3에 나타나 있듯이, 우선 read_embeddings()를 호출한 뒤 'hello', 'precisely', 'dog'를 위한 임베딩을 가져와서 이들 각각에 print_n_closest()를 호출한다.

코드 13-3 'hello', 'precisely', 'dog'와 가장 가까운 세 단어 인쇄하기

```python
embeddings = read_embeddings()

lookup_word = 'hello'
print('\nWords closest to ' + lookup_word)
print_n_closest(embeddings,
                embeddings[lookup_word], 3)

lookup_word = 'precisely'
print('\nWords closest to ' + lookup_word)
print_n_closest(embeddings,
                embeddings[lookup_word], 3)
```

```
lookup_word = 'dog'
print('\nWords closest to ' + lookup_word)
print_n_closest(embeddings,
                embeddings[lookup_word], 3)
```

인쇄 결과는 다음과 같다. 어휘가 400,000개의 단어로 되어 있으며, 예상했듯이 각 룩 업 단어와 가장 가까운 단어는 그 자신이다('hello'와 'hello' 사이에 거리가 0임). 'hello'와 가까운 다른 두 단어는 'goodbye'와 'hey'다. 'precisely'와 가까운 두 단어는 'exactly'와 'accurately'이며, 'dog'와 가까운 두 단어는 'cat'과 'dogs'다. 전반적으로, GloVe 임베 딩이 단어의 의미를 포착하고 있음을 보여준다.

```
Read 400000 embeddings.

Words closest to hello
hello:  0.000
goodbye:  0.209
hey:  0.283

Words closest to precisely
precisely:  0.000
exactly:  0.147
accurately:  0.293

Words closest to dog
dog:  0.000
cat:  0.120
dogs:  0.166
```

넘파이를 사용하면, 간단하게 벡터 언신으로 복수의 벡터를 조합하고 결과 벡터와 가까운 단어를 인쇄할 수 있다. 코드 13-4에 나타나 있듯이, 우선 'king'을 위한 단어 벡 터와 가장 가까운 단어를 인쇄한 뒤 (king − man + woman)을 계산한 결과 벡터와 가장 가까운 단어를 인쇄한다.

```
lookup_word = 'king'
print('\nWords closest to ' + lookup_word)
print_n_closest(embeddings,
                embeddings[lookup_word], 3)


lookup_word = '(king - man + woman)'
print('\nWords closest to ' + lookup_word)
vec = embeddings['king'] - embeddings[
    'man'] + embeddings['woman']
print_n_closest(embeddings, vec, 3)
```

출력은 다음과 같다.

```
Words closest to king
king:  0.000
prince:  0.232
queen:  0.249

Words closest to (king - man + woman)
king:  0.145
queen:  0.217
monarch:  0.307
```

'king'과 가장 가까운 단어가 'prince'이며, 그다음은 'queen'임을 볼 수 있다('king' 자신은 제외). 또한 (king – man + woman)과 가장 가까운 단어는 여전히 'king'이지만, 두 번째로 가까운 단어는 'queen'임을 볼 수 있다. 즉, 이제 'queen'이 'prince'보다 가까우므로 벡터 결과가 더욱 여성 쪽이다. king/queen 발견의 영향을 약화시키지 않으면서, 예시가 어떻게 상대적으로 단순한 모델로부터 나온 임베딩에서 (king – man + woman) 속성을 관찰할 수 있는지에 대한 어느 정도의 인사이트를 제공함을 알 수 있다. 'king'과 'queen'이 긴밀한 관계를 가지므로, 이들은 처음부터 서로 가까울 가능성이 있었으며, 'king'에서 'queen'으로 가는 데 미조정이 그리 필요하지 않았다. 예를 들면 인쇄된 것에서 queen까지의 거리가 단지 0.249에서('queen'과 'king' 사이의 거리)

0.217('queen'과 연산 후 벡터 사이의 거리)로만 바뀌었다.

아마도 더욱 인상적인 예시는 코드 13-5에서 보여줄 것이다. 여기서 먼저 'sweden' 및 'madrid'와 가장 가까운 단어를 인쇄한 뒤 (madrid − spain + sweden) 계산 결과와 가장 가까운 단어를 인쇄한다.

코드 13-5 국가와 수도에 대한 벡터 연산

```
lookup_word = 'sweden'
print('\nWords closest to ' + lookup_word)
print_n_closest(embeddings,
                embeddings[lookup_word], 3)

lookup_word = 'madrid'
print('\nWords closest to ' + lookup_word)
print_n_closest(embeddings,
                embeddings[lookup_word], 3)

lookup_word = '(madrid - spain + sweden)'
print('\nWords closest to ' + lookup_word)
vec = embeddings['madrid'] - embeddings[
    'spain'] + embeddings['sweden']
print_n_closest(embeddings, vec, 3)
```

다음 출력에서 보듯이, 스웨덴과 가장 가까운 단어는 이웃 국가인 덴마크와 노르웨이다. 비슷하게 마드리드와 가장 가까운 단어는 스페인의 다른 중요한 두 도시인 바르셀로나와 발렌시아다. 이제 마드리드(스페인의 수도)에서 스페인을 제거하고 대신에 스웨덴을 넣으면 결과가 스웨덴의 수도인 스톡홀름이 된다. 이는 'queen'이 'king'과 이미 긴밀한 관계가 있었던 king/queen 예제와 반대로, 갑사기 어딘가에서 나타난 것처럼 보인다.

```
Words closest to sweden
sweden:  0.000
denmark: 0.138
```

```
norway:  0.193

Words closest to madrid
madrid:  0.000
barcelona:  0.157
valencia:  0.197

Words closest to (madrid - spain + sweden)
stockholm:  0.271
sweden:  0.300
copenhagen:  0.305
```

실제로는 'madrid' 및 'sweden'과 가까운 단어의 리스트를 늘려서 보면, 'stockholm'은 'sweden' 리스트에서 18번으로 나타나지만(그리고 'madrid' 리스트에서는 377번), 여전히 방정식이 올바르게 이를 맨 위 1번으로 찾아내는 것이 얼마나 인상적인지 알 수 있다.

word2vec과 GloVe의 맺음말

이전 두 장에서 단어 임베딩을 DL 모델과 공동으로, 아니면 단어 임베딩을 별도로 학습할 수 있다는 사실을 알았다. word2vec과 GloVe 같은 알고리듬은 DL 알고리듬이 아니지만, word2vec은 신경 언어 모델로부터 영감을 받았으며, 이로부터 어느 정도 발전을 했다. 이러한 알고리듬으로부터 만들어진 임베딩은 DL 모델을 자연어에 적용할 때 여전히 유용하다.

전이 학습 환경에서 아니면 임베딩을 DL 모델과 공동으로 학습하기 위한 목적으로 사전 학습된 임베딩을 사용하는 것이 가장 좋은 것인지 질문할 수 있다. 답은 애플리케이션에 따라 다르다는 것이다. 커다란 데이터셋으로부터 유도된 사전 훈련된 임베딩을 사용하면 유용한 경우가 있다. 특히 과제의 마지막 부분에서 여러분의 데이터셋이 크지 않다면 그러하다. 그 밖의 경우에는 임베딩을 모델과 같이 학습하는 편이 낫다. 한 가지 예로 사전 훈련된 임베딩이 사용 사례에 특화된 관계를 포착하지 않는 경우를 들수 있다. 또 다른 예는 여러분이 희귀한 언어로 자연어 번역 작업을 하고 있는데 단순히 사전 훈련된 임베딩에 접근할 수 없는 경우다.

GloVe가 공개된 이후로, 단어 임베딩 세계에서 추가적으로 개선이 이뤄져 왔다. 훈련 어휘 내에 존재하지 않았던 단어를 다루는 능력으로 확장됐으며, 또한 한 단어가 쓰이는 곳의 맥락에 따라 각기 다른 두 가지 의미를 가질 수 있는 경우를 다룰 수 있도록 확장됐다. 부록 C에서 이러한 형태의 임베딩을 더 자세히 설명하고 있으니, 단어 임베딩에 관심이 있다면 지금 읽어보기 바란다. 대부분의 독자들에게는 책을 순서대로 읽기를 추천한다. 14장 '시퀀스 투 시퀀스 네트워크와 자연어 번역'은 단어 임베딩 및 우리가 논의했던 그 밖의 개념들을 사용해 자연어 번역을 위한 네트워크를 구축한다.

지난 몇 개 장 동안 과학 공상 영화 주제를 꺼내지 않았으므로, 슬슬 또 다른 황당한 비유를 할 때가 됐다고 느껴진다. 에이미 아담스(Amy Adams)가 외계인 언어 학습 요청을 받은 언어학자 역할을 맡았던 2016년 영화 〈컨택트(Arrival)〉를 볼 때, 우리는 그들이 word2vec을 슬쩍 참조했으면 끝내줬을 것이라고 생각한다. 예를 들면, 아담스의 캐릭터가 과제를 맡도록 설득할 때 그들은 "우리는 이미 외계인의 위키피디아 데이터베이스에 word2vec을 실행했고, 어떠한 구성적 관계를 밝혀내지 못하고 단지 정방향과 역방향으로 약간 이상한 시간적인 관계만을 밝혀냈다."고 말할 수 있었을 것이다.

아마도 이렇게 하지 않은 이유는 이것이 과학이 허구를 앞서간 사례 중 하나였기 때문이었을지도 모른다.

14

시퀀스 투 시퀀스 네트워크와 자연어 번역

11장 'LSTM과 빔 검색으로 하는 텍스트 자동완성'에서 다대다 시퀀스 예측 문제를 논의하고 이를 사용해 텍스트를 자동완성하는 방법에 대한 프로그래밍 예제를 보여줬다. 또 다른 중요한 시퀀스 예측 문제는 텍스트를 한 자연어에서 다른 자연어로 번역하는 것이다. 이러한 설정에서 입력 시퀀스는 시작 언어의 문장이며, 예측된 출력 시퀀스는 도착 언어의 문장에 해당한다. 문장이 두 언어에서 반드시 단어 수가 같은 것은 아니다. 프랑스어 'Je suis étudiant'을 영어로 잘 번역하면 'I am a student'이며, 이때 영어 문장이 프랑스어 문장보다 단어가 하나 더 많음을 볼 수 있다. 또 다른 언급할 점은 우리는 네트워크가 출력 시퀀스를 내놓기 시작하기 전에 입력 시퀀스 전체를 소비하기를 원한다는 점이다. 왜냐하면 많은 경우 좋은 번역을 위해서는 문장의 전체 뜻을 고려할 필요가 있기 때문이다. 이를 다루는 인기 있는 접근법은 네트워크가 START 및 STOP 토큰을 해석 및 배출함은 물론 패딩값은 무시하도록 가르치는 것이다. 패딩값과 START 및 STOP 토큰 모두 텍스트에서 자연스럽게 나타나지 않는 값이어야 한다. 예를 들면, 단어가 임베딩 층의 입력인 인덱스로 제시되므로 단순히 이러한 토큰을 위해 특정 인덱스를 남겨둘 것이다.

START 토큰, STOP 토큰, 패딩은 가변 길이의 다대다 시퀀스를 가능케 하는 훈련 예제를 만드는 데 필요하다.

그림 14-1은 이 과정을 보여준다. 그림 상단 부분은 다대다 네트워크로 회색은 입력을, 파란색은 네트워크를, 초록색은 출력을 나타낸다. 지금은 점선으로 표시된 모양(흰색)은 무시하라. 네트워크는 왼쪽에서 오른쪽으로 시간에 따라 전개되어 있다. 그림은 원하는 움직임이 처음 4개의 시간단계 동안 'Je', 'suis', 'étudiant', START를 위한 기호를 네트워크에 제시하는 것임을 보여준다. 네트워크가 START 토큰을 받는 시간단계 동안 네트워크는 번역된 문장의 첫 번째 단어('I')를 출력할 것이며 그다음 'am', 'a', 'student', STOP을 후속 시간단계 동안 출력할 것이다. 이제 흰색 모양을 고려해보자. 앞서 언급했듯이 네트워크가 값을 출력하지 않는 것은 불가능하며, 마찬가지로 네트워크는 언제나 매 시간단계마다 어떠한 형태의 입력을 받을 것이다. 이는 처음 3개 시간단계의 출력 및 입력의 마지막 4개 시간단계에도 적용된다. 간단한 해법은 이러한 시간단계를 위해 출력 및 입력 모두에 패딩값을 사용하는 것이다. 그러나 이전 장들의 신경 언어 모델에서 했던 것과 같이, 이전 시간단계로부터의 출력을 다음 시간단계의 입력으로 다시 공급해 네트워크를 도와주는 것이 더 나은 해법임이 밝혀졌다. 이는 그림 14-1이 보여준다.

이를 분명하게 하기 위해 그림의 하단 부분은 해당 훈련 예제를 네트워크 없이 보여준다. 즉, 훈련 동안 네트워크는 입력에서 시작source 및 도착destination 시퀀스 모두를 볼 것이며 출력에서 도착 시퀀스를 예측하도록 훈련될 것이다. 도착 시퀀스 또한 입력으로 제시되므로, 도착 시퀀스를 출력처럼 예측하는 것은 어렵지 않아 보인다. 그러나 이들은 시간에서 왜곡되어 있기 때문에 네트워크는 도착 시퀀스를 보기 전에 다음 단어를 예측해야 한다. 네트워크를 나중에 번역을 만들어내기 위해 사용할 때는 도착 시퀀스가 없다. 우리는 시작 시퀀스를 네트워크에 공급하는 것으로 시작하여 다음으로 START 토큰을, 그 뒤 네트워크가 STOP 토큰을 내놓을 때까지 출력된 예측을 다음 시

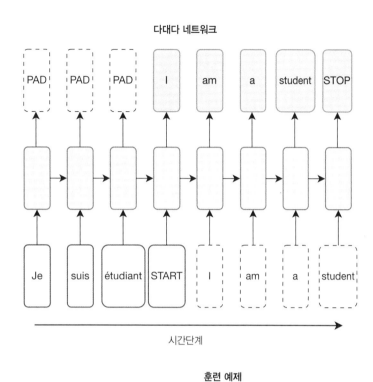

그림 14-1 다대다 시퀀스의 신경 머신 번역 예제. 입력 및 출력 시퀀스가 반드시 같은 길이는 아니다.

간단계의 입력으로 다시 공급하기 시작한다. 이 시점에서 완전히 번역된 문장을 만들어낸다.

시퀀스 투 시퀀스 학습을 위한 인코더-디코더 모델

방금 설명한 모델이 어떻게 이전 장에서 살펴본 신경 언어 모델과 연관이 있을까? START 토큰이 입력으로 제시됐을 때 시간단계에서의 번역 네트워크를 고려해보자. 이 네트워크와 신경 언어 모델의 유일한 차이점은 초기의 누적된 상태다. 언어 모델에서는 0을 내부 상태로 시작했으며 하나 이상의 단어를 입력으로 제시했다. 그 뒤 네트워크가 문장을 완성했다. 번역 네트워크는 시작 시퀀스를 보는 것으로부터 누적된 상태를 시작하고, 그 뒤 START 기호 하나가 제시되며, 그런 다음 도착 언어로 문장을 완성한다. 즉, 번역 과정의 후반부 동안 네트워크는 단순히 도착 언어에서의 신경 언어 모델처럼 움직인다. 따라서 내부 상태가 네트워크가 올바른 문장을 만들어내는 데 필요한 모든 것임이 밝혀진다. 내부 상태는 문장의 전반적인 뜻의 언어 독립적인 표현으로 생각할 수 있다. 때때로 이러한 내부 상태는 **컨텍스트**context 혹은 **사고 벡터**thought vector라 부른다.

이제 번역 과정의 전반부를 고려해보자. 이 단계의 목표는 시작 문장을 소비하고 문장의 의미에 대한 언어 독립적인 표현을 구축하는 것이다. 이는 과제가 문장 생성과는 다소 다르다는 점과는 별개로, 또한 번역 과정의 두 번째 단계와는 다른 언어/어휘로 일을 한다. 그러면 두 단계 모두 같은 신경망에서 다뤄야 할지 아니면 2개의 특수화된 네트워크를 갖는 편이 나을지 질문할 수 있다. 첫 번째 네트워크는 시작 문장을 내부 상태로 인코딩하는 데 특수화될 것이고, 두 번째 네트워크는 내부 상태를 도착 문장으로 디코딩하는 데 특수화될 것이다. 이러한 아키텍처는 **인코더-디코더 아키텍처**encoder-decoder architecture라 알려져 있으며, 그림 14-2에서 예시를 보여준다. 네트워크는 시간으로 전개되어 있지 않다. 인코더의 네트워크 층은 디코더의 네트워크 층과 구별된다. 수평 화살표는 인코더 내 순환 층의 내부 상태를 읽고 디코더 내 순환 층의 내부 상태를 초

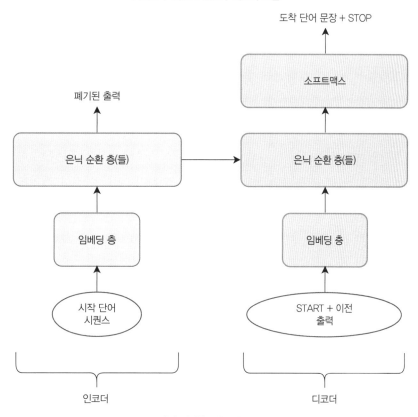

시퀀스 투 시퀀스 인코더-디코더 모델

그림 14-2 언어 번역을 위한 인코더-디코더 모델

기화하는 것을 나타낸다. 그러므로 그림은 두 네트워크 모두 같은 크기와 형태의 은닉 순환 층을 같은 숫자로 갖는다고 가정한다. 프로그래밍 예제에서는 모델을 두 네트워크 모두 2개의 은닉 순환 층으로 구현하며, 각각은 256개의 장단기 메모리^{LSTM} 유닛으로 되어 있다.

> 인코더-디코더 아키텍처에서 인코더는 **컨텍스트** 혹은 **사고 벡터**라 알려진 내부 상태를 만든다. 이는 문장의 뜻을 **언어 독립적으로 표현**한 것이다.

그림 14-2는 인코더-디코더 모델의 예시 하나만을 보여주고 있다. 우리가 어떻게 단일

RNN에서 이러한 인코더-디코더 네트워크로 발전했는지를 보면, 두 네트워크 사이의 의사소통 채널은 한 네트워크의 내부 상태를 다른 네트워크로 전이시키기 위한 것이라는 사실이 그리 이상해 보이지는 않을 수도 있다. 그러나 '폐기된 출력'이라는 문구는 그림에서 약간 오해의 소지가 있음을 인식해야 한다. LSTM 층의 내부 상태는 셀 상태(주로 c로 표기함)와 순환 층 은닉 상태(주로 h로 표기함)로 되어 있으며, 이때 h는 층의 출력과 동일하다. 마찬가지로 LSTM 대신에 게이트 순환 유닛GRU, Gated Recurrent Unit을 사용했다면 셀 상태는 존재하지 않을 것이며, 네트워크의 내부 상태는 단순히 순환 층 은닉 상태이고 이는 순환 층의 출력과 또다시 동일하다. 이를 여전히 '폐기된 출력'이라 부르는 이유는 보통 이 용어가 다른 설명에서 발견되기 때문이다.

누군가는 인코더와 디코더를 연결하는 다른 방법을 상상할 수 있다. 예를 들면 상태/출력을 오직 첫 번째 시간단계 동안에만 디코더에 보통의 입력으로 공급하거나, 아니면 각 시간단계 동안 디코더 네트워크에게 접근을 허용할 수도 있다. 아니면 다중 층으로 된 인코더의 경우 가장 최상층으로부터의 상태/출력을 가장 하단의 디코더 층 입력으로 제시하기로 선택할 수도 있다. 또한 인코더-디코더 모델이 시퀀스로 작업해야 한다고 한정할 필요가 없음을 주지하는 것이 좋다. 오직 하나의 인코더나 디코더만이 순환 층을 갖거나, 아니면 둘 다 갖지 않는 경우와 같이 다른 조합을 구축할 수 있다. 이에 대해서는 앞으로 몇 개의 장에서 더 자세히 논의하겠지만, 지금은 케라스에서 신경 머신 번역기NMT, Neural Machine Translator를 구현하는 것으로 넘어간다.

> 인코더-디코더 아키텍처는 많은 방법으로 만들 수 있다. 인코더와 디코더를 위해 다른 네트워크 형태를 사용할 수 있으며, 이 둘 사이의 연결 또한 여러 방법으로 할 수 있다.

케라스 펑셔널 API 소개

지금까지 케라스 API에서 사용한 구성체를 사용해 설명했던 아키텍처를 어떻게 구현하는지는 분명하지가 않다. 이러한 아키텍처를 구현하려면, 복합적인 모델 생성을 가능케 하기 위해 특별히 만들어진 케라스 펑셔널^{Functional} API를 사용해야 하는데, 여기에는 지금까지 사용했던 순차적 모델과 주요한 차이점이 한 가지 존재한다. 층을 선언하고 모델에 추가해 케라스가 자동적으로 층을 순차적인 방식으로 연결하게 하는 대신에, 이제는 네트워크가 어떻게 서로 연결되어 있는지 명시적으로 설명해야 한다. 이 과정은 케라스가 해주는 것보다 더 복잡하며 오류가 나기 쉽지만, 높아진 유연성이 더욱 복잡한 모델을 묘사할 수 있게 해준다는 이점이 있다.

> 케라스 펑셔널 API는 시퀀셜(Sequential) API보다 더 유연하며 더욱 복잡한 네트워크 아키텍처를 만드는 데 사용된다.

그림 14-3의 예제 모델을 사용해 어떻게 케라스 펑셔널 API를 사용하는지 보여준다. 왼쪽 모델은 단순한 순차적 모델이므로 시퀀셜 API로 쉽게 구현할 수 있지만, 오른쪽 모델은 첫 번째 층을 우회하는 입력이 있으므로 펑셔널 API를 사용할 필요가 있다.

왼쪽 모델의 구현은 코드 14-1이 보여준다. Input 객체를 선언해 시작한다. 이것이 첫 번째 층이 만들어질 때 입력 층이 암묵적으로 만들어지는 시퀀셜 API와 다른 점이다.

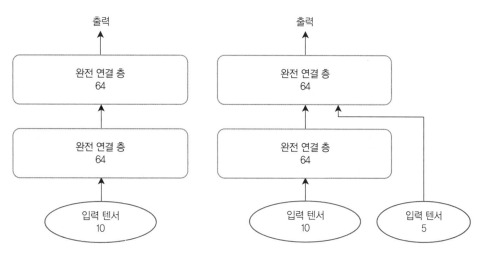

그림 14-3 단순한 모델 2개. 왼쪽은 시퀀셜 API로 직관적으로 구현할 수 있지만, 오른쪽은 펑셔널 API가 필요하다.

그 뒤 2개의 완전 연결 층을 모델에 선언한다. 이것을 마치면 할당된 변수 이름을 함수로 사용하고 이를 입력에 인수로 넘겨 층을 연결한다. 함수는 층의 출력을 나타내는 객체를 반환하며, 이는 다음 층에 연결할 때 입력 인수로 사용할 수 있다.

코드 14-1 펑셔널 API를 사용한 단순한 순차적 모델 구현

```python
from tensorflow.keras.layers import Input, Dense
from tensorflow.keras.models import Model

# 입력 선언
inputs = Input(shape=(10,))

# 층 선언
layer1 = Dense(64, activation='relu')
layer2 = Dense(64, activation='relu')

# 입력과 층 연결
layer1_outputs = layer1(inputs)
layer2_outputs = layer2(layer1_outputs)

# 모델 만들기
model = Model(inputs=inputs, outputs=layer2_outputs)
model.summary()
```

이제 층을 선언하고 서로 연결했으므로 모델을 만들 준비가 됐다. 이는 간단히 Model() 생성자를 호출하고 모델에 무엇이 입력이고 출력이어야 하는지 알려주는 인수를 제공해 수행한다.

입력에서 두 번째 층으로 우회하는 경로로 된 더 복잡한 모델 만들기는 코드 14-2가 보여준다. 이전 예제와 비교하면 두 가지의 작은 변화만이 있을 뿐이다. 먼저 입력 2개를 선언한다. 하나는 첫 번째 층의 입력이고, 다른 것은 두 번째 층으로 바로 가는 우회 입력이다. 다음으로 Concatenate 층을 선언한다. 이는 첫 번째 층의 출력을 우회 입력과 연쇄시켜 두 번째 층의 입력으로 제공할 수 있는 변수 하나를 구성하는 데 사용

한다. 마지막으로, 모델을 선언할 때 이제 입력이 두 입력의 리스트로 되어 있음을 말해줘야 한다.

코드 14-2 우회 경로로 된 네트워크의 케라스 구현

```python
from tensorflow.keras.layers import Input, Dense
from tensorflow.keras.models import Model
from tensorflow.keras.layers import Concatenate

# 입력 선언
inputs = Input(shape=(10,))
bypass_inputs = Input(shape=(5,))

# 층 선언
layer1 = Dense(64, activation='relu')
concat_layer = Concatenate()
layer2 = Dense(64, activation='relu')

# 입력과 층 연결
layer1_outputs = layer1(inputs)
layer2_inputs = concat_layer([layer1_outputs, bypass_inputs])
layer2_outputs = layer2(layer2_inputs)

# 모델 만들기
model = Model(inputs=[inputs, bypass_inputs],
              outputs=layer2_outputs)
model.summary()
```

케라스 펑셔널 API를 간단하게 설명했으니 신경 머신 번역 네트워크 구현으로 넘어갈 것이다.

프로그래밍 예제: 신경 머신 번역

보통 때와 같이 프로그램에 필요한 모듈을 임포트하며 시작하는데, 코드 14-3에 나타나 있다.

코드 14-3 임포트 문

```python
import numpy as np
import random
from tensorflow.keras.layers import Input
from tensorflow.keras.layers import Embedding
from tensorflow.keras.layers import LSTM
from tensorflow.keras.layers import Dense
from tensorflow.keras.models import Model
from tensorflow.keras.optimizers import RMSprop
from tensorflow.keras.preprocessing.text import Tokenizer
from tensorflow.keras.preprocessing.text \
    import text_to_word_sequence
from tensorflow.keras.preprocessing.sequence \
    import pad_sequences
import tensorflow as tf
import logging
tf.get_logger().setLevel(logging.ERROR)
```

다음으로 코드 14-4에서 상수 몇 개를 정의한다. 어휘 크기는 10,000개의 기호로 지정하며, 이 중 4개는 패딩, 어휘 밖 단어(UNK로 표기함), START 토큰, STOP 토큰을 위해 남겨둔다. 훈련 말뭉치가 크므로, 예제에서 사용하길 원하는 입력 파일의 줄의 개수에 READ_LINES 매개변수를 설정한다(60,000). 층은 256개 유닛(LAYER_SIZE)으로 되어 있으며, 임베딩 층은 128차원을 출력한다(EMBEDDING_WIDTH). 20%의 데이터셋을 테스트 집합으로 사용하며(TEST_PERCENT) 추가로 20개의 문장을 선택하여 훈련 동안 세부사항을 검사한다(SAMPLE_SIZE). 시작 및 도착 문장의 길이는 최대 60개 단어로 제한한다 (MAX_LENGTH). 마지막으로 데이터 파일의 경로를 제공하고, 각 줄은 같은 문장의 두 버전을 가지며(각 언어당 하나), 탭 문자로 분리되어 있는 것으로 기대한다.

코드 14-4 상수의 정의

```
# 상수
EPOCHS = 20
BATCH_SIZE = 128
MAX_WORDS = 10000
READ_LINES = 60000
LAYER_SIZE = 256
EMBEDDING_WIDTH = 128
TEST_PERCENT = 0.2
SAMPLE_SIZE = 20
OOV_WORD = 'UNK'
PAD_INDEX = 0
OOV_INDEX = 1
START_INDEX = MAX_WORDS - 2
STOP_INDEX = MAX_WORDS - 1
MAX_LENGTH = 60
SRC_DEST_FILE_NAME = '../data/fra.txt'
```

코드 14-5는 입력 데이터 파일을 읽고 일부 초기적인 처리를 하는 함수를 보여준다. 각 줄은 2개의 문자열로 나뉘며, 첫 번째는 도착 언어를 포함하고 두 번째는 시작 언어를 포함한다. text_to_word_sequence() 함수는 데이터를 약간 정리하고(모두 소문자로 만들고 구문점을 제거) 각 문장을 개별 단어의 리스트로 쪼개는 데 사용된다. 리스트(문장)가 최대 허용 길이보다 길면 잘라낸다.

코드 14-5 입력 파일을 읽고 시작 및 도착 단어 시퀀스를 만드는 함수

```
# 파일을 읽는 함수
def read_file_combined(file_name, max_len):
    file = open(file_name, 'r', encoding='utf-8')
    src_word_sequences = []
    dest_word_sequences = []
    for i, line in enumerate(file):
        if i == READ_LINES:
            break
        pair = line.split('\t')
```

```
        word_sequence = text_to_word_sequence(pair[1])
        src_word_sequence = word_sequence[0:max_len]
        src_word_sequences.append(src_word_sequence)
        word_sequence = text_to_word_sequence(pair[0])
        dest_word_sequence = word_sequence[0:max_len]
        dest_word_sequences.append(dest_word_sequence)
    file.close()
    return src_word_sequences, dest_word_sequences
```

코드 14-6은 단어의 시퀀스를 토큰의 시퀀스로, 그리고 그 역으로 바꾸는 함수를 보여준다. 각 언어에 tokenize()를 한 번 호출하며 인수 sequences는 리스트의 리스트로 각 내부 리스트는 문장을 나타낸다. Tokenizer 클래스는 인덱스를 가장 공통적인 단어에 할당하고 이들 인덱스 혹은 어휘에 포함되지 못한 덜 공통적인 단어를 위해 유보된 OOV_INDEX를 반환한다. Tokenizer에 9998(MAX_WORDS-2)개 어휘를 사용하도록 말한다. 즉, 0부터 9997까지의 인덱스만을 사용하므로 인덱스 9998과 9999는 START와 STOP 토큰으로 사용할 수 있다(Tokenizer는 START와 STOP 토큰 개념을 지원하지 않지만 인덱스 0 은 패딩 토큰으로 그리고 인덱스 1은 어휘 밖out-of-vocabulary 단어로 남겨둔다). tokenize() 함수는 토큰화된 시퀀스 및 Tokenizer 객체 그 자체를 모두 반환한다. 이 객체는 언제든지 토큰을 단어로 변환할 때 필요할 것이다.

코드 14-6 단어 시퀀스를 토큰으로, 그리고 그 반대로 바꾸는 함수

```
# 시퀀스를 토큰화 및 역토큰화하기 위한 함수
def tokenize(sequences):
    # "MAX_WORDS-2"는 START와 STOP을 위해
    # 인덱스 2개를 남겨놓기 위해 쓰임
    tokenizer = Tokenizer(num_words=MAX_WORDS-2,
                          oov_token=OOV_WORD)
    tokenizer.fit_on_texts(sequences)
    token_sequences = tokenizer.texts_to_sequences(sequences)
    return tokenizer, token_sequences


def tokens_to_words(tokenizer, seq):
```

```
word_seq = []
for index in seq:
    if index == PAD_INDEX:
        word_seq.append('PAD')
    elif index == OOV_INDEX:
        word_seq.append(OOV_WORD)
    elif index == START_INDEX:
        word_seq.append('START')
    elif index == STOP_INDEX:
        word_seq.append('STOP')
    else:
        word_seq.append(tokenizer.sequences_to_texts(
            [[index]])[0])
print(word_seq)
```

함수 tokens_to_words()는 Tokenizer 및 인덱스의 리스트를 필요로 한다. 이는 간단히 유보된 인덱스를 확인하여 만일 맞는 것이 있으면 이를 하드코딩된 문자열로 바꾸고, 맞는 것이 없으면 Tokenizer가 인덱스를 해당 단어 문자열로 바꾸게 한다. Tokenizer는 인덱스 리스트의 리스트를 기대하며 문자열의 리스트를 반환한다. 이것이 이를 [[index]]로 호출하고 문자열을 얻도록 0번째 요소를 선택한 이유다.

이제 헬퍼 함수가 주어졌으므로 입력 데이터 파일을 읽고 토큰화된 시퀀스로 변환하는 일이 간단해졌다. 이는 코드 14-7에서 수행한다.

코드 14-7 입력 파일을 읽고 토큰화하기

```
# 파일을 읽고 토큰화한다.
src_seq, dest_seq = read_file_combined(SRC_DEST_FILE_NAME,
                                        MAX_LENGTH)
src_tokenizer, src_token_seq = tokenize(src_seq)
dest_tokenizer, dest_token_seq = tokenize(dest_seq)
```

이제 데이터를 훈련과 테스트를 위해 쓸 수 있도록 텐서로 정렬할 때다. 그림 14-1에서 입력 시퀀스에 있는 단어만큼 PAD 기호를 출력 시퀀스의 처음에 덧붙여야 한다고 했지만, 이는 신경망 하나를 상상했을 때 이야기였다. 이제 네트워크를 인코더와 디코더로 나누었으므로, 이는 더 이상 중요하지 않다. 왜냐하면 입력 전체를 인코더를 통해 실행하기 전까지 디코더에 어떠한 것도 입력하지 않을 것이기 때문이다. 다음은 훈련 예제 하나를 위해 필요한 입력과 출력이 무엇인지를 보여주는 더 정확한 예시다. src_input은 인코더 네트워크의 입력이고, dest_input은 디코더 네트워크의 입력이며, dest_target은 디코더 네트워크로부터 원하는 출력이다.

```
src_input = [PAD, PAD, PAD, id("je"), id("suis"), id("étudiant")]
dest_input = [START, id("i"), id("am"), id("a"), id("student"), STOP, PAD, PAD]
dest_target = [one_hot_id("i"), one_hot_id("am"), one_hot_id("a"),
one_hot_id("student"), one_hot_id(STOP), one_hot_id(PAD), one_hot_id(PAD),
one_hot_id(PAD)]
```

예제에서 id(문자열)은 해당 문자열의 토큰화된 인덱스를 나타내며, one_hot_id는 인덱스의 원핫 인코딩된 버전을 나타낸다. 가장 긴 시작 문장이 6개 단어라고 가정하고 있으므로, src_input을 그 길이가 되도록 덧붙였다. 비슷하게 가장 긴 문장이 START와 STOP 토큰을 포함한 8개 단어라 가정하므로, dest_input과 dest_target 모두에 덧붙여 그 길이가 되도록 했다. dest_input의 기호가 어떻게 dest_target의 기호와 비교하여 위치 하나만큼 밀려 있는지 보라. 이는 나중에 추론을 할 때, 디코더 네트워크의 입력이 이전 시간단계를 위한 네트워크 출력으로부터 올 것이기 때문이다. 이 예시는 훈련 예제를 리스트로 보여주지만, 실제에서 이들은 넘파이 배열의 행이 될 것이며 이때 각 배열은 복수의 훈련 예제를 포함한다.

덧붙이기는 훈련에 미니배치를 사용할 수 있도록 보장하기 위해 수행한다. 즉, 모든 시작 문장의 길이가 같아야 하며 모든 도착 문장의 길이가 같아야 한다. 시작 입력은 앞에 덧붙이며(**프리패딩**prepadding이라 알려짐) 도착 문장은 끝에 덧붙이는데(**포스트패딩**postpadding이라 알려짐), 이는 명확한 것은 아니다. 이전에 덧붙이기를 사용할 때 모델이 덧붙여진 값을 무시할 수 있다고 언급했지만, 케라스에는 또한 덧붙여진 값을 가리는 체계가 존재한다. 이러한 두 진술에 근거하면, 덧붙이기가 시작이나 끝 어디에 있든지 상관이 없어야 하는 것으로 보인다. 그러나 늘 그렇듯, 일이 보이는 것만큼 단순하지는 않다. 값을 무시하도록 학습하는 모델을 가정해 시작한다면 모델은 이를 완벽히 학습하지 않을 것이다. 모델이 덧붙여진 값을 무시하는 편리함은 데이터가 어떻게 정렬되어 있는지에 의존할 수도 있다. 상당한 숫자의 0 값을 시퀀스의 끝에 넣으면 입력을 희석시키고 네트워크의 내부 상태에 영향을 줄 것이라는 점은 어렵지 않게 상상할 수 있다. 이러한 관점에서 시퀀스의 앞에 0으로 입력값을 덧붙이는 것이 적절하다. 비슷하게 시퀀스 투 시퀀스 네트워크에서 인코더가 디코더로 옮겨질 내부 상태를 만들었다면, START 토큰 이전에 다수의 0 값을 주어 이 상태를 희석시키는 것 또한 나빠질 수 있다.

이러한 유추는 네트워크가 덧붙여진 값을 무시하도록 학습시킬 필요가 있는 경우에 선택된 덧붙이기(시작 입력에 프리패딩을 하고 도착 입력에 포스트패딩을 하는)를 뒷받침한다. 그러나 우리가 임베딩 층에 mask_zero=True 매개변수를 사용할 것이므로, 어떤 종류의 덧붙이기를 사용할 것인지는 상관이 없어야 한다. mask_zero의 움직임은 우리의 맞춤 인코더-디코더 네트워크를 위해 이를 사용할 때 우리가 기대한 움직임과 다른 것으로 밝혀진다. 우리는 시작 입력에 소프트패딩을 사용했을 때 나쁘게 학습된 네트워크를 관찰했다. 정확한 이유는 알지 못하지만, 인코더를 위한 가려진 입력값이 왠지 디코더가 출력 시퀀스의 시작 부분을 무시하게 만드는 상호작용이 있는 것으로 추측된다.[1]

> 덧붙이기는 시퀀스의 시작과 끝에 할 수 있는데, 각각 **프리패딩**과 **포스트패딩**으로 알려져 있다.

코드 14-8은 필요한 3개의 배열을 만드는 간결한 방식을 보여준다. 처음 두 줄은 각각 도착 시퀀스를 포함하는 2개의 새로운 리스트를 만들지만, 첫 번째(dest_target_token_seq)는 또한 각 시퀀스 이후 STOP_INDEX가 덧붙여지며 두 번째(dest_input_token_seq)는 START_INDEX와 STOP_INDEX 모두로 덧붙여진다. dest_input_token_seq가 STOP_INDEX를 갖는다는 점을 깜빡하기가 쉽지만, 이는 각 문장에 STOP_INDEX가 막 추가된 다음에 dest_target_token_seq로부터 만들어지므로 자연스럽게 된다.

---

1 이는 단지 이론일 뿐이며, 움직임이 뭔가 다른 것일 수도 있다. 게다가 이것이 버그 때문인지 아니면 예상된 움직임이지만 문서화되지 않은 것인지 분명하지가 않다. 어쨌든 제시한 덧붙이기를 사용하면 문제가 없었다.

코드 14-8 토큰화된 시퀀스를 넘파이 배열로 변환하는 간결한 버전의 코드

```
# 훈련 데이터 준비
dest_target_token_seq = [x + [STOP_INDEX] for x in dest_token_seq]
dest_input_token_seq = [[START_INDEX] + x for x in
                        dest_target_token_seq]
src_input_data = pad_sequences(src_token_seq)
dest_input_data = pad_sequences(dest_input_token_seq,
                                padding='post')
dest_target_data = pad_sequences(
    dest_target_token_seq, padding='post', maxlen
    = len(dest_input_data[0]))
```

이제 원본 src_input_data 리스트(의 리스트) 및 이 2개의 새로운 도착 리스트 모두에 pad_sequences()를 호출한다. pad_sequences() 함수는 시퀀스를 PAD 값으로 덧붙인 뒤 넘파이 배열을 반환한다. pad_sequences의 기본 움직임은 프리패딩을 하는 것이며 이는 시작 시퀀스를 위해 하지만, 도착 시퀀스에는 포스트패딩을 하는지 명시적으로 물어본다. 목표(출력) 데이터를 만드는 문에서 왜 to_categorical()을 호출하지 않는지 궁금할 수도 있다. 우리는 텍스트 데이터를 위한 원핫 인코딩된 정답을 갖는 것을 기대하는 데 익숙해져 있다. 이를 하지 않으면 너무 많은 메모리를 낭비하는 것을 피할 수 있는 최적화가 된다. 10,000개 단어의 어휘 및 60,000개의 훈련 예제, 그리고 각 훈련 예제가 문장이므로 원핫 인코딩된 데이터가 차지하는 메모리가 문제가 되기 시작한다. 그러므로 모든 데이터를 처음부터 원핫 인코딩하는 대신에, 케라스가 이를 손실 함수 그 자체에서 다루는 방법이 존재한다.

모델을 구축하기 전에, 코드 14-9는 어떻게 데이터셋을 수동으로 훈련 데이터셋과 테스트 데이터셋으로 나누는지 보여준다. 이전 예제에서는 이미 이러한 방식으로 나눠진 데이터셋에 의존하거나 아니면 fit() 함수를 호출할 때 케라스 내부 기능을 사용했다. 그러나 이번 경우 우리가 테스트셋의 선택 멤버 몇 가지를 자세히 조사하고자 하므로 더 많이 통제할 수 있기를 원한다. 데이터셋은 먼저 0부터 $N-1$의 모든 숫자의 부분집합 20%(TEST_PERCENT)를 갖는 test_indices 리스트를 만들어 나눈다. 그 뒤 나머지

80%를 갖는 **train_indices** 리스트를 만든다. 이제 이러한 리스트를 사용해 데이터셋을 나타내는 행렬 내 행의 다수를 선택하고 새로운 2개의 행렬 모음을 만든다. 하나는 훈련 집합으로 쓰이고 다른 하나는 테스트 집합에 쓰인다. 마지막으로 행렬의 세 번째 모음을 만들며, 이는 테스트 데이터셋으로부터 오직 20개(SAMPLE_SIZE)의 무작위 예제를 갖는다. 이들은 결과 번역을 자세히 조사하는 데 사용하지만, 이것이 수동적인 과정이므로 적은 수의 문장으로 제한한다.

코드 14-9 데이터셋을 훈련 집합과 테스트 집합으로 수동으로 나누기

```
# 훈련 및 테스트 집합으로 나눈다.
rows = len(src_input_data[:,0])
all_indices = list(range(rows))
test_rows = int(rows * TEST_PERCENT)
test_indices = random.sample(all_indices, test_rows)
train_indices = [x for x in all_indices if x not in test_indices]

train_src_input_data = src_input_data[train_indices]
train_dest_input_data = dest_input_data[train_indices]
train_dest_target_data = dest_target_data[train_indices]

test_src_input_data = src_input_data[test_indices]
test_dest_input_data = dest_input_data[test_indices]
test_dest_target_data = dest_target_data[test_indices]

# 자세히 조사할 테스트 집합 샘플을 만든다.
test_indices = list(range(test_rows))
sample_indices = random.sample(test_indices, SAMPLE_SIZE)
sample_input_data = test_src_input_data[sample_indices]
sample_target_data = test_dest_target_data[sample_indices]
```

언제나처럼 데이터를 준비하는 데 많은 코드를 썼지만, 마침내 모델을 구축할 준비가 됐다. 이번에는 과거보다 모델 구축이 더 신나는 일이 될 것이다. 왜냐하면 이번에는 덜 사소한 모델을 구축하고 있으며 케라스 펑셔널 API를 활용할 것이기 때문이다.

코드로 넘어가기 전에 구축하고자 하는 모델의 아키텍처를 다시 보자. 네트워크는 인

코더 부분과 디코더 부분으로 되어 있다. 이들은 2개의 개별적인 모델로 정의하며, 나중에 같이 묶는다. 두 모델은 그림 14-4에서 보여준다. 그림의 상단은 임베딩 층과 2개의 LSTM 층으로 된 인코더를 보여준다. 그림의 하단은 임베딩 층, 2개의 LSTM 층, 완전 연결 소프트맥스 층으로 된 디코더를 보여준다. 그림의 이름들은 우리 구현에서 사용하는 변수 이름에 해당한다.

그림은 이름 외에 모든 층의 출력 이름 또한 포함하는데, 이는 층을 연결할 때 코드에서 쓰인다. 4개의 주목할 만한 출력(출력의 두 집합으로 그려진)은 2개의 인코더 LSTM 층으로부터의 상태 출력이다. 이들은 인코더에서 디코더로 누적된 상태를 의사소통하기 위해 디코더 LSTM 층에서 입력으로 쓰인다.

코드 14-10은 인코더 모델의 구현을 포함한다. 코드를 그림 14-4로 직관적으로 매핑할 수 있어야 하지만, 언급할 만한 사항이 몇 가지 있다. 이제는 LSTM의 내부 상태에 접근하는 데 관심이 있으므로 return_state=True 인수를 주어야 한다. 이 인수는 LSTM 객체가 층의 출력을 나타내는 변수뿐만 아니라 c 및 h 상태를 나타내는 변수도 반환할 것을 지시한다. 게다가 앞서 설명했듯이 또 다른 순환 층에 공급하는 순환 층에 대해 인수 return_sequences=True를 제공해 후속 층이 각 시단간계의 출력을 보게 해야 한다. 이는 또한 네트워크가 각 시간단계 동안 출력을 만들어내길 원한다면, 최종 순환 층에도 그러하다. 인코더의 경우에는 오직 최종 상태에만 흥미가 있으므로 enc_layer2에 return_sequences=True를 설정하지 않는다.

코드 14-10 인코더 모델 구현하기

```
# 인코더 모델을 구축한다.
# 입력은 시작 언어의 입력 시퀀스다.
enc_embedding_input = Input(shape=(None, ))

# 인코더 층을 만든다.
enc_embedding_layer = Embedding(
    output_dim=EMBEDDING_WIDTH, input_dim
    = MAX_WORDS, mask_zero=True)
```

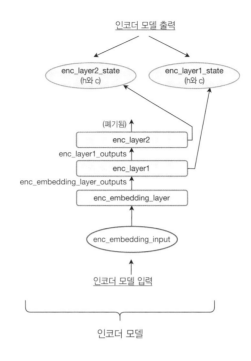

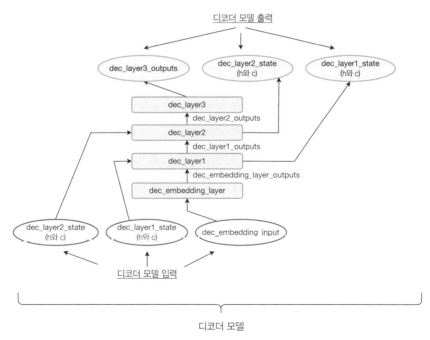

그림 14-4 인코더와 디코더 모델의 토폴로지

```
enc_layer1 = LSTM(LAYER_SIZE, return_state=True,
                  return_sequences=True)
enc_layer2 = LSTM(LAYER_SIZE, return_state=True)

# 인코더 층을 연결한다.
# 마지막 층의 출력은 사용하지 않고 오직 상태만 사용한다.
enc_embedding_layer_outputs = \
    enc_embedding_layer(enc_embedding_input)
enc_layer1_outputs, enc_layer1_state_h, enc_layer1_state_c = \
    enc_layer1(enc_embedding_layer_outputs)
_, enc_layer2_state_h, enc_layer2_state_c = \
    enc_layer2(enc_layer1_outputs)

# 모델을 구축한다.
enc_model = Model(enc_embedding_input,
                  [enc_layer1_state_h, enc_layer1_state_c,
                   enc_layer2_state_h, enc_layer2_state_c])
enc_model.summary()
```

모든 층을 연결하고 나면, Model() 생성자를 호출하고 어떠한 입력과 출력이 외부에서 모델로 들어오는지 구체화하여 실제 모델을 만든다. 모델은 시작 문장을 입력으로 받고 두 LSTM 층의 내부 상태를 출력으로 만들어낸다. 각 LSTM 층은 h 상태와 c 상태 모두를 갖고 있으므로, 모델은 전체 4개의 상태 변수를 출력으로 내놓을 것이다. 각 상태 변수는 그 스스로 복수의 값을 갖는 텐서다.

코드 14-11은 디코더 모델의 구현을 보여주는데, 도착 언어의 문장에 더해서 인코더 모델로부터의 출력 상태를 입력으로 받는다. 디코더 LSTM 층은 처음 시간단계에서의 상태로 초기화한다(initial_state 인수를 사용해서).

코드 14-11 디코더 모델 구현

```
# 디코더 모델을 구축한다.
# 네트워크의 입력은 도착 언어의 입력 시퀀스 그리고 내부 상태다.
dec_layer1_state_input_h = Input(shape=(LAYER_SIZE,))
dec_layer1_state_input_c = Input(shape=(LAYER_SIZE,))
```

```
dec_layer2_state_input_h = Input(shape=(LAYER_SIZE,))
dec_layer2_state_input_c = Input(shape=(LAYER_SIZE,))
dec_embedding_input = Input(shape=(None, ))

# 디코더 층을 만든다.
dec_embedding_layer = Embedding(output_dim=EMBEDDING_WIDTH,
                                input_dim=MAX_WORDS,
                                mask_zero=True)
dec_layer1 = LSTM(LAYER_SIZE, return_state = True,
                  return_sequences=True)
dec_layer2 = LSTM(LAYER_SIZE, return_state = True,
                  return_sequences=True)
dec_layer3 = Dense(MAX_WORDS, activation='softmax')

# 디코더 층을 연결한다.
dec_embedding_layer_outputs = dec_embedding_layer(
    dec_embedding_input)
dec_layer1_outputs, dec_layer1_state_h, dec_layer1_state_c = \
    dec_layer1(dec_embedding_layer_outputs,
    initial_state=[dec_layer1_state_input_h,
                   dec_layer1_state_input_c])
dec_layer2_outputs, dec_layer2_state_h, dec_layer2_state_c = \
    dec_layer2(dec_layer1_outputs,
    initial_state=[dec_layer2_state_input_h,
                   dec_layer2_state_input_c])
dec_layer3_outputs = dec_layer3(dec_layer2_outputs)

# 모델을 구축한다.
dec_model = Model([dec_embedding_input,
                   dec_layer1_state_input_h,
                   dec_layer1_state_input_c,
                   dec_layer2_state_input_h,
                   dec_layer2_state_input_c],
                  [dec_layer3_outputs, dec_layer1_state_h,
                   dec_layer1_state_c, dec_layer2_state_h,
                   dec_layer2_state_c])
dec_model.summary()
```

디코더에서는 최상단 LSTM 층이 각 시간단계에 대해 출력을 만들어내길 원하므로(디

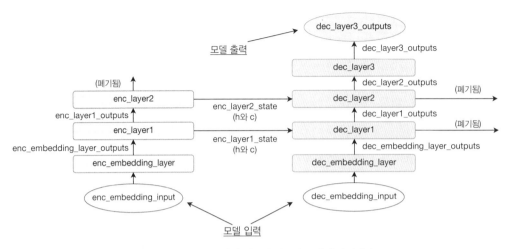

그림 14-5 전체 인코더-디코더 모델의 아키텍처

코더는 최종 상태뿐만 아니라 문장 전체를 만들어내야 한다), 두 LSTM 층에 return_sequences= True를 설정한다.

모델은 Model() 생성자를 호출해 만든다. 입력은 도착 문장(한 시간단계만큼 시간이 옮겨져 있음) 및 LSTM 층의 초기 상태다. 곧 보겠지만 추론을 위해 모델을 사용할 때, 디코더 의 내부 상태를 명시적으로 관리해야 한다. 그러므로 소프트맥스 출력에 더하여 상태 를 모델의 출력으로 선언한다.

이제 두 모델을 연결해 그림 14-5에서 보여준 것에 해당하는 전체 인코더-디코더 네트 워크를 구축할 준비가 됐다. 해당 텐서플로 구현은 코드 14-12가 보여준다.

코드 14-12 훈련을 위해 쓰이는 모델을 정의, 구축, 컴파일하기

```
# 전체 훈련 모델을 구축하고 컴파일한다.
# 훈련할 때는 상태 출력을 사용하지 않는다.
train_enc_embedding_input = Input(shape=(None, ))
train_dec_embedding_input = Input(shape=(None, ))
intermediate_state = enc_model(train_enc_embedding_input)
train_dec_output, _, _, _, _ = dec_model(
    [train_dec_embedding_input] +
```

```
    intermediate_state)
training_model = Model([train_enc_embedding_input,
                        train_dec_embedding_input],
                        train_dec_output)
optimizer = RMSprop(lr=0.01)
training_model.compile(loss='sparse_categorical_crossentropy',
                        optimizer=optimizer, metrics =['accuracy'])
training_model.summary()
```

한 가지 이상해 보이는 부분은 앞서 설명했듯이 디코더 LSTM 층을 만들 때 return_state=True 인수를 제공했지만 모델을 만들 때 상태 출력을 버렸다는 점이다. 처음부터 return_state=True를 설정하지 않는 것이 옳아 보인다. 그 이유는 추론을 위해 인코더와 디코더 모델을 어떻게 사용하는지 설명할 때 명백해질 것이다.

RMSProp을 옵티마이저로 사용하기로 선택한 이유는 일부 실험에서 이러한 특정 모델에 대해 이것이 Adam보다 성능이 더 나았기 때문이다. 손실 함수로 보통의 categorical_crossentropy 대신에 sparse_categorical_crossentropy를 사용하는데, 이는 케라스에서 범주형 출력 데이터가 미리 원핫 인코딩되지 않았다면 쓰는 손실 함수다. 앞서 설명했듯이 애플리케이션의 메모리 사용량을 줄이기 위해 데이터를 처음부터 원핫 인코딩하는 것을 피했다.

결합 모델을 구성하기 위해 인코더와 디코더 모델을 방금 연결했지만, 이들은 모두 여전히 독립적으로 사용할 수 있다. 결합 모델을 위해 쓰인 인코더와 디코더 모델은 개별 모델로서 같은 인스턴스임을 주지하라. 즉, 결합 모델을 훈련시키면 처음 2개 모델의 가중치를 업데이트할 것이다. 이것이 유용한 이유는 추론을 할 때 디코더 모델과 분리된 인코더 모델을 원할 것이기 때문이다.

추론 동안에는 먼저 시작 문장을 인코더 모델에 실행해 내부 상태를 만든다. 이 상태는 그 뒤 디코더 모델의 처음 시간단계 동안 초기 상태로 제공된다. 이 시간단계에서 모델의 임베딩 층에 START 토큰 또한 공급한다. 이는 모델이 번역된 문장의 첫 번째 단어를 출력으로 만들어내게 하며 2개의 LSTM 층 내부 상태를 나타내는 출력을 만들어낸다. 다음 시간단계에서 모델에 예측된 출력 및 이전 시간단계로부터의 내부 상태를(우리가 내부 상태를 명시적으로 관리함) 자동회귀적인 방식으로 공급한다.

명시적으로 상태를 관리하는 대신에 텍스트 자동완성 예제에서 했던 것과 같이 층을 stateful=True로 선언할 수도 있었지만, 이는 훈련 과정을 복잡하게 만들 것이다. 우리가 복수의 후속 훈련 예제가 서로 영향을 미치는 것을 원하지 않는다면 훈련 동안 stateful=True를 할 수 없다.

마지막으로, 훈련 동안 상태를 명시적으로 관리할 필요가 없는 이유는 전체 문장을 모델에 한 번에 공급했으며 이 경우 텐서플로는 자동으로 이전 시간단계로부터의 상태를 다시 공급해 다음 시간단계를 위한 현재 상태로 쓰일 수 있도록 하기 때문이다.

이러한 전체 논의는 케라스에 더욱 친숙해지기 전까지는 분명하게 보이지 않을 수도 있지만, 간단히 말하자면 어떤 일을 하는 방법에는 여러 가지가 있으며 각각은 장단점이 있다.

> 케라스에서 순환 층을 선언할 때는 3개의 인수 return_state, return_sequences, stateful이 존재한다. 처음에는 이름이 비슷하므로 구별하기가 까다로울 수 있다. 여러분만의 복잡한 네트워크를 구축하고자 한다면, 각각이 무엇을 하는지 그리고 서로 어떻게 상호작용하는지 완전히 이해하기 위해 어느 정도 시간을 들이는 것이 좋다.

이제 모델을 훈련시키고 테스트할 준비가 됐으며, 이는 코드 14-13이 보여준다. 이전 예제와는 약간 다른 접근법을 취한다. 이전 예제에서는 복수의 에포크를 훈련하도록 fit()에 지시했으며, 그 뒤 결과를 연구하고 프로그램을 종료했다. 이번 예제에서는 우리만의 훈련 루프를 만들며 거기서 fit()에게 한 번에 오직 한 에포크만 훈련하도록 지시한다. 그 뒤 모델을 사용해 훈련으로 돌아가 또 다른 에포크를 훈련하기 전에 일부 예측을 만들어낸다. 이 접근법은 각 에포크 다음 약간의 샘플 집합에 대한 자세한 평가를 가능하게 해준다. fit 함수에 콜백 함수를 인수로 제공해 이를 수행할 수도 있었겠지만, 이 시점에 또 다른 케라스 구성체를 도입할 필요는 없다고 생각했다.

- 케라스 콜백 함수는 훈련 과정의 움직임을 맞춤화하고 싶다면 추가로 읽으면 좋은 주제다.

코드 14-13 모델 훈련과 테스트

```python
# 훈련과 테스트를 반복적으로 한다.
for i in range(EPOCHS):
    print('step: ' , i)
    # 각 에포크마다 모델을 훈련시킨다.
    history = training_model.fit(
        [train_src_input_data, train_dest_input_data],
        train_dest_target_data, validation_data=(
            [test_src_input_data, test_dest_input_data],
            test_dest_target_data), batch_size=BATCH_SIZE,
        epochs=1)

    # 결과를 보기 위해 샘플을 따라 루프를 실행한다.
    for (test_input, test_target) in zip(sample_input_data,
                                         sample_target_data):
        # 인코더 모델을 통해 문장 하나를 실행한다.
        x = np.reshape(test_input, (1, -1))
        last_states = enc_model.predict(
            x, verbose=0)
        # 디코더 모델에 결과 상태와
        # START_INDEX를 입력으로 제공한다.
        prev_word_index = START_INDEX
        produced_string = ''
        pred_seq = []
        for j in range(MAX_LENGTH):
            x = np.reshape(np.array(prev_word_index), (1, 1))
            # 다음 단어를 예측하고 내부 상태를 포착한다.
            preds, dec_layer1_state_h, dec_layer1_state_c, \
                dec_layer2_state_h, dec_layer2_state_c = \
                    dec_model.predict(
                        [x] + last_states, verbose=0)
            last_states = [dec_layer1_state_h,
                           dec_layer1_state_c,
                           dec_layer2_state_h,
                           dec_layer2_state_c]
```

```
        # 가장 가능성 있는 단어를 찾는다.
        prev_word_index = np.asarray(preds[0][0]).argmax()
        pred_seq.append(prev_word_index)
        if prev_word_index == STOP_INDEX:
            break
    tokens_to_words(src_tokenizer, test_input)
    tokens_to_words(dest_tokenizer, test_target)
    tokens_to_words(dest_tokenizer, pred_seq)
    print('\n\n')
```

대부분의 코드 시퀀스는 테스트 데이터셋으로부터 만들어진 샘플의 작은 집합을 위한
번역을 만들어내는 데 쓰이는 루프다. 이 코드 조각은 sample_input_data의 모든 예제
를 따라 반복하는 루프로 되어 있다. 시작 문장을 인코더 모델에 제공해 결과 내부 상
태를 만들고 이를 last_states 변수에 저장한다. 또한 START 기호에 해당하는 인덱스
로 prev_word_index 변수를 초기화한다. 그 뒤 가장 안쪽 루프로 들어가 디코더 모델
을 사용해 단어 하나를 예측한다. 또한 내부 상태를 읽어들인다. 이 데이터는 그 뒤 다
음 반복에서 디코더 모델의 입력으로 쓰이며, 모델이 STOP 토큰을 만들거나 아니면
주어진 숫자의 단어가 만들어질 때까지 반복한다. 마지막으로, 만들어진 토큰화된 시
퀀스를 해당 단어 시퀀스로 변환하고 인쇄한다.

실험 결과

20에포크 동안 네트워크를 훈련시키면 훈련 및 테스트 데이터 모두에서 높은 정확도
수치를 보인다. 정확도는 머신 번역을 작업할 때 가장 의미 있는 지표는 아니지만, 번
역 네트워크가 동작한다는 데 대한 일부 표시를 제공한다. 샘플 집합의 결과 번역을 조
사하면 더욱 흥미롭다.

첫 번째 예제는 다음과 같다.

['PAD', 'PAD', 'PAD', 'PAD', 'PAD', 'PAD', 'PAD', 'PAD', 'PAD', 'PAD', "j'ai",

```
'travaillé', 'ce', 'matin']
['i', 'worked', 'this', 'morning', 'STOP', 'PAD', 'PAD', 'PAD', 'PAD', 'PAD']
['i', 'worked', 'this', 'morning', 'STOP']
```

첫 번째 줄은 프랑스어 입력 문장을 보여준다. 두 번째 줄은 해당 훈련 목표를, 세 번째는 훈련된 모델의 예측을 보여준다. 즉, 이 예제에서 모델이 번역을 정확하게 예측했다!

추가적인 예제는 표 14-1에서 보여준다. 여기서 패딩과 STOP 토큰을 벗겨내고 파이썬 리스트 인쇄와 관련된 문자를 제거했다. 처음 두 예제를 보면 왜 정확도가 꼭 좋은 지표는 아닌지가 분명해질 것이다. 예측이 훈련 목표와 동일하지 않으므로 정확도가 낮을 것이다. 예측이 목표와 같은 의미를 표현하고 있으므로 번역이 틀렸다고 주장하기는 여전히 어렵다. 이를 다루기 위해 머신 번역 학계에서는 BLEU^{BiLingual Evaluation Understudy}

표 14-1 모델이 만들어낸 번역의 예시

시작	목표	예측
je déteste manger seule	i hate eating alone	i hate to eat alone
je n'ai pas le choix	i don't have a choice	i have no choice
je pense que tu devrais le faire	i think you should do it	i think you should do it
tu habites où	where do you live	where do you live
nous partons maintenant	we're leaving now	we're leaving now
j'ai pensé que nous pouvions le faire	i thought we could do it	i thought we could do it
je ne fais pas beaucoup tout ça	i don't do all that much	i'm not busy at all
il a été élu roi du bal de fin d'année	he was voted prom king	he used to negotiate and look like golfer

점수가 사용된다(Papineni et al., 2002). 여기서 이 지표를 사용하거나 추가로 논의하지는 않지만, 머신 번역에 더 깊이 들어가고 싶다면 배워야 할 내용임이 분명하다. 지금은 문장 하나에 올바른 번역이 여럿 있을 수 있다고 인지하기만 하자.

> BLEU 점수는 머신 번역 시스템이 얼마나 잘 동작하는지 판정하는 데 쓰일 수 있다(Papineni et al., 2002). 머신 번역에 깊이 들어가고 싶다면 이것이 어떻게 계산되는지 자세히 배우는 것이 적절하다.

세 번째에서 여섯 번째 행을 보면, 사실이라고 하기에는 너무나도 좋은 것 같아 보인다. 번역이 예상 번역과 동일하다. 모델이 이렇게 좋은 게 가능할까? 훈련 데이터를 조사해보면 무슨 일이 벌어지는지에 대한 단서를 제공한다. 데이터셋이 시작 언어의 문장 하나에 대한 다수의 미미한 변형으로 되어 있으며, 이 모든 문장이 도착 언어에서 같은 문장으로 번역되는 것으로 밝혀진다. 그러므로 모델이 특정한 시작/목표 문장 쌍으로 훈련되며 나중에 약간 다른 시작 문장이 제시된다. 그러면 모델이 훈련된 정확히 같은 목표 문장을 예측하더라도 예상치 못한 일은 아니다. 그러므로 우리가 이를 속임수로 볼 수도 있다. 반면에 우리는 모델이 유사성을 인식하고 일반화할 수 있기를 원하므로, 이러한 훈련 예제를 배제해야만 하는지가 완벽하게 분명하지는 않다. 우리는 시작 혹은 도착 언어에서 중복이 있는 어떠한 훈련 예제든지 이를 제거하고 실험을 했었으며, 모델은 여전히 성능이 좋았다. 그러므로 모델이 전적으로 속임수에 의존하는 것은 아님이 분명하다.

모델이 속임수 없이 동작하는 한 예시는 마지막에서 두 번째다. 테스트 예제는 문장 'I don't do all that much'를 목표로 갖는다. 모델은 꽤 다른 문장 'I'm not busy at all'을 예측하며, 이는 여전히 아마도 거의 같은 메시지를 전달한다. 흥미롭게도 전체 데이터셋을 검색해보면, 문구 'busy at all'은 한 번도 나타나지 않는다. 따라서 모델이 더 작은 조각으로부터 번역을 구축했다. 반면에 모델은 또한 그냥 틀린 번역을 일부 만들어냈다. 표의 마지막 예제에서 목표가 'he was voted prom king'이었지만 모델은 'he used to negotiate and look like golfer'를 만들어냈다.

중간 표현의 속성

앞서 신경 언어 모델에서 학습된 단어 임베딩이 모델링하는 언어의 일부 구문적이고 의미적인 구조를 포착한다는 것을 보였다. 서츠케버Sutskever, 비날스Vinyals, 르Le(2014)는 시퀀스 투 시퀀스 모델에서 인코더에 의해 만들어지는 중간적인 표현을 분석할 때 비슷한 사실을 관측했다. 그들은 주성분분석PCA, Principal Component Analysis을 사용해 벡터를 시각화할 수 있도록 이러한 표현을 2차원으로 축소했다. 이 논의의 목적에서 여러분이 PCA에 대해 알아야 할 것은 낮은 차원으로 된 결과 벡터가 여전히 원본 벡터의 일부 속성을 유지한다는 점이다. 특히 만일 두 벡터가 차원을 줄이기 전에 서로 비슷하다면, 이들은 새로운 낮은 차원 공간에서도 여전히 서로 비슷할 것이다.[2]

> PCA는 벡터 집합의 차원 개수를 줄이는 데 쓸 수 있으며, 다차원 공간 내 벡터 표현으로 작업을 할 경우 알아두면 좋은 기법이다.

그림 14-6은 6개 문구의 중간적인 표현을 시각화하는 차트를 보여준다. 문구 6개는 각각 문구가 3개인 2개의 그룹으로 되어 있으며, 한 그룹 내 문구 3개는 대략적으로 같은 의미를 표현하지만 문법적으로 약간의 변형이 있다(예를 들어 수동태 및 단어 순서). 그러나 또 다른 그룹의 문구는 각기 다른 의미를 표현한다. 흥미롭게도 차트에서 보듯이 모델이 선택한 중간적인 표현은 비슷한 의미를 갖는 3개의 문구 또한 비슷한 인코딩을 갖는 것처럼 되어 있으며, 이들은 함께 군집화된다.

이러한 중간적인 표현은 **문장 임베딩**sentence embedding 혹은 **문구 임베딩**phrase embedding으로 볼 수 있으며, 이때 비슷한 문구가 벡터 공간에서 서로 가깝게 임베딩될 것이다. 그러므로 이 인코딩을 사용해 문구의 의미를 분석할 수 있다.

예제를 보면 이 방법론이 이전에 논의했던 단어주머니 접근법보다 더 강력한 것으로 보인다. 시퀀스 투 시퀀스 모델은 단어주머니 접근법과 반대로 단어 순서를 감안한다.

---

2 PCA는 또한 단어 임베딩의 차원을 줄이고 이를 2차원 공간에 그려 이들의 유사도를 시각화하는 데 쓸 수 있다.

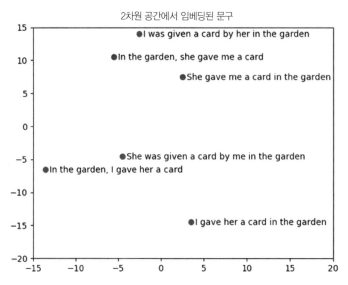

2차원 공간에서 임베딩된 문구

그림 14-6 6개 문장의 중간 표현의 2차원 표현(출처: Sutskever, I., Vinyals, O., and Le, Q. (2014), "Sequence to Sequence Learning with Neural Networks," in *Proceedings of the 27th International Conference on Neural Information Processing [NIPS'14]*, MIT Press, 3104–3112)

언어 번역의 맺음말

이번 프로그래밍 예제는 지금까지 봤던 대부분의 예제보다 더 길고 복잡했지만, 소프트웨어 개발이라는 시점에서 보면 구현이 단순하다. 이는 군더더기가 없는 기본적인 인코더-디코더 아키텍처로, 300줄 이하의 코드로 되어 있다. 만일 여러분이 이 모델의 번역 품질을 개선하기 위해 실험을 하는 데 흥미가 있다면, 층의 유닛 개수를 증가시키거나 층의 개수를 늘려 네트워크를 미조정하는 데서 시작할 수 있다. 또한 단방향층 대신에 양방향 층을 사용해 실험할 수도 있다. 우리가 관찰한 한 가지 문제점은 이러한 형태의 시퀀스 투 시퀀스 네트워크가 긴 문장을 다루는 데 어려움을 겪는다는 것이다. 이 문제를 완화하는 간단한 수법은 입력 문장을 뒤집는 것이다. 이렇게 하면 도움이 되는 이유는 시작 문장의 처음 단어를 관찰하는 시간과 도착 문장의 시작 단어를 관찰하는 시간적인 거리 차이가 작아지면, 모델이 이들이 서로 어떻게 관련이 있는지 학습하기가 쉬워진다고 가정할 수 있기 때문이다. 시작 문장을 뒤집는 기능은 데이터셋 파일을 읽는 함수에 간단히 추가할 수 있다.

신경 머신 번역에 대해 더 배우고 싶다면 루옹Luong의 PhD 학위 논문(2016)으로 시작하는 것이 좋은데, 전통적인 머신 번역 분야의 간단한 역사적 개요도 포함되어 있다. 또다른 좋은 자료는 우Wu와 동료들의 논문(2016)으로, 프로덕션에 배포된 신경 기반 번역 시스템을 설명하고 있다. 이를 보면 시스템이 14장에서 설명한 네트워크와 같은 기본 아키텍처를 사용해 구축됐음을 알게 될 것이다. 그러나 이는 또한 긴 문장을 다루는 능력을 개선하기 위해 **어텐션**attention이라는 더욱 발전된 기법을 사용한다.

더욱 최근에는 신경 머신 번역 시스템이 LSTM 기반 모델에서 **트랜스포머**Transformer라 알려진 모델을 사용하는 것으로 바뀌어왔다. 이는 어텐션 및 **셀프 어텐션**self-attention 모두에 기반한다. 트랜스포머 기반 번역 네트워크는 LSTM 셀을 사용하지 않지만, 이는 여전히 인코더-디코더 아키텍처다. 즉, 14장의 핵심 내용이 이러한 더욱 최근의 아키텍처로 옮겨진다. 어텐션, 셀프 어텐션, 트랜스포머는 15장의 주제다.

15

어텐션과 트랜스포머

15장에서는 **어텐션**attention이라 알려진 기법을 집중적으로 살펴본다. 우선 어텐션 메커니즘과 이것이 14장 '시퀀스 투 시퀀스 네트워크와 자연어 번역'의 인코더-디코더 기반 신경 머신 번역 아키텍처를 개선하는 데 어떻게 쓰일 수 있는지 설명한다. 그 뒤 **셀프 어텐션**self-attention이라 알려진 메커니즘 및 **트랜스포머**Transformer라 알려진 아키텍처를 구축하기 위해 각기 다른 어텐션 메커니즘을 사용하는 방법을 설명한다.

많은 독자가 어텐션을 처음 보면 어렵다고 생각할 것이다. 이번 장이 힘들어도 헤쳐 나가기를 권하지만, 처음 읽을 때는 자세한 내용은 지나가도 괜찮다. 큰 그림을 이해하는 데 집중하라. 특히 이 장의 후반부에서 트랜스포터 아키텍처를 읽을 때 정신이 혼미하더라도 걱정하지 마라. 이 책에서 이 아키텍처를 기반으로 하는 부분은 부록 D뿐이다. 그러나 트랜스포머는 최근 몇 년간 자연어 처리NLP, Natural Language Processing 내에서 이뤄낸 큰 발전의 상당 부분의 기반이 되므로, 처음에 이 주제를 이해하기가 너무 어렵다면 나중에 다시 볼 것을 권한다.

어텐션 배후의 근거

어텐션attention은 여러 문제 도메인에 적용할 수 있는 일반적인 메커니즘이다. 이 절에서는 어떻게 이를 신경 머신 번역에서 사용할 수 있는지 설명한다. 어텐션의 아이디어는 네트워크(아니면 네트워크의 일부)가 각 시간단계 동안 입력 데이터의 어느 부분에 집중하는지(관심을 기울이는지) 스스로 결정하도록 한다는 것이다. 앞 문장의 '입력 데이터'가 꼭 전체적인 모델의 입력 데이터만을 뜻하는 것은 아니다. 이는 어텐션을 구현하는 네트워크의 일부일 수 있으며, 이 경우 어텐션 메커니즘을 중간적인 데이터 표현의 어느 부분에 집중해야 하는지 결정하는 데 쓸 수 있다. 곧 이것이 무슨 뜻인지 보여줄 더욱 구체적인 예제를 제공하겠지만, 그 전에 이러한 메커니즘 배후의 근거에 대해 간단히 논의해보자.

> 어텐션 메커니즘은 인코더-디코더 아키텍처에 적용할 수 있으며 디코더가 중간적인 상태의 어느 부분에 집중할지 선택적으로 결정할 수 있게 해준다.

인간이 어떻게 다음의 Europarl 데이터셋 문장과 같은 복잡한 문장을 한 언어에서 다른 언어로 번역하는지 생각해보자.

> In my opinion, this second hypothesis would imply the failure of Parliament in its duty as a Parliament, as well as introducing an original thesis, an unknown method which consists of making political groups aware, in writing, of a speech concerning the Commission's programme a week earlier — and not a day earlier, as had been agreed — bearing in mind that the legislative programme will be discussed in February, so we could forego the debate, since on the next day our citizens will hear about it in the press and on the Internet and Parliament will no longer have to worry about it.[1]

우리는 먼저 문장을 읽고 무엇을 전달하려 하는지에 대한 전반적인 아이디어를 얻는

---

1 이는 복잡한 문장을 위한 예시이며, 번역은 다음과 같다.
"내 의견상, 이 두 번째 가설은 의회가 의회로서의 의무에 실패했을 뿐만 아니라, 알려지지 않은 방법인 독창적인 의제를 제안하고 있음을 의미한다. 이 방법은 입법 프로그램이 2월에 논의될 것이란 점을 감안하여, 위원회 프로그램에 관한 연설을 정치 그룹에, 합의한 대로 하루 전이 아닌 한 주 전에 서면으로 알리는 것으로 되어 있다. 따라서 그다음 날 시민들이 이에 대해 언론 및 인터넷을 통해 들을 것이기 때문에 의회가 이에 대해 걱정할 필요가 없으며, 우리가 토론을 계속할 수 있다."

다. 그 뒤 번역문을 쓰기 시작하고, 그러는 동안 보통 시작 언어 문장의 다른 부분을 다시 보며 번역이 전체 문장을 포함하고 이를 동등한 시제로 설명하는지 확실히 하려 한다. 독일어에서는 과거형 시제에서 동사가 문장의 마지막 단어로 나타나는 것과 같이 도착 언어는 선호하는 단어 순서가 다를 수도 있다. 그러므로 번역이 도착 언어의 문장으로 나타날 시점에 특정 단어를 찾기 위해 시작 언어의 문장을 넘어다닐 수도 있다. 네트워크가 이와 같은 유연성을 갖는다면 도움이 될 것이라고 믿는 것이 타당하다.

시퀀스 투 시퀀스 네트워크에서의 어텐션

이러한 배경하에서, 이제 어떻게 시퀀스 투 시퀀스 기반 신경 머신 번역기[NMT, Neural Machine Translator]가 어텐션 메커니즘을 포함하도록 확장할 수 있는지 고려하며 어텐션의 개념을 더욱 구체적으로 만들어보자. 14장에서 공부한 것과 약간 다른 인코더-디코더 네트워크 형태로 시작해보자. 이는 그림 15-1에서 보여주며, 인코더가 어떻게 디코더에 연결되어 있는지가 다르다. 이전 장에서는 인코딩 과정의 이전 시간단계의 내부 상태가 디코더의 처음 시간단계에서 초기 상태로 쓰였다. 이번 아키텍처에서는 대신에 인코더의 이전 시간단계의 내부 상태가 입력으로 쓰이며, 디코더는 이를 매 시간단계마다 접근할 수 있다. 네트워크는 이전 시간단계로부터 만들어진 단어의 임베딩 또한 입력으로 받는다. 즉, 인코더로부터의 중간 상태가 임베딩과 연결되어 순환 층의 전체 입력을 구성한다.

이러한 대안적인 시퀀스 투 시퀀스 모델은 조[Cho]와 동료들의 논문(2014a)에서 찾을 수 있으며, 이를 지금의 논의에서 사용한다. 그 이유는 바다나우[Bahdanau], 조[Cho], 벤지오[Bengio](2014)가 어텐션 메커니즘을 NMT 시스템에 추가할 때 이 모델을 기준 시스템으로 삼았기 때문이다. 그들은 모델이 긴 문장을 다루는 데 어려움을 겪는다는 사실을 목격했으며, 그 이유가 인코더로 하여금 긴 문장을 고정된 크기의 벡터로 인코딩하도록 강제하기 때문이라는 가설을 세웠다. 이 문제를 해결하기 위해 인코더 아키텍처를 수정하여 대신에 인코딩 과정 동안 매 시간단계마다 내부 상태를 읽고 나중에 접근할 때를

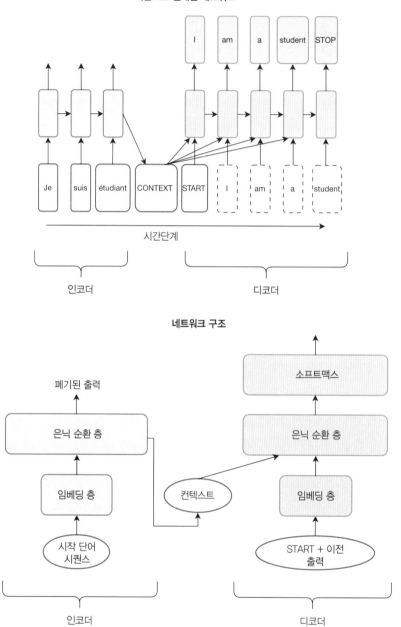

시간으로 전개된 네트워크

시간단계

인코더

디코더

네트워크 구조

폐기된 출력

소프트맥스

은닉 순환 층

은닉 순환 층

임베딩 층

컨텍스트

임베딩 층

시작 단어
시퀀스

START + 이전
출력

인코더

디코더

그림 15-1 신경 머신 번역을 위한 인코더-디코더 아키텍처의 다른 구현. 상단: 시간으로 전개된 네트워크.
하단: 실제 네트워크 구조(전개되지 않음)

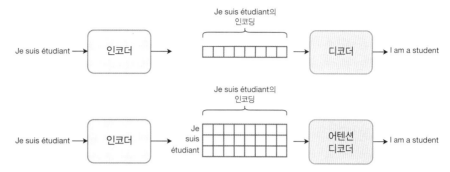

그림 15-2 상단: 어텐션이 없는 인코더-디코더 네트워크의 고정된 길이 인코딩. 하단: 어텐션이 있는 인코더-디코더 네트워크의 가변 길이 인코딩

위해 저장했는데, 이는 그림 15-2가 보여준다. 그림의 상단 부분은 어텐션이 없는 네트워크의 고정된 길이의 인코딩을 보여주며, 벡터 길이로 8을 사용하고 있다. 하단은 어텐션의 경우를 보여주며, 인코딩이 입력 단어마다 하나의 벡터로 되어 있다.

> 시퀀스 투 시퀀스 네트워크에서 인코더와 디코더를 연결하는 다른 방법은 인코더 상태를 매 시간단계마다 디코더의 입력으로 공급하는 것이다.

그림이 이를 각 단어에 해당하는 벡터 하나로 보여주고 있지만, 이보다는 약간 더 미묘한 측면이 있다. 각 벡터는 해당 단어를 위한 시간단계에서의 디코더 내부 상태에 해당하지만, 인코딩은 현재 단어 및 문장 내 모든 단어 이력에 영향을 받는다.

인코더는 간단하게 바꿀 수 있다. 내부 상태의 마지막 시간단계를 제외하고 모두 버리는 대신에, 매 시간단계의 내부 상태를 기록한다. 이러한 벡터 집합은 **시작 은닉 상태**source hidden state라 알려져 있으며, **애노테이션**annotation 혹은 더욱 일반적인 용어로 **메모리** memory라 부르기도 한다. 우리가 이 용어를 사용하지는 않지만, 관련 주제를 다룬 출간물을 읽을 때 알아두면 좋다.

디코더를 바꿀 때는 할 일이 더 많다. 어텐션 기반 디코더는 **각 시간단계**마다 다음을 수행한다.

1. 각 상태 벡터의 **정렬 점수**^{alignment score}를 계산한다. 이 점수는 현재 시간단계 동안 그 상태 벡터에 얼마만큼의 어텐션을 써야 하는지 결정한다. 정렬 점수의 세부 내용은 이 장 후반부에서 설명한다.

2. 소프트맥스를 사용해 점수를 정규화하여 합이 1이 되도록 한다. 이 점수 벡터는 **정렬 벡터**^{alignment vector}라 알려져 있으며 이전 예제의 경우 3개의 값으로 되어 있을 것이다.

3. 각 상태 벡터를 정렬 점수로 곱한다. 그 뒤 결과 벡터를 모두 더한다(요소별로). 이 가중합(점수가 가중치로 쓰임)은 어텐션이 없는 네트워크와 같은 차원의 벡터가 된다. 즉, 예제에서 8개 요소로 된 벡터 하나가 될 것이다.

4. 결과 벡터를 이 시간단계 동안 디코더의 입력으로 사용한다. 어텐션이 없는 네트워크와 같이, 이 벡터는 이전 시간단계의 임베딩과 연결되어 순환 층의 전체 입력을 구성한다.

각 시간단계의 정렬 점수를 조사하면, 모델이 번역 동안 어떻게 어텐션 메커니즘을 사용하는지 분석할 수 있다. 이는 그림 15-3이 보여준다. 인코더가 만들어낸 3개의 상태 벡터(인코더 시간단계마다 1개)를 왼쪽에서 보여준다. 가운데는 4개의 정렬 벡터(각 디코더 시간단계마다 하나)를 보여준다. 각 디코더 시간단계마다, 디코더 입력이 인코더 벡터 3개의 가중합으로 만들어진다. 정렬 벡터 중 하나의 점수가 가중치로 쓰인다.

이전 예제에서 디코더는 첫 번째 시간단계 동안 'je'에 집중할 것이며, 이는 'I'를 출력하게 된다. 코딩된 색이 이를 보여준다(첫 번째 디코더 입력은 첫 번째 인코더 출력과 같

그림 15-3 인코더 출력 상태가 어떻게 정렬 벡터와 조합되어 각 시간단계를 위한 인코더 입력을 만드는지 보여준다.

이 빨간색이다). 'am'을 출력할 때는 주로 'suis'에 집중한다. 'a'를 출력할 때는 'suis'와 'étudiant'에 집중한다(입력 벡터가 초록색이며, 이는 파란색과 노란색을 섞은 것이다). 마지막으로, 'student'를 출력할 때는 'étudiant'에 집중한다.

바다나우, 조, 벤지오(2014)는 더욱 복잡한 예를 분석했다.

- 프랑스어: L' accord sur la **zone économique européenne** a été signé en août 1992.
- 영어: The agreement on the **European Economic Area** was signed in August 1992.

굵은 글자를 보라. 단어 순서가 프랑스어와 영어에서 다르다('zone'은 'Area'에 해당하며, 'européenne'은 'European'에 해당함). 저자들은 3개의 시간단계 모두에서, 디코더가 'European Economic Area'를 출력할 때 세 단어 'zone économique européenne' 모두의 정렬 점수가 높음을 보였다. 즉, 디코더가 올바른 번역에 도달하도록 이웃하는 단어에 관심을 기울이고 있다.

이제 디코더를 위한 어텐션 메커니즘, 특히 이러한 움직임을 야기하는 정렬 점수를 어떻게 계산하는지 더 자세히 살펴본다. 아키텍처의 개요는 그림 15-4에서 보여준다. 여기서 상단 부분은 시간으로 전개된 네트워크의 동작을 디코더의 두 번째 시간단계에 집중하면서 보여주며, 하단 부분은 네트워크 구조를 전개 없이 보여준다.

전개된 시점(상단)에서 시작하면, 중간적인 표현이 상태의 세 조각으로 되어 있으며(각 입력 시간단계마다 하나) 각각은 작은 흰색 직사각형으로 나타나 있다. 앞서 2단계와 3단계에서 설명했듯이 이 벡터들의 가중합을 계산해 디코더의 순환 층에 입력으로 쓰이는 벡터 하나를 만들어낸다. 가중치(또한 **정렬 점수**alignment score 혹은 **정렬 벡터**alignment vector라 알려져 있음)는 조정 가능하며 각 시간단계마다 재계산된다. 그림에서 볼 수 있듯이 가중치는 현재 디코더 시간단계 이전의 시간단계로부터의 디코더 내부 상태에 의해 통제된다. 즉, 디코더가 정렬 점수를 계산할 책임을 진다.

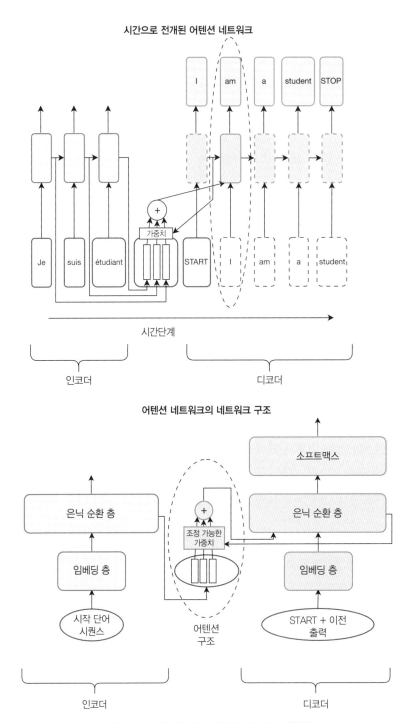

시간으로 전개된 어텐션 네트워크

시간단계

인코더

디코더

어텐션 네트워크의 네트워크 구조

그림 15-4 어텐션이 있는 인코더-디코더 아키텍처

그림의 하단 부분은 같은 네트워크를 구조적인(전개되지 않은) 시점에서 보여주며, 디코더가 가중치를 적절하게 조정함으로써 각각의 인코더 상태 벡터를 얼마만큼 입력으로 사용할지 스스로 통제한다는 사실을 다시 한번 분명하게 볼 수 있다.

정렬 벡터 계산하기

이제 각각의 디코더 시간단계마다 정렬 벡터를 어떻게 계산하는지 설명한다. 정렬 벡터는 T_e개 요소로 되어 있으며, T_e는 인코더의 시간단계 수다. 이러한 벡터를 T_d개 계산해야 하며, 이때 T_d는 디코더의 시간단계 수다.

정렬 벡터를 계산하는 방법은 여러 가지로 상상할 수 있다. 정렬 벡터의 길이가 T_e여야 한다는 사실은 안다. 또한 벡터를 계산하는 데 무엇을 입력값으로 사용할지 결정해야 한다. 마지막으로, 이러한 입력값에 어떤 계산을 적용해 점수를 만들어낼지 결정해야 한다.

입력값의 명백한 후보로는 디코더 상태가 있다. 왜냐하면 우리는 디코더가 동적으로 입력의 어느 부분에 집중할지 선택할 수 있기를 원하기 때문이다. 디코더에서 최상단 순환 층으로부터의 상태 출력이 어텐션 메커니즘의 가중치를 통제하는 데 쓰이는 고수준의 그림에서 이러한 가정을 이미 한 바 있다(고수준 그림에서의 가중치는 더욱 자세한 어텐션 메커니즘 설명으로 정렬 벡터를 나타낸다). 이러한 연산을 위한 입력으로 쓰일 수 있는 또 다른 후보로는 **시작 은닉 상태**가 있다. 우리는 시작 은닉 상태를 사용해 정렬 벡터를 계산할 것이며 그 뒤 디코더가 시작 은닉 상태의 어느 부분을 볼 수 있는지 결정하는 데 쓰일 것이기 때문에, 처음에는 이를 파악하는 것이 약간 어려워 보일 수도 있다. 그러나 보이는 것처럼 생소하지는 않다. 시작 은닉 상태를 메모리로 보면, 메모리의 내용을 사용해 메모리의 어느 부분을 읽을지 주소화한다는 뜻이며 이는 내용 주소화 메모리CAM, Content Addressable Memory라 알려진 개념이다. CAM에 이미 익숙한 독자들을 위해 이를 언급하지만, 정렬 벡터를 어떻게 계산하는지에 대한 나머지 설명을 따라가기 위해 CAM의 자세한 내용을 알 필요는 없다.

용어 측면에서 보면, 우리 예제에서 디코더 상태는 **쿼리**query처럼 쓰인다. 이는 그 뒤 **키**key에 대해 매칭을 하기 위해 쓰이며, 우리의 경우 키는 시작 은닉 상태다. 이는 반환할 **값**value을 선택하며, 우리의 경우 이 또한 시작 은닉 상태이지만 다른 구현에서는 키와 값이 서로 다를 수 있다.

이제 쿼리를 키에 매칭하는 데 쓰이는 함수를 결정하기만 하면 된다. 이 책의 주제하에서, 이러한 함수를 위해 신경망을 사용하고 모델이 함수를 스스로 학습하도록 하는 것은 황당한 이야기가 아니다. 그림 15-5는 가능한 두 가지 구현을 보여준다.

그림의 왼쪽 부분은 임의의 층 개수로 된 완전 연결 피드포워드 네트워크를 보여주며, 이는 정렬 벡터를 출력하는 완전 연결 소프트맥스 층으로 끝난다. 소프트맥스 층은 정렬 벡터의 요소 합이 1.0이 되도록 보장한다. 그림에서 왼쪽 네트워크의 단점은 시작 입력 길이에 제약을 가한다는 것이다. 더 심각한 것은 가장 왼쪽의 네트워크는 시작 문장에서 단어의 기대 위치를 하드코딩한다는 점이다. 이는 네트워크의 일반화를 어렵게 만든다. 가장 오른쪽의 아키텍처는 인스턴스 사이에서 가중치를 공유하는 복수의 2층 네트워크 인스턴스를 가짐으로써 이러한 문제를 다룬다. 앞서 봤듯이 가중치 공유는 네트워크가 위치와 상관없이 특정한 패턴을 식별할 수 있게 해준다. 이러한 완전 연결

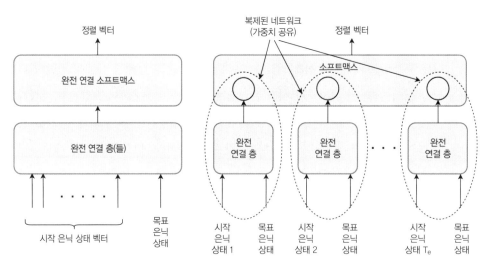

그림 15-5 정렬 벡터를 계산하는 함수의 두 가지 구현

네트워크의 각 인스턴스는 목표 은닉 상태 및 시작 은닉 상태의 시간단계 하나를 입력으로 받는다. 첫 번째 층의 활성 함수는 tanh이며, 출력 층에는 소프트맥스를 사용해 정렬 벡터의 요소 합이 1.0이 되도록 한다. 이 아키텍처는 바다나우, 조, 벤지오(2014)가 소개한 어텐션 메커니즘을 반영하고 있다.

정렬 벡터의 수학적 표기 및 변형

어텐션 메커니즘에 대한 저작물은 우리처럼 네트워크를 그리는 대신에 일반적으로 선형대수를 사용해 어텐션 함수를 설명한다. 이 절에서는 먼저 설명 및 그림 15-5를 수학적 방정식으로 매핑한 다음, 어텐션 함수를 단순화한 것을 보여준다. 이는 이러한 방정식을 사용해 간결하게 할 수 있다.

네트워크는 2수준 네트워크의 T_e개 인스턴스로 시작하며, T_e는 인코더 시간단계의 수를 나타낸다. 첫 번째 층은 tanh를 활성 함수로 사용한다. 각 2수준 네트워크의 두 번째 층은 활성 함수가 없는 단일 뉴런이다(소프트맥스는 나중에 적용됨). 방금 설명한 것은 그림에서 점선 타원의 네트워크로 표현되며, 각 타원의 내용은 점수 함수라 알려진 함수를 구현한다.

$$score\left(\boldsymbol{h}_t,\ \boldsymbol{h}_{si}\right) = \boldsymbol{v}_a^T \tanh\left(W_a\left[\boldsymbol{h}_t;\boldsymbol{h}_{si}\right]\right)$$

목표 은닉 상태 및 시작 은닉 상태 중 하나가 이 점수 함수의 입력으로 쓰인다. 이 두 벡터는 연결되고 나서 행렬 W_a를 곱하고, 그런 다음 tanh 함수를 적용한다. 이러한 연산은 처음의 완전 연결 층에 해당한다. 그 뒤 결과 벡터를 벡터 $\boldsymbol{v}_a$의 전치된 버전과 곱한다. 이는 점선 타원인 출력 층의 뉴런 하나에 해당한다. 이러한 점수 함수는 각 인코더 시간단계마다 계산한다. 각 시간단계는 단일 값이 되므로, 결국 T_e개 요소의 벡터를 얻는다. 이 벡터에 소프트맥스 함수를 적용해 요소의 합이 1이 되도록 스케일링한다. 소프트맥스 연산 출력의 각 요소는 다음 공식을 사용해 계산한다.

$$\boldsymbol{a}_t(i) = softmax(i) = \frac{\exp(score(\boldsymbol{h}_t,\boldsymbol{h}_{si})}{\sum_{j=1}^{T_e}\exp\left(score\left(\boldsymbol{h}_t,\boldsymbol{h}_{sj}\right)\right)}$$

공식에서 T_e는 인코더 시간단계의 수를, i는 계산하는 요소의 인덱스를 나타낸다. 결과 요소는 각 인코더 시간단계마다 요소가 하나인 정렬 벡터로 조직화한다.

$$a_t = \begin{pmatrix} a_t(1) \\ a_t(2) \\ \vdots \\ a_t(T_e) \end{pmatrix}$$

선택한 점수 함수에 있어 그 어떤 마법 같은 것도 존재하지 않는다. 바다나우, 조, 벤지오(2014)는 단순히 2수준 완전 연결 신경망을 선택해 이것이 의미 있는 함수를 학습할 수 있도록 충분히 복잡하게 만들면서도 연산적으로는 너무 비싸지 않도록 충분히 단순화했다. 루옹Luong, 팜Pham, 매닝Manning(2015)은 이러한 점수 함수를 단순화하여 실험했으며 방정식 15-1의 단순한 함수도 잘 동작함을 보였다.

$$score\left(\boldsymbol{h}_t, \boldsymbol{h}_{si}\right) = \boldsymbol{h}_t^T \boldsymbol{W}_a \boldsymbol{h}_{si} \qquad \text{(일반적인)}$$

$$score\left(\boldsymbol{h}_t, \boldsymbol{h}_{si}\right) = \boldsymbol{h}_t^T \boldsymbol{h}_{si} \qquad \text{(내적)}$$

방정식 15-1 점수 함수의 단순화

방정식 15-1의 두 함수가 신경망의 측면에서 무엇을 나타내는지 자연스럽게 질문할 수 있다. 소프트맥스 함수와 조합된 **내적**dot product 버전으로 시작하면, 이는 그림 15-5의 오른쪽 네트워크를 나타내지만 소프트맥스 층 이전에 완전 연결 층이 없도록 수정된 것이다. 게다가 소프트맥스 층의 뉴런은 목표 은닉 상태를 뉴런 가중치로 사용하며, 시작 은닉 상태 벡터가 네트워크의 입력으로 쓰인다. 소프트맥스 층과 조합된 **일반적인**general 버전은 W_a로 정의된 첫 번째 층 및 또다시 선형 활성 함수와 그다음 오는 목표 은닉 상태 벡터를 뉴런 가중치로 사용해 소프트맥스 층으로 나타낸다. 실제로는 수학 방정식 측면에서 이러한 네트워크를 생각하기 시작하면, 네트워크가 잘 동작하는 한 방정식의 약간의 수정이 네트워크의 구조 측면에서 어떤 영향을 주는지에 대해 그리 신경 쓰지는 않는다. 이를 뒤집어보면, 수학 방정식을 분석해 어텐션 메커니즘이 어떻게 동작하는지에 관해서 이들이 어떤 인사이트를 제공할 수 있는지 볼 수 있다. 내적 버전을 보면, 두 벡터의 내적은 두 벡터 내 같은 위치에 있는 요소가 같은 부호를 가지면 값이 커진다는 사실을 알고 있다. 아니면 벡터가 정류선형유닛^{ReLU}에 의해 만들어져 모든 요소가 0보다 크거나 같다고 해보자. 그러면 두 벡터 내 0이 아닌 요소가 서로 간에 정렬되어 있다는 측면에서, 벡터가 서로 비슷하다면 내적은 커질 것이다. 다시 말해, 어텐션 메커니즘은 인코더 상태가 현재의 디코더 상태와 비슷한 시간단계에 집중하는 경향을 보일 것이다. 현재 상태를 사용해 현재 단어가 문장에서 주어인지 아니면 목적어인지 여부를 결정할 수 있는지와 같이, 만일 인코더와 디코더의 은닉 상태가 현재 처리되고 있는 단어의 형태를 어떻게든 표현하고 있다면 이것이 적절하다는 것을 상상할 수 있다.

더 깊은 네트워크에서의 어텐션

이번 설명은 단일 순환 층으로 된 네트워크를 가정한다. 그림 15-6은 루옹, 팜, 매닝 (2015)이 소개한 어텐션을 더 깊은 네트워크에 적용하는 네트워크 아키텍처를 보여준다. 그림 15-4와 비교하면 몇 가지 다른 점이 존재한다. 첫째, 이 네트워크 아키텍처는 최종 인코더 내부 상태를 사용해 디코더 내부 상태를 초기화한다는 면에서 우리의 원본 NMT와 더욱 유사하다. 둘째, 그림 15-4와 반대로 인코더와 디코더가 이제 2개 이상의 순환 층을 갖는다. 루옹, 팜, 매닝은 가장 최상층의 내부 상태에만 어텐션 메커니즘을 적용해 이를 다뤘다. 게다가 어텐션 메커니즘으로부터 유도된 컨텍스트를 순환 층의 입력으로 사용하는 대신에, 이 상태는 디코더의 가장 위 순환 층의 출력과 연결되어 완전 연결 층으로 공급된다. 이러한 완전 연결 층의 출력은 **어텐셔널 벡터**$^{attentional\ vector}$라 부른다. 이 벡터는 다음 시간단계에서 첫 번째 층의 입력으로 다시 공급된다. 어떤 측면에서 이는 완전 연결 층이 순환 층과 같이 행동하도록 함은 물론 어텐션 메커니즘이 잘 동작하도록 하는 핵심이 된다. 이는 네트워크가 시작 문장의 어느 부분을 다음으로 고려할지 결정할 때 시작 문장의 어느 부분이 이미 처리됐는지를 감안할 수 있게 해준다. 그림 15-4의 아키텍처에서는 이러한 명시적인 피드백 루프가 필요하지 않았다. 왜냐하면 가중된 상태가 보통의 피드포워드 층이 아닌 순환 층으로 공급된다는 점

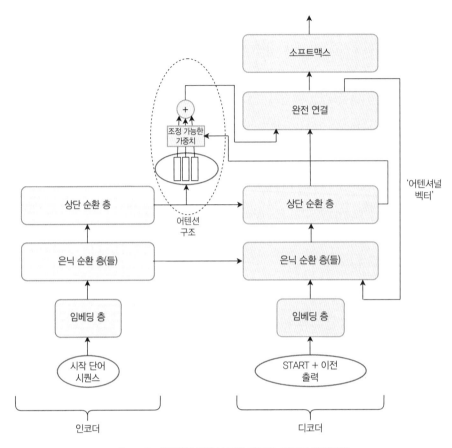

그림 15-6 대안적인 어텐션 기반 인코더-디코더 아키텍처

에서 암묵적인 피드백 루프가 존재하기 때문이다.

마지막 핵심 차이점은 그림 15-6에서 가중합이 가중치를 통제하는 상태를 만드는 같은 층으로 다시 공급되는 대신에 더 높은 층으로 공급된다는 것이다. 이는 조정 가능한 가중치가 이제 이전 시간단계 대신에 현재 디코더 시간단계의 상태에 의해 통제되는 효과를 갖는다. 이는 그림을 처음 보면 명확하지 않을 수도 있다. 데이터가 어떻게 흐르는지 고려해보면, 그림 15-6에서 조정 가능한 가중치를 사용하기 전에 이를 계산하는 것이 가능한 한편, 그림 15-4에서 조정 가능한 가중치의 출력은 그들을 통제하는 벡터를 계산하는 데 쓰인다. 따라서 가중치를 통제하는 벡터는 이전 시간단계로부터 유도돼야만 한다.

추가적인 고려사항

우리가 설명한 어텐션 메커니즘에서 디코더는 시작 은닉 상태 내 벡터의 가중합을 만들어내는데, 이는 **소프트 어텐션**soft attention이라 알려져 있다. 대신에 디코더가 각 시간단계의 시작 은닉 상태 내 벡터 중 오직 하나만을 처리하게 하는 대안이 있는데, 이는 **하드 어텐션**hard attention이라 알려져 있다.

가중합 계산의 이점은 어텐션 함수가 연속이므로 미분 가능하다는 것이다. 이는 이산적인 선택 함수가 쓰일 때와 반대로 학습을 위해 역전파를 사용할 수 있게 해준다.

> **하드 어텐션**에서는 각 디코더 시간단계에 집중하기 위해 단일 인코더 시간단계로부터의 상태가 선택된다. **소프트 어텐션**에서는 모든 인코더 시간단계로부터의 상태 혼합(가중합)이 쓰인다.

마지막으로, 우리의 시퀀스 투 시퀀스 네트워크에 적용해온 제약 중 하나를 보자. 어텐션을 적용하기 전에, 네트워크는 이론적으로 입력 시퀀스를 무제한적인 길이로 받을 수 있었다. 그러나 전체 시작 은닉 상태를 저장하기 위한 어텐션 메커니즘의 요구는 시작 시퀀스 길이에 따라 선형으로 증가하며, 이는 이제 입력 시퀀스의 길이에 제한이 있음을 의미한다. 처음에는 안타까운 일로 보일 수 있지만, 실제적인 중요성은 제한적이다. 몇 문단 전에서 어텐션 메커니즘의 근거로 제시했던 꽤 복잡한 문장을 고려해보자. 소수의 사람들은 한 번에 읽은 뒤 좋은 번역을 할 수 있을 것이다. 다시 말해, 인간의 뇌는 심지어 이러한 길이의 문장을 기억할 때조차 어려움을 겪으며 좋은 번역을 만들어내기 위해 외부 저장공간(문장이 쓰인 종이나 컴퓨터 스크린)에 의존해야 한다. 현실에서 문장을 기억하는 데 필요한 저장공간의 크기는 압축되지 않은 형식으로 단지 589바이트일 뿐이다. 이러한 배경하에서 **시작 은닉 상태**를 추적하기 위해 충분한 저장공간을 남겨두는 것은 적절해 보인다.

이로써 기본적인 어텐션 메커니즘에 대한 자세한 설명을 마친다. 이번 논의의 주된 내용은 어텐션이 일반적인 개념이며 이를 구현하는 방법이 여럿 존재한다는 점이다. 이는 설명한 구현 중 하나가 이를 수행하는 '올바른' 방법인지 불명확해 보인다는 점에서 처음에는 다소 어렵게 느낄 수도 있다. 이러한 반응은 처음에 LSTM 유닛 및 게이트 순환 유닛^{GRU}을 접할 때와 비슷하다. 실제로는 이러한 개념을 적용하는 한 가지 올바른 방법은 아마도 존재하지 않을 것이다. 구현이 다르면 움직임도 약간 다르게 나타나며, 특정 결과를 달성하는 데 필요한 연산 측면에서도 다른 효율성 수준을 낳는다.

순환 네트워크의 대안

한 걸음 뒤로 물러서면 보면, 왜 순환 네트워크가 NMT에 필요한지 질문할 수 있다. 시작점은 우리가 시작 및 도착 문장에서 가변 시퀀스 길이를 처리하는 능력을 원했다는 것이다. RNN 기반 인코더-디코더 네트워크는 이에 대한 고정된 크기의 중간적인 표현으로 된 우아한 해법이었다. 그러나 긴 문장을 잘 번역하기 위해, 그 뒤 입력 시퀀스 길이에 일부 제약을 가하고 디코더가 어텐션을 사용해 무작위적인 접근 방식으로 이러한 중간적인 상태에 접근하게 했다. 이러한 배경에서 인코더를 구축하는 데 RNN이 필요한지 아니면 다른 아키텍처가 똑같이 좋거나 더 나은지 살펴보는 것은 자연스럽다. RNN 기반 구현의 또 다른 문제는 RNN이 본질적으로 특성상 직렬적^{serial}이라는 점이다. 다른 네트워크 아키텍처가 할 수 있는 것과 같이 연산을 병렬화할 수 없으며, 이는 긴 훈련 시간을 야기한다. 칼흐브레너^{Kalchbrenner}와 동료들(2016) 그리고 게링^{Gehring}과 동료들(2017)은 순환 네트워크 대신에 어텐션으로 된 합성곱 네트워크를 기반으로 한 대안적인 접근법을 연구했다.

중대한 돌파구는 트랜스포머 아키텍처가 소개되며 나왔다(Vaswani et al., 2017). 이는 순환 층 및 합성곱 층도 사용하지 않으며, 대신에 완전 연결 층 및 **셀프 어텐션**$^{self\ attention}$ (Lin, Doll, et al., 2017)과 **멀티헤드 어텐션**$^{multi-head\ attention}$이라 알려진 두 개념을 근거로 한다. 트랜스포머 아키텍처의 주요 이점은 본질적으로 병렬적이라는 것이다. 모든 입력 기호(예를 들어 언어 번역에서 단어)의 계산은 서로 병렬적으로 가능하다.

> 트랜스포머는 셀프 어텐션과 멀티헤드 어텐션을 기반으로 한다.

트랜스포머 아키텍처는 2017년 이후 NLP 발전의 상당 부분을 주도했는데, 언어 번역에서 기록적인 점수를 달성했다. 또한 다른 중요한 모델의 기본이 된다. 이러한 모델에는 생성적인 사전 훈련GPT, Generative Pre-Training 그리고 여러 NLP 애플리케이션 내 과제에서 기록적인 점수를 달성한 트랜스포머로부터의 양방향 인코더 표현BERT, Bidirectional Encoder Representations from Transformers 두 가지가 있다(Devlin et al., 2018; Radford et al., 2018). GPT와 BERT의 더 자세한 내용은 부록 D에서 찾을 수 있다.

> GPT와 BERT는 트랜스포머 아키텍처에 기반한 언어 모델이다.

다음 몇 개 절은 셀프 어텐션과 멀티헤드 어텐션을 자세히 설명한다. 그 뒤 전체적인 트랜스포머 아키텍처로 넘어가 어떻게 자연어 번역을 위해 순환 층 없이 인코더-디코더 네트워크를 구축하는 데 이를 사용할 수 있는지 설명한다.

셀프 어텐션

지금까지 공부한 어텐션 메커니즘에서 디코더는 **중간적인 상태**intermediate state의 각기 다른 부분에 직접 집중하기 위해 어텐션을 사용한다. 셀프 어텐션은 **이전 층의 출력**에서 어느 부분에 집중하는지 결정하는 데 쓰인다는 점에서 다르다. 그림 15-7에 나타나 있듯이, 셀프 어텐션이 임베딩 층의 출력에 적용되어 있으며 그다음 각 단어마다 완전 연결 층이 나온다. 이러한 각각의 완전 연결 층에서 입력은 문장 내 모든 단어의 조합이 될 것이며, 이때 어텐션 메커니즘은 어떻게 각 개별 단어에 무게를 둘지 결정한다.

셀프 어텐션 메커니즘에 깊이 들어가기 전에 그림의 아키텍처가 어떻게 병렬화되는지 언급하는 것이 좋다. 그림은 임베딩 층, 어텐션 메커니즘, 완전 연결 층의 복수 인스턴스로 되어 있지만, 이들은 모두 동일하다(가중치 공유). 게다가 단일 층 내에서 단어 사이의 의존성이 존재하지 않는다. 이는 구현이 계산을 병렬로 할 수 있게 해준다. 완전 연결 층의 입력을 고려해보자. 어텐션 메커니즘으로부터의 출력 벡터 4개를 행이 4개

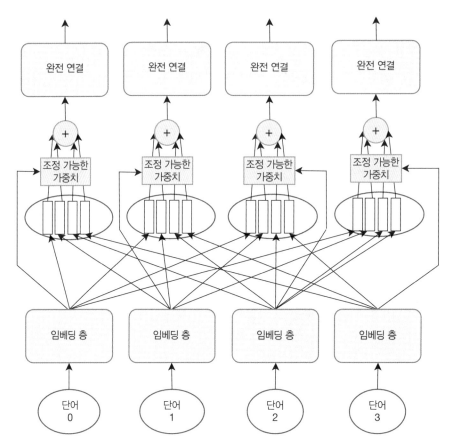

그림 15-7 임베딩 층 다음에 셀프 어텐션 층이 나오고 그다음 완전 연결 층이 나온다. 네트워크는 가중치 공유를 활용하므로, 각각의 단어 위치는 같은 가중치를 사용한다.

인 행렬로 정렬할 수 있다. 완전 연결 층은 각 뉴런마다 열이 하나인 행렬로 표현된다. 이제 4개의 모든 인스턴스의 출력을 하나의 행렬-행렬 곱을 통해 병렬로 계산할 수 있다. 나중에 어떻게 셀프 어텐션 메커니즘이 추가적인 병렬화를 하는지 보겠지만, 먼저 셀프 어텐션을 자세히 설명해야 한다.

이 장 초반에 어떻게 어텐션 메커니즘이 점수화 함수를 사용해 가중치를 계산하는지 설명했다. 이러한 점수화 함수의 입력 중 하나인 **키**key는 데이터값 그 자신이었다. 다른 입력인 **쿼리**query(그림 15-7의 수평 화살표)는 입력을 소비하는 네트워크로부터 나왔다(디코

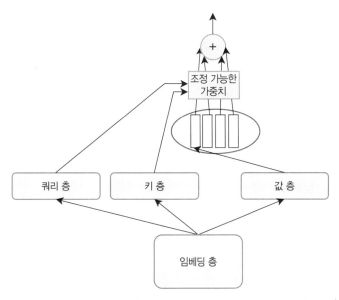

그림 15-8 쿼리, 키, 값의 차원을 수정하는 프로젝션 층으로 된 어텐션 메커니즘[1]

더 네트워크). 셀프 어텐션의 경우 쿼리는 값이 하는 것과 같이 이전 층으로부터 나온다.

트랜스포머의 셀프 어텐션 메커니즘은 그림에서 보여주는 것보다 약간 더 복잡하다. 어텐션 메커니즘의 입력을 '키', '쿼리', '데이터'로 직접 사용하는 대신에, 이 벡터 3개가 선형 활성 함수를 통해 3개의 개별적인 단일 층 네트워크로 계산된다. 즉, 이제 키가 데이터값과 달라지며, 또 다른 부수효과로 원본 입력과 다른 너비의 키, 쿼리, 데이터를 사용할 수 있다. 이는 그림 15-8에서 단일 어텐션 메커니즘으로 보여준다.[2]

이제 조정 가능한 가중치를 갖는 직사각형으로 2개의 화살표가 공급되는 것이 이상하게 보일 수도 있다. 이전 그림에서는 데이터값(흰색 직사각형)을 암묵적으로 값과 키 모두로 사용했으므로, 이러한 화살표를 명시적으로 그리지 않았다. 즉, 그림은 추가적인 화살표를 갖지만 실제로 어텐션 메커니즘은 그리 많이 바뀌지 않았다.

---

2 저자는 이 책의 정오표 페이지(https://ldlbook.com/errata/)에서 어텐션 메커니즘이 여러 개의 쿼리가 아닌 하나의 쿼리, 그리고 N개의 키와 N개의 값을 받음을 언급하며 이 그림이 의미를 제대로 전달하지 못하고 있음을 암시하고 있다. 자세한 내용은 해당 정오표 페이지를 참고하기 바란다. — 옮긴이

멀티헤드 어텐션

이전 절에서 N이 네트워크의 입력 단어 개수였을 때, 어떻게 N개 입력 벡터로부터 N개 출력 벡터를 만들어내는 데 셀프 어텐션을 사용할 수 있는지 살펴봤다. 셀프 어텐션 메커니즘은 모든 N개의 입력 벡터가 각 출력 벡터에 영향을 미칠 수 있음을 보장한다. 또한 쿼리, 키, 값을 위한 층을 도입했으며, 이는 출력 벡터의 너비를 입력 벡터의 너비와 독립적으로 만들 수 있게 해준다. 출력 너비를 입력 너비로부터 분리하는 능력이 **멀티헤드 어텐션**multi-head attention 개념의 핵심이다.

멀티헤드 어텐션은 각 입력 벡터마다 복수의 어텐션 메커니즘이 병렬로 동작하는 것만큼이나 비슷하다. 이는 그림 15-9에서 헤드가 2개인 예제로 보여준다.

그림은 이제 각 입력 벡터가 2개의 출력 벡터가 됨을 의미한다. 즉, 헤드가 하나인 출력의 너비가 입력 너비와 같다면, 층의 출력은 이제 층의 입력과 비교해 두 배 많은 값을 갖는다. 그러나 쿼리, 키, 값 층은 출력의 너비를 어떤 너비로든지 가질 수 있는 능력이 있다. 추가로 출력에 프로젝션 층을 추가했다. 이것의 입력은 헤드로부터 나오는

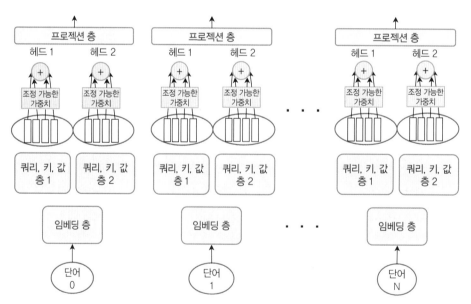

그림 15-9 임베딩 층 다음에 멀티헤드 셀프 어텐션 층이 따라온다. 각 입력 단어 벡터는 복수의 헤드를 통해 처리된다. 그 뒤 주어진 단어에 각 헤드의 출력이 연결되어 출력 층을 지나간다.

연결된 출력이다. 전반적으로 이는 어텐션 헤드는 물론 멀티헤드 셀프 어텐션 층의 전체 출력의 너비를 선택할 수 있는 완전한 유연성이 있음을 뜻한다.

그림 15-7과 같이, 그림 15-9에서도 가중치 공유를 가정한다. 단어 0의 헤드 1의 쿼리 층은 다른 모든 단어의 헤드 1의 쿼리 층과 동일하며, 같은 것이 키와 값 층에도 적용된다. 구현 측면에서 이는 만일 셀프 어텐션 층을 향한 N개 입력 벡터를 행렬로 정렬하면, 모든 입력 벡터를 위한 헤드 1의 쿼리 벡터의 계산이 단일 행렬-행렬 곱과 동등해짐을 뜻한다. 같은 것이 키 벡터와 값 벡터에도 적용된다. 헤드의 개수는 또 다른 수준의 병렬화를 뜻하므로, 결국 셀프 어텐션 층은 병렬화할 수 있는 많은 수의 행렬 곱이 된다.

트랜스포머

앞서 언급했듯이 트랜스포머는 우리가 이미 봤던 것과 비슷한 인코더-디코더 아키텍처 이지만, 이는 순환 층을 활용하지 않는다. 먼저 인코더를 설명하며, 이전 그림에서 봤듯이 각 단어를 위한 임베딩 층으로 시작한다. 임베딩 층 6개의 동일한 모듈의 적층이 따라오며, 각 모듈은 멀티헤드 셀프 어텐션 층 및 각 입력 단어에 해당하는 완전 연결 층으로 되어 있다. 추가로 각 모듈은 6개 모듈의 단일 인스턴스를 보여주는 그림 15-10 의 왼쪽 부분에서 나타나 있듯이 스킵 연결 및 정규화를 활용한다.

네트워크는 이전에 우리가 봤던 배치 정규화 대신 층 정규화layer normalization를 사용한다 (Ba, Kiros, and Hinton, 2016). 층 정규화는 배치 정규화와 같이 훈련을 용이하게 해주는 것으로 밝혀졌지만 이는 미니배치 크기와 독립적이다.

트랜스포머가 순환 층을 사용하지 않는다고 명시했지만, 디코더는 여전히 자기회귀적 인 모델이다. 즉, 출력을 시간마다 한 단어로 생성하며, 생성된 각 단어를 여전히 디코 더 네트워크에 순차적인 방식으로 다시 공급해야 한다. 인코더와 마찬가지로 디코더는 모듈의 6개 인스턴스로 되어 있지만, 이 디코더 모듈은 인코더 모듈보다 약간 더 복잡

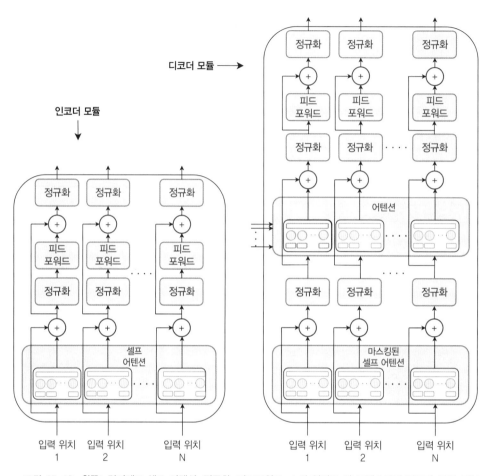

그림 15-10 왼쪽: 멀티헤드 셀프 어텐션, 정규화, 피드포워드, 스킵 연결로 된 트랜스포머 인코더 모듈. 피드 포워드 모듈은 2개의 층으로 되어 있다. 오른쪽: 트랜스포머 디코더 모듈. 인코더 모듈과 비슷하지만 멀티헤드 어텐션(셀프 어텐션이 아님)에 더해 멀티헤드 셀프 어텐션 층으로 확장됐다. 전체적인 트랜스포머 아키텍처는 복수의 인코더와 디코더 모듈로 되어 있다.

하다. 특히 멀티헤드 셀프 어텐션 메커니즘은 미래 단어에 주의를 기울이는 것을 막는 마스킹 메커니즘을 포함한다. 미래 단어는 아직 생성되지 않았기 때문이다. 추가로 디코더 모듈은 또 다른 어텐션 층을 포함하며, 이는 인코더 스택으로부터의 출력에 주의를 기울인다. 즉, 디코더는 인코더에 의해 생성된 중간적인 상태에 셀프 어텐션 및 전통적인 어텐션 모두를 활용한다. 그러나 이 장 초반의 예제와는 반대로, 트랜스포머는 셀프 어텐션 층에서 멀티헤드 어텐션을 사용하는 것에 더해 인코더로부터의 중간적인 상태에 적용되는 멀티헤드 어텐션을 어텐션 층 내에서 사용한다. 디코더 모듈은 그림 15-10의 오른쪽에서 보여준다.

이제 인코더 모듈과 디코더 모듈을 설명했으므로 완성된 트랜스포머 아키텍처를 제시할 준비가 됐다. 이는 그림 15-11에서 보여준다. 그림은 어떻게 디코더가 인코더로부터 만들어진 중간적인 상태에 주의를 기울이는지 보여준다.

그림은 아직 설명하지 않은 마지막 세부 사항을 포함하고 있다. 전체적인 트랜스포머 아키텍처가 어떻게 펼쳐져 있는지 보면, 이는 단어 순서를 감안하는 좋은 방법을 갖고 있지 않다. 단어는 순환 네트워크에서와 같이 순차적으로 제시되지 않으며, 각 개별 단어를 처리하는 하위 네트워크는 모두 가중치를 공유한다. 이 문제를 다루기 위해, 트랜스포머 아키텍처는 각 입력 임베딩 벡터에 **위치 인코딩**positional encoding이라 불리는 무언가를 추가한다. 위치 인코딩은 단어 임베딩 그 자신과 같은 수의 요소를 갖는 벡터다. 이러한 위치 인코딩 벡터는 단어 임베딩에 추가되며(요소별로), 네트워크는 이를 활용해 입력 문장 내 단어 사이의 공간적인 관계를 추론할 수 있다. 그림 15-12는 n개 단어로 된 입력 문장을 보여준다. 각 단어는 4개의 요소로 된 단어 임베딩으로 표현된다.

우리는 각 입력 단어에 해당하는 위치 인코딩 벡터 하나를 계산해야 한다. 위치 인코딩 벡터의 요소는 문장 내 단어의 위치에 영향을 받아야 함이 분명하다. 또한 위치 인코딩 벡터 내 모든 요소가 동일하지 않다면 도움이 된다는 사실이 밝혀진다. 즉, 특정 입력 단어에서 단어 벡터 내 각 요소에 같은 값을 추가하지 않고, 값은 단어 벡터 내 인덱스에 의존한다. 그림은 위치 인코딩 벡터 내 4개의 요소에 각기 다른 색을 사용해 이를 보여준다.

만일 벡터 내 요소의 인덱스 i가 짝수라면, 위치 임베딩 벡터 내 요소의 값은 다음과 같다.[3]

---

3 원본 논문(Vaswani et al., 2017)에는 방정식이 i 대신 $2i$로 약간 다르게 써져 있는데, 이는 오타가 아니라 논문이 벡터 내 인덱스를 나타내기 위해 i를 쓰지 않기 때문이다. 대신에 논문은 짝수 인덱스는 $2i$로, 홀수 인덱스는 $2i + 1$로 표기한다.

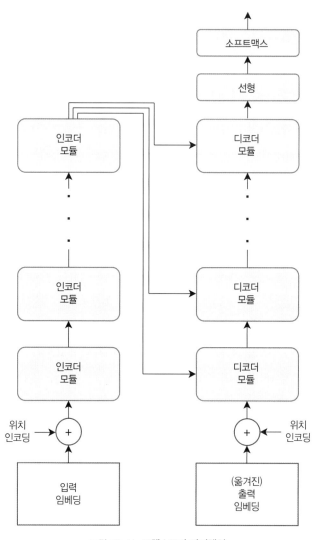

그림 15-11 트랜스포머 아키텍처

$$\sin\left(\frac{pos}{10000^{i/d}}\right)$$

이때 pos는 문장 내 단어의 위치이며, i는 벡터 내 요소의 인덱스이고, d는 단어 임베딩 내 요소의 개수다. 만일 벡터 내 요소의 인덱스 i가 홀수라면 요소의 값은 다음과

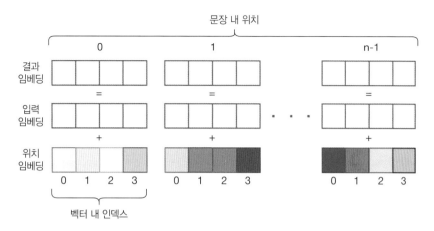

그림 15-12 입력 임베딩에 위치 인코딩을 추가해 단어 순서를 가리킨다. 그림은 요소가 4개인 단어 임베딩을 가정한다. 문장은 *n*개의 단어로 되어 있다. 네트워크에 공급되는 결과 임베딩을 계산하기 위해 위치 인코딩 벡터를 각 단어를 위한 입력 벡터에 추가한다.

같다.

$$\cos\left(\frac{pos}{10000^{(i-1)/d}}\right)$$

주어진 인덱스 *i*에서, 문장의 나중의 단어로 이동함에 따라 sin과 cos의 인수가 0으로부터 단조적으로 위로 증가함을 공식으로부터 볼 수 있다. 이러한 위치 인코딩이 왜 올바른 것인지 분명하게 보이지 않을 수도 있다. 다른 많은 메커니즘처럼, 이는 많은 옵션 중 하나일 뿐이다. 부록 D의 아키텍처는 또 다른 옵션을 사용해 훈련 동안 위치 인코딩을 학습한다.

트랜스포머의 맺음말

트랜스포머 모델이 소개됐을 때, 이는 영어-독일어 및 영어-프랑스어 번역을 이전의 다른 어떤 모델보다도 잘 만들어냈다. 트랜스포머 기반 번역 네트워크는 여전히 14장의 LSTM 기반 네트워크와 같은 인코더-디코더 아키텍처의 한 예임을 주지해야 한다.

그러나 인코더와 디코더의 병렬적인 특성은 LSTM 기반 아키텍처가 나타낸 직렬화 문제를 다룬다.

트랜스포머는 언어 번역뿐만 아니라 일반적인 NLP에서도 유용하다. 예로 12장 '신경 언어 모델과 단어 임베딩'의 프로그래밍 예제에서 LSTM 기반 언어 모델을 구현했다. 반대로 더욱 최근에 발표된 언어 모델은 트랜스포머 아키텍처로부터의 구성 요소에 기반한다. 14장에서 지적했듯이 번역 네트워크의 디코더 부분은 기본적으로 언어 모델이며, 이는 인코더의 내부 상태로 초기화된다. 트랜스포머 디코더의 수정된 버전은 인기 있는 언어 모델인 GPT를 구현하는 데 쓰이며, 이는 부록 D에서 설명한다. 또 다른 예시로는 트랜스포머 아키텍처의 인코더 구성 요소에 기반하는 BERT가 있으며 이 또한 부록 D에서 설명한다.

이 장 앞에서 트랜스포머가 순환 층뿐만 아니라 합성곱 층도 사용하지 않는다고 명시했다. 그러나 네트워크의 디코더 구성 요소가 자기회귀 모델이며 그에 따라 순환과 비슷한 피드백 메커니즘을 활용함을 언급했다. 공평하게 말하자면, 이는 모델이 어떻게 쓰이는지에 관련된 것이며 모델 아키텍처에 내재하는 것이 아니다. 사실 BERT 모델은 온전히 트랜스포머 인코더에 기반하며, 따라서 이러한 피드백 연결로부터 완전히 자유롭다. 합성곱 층에 관한 주제와 관련해, 트랜스포머가 합성곱을 명시적으로 사용하지는 않지만 이는 합성곱이 하는 것과 비슷한 가중치 공유를 활용함을 언급한다. 코도니어[Cordonnier], 루카스[Loukas], 자기[Jaggi](2020)는 어떻게 셀프 어텐션과 합성곱 층이 서로 연관되어 있는지 연구했으며, 어텐션 층이 실제로 합성곱을 수행하도록 학습하는 경우가 많음을 보였다. 그러나 셀프 어텐션과 합성곱의 주요한 차이점은 셀프 어텐션 층은 입력의 어느 위치든지 주의를 기울일 수 있지만 합성곱은 합성곱 커널이 포함하는 이웃하는 위치에만 주의를 기울일 수 있다는 것이다.

원본 논문을 읽는 것 외에 트랜스포머에 대해 더 배우고 싶다면 알라마의 블로그를 읽어보자(Alammar, 2018b). 공개적으로 쓸 수 있는 소스 코드의 링크도 있으므로 모델을 사용해 시작해볼 수 있다. 트랜스포머 아키텍처의 사용 사례를 더 많이 배우고 싶다면 부록 D의 GPT, BERT, RoBERTa를 읽어보자. 또는 이미지 캡셔닝을 위한 어텐션 기반 모델을 구축하는 방법을 설명하는 16장 '이미지 캡셔닝을 위한 일대다 네트워크'를 이어서 읽는 것도 좋다.

16

이미지 캡셔닝을 위한 일대다 네트워크

지금까지 여러 장에서 텍스트 데이터로 작업을 해왔다. 그 전에는 어떻게 합성곱 네트워크가 이미지 데이터에 적용될 수 있는지 살펴봤다. 16장에서는 합성곱 네트워크와 순환 네트워크를 조합해 이미지 캡셔닝을 수행하는 네트워크를 구축하는 방법을 설명한다. 즉, 이미지가 입력이라면 네트워크가 이미지의 텍스트 설명을 생성한다. 그런 다음 네트워크를 어텐션으로 확장하는 방법을 설명한다. 이 장의 마무리는 어텐션 기반 이미지 캡셔닝 네트워크를 구현하는 프로그래밍 예제로 한다.

이 프로그래밍 예제가 이 책에서 가장 광범위한 예제이며 이를 트랜스포머를 다룬 다음에 설명하고 있으므로, 이미지 캡셔닝 아키텍처가 이 책에서 설명하는 아키텍처 중 가장 최신이며 발전된 것으로 보일 수도 있다. 그러나 그렇지 않다. 이 이미지 캡셔닝 아키텍처의 기본 형식은 2014년에 공개됐으며 그러므로 트랜스포머 아키텍처를 3년 앞선다. 이것은 이전 장들에서 논의한 개념들 대부분을 한데 모으는 훌륭한 방법이다. 이미지 캡셔닝의 기본 과정은 그림 16-1에서 보여준다.

이미지 캡셔닝의 한 사용 사례는 사람이 먼저 이미지에 텍스트 설명으로 주석을 달 필요 없이 텍스트 검색을 가능하게 하는 것이다. 일단 이러한 모델을 어떻게 만드는지가 분명하게 보이지 않을 수도 있지만, 신경 머신 번역을 배경으로 간단하게 할 수 있음

그림 16-1 이미지 캡셔닝 문제

이미지 캡셔닝을 위한 인코더-디코더 네트워크

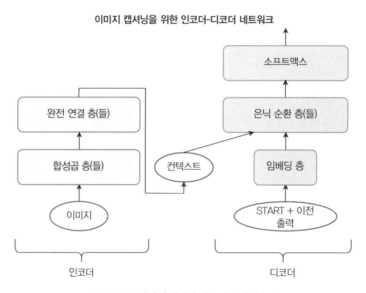

그림 16-2 이미지 캡셔닝 네트워크 아키텍처

이 드러날 것이다. 이미지에 텍스트 설명을 생성하는 것은 한 언어를 다른 언어로 번역하는 것과 같이 볼 수 있으며, 이때 시작 언어는 텍스트적이 아니라 시각적이다. 그림 16-2는 인코더-디코더 아키텍처를 사용해 이를 수행하는 방법을 개념적으로 보여준다. 다수의 논문(Karpathy and Li, 2014; Mao et al., 2014; Vinyals et al., 2014)이 언어 번역을 위한 시퀀스 투 시퀀스 모델이 공개됐을 때와 같은 시간에, 아니면 바로 다음에 개별적으로 이러한 아키텍처를 제안했다. 먼저 이미지에 무엇이 있는지에 대한 언어 독립적인 중간적인 표현을 만드는 합성곱 네트워크로 되어 있는 인코더로 시작한다.

그다음 이러한 중간적인 표현을 텍스트로 변환하는 순환 네트워크로 되어 있는 디코더가 온다. 이는 일대다 네트워크의 한 예로, 입력이 단일 아이템(이미지 하나)이며 출력이 복수의 아이템(단어의 시퀀스)으로 되어 있다.

> 이미지 캡셔닝은 장면의 시각적 표현을 텍스트 설명으로 '번역하는' 인코더-디코더 네트워크로 해낼 수 있다. 시작 언어는 시각적이다.

7장 '이미지 분류에 적용된 합성곱 신경망'에서 설명했듯이, 합성곱 네트워크는 이미지가 특정 물체를 포함하는지 분류하는 마지막 소프트맥스 층 이전에 마지막 합성곱 층의 특성 맵을 어떻게든 1차원 벡터로 요약하는 완전 연결 층으로 끝나는 경우가 많다. 비주얼 지오메트리 그룹Visual Geometry Group의 VGG19에서는 VGG19 네트워크를 단순화한 시점을 묘사하는 그림 16-3의 상단에서 볼 수 있듯이 이러한 1차원 벡터(소프트맥스 층의 입력)는 4,096개의 요소로 되어 있다.[1] 이러한 벡터를 해석하는 한 방법은 **이미지 임베딩**image embedding으로 해석하는 것으로, 이때 이미지가 4,096차원 공간에서 임베딩되어 있다. 비슷한 장면을 나타내는 두 이미지는 벡터 공간에서 서로 가깝게 임베딩되어 있다고 상상할 수 있다. 이는 신경 머신 번역 애플리케이션에서 어떻게 비슷한 문구가 벡터 공간 내에서 서로 가깝게 임베딩되는지 보여줬던 14장의 예제와 유사하다.

이제 단순히 이러한 벡터를 컨텍스트로 사용하고 이를 순환신경망RNN 기반 디코더 네트워크에 입력으로 직접 쓸 수 있다. 또 다른 선택지로는 이 벡터를 RNN 기반 디코더 네트워크를 위한 초기 은닉 상태로 쓰는 것이다. 얼핏 보면 이는 RNN에서(아니면 LSTM에 더 가까운) 유닛의 개수가 합성곱 네트워크로부터의 층의 차원과 맞아야 한다는 불필요한 제약을 가하는 것처럼 보인다. VGG19에서 이는 순환 층이 반드시 4,096개의 유닛을 가져야 함을 의미할 것이다. 이러한 제약은 4,096개 유닛 층의 위에 또 다른 완전 연결 층을 도입해 쉽게 다룰 수 있다. 이러한 추가된 층은 RNN 층이 필요로 하는 상탯

---

1 그림의 다른 세부 사항은 나중에 문단에서 논의하므로 지금은 이를 무시해도 된다.

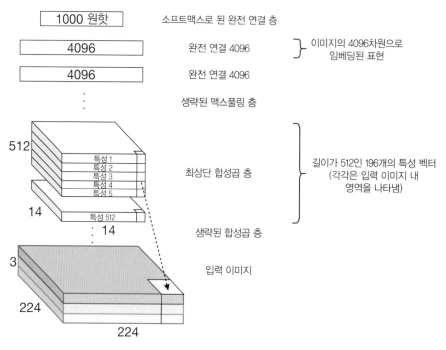

1000 원핫   소프트맥스로 된 완전 연결 층

4096   완전 연결 4096   }이미지의 4096차원으로 임베딩된 표현

4096   완전 연결 4096

⋮   생략된 맥스풀링 층

512

특성 1
특성 2
특성 3
특성 4
특성 5

특성 512

14

14

최상단 합성곱 층   길이가 512인 196개의 특성 벡터 (각각은 입력 이미지 내 영역을 나타냄)

생략된 합성곱 층

3

224

224

입력 이미지

그림 16-3 VGG19 네트워크를 단순화한 시점. 많은 층이 생략되어 있다.

값의 개수와 같은 수의 유닛을 갖는다.

이미지 캡셔닝 네트워크를 어텐션으로 확장하기

어텐션을 시퀀스 투 시퀀스(텍스트 투 텍스트) 네트워크에 적용하는 것과 같이, 어텐션을 이미지 투 텍스트 네트워크에 적용할 수 있다. 그러나 방금 설명한 네트워크에 이를 적용하는 것은 적절하지 않을 수도 있다. 언어 번역 예제에서 컨텍스트는 단어 시퀀스의 내부적인 표현이었으며, 어텐션을 적용한다는 것은 네트워크가 다른 시간단계에서 문장의 다른 부분에 집중했음을 암시한다. 우리의 이미지 캡셔닝 네트워크에서는 네트워크 최상단의 완전 연결 층이 이미 다른 특성들을 단일 표현으로 찌부러뜨렸다. 그러므로 4,096개 요소 벡터의 서로 다른 부분이 이미지의 서로 다른 영역에 직접적인 대응

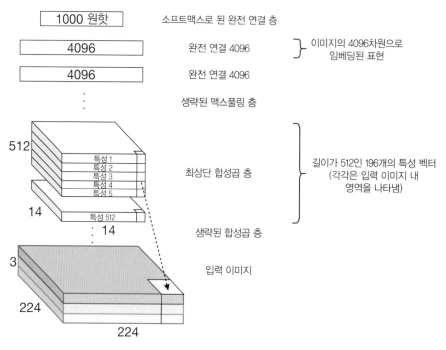

그림 16-3 VGG19 네트워크를 단순화한 시점. 많은 층이 생략되어 있다.

값의 개수와 같은 수의 유닛을 갖는다.

이미지 캡셔닝 네트워크를 어텐션으로 확장하기

어텐션을 시퀀스 투 시퀀스(텍스트 투 텍스트) 네트워크에 적용하는 것과 같이, 어텐션을 이미지 투 텍스트 네트워크에 적용할 수 있다. 그러나 방금 설명한 네트워크에 이를 적용하는 것은 적절하지 않을 수도 있다. 언어 번역 예제에서 컨텍스트는 단어 시퀀스의 내부적인 표현이었으며, 어텐션을 적용한다는 것은 네트워크가 다른 시간단계에서 문장의 다른 부분에 집중했음을 암시한다. 우리의 이미지 캡셔닝 네트워크에서는 네트워크 최상단의 완전 연결 층이 이미 다른 특성들을 단일 표현으로 찌부러뜨렸다. 그러므로 4,096개 요소 벡터의 서로 다른 부분이 이미지의 서로 다른 영역에 직접적인 대응

성을 갖지 않는다. 벡터 내 각 요소는 입력 이미지 내 모든 픽셀에 대한 정보를 포함한다. 어텐션을 이미지 캡셔닝 네트워크에 적용하는 더 합리적인 방법은 이를 최상단 합성곱 층에 적용하는 것이다. 여러분도 기억하겠지만 이러한 형태의 네트워크 내 합성곱 층의 출력은 3차원으로, 차원 2개는 그림 내 2차원에 해당하며 세 번째 차원(채널)은 특성의 서로 다른 형태를 위한 특성 맵을 나타낸다. 이것 또한 그림 16-3이 보여주며, VGG19 아키텍처의 경우 최상단 합성곱 층의 출력은 차원이 $14 \times 14 \times 512$임을 알 수 있다. 다시 말해 각각 512개의 요소를 갖는 196개의 벡터로 되어 있다. 이러한 196개 벡터 각각은 입력 이미지의 특정한 영역에 해당하며, 벡터 내 512개 요소는 네트워크가 그 영역에서 식별할 수도 있는 서로 다른 형태의 512개 특성을 나타낸다. 어텐션을 적용하고자 할 때는 이 196개의 벡터를 컨텍스트로 사용하는 것이 더 적절하다. 왜냐하면 이제 어텐션 메커니즘이 해당 벡터의 가중치를 조정함으로써 입력 이미지의 다른 영역에 주의를 기울일 수 있기 때문이다.

인코더-디코더 모델의 움직임을 개선하는 것과 별개로 어텐션의 주목할 만한 사용 사례는 모델이 무엇을 하는지에 대한 인사이트를 얻고자 이를 사용하는 것이며, 더 중요한 용도는 모델이 실수를 할 때 무슨 일이 벌어지고 있는지 더 잘 이해하는 데 있을 것이다. 생성된 각각의 출력 단어에서 정렬 벡터를 분석하고, 이미지의 어느 부분이 그 단어가 됐는지와 같이 모델이 현재 입력의 어디에 집중하고 있는지 볼 수 있다. 슈Xu, 바Ba와 동료들의 논문(2015)에서 재미있는 예시를 찾을 수 있다. 이때 남자와 여자의 이미지가 "A man is talking on his cell phone while another man watches(한 남자가 그의 휴대전화로 통화를 하는 동안 다른 남자가 바라보고 있다)."라는 텍스트 설명이 된다. 모델이 단어 'cell phone'을 출력할 때는 사람이 깨물 수 있는 샌드위치에 집중하고 있으며, 모델이 단어 'watches'를 출력할 때는 여성의 손목시계에 집중히고 있음을 정렬 벡터가 분명히 보여주고 있다!

어텐션은 모델의 내부 작동을 더 잘 이해하기 위해 사용할 수 있다.

프로그래밍 예제: 어텐션 기반 이미지 캡셔닝

이제 어떻게 여러분만의 이미지 캡셔닝 네트워크를 어텐션으로 구축하는지 보여준다. 이 예제는 슈, 바와 동료들(2015)의 아키텍처에서 영감을 받았지만, 코드 크기가 작고 단순하도록 일부를 간소화했다.[2] 개념적으로 이는 그림 16-2에서 보여주는 네트워크와 비슷하지만 디코더가 컨텍스트를 조사할 때 어텐션을 사용한다. 디코더는 순환 네트워크에 기반한다. 대신에 트랜스포머 기반 디코더를 사용하면 더 현대적인 구현을 얻을 수 있다.

이 애플리케이션을 위해 해당 텍스트 설명이 주석으로 달린 이미지로 된 데이터베이스가 필요하다. 공개적으로 얻을 수 있는 COCO 데이터셋을 사용할 텐데(Lin et al., 2015), COCO 데이터셋은 82,783개의 훈련 이미지와 40,775개의 테스트 이미지로 되어 있다. 각 이미지는 몇 개의 연관된 이미지 설명을 갖는다. 일을 단순하게 하기 위해 훈련 데이터셋만 그리고 각 이미지의 첫 번째 설명만 사용한다. 14장의 번역 예제와 마찬가지로, 네트워크 성능을 평가할 때 BLEU 점수는 신경 쓰지 않고 단지 테스트 이미지의 작은 집합에서 네트워크의 출력을 검사하기만 한다. 우리만의 테스트 이미지를 제공하며, 따라서 이들은 COCO 데이터셋과 완전히 독립적이다. 추가로 COCO 데이터셋은 이미지 캡셔닝을 위한 정보보다 더 많은 것을 포함하고 있지만, 여기서는 단순히 데이터셋의 이러한 부분은 무시하고 있음을 주지하기 바란다.

네트워크를 끝에서 끝까지 훈련하는 대신에, 네트워크의 합성곱 부분을 위해 전이 학습을 활용한다. 이를 위해 ImageNet 데이터셋에 사전 훈련된 VGG19 아키텍처를 구현하는 모델을 사용한다. 이전에 설명했듯이 네트워크 최상단에서 완전 연결 층을 제거하고 최상단 합성곱 층의 출력을 사용해 어텐션 메커니즘이 적용될 컨텍스트를 생성한다. VGG19 네트워크의 가중치를 조정할 필요가 없으므로(ImageNet에서의 사전 훈련이 충분히 좋다고 가정한다) 최적화를 활용할 수 있다. 훈련 이미지를 VGG19를 통해 각 훈련 에포크마다 각각의 훈련 예제를 통과시키는 대신에, 훈련이 시작되기 전에 각 이

---

2 이 코드 예제가 단순하다는 의견은 예제가 해결하는 과제의 복잡함 측면에서 고려돼야 한다. 여러분에게 폭넓은 프로그래밍 경험이 없다면 이 예제가 버거울 수 있다.

미지를 VGG19 네트워크에 한 번에 통과시키고 최상단 합성곱 층의 출력 벡터를 디스크에 저장할 수 있다. 즉, 훈련 동안 인코더 모델은 연산적으로 단순해진다. 왜냐하면 모든 합성곱 층을 따라 이미지를 통과시킬 필요가 없고, 단순히 디스크로부터 특성 벡터를 읽기 때문이다. 이러한 배경하에서 이미지 전처리를 위한 코드를 보여주며 시작한다. 임포트 문은 코드 16-1에서 찾을 수 있다.

코드 16-1 이미지 전처리 코드를 위한 임포트 문

```
import json
import numpy as np
import tensorflow as tf
from tensorflow import keras
from tensorflow.keras.models import Model
from tensorflow.keras.applications import VGG19
from tensorflow.keras.applications.vgg19 import \
    preprocess_input
from tensorflow.keras.preprocessing.image import load_img
from tensorflow.keras.preprocessing.image import img_to_array
import pickle
import gzip
import logging
tf.get_logger().setLevel(logging.ERROR)

TRAINING_FILE_DIR = '../data/coco/'
OUTPUT_FILE_DIR = 'tf_data/feature_vectors/'
```

우리가 쓸 데이터셋의 일부에는 자원이 두 가지 있다. 첫 번째 자원은 json 파일로, 캡션 및 파일 이름과 이미지의 일부 다른 정보를 포함한다. 파일을 TRAINING_FILE_DIR 변수가 가리키는 디렉터리에 두었다고 가정하자. 이미지 자체는 개별 이미지 파일로 저장되어 있으며 TRAINING_FILE_DIR이 가리키는 디렉터리 내 train2014란 이름의 디렉터리에 위치해 있다고 가정한다. COCO 데이터셋은 다양한 이미지에 대한 풍부한 정보를 파싱하고 읽는 정교한 도구를 포함하지만, 우리는 오직 이미지 캡션에만 관심이 있으므로 json 파일에 직접 접근해 우리에게 필요한 한정된 데이터만을 추출한다. 코드

16-2는 json 파일을 열고 각 이미지마다 고유한 키를 문자열의 리스트로 매핑하는 딕셔너리를 만든다. 각 리스트의 첫 번째 문자열은 이미지 파일 이름을 나타내며, 그다음 문자열은 이미지의 캡션이다.

코드 16-2 json 파일을 열고 정보 추출하기

```python
with open(TRAINING_FILE_DIR \
          + 'captions_train2014.json') as json_file:
    data = json.load(json_file)
image_dict = {}
for image in data['images']:
    image_dict[image['id']] = [image['file_name']]
for anno in data['annotations']:
    image_dict[anno['image_id']].append(anno['caption'])
```

코드가 무엇을 하는지 익숙해지도록 코드 몇 줄을 파이썬 해석기에 붙여넣어 데이터 구조를 살펴보기를 권한다.

다음 단계는 사전 훈련된 VGG19 모델을 만드는 것으로, 코드 16-3에서 수행한다. 먼저 ImageNet 데이터셋으로부터 훈련된 가중치가 있는 전체 VGG19 모델을 얻는다. 그 뒤 block5_conv4란 이름의 층을 출력으로 사용함을 명시해 모델로부터 새로운 모델 (model_new)을 만든다. 층의 이름을 어떻게 알아냈는지 궁금할 수 있다. 코드에서 보듯이 우리는 전체 VGG19 모델의 요약을 인쇄한다. 이 요약은 층의 이름을 포함하며, 마지막 합성곱 층의 이름이 block5_conv4임을 볼 수 있다.

코드 16-3 VGG19 모델을 만들고 최상단 층 제거하기

```python
# 최상단 층 없이 네트워크를 만든다.
model = VGG19(weights='imagenet')
model.summary()
model_new = Model(inputs=model.input,
                  outputs=model.get_layer('block5_conv4').output)
model_new.summary()
```

이제 모든 이미지를 네트워크에 통과시키고 특성 벡터를 추출해 디스크에 저장할 준비가 됐다. 이는 코드 16-4에서 수행한다. 이미지 파일 이름은 딕셔너리를 지나가며 얻는다. 매 루프 반복마다 단일 이미지를 처리하고 파일 하나에 있는 이미지 하나를 위한 특성 벡터를 저장한다. 이미지를 네트워크에 통과시키기 전에, 전처리를 일부 수행한다. COCO 데이터셋의 이미지 크기는 이미지마다 다르므로 파일을 읽어 파일 크기를 알아낸다. 종횡비를 정한 뒤 가장 작은 면이 256픽셀이 되도록 크기를 스케일링해 이미지를 다시 읽는다. 그런 다음 결과 이미지의 가운데 224×224 영역을 잘라내어 VGG19 네트워크가 기대하는 입력 차원이 되도록 한다. 마지막으로, 이미지를 네트워크에 통과시키기 전에 이미지의 데이터값을 표준화하는 VGG19 전처리 함수를 실행한다. 네트워크의 출력은 이미지 배치의 결과를 나타내는 (1, 14, 14, 512) 모양의 배열이 될 것이다. 여기서 첫 번째 차원은 배치 크기가 1임을 뜻한다. 그러므로 이 배열로부터 첫 번째(그리고 유일한) 요소를 추출하고(y[0]) 이를 이미지 이름과 같지만 확장자는 .pickle.gz인 gzip으로 된 피클 파일로 feature_vectors 디렉토리에 저장한다. 모든 이미지의 루프를 돌 때, caption_file.pickle.gz로 딕셔너리 파일을 저장하므로 실제 훈련을 하는 코드에서 json 파일을 다시 파싱할 필요가 없다.

코드 16-4 특성 벡터와 딕셔너리를 파일 이름과 주석으로 추출 및 저장하기

```python
# 네트워크에 이미지를 통과시키고 출력을 저장한다.
for i, key in enumerate(image_dict.keys()):
    if i % 1000 == 0:
        print('Progress: ' + str(i) + ' images processed')
    item = image_dict.get(key)
    filename = TRAINING_FILE_DIR + 'train2014/' + item[0]

    # 차원을 결정한다.
    image = load_img(filename)
    width = image.size[0]
    height = image.size[1]

    # 가장 짧은 면이 256픽셀이 되도록 크기를 재조정한다.
    if height > width:
```

```python
        image = load_img(filename, target_size=(
            int(height/width*256), 256))
    else:
        image = load_img(filename, target_size=(
            256, int(width/height*256)))
    width = image.size[0]
    height = image.size[1]
    image_np = img_to_array(image)

    # 가운데 224×224 영역을 잘라낸다.
    h_start = int((height-224)/2)
    w_start = int((width-224)/2)
    image_np = image_np[h_start:h_start+224,
                        w_start:w_start+224]

    # 배열을 재정렬하여 배치 크기가 1임을 나타내는 차원을 하나 더 추가한다.
    image_np = np.expand_dims(image_np, axis=0)

    # 모델을 호출하고 결과 텐서를 디스크에 저장한다.
    X = preprocess_input(image_np)
    y = model_new.predict(X)
    save_filename = OUTPUT_FILE_DIR + \
        item[0] + '.pickle.gzip'
    pickle_file = gzip.open(save_filename, 'wb')
    pickle.dump(y[0], pickle_file)
    pickle_file.close()

# 캡션과 파일 이름을 포함하는 딕셔너리를 저장한다.
save_filename = OUTPUT_FILE_DIR + 'caption_file.pickle.gz'
pickle_file = gzip.open(save_filename, 'wb')
pickle.dump(image_dict, pickle_file)
pickle_file.close()
```

이제 실제 이미지 캡셔닝 모델을 묘사할 준비가 됐다. 임포트 문은 코드 16-5에서 찾을 수 있다. 여기에는 이전에 사용하지 않았던 몇 가지 새로운 층 형태가 포함되어 있다.

```
import numpy as np
import tensorflow as tf
from tensorflow import keras
from tensorflow.keras.layers import Input
from tensorflow.keras.layers import Embedding
from tensorflow.keras.layers import LSTM
from tensorflow.keras.layers import Dense
from tensorflow.keras.layers import Attention
from tensorflow.keras.layers import Concatenate
from tensorflow.keras.layers import GlobalAveragePooling2D
from tensorflow.keras.layers import Reshape
from tensorflow.keras.models import Model
from tensorflow.keras.optimizers import Adam
from tensorflow.keras.preprocessing.text import Tokenizer
from tensorflow.keras.preprocessing.text import \
    text_to_word_sequence
from tensorflow.keras.applications import VGG19
from tensorflow.keras.applications.vgg19 import \
    preprocess_input
from tensorflow.keras.preprocessing.image import load_img
from tensorflow.keras.preprocessing.image import img_to_array
from tensorflow.keras.utils import Sequence
from tensorflow.keras.preprocessing.sequence import \
    pad_sequences
import pickle
import gzip
import logging
tf.get_logger().setLevel(logging.ERROR)
```

프로그램을 초기화하는 문은 코드 16-6에서 찾을 수 있다. 이들은 언어 번역 예제에서 사용한 것과 비슷하지만, 몇몇 줄은 주의를 기울일 필요가 있다. READ_IMAGES 변수는 훈련에 쓰이는 이미지의 수를 제한하는 데 쓸 수 있다. 이는 우리가 가진 이미지의 전체 개수보다 많은 90,000으로 두었는데, 필요하다면(예를 들어, 머신의 메모리 한계에 부딪힌다면) 줄일 수 있다. 또한 테스트 이미지를 위해 사용할 4개의 파일 경로를 제공하고 있다. 실험을 실행할 때 이를 바꿔 여러분이 선택한 이미지를 가리키도록 할 수 있다.

```
EPOCHS = 20
BATCH_SIZE = 128
MAX_WORDS = 10000
READ_IMAGES = 90000
LAYER_SIZE = 256
EMBEDDING_WIDTH = 128
OOV_WORD = 'UNK'
PAD_INDEX = 0
OOV_INDEX = 1
START_INDEX = MAX_WORDS - 2
STOP_INDEX = MAX_WORDS - 1
MAX_LENGTH = 60
TRAINING_FILE_DIR = 'tf_data/feature_vectors/'
TEST_FILE_DIR = '../data/test_images/'
TEST_IMAGES = ['boat.jpg',
               'cat.jpg',
               'table.jpg',
               'bird.jpg']
```

코드 16-7은 이미지 캡션을 읽는 함수를 보여준다. 캡션을 읽는 함수는 이전에 준비한 피클된 디렉토리 파일을 읽는다. 특성 벡터를 위해, 이로부터 파일 이름으로 image_paths 리스트를 만들고 각 이미지의 첫 번째 이미지 캡션을 갖는 dest_word_sequences 리스트 하나를 만든다. 일을 간단하게 하기 위해 각 이미지의 다른 캡션은 간단하게 버린다.

코드 16-7 이미지 캡션으로 디렉토리를 읽는 함수

```
# 파일을 읽는 함수
def read_training_file(file_name, max_len):
    pickle_file = gzip.open(file_name, 'rb')
    image_dict = pickle.load(pickle_file)
    pickle_file.close()
    image_paths = []
    dest_word_sequences = []
    for i, key in enumerate(image_dict):
        if i == READ_IMAGES:
```

```
            break
        image_item = image_dict[key]
        image_paths.append(image_item[0])
        caption = image_item[1]
        word_sequence = text_to_word_sequence(caption)
        dest_word_sequence = word_sequence[0:max_len]
        dest_word_sequences.append(dest_word_sequence)
    return image_paths, dest_word_sequences
```

dest_word_sequences 리스트는 언어 번역 예제에서의 도착 언어 문장과 동등하다. 이 함수는 모든 특성 벡터가 아닌 단지 이들의 경로만을 불러온다. 그 이유는 모든 이미지의 특성 벡터가 상당한 양의 공간을 차지하므로 많은 머신에서 훈련 동안 전체 데이터셋을 메모리에 갖고 있는 것이 현실적이지 않기 때문이다. 대신에 특성 벡터가 필요할 때마다 읽어들인다. 이는 큰 데이터셋으로 작업할 때 일반적인 기법이다.

코드 16-8은 문장을 토큰화 및 역토큰화하는 함수로, 언어 번역 예제에서 사용했던 것과 비슷하지만 동일하지는 않다. 마지막으로, 이미지 캡션을 읽고 토큰화하는 함수를 호출한다.

코드 16-8 파일을 읽는 함수와 문장을 토큰화하는 함수 호출하기

```
# 시퀀스를 토큰화 및 역토큰화하는 함수
def tokenize(sequences):
    tokenizer = Tokenizer(num_words=MAX_WORDS-2,
                          oov_token=OOV_WORD)
    tokenizer.fit_on_texts(sequences)
    token_sequences = tokenizer.texts_to_sequences(sequences)
    return tokenizer, token_sequences

def tokens_to_words(tokenizer, seq):
    word_seq = []
    for index in seq:
        if index == PAD_INDEX:
            word_seq.append('PAD')
        elif index == OOV_INDEX:
```

```
            word_seq.append(OOV_WORD)
        elif index == START_INDEX:
            word_seq.append('START')
        elif index == STOP_INDEX:
            word_seq.append('STOP')
        else:
            word_seq.append(tokenizer.sequences_to_texts(
                [[index]])[0])
    print(word_seq)

# 파일 읽기
image_paths, dest_seq = read_training_file(TRAINING_FILE_DIR \
    + 'caption_file.pickle.gz', MAX_LENGTH)
dest_tokenizer, dest_token_seq = tokenize(dest_seq)
```

앞서 언급했듯이 전체 데이터셋을 메모리에 갖고 있을 수는 없으며 훈련 배치를 그때 그때 만들어내야 한다. 이 일은 코드 16-9에서 케라스의 **Sequence**를 상속하는 클래스를 만들어서 한다. 생성자에 특성 벡터의 경로, 토큰화된 캡션, 배치 크기를 제공한다. 언어 번역 예제에서와 마찬가지로, 디코더의 순환 네트워크는 입력과 출력 모두 토큰화된 데이터를 요구한다. 그러나 입력과 출력은 한 위치만큼 이동시키며 입력 쪽에는 START 토큰이 있다. 이는 두 변수 dest_input_data와 dest_target_data를 생성자에 제공하는 이유를 설명해준다. 또한 배치 크기도 제공해야 한다.

코드 16-9 훈련 동안 배치를 그때그때 만드는 데 쓰이는 시퀀스 클래스

```
# 배치를 그때그때 만드는 시퀀스 클래스
class ImageCaptionSequence(Sequence):
    def __init__(self, image_paths, dest_input_data,
                    dest_target_data, batch_size):
        self.image_paths = image_paths
        self.dest_input_data = dest_input_data
        self.dest_target_data = dest_target_data
        self.batch_size = batch_size

    def __len__(self):
```

```
            return int(np.ceil(len(self.dest_input_data) /
                float(self.batch_size)))

    def __getitem__(self, idx):
        batch_x0 = self.image_paths[
            idx * self.batch_size:(idx + 1) * self.batch_size]
        batch_x1 = self.dest_input_data[
            idx * self.batch_size:(idx + 1) * self.batch_size]
        batch_y = self.dest_target_data[
            idx * self.batch_size:(idx + 1) * self.batch_size]
        image_features = []
        for image_id in batch_x0:
            file_name = TRAINING_FILE_DIR \
                + image_id + '.pickle.gzip'
            pickle_file = gzip.open(file_name, 'rb')
            feature_vector = pickle.load(pickle_file)
            pickle_file.close()
            image_features.append(feature_vector)
        return [np.array(image_features),
                np.array(batch_x1)], np.array(batch_y)
```

__len__() 메서드는 데이터셋이 제공하는 배치의 수를 제공할 것으로 예상되는데, 이는 단순히 이미지의 수를 배치 크기로 나눈 것이다.

클래스의 주요 기능은 __getitem__() 메서드로, 인수 idx가 가리키는 배치 숫자의 훈련 데이터를 반환할 것으로 예상된다. 이 메서드의 출력 형식은 네트워크가 어떤 것을 입력으로 요구하는지에 달렸다. 네트워크는 단일 훈련 예제를 위해 인코더 측으로부터의 입력인 특성 벡터의 집합 그리고 디코더 순환 네트워크를 위한 입력인 이동된 버전의 목표 문장을 필요로 한다. 또한 네트워크는 원하는 출력을 위한 목표 문장의 원본 버전을 필요로 한다. 그러므로 이 메서드의 출력은 2개의 입력을 나타내는 요소 2개 및 출력을 나타내는 요소 하나로 된 리스트여야 한다. 세부 사항은 나중에 훈련 네트워크를 구축할 때 분명해질 것이다. 그러나 한 가지 더 고려할 것이 있다. __getitem__() 메서드가 배치가 아닌 훈련 예제 하나를 반환할 것으로 기대하므로, 설명한 세 가지 아이템은 배열 하나가 될 것이며 이때 요소의 개수는 배치 크기에 따라 정해진다. 주어진 훈련 예제를 위한 입력 및 출력 요소 각각은 그 자체로 다차원 배열이므로, 이 모든 다른 차원 때문에 정신이 멍해지기 쉽다.

한 가지 언급할 만한 것은 많은 구현이 케라스 Sequence 클래스를 확장하는 대신에 파이썬 Generator 함수를 사용한다는 점이다. 케라스 Sequence 클래스를 사용할 때의 장점은 멀티스레딩의 존재하에서 결정론적인deterministic 결과를 만들어낸다는 데 있다.

앞에서 설명한 ImageCaptionSequence 클래스의 생성자는 우리가 이미지 배열 3개를 적절한 입력 데이터로 만들었음을 가정한다. 배열 중 2개(디코더의 순환 네트워크를 위한)는 바로 우리가 언어 번역 예제에서 만든 것에 해당한다. 이는 코드 16-10이 보여주며, 여기서는 또한 ImageCaptionSequence를 위한 생성자를 호출한다.

코드 16-10 훈련 데이터 준비하기

```
# 훈련 데이터 준비
dest_target_token_seq = [x + [STOP_INDEX] for x in dest_token_seq]
dest_input_token_seq = [[START_INDEX] + x for x in
                        dest_target_token_seq]
dest_input_data = pad_sequences(dest_input_token_seq,
                                padding='post')
dest_target_data = pad_sequences(
    dest_target_token_seq, padding='post',
    maxlen=len(dest_input_data[0]))
image_sequence = ImageCaptionSequence(
    image_paths, dest_input_data, dest_target_data, BATCH_SIZE)
```

이제 인코더와 디코더 모델을 정의하고 연결할 준비가 됐다. 자세한 아키텍처의 개요를 보면서 시작하자. 이번에는 그림 16-4의 전체적인 인코더-디코더 네트워크의 개요로 시작한다. VGG19를 이미 오프라인에서 처리했으므로 이는 실제 인코더 모델의 일부가 아니지만, 완벽함을 위해 왼쪽 모서리의 점선 상자에 포함시켰다. 이제 그림을 따라가면서 언어 번역 예제와 다른 이슈에 집중해본다.

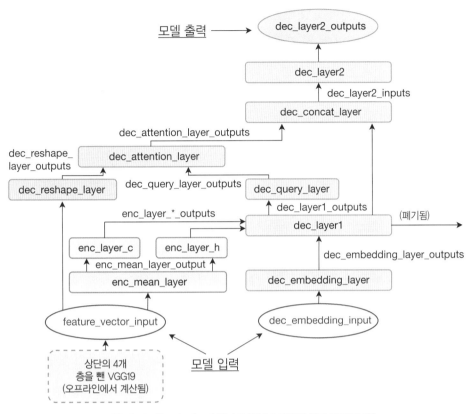

그림 16-4 인코더-디코더 이미지 캡셔닝 모델의 블록 다이어그램

아키텍처는 통상적인 인코더-디코더 아키텍처이지만, 대부분의 인코딩은 이미 오프라인에서 완료했다. 인코더 모델에는 여전히 일부 남아 있는 층이 존재한다. 디코더 측은 주로 임베딩 층으로 되어 있으며, LSTM 층 하나(dec_layer1), 어텐션 층, 그리고 완전 연결 소프트맥스 층(dec_layer2)이 있다. 또한 곧 논의할 다른 층도 몇 개 있다. 우리는 디코더가 15장 '어텐션과 트랜스포머'의 디코더와 비슷하다고 언급하지만, 이는 순환 층이 하나다. 순환 층과 어텐션 층은 완전 연결 소프트맥스 층으로 공급을 바로 한다. 우리의 네트워크는 몇 가지가 단순화되어 있다. 어텐션 벡터에는 피드백 루프가 없다. 게다가 순환 층의 출력은 그림 15-6에서 사용했던 셀/은닉 상태 대신에 어텐션 층을 쿼리하기 위해 사용한다. 이와 같이 두 부분을 단순화한 주된 이유는 케라스에서 커

스텀 층을 구축하는 방법에 관한 개념을 가져오지 않기 위해서다. 그리고 우리는 커스텀 케라스 층 없이 이 두 개념(어텐션 벡터 피드백 루프 및 어텐션 층을 쿼리하기 위한 셀/은닉 상태의 사용)을 쉽게 구현하는 방법을 이끌어내지 못했다.

여러분이 복잡한 네트워크를 구축하기를 원한다면, 맞춤 케라스 층을 구축하는 기술을 배우는 것이 좋다.

이제 인코더 측을 자세히 공부해보자. 이전 그림의 어텐션에서, 3개의 파란색 층은 다소 예상치 못한 부분으로 보인다. 왜 특성 벡터를 어텐션 층으로 공급하고 모델이 자신의 선택에 따라 영역에 주의를 기울이는 것으로 충분치 않을까? 이 질문의 정확한 답을 안다고 주장할 수는 없지만, 네트워크가 이미지의 전역적인 시점에서 시작한 뒤 선택적으로 어텐션 메커니즘을 사용해 개별 세부 사항을 배우는 것이 도움이 된다고 어렵지 않게 생각할 수 있다. 이러한 전역적인 시점은 enc_mean_layer를 사용해 196개(14×14) 특성 벡터의 요소별 평균을 계산해 전역적인 시점을 나타내는 512개 요소의 특성 벡터 하나를 만들어 제공한다. 그 뒤 이를 LSTM 층의 초기 상태로 공급한다.

네트워크의 매개변수를 보면, enc_mean_layer의 출력을 가져와서 이를 LSTM 층에 직접 공급할 수 있지만(mean_layer는 512개의 값을 출력하며, 각각 h와 c를 필요로 하는 256개의 LSTM 셀이 있다), 네트워크가 더욱 유연해지도록 mean_layer와 LSTM 상태 입력 사이에 2개의 완전 연결 층(enc_layer_c와 enc_layer_h)을 추가했다. 이제 이 2개의 완전 연결 층 내 유닛의 개수를 조정하는 한, 자유롭게 LSTM 셀의 개수를 수정할 수 있다. 어째서 단순히 VGG19 네트워크의 상단 층 일부를 더 남겨놓는 대신에 특성 벡터를 평균하는 개념을 도입하는지 질문할 수 있다. 상위 층의 출력을 상태 입력으로 사용하고 여전히 합성곱 층의 출력을 어텐션 입력으로 사용할 수는 없었을까? 이는 좋은 접근법일 수도 있지만, 답을 하자면 우리는 단순히 슈, 바와 동료들(2015)이 한 것을 따라 했을 뿐이다.

디코더 측은 직관적이다. dec_query_layer는 인코더 측의 완전 연결 층 2개와 비슷한 목적을 수행하는 완전 연결 층이다. 어텐션 층에서의 쿼리 입력은 각각의 특성 벡터와 같은 동일한 차원(512)이기를 기대한다. dec_query_layer 층을 도입함으로써, 이제 dec_layer1 내 LSTM 유닛의 개수를 특성 벡터 크기와 독립적으로 선택할 수 있다. dec_layer1의 상태 출력으로부터 나오는 출력 대신에 dec_layer1의 출력으로부터 나오는 dec_query_layer를 공급하는 이유는 어텐션 층이 각 시간단계의 입력을 필요로 하기 때문이다. 그리고 케라스 LSTM 층은 최종 상태 출력만을 출력하지만, return_sequences=True 매개변수를 사용해 출력이 각 시간단계의 값을 제공하도록 지시할 수 있다.

다른 언급할 만한 두 가지는 dec_reshape_layer와 dec_concat_layer다. 이 층들은 어떠한 계산도 하지 않는다. Reshape 층은 특성 벡터를 14×14에서 196으로 재성형한다. concat 층은 단순히 dec_layer1과 dec_attention_layer의 출력을 연결해 최종 층의 입력으로 쓰일 수 있는 단일 벡터를 만든다.

그림 16-5는 결합 모델을 위한 기본 토대로 쓰이는 개별 인코더와 디코더 모델을 보여준다. 인코더의 텐서플로 구현은 코드 16-11에서 찾을 수 있는데, 이 코드의 대부분이 이제는 명백해질 것이다. enc_mean_layer는 GlobalAveragePooling2D 층으로 구현된다. 이는 너비, 높이, 채널 차원이 있는 합성곱 층의 출력에서 동작한다. 이 층은 채널 내 모든 요소의 평균을 계산하며, 이는 입력 내 존재하는 채널과 같은 요소의 개수를 갖는 벡터가 된다. 우리가 모델을 enc_model_top이라 부르는 이유는 이것이 오직 인코더의 최상단 층만을 나타내며 하단의 것은 VGG 모델에 의해 사전에 계산됐기 때문이다.

코드 16-12는 디코더 모델의 구현을 보여준다. 텍스트 번역 예제와 비교해 달라진 세부 사항에 집중해보자. 얼마나 많은 시간을 Attention 층의 내부를 이야기하는 데 썼는지를 감안하면 필요한 코드가 적다는 사실이 놀라울 것이다. 단순히 모델을 인수 없이 인스턴트화하고, 2개의 입력을 받고 출력 하나를 만들어낸다. 특성 벡터의 차원은 Reshape 층을 사용해 14×14에서 196으로 바꾼다.

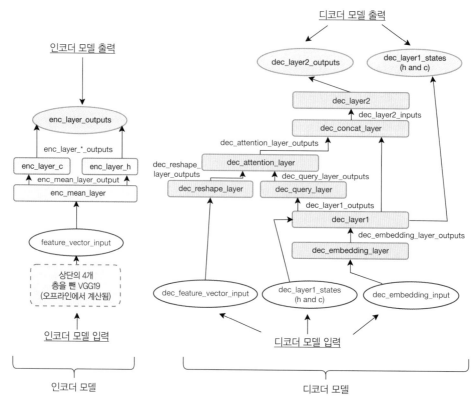

그림 16-5 기본 토대로 사용된 개별 인코더 및 디코더 모델의 블록 다이어그램

코드 16-11 인코더 모델 구현하기

```
# 인코더 모델을 구축한다.
# 입력은 특성 벡터다.
feature_vector_input = Input(shape=(14, 14, 512))

# 인코더 층을 생성한다.
enc_mean_layer = GlobalAveragePooling2D()
enc_layer_h = Dense(LAYER_SIZE)
enc_layer_c = Dense(LAYER_SIZE)

# 인코더 층을 연결한다.
enc_mean_layer_output = enc_mean_layer(feature_vector_input)
enc_layer_h_outputs = enc_layer_h(enc_mean_layer_output)
```

```
enc_layer_c_outputs = enc_layer_c(enc_mean_layer_output)

# 인코더 층을 위한 출력 상태를 조직화한다.
enc_layer_outputs = [enc_layer_h_outputs, enc_layer_c_outputs]

# 모델을 구축한다.
enc_model_top = Model(feature_vector_input, enc_layer_outputs)
enc_model_top.summary()
```

한 가지 언급할 점은 Embedding 층에 mask_zero=False 인수를 줬다는 것이다. 그 이유는 마스킹 특성을 사용하기 위해서는 Embedding 층의 모든 다운스트림 층이 이 기능을 지원해야 하기 때문이다. Attention 층은 이를 지원하지 않으므로 단순히 마스킹을 끄는 것 외에는 달리 선택지가 없다. 이 때문에 네트워크가 반드시 PAD 값을 무시하도록 학습해야 하지만, 앞서 논의했듯이 대체로 잘 동작한다.

마지막으로, Concatenate 층 또한 쉽게 사용할 수 있으며 인스턴트화하는 데 어떤 인수도 필요하지 않다. 이는 단순히 출력 배열로 연결될 두 입력을 받으며 너비는 입력 배열의 너비의 합이 된다.

코드 16-12 디코더 모델 구현하기

```
# 디코더 모델을 구축한다.
# 네트워크 입력은 feature_vector, 이미지 캡션 시퀀스,
# 그리고 중간 상태다.
dec_feature_vector_input = Input(shape=(14, 14, 512))
dec_embedding_input = Input(shape=(None, ))
dec_layer1_state_input_h = Input(shape=(LAYER_SIZE,))
dec_layer1_state_input_c = Input(shape=(LAYER_SIZE,))

# 디코더 층을 생성한다.
dec_reshape_layer = Reshape((196, 512),
                           input_shape=(14, 14, 512,))
dec_attention_layer = Attention()
dec_query_layer = Dense(512)
dec_embedding_layer = Embedding(output_dim=EMBEDDING_WIDTH,
```

```
                              input_dim=MAX_WORDS,
                              mask_zero=False)
dec_layer1 = LSTM(LAYER_SIZE, return_state=True,
                  return_sequences=True)
dec_concat_layer = Concatenate()
dec_layer2 = Dense(MAX_WORDS, activation='softmax')

# 디코더 층을 연결한다.
dec_embedding_layer_outputs = dec_embedding_layer(
    dec_embedding_input)
dec_reshape_layer_outputs = dec_reshape_layer(
    dec_feature_vector_input)
dec_layer1_outputs, dec_layer1_state_h, dec_layer1_state_c = \
    dec_layer1(dec_embedding_layer_outputs, initial_state=[
        dec_layer1_state_input_h, dec_layer1_state_input_c])
dec_query_layer_outputs = dec_query_layer(dec_layer1_outputs)
dec_attention_layer_outputs = dec_attention_layer(
    [dec_query_layer_outputs, dec_reshape_layer_outputs])
dec_layer2_inputs = dec_concat_layer(
    [dec_layer1_outputs, dec_attention_layer_outputs])
dec_layer2_outputs = dec_layer2(dec_layer2_inputs)

# 모델을 구축한다.
dec_model = Model([dec_feature_vector_input,
                   dec_embedding_input,
                   dec_layer1_state_input_h,
                   dec_layer1_state_input_c],
                  [dec_layer2_outputs, dec_layer1_state_h,
                   dec_layer1_state_c])
dec_model.summary()
```

마지막으로 코드 16-13에서 인코더와 디코더로 결합 모델을 만든다. 이 모델은 훈련
을 위해 쓰일 것이다. 텍스트 번역 예제에서와 같이 결합 모델 내 디코더의 상태 출력
은 버린다. 이 결합 모델을 위해 명시적인 상태 관리를 할 필요는 없다. 텐서플로가 훈
련 동안 우리를 위해 이 일을 해주기 때문이다.

코드 16-13 전체 인코더-디코더 훈련 모델 구현하기

```
# 전체 훈련 모델을 구축 및 컴파일한다.
# 훈련 동안 상태 출력은 쓰지 않는다.
train_feature_vector_input = Input(shape=(14, 14, 512))
train_dec_embedding_input = Input(shape=(None, ))
intermediate_state = enc_model_top(train_feature_vector_input)
train_dec_output, _, _ = dec_model([train_feature_vector_input,
                                    train_dec_embedding_input] +
                                    intermediate_state)
training_model = Model([train_feature_vector_input,
                        train_dec_embedding_input],
                       [train_dec_output])
training_model.compile(loss='sparse_categorical_crossentropy',
                       optimizer='adam', metrics =['accuracy'])
training_model.summary()
```

언어 번역 예제와 마찬가지로, 추론 동안 인코더와 디코더를 개별적으로 사용한다. 그러나 이번 이미지 캡셔닝 예제에서는 사전에 계산된 특성 벡터에서 추론을 하지 않을 것이므로 인코더가 VGG19 층을 포함해야 한다. 그러므로 코드 16-14에서 또 다른 모델을 만드는데, VGG19 네트워크(상단 층은 제외한) 다음에 우리의 디코더 모델이 온다.

코드 16-14 추론에 쓰이는 인코더. 이미지를 입력받을 수 있는 전체 인코더 모델을 나타냄

```
# 추론을 위해 전체 인코더 모델을 구축한다.
conv_model = VGG19(weights='imagenet')
conv_model_outputs = conv_model.get_layer('block5_conv4').output
intermediate_state = enc_model_top(conv_model_outputs)
inference_enc_model = Model([conv_model.input],
                            intermediate_state
                            + [conv_model_outputs])
inference_enc_model.summary()
```

최종적으로 모델을 훈련시키고 평가할 준비가 됐으며, 코드는 16-15에서 볼 수 있다. 과거 코드 예제와 비교해 주요한 차이점은 훈련 집합을 준비하는 대신에 image_ sequence 객체를 fit() 함수에 인수로 제공한다는 것이다. image_sequence 객체는 특성 벡터를 디스크로부터 읽으면서 훈련 데이터를 배치별로 제공할 것이다.

각 훈련 에포크 후에, 4개의 테스트 이미지를 진행한다. 이 과정은 한 가지를 제외하고 언어 번역 예제에서 한 것과 비슷하다. 입력 문장을 순환 네트워크 기반 인코더 모델에 통과시키는 대신에, 이미지를 디스크에서 읽고 전처리하고 합성곱 VGG19 네트워크 기반 인코더 모델에 통과시킨다.

코드 16-15 이미지 캡셔닝 모델 훈련 및 평가하기

```
for i in range(EPOCHS): # 모델을 훈련시키고 평가한다.
    print('step: ' , i)
    history = training_model.fit(image_sequence, epochs=1)
    for filename in TEST_IMAGES:
        # 차원을 결정한다.
        image = load_img(TEST_FILE_DIR + filename)
        width = image.size[0]
        height = image.size[1]

        # 가장 짧은 쪽이 256픽셀이 되도록 크기를 재조정한다.
        if height > width:
            image = load_img(
                TEST_FILE_DIR + filename,
                target_size=(int(height/width*256), 256))
        else:
            image = load_img(
                TEST_FILE_DIR + filename,
                target_size=(256, int(width/height*256)))
        width = image.size[0]
        height = image.size[1]
        image_np = img_to_array(image)

        # 가운데 224x224 영역을 잘라낸다.
        h_start = int((height-224)/2)
        w_start = int((width-224)/2)
        image_np = image_np[h_start:h_start+224,
                            w_start:w_start+224]
```

```python
# 이미지를 인코더에 통과시킨다.
image_np = np.expand_dims(image_np, axis=0)
x = preprocess_input(image_np)
dec_layer1_state_h, dec_layer1_state_c, feature_vector = \
    inference_enc_model.predict(x, verbose=0)

# 문장 단어를 예측한다.
prev_word_index = START_INDEX
produced_string = ''
pred_seq = []
for j in range(MAX_LENGTH):
    x = np.reshape(np.array(prev_word_index), (1, 1))
    preds, dec_layer1_state_h, dec_layer1_state_c = \
        dec_model.predict(
            [feature_vector, x, dec_layer1_state_h,
             dec_layer1_state_c], verbose=0)
    prev_word_index = np.asarray(preds[0][0]).argmax()
    pred_seq.append(prev_word_index)
    if prev_word_index == STOP_INDEX:
        break
tokens_to_words(dest_tokenizer, pred_seq)
print('\n\n')
```

그림 16-6은 이미지 캡셔닝 네트워크를 평가하는 데 쓰인 이미지 4개를 보여준다. 이 이미지는 COCO 데이터셋과 아무런 관련이 없으며 단순히 우리가 제공한 것이다. 코드에서 보여주듯이 각 에포크마다 예측을 인쇄하며, 이제부터 네크워크가 만들어내는 설명에서 주목할 만한 일부를 나열해 설명한다.

요트 그림에서 나온 2개의 설명이 우리 눈을 사로잡는다. 설명은 적절하지만, 첫 번째 문장의 어법은 진짜 뱃사공에게서 통상적으로 들을 수 있는 말보다는 뭍사람의 말처럼 들린다.

A large white ship is parked in the water.

A large white ship floating on top of a lake.

그림 16-6 이미지 캡셔닝 네트워크를 평가하는 데 쓰이는 이미지 4개. 왼쪽 상단: 크로아티아 스플리트에서 몇 개의 건물 앞 부두에 정박되어 있는 요트. 오른쪽 상단: 책상 위 키보드와 컴퓨터 모니터 앞에 있는 고양이. 왼쪽 하단: 접시, 수저, 병, 그리고 가재가 담긴 그릇 2개. 오른쪽 하단: 미국 캘리포니아 산타크루즈에서 닻을 내린 범선 앞의 갈매기

고양이 그림에서 다음의 두 설명 또한 꽤 적절하지만, 네트워크가 두 번째 설명에서 키보드와 컴퓨터 스크린을 노트북으로 실수했다.

A cat is laying on top of a wooden desk.
A cat rests its head on a laptop.

네트워크가 테이블의 가재를 인식하지 못했지만 그림에서 괜찮은 설명 2개를 제공했다.

A table topped with breakfast items and a cup of coffee.
A view of a table with a knife and coffee.

마지막으로 갈매기 그림의 캡션은 다음과 같다.

A large white bird is standing in the water.
A large white bird sitting on top of a sandy beach.

우리가 이러한 예시를 선택한 이유는 이들이 잘 예측된 것들이기 때문이다. 네트워크는 부적절한 결과도 많이 만들어냈다.

A large cruise ship floating on top of a cruise ship.
A cat is sitting on a couch.
A group of friends sitting on a table with a knife.
A white and white and white sea water with a few water.

또한 실험을 위해 이미지의 각 영역의 어텐션 점수를 출력하도록 네트워크를 수정했다. 그림 16-7은 2개의 이미지에서 가장 높은 어텐션 점수를 받은 9개의 영역을 강조하고 있다.

어텐션 메커니즘이 이미지에서 요트에 완벽하게 집중하고 있는 한편, 테이블 이미지에서는 가재 그릇 하나, 접시 중 둘, 병 중 하나, 포크 중 하나에 집중하고 있음을 볼 수 있다. 우리 네트워크는 주의를 기울이는 영역이 각 단어마다 한 영역에서 다른 영역으

그림 16-7 2개의 테스트 이미지에 주의를 기울인 영역이 강조되어 있음

로 분명하게 옮겨지는 슈, 바와 동료들(2015)이 관측한 효과를 재현하지 못했다. 대신에 우리 실험에서 어텐션 영역은 출력 문장이 만들어짐에 따라 약간씩 움직이지만 더욱 정적인 것으로 드러났다. 그 이유는 우리 네크워크가 꽤나 단순하며 어텐션 매커니즘이 다음 시간단계의 어텐션 메커니즘 입력에 영향을 주는 피드백 루프를 갖지 않기 때문이라고 가정할 수 있다. 앞서 설명했듯이 프로그래밍 예제의 네트워크 디자인은 여전히 어텐션이 쓰임을 보여주면서도 가능한 단순하도록 선택했다. 더욱 복잡한 네트워크와 더욱 엄밀한 평가는 슈, 바와 동료들의 논문을 참고하라.

이미지 캡셔닝의 맺음말

16장에서는 COCO 데이터셋(Lin et al., 2015)과 이미지 캡셔닝 애플리케이션을 사용해 어텐션 메커니즘을 어떻게 사용하는지 보여줬다. 여러분이 이미지 캡셔닝 실험에 더욱 관심이 있다면, 더 작고 단순한 Flickr8k 데이터셋(Hodosh, Young, and Hockenmaier, 2013)이나 아니면 더 새롭고 광범위한 Conceptual Captions 데이터셋(Sharma et al.,

2018)을 시도해볼 수 있다. 이미지 캡셔닝 애플리케이션 측면에서 구현을 개선할 여지가 많이 있다. 그중 하나는 VGG19보다 더욱 현대적이고 복잡한 합성곱 네트워크 혹은 더 많은 층이나 트랜스포머 아키텍처에 기반한 디코더를 사용하는 것이다. 또 다른 선택지로는 특성 벡터를 미리 계산하지 않고 대신에 모델을 끝에서 끝까지 훈련시키는 것이다. 8장 '더 깊은 CNN 및 사전 훈련된 모델'에서 설명했듯이 최적의 접근법은 먼저 사전 훈련된 층을 고정하고 새롭게 추가된 층을 초기 훈련시키는 것이다. 이를 하고 나서 층의 고정을 해제하고 모델을 끝에서 끝까지 미조정한다. 이러한 기법 중 일부는 Conceptual Captions 데이터셋을 소개하는 논문에서 쓰였으며, 이들의 평가에서 주목할 만한 점은 이미지 영역에서의 어텐션이 없는 네트워크가 어텐션을 사용한 것보다 더 잘 동작했다는 것이다(Sharma et al., 2018). 반면에 그들은 또한 트랜스포머(이는 그 자체로 셀프 어텐션을 사용한다) 기반의 디코더가 LSTM 기반 모델보다 성능이 더 우수했다고 결론지었다.

다이Dai, 피들러Fidler, 린Lin(2018)은 이미지 캡셔닝을 하는 다른 방법을 설명했다. 이들은 '무엇을 말할지what to say'를 결정하는 과정을 '어떻게 말할지how to say it'로부터 분리하는 데 목표를 두는 합성적인 접근법을 사용한다. 즉, 신경 이미지 캡셔닝의 기본적인 기법은 AlexNet 논문(Krizhevsky, Sutskever, and Hinton, 2012) 이후 상대적으로 금방 공개됐지만, 새로운 아이디어가 여전히 탐색되고 있다. 이는 완전히 해결된 문제로 고려해서는 안 될 것이다.

17장 '추가적인 주제 메들리'로 넘어가기 전에, 한 걸음 물러서 이 책에서 가장 복잡했던 프로그래밍 예제인 이번 예제를 되돌아보자. 이 예제가 지금까지 논의한 개념의 대부분을 포함한다는 점을 언급하고자 한다. 완전 연결, 합성곱, 순환 층(LSTM 셀을 사용하는)이 있으며, 단어 임베딩을 학습하고 어텐션 메커니즘을 사용한다. 또한 전이 학습의 힘을 보여주고 있다. 이는 인코더-디코더 아키텍처의 예시이자 이미지 데이터(입력으로)와 텍스트 데이터(출력으로) 모두를 조합한다.

또한 단지 재미로 이미지 캡셔닝 네트워크와 일부 생물학적 유기체의 복잡도를 비교했다. 우리의 이미지 캡셔닝 네트워크는 대략 1,500만 개의 유닛과 3,000만 개의 고유 가중치를 갖는다. LSTM 같은 더욱 복잡한 셀을 단일 뉴런으로 셀지 아니면 몇 개의 뉴런으로 셀지, 그리고 합성곱 네트워크에서 많은 뉴런들 사이에 공유된 가중치를 하나로 셀지 아니면 더욱 시냅스적인 연결로 세야 하는지 분명하지가 않다. 시작으로 단지 대략적인 비교를 원한다면, 우리의 1,500만 개 유닛은 1,600만 개의 뉴런으로 된 개구리와 거의 같은 정도의 크기다. 우리의 3,000만 개 가중치는 초파리의 1,000만 개와 거의 같은 정도의 크기다. 만일 공유된 가중치를 고유한 가중치로 셈한다면, 이는 아마도 꿀벌의 10억 개 시냅스와 비교할 만하다. 이는 7억 6,000만 개의 뉴런과 10조 개의 시냅스로 된 고양이보다 훨씬 적다는 것을 볼 수 있다. 어째서 고양이가 우리를 무시하는 일은 잘하면서 이미지를 텍스트 설명으로 변환하는 데는 어려움을 겪는지 우리 스스로 자문해볼 수 있지 않을까? 이는 우리의 이미지 캡셔닝 네트워크가 과제를 위해 엔지니어링되어 있으며, 진짜 생물학적 시스템과 비교하는 것은 말이 되지 않을 수도 있다고 해석하는 것이 적절하다. 또는 우리의 이미지 캡셔닝 네트워크가 꽤 복잡하더라도 실제 생명체는 훨씬 복잡하며 인간의 뇌와 비슷한 무언가를 모델링하기까지는 가야 할 길이 아직도 멀다고 해석할 수 있다.

이것으로 컴퓨터 비전 및 언어 처리에 관한 심도 있는 설명을 마친다. 이 장의 네트워크는 텍스트와 이미지, 또한 2개의 다른 **모달리티**modality 모두에서 동작한다는 측면에서 멀티모달 네트워크의 예시가 된다. 멀티모달 딥러닝은 다음 장의 주제 중 하나다.

17

추가적인 주제 메들리

이 책은 각 장이 대체로 이전 장을 기반으로 하는 내러티브로 구성됐다. 16장 '이미지 캡셔닝을 위한 일대다 네트워크'에서는 이전 장들의 많은 기법을 하나의 이미지 캡셔닝 애플리케이션으로 한데 모았다.

실제로는 많은 개념이 동시에 발전했으며 우리가 제시한 순서를 따르지는 않는다. 마찬가지로, 때로는 우리의 내러티브에 중요한 주제를 모두 담기는 어려울 때가 있음을 알게 됐다. 그러므로 여러분이 딥러닝ᴹᴸ을 처음 접한다면, 여러분은 이제 충분한 기반을 갖고 있지만 맹점 또한 갖고 있음을 뜻한다. 중요하다고 생각되는 추가적인 주제를 소개하며 이러한 맹점을 다뤄보겠다.

17장은 서로 그다지 연관되어 있지 않은 프로그래밍 예제들을 포함하여 여러 기법을 소개한다는 점에서 다른 장들과 다르다. 그러므로 이전 장들만큼 깊이 들어가지는 않을 것이다. 전반적인 목표는 여러분이 이러한 각각의 주제에 어느 정도 노출되게 함으로써 더욱 깊이 들어갈지를 선택하는 데 필요한 정보를 제공하는 것이다. 17장의 프로그래밍 예제에서 구현하는 네트워크는 마지막 몇 개 장에서 다룬 것보다 더 단순하므로 상대적으로 이해하기가 쉬울 것이다.

오토인코더, 멀티모달 학습, 멀티태스크 학습, 네트워크 조정, 신경 아키텍처 검색 순으로 논의할 예정이다. 이제 오토인코더부터 시작해보자.

오토인코더

14장 '시퀀스 투 시퀀스 네트워크와 자연어 번역', 15장 '어텐션과 트랜스포머', 그리고 16장에서 인코더-디코더 아키텍처의 예시를 봤다. 인코더는 입력을 중간적인 표현으로 변환한다. 디코더는 이와 같은 중간 표현을 입력으로 받아서 원하는 출력으로 변환했다. 이러한 일반적인 아키텍처는 자연어 번역 및 이미지 캡션에 사용했다.

오토인코더autoencoder는 입력값과 원하는 출력값이 동일한 인코더-디코더의 특별한 경우다. 즉, 항등 함수의 구현이 오토인코더의 과제다. 그림 17-1에서 이를 보여주는데, 해당 모델은 입력 데이터의 중간 표현을 만드는 인코더에 이어 이러한 중간 표현으로부터 입력 데이터를 다시 만드는 일을 맡는 디코더로 구성되어 있다.

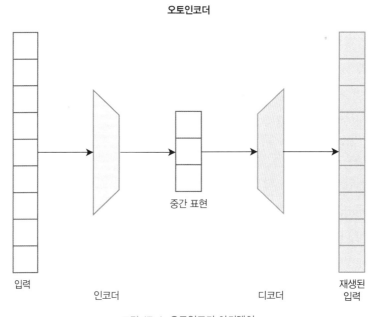

그림 17-1 오토인코더 아키텍처

인코더와 디코더의 정확한 아키텍처는 사용 사례 및 데이터의 형태에 따라 다르다. 즉, 텍스트 데이터에서 인코더와 디코더는 순환 네트워크 혹은 트랜스포머 아키텍처에 기반한 것일 수 있으며, 다른 형태의 데이터에서 이들은 완전 연결 피드포워드 네트워크 아니면 합성곱 네트워크일 수 있다.

이러한 아키텍처를 왜 구축하고자 하는지 당연히 궁금할 것이다. 어떠한 사용 사례가 있을까? 이들을 유용하게 만드는 데 큰 역할을 하는 한 가지 속성이 있다. 그림에서 설명하듯이 중간 표현의 차원이 통상적으로 입력 데이터의 차원보다 낮으며 이는 모델이 작은 중간 표현을 찾도록 강제한다. 즉, 중간 표현은 입력 데이터의 압축 버전이다. 인코더는 데이터를 압축하고, 디코더는 데이터를 원본 형식으로 다시 압축을 푼다. 그러나 목적은 gzip, jpeg, 혹은 다른 압축 알고리듬을 대체하는 것이 아니다. 대신에 대부분의 경우 중간 표현을 직접 혹은 추가적인 분석이나 조작을 위해 사용하는 것이 아이디어다. 다음 절에서 해당 예제들을 살펴본다.

> 오토인코더는 출력을 입력으로 제시된 것과 같은 값으로 출력하도록 훈련시킨다. 그러나 먼저 입력을 더욱 작은 중간 표현으로 인코딩하는데, 이러한 중간 표현은 추가적인 분석에 쓰일 수 있다.

오토인코더 아이디어는 나온 지 오래됐다. 루멜하르트[Rumelhart], 힌턴[Hinton], 윌리엄스[Williams]가 원핫 인코딩의 더욱 작은 표현을 보여주는 논문(1986)이 초기 예시 중 하나다.

오토인코더의 사용 사례

오토인코더의 사용 방법을 보여주는 첫 번째 예시로 2개의 다른 문장이 비슷한 메시지를 전달하고 있는지를 결정하는 경우를 고려해보자. 14장에서 언급했듯이 서츠케버[Sutskever], 비닐스[Vinyals], 르[Le](2014)는 번역을 위해 쓰이는 시퀀스 투 시퀀스 네트워크의 중간 표현을 2차원 공간으로 변환하고 결과 벡터를 그려서 분석했다. 그림 17-2는 이러한 결과 차트의 적응력을 보여주며, 의미는 같지만 문장 구조가 다른 문장들이 어떻게 함께 그룹화되어 있는지 보여준다. 즉, 중간 표현은 **문장 벡터**[sentence vector]의 역할을

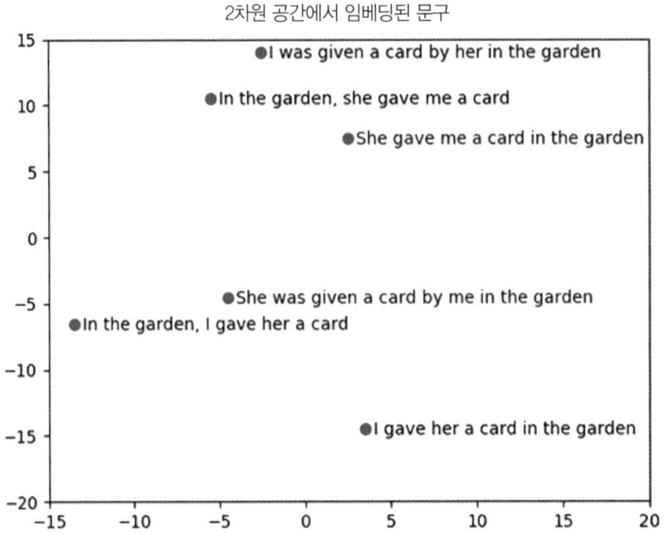

그림 17-2 번역 네트워크의 중간 표현(출처: Sutskever, I., Vinyals, O., and Le, Q. (2014), "Sequence to Sequence Learning with Neural Networks," in *Proceedings of the 27th International Conference on Neural Information Processing [NIPS'14]*, MIT Press, 3104–3112)

하며, 이때 비슷한 문장이 벡터 공간에서 서로 가깝게 위치한다. 다시 말해, 번역 과제로 인코더-디코더 네트워크를 훈련시키면 네트워크의 인코더 부분을 사용해 이러한 벡터를 만들 수 있다.

이 접근법의 문제는 각 훈련 예제가 두 언어로 된 같은 문장으로 되어 있으므로 번역 네트워크를 위한 훈련 데이터를 얻는 데 비용이 많이 들 수 있다는 점이다. 이는 번역 네트워크가 오토인코더가 되도록 훈련시켜 해결할 수 있다. 단순히 시퀀스 투 시퀀스 모델을 한 언어에서 같은 언어로, 예를 들어 영어에서 영어로 번역하도록 훈련시킨다. 중간 표현이 입력 및 출력보다 좁다는 측면에서, 모델은 그림 17-2와 같이 의미 있는 중간 표현을 만들어내도록 강제받는다. 번역 네트워크 자체를 오토인코더로 만들기 위해 어떤 것도 바꿀 필요가 없음을 주지하라. 유일하게 바뀌는 것은 훈련 데이터로, 네트워크가 입력과 같은 언어로 문장을 출력하도록 훈련시킨다.

word2vec 알고리듬과 방금 설명한 오토인코더 예제 사이의 유사성은 주목할 만하다.

word2vec에서 단어 하나의 넓은^{wide}(원핫 인코딩된) 표현을 취한 뒤, 인코딩 단계를 밟아 차원성을 더 좁은 중간 표현으로 축소한다. 이러한 인코딩 단계 다음으로 단어 그 자체가 아닌, 넓은 표현에서의 주변 단어를 예측하려 하는 디코딩 단계가 따라온다. word2vec이 인코딩하고자 하는 단어로부터 의미를 알아낼 수 있음을 봤으므로, 오토인코더 아키텍처가 문장에서도 같은 일을 할 수 있다는 건 놀라운 일이 아니다.

오토인코더 사용 사례의 두 번째는 **이상치 탐지**^{outlier detection}다. 오토인코더가 영어 문장을 입력으로 제시받았을 때 영어 문장을 다시 만들어내도록 훈련시켰다고 상상해보자. 이제 임의의 영어 문장을 네트워크에 제시하고, 우리는 출력이 입력과 동일하지 않을 경우 비슷할 것이라고 기대한다. 특히 훈련 과정의 목표가 손실 함수의 최소화라는 점에서 손실 함수의 값이 작을 것이라 기대한다.

이제 같은 네트워크를 사용하지만 프랑스어 문장을 입력으로 제시한다고 상상해보자. 영어에 훈련된 오토인코더가 문장을 프랑스어로 다시 잘 만들어낼 것이라고 기대하기는 어렵다. 프랑스 어휘나 문장 구조를 학습할 기회를 갖지 못했으므로, 손실 함수의 값은 임의의 프랑스어 문장을 제시했을 때 임의의 영어 문장을 제시할 때보다 더 클 것이다. 즉, 높은 손실값은 현재 입력 데이터가 오토인코더가 훈련됐던 통상적인 입력 데이터와 다름을 뜻한다. 즉, 높은 손실은 현재 입력 데이터가 이상치임을 뜻한다.

이상치 탐지의 중요한 응용 분야는 신용카드 거래 데이터에 적용할 때다. 각 신용카드 거래는 규모, 그날의 시간, 벤더, 위치와 같은 다수의 특성으로 되어 있다. 이 모든 특성을 특성 벡터로 그룹화하고 이를 같은 특성 벡터를 출력으로 다시 만들어내도록 훈련시키는 오토인코더의 입력으로 쓸 수 있다. 이제 이례적인 거래를 네트워크에 제시하면, 출력에서 벡터를 다시 잘 만들어내지 못할 것이다. 즉, 손실값이 높으며 의심스러운 것으로 표시돼야 하는 비정상적인 거래임을 암시한다.

오토인코더의 다른 면들

앞의 두 예시에서 중요한 점은 오코인코더가 라벨링되지 않은 데이터에서 패턴을 찾는다는 것이다. 특히 두 번째 예제에서는 모델이 찾도록 가르치는 라벨링된 이상치 집합이 있다고 가정하지 않는다. 단순히 이상치가 훈련 데이터에 존재하지 않으며(아니면 정의에 따라 매우 드물다), 따라서 모델은 이들의 손실을 최소화하는 것을 잘하지 못한다는 사실에 의존할 뿐이다. 라벨링되지 않은 데이터에서 패턴을 잘 찾을 수 있다는 사실로 인해 오토인코더는 비지도 학습 알고리듬에서 기본 토대를 위한 좋은 후보가 된다. 이런 면에서 내부적인 표현 벡터를, 비슷한 벡터를 같은 클러스터에 위치하도록 그룹화하는 군집화라 불리는 알고리듬에 공급하는 일이 흔하다.

> 군집화 알고리듬은 벡터를 그룹 내 벡터가 서로 비슷한 클러스터로 자동으로 그룹화하는 데 쓰일 수 있다. k 평균 군집화는 잘 알려진 반복 알고리듬이며, 추가적으로 읽으면 좋은 주제다(Hastie, Tibshirani, and Friedman, 2009).

오토인코더의 또 다른 중요한 면은 새롭게 좁혀진 표현이 여전히 더 넓은 표현의 속성을 유지하는 차원 축소 기법을 사용한다는 것이다. 인코더는 차원의 수를 줄이는 데 쓸 수 있으며, 디코더는 차원의 수를 늘리는 데 쓸 수 있다. 오토인코더는 차원 축소 기법의 많은 예 중 하나일 뿐이다. 헤이스티, 팁시라니, 프리드먼(2009)은 전통적인 머신러닝ML 분야에서 차원 축소를 위한 그 밖의 방법을 설명하며, 가장 일반적인 방법은 주성분분석PCA, Principal Component Analysis이다.[1]

기본적인 오토인코더는 다른 애플리케이션에 쓰이도록 여러 방법으로 수정할 수 있다. 한 예로는 디노이징denoising 오토인코더다. 이는 아키텍처가 같지만 훈련 데이터가 약간 수정된다. 동일한 입력 및 출력 데이터로 모델을 훈련하는 대신에, 오염된 버전의 데이터가 입력으로 쓰인다. 그런 다음 모델이 오염된 입력 데이터의 올바른 버전을 다시 만들어내도록 훈련시킨다. 결과 모델은 예를 들어 이미지나 비디오 데이터 같은 입력 데이터로부터 잡음을 제거하는 데 쓰일 수 있다.

---

1 PCA는 전통적인 머신러닝에서 쓰이지만 '머신러닝'이라는 용어가 만들어지기 전에 고안됐다.

프로그래밍 예제: 이상치 탐지를 위한 오토인코더

이번 프로그래밍 예제에서는 어떻게 오토인코더를 이상치 탐지에 쓸 수 있는지 보여준다. 이는 먼저 오토인코더를 MNIST^{Modified National Institute of Standards and Technology} 데이터셋에 훈련시켜서 한다. 그 뒤 네트워크에 손글씨 숫자를 나타내지 않는 이미지를 제시할 때 오차가 얼마나 높은지 관찰한다. 코드 17-1에서는 보통의 임포트 문 집합으로 시작한 다음 MNIST 데이터셋을 불러온다.

코드 17-1 초기화 코드 및 데이터셋 로드/스케일링

```
import tensorflow as tf
from tensorflow import keras
from tensorflow.keras.utils import to_categorical
import numpy as np
import matplotlib.pyplot as plt
import logging
tf.get_logger().setLevel(logging.ERROR)

EPOCHS = 10

# 전통적인 MNIST 데이터셋 불러오기
mnist = keras.datasets.mnist
(train_images, train_labels), (test_images,
                        test_labels) = mnist.load_data()

# 데이터 스케일링
train_images = train_images / 255.0
test_images = test_images / 255.0
```

데이터를 0을 중심으로 표준화하는 대신에 범위가 0에서 1이 되도록 스케일링하는데, 그 이유는 논의할 가치가 있다. 오토인코더의 과제는 출력에서 입력을 다시 만드는 것이다. 이는 입력 데이터 및 네트워크의 출력 유닛을 이것이 가능하도록 하는 방식으로 정의할 필요가 있음을 뜻한다. 예를 들어 0을 중심으로 하는 입력 데이터 그리고 출력 유닛으로 로지스틱 시그모이드를 쓴다면, 로지스틱 시그모이드는 오직 양의 값만을 출력할 수 있으므로 네트워크가 단순히 문제를 풀 수가 없다. 이미지 데이터를 다룰 때는 범위가 유효한 값(통상적으로 0에서 255 사이의 정숫값이거나 0에서 1 사이의 부동소수점값)의 범위에 속하기를 원한다. 이를 보장하는 일반적인 방법은 입력 데이터가 0에서 1 사이에 속하도록 스케일링하고 로지스틱 시그모이드 유닛을 출력 유닛으로 사용하는 것이다. 다른 대안으로는 입력을 0 근처로 중심화하고 선형 출력 유닛을 사용하는 것이지만, 그러면 출력 데이터를 후처리하여 이들이 범위 밖의 값을 갖지 않도록 보장할 필요가 있다.

다음 단계는 모델 정의와 훈련이다. 이는 코드 17-2에서 보여준다. 모델의 인코더 부분은 Flatten 층(차원을 28×28에서 784로 바꿔줌) 다음 유닛이 64개인 완전 연결(Dense) 층 하나로 되어 있다. 디코더는 784개 유닛의 또 다른 완전 연결 층 다음 차원을 784에서 28×28로 바꿔주는 Reshape 층으로 되어 있다. 즉, 디코더는 인코더를 통한 연산의 역을 수행한다. 오토인코더의 목적은 입력 이미지와 동일한 출력 이미지를 생성하는 것이며, 이는 크기 64의 중간 표현 벡터 내 28×28(784) 이미지를 완전히 인코딩하여 수행해야 한다.

코드 17-2 모델 구축 및 훈련

```python
# 오토인코더 생성 및 훈련
model = keras.Sequential([
    keras.layers.Flatten(input_shape=(28, 28)),
    keras.layers.Dense(64, activation='relu',
                       kernel_initializer='glorot_normal',
                       bias_initializer='zeros'),
    keras.layers.Dense(784, activation='sigmoid',
                       kernel_initializer='glorot_normal',
                       bias_initializer='zeros'),
    keras.layers.Reshape((28, 28))])

model.compile(loss='binary_crossentropy', optimizer = 'adam',
              metrics =['mean_absolute_error'])

history = model.fit(train_images, train_images,
```

```
                    validation_data=(test_images, test_images),
                    epochs=EPOCHS, batch_size=64, verbose=2,
                    shuffle=True)
```

예제의 인코더와 디코더 모두에서 완전 연결 층을 사용하고 있지만, 이미지로 작업할 때는 합성곱 층 및 합성곱 기반 업샘플링^{upsampling} 층의 일부 형태를 사용하는 것이 일반적이라는 점을 지적해야 한다. 자세한 설명은 부록 B에서 찾을 수 있지만, 완전 연결 층을 사용하는 이유는 일을 단순하게 만들면서 MNIST의 작고 단순한 이미지로 작업할 때는 이것이 가능하기 때문이다.

코드 17-3에서 훈련된 모델을 사용해 테스트 데이터셋의 이미지를 다시 만드는 것을 시도한다. 모델을 모든 테스트 이미지에 적용한 후, 테스트 이미지 중 하나를 네트워크가 만든 해당 버전 옆에 그린다.

코드 17-3 테스트 데이터셋에서 오토인코더의 움직임 보여주기

```
# 테스트 데이터셋에서 예측한다.
predict_images = model.predict(test_images)

# 입력 예제 하나 및 결과 예측을 그린다.
plt.subplot(1, 2, 1)
plt.imshow(test_images[0], cmap=plt.get_cmap('gray'))
plt.subplot(1, 2, 2)
plt.imshow(predict_images[0], cmap=plt.get_cmap('gray'))
plt.show()
```

그림 17-3에서 보여주듯이 네트워크가 이미지를 다시 만드는 일을 꽤 잘한다. 다음 단계로 오토인코더를 다른 이미지에 적용해본다. **패션 MNIST**^{Fashion MNIST}라 알려진 데이터셋을 사용할 텐데(Xiao, Rasul, and Vollgraf, 2017), 이 데이터셋은 MNIST를 바로 대체할 수 있도록 디자인되어 있다. 이는 같은 28×28 해상도를 사용하는 같은 수의 훈련 및 테스트 이미지로 되어 있다. MNIST와 마찬가지로, 각 이미지는 10개의 클래스 중

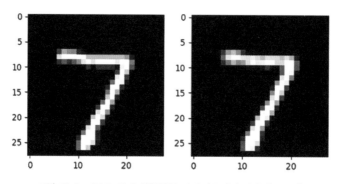

그림 17-3 테스트 이미지(왼쪽)와 다시 만들어진 이미지(오른쪽)

하나에 속한다. MNIST와 다른 점은 이미지가 손글씨 이미지를 묘사하는 대신에, 드레스, 셔츠, 스니커즈 같은 다양한 의복의 종류를 묘사한다는 것이다. 코드 17-4는 이 데이터셋을 로드하고 훈련된 모델을 사용해 패션 MNIST 테스트 이미지를 다시 만들기를 시도한다.

코드 17-4 오토인코더를 패션 MNIST 데이터셋에 시도하기

```
# 패션 MNIST 로드
f_mnist = keras.datasets.fashion_mnist
(f_train_images, f_train_labels), (f_test_images,
                        f_test_labels) = f_mnist.load_data()

f_train_images = f_train_images / 255.0
f_test_images = f_test_images / 255.0

# 예측 및 그리기
f_predict_images = model.predict(f_test_images)
plt.subplot(1, 2, 1)
plt.imshow(f_test_images[0], cmap=plt.get_cmap('gray'))
plt.subplot(1, 2, 2)
plt.imshow(f_predict_images[0], cmap=plt.get_cmap('gray'))
plt.show()
```

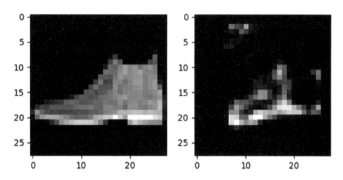

그림 17-4 패션 MNIST의 테스트 이미지(왼쪽)와 다시 만들어진 이미지(오른쪽)

그림 17-4에서 보듯이 결과가 MNIST에서보다 훨씬 나쁘다. 즉, 우리의 인코더는 손글씨 숫자를 다시 만드는 방법을 배웠지만 임의의 이미지를 다시 만드는 방법은 배우지 못했다.

이를 더 계량화하기 위해 코드 17-5에서 모든 MNIST 테스트 예제 및 모든 패션 MNIST 테스트 예제를 위한 오토인코더의 평균절대오차를 계산하고 결과를 그린다. 어쩌면 이진 교차 엔트로피 손실을 계산하는 것이 더 이치에 맞을 수도 있다. 왜냐하면 우리가 네트워크를 훈련시킬 때 사용한 것이기 때문이다. 그러나 오차의 차이를 묘사한다는 측면에서 보자면 어떤 적절한 오차 함수든지 쓸 수 있을 것이며, 코드를 단순화하기 위해 평균절대오차를 골랐다.

코드 17-5 MNIST 및 패션 MNIST 모두를 위한 손실 그리기

```
# 오차 계산 및 그리기
error = np.mean(np.abs(test_images - predict_images), (1, 2))
f_error = np.mean(np.abs(f_test_images - f_predict_images), (1, 2))
_ = plt.hist((error, f_error), bins=50, label=['mnist',
                                              'fashion mnist'])
plt.legend()
plt.xlabel('평균 절대 오차')
plt.ylabel('예제')
plt.title("이상치 탐지를 위한 오토인코더")
plt.show()
```

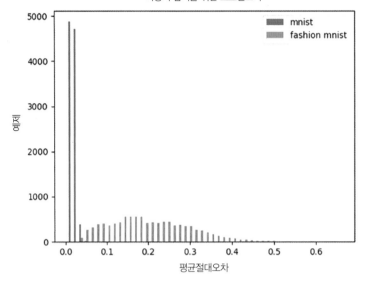

이상치 탐지를 위한 오토인코더

그림 17-5 MNIST 및 패션 MNIST의 오차 다이어그램. 오찻값은 주어진 예제가 손글씨 숫자를 나타내는지 정하는 데 쓸 수 있다.

결과 도표는 그림 17-5에서 보여준다. MNIST 예제의 오차가 패션 MNIST 예제보다 적음이 분명하다. 오차가 0.02보다 크다면(파란색과 오렌지색 사이의 경계), 이미지가 손글씨 숫자를 묘사하지 않을 가능성이 크다. 즉, 이상치가 탐지됐다.

파란색과 오렌지색 막대가 분명하게 분리되지 않았음을 주지하라. 보면 약간의 겹침이 존재한다. 약간의 인사이트를 제공하기 위해 코드 17-6이 가장 큰 오차를 야기하는 2개의 MNIST 테스트 이미지를 그리고 있다.

코드 17-6 MNIST 테스트 데이터셋에서 가장 큰 이상치를 찾고 그리기

```
# MNIST 데이터에서 이상치 인쇄하기
index = error.argmax()
plt.subplot(1, 2, 1)
plt.imshow(test_images[index], cmap=plt.get_cmap('gray'))
error[index] = 0
index = error.argmax()
```

```
plt.subplot(1, 2, 2)
plt.imshow(test_images[index], cmap=plt.get_cmap('gray'))
plt.show()
```

그림 17-6의 결과 이미지를 보면, 보통의 데이터에서의 이상치를 나타냄을 볼 수 있다. 왼쪽 이미지는 안타깝게 잘려 있으며, 오른쪽 이미지는 다소 이상해 보인다. 즉, 이들은 MNIST 데이터에서 정말로 이상치로 고려될 수 있다.

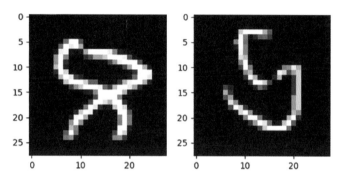

그림 17-6 오차가 가장 큰 2개의 MNIST 테스트 예제

다음 주제로 넘어가기 전에, MNIST 및 패션 MNIST가 라벨링된 데이터셋이지만 프로그래밍 예제에서 라벨을 활용하지 않았음을 언급하는 것이 좋겠다. 또한 모델 훈련에 패션 MNIST 데이터셋을 활용하지도 않았다. 즉, 오직 MNIST 데이터셋의 훈련 이미지만 사용해 모델을 훈련시켰으며, MNIST와 패션 MNIST를 구별했음은 물론 MNIST 자체 테스트 집합 내 이상치를 찾아냈다.

멀티모달 학습

이 책의 프로그래밍 예제는 쓰여진 자연어, 이미지 데이터, 항목의 가격을 나타내는 수치 데이터처럼 다른 종류의 입력을 활용한다. 이러한 다른 종류의 데이터는 다른 **모달리티**modality, 즉 현상을 경험하거나 나타내는 모드mode라 부를 수 있다. 멀티모달 머신러닝multimodal ML은 복수의 모달리티로 된 데이터를 사용하거나 이와 관계된 모델을 구축하는 분야다.

앞서 언급했듯이 16장의 이미지 캡션 예제는 멀티모달 DL 애플리케이션의 예시였다. 이 절에서 발트루샤이티스Baltrušaitis, 아후야Ahuja, 모렌시Morency가 멀티모달 DL에 대한 조사 논문(2017)에서 소개한 분류 체계를 설명한다. 이에 대한 설명의 일부로 이미지 캡션 예제 및 다른 연관된 예제가 이러한 분류의 어디에 들어맞는지 지적한다. 마무리는 같은 데이터의 두 모달리티를 입력으로 사용하는 분류 네트워크의 작은 프로그래밍 예제로 한다.

멀티모달 학습의 분류 체계

발트루샤이티스, 아후야, 모렌시(2017)는 멀티모달 학습을 표현representation, 전이translation, 정렬alignment, 융합fusion, 협동 학습co-learning이라는 다섯 가지 주제로 나눈다. 이 주제는 다음에 약간 다른 순서로 요약한다. 융합을 표현 다음으로 제시하는 이유는 이 두 주제가 특히 심층신경망의 맥락에서 서로 깊게 연관되어 있기 때문이다.

표현

입력 데이터를 나타내는 방법은 모델 구축에서 중요한 측면이다. 멀티모달 데이터로의 작업은 이 문제에 한 차원을 더한다. 모델에 멀티모달 데이터를 제시하는 가장 단순한 방법은 복수의 특성 벡터를 단일 벡터로 연결하는 것이다. 그러나 만일 한 모달리티가 복수의 시간단계를 갖는 시계열이고 다른 모달리티는 단일 특성 벡터인 것과 같은 일부 경우에 이는 가능하지 않다. 또 다른 문제는 한 모달리티가 의도치 않게 전체 입력을 지배할 수도 있다는 점이다.

예를 들어, 같은 물체의 이미지와 텍스트 설명을 고려해보자. 이 이미지는 수백만 개의 픽셀로 되어 있는 한편, 텍스트 설명은 단지 10개의 단어일 수 있다. 10개 단어의 모음이 1백만 개의 픽셀값과 동등하게 중요하다고 무언가 명시적으로 의사소통하지 않는다면, 텍스트 입력을 잘 활용하는 네트워크를 훈련시키기가 어려울 수 있다. 이 문제를 다루는 방법은 각기 다른 입력 모달리티를 처리하는 병렬 네트워크의 집합으로 된 네트워크를 구축하고 그 뒤 결과를 추가로 네트워크에 조합하는 것이다. 예를 들어, 순환 네트워크를 사용해 텍스트 입력 데이터를 고정 너비 벡터 표현으로 변환할 수 있다. 마찬가지로, 이미지는 합성곱 네트워크를 사용해 이미지에 존재하는 고수준의 특성을 나타내는 벡터로 변환할 수 있다.

분리된 입력 네트워크가 있을 때의 또 다른 측면은 이들을 어떻게 네트워크에 조합하는지가 있다. 한 가지 해법은 입력 네트워크의 출력을 연결하고 이를 발트루샤이티스, 아후야, 모렌시(2017)가 복수 모달리티의 **결합 표현**joint representation이라 부르는 것을 만드는 완전 연결 층에 공급하는 것이다. 이 방법은 추론을 위해 네트워크를 나중에 사용할 때 예상되는 사용 사례가 모달리티 모두를 제시하는 경우일 때 주로 선호된다.

다른 해법으로는 네트워크 안에서 모달리티를 분리해 유지하지만 이들을 서로 관련시키는 방식에 있어 무언가 제약을 강제하는 방법이 있다. 발트루샤이티스, 아후야, 모렌시는 이를 **조직화된 표현**coordinated representation이라 부른다. 이러한 제약의 한 예로는 같은 형태의 개체를 위한 표현은 두 모달리티에서 서로 가까워야 한다는 것이 있다(벡터 공간에서). 이는 추론 동안 오직 하나의 모달리티가 존재하는 경우 활용할 수 있다. 이미지와 텍스트에 네트워크를 훈련시키고 조직화된 표현을 구성할 수도 있을 것이다. 추론 동안 오직 하나의 모달리티만이 네트워크에 제시되지만, 네트워크는 여전히 훈련된 과제를 수행할 수 있다. 두 모달리티를 나타내는 방법을 설명하는 해법 세 가지는 그림 17-7이 보여준다.

융합

멀티모달 융합은 표현의 주제와 긴밀히 연관되어 있다. 방금 논의한 표현 문제는 멀티모달 입력 데이터로 작업하는 어떤 사용 사례에서든지 적용할 수 있다. 모달리티가 서로 다른 데이터가 반드시 같은 개체에서 2개의 다른 시점이 될 필요는 없다. 멀티모달 융합에서 우리가 이해하는 바는 특히 우리가 해결하고자 하는 과제(예를 들어 분류나 회

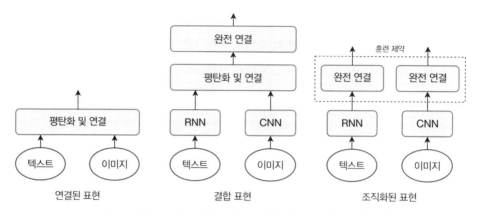

그림 17-7 연결된 모달리티(왼쪽), 결합 표현(가운데), 조직화된 표현(오른쪽)

귀)에서 동일한 입력 데이터가 서로 다른 모달리티에서 복수의 시점을 가질 때를 뜻한다. 예시로는 물체를 이미지 및 물체의 소리 녹음에 기반하여 분류하고자 할 때가 있다.

그러한 환경에서 멀티모달 융합은 극단적인 이른^{early} 융합과 늦은^{late} 융합이라는 두 가지 측면에서 논의할 수 있다. 이른 융합은 단순히 입력 벡터를 연결하는 것을 뜻하며, 이는 바로 '표현' 절에서 우리가 나열했던 첫 번째 대안에 속한다. 늦은 융합은 나중에 조합되는 복수의, 개별적으로 훈련된 모델을 갖도록 한다. 예를 들어, 분류 과제에서 이미지 분류를 하는 네트워크 하나와 텍스트 분류를 하는 네트워크 하나를 훈련시킨다. 그 뒤 예를 들면 가중된 투표 시스템을 통해 이 네트워크들의 출력을 조합할 수 있을 것이다. 이른 융합 및 늦은 융합은 그림 17-8에서 보여준다.

이른 융합과 늦은 융합은 2개의 극단이며, 이 둘의 하이브리드적인 디자인 요소가 존재한다. 신경망 측면에서 보면 경계선이 불분명한 경우가 많다. 예를 들어, 두 입력 모달리티를 위한 결합 표현을 사용하는 분류기를 구현한다면 융합은 모델 그 자체의 일부로서 나타난다.

전이

멀티모달 학습의 중요한 부분은 여러 모달 사이의 매핑을 찾는다는 개념이다. 이러한

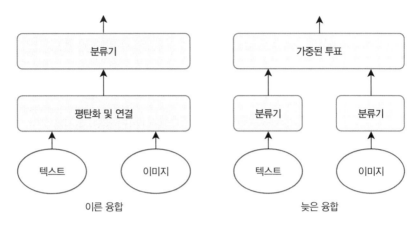

그림 17-8 분류 측면에서 이른 융합(왼쪽) 및 늦은 융합(오른쪽)의 예시

매핑은 한 모달리티에서 다른 것으로의 전이와 동등하다.

두 모달리티 사이의 전이 예제는 이미 본 적이 있는데, 16장의 이미지 캡셔닝 네트워크 과제가 이미지(한 모달리티)에서 같은 이미지의 텍스트 설명(다른 모달리티)으로의 전이였다. 이는 합성곱 네트워크를 사용해 이미지를 데이터의 중간적인 벡터 표현으로 변환해 수행했다. 데이터는 해당 텍스트 설명을 생성하는 자기회귀 순환 네트워크에 입력 데이터로 공급됐다.

마찬가지로, 14장에서는 프랑스어에서 영어로 번역되는 자연어 번역 네트워크를 구축했다. 입력 및 출력 모두가 텍스트 데이터이므로 이 네트워크를 멀티모달 네트워크로 고려할 수 있는지 분명한 것은 아니다. 그러나 누군가는 서로 다른 언어로 된 설명은 이들이 전하고자 하는 전체적인 언어 독립적 메시지의 다른 시점이라고 주장할 수도 있다. 엄밀한 정의는 제쳐두고, 개념적으로 언어 번역 네트워크는 분명히 멀티모달에 해당하는 이미지 캡셔닝 네트워크와 상당히 연관되어 있음을 관찰할 수 있다.

방금 논의한 두 네트워크는 모두 본래 **생성적**generative이다. 즉, 출력이 내부 표현에 기반한 네트워크에 의해 생성된다. 또 다른 종류의 모델로는 **예제 기반**example-based 모델이 있다. 이러한 모델은 현재 입력 예제를 이전에 봤던 훈련 예제로 매핑하고 단순히 훈련 예제에 해당하는 출력을 반환한다. 또한 **조합 기반**combination-based 접근법이 있으며, 이는 여러 훈련 예제의 출력을 조합해 추론 동안 예측된 출력을 구성한다.

정렬

멀티모달 학습에서 **정렬**alignment은 2개 이상의 모달리티 하위요소를 서로 매핑함을 뜻한다. 예를 들어, 이미지와 그 이미지의 텍스트 설명이 주어졌을 때 이 두 입력은 텍스트 설명으로부터의 단어나 문구를 이미지의 영역이나 물체로 매핑하여 서로 정렬시킨다.

정렬을 위해 쓸 수 있는 기법 중 하나는 어텐션이다. 15장의 어텐션 설명에서 번역 네트워크가 어떻게 이를 사용해 출력 문장을 만들 때 단어의 올바른 집합에 집중할 수 있는지 설명했다. 마찬가지로, 16장의 이미지 캡션 예제에서는 이를 사용해 이미지의 특정 영역에 집중하는 방법을 봤다. 두 모달리티 사이의 정렬은 어텐션 메커니즘에서 동적으로 계산된 가중치를 분석해 찾을 수 있다. 사실 동적으로 계산된 이러한 가중치는 **정렬 벡터**alignment vector를 뜻한다. 이 두 예시는 도착 모달리티가 생성될 때 시작 모달리티와 도착 모달리티 사이의 정렬을 찾는다는 점에서 다소 특별하다는 점을 주지하라. 즉, 정렬과 전이의 조합이다.

발트루샤이티스, 아후야, 모렌시(2017)는 명시적인 정렬과 암묵적 정렬을 구별한다. 명시적인 경우 과제는 두 데이터 출처 사이의 정렬을 찾는 것이다. 암묵적인 경우 정렬은 후속 과제의 결과를 개선하기 위한 초기 단계가 된다. 예를 들어, 분류 네트워크는 같은 입력 데이터를 위한 복수의 모달리티가 공급된다면 일을 더 잘할 것이다. 그러나 이는 두 모달리티가 먼저 정렬되어 이들이 같은 물체에서 2개의 다른 시점을 나타냄을 가정한다.

협동 학습

분류체계에서 다섯 번째이자 마지막 주제는 협동 학습이다. 이는 한 모달리티가 다른 모달리티에서의 모델 훈련 과정을 지원하는 데 쓰이는 기법 종류다. 협동 학습은 한 모달리티를 위한 라벨링된(혹은 부분적으로 라벨링된) 데이터셋을 갖지 못하며 이를 다른 모달리티로 된 또 다른 데이터셋으로 보완할 때, 특히 다른 데이터셋이 더욱 폭넓게 라벨링되어 있을 때 더욱 유용하다. 여기서는 복수의 데이터셋으로 협동 학습을 할 수 있는 방법에 관한 예제를 언급하는 것으로 논의를 제한한다.

첫 번째 예제는 블룸^{Blum}과 미첼^{Mitchell}(1998)이 소개한 **협동 훈련**$^{co-training}$이다. 분류 문제를 고려해보자. 이때 대부분이 라벨이 없는 데이터로 되어 있는 데이터셋을 갖고 있으며 각 훈련 예제는 2개의 모달리티 시점, 예를 들어 이미지와 텍스트 설명으로 되어 있다. 이제 2개의 개별적인 분류기를 몇 개의 라벨링된 예제에 훈련시킨다. 한 분류기는 이미지를 입력 데이터로, 다른 분류기는 텍스트 설명을 입력으로 사용한다. 이제 이 분류기를 사용해 무작위의 라벨링되지 않은 예제 일부를 분류하고 이를 데이터셋의 라벨링된 부분에 추가한다. 이를 수회 반복하면, 양쪽 모달리티를 입력으로 사용하는 조합된 분류기를 훈련시키는 데 쓸 수 있는 커다란 데이터셋이 된다. 블룸과 미첼은 이 접근법이 라벨링된 초기 데이터셋이나 오직 하나의 모달리티만을 사용해 훈련시키는 것보다 분류 오류율이 현저하게 낮아짐을 보였다.

두 번째 예시는 전이 학습을 활용해 2개의 다른 모달리티 표현을 같은 표현으로 매핑하는 것이다. 프롬^{Frome}과 동료들(2013)은 텍스트와 이미지 데이터를 조합하는 실험을 수행했다. 먼저 word2vec 모델을 텍스트 말뭉치에 사전 훈련시켜 단어 임베딩 집합을 만든 다음, ImageNet 데이터셋에 이미지 분류 네트워크를 사전 훈련시켰다. 마지막으로 이미지 분류 네트워크에서 최상단 소프트맥스 층을 제거하고, 이를 새로운 과제를 위해 전이 학습을 사용해 추가로 훈련시켰다. 이 새로운 과제는 word2vec 모델에 텍스트 ImageNet 라벨이 제시됐을 때와 같은 임베딩을 만들어내는 것이다. 즉, 고양이의 라벨링된 이미지가 주어졌을 때, word2vec을 사용해 'cat'의 단어 벡터가 먼저 만들어진다. 이는 소프트맥스 층이 제거된 사전 훈련된 이미지 분류기를 미조정할 때 목푯값으로 쓰인다. 추론하는 동안 훈련된 네트워크에 이미지가 제시되며, 이는 단어 임베딩과 같은 공간에서 벡터를 출력한다. 예측은 단순히 결과 벡터와 가장 근접하는 단어다. 이러한 방식으로 모델을 훈련한 결과 중 하나는 이것이 심지어 잘못된 결과를 예측하더라도 결과가 여전히 의미가 있다는 것이다. 왜냐하면 다른 연관된 단어가 벡터 공간에서 가깝기 때문이다.

이러한 두 예시는 멀티모달 협동 학습 문제에서 2개의 다른 범주를 나타낸다. 첫 번째 예시는 각 인스턴스가 양쪽 모달리티에서 연관된 데이터를 갖도록 예제를 훈련시켜야 한다. 즉, 각 훈련 예제는 이미지 및 텍스트 설명 모두를 갖는다. 발트루샤이티스, 아후야, 모렌시(2017)는 이를 **병렬 데이터**parallel data라 부른다. 두 번째 예시 또한 이미지와 텍스트 데이터 모두를 사용하지만 데이터셋 2개가 서로 다르다. 이는 **비병렬 데이터**nonparallel data의 예시다. 두 모달리티를 한데 묶는 연결점, 말하자면 각 이미지에 연관된 텍스트 라벨이 여전히 존재함을 주지하라. 발트루샤이티스, 아후야, 모렌시 또한 **하이브리드 데이터**hybrid data로 예시를 설명한다. 이런 경우 중 하나는 우리가 연결하고자 하는 두 모달리티를 위한 병렬 데이터로 된 데이터셋이 없지만 이 두 모달리티를 세 번째 공통 모달리티로 연결하는 병렬 데이터로 된 데이터셋이 있을 때다. 이러한 세 번째 모달리티를 사용해 2개의 원하는 모달리티 사이에 다리를 놓을 수 있다.

프로그래밍 예제: 멀티모달 입력 데이터로 분류하기

이 프로그래밍 예제에서 2개의 입력 모달리티를 사용해 분류기를 훈련하는 법을 보여준다. MNIST 데이터셋을 사용하지만, 이미지 모달리티에 더해서 텍스트 모달리티도 생성한다. 초기화 코드 및 MNIST 데이터셋을 로드하고 표준화하는 코드 17-7로 시작한다.

코드 17-7 초기화 코드 및 MNIST 데이터셋 로드/표준화하기

```
import tensorflow as tf
from tensorflow import keras
from tensorflow.keras.utils import to_categorical
from tensorflow.keras.preprocessing.text import Tokenizer
from tensorflow.keras.preprocessing.text \
    import text_to_word_sequence
from tensorflow.keras.preprocessing.sequence \
    import pad_sequences
```

```python
from tensorflow.keras.layers import Input
from tensorflow.keras.layers import Embedding
from tensorflow.keras.layers import LSTM
from tensorflow.keras.layers import Flatten
from tensorflow.keras.layers import Concatenate
from tensorflow.keras.layers import Dense
from tensorflow.keras.models import Model
import numpy as np
import matplotlib.pyplot as plt
import logging
tf.get_logger().setLevel(logging.ERROR)

EPOCHS = 20
MAX_WORDS = 8
EMBEDDING_WIDTH = 4

# 훈련 및 테스트 데이터셋 로드
mnist = keras.datasets.mnist
(train_images, train_labels), (test_images,
                               test_labels) = mnist.load_data()

# 데이터 표준화
mean = np.mean(train_images)
stddev = np.std(train_images)
train_images = (train_images - mean) / stddev
test_images = (test_images - mean) / stddev
```

코드 17-8은 각 입력 예제의 텍스트 표현인 두 번째 입력 모달리티를 만든다. 네트워크에게 너무 쉽지 않도록, 데이터의 이러한 텍스트 뷰는 완전하지 않고 숫자에 대한 부분적인 정보만을 제공한다. 각 훈련 및 테스트 예제에서는 숫자가 홀수인지 짝수인지 그리고 높은 수인지 낮은 수인지를 지정하는 일을 반복한다. 이 코드에서 만드는 텍스트 모달리티는 숫자가 무엇인지 완전히 정의하지는 않지만 이미지가 애매모호할 때 도움이 될 수 있다.

```python
# 두 번째 모달리티를 만드는 함수
def create_text(tokenizer, labels):
    text = []
    for i, label in enumerate(labels):
        if i % 2 == 0:
            if label < 5:
                text.append('lower half')
            else:
                text.append('upper half')
        else:
            if label % 2 == 0:
                text.append('even number')
            else:
                text.append('odd number')
    text = tokenizer.texts_to_sequences(text)
    text = pad_sequences(text)
    return text

# 훈련 및 테스트 집합을 위한 두 번째 모달리티 만들기
vocabulary = ['lower', 'upper', 'half', 'even', 'odd', 'number']
tokenizer = Tokenizer(num_words=MAX_WORDS)
tokenizer.fit_on_texts(vocabulary)
train_text = create_text(tokenizer, train_labels)
test_text = create_text(tokenizer, test_labels)
```

이미지 분류 네트워크는 5장 'DL을 향해: 프레임워크 및 네트워크 미조정'의 예제와 비슷하지만 텍스트 입력을 처리하는 하위 네트워크가 추가된다. 이 하위 네트워크는 Embedding 층과 LSTM 층으로 되어 있다. LSTM 층의 출력은 이미지 입력과 연결되어 완전 연결 층으로 공급된다. 이 층 다음에는 분류를 만드는 완전 연결 softmax 층이 따라온다. 구현은 코드 17-9가 보여준다.

```
# 펑셔널 API로 모델 만들기
image_input = Input(shape=(28, 28))
text_input = Input(shape=(2, ))

# 층 정의
embedding_layer = Embedding(output_dim=EMBEDDING_WIDTH,
                            input_dim = MAX_WORDS)
lstm_layer = LSTM(8)
flatten_layer = Flatten()
concat_layer = Concatenate()
dense_layer = Dense(25,activation='relu')
output_layer = Dense(10, activation='softmax')

# 층 연결
embedding_output = embedding_layer(text_input)
lstm_output = lstm_layer(embedding_output)
flatten_output = flatten_layer(image_input)
concat_output = concat_layer([lstm_output, flatten_output])
dense_output = dense_layer(concat_output)
outputs = output_layer(dense_output)

# 모델 구축 및 훈련
model = Model([image_input, text_input], outputs)
model.compile(loss='sparse_categorical_crossentropy',
              optimizer='adam', metrics =['accuracy'])
model.summary()
history = model.fit([train_images, train_text], train_labels,
                    validation_data=([test_images, test_text],
                                     test_labels), epochs=EPOCHS,
                    batch_size=64, verbose=2, shuffle=True)
```

네트워크를 20에포크 훈련시킨 뒤, 97.2%의 검증 정확도에 도달한다. 이를 상황에 맞게 설명하기 위해 텍스트 모달리티를 만드는 메서드가 언제나 문구 'lower half'를 만들도록 수정했다. 또 다른 선택지로는 텍스트 입력 모달리티를 모두 제거하는 것이 있겠지만, 그러면 네트워크는 더 적은 가중치를 갖게 되므로 우리는 텍스트 입력을 유지하되 추가적인 정보를 제공하지 않도록 하는 것이 공평하다고 생각했다. 결과 검증 정확도는 96.7%로, 추가적인 텍스트 정보가 도움이 됨을 나타내고 있다.

2개의 입력 모달리티를 사용하는 데 따른 효과를 추가로 보여주기 위해, 코드 17-10에서 실험을 한다. 먼저 주어진 테스트 예제를 위한 모든 정보를 보여준다. 이는 사실 숫자 7이며, 텍스트 설명은 'upper half'다. 그 뒤 주어진 이미지와 텍스트 설명을 입력으로 하여 네트워크를 사용해 예측을 만들었다. 그리고 숫자 및 예측된 확률을 확률로 정렬해 인쇄한다. 예상대로 네트워크는 숫자가 7이라고 올바르게 예측했다.

코드 17-10 훈련된 멀티모달 네트워크로 실험 수행하기

```
# 테스트 예제 하나의 입력 모달리티 및 출력을 인쇄한다.
print(test_labels[0])
print(tokenizer.sequences_to_texts([test_text[0]]))
plt.figure(figsize=(1, 1))
plt.imshow(test_images[0], cmap=plt.get_cmap('gray'))
plt.show()

# 테스트 예제를 예측한다.
y = model.predict([test_images[0:1], np.array(
    tokenizer.texts_to_sequences(['upper half']))])[0] #7
print('Predictions with correct input:')
for i in range(len(y)):
    index = y.argmax()
    print('Digit: %d,' %index, 'probability: %5.2e' %y[index])
    y[index] = 0

# 같은 테스트 예제를 수정된 텍스트 설명으로 예측한다.
print('\nPredictions with incorrect input:')
y = model.predict([test_images[0:1], np.array(
    tokenizer.texts_to_sequences(['lower half']))])[0] #7
for i in range(len(y)):
    index = y.argmax()
    print('Digit: %d,' %index, 'probability: %5.2e' %y[index])
    y[index] = 0
```

다음 단계에서 또 다른 예측을 하지만 이번에는 텍스트 입력을 'lower half'를 가리키도록 바꿨다. 확률을 보면, 값이 큰 숫자의 확률이 낮아졌음을 볼 수 있다. 결과는 실행마다 일관되지는 않았지만, 많은 경우 확률이 충분히 바뀜에 따라 네트워크의 예측이 7에서 3으로 바뀌었다. 이는 네트워크가 이미지 및 텍스트 설명 모두를 감안하도록 학습했음이 분명함을 보여준다.

멀티태스크 학습

앞 절에서 멀티모달 학습이 같은 데이터의 복수 표현에서 동시에 동작하는 단일 네트워크를 포함할 수 있음을 봤다. 비슷하게 들리지만 다른 개념으로는 멀티태스크 학습이 있으며, 이는 단일 네트워크가 복수의 개별적인 과제를 동시에 해결하는 것을 포함한다. 멀티모달 학습과 멀티태스크 학습은 서로 직교적이지만 또한 조합될 수도 있다. 즉, 복수의 과제를 동시에 풀도록 같은 데이터의 복수의 모달리티에서 동작하는 단일 네트워크를 만들 수 있다. 이는 이 장 후반부의 프로그래밍 예제에서 보여준다.

멀티태스크 학습을 구현하는 이유

단일 네트워크가 복수의 과제를 풀도록 하는 데 따른 이점이 무엇인지는 이것이 왜 되는지 그리고 어떻게 도움이 되는지를 고려하며 유추해보자. 4장 '다중클래스 분류에 적용된 완전 연결 네트워크'에서 손글씨 숫자를 위해 다중클래스 분류를 하는 네트워크를 구축하는 방법을 설명할 때 이 주제를 다뤄봤다. 한 가지 잠재적인 해법은 각 숫자에 개별적인 네트워크를 만드는 것이었다. 즉, 다중클래스 분류 네트워크 하나 대신에, 10개의 다른 숫자 탐지 네트워크를 구축할 수 있었다. 그 당시 다른 숫자들을 인식하는 것 사이에 공통점이 존재한다는 점을 유추했었다. 그때는 자세히 설명하지 않았지만 이제는 이러한 유추로 한 단계 더 들어간다. 숫자 3, 6, 8을 고려해보자. 각 숫자의 아랫부분은 모양이 둥글다. 단일 구현을 공유해 같은 기능을 달성할 수 있다면, 이러한 3개의 개별적인 '둥근 아랫부분 탐지기'를 갖는 것은 비효율적일 것이다. 뉴런의 전체 개수 측면에서의 비효율성은 차치하고, 또한 뉴런을 공유하면 일반화를 더 잘하도록 강제한다는 점이 드러난다. 뉴런은 숫자 하나만을 탐지하도록 과적합하는 대신에, 앞서 언급한 것과 같이 둥근 아랫부분의 탐지와 같이 일반적인 개념을 학습하도록 강제된다.

같은 생각이 멀티태스크 학습에도 적용된다. 과제 집합이 무언가 연관되어 있는 한, 네트워크가 이 과제들을 동시에 풀도록 학습시킴으로써 높아진 효율성과 낮아진 과적합을 볼 수 있다. 예를 들어, 8장의 마지막에서 **탐지** 및 **분할** 컴퓨터 비전 과제를 잠깐 언급했었다(또한 부록 B에서 자세히 논의한다). 이 과제는 이미지 내 물체의 형태가 무엇인지 분류하는 것에 더해서, 경계 상자 그리기 혹은 분류된 물체에 속하는 개별 픽셀 탐지하기 등을 수반한다. 이 과제들 사이에 공통점이 있다는 사실은 쉽게 볼 수 있다. 네트워크가 물체를 개로 분류하거나 아니면 개 주변에 경계 상자 그리기 과제를 받았는지에 상관없이, 전형적인 개의 특성을 발견할 수 있다면 일단 도움이 된다.

전이 학습과 멀티태스트 학습 사이에 연결점이 있다는 점은 언급할 만하다. 16장에서 물체 분류를 위해 사전 훈련된 합성곱 네트워크가 어떻게 이미지 캡션 환경에서 재사용될 수 있는지 보여줬다. 멀티태스크 학습은 무언가 비슷한 일을 한다. 차이점은 네트워크를 먼저 한 과제에 훈련시킨 뒤 이를 다른 과제에 사용하는 대신, 네트워크를 2개 이상의 과제에서 동시에 훈련시키고 재사용한다는 것이다.

멀티태스크 학습을 구현하는 방법

앞 절에서 왜 멀티태스크 학습이 되는지 그리고 도움이 되는지 생각해봤지만, 논의가 추상적이었다. 이제 이를 수행하는 방법을 자세히 설명하며 더욱 구체화한다. 요령은 복수의 출력 유닛 집합을 갖는 네트워크를 구축하는 것이다. 이 출력 유닛 집합들이 동일한 형태일 필요는 없다. 예를 들어, 물체 분류 및 경계 상자 그리기 과제 모두 주어진 네트워크를 고려해보자. 이 네트워크를 구축하는 한 방법은 분류를 위해 하나의 소프트맥스 출력 유닛 그리고 경계 상자의 4개 모서리를 나타내는 4개의 선형 출력 유닛을 갖도록 하는 것이다. 이 다른 출력 유닛들은 **헤드**head, 그리고 네트워크의 공유된 부

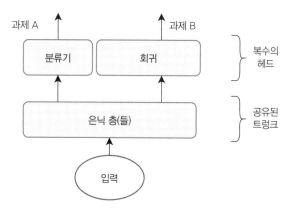

그림 17-9 멀티태스크 학습을 위한 2헤드 네트워크. 헤드 하나는 분류 과제를, 다른 헤드는 회귀 과제를 수행한다.

분은 **트렁크**trunk라고 자주 부른다. 즉, 멀티태스크 학습은 그림 17-9에서 보여준 멀티헤드 네트워크를 사용해 할 수 있다. 헤드는 꼭 단일 층으로 되어 있을 필요는 없으며, 각 헤드가 다층 하위 네트워크일 수 있음을 주지하라.

다중 출력 유닛의 도입은 또한 다중 손실 함수의 도입을 의미한다. 손실 함수의 선택은 간단한데, 여기서는 단일 헤드 네트워크에서와 같은 형태를 사용한다. 예를 들어 다중 클래스 분류에 사용되는 소프트맥스 브랜치에는 범주형 교차 엔트로피를 사용하며, 회귀에 사용되는 선형 브랜치에는 평균제곱오차를 사용한다. 이러한 복수의 손실 함수는 단순히 가중합을 계산해 단일 손실 함수로 조합한다. 이는 어떤 가중치를 쓸지 궁금하게 만든다. 단순한 해법은 이들을 간단히 네트워크를 훈련시킬 때 조정해야 하는 또 다른 초매개변수로 다루는 것이다.

다른 측면 그리고 기본적인 구현의 변형

앞 절에서 멀티태스크 학습을 위한 기본 네트워크를 설명했다. 기본 구현에는 언제나 가능한 변형이 많이 존재한다. 이 절에서는 이 중 몇 가지를 언급한다.

지금까지는 복수의 과제를 해결하는 네트워크를 훈련시킨다고 가정했다. 왜냐하면 이 모든 과제를 풀어야 하기 때문이다. 그러나 멀티태스크 학습은 과제 하나의 해결을 목적으로 하는 네트워크를 개선하는 데도 쓰일 수 있다. 우리는 어떻게 네트워크가 복수의 과제를 풀도록 훈련시키는 것이 네트워크의 공유된 부분이 일반화된 해를 학습하도록 강제하는지 설명했다. 즉, 추가적인 과제는 과적합을 줄이는 정칙자regularizer의 역할을 할 수 있다. 네트워크는 그럼으로써 주요 과제의 테스트 집합에서 일을 더 잘할 것이다. 이러한 배경하에서 이제 GoogLeNet에서 쓰였던 보조 분류기를 다시 보자. 8장에서 이를 기울기 소실과 싸우는 방식으로 설명했다. 보조 분류기를 보는 다른 방식은 이것이 네트워크가 특성을 다른 세부적인 수준에서 학습하도록 북돋아준다는 것이다. 이는 멀티태스크 학습으로 인해 높아진 일반화 수준과 같이 바라볼 수 있다(보조 분류기는 두 번째 과제를 학습하는 두 번째 헤드의 역할을 한다).

이전 절에서 설명한, 매개변수가 기본 네트워크 아키텍처에서 공유되는 방식은 **강한 매개변수 공유**hard parameter sharing라 알려져 있다. 이는 간단히 네트워크의 트렁크가 복수의 헤드 사이에서 완전히 공유됨을 뜻한다. 또 다른 선택지로는 **약한 매개변수 공유**soft parameter sharing가 있다. 이런 환경에서 각 과제는 자신만의 해당하는 네트워크를 갖는다. 그러나 훈련 동안 조합된 손실 함수는 일부 층에서의 가중치가 모델 사이에서 비슷해지도록 부추긴다. 즉, 각기 다른 네트워크의 가중치가 공유되는 것처럼 움직일 때 도움이 된다면 그와 같이 움직이겠지만, 서로 다를 때 더 도움이 된다면 여전히 다를 자유가 있다. 말하자면 가중치는 모델 사이에서 오직 약하게만 공유된다.

카르파시Karpathy(2019b)는 멀티태스크 학습이 일부 추가적인 흥미로운 상반관계를 가져오는데, 특히 팀 프로젝트 환경에서 그러함을 지적했다. 앞서 설명했듯이 단순한 정칙화 기법으로는 물론 조기 중단이 있다. 즉, 단순히 테스트 집합에서 얼마나 많은 에포크가 최적의 성능을 가져오는지 감지하고 훈련을 그 시점에서 중단한다. 이는 단일 과제 학습인 경우에는 사소한 일이지만, 멀티태스크 학습인 경우에는 직관적이지 못하다. 그림 17-10의 학습 곡선을 고려해보자. 여러분은 과제 A, B, C의 성능이 최적일 때 훈련을 중단하는가? 이는 사람들이 각기 다른 과제를 담당하지만 제한된 자원으로 인해 네트워크의 트렁크를 공유할 때 특히 논쟁거리가 된다. 비슷한 질문으로 결합

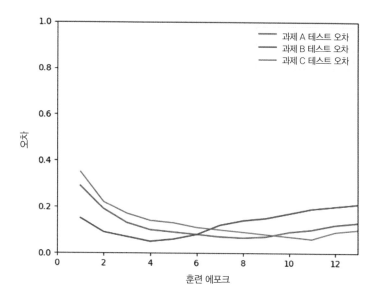

그림 17-10 멀티태스크 학습 시나리오에서 세 가지 과제의 학습 곡선

손실 함수의 가중치를 누가 고르는가가 있다. 가중치는 과제 A, B, C 소유자의 결정에 따라 달라질 가능성이 있다.

이제 멀티모달 및 멀티태스크 학습을 조합하는 프로그래밍 예제로 넘어간다. 멀티태스크 학습을 더 배우고 싶다면, 루더[Ruder](2017)와 크래쇼[Crawshaw](2020)의 조사 논문을 참고하라.

프로그래밍 예제: 단일 네트워크로 하는 멀티클래스 분류 및 질문 답변

이번 프로그래밍 예제에서는 이전 프로그래밍 예제의 멀티모달 네트워크를 추가적인 헤드로 확장해 멀티모달 입력을 사용하는 멀티태스크 학습을 하는 네트워크를 구축한다.

네트워크가 동시에 멀티클래스 분류(손글씨 숫자를 식별)를 하고 단순한 질문-답변 과제를 수행하도록 가르친다. 질문-답변 과제는 이미지 내 숫자에 대한 질문에 '예/아니요'

라는 답을 제공한다. 텍스트 입력은 이전 프로그래밍 예제의 텍스트 입력('upper half',
'lower half', 'odd number', 'even number')과 비슷하게 보일 것이다. 그러나 텍스트가 숫자
를 올바르게 설명하는 대신에, 무작위로 선택되며 질문을 나타낸다. 네트워크는 그 뒤
이미지를 10개의 클래스 중 하나로 분류하고 질문의 답이 '예'인지 '아니요'인지를 결정
하는(서술이 참인지 거짓인지) 과제를 받는다. 언제나와 같이 코드 17-11에서 초기화 코
드 및 데이터셋 로딩으로 시작한다.

코드 17-11 멀티태스크 멀티모달 네트워크 예제의 초기화 코드

```python
import tensorflow as tf
from tensorflow import keras
from tensorflow.keras.utils import to_categorical
from tensorflow.keras.preprocessing.text import Tokenizer
from tensorflow.keras.preprocessing.text \
    import text_to_word_sequence
from tensorflow.keras.preprocessing.sequence \
    import pad_sequences
from tensorflow.keras.layers import Input
from tensorflow.keras.layers import Embedding
from tensorflow.keras.layers import LSTM
from tensorflow.keras.layers import Flatten
from tensorflow.keras.layers import Concatenate
from tensorflow.keras.layers import Dense
from tensorflow.keras.models import Model
import numpy as np
import logging
tf.get_logger().setLevel(logging.ERROR)

EPOCHS = 20
MAX_WORDS = 8
EMBEDDING_WIDTH = 4

# 훈련 및 테스트 데이터셋 로드
mnist = keras.datasets.mnist
(train_images, train_labels), (test_images,
                        test_labels) = mnist.load_data()
```

```
# 데이터 표준화
mean = np.mean(train_images)
stddev = np.std(train_images)
train_images = (train_images - mean) / stddev
test_images = (test_images - mean) / stddev
```

다음 단계는 MNIST 데이터셋을 질문과 답변으로 확장하는데, 코드 17-12에 나타나 있다. 코드는 각 훈련 및 테스트 예제에서 4개의 질문/서술을 번갈아 가며 한다. 그 뒤 정답 라벨에 기반하여 답이 예인지 아니요인지 결정한다.

코드 17-12 데이터셋을 질문과 답변으로 확장하는 데 쓰이는 메서드

```
# 질문과 답변 텍스트를 만드는 함수
def create_question_answer(tokenizer, labels):
    text = []
    answers = np.zeros(len(labels))
    for i, label in enumerate(labels):
        question_num = i % 4
        if question_num == 0:
            text.append('lower half')
            if label < 5:
                answers[i] = 1.0
        elif question_num == 1:
            text.append('upper half')
            if label >= 5:
                answers[i] = 1.0
        elif question_num == 2:
            text.append('even number')
            if label % 2 == 0:
                answers[i] = 1.0
        elif question_num == 3:
            text.append('odd number')
            if label % 2 == 1:
                answers[i] = 1.0
    text = tokenizer.texts_to_sequences(text)
    text = pad_sequences(text)
    return text, answers
```

```
# 훈련 및 테스트 집합을 위한 두 번째 모달리티를 만든다.
vocabulary = ['lower', 'upper', 'half', 'even', 'odd', 'number']
tokenizer = Tokenizer(num_words=MAX_WORDS)
tokenizer.fit_on_texts(vocabulary)
train_text, train_answers = create_question_answer(tokenizer,
                                                   train_labels)
test_text, test_answers = create_question_answer(tokenizer,
                                                 test_labels)
```

다음 단계로 네트워크를 만드는데, 코드 17-13에 나타나 있다. 대부분의 네트워크는 멀티모달 네트워크의 프로그래밍 예제와 동일하다. 주요한 차이점은 멀티클래스 분류를 위한 10유닛 출력 층과 함께, 이진 분류를 위한 1유닛 출력 층이 병렬로 있다는 것이다. 2개의 개별적인 출력이 있으므로, 2개의 개별적인 손실 함수를 지원할 필요가 있다. 이에 더해서 이 두 손실 함수를 위한 가중치를 지원하여 훈련을 위해 이 둘을 어떻게 손실 함수 하나로 가중하는지를 나타낸다. 적절한 시작점은 두 손실 모두 같은 가중치를 갖도록 하는 것이며, 50/50을 사용한다. 마지막으로, fit 함수를 호출할 때는 반드시 모델의 헤드 모두를 위한 정답을 제공해야 한다.

코드 17-13 멀티모달 입력으로 된 멀티태스크 네트워크

```
# 펑셔널 API로 모델 만들기
image_input = Input(shape=(28, 28))
text_input = Input(shape=(2, ))

# 층 선언
embedding_layer = Embedding(output_dim=EMBEDDING_WIDTH,
                            input_dim = MAX_WORDS)
lstm_layer = LSTM(8)
flatten_layer = Flatten()
concat_layer = Concatenate()
dense_layer = Dense(25,activation='relu')
class_output_layer = Dense(10, activation='softmax')
answer_output_layer = Dense(1, activation='sigmoid')
```

```
# 층 연결
embedding_output = embedding_layer(text_input)
lstm_output = lstm_layer(embedding_output)
flatten_output = flatten_layer(image_input)
concat_output = concat_layer([lstm_output, flatten_output])
dense_output = dense_layer(concat_output)
class_outputs = class_output_layer(dense_output)
answer_outputs = answer_output_layer(dense_output)

# 모델 구축 및 훈련
model = Model([image_input, text_input], [class_outputs,
                                          answer_outputs])
model.compile(loss=['sparse_categorical_crossentropy',
                    'binary_crossentropy'], optimizer='adam',
              metrics=['accuracy'],
              loss_weights = [0.5, 0.5])
model.summary()
history = model.fit([train_images, train_text],
                    [train_labels, train_answers],
                    validation_data=([test_images, test_text],
                    [test_labels, test_answers]), epochs=EPOCHS,
                    batch_size=64, verbose=2, shuffle=True)
```

훈련 과정은 각 헤드마다 지표 하나를 보고할 것이다. 네트워크는 2개의 손실 함수를 위한 50/50 가중치로, 분류 과제에서 95%의 검증 정확도 및 질문-답변 과제에서 91%의 정확도를 달성한다. 여러분이 관심이 있다면 손실 함수 가중치를 질문-답변 과제에 우호적으로 바꾸고 정확도가 개선되는지 볼 수 있다.

네트워크 튜닝 과정

이 책에 흩어져 있는 프로그래밍 예제에서 다양한 실험 결과를 여러 가지 네트워크 설정으로 보여줬지만, 네트워크 훈련을 위한 방법론의 형식화를 시도하지는 않았다. 이번 절에서는 네트워크를 훈련시킬 때 따르는 단계 집합의 개요를 간단히 서술한다. 이는 더욱 폭넓은 설명을 원하는 누구에게든지 추천하는 온라인 블로그로부터 약간 영감을 받았다(Karpathy, 2019a).

먼저 여러분이 고품질의 데이터를 갖고 있음을 보장해야 한다. 우리 프로그래밍 예제는 데이터의 기본적인 전처리를 포함하지만, 일반적으로는 데이터를 정제하고 무결성 확인을 하는 데 시간과 노력을 들이면 도움이 된다. 특히 데이터를 산포도, 히스토그램, 아니면 다른 형태의 차트로 시각화하여 명시적인 패턴이나 절단된 데이터 지점이 있는지 보는 것이 종종 도움이 된다.

두 번째 단계는 비교할 기준의 역할을 하는 단순한 모델을 만드는 것이다. 이러한 모델이 없다면 여러분의 드롭아웃 및 어텐션으로 된 다층 하이브리드 CNN/RNN 네트워크가 무언가 좋은 일을 하고 복잡도 가치를 주는지 말하기가 어렵다. 여러분의 단순한 모델은 여러분 스스로 모델 구현 자체가 버그를 갖지 않는다고 납득할 수 있을 정도로 단순해야 한다. 이는 또한 여러분의 데이터 전처리 단계가 예상대로 되는지 그리고 데이터를 모델에 적절하게 제시하는지 보장하는 데 도움이 될 것이다.

이제 DL 모델을 구축할 준비가 됐지만, 이 단계라 하더라도 작게 시작해야 한다. 여러분의 훈련 데이터셋의 작은 부분집합을 만들고, 데이터셋을 기억할 수 있어야 한다고 생각하는 꽤 단순한 모델을 만들어라. 예시를 위해 말하자면 우리가 언어 번역용 시퀀스 투 시퀀스 네트워크를 구축할 때는 각각 3개에서 4개의 단어를 포함하는 단지 4개의 문장으로 된 데이터셋으로 시작했다. 초기 모델은 이 문장들을 기억하는 데 실패했으며, 그 이유는 모델이 너무 작거나 단순해서가 아닌 모델 구현에 버그가 있었기 때문이다. 물론 작은 데이터셋 학습 실패가 모델의 버그 때문일 필요는 없다. 이는 잘못된 모델 형태 때문에 혹은 옵티마이저 형태, 학습률, 가중치 초기화 체계와 같은 그 밖의 초매개변수 조정이 필요해서일 수도 있다. 모델이 실제 데이터셋의 작은 부분을 기억해내지 못한다면, 데이터셋을 늘리는 것이 도움이 될 확률은 낮다. 게다가 이 시점에서 작은 데이터셋에 머무는 것은 여러분이 훈련을 위한 긴 반복 시간 없이 프로토타입을 빠르게 만들 수 있게 해줄 것이다.

기록을 위해 말하자면, 물론 처음부터 4개 문장 데이터셋으로 시작하지는 않았다. 모든 사람이 그렇듯 우리는 낙관적이었다. 우리는 모델에 실제 데이터셋을 던져주었지만 학습을 막는 버그를 찾기 위해 모델과 데이터셋 모두 가장 기본적인 단위로 점차적으로 줄여나가야 했다.

훈련 데이터셋의 작은 부분을 기억할 수 있는 모델을 구축하면, 더 도전적인 크기로 데이터셋을 늘릴 수 있다. 이제 여러분이 모델 용량(즉, 더 큰 아니면 더 복잡한 모델이 필요함) 문제에 부딪힐 가능성이 있다. 이 시점이 층을 추가하거나 층의 크기를 늘릴 때다. 이렇게 하는 동안, 훈련 오차뿐만 아니라 테스트 오차도 눈여겨봐야 함을 명심하라. 훈련 오차가 감소하지만 테스트 오차는 평평하다면 이는 네트워크가 일반화에 실패한다는 것을 가리키며 다양한 정칙화 기법을 적용해야 한다. 드롭아웃이나 L2 정칙화 같은 표준적인 접근법으로 시작하라. 데이터 덧붙이기를 써서 간단하게 데이터셋 크기를 늘릴 수 있다면, 특히 이미지로 작업할 때 이를 고려해보라.

테스트 오차가 감소하거나 훈련 오차가 증가함을 볼 수 있으면, 여러분의 정칙화 기법이 통하고 있으며 과적합을 통제하에 두게 됐음을 뜻한다. 이 시점에서 모델의 크기를 다시 한번 키우고 오차가 추가로 줄어드는지 볼 수 있다. 여러분이 의도하는 사용 사례에 충분히 좋을 정도의 모델에 도달하기까지 정칙화 및 모델 크기 키우기를 여러 번 반복해야 하는 경우가 많다.

이 과정 동안 언제든지 다른 초기 학습률 및 Adam, AdaGrad, RMSProp 같은 옵티마이저 종류로 실험할 수 있다.

그림 17-11은 이러한 튜닝 과정을 요약한다. 그러나 심층신경망의 튜닝은 과학보다는 예술로 언급되는 경우가 많으므로, 플로 차트는 오직 시작점으로만 고려해야 할 것이다. 모든 튜닝 과제를 하기 위해서는 꽤 많은 인내가 필요하며 다른 네트워크 아키텍처 및 매개변수로 실험해야만 한다. 이 과정에서 반복을 빠르게 할 수 있는 빠른 연산 플랫폼을 확보하여 결과를 밤새 기다릴 필요가 없도록 하는 것이 매우 유용하다.

마지막으로, (우리가 설명한 과정을 고려한다면) 여러분의 훈련 과정은 여러분의 훈련 데이터셋뿐만 아니라 여러분의 테스트 데이터셋에도 크게 영향을 받는다는 사실이 분명해

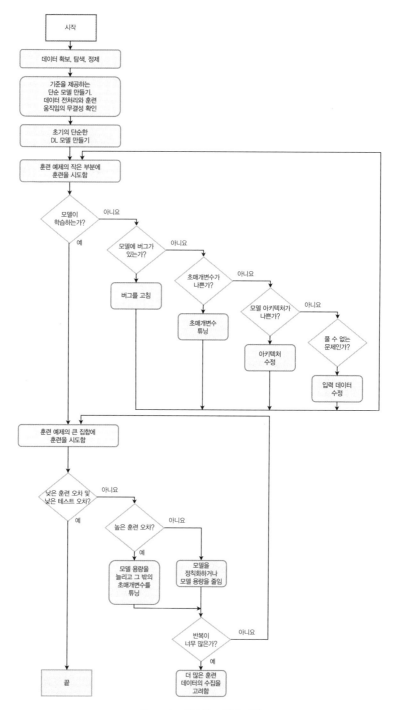

그림 17-11 네트워크 튜닝 과정

진다. 이러한 반복 모두에서 여러분은 초매개변수를 튜닝하면서 테스트 데이터셋에서의 모델 성능으로부터 가르침을 받았다. 이는 심지어 여러분이 반복적으로 작업하지 않고 단지 많은 수의 다른 설정을 실행하고 최적의 것을 고른다 할지라도 적용이 된다. 5장에서 이 문제를 위한 두 가지 해법을 설명했다. 첫 번째 해법으로 데이터셋을 훈련 집합, 검증 집합, 테스트 집합 이렇게 3개의 부분집합으로 나눈다. 훈련 과정 동안 오직 훈련 집합과 검증 집합만 사용한다. 반복을 끝내고 훈련된 모델이 있다면 테스트 집합에서 모델의 최종 평가를 하며, 이것이 이제 모델이 이전에 보지 못한 데이터를 얼마나 잘 일반화하는지에 대한 여러분의 실제 측정치가 된다. 두 번째 해법은 교차 검증이라 알려진 기법이다. 이는 데이터셋을 3개의 부분으로 나누는 것을 피할 수 있지만 추가적인 계산 비용이 든다.

방금 설명한 과정은 여러분이 네트워크를 처음부터 구축한다는 가정에 기반한다. 8장에서 명시했듯이 만일 여러분의 문제 형태가 잘 알려져 있다면, 사전 훈련된 모델이 매우 매력적인 선택지가 될 수 있다. 마찬가지로 해당 문제 형태를 위한 사전 훈련된 모델이 존재하지 않는다 하더라도, 여전히 사전 훈련된 모델을 전이 학습 환경에서 활용하는 것을 고려할 수 있다. 튜닝 과정에서 여러분은 여러 형태의 모델로 실험함에 따라 사전 훈련된 모델을 단순히 기본 토대로 사용한다. 훈련의 처음 몇 에포크 동안 사전 훈련된 가중치를 고정하면 유용할 때가 많다는 점만은 기억하길 바란다. 이는 사전 훈련된 모델에 추가한 층 내에서 무작위로 초기화된 가중치를 훈련하는 과정에서 사전 훈련된 가중치가 망가지지 않도록 보장해준다. 여러분은 나중에 가중치의 고정을 해제하고 전체 모델의 끝에서 끝으로 미조정을 할 수 있다.

더 많은 훈련 데이터를 모아야 하는 시기

중요한 질문은 언제 더 많은 훈련 데이터를 모아야 하는가다. 이는 비용이 많이 드는 과정인 경우가 많다. 그러므로 꼭 필요한 경우가 아니라면 하지 않는 것이 중요하다. 추가적인 데이터가 도움이 될지 정하는 좋은 방법은 기존 데이터로 실험을 해보는 것이다. 응[Ng](2018)은 **학습 곡선**[learning curve]을 그려 문제에서 정말로 데이터가 부족한지 아니면 주어진 과제에 모델이 적절하지 않아서 그런 것인지 결정하는 방법을 제안했다. 모델을 전체 훈련 데이터셋에 훈련시키는 대신에, 크기를 훈련 예제의 매우 작은 집합으로 인공적으로 줄인다. 그 뒤 모델을 전체 테스트 집합에서 평가한다. 그리고 이전에 제거한 훈련 예제의 일부를 다시 추가해 훈련 데이터셋을 약간 늘리고, 모델을 전체 테스트 집합에서 다시 평가한다. 이를 통해 훈련 및 테스트 오차가 어떻게 변하는지를 훈련 집합 크기의 함수로 볼 수 있는데, 그림 17-12에 나타나 있다.

왼쪽 차트를 보면 훈련 집합이 작을 때 훈련 오차가 작다. 즉, 모델이 훈련 예제를 기억해내고 있다. 그러나 훈련 데이터셋이 커짐에 따라 모델의 성능이 나빠진다. 게다가 테스트 오차는 훈련 데이터를 더욱 추가함에 따라 훈련 오차와 비슷해진다. 이 경우 더 많은 훈련 데이터를 추가하는 것이 도움이 될 가능성이 낮다. 선택한 모델이 문제와 잘 맞지 않을 가능성이 더 크다.

오른쪽 차트를 보면 훈련 집합 크기가 커짐에 따라 훈련 오차가 여전히 낮다. 게다가 테스트 오차는 여전히 감소하고 있다. 이는 훈련 집합 크기의 증가가 개선된 모델을 만들어낼 가능성이 크다는 것을 의미한다.

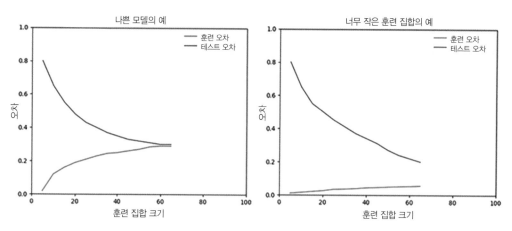

그림 17-12 학습 곡선. 왼쪽: 모델이 기존 훈련 데이터에서 잘하지 못한다. 훈련 데이터를 추가하면 도움이 될 가능성이 낮다. 오른쪽: 모델이 기존 훈련 데이터에서 잘하고 있지만, 훈련 및 테스트 오차 사이에 큰 차이가 존재한다. 테스트 오차가 평평해지지 않았으므로 더 많은 훈련 데이터를 추가하면 도움이 될 수 있다.

신경 아키텍처 검색

이전 절에서 봤듯이 올바른 네트워크 아키텍처 및 훈련 과정 동안 올바른 집합의 초매개변수에 도달하기는 쉬운 일이 아니다. 5장에서 완전 격자 검색 아니면 무작위 격자 검색을 사용해 초매개변수 튜닝을 자동화하는 방법을 간단히 논의했다. 관련 기법으로는 다른 네트워크 아키텍처를 탐험하는 과정을 자동화하는 것으로, 이는 **신경 아키텍처 검색**NAS, Neural Architecture Search이라 알려져 있다.

신경 아키텍처 검색의 주요 구성 요소

이름이 뜻하듯이 NAS는 사용 가능한 네트워크 아키텍처에 도달하는 과정을 검색 문제로 다룬다. 엘스켄Elsken, 멧젠Metzen, 후터Hutter는 조사 논문(2019)에서 어떻게 이러한 검색 문제를 **검색 공간**search space, **검색 전략**search strategy, **평가 전략**evaluation strategy 이렇게 세 가지 부분으로 나눌 수 있는지 설명했다. 이 세 요소가 NAS 과정에서 하는 역할은 그림 17-13이 보여준다.

먼저 전체 검색 공간, 혹은 해 공간을 정의해야 한다. 그 뒤 검색 전략을 적용해 이러한 검색 공간으로부터 후보 해 혹은 해 집합을 선택한다. 이들 후보는 평가 전략을 사용해 평가한다. 받아들일 만한 해를 찾을 때까지 검색 전략과 평가 전략을 반복해 사용한다. 이 과정의 각 단계를 위한 더 자세한 내용은 다음의 몇 개 절에서 설명한다.

검색 공간

시작점은 검색 공간 정의하기다. 먼저 제약을 전혀 하지 않고 검색 알고리듬이 최적해를 찾도록 하는 것을 생각해볼 수도 있다. 이를 더 생각해보면, 제약을 일부 추가하는 것이 실제 구현에서 중요하다. 예를 들어, 선택한 DL 프레임워크가 케라스 API를 사용하는 텐서플로라면 정의된 모델이 유효한 케라스 모델이어야 한다는 것이 적절한 제약이 된다. 마찬가지로, 기존의 데이터셋으로 된 잘 정의된 문제를 가정한다면, 검색 공간을 이러한 데이터셋의 형식에 호환되는 모델로 제한하는 것 또한 적절한 가정이다.

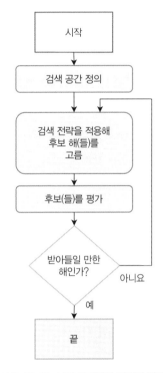

그림 17-13 신경 아키텍처 검색의 과정

즉, CIFAR-10 데이터셋에서 이미지 분류를 할 수 있는 모델을 찾고자 한다면, 입력에서 32×32×3 해상도의 이미지를 받아들일 수 있고 출력이 10개의 가능한 값이 있음을 가리키는 모델로 검색 공간을 제한하는 것이 적절하다. 모델에 크기 제한을 넣는 것 또한 직관상 적절하다.

우리가 언급한 대부분의 제약은 논란의 여지가 없어야 하지만, 사전지식 활용하기와 새로운 아키텍처 찾기 사이에서 균형을 맞추기 위해 추가적인 제약을 적용하는 것이 보통이다. 한 가지 선택지는 서로의 위에 층을 쌓는 오직 순차적인 아키텍처만을 허용하는 것이다. 그러면 모델은 우리가 케라스 시퀀셜 API로 구축하는 것으로 제한된다. 이는 쉬운 구현을 위한 것이지만 또한 구축할 수 있는 모델의 형태를 크게 제한한다.

이 제약은 스킵 연결을 허용해 완화할 수 있다. 우리는 스킵 연결이 이미지 분류에 도움이 됨을 알고 있다. 문제는 어떻게 이들을 스킵된 층의 출력으로 조합하면서 여전히 다음 층을 위한 유효한 입력을 구성하는가다. 이는 모델이 유효한 케라스 모델이어야 한다는 초기의 제약과 차이가 없지만, 실제로는 조합이 되도록 보장하는 세부 사항을 알아내야만 한다.

또 다른 측면은 검색 공간을 마련할 때 어떠한 기본 토대를 제공하는가다. 예를 들어, 8장에서 이미지 분류에 유용한 것으로 나타난 인셉션 모듈(GoogLeNet으로부터)을 설명했다. 한 가지 선택지는 이러한 수작업으로 된 모듈을 검색 알고리듬의 기본 토대로 제공하는 것이다. 이는 꼭 검색 공간의 제약이라 할 수는 없으며, 어떠한 해가 평가될 가능성이 큰가에 대한 측면에서 인간의 편향을 가져온다.

검색 전략

검색 공간이 정의되면, 다음 단계로 검색 알고리듬을 정하여 해 공간을 탐색한다. 검색 알고리듬은 커다란 주제이며, 이를 모두 다루지는 않을 것이다. 대신에 복잡도가 높아지는 3개의 알고리듬을 설명하여 쓸 수 있는 일부 해법의 맛만을 보여주겠다.

순수한 무작위 검색은 단순히 해 공간에서 반복적으로 무작위로 해를 선택하고 이것이 가장 좋은 해보다 좋다면 선택한다. 이는 우리의 요구를 만족하는 해를 찾을 때까지 한다. 이 알고리듬은 정의된 격자가 검색 공간을 나타내는 5장의 초매개변수 튜닝 측면에서 설명한 무작위 격자 검색 알고리듬과 같다. 이 알고리듬은 전역 검색 알고리듬이며, 이론적으로 충분히 오래 실행한다면 최적해를 포함할 것이다. 실제로는 모델 평가 비용과 조합한 검색 공간의 크기는 이 알고리듬이 심지어 검색 공간의 작은 부분만을 탐색하는 것조차 막는다. 그러므로 이 알고리듬은 독자적으로 NAS에 적합하지 않지만, 국소 검색 알고리듬을 위한 시작점으로 쓸 수 있는 해를 찾는 데 처음 단계로 사용할 수 있다.

힐 클라이밍hill climbing은 현재 가장 좋은 모델과 비슷한 모델을 탐색함으로써 해를 반복적으로 개선하는 국소 검색 알고리듬이다. 모델이 주어지면, 매개변수 하나를 한 방향으로 약간 수정하고 수정된 모델이 현재 모델보다 나은지 평가한다. 만일 그렇다면 이는 새로운 가장 좋은 모델로 선언되며 새로운 반복을 시작한다. 새로운 모델이 가장 좋은 모델보다 나쁘다면 이를 버리고 매개변수를 다른 방향으로 수정한다. 이렇게 해도 여전히 모델을 개선하지 않는다면 다른 매개변수로 넘어간다. 힐 클라이밍에는 다양한 변형이 존재한다. 예를 들어 **최급 상향 힐 클라이밍**steepest ascent hill climbing에서는 모든 이웃하는 해가 먼저 평가되고, 그 뒤 이처럼 탐색된 모델들 중 가장 좋은 것이 가장 좋은 모델로 선언된다. NAS 측면에서 매개변수 수정은 층의 크기나 형태 수정, 층 추가, 층 제거 등을 포함할 수 있다. 힐 클라이밍의 약점은 국소 검색 알고리듬이라는 것이다. 그에 따라 이는 어떤 모델이 시작점인지에 민감하며, 알고리듬이 국소 최적점에 빠질 수 있다. 이 문제를 부분적으로 다루는 한 방법은 여러 시작점에서 힐 클라이밍을 여러 번 하는 것으로, 이는 또한 **무작위 재시작 힐 클라이밍**random restart hill climbing이라 알려져 있다.

세 번째 선택지는 **진화 알고리듬**evolutionary algorithm을 사용하는 것이다. 이 알고리듬은 개체군의 개체가 새로운 개체를 번식하고, 가장 적합한 개체가 다음 반복에서 살아남는 생물학적 진화에서 영감을 받았다. 즉, 힐 클라이밍과 같이 단일 모델을 개선하는 대신에, 모델(개체)의 집합(개체군)을 유지한다. 이 개체군으로부터 성능이 좋은 모델(부모)을 선택하고, 두 모델을 조합하면 더욱 나은 모델이 된다는 기대하에 이들을 조합해 새로운 모델(자식)을 만든다. 진화 알고리듬은 또한 개체에 무작위적 변화(변이)를 적용하며, 이는 힐 클라이밍에서 했던 것과 비슷한 이웃하는 모델 탐색이 된다. 여기서 중요한 문제는 어떻게 두 개체를 의미 있는 방식으로 조합하는가다. 진화 알고리듬이 잘 동작하게 하려면, 새로운 개체가 부모로부터의 속성을 유지(상속)하는 것이 중요하다.

이 세 가지 검색 알고리듬의 움직임은 그림 17-14에서 보여준다. 그림은 이미지 분류 문제를 가정하고 있다. 보여주는 것을 목적으로 하므로 극단적으로 제한된 검색 공간을 가정한다. 각 모델은 다수의 합성곱 층 다음 다수의 완전 연결 층으로 되어 있다. 모든 매개변수는 합성곱 층 및 완전 연결 층의 개수를 제외하고 고정되어 있다. 즉, 검색 공간은 2차원으로, 우리가 그릴 수 있다. 가장 최적의 해는 각 차트에서 초록색 직사각형으로 보여주고 있으며, 원은 다른 검색 전략들이 선택한 후보를 나타낸다. 원의

그림 17-14 세 가지 검색 알고리듬의 움직임: 균일 무작위 검색(왼쪽), 힐 클라이밍(가운데), 진화 알고리듬 (오른쪽). 이때 C는 교배를, M은 변이를 나타낸다.

색 코딩은 후보가 최적해로부터 멀리 떨어져 있는지(빨강), 다소 가까운지(노랑), 아니면 가까운지(초록)를 나타낸다.

균일 무작위 검색의 경우, 후보는 이전 후보로부터 얻은 정보를 활용하지 않고 무작위로 고른다. 힐 클라이밍의 경우, 알고리듬이 더 나은 해를 야기하는 매개변수와 방향을 식별하고 이를 다음 후보로 선택한다. 그에 따라 점차적으로 최적해에 근접하지만, 국소 최솟값에 갇힐 위험이 있다.

진화 알고리듬은 교배 연산(화살표 위 C로 표시됨)을 사용해 두 부모 해를 조합한다. 우리의 경우, 교배 연산이 단순히 각 부모로부터 매개변수 하나를 취한다고 가정한다. 시작은 후보 해의 개체군 1a, 1b, 1c, 1d로 시작한다. 교배 연산을 사용해 두 부모 1a, 1b를 조합하고, 2a가 된다. 2a는 그림에서 두 부모의 엄밀한 혼합이 아니라는 점을 주지하라. 왜냐하면 매개변수 중 하나를 약간 수정하는 변이(화살표 위 M으로 표시됨) 또한 무작위로 적용하기 때문이다. 이는 2a를 최적해에 약간 더 가깝게 이동시킬 가능성이 있다. 부모 1c와 1d도 병렬로 조합되고 자식 2b가 된다. 그림은 2세대의 이 두 개체만을 보여주지만, 현실에서는 더 많은 개체를 생성하고 성능이 더 좋은 것을 유지한다(자연 선택). 그 뒤 부모 2a와 2b가 가능한 최적해와 가까운 해 3으로 조합된 또 다른 반복을 한다. 현실에서는 또다시 3세대에서 복수의 개체를 생성해 개체군 크기를 상수로 유지한다.

예제에서 교배 연산은 진화 알고리듬이 힐 클라이밍 알고리듬보다 더 빠르게 수렴할 수 있도록 해준다. 그러나 진화 알고리듬 또한 힐 클라이밍처럼 국소 최솟값에 갇힐 수 있다. 이 모두 현 시점에서는 매우 추상적으로 들릴 수도 있지만, 곧 이 세 가지 알고리듬을 구현하는 프로그래밍 예제로 더욱 구체화할 것이다.

앞서 언급했듯이 세 알고리듬은 가능한 검색 알고리듬의 작은 부분집합만을 나타낸다. 이 세 가지 사이에는 이들 중 어떠한 것도 기울기를 필요로 하지 않는다는 공통적인 테마가 있다. 또 다른 선택지로는 복수 모델 사이에서 기울기를 계산할 수 있는 방식으로 모델을 정의하고, 그 뒤 경사 하강을 사용해 가장 좋은 모델을 검색하는 것이다. 언급할 만한 또 다른 접근법으로는 **강화 학습**reinforcement learning과 **베이즈 최적화**Bayesian optimization가 있다. 이들 및 다른 알고리듬이 어떻게 NAS에 적용되는지에 관한 더 자세한 내용은 엘스켄, 멧젠, 후터의 조사 논문(2019)과 렌Ren과 동료들이 쓴 조사 논문(2020)을 참고할 수 있다.

평가 전략

NAS에서 세 번째 단계는 각 단계 동안 후보 모델을 평가하는 것이다. 실제 평가는 방금 설명한 검색 알고리듬의 각 단계마다 수행되지만, 이를 하는 방식은 별개의 주제임을 주지하라. 이상적으로는 프로덕션 환경에서 최종 모델을 정상적으로 훈련시킬 때와 동일한 시간 동안 각 모델을 완전히 훈련시키고 평가하기를 원할 것이다. 최종 모델을 완전히 훈련시키는 데는 수일이 걸릴 수도 있으므로 가능하지 않은 경우가 많다. 후보 해를 훈련시키는 데 얼마만큼의 시간을 쓰는지와 다수의 해를 평가하는 데 걸리는 시간 사이에는 직접적인 상반관계가 존재한다. 각 후보 해를 훈련시키는 데 쓰는 시간의 양을 줄이면 검색 알고리듬이 더 많은 해를 평가할 수 있게 해주므로 도움이 되는 경우가 많다.

엘스켄, 멧젠, 후터는 그들의 조사 논문(2019)에서 후보 모델의 훈련에 쓰는 시간을 줄이는 여러 방법을 설명하는데, 그중 단순한 것들은 다음과 같다.

- 줄어든 에포크 횟수로 훈련시킨다.

- 줄어든 데이터셋으로 훈련시킨다.

- 모델의 규모를 줄인다.

- 학습 곡선을 추론해 추세를 감안한다.

- 모델을 처음부터 훈련시키는 대신에 이전 반복으로부터의 가중치를 상속한다. 이는 반복 사이에 모델이 충분히 비슷하다고 가정하므로, 가중치를 한 모델에서 다음 것으로 보내는 것이 가능하다.

이러한 접근법 및 추가적인 기법에 대한 자세한 내용에 관심 있는 독자들은 엘스켄, 멧젠, 후터의 조사 논문에서 나온 참조를 따라갈 것을 권한다.

프로그래밍 예제: CIFAR-10 분류를 위한 아키텍처 검색

이 프로그래밍 예제에서는 CIFAR-10 분류를 위한 적절한 아키텍처를 찾도록 NAS를 살펴본다. 즉, 7장 '이미지 분류에 적용된 합성곱 신경망'에서 했던 수작업 엔지니어링 대신에 자동적으로 좋은 아키텍처에 도달하기를 시도한다. 우리는 가장 발전된 NAS 알고리듬을 만들려는 시도를 하지 않고 세 가지 검색 알고리듬을 처음부터 구현하며 개념을 보여주는 데 집중한다. 어떤 검색 알고리듬을 쓰느냐에 상관없이 초기화 코드는 같다. 언제나처럼 코드 17-14에서 초기화 코드 및 데이터셋 로드로 시작한다. 검색 공간 정의의 일부에 해당하는, 어떤 종류의 층을 사용할 수 있는지 그리고 어떤 종류의 매개변수 및 값이 각 층에서 유효한지와 같은 몇 가지 변수를 정의한다.

코드 17-14 초기화 코드 및 데이터셋 로드

```
import tensorflow as tf
from tensorflow import keras
from tensorflow.keras.utils import to_categorical
from tensorflow.keras.models import Sequential
from tensorflow.keras.layers import Lambda
from tensorflow.keras.layers import Dense
from tensorflow.keras.layers import Flatten
```

```python
from tensorflow.keras.layers import Conv2D
from tensorflow.keras.layers import Dropout
from tensorflow.keras.layers import MaxPooling2D
import numpy as np
import logging
import copy
tf.get_logger().setLevel(logging.ERROR)


MAX_MODEL_SIZE = 500000
CANDIDATE_EVALUATIONS = 500
EVAL_EPOCHS = 3
FINAL_EPOCHS = 20


layer_types = ['DENSE', 'CONV2D', 'MAXPOOL2D']
param_values = dict([('size', [16, 64, 256, 1024, 4096]),
                ('activation', ['relu', 'tanh', 'elu']),
                ('kernel_size', [(1, 1), (2, 2), (3, 3), (4, 4)]),
                ('stride', [(1, 1), (2, 2), (3, 3), (4, 4)]),
                ('dropout', [0.0, 0.4, 0.7, 0.9])])


layer_params = dict([('DENSE', ['size', 'activation', 'dropout']),
                    ('CONV2D', ['size', 'activation',
                                    'kernel_size', 'stride',
                                    'dropout']),
                    ('MAXPOOL2D', ['kernel_size', 'stride',
                                    'dropout'])])


# 데이터셋 로드
cifar_dataset = keras.datasets.cifar10
(train_images, train_labels), (test_images,
                test_labels) = cifar_dataset.load_data()

# 데이터셋 표준화
mean = np.mean(train_images)
stddev = np.std(train_images)
train_images = (train_images - mean) / stddev
test_images = (test_images - mean) / stddev

# 라벨을 원핫으로 바꿈
train_labels = to_categorical(train_labels,
```

```
                            num_classes=10)
    test_labels = to_categorical(test_labels,
                                 num_classes=10)
```

다음 단계는 자동적으로 모델을 생성하도록 일부 인프라를 구축하는 것이다. 일을 단순하게 하기 위해 검색 공간에 상당한 제약을 부과한다. 시작으로 시퀀스 모델만을 허용한다. 추가로 애플리케이션(이미지 분류)에 관한 우리의 지식을 기반으로 네트워크에 엄격한 구조를 강제한다. 네트워크는 하단의 하위 네트워크 및 상단의 하위 네트워크의 조합으로 바라본다. 하단 부분은 합성곱 및 맥스풀링 층의 조합으로 되어 있으며, 상단 부분은 완전 연결 층으로 되어 있다. 추가로 어떠한 층이든지 그다음에 드롭아웃 층을 허용하며, 또한 하단 및 상단 사이에 평탄화 층을 추가해 유효한 텐서플로 모델이 되도록 보장한다.

코드 17-15의 메서드는 이러한 제한된 검색 공간 내에서 무작위 모델을 생성하는 데 쓰인다. 또한 훈련 가능한 매개변수 측면에서 결과 모델의 크기를 계산하는 메서드도 존재한다. 이러한 메서드는 텐서플로에 어떠한 일도 하지 않으며, DL 프레임워크를 호출하기 전 네트워크에 대한 우리의 표현일 뿐임을 주지하라.

코드 17-15 정의된 검색 공간 내에서 무작위 매개변수로 네트워크를 생성하는 메서드

```
# 모델 정의를 생성하는 메서드
def generate_random_layer(layer_type):
    layer = {}
    layer['layer_type'] = layer_type
    params = layer_params[layer_type]
    for param in params:
        values = param_values[param]
        layer[param] = values[np.random.randint(0, len(values))]
    return layer

def generate_model_definition():
    layer_count = np.random.randint(2, 9)
    non_dense_count = np.random.randint(1, layer_count)
```

```python
    layers = []
    for i in range(layer_count):
        if i < non_dense_count:
            layer_type = layer_types[np.random.randint(1, 3)]
            layer = generate_random_layer(layer_type)
        else:
            layer = generate_random_layer('DENSE')
        layers.append(layer)
    return layers

def compute_weight_count(layers):
    last_shape = (32, 32, 3)
    total_weights = 0
    for layer in layers:
        layer_type = layer['layer_type']
        if layer_type == 'DENSE':
            size = layer['size']
            weights = size * (np.prod(last_shape) + 1)
            last_shape = (layer['size'])
        else:
            stride = layer['stride']
            if layer_type == 'CONV2D':
                size = layer['size']
                kernel_size = layer['kernel_size']
                weights = size * ((np.prod(kernel_size) *
                                   last_shape[2]) + 1)
                last_shape = (np.ceil(last_shape[0]/stride[0]),
                              np.ceil(last_shape[1]/stride[1]),
                              size)
            elif layer_type == 'MAXPOOL2D':
                weights = 0
                last_shape = (np.ceil(last_shape[0]/stride[0]),
                              np.ceil(last_shape[1]/stride[1]),
                              last_shape[2])
        total_weights += weights
    total_weights += ((np.prod(last_shape) + 1) * 10)
    return total_weights
```

다음 메서드 집합은 이전 코드에서 생성된 모델 정의를 받고 해당 텐서플로 모델을 만들고 적은 수의 에포크로 평가한다. 이는 코드 17-16이 보여준다. 모델을 평가하는 메서드는 크기 제한을 부과한다. 요청된 모델이 너무 많은 매개변수를 가지면, 메서드는 단순히 0.0의 정확도를 반환한다. 메서드를 호출하는 검색 알고리듬은 이를 확인해야 하며, 필요하다면 더 작은 모델을 생성해야 한다.

코드 17-16 모델 정의를 텐서플로 모델로 전이시키고 모델을 적은 수의 에포크로 평가하기

```python
# 모델 정의를 기반으로 모델을 생성 및 평가하는 메서드
def add_layer(model, params, prior_type):
    layer_type = params['layer_type']
    if layer_type == 'DENSE':
        if prior_type != 'DENSE':
            model.add(Flatten())
        size = params['size']
        act = params['activation']
        model.add(Dense(size, activation=act))
    elif layer_type == 'CONV2D':
        size = params['size']
        act = params['activation']
        kernel_size = params['kernel_size']
        stride = params['stride']
        model.add(Conv2D(size, kernel_size, activation=act,
                         strides=stride, padding='same'))
    elif layer_type == 'MAXPOOL2D':
        kernel_size = params['kernel_size']
        stride = params['stride']
        model.add(MaxPooling2D(pool_size=kernel_size,
                               strides=stride, padding='same'))
    dropout = params['dropout']
    if(dropout > 0.0):
        model.add(Dropout(dropout))

def create_model(layers):
    tf.keras.backend.clear_session()
    model = Sequential()
    model.add(Lambda(lambda x: x, input_shape=(32, 32, 3)))
```

```
        prev_layer = 'LAMBDA' # input_shape를 설정하기 위한 더미 층
        for layer in layers:
            add_layer(model, layer, prev_layer)
            prev_layer = layer['layer_type']
        model.add(Dense(10, activation='softmax'))
        model.compile(loss='categorical_crossentropy',
                    optimizer='adam', metrics=['accuracy'])
        return model

def create_and_evaluate_model(model_definition):
    weight_count = compute_weight_count(model_definition)
    if weight_count > MAX_MODEL_SIZE:
        return 0.0
    model = create_model(model_definition)
    history = model.fit(train_images, train_labels,
                        validation_data=(test_images, test_labels),
                        epochs=EVAL_EPOCHS, batch_size=64,
                        verbose=2, shuffle=False)
    acc = history.history['val_accuracy'][-1]
    print('Size: ', weight_count)
    print('Accuracy: %5.2f' %acc)
    return acc
```

이제 첫 번째이자 가장 단순한 검색 알고리듬인 순수 무작위 검색을 구현하기 위한 모든 기본 토대가 있다. 이는 코드 17-17이 보여준다. 고정된 수의 반복을 실행하는 바깥 for 루프로 되어 있으며, 각 반복은 무작위로 모델을 생성하고 평가한다. 생성된 모델이 너무 클 경우를 처리하는 내부 루프가 존재한다. 내부 루프는 단순히 크기 제약에 부합하는 모델이 생성될 때까지 무작위 모델을 생성한다.

코드 17-17 순수 무작위 검색 알고리듬의 구현

```
# 순수 무작위 검색
np.random.seed(7)
val_accuracy = 0.0
for i in range(CANDIDATE_EVALUATIONS):
```

```
        valid_model = False
        while(valid_model == False):
            model_definition = generate_model_definition()
            acc = create_and_evaluate_model(model_definition)
            if acc > 0.0:
                valid_model = True
        if acc > val_accuracy:
            best_model = model_definition
            val_accuracy = acc
    print('Random search, best accuracy: %5.2f' %val_accuracy)
```

프로그램을 실행하면 500개의 모델이 각각 세 에포크씩 평가되며 정확도가 가장 좋은 모델이 정확도와 함께 인쇄된다. 우리 실험에서 가장 좋은 모델의 평가 정확도는 59%였다.

이미 설명했듯이 과거 모델의 움직임을 관찰한 것을 전혀 사용하지 않고 무작위로 모델을 생성하는 것은 가장 좋은 해를 찾는 비효율적인 방법이다. 다음 단계는 힐 클라이밍 알고리듬을 구현하는 것으로, 코드 17-18에 나타나 있다. 무작위로 매개변수 중 하나를 약간 조정해 기존 모델을 허용된 검색 공간 내에서 이웃하는 모델로 이동시키는 헬퍼 메서드를 만든다. 첫 번째 for 루프는 하단(비밀집) 및 상단(밀집) 층 사이 경계의 인덱스를 결정한다. 다음 단계는 모델의 용량을 늘릴지 줄일지 결정하는 것이다. 이 다음 층을 추가/제거할지, 아니면 기존 층의 매개변수를 미조정할지 결정한다. 수정된 모델이 여전히 적법한 모델의 경계 내에 있도록 보장하기 위해 상당 부분의 로직이 위치해 있다.

실제 힐 클라이밍 알고리듬은 코드의 하단에서 구현한다. 이는 초기 모델을 가정하고 예측 정확도가 개선되는 방향으로 점진적으로 미조정한다. 알고리듬의 구현된 버전은 **확률적 힐 클라이밍**stochastic hill climbing이라 알려져 있다. 매개변수가 무작위로 수정되고, 결과 모델이 이전의 가장 우수한 모델보다 낫다면 변화를 유지한다. 그렇지 않으면 이를 되돌리고, 또 다른 미조정을 시도한다. 주어진 구현은 무작위 검색을 한 다음 힐 클라이밍 알고리듬이 실행된다고 가정하므로, 가능성 있는 모델에서부터 시작한다.

```python
# 힐 클라이밍과 진화 알고리듬을 위한 헬퍼 메서드
def tweak_model(model_definition):
    layer_num = np.random.randint(0, len(model_definition))
    last_layer = len(model_definition) - 1
    for first_dense, layer in enumerate(model_definition):
        if layer['layer_type'] == 'DENSE':
            break
    if np.random.randint(0, 2) == 1:
        delta = 1
    else:
        delta = -1
    if np.random.randint(0, 2) == 1:
        # 층을 추가/제거한다.
        if len(model_definition) < 3:
            delta = 1 # 층의 제거를 허용하지 않음
        if delta == -1:
            # 층을 제거한다.
            if layer_num == 0 and first_dense == 1:
                layer_num += 1 # >= 1인 비밀집 층을 요구한다.
            if layer_num == first_dense and layer_num == last_layer:
                layer_num -= 1 # >= 1인 밀집 층을 요구한다.
            del model_definition[layer_num]
        else:
            # 층을 추가한다.
            if layer_num < first_dense:
                layer_type = layer_types[np.random.randint(1, 3)]
            else:
                layer_type = 'DENSE'
            layer = generate_random_layer(layer_type)
            model_definition.insert(layer_num, layer)
    else:
        # 매개변수를 미조정한다.
        layer = model_definition[layer_num]
        layer_type = layer['layer_type']
        params = layer_params[layer_type]
        param = params[np.random.randint(0, len(params))]
        current_val = layer[param]
        values = param_values[param]
```

```
        index = values.index(current_val)
        max_index = len(values)
        new_val = values[(index + delta) % max_index]
        layer[param] = new_val

# 무작위 검색의 가장 좋은 모델로부터 시작하는 힐 클라이밍
model_definition = best_model

for i in range(CANDIDATE_EVALUATIONS):
    valid_model = False
    while(valid_model == False):
        old_model_definition = copy.deepcopy(model_definition)
        tweak_model(model_definition)
        acc = create_and_evaluate_model(model_definition)
        if acc > 0.0:
            valid_model = True
        else:
            model_definition = old_model_definition
    if acc > val_accuracy:
        best_model = copy.deepcopy(model_definition)
        val_accuracy = acc
    else:
        model_definition = old_model_definition
    print('Hill climbing, best accuracy: %5.2f' %val_accuracy)
```

힐 클라이밍 알고리듬은 무작위 검색 실험으로부터 가장 좋은 모델을 받고 점차적으로 이를 다듬는다. 500개의 모델을 평가한 후, 우리의 평가 정확도는 74%였다.

무작위 검색 알고리듬 및 힐 클라이밍 알고리듬 모두에서 평가 전략이 오직 세 번의 에 포크만으로 각 해법을 평가했다. 우리는 결과 검증 오차가 모델이 더 많은 훈련 후에 성능이 얼마나 좋은지에 대한 좋은 지표라고 가정했다. 가장 좋은 모델이 실제로 얼마 나 성능이 좋은지 더 정확히 평가하기 위해, 코드 17-19는 가장 좋은 모델을 20에포 크로 평가한다. 예상대로, 에포크가 증가하면 테스트 정확도를 높였다. 우리 실험에서 76%의 정확도가 됐다. 이 결과는 7장에서 가장 좋은 설정으로 128에포크 훈련했음을 감안했을 때와 비교할 만하다.

```
# 더 많은 수의 에포크로 최종 모델을 평가한다.
model = create_model(best_model)
model.summary()
model.compile(loss='categorical_crossentropy',
              optimizer='adam', metrics=['accuracy'])
history = model.fit(
    train_images, train_labels, validation_data =
    (test_images, test_labels), epochs=FINAL_EPOCHS, batch_size=64,
    verbose=2, shuffle=True)
```

우리가 구현하는 세 번째 검색 알고리듬은 진화 알고리듬으로, 코드 17-20에 나타나 있다. 먼저 개체군에서 다수의 후보 해를 50개가 되도록 동시에 정의하여 시작한다. 진화 알고리듬에서 중요한 부분은 교배 연산으로, 이는 2개의 기존 해(부모)를 부모의 속성을 상속하는 새로운 해(자식)로 조합한다. 우리가 취하는 접근법은 단순히 부모 중 하나로부터 하단(비밀집) 층을 취하고 이를 다른 부모의 상단(밀집) 층과 조합하는 것이다. 여기서는 하단 층의 과제는 이미지로부터 유용한 특성을 추출하는 것이며, 상단 층의 과제는 분류를 수행하는 것이라고 생각했다. 부모 중 하나가 특성 추출을 위한 좋은 구조를 가지며 다른 부모는 특성의 좋은 집합에 기반하여 분류를 하는 좋은 구조를 갖는 경우, 이 둘을 조합하면 더 좋은 모델을 발견할 수 있을 것이다. 실제 수작업으로 엔지니어링한 예제에서 이것이 된다는 사실을 확인했다. 교배 연산은 또한 부모 모델이 충분히 작다면 부모 모델로부터의 모든 층을 조합하는 로직을 갖는다.

진화 알고리듬은 무작위 모델의 개체군을 생성하고 평가하며 시작한다. 그 뒤 기존 개체군에서 모델을 미조정하고 조합함으로써 무작위로 새로운 모델을 생성한다. 새로운 모델을 만들 수 있는 방법에는 세 가지가 있다.

- 기존 모델을 미조정한다.
- 두 부모 모델을 자식 모델로 조합한다.
- 두 부모 모델을 자식 모델로 조합하고 결과 모델에 미조정을 적용한다.

582

새로운 모델이 생성되면, 알고리듬은 확률적으로 고성능의 모델을 선택해 다음 반복에서 이를 유지한다. 선택 과정에서는 부모와 자식이 모두 참여하며, 진화적 연산 분야에서는 이를 **엘리트주의**^{elitism}라고도 한다.

코드 17-20 진화 알고리듬

```
POPULATION_SIZE = 50

# 진화 알고리듬을 위한 헬퍼 메서드
def cross_over(parents):
    # 모델의 하단 절반을, 다른 것에서 상단 절반을 고른다.
    # 모델이 작다면 이들로부터 무작위로 상단과 하단을 쌓는다.
    bottoms = [[], []]
    tops = [[], []]
    for i, model in enumerate(parents):
        for layer in model:
            if layer['layer_type'] != 'DENSE':
                bottoms[i].append(copy.deepcopy(layer))
            else:
                tops[i].append(copy.deepcopy(layer))

    i = np.random.randint(0, 2)
    if (i == 1 and compute_weight_count(parents[0]) +
        compute_weight_count(parents[1]) < MAX_MODEL_SIZE):
        i = np.random.randint(0, 2)
        new_model = bottoms[i] + bottoms[(i+1)%2]
        i = np.random.randint(0, 2)
        new_model = new_model + tops[i] + tops[(i+1)%2]
    else:
        i = np.random.randint(0, 2)
        new_model = bottoms[i] + tops[(i+1)%2]
    return new_model

# 진화 알고리듬
np.random.seed(7)

# 모델의 초기 개체군 생성
population = []
```

```
for i in range(POPULATION_SIZE):
    valid_model = False
    while(valid_model == False):
        model_definition = generate_model_definition()
        acc = create_and_evaluate_model(model_definition)
        if acc > 0.0:
            valid_model = True
    population.append((acc, model_definition))

# 개체군 진화
generations = int(CANDIDATE_EVALUATIONS / POPULATION_SIZE) - 1
for i in range(generations):
    # 새로운 개체 생성
    print('Generation number: ', i)
    for j in range(POPULATION_SIZE):
        valid_model = False
        while(valid_model == False):
            rand = np.random.rand()
            parents = random.sample(
                population[:POPULATION_SIZE], 2)
            parents = [parents[0][1], parents[1][1]]
            if rand < 0.5:
                child = copy.deepcopy(parents[0])
                tweak_model(child)
            elif rand < 0.75:
                child = cross_over(parents)
            else:
                child = cross_over(parents)
                tweak_model(child)
            acc = create_and_evaluate_model(child)
            if acc > 0.0:
                valid_model = True
        population.append((acc, child))
    # 적합한 개체를 무작위로 선택한다.
    population.sort(key=lambda x:x[0])
    print('Evolution, best accuracy: %5.2f' %population[-1][0])
    top = np.int64(np.ceil(0.2*len(population)))
    bottom = np.int64(np.ceil(0.3*len(population)))
    top_individuals = population[-top:]
    remaining = np.int64(len(population)/2) - len(top_individuals)
```

```
population = random.sample(population[bottom:-top],
                           remaining) + top_individuals

best_model = population[-1][1]
```

코드는 먼저 50개의 무작위 모델의 개체군을 생성하고 평가한다. 그 뒤 반복적으로 50개 개체의 새로운 개체군을 진화시키고 평가한다. 10세대 아니면 전체 500개 개체를 평가한 후에 우리 실험에서 가장 좋은 해의 평가 정확도는 65%가 되며, 이는 힐 클라이밍 알고리듬보다 나쁘다. 힐 클라이밍 알고리듬에서와 같이, 코드 17-19를 사용해 가장 좋은 모델을 많은 수의 에포크로 훈련시켜 더 정확한 평가를 얻을 수 있다. 진화 알고리듬으로부터의 모델은 테스트 정확도가 73%다.

검색 알고리듬 세 가지 모두 확률적이므로 결과는 실행마다 크게 다를 수 있다. 우리의 결과는 힐 클라이밍 알고리듬이 우리가 구현한 특정 진화 알고리듬보다 나으며, 이들 모두 순수 무작위 검색보다 낫다는 것을 나타낸다. 이 프로그래밍 예제의 주요 목적은 가장 최적의 해에 도달하는 것이 아니라 세 가지 접근법을 보여주고 분명하게 하여 자동적으로 네트워크 아키텍처를 찾는 것이다. 우리는 일부 메모리 부족 문제를 겪었으며, 이는 같은 프로그램에서 많은 수의 모델을 각각의 이후에 만드는 것과 연관이 있는 것으로 보인다. 여러분의 머신 설정에 따라, 반복의 수 혹은 최대 모델 크기를 줄여야 할 수도 있다.

이 시점에서 한 걸음 물러서서 우리가 방금 무엇을 했는지 보면 재미가 있다. 생물학적인 유성 생식에 영감을 받은 알고리듬을 사용해 생물학적 뉴런에 영감을 받은 아키텍처를 구현하는 모델의 개체군을 진화시켰는데, 결과는 어떤 종류의 물체가 이미지에서 나타나는지에 근거하여 이미지를 분류할 수 있는 모델이었다. 얼마 전까지만 하더라도 이는 완전히 공상과학과 같이 들렸을 것이며, 외부 사람들은 우리가 우리만의 작은 생명체를 실험실에서 진화시키고 있다고 쉽사리 생각했을 것이다. 실제로 이는 300줄도 안 되는 단순한 파이썬 스크립트다. 코드 줄은 가장 의미 있는 수치가 아닐 수도 있다. 곧 어떠한 인간 수준의 과제든지 다음과 같은 한 줄의 코드로 해결할 수 있는 충분히 표현적인 라이브러리를 갖게 될지도 모른다.

```
model.add_brain(neurons=8.6e10, connections_per_neuron=7000)
```

신경 아키텍처 검색의 의의

NAS는 자동적으로 DL 모델을 생성하는 경로를 제공하며 그럼으로써 네트워크 아키텍처에 경험이 없는 실무자가 그들만의 문제에 특화된 모델을 구축할 수 있게 해준다. 예제로 진[Jin], 송[Song], 후[Hu](2019)는 오토-케라스[Auto-Keras]라 알려진 NAS 프레임워크를 소개했다. 이 프레임워크를 사용하면, 분류를 위한 아키텍처 검색이 임포트 문과 코드 몇 줄로 줄어든다.[2]

```
from autokeras import StructuredDataClassifier
search = StructuredDataClassifier(max_trials=20)
search.fit(x = X_train, y = y_train)
```

그러나 이전에 설명한 프로그래밍 예제에서 본 바와 같이, 이는 상당한 연산 비용을 불러온다. NAS 측면에서 한 가지 미해결된 문제는 이것이 정말로 일반적인 해가 되는지, 그리고 그럼에 따라 실무자들 사이에서 세부적인 DL 기술의 필요성을 제거할 수 있는지다. 적어도 가까운 미래에는 실무자가 여전히 그들의 특정 문제 도메인에 대한 기본을 알고 NAS를 잘 정의된 해 공간 내에서 가장 좋은 해를 찾는 데 도움이 되도록 사용하는 것이 필요해 보인다. 토마스[Thomas](2018)가 제기한 또 다른 핵심적인 질문은 모든 새로운 문제가 자기만의 고유한 아키텍처를 필요로 하는가다. 많은 수의 비전문가가 DL을 활용할 수 있도록 하는 최적의 방식은 사전 훈련된 모델에 근거한 전이 학습을 사용하기 쉽게 만드는 것일 수도 있다. 사전 훈련된 이러한 모델은 새로운 복잡한 아키텍처를 발견하는 데 필요한 막대한 연산력에 접근할 수 있는 소수의 전문가들이 개발할 것이다.

맺음말

17장에서 오토인코더, 멀티모달 학습, 멀티태스크 학습, 네트워크 튜닝, NAS를 논의했다. 여러분의 목적이 DL을 업계 문제에 적용하는 것이라면, 네트워크 튜닝에 관한

---

2 언제나처럼 데이터셋을 로드하고 그것이 올바른 형식임을 보장해야 할 것이다.

내용이 적어도 최신의, 그리고 가장 좋은 네트워크 아키텍처를 아는 것만큼 중요하다고 믿는다. 좋은 방법론이 없다면, 잘못된 것에 시간과 자원을 낭비하거나 아니면 단순히 DL이 실제 좋은 해법인 경우에 DL의 이점을 확보하는 데 실패하기 쉽다.

그러나 우리는 몇 가지 경고의 말을 하고자 한다. DL은 모든 것의 해법은 아니며, DL이 일을 잘하는 적용 분야에서조차 더욱 효율적인 해법이 존재할 수 있다. 문제를 위해 심사숙고하여 엔지니어링된 해법이 DL 기반의 해법보다 상당히 적은 연산력을 필요로 하는 경우가 많다. 이와 비슷하게 만일 엔지니어링된 해법이 실용적이지 않다면, 때때로 전통적인 ML 기법이 DL 기반 해법보다 더 효율적인 경우가 있다. 그러므로 여타 엔지니어링 과제와 마찬가지로, 다른 해법을 고려하고 여러분의 특정 문제에 맞는 도구를 골라 적용하는 것이 중요하다.

이로써 다른 DL 기법을 제시하는 것을 마치며, 이제 DL의 중요한 윤리적 측면을 논의하고 추가적인 읽을거리를 위한 조언을 제공하는 마지막 장으로 갈 준비가 됐다.

18

정리 및 다음 단계

마지막 18장은 이 책에서 여러분이 배워야 한다고 생각하는 내용을 요약하는 절로 시작해, 여러분이 잊어버렸을 수도 있는 것들을 인식할 기회를 주고자 한다. 여러분이 새로 얻은 기술을 적용할 때는 책임감 있는 방식으로 해야 한다. 이를 강조하기 위해 데이터 윤리와 알고리듬 편향에 관한 논의를 포함시켰다. 마무리로 우리가 생략했던 딥러닝[DL] 분야를 나열하고, 이 책을 마친 후 학습을 계속할 수 있도록 돕는 경로들의 개요를 제공한다.

여러분이 이제 알아야 할 것들

이 책은 다수의 개념들을 소개했으며, 이를 처음 접하는 독자들은 다소 버거웠을 수도 있다. 이번 절에서는 주요 개념들을 요약해 그 어떤 중요한 내용도 잃어버리지 않도록 무결성 검사를 할 수 있게 해준다. 여러분이 DL 공부를 하기 전에 다시 살펴봐야 할 개념들을 확인할 때도 이번 절을 사용할 수 있다.

지금까지 이진 분류, 다중범주 분류, 회귀, 시계열 예측을 포함해 DL로 다룰 수 있는 여러 가지 문제 형태를 설명했다. 또한 데이터를 한 언어에서 다른 언어로 혹은 이미지로부터 텍스트 설명 만들기 등 한 표현을 다른 표현으로 변환하는 예제를 보여줬다. 또한 텍스트 데이터의 감정 분석 및 이상치 탐지를 다뤘다.

이런 문제를 해결하는 데 사용한 신경망의 기본 토대는 유닛/뉴런이었으며 이들은 모두 로젠블랫 퍼셉트론의 변형이다. 가장 단순한 유닛에 있어 유일한 차이점은 활성 함수이며, 대부분 선형 유닛, tanh, 로지스틱 시그모이드, 정류선형유닛^{ReLU}을 사용했다. 또한 장단기 메모리^{LSTM}라 알려진 더 복잡한 유닛도 사용했다.

이러한 유닛들을 서로 다른 형태의 층 혹은 완전 연결 피드포워드 네트워크, 합성곱 네트워크, 순환 네트워크와 같은 네트워크 아키텍처로 조합했으며, 각 네트워크 형태는 특정한 문제 집합을 잘 해결한다. 또한 어떻게 다른 네트워크 형태가 후반부 장에서 사용했던 꽤 복잡한 인코더-디코더 네트워크를 포함한 하이브리드 아키텍처로 조합되는지, 그리고 이들이 어텐션을 포함하도록 확장하는 방법을 살펴봤다. 이는 셀프 어텐션을 활용하는 트랜스포머 아키텍처로 설명했다. 마지막으로, 복수의 모달리티에서 동작하는 네트워크 및 멀티태스크 학습에 쓰이는 멀티헤드 네트워크의 예제를 살펴봤다.

이러한 네트워크는 모두 확률적 경사 하강^{SGD}을 사용해 훈련했으며, 이때 기울기는 역전파 알고리듬을 사용해 계산한다. 이는 적절한 손실 함수를 필요로 하는데, 평균제곱오차(선형 출력 유닛에 쓰임), 교차 엔트로피(시그모이드 출력 유닛에 쓰임), 범주형 교차 엔트로피(소프트맥스 출력 층에 쓰임)를 살펴봤다. 이 과정의 일부로 가중치 초기화 체계, 학습률 및 순수한 SGD를 사용할지 아니면 Adam이나 RMSProp 같은 더욱 발전된 옵티마이저를 사용할지 결정해야 한다.

훈련 동안, 훈련 오차 대 테스트 오차에 집중하며 학습이 원하는 대로 진행되지 않을 경우에 다양한 기법을 활용해야 했다. 네트워크가 학습을 전혀 하지 못하게 막는 기울기 폭주 및 소실과 싸우는 다양한 기법을 봤으며, 네트워크가 훈련 집합을 학습할 수는 있지만 테스트 집합에서 일반화하지 못하는 경우를 위한 다양한 정칙화 기법을 살펴봤다. 이러한 정칙화 기법의 예로는 조기 중단, L1 및 L2 정칙화, 드롭아웃, 데이터 덧붙이기 등이 있다. 이러한 모든 매개변수와 관련해 네트워크 튜닝 및 초매개변수 선택을 위한 방법을 논의했으며, 또한 모델 아키텍처를 찾는 과정을 자동화하는 신경 아키텍처 검색NAS의 개념을 논의했다.

네트워크를 훈련시키려면 데이터셋이 필요하다. 이 책에서는 MNIST, 보스턴 주택, CIFAR-10, COCO 같은 표준 데이터셋을 사용했다. 또한 예를 들어 분기별 매출 데이터, 『Frankenstein』 책, 프랑스어에서 영어로 번역된 문장 집합과 같은 DL 목적이 아닌 다운로드한 데이터를 사용했다.

데이터셋을 사용하려면 수치 데이터를 표준화함으로써 적절한 표현으로 변환하여 이미지 데이터가 하나 이상의 채널로 적절히 표현되도록 하거나, 개별 문자로 작업할 때 텍스트 데이터가 원핫 인코딩되도록 하거나, **단어 임베딩**이라 알려진 밀집된 인코딩을 만들어야 했다. 이러한 단어 임베딩이 어떻게 이들이 나타내는 문법적 특성 및 단어의 의미 모두를 인코딩할 수 있는지 배웠다. 이와 관련한 것으로 전체 문장의 벡터 표현이 있으며, 우리가 본 것은 감정 분석에 사용할 수 있다.

지금까지 이 책을 읽었으니, 위의 모든 내용이 적어도 희미하게나마 익숙하기를 바란다. 무언가를 다시 봐야 한다는 생각이 든다면, 해당 주제를 찾을 때까지 이 책의 초록 상자들을 보자. 또한 많은 개념을 시각적으로 요약해둔 부록 J의 치트 시트를 참고할 수도 있다.

윤리적 AI 그리고 데이터 윤리

이 책에서는 인간의 편향을 충분히 분산화하거나 포함하지 않는, 데이터셋에서 모델을 훈련시켜 생기는 윤리적 문제의 다양한 예시를 지적했다. 이러한 예시는 윤리적 인공지능AI 및 데이터 윤리에 대한 더 넓은 주제에 속한다.

윤리는 옳고 그른 행위를 식별하거나 추천하는 것을 수반한다. 데이터 윤리는 하위 분야로, 데이터의 맥락에서 이러한 측면과 관련이 있으며 특히 개인적인 데이터에서 그러하다. 다시 말해, 개인적인 데이터를 가지고 옳고 그름을 논하는 것은 데이터 윤리와 관련이 있다. 마찬가지로 윤리적 AI는 AI의 전체적인 맥락에서 이러한 주제와 관련이 있으며, 여기서 데이터는 단지 하나의 구성 요소일 뿐이다.

새로운 기술 분야가 늘 그렇듯이 입법이 혁신의 속도를 따라가는 데 어려움이 있으며, 이는 견제와 균형의 공백을 야기한다. 이는 실무자인 여러분에게 특히 중요하며, 피해를 끼치지 않도록 책임감 있게 행동해야 한다. 이 절에서 이러한 주제를 간략하게 소개하고 추가적인 읽을거리를 제공한다.

문제는 훈련된 모델이 절대 의도하지 않았던 환경에서 쓰일 때 나타난다. 예를 들어, 모델에 인간 편향이 있다고 알려져 있다면 이를 법률 집행에 쓰는 것은 잘못된 생각이다. 미첼Mitchell과 동료들(2018)은 이를 다루는 방법을 생각해냈는데, 모델을 배포할 때 모델의 세부 내용 및 의도하는 사용 사례를 설명하는 문서 또한 배포할 것을 권한다. 이러한 문서는 **모델 카드**model card라 알려져 있으며 사전 정의된 주제 집합의 템플릿에 기반한다. 모델 카드는 4장 '다중클래스 분류에 적용된 완전 연결 네트워크'에서 논의한 **데이터셋을 위한 데이터시트**와 비슷하지만(Gebru et al., 2018), 모델 카드는 데이터셋을 문서화하는 대신에 모델을 문서화한다.

윤리에서 주요한 도전과제는 무엇이 옳고 그른지에 있어 사람들마다 각기 다른 시각을 갖는다는 점이다. 이는 정확한 답이 없음을 뜻하며, 개인적인 편향 및 맹점에 의해 실수를 저지르기 쉽다. 제품 개발 단계 동안, 애플리케이션 및 알고리듬과 이들이 기반으로 하는 데이터의 잠재적 문제를 식별하고 논의하라. 이상적으로는 다양한 팀 내에서 여러 관점으로 이뤄져야 하지만, 단일 팀이나 한 사람이라도 공감력을 사용해 자신 외의 사람들에게만 적용되는 문제를 식별할 수 있다. 살펴볼 특정 문제 및 주제 혹은 고려할 질문의 체크리스트를 유지하면 이러한 논의를 용이하게 할 수 있다.

찾아볼 문제

이 절의 상당 부분은 『fastai와 파이토치가 만나 꽃피운 딥러닝』(한빛미디어, 2021) 책의 '데이터 윤리Data Ethics' 장에 기반한다. 저자는 **의지와 책임**recourse and accountability, **피드백 루**

프^{feedback loop}, 편향^{bias}, 허위정보^{disinformation}에서 특히 유의미한 문제를 논의한다. 이러한 제품 관련 논의를 고려하는 질문 체크리스트로 넘어가기 전에 각 주제의 개요 및 예시를 제공한다.

의지와 책임의 필요성

알고리듬의 의도가 얼마나 잘되어 있는지와 상관없이, 경우에 따라서는 일이 잘못될 가능성이 있다. 의지와 책임을 다룸으로써 사람들이 22개의 상황을 쫓는 것을 피하게 하는, 어쩌면 시스템을 우회하는 방법이 필요하다. 이를 위해서는 시스템 디자이너, 제공자, 유지하는 사람이 그저 시스템을 비난하는 대신에 책임감을 가져야 한다.

이러한 문제의 좋은 예시로는 모든 미국 소비자를 위해 개인적인 재정 데이터를 하나의 점수로 모으고 취합하는 미국의 신용 점수 기관이 있다. 다른 회사나 기관은 이러한 점수에 의존해 소비자가 대출을 받거나, 신용카드를 만들거나, 휴대전화 요금제 등록을 허용할지를 정한다. 말할 필요도 없이, 때로는 일이 잘못되어 잘못된 점수를 받게 된다. 잘못된 점수를 고치려면 상당한 시간 및 요식적인 체계가 필요하다. 이러한 많은 문제는 연관된 회사가 더 많은 책임을 맡고 부정확한 것을 해결하는 간소화된 방식을 제공한다면 해결할 수 있을 것이다.

누군가는 이것이 기술적인 문제라기보다는 기관의 문제라고 주장할 수 있다. 그러나 이러한 문제를 해결하려면 시스템의 모든 부분이 함께 일해야 하며, 여러분은 새로운 기술의 개발자로서 시스템 디자인 면에서의 책임과 의지에 의문을 제기하는 주요한 역할을 할 수 있다. 관련해 또 다른 주요한 예시로는 미국 정부가 관리하는 No Fly 리스트다. 뜻하지 않게 이 리스트에 오르면 매우 해결하기 어려운 재앙적인 결과를 낳을 수 있다. 소렌슨의 만화가 이를 잘 보여준다(Sorensen, n.d.). 누군가가 어떻게 이 리스트에 오르게 되는지는 비밀에 부쳐져 있지만, 기술 및 데이터가 과정의 한 단계에서 혹은 더 많은 단계에서 쓰인다고 어렵지 않게 상상할 수 있다.

피드백 루프

시스템을 디자인할 때마다, 시스템이 통제 불능에 빠질 수도 있음을 고려하는 것이 중요하다. 이는 시스템의 행위가 시스템이 일을 하는 환경에 영향을 줄 때 특히 중요하다. 즉, 한 시점의 출력이 나중 시점의 입력에 영향을 줄 것이다.

토마스[Thomas], 하워드[Howard], 구거[Gugger](2020)가 설명한 이러한 피드백 루프의 한 예는 유튜브의 추천 시스템이다. 이들은 사람들이 단순히 사실이 아닌 음모론을 포함한 논란이 되는 콘텐츠에 말려드는 경향이 있음을 관찰했다. 또한 음모론 비디오에 말려드는 같은 그룹의 사람들이 유튜브 비디오를 많이 보는 것으로 드러났다. 유튜브의 추천 시스템이 이러한 조합 때문에 더욱더 많은 음모론 비디오를 추천하기 시작했으며, 더 많은 극단주의 시청자들을 유혹하고 급진적으로 만들었다. 짧게 말하자면, 시스템은 시스템에 많은 시간을 쓰는 사람들을 끌어들이려는 목적을 달성했지만 사회에 의도치 않은 부정적인 부작용이 따라왔다.

피드백 루프의 또 다른 예는 자동화된 도구가 채용 과정에서 적절한 후보자를 식별하는 데 쓰일 때다. 이 도구가 이러한 직업 내에서 현재 성공한 개인을 설명하는 데이터에 훈련되어 있는 경우를 고려해보자. 현재 특정 그룹의 사람들이 그 직업에서 우세하다면(예를 들어 남성 직원), 이 모델은 이러한 편향을 잘 발견할 수 있다. 그 뒤 모델은 이러한 편향을 후보자를 식별하는 데 사용해 대부분 남성 지원자를 제안할 것이다. 데-아르테아가[De-Arteaga]와 동료들(2019)은 이것이 어떻게 기존의 불균형을 악화시킬 수 있는지 설명한다. 시스템이 대부분 남성 지원자를 제안하기 때문에 더욱 많은 남성이 채용될 것이며, 그에 따라 직업 내에서 성별 격차를 더욱 크게 넓힐 수 있다.

피드백 루프는 영향을 받는 개인뿐만 아니라 사회에도 큰 문제가 된다. 서비스를 제공하는 회사 또한 큰 위험에 처해 있다. 바엘[Baer](2019)은 은행이 알고리듬을 사용해 자동으로 저위험 고객을 식별하고 이들의 신용 한도를 높이는 경우를 설명했다. 알고리듬은 저신용 고객을 이들의 신용 활용도(상한과 비교하여 사용한 신용의 비율)를 보고 식별했으며, 특정 임계치보다 낮다면 상한이 올라갔다. 이들의 신용 한도가 높아지는 시점에, 활용도는 상한에 대한 함수이므로 활용도가 추가로 낮아졌다. 이로 인해 결국 시스템은 신용 한도를 추가로 높였다. 많은 반복으로 인해 고객은 무제한에 가까운 신용을 갖게 될 것이며, 이는 사람들이 감당할 수 있는 한도보다 더 많이 소비하게 만들어 은행을 큰 위험에 빠뜨렸다.

허위정보

DL에서 중요한 하위 분야는 생성적 모델이다. 우리는 텍스트 자동완성 측면에서 이 주제를 간단하게만 다뤘지만, DL은 또한 텍스트의 더 큰 본문을 생성하는 데도 쓸 수 있다. 이 모델은 허위정보를 생성하고 퍼트리는 데 쓰일 수 있는데, 가짜 뉴스를 만들고 리트윗하는 트위터 봇(Wojcik et al., 2018)의 형태를 가질 수 있다.

마찬가지로, 생성적 DL 모델은 진짜처럼 보이는 이미지와 비디오를 만들 수 있다. 이러한 모델은 사람의 외모가 다른 누군가로 보이도록 바뀌어 있는 비디오를 만드는 데 쓰였다. 위조된 비디오는 **딥페이크**deepfake라 알려져 있으며(Sample, 2020) 호도 및 피해를 끼치는 악의적인 방식으로 쓰였다.

편향

데이터셋의 편향은 이미 다뤘지만, 그 밖에도 여러 형태 및 출처의 편향이 존재한다. 수레시Suresh와 구탁Guttag(2019)은 머신러닝ML으로 작업할 때 조심해야 하는 여섯 가지 편향을 논의한다. 편향의 각 형태는 ML 파이프라인에서의 특정 단계와 연관되어 있다.

- **역사적 편향**historical bias은 실제 세계에 존재하는 편향이다. 언어 모델이 쓰여진 모든 텍스트에서 훈련됐다 하더라도, 텍스트는 저자의 인간 편향에 영향받을 것이다.

- **대표성 편향**representation bias은 세계를 대표하지 않는 샘플링된 데이터의 결과다. 모델을 훈련시키는 데 오직 영어 버전의 위키피디아만을 사용한다면, 다른 언어를 대표하지 않는다. 게다가 위키피디아는 특별한 종류의 내용만을 나타내므로, 모든 영어 텍스트도 대표하지 않는다.

- **측정 편향**measurement bias은 한 특성을 측정하고 이를 측정하고자 하는 참된 특성의 프록시로 사용할 때 나타난다. 만일 범죄 판결을 범죄 활동의 프록시로 사용하지만 사법 시스템이 인종적 프로파일링을 활용하거나 판결이 다른 식으로 편향되어 있다면, 범죄 활동에 대한 측정치가 편향될 것이다.

- **취합 편향**aggregation bias은 구별된 하위 그룹을 올바르지 않은 방식으로 조합하는 모델로부터 나타난다. 예를 들어, 환자의 성별이나 인종에 접근하지 않고 의학적 진단을 만들어내는 모델을 만든다고 상상해보자. 성별과 인종이 환자를 적절히 진단하는 데 필요한 역할을 하는 경우가 많으므로, 이 모델은 특정 그룹에서 일을 잘하지 못할 것이다. 대신에 각 그룹에 개별적인 모델을 개발하거나 모델에 입력을 제공해 다른 그룹들을 구별하는 편이 더 나을 수 있다.[1] 이런 종류의 문제를 발견하는 좋은 방법은 모델의 전반적인 성능 지표를 보는 것뿐만 아니라 이를 다른 하위 그룹마다 개별적으로 계산하고 모델이 하위 그룹 사이에서 비슷하게 성능을 내도록 보장하는 것이다.

- **평가 편향**evaluation bias은 모델이 평가되는 방식에 의해 나타난다. 예를 들어 테스트 데이터셋이나 평가 지표를 잘못 선택하면, 결과 모델이 배포됐을 때 일을 잘하지 못할 위험이 있다.

- **배포 편향**deployment bias은 배포된 모델이 본래 의도하지 않은 방식으로 쓰이거나 해석될 때 나타나는 편향이다.

이러한 개념이 실제로 어떻게 적용되는지 보여주기 위해, 그림 18-1을 고려해보자. 이는 원래 트위터에서 포스팅됐다. 왼쪽 그림은 미국의 44대 대통령인 버락 오바마Barack Obama의 저해상도 이미지다. 오른쪽 이미지는 PULSE라 알려진 모델의 출력으로, 이는 저해상도 이미지를 입력으로 사용해 실제 안면처럼 보이는 고해상도 이미지를 만들도록 디자인되어 있다(Menon, Damian, Hu, et al., 2020). 모델이 테스트 데이터셋에서 일을 잘하는 것처럼 보이지만, 이 예제는 모델이 백인과 닮은 얼굴을 출력하도록 편향되

---

1   그룹마다 각기 다른 모델을 사용하면 해당 그룹만의 문제를 가져올 수 있어 다소 논쟁거리가 될 수 있다.

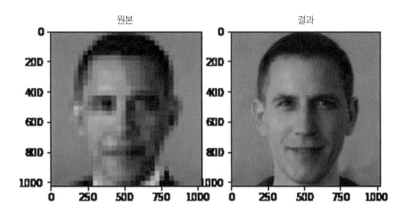

그림 18-1 왼쪽: 버락 오바마의 저해상도 이미지. 오른쪽: 원본 PULSE 모델의 출력 결과. 모델의 목적은 저해상도 이미지에 해당하는 사실적인 고해상도 이미지를 제공하는 것이다. 결과 이미지는 모델이 인종 편향에 해를 입고 있음을 보여준다(출처: https://twitter.com/Chicken3gg/status/1274314622447820801).

어 있음을 암시하고 있다. 유색인의 얼굴에 적용될 때는 일을 잘하지 못한다.

PULSE는 StyleGAN(Karras, Laine, and Aila, 2019)이라 알려진 모델을 활용해 고해상도 이미지를 생성한다. StyleGAN 모델은 FFHQ^Flickr-Faces HQ 데이터셋에서 훈련됐다. 이 데이터셋은 StyleGAN과 같은 논문에서 소개됐으며, 안면 그림을 위해 플리커^Flickr 웹사이트를 크롤링해 얻었다. 이미지는 허용된 라이선스가 있는 것만이 쓰였다. PULSE 자체는 어떠한 추가적인 매개변수도 훈련시키지 않고 단지 사전 훈련된 모델만을 사용하므로, 훈련에 추가적인 데이터셋이 쓰이지 않았다. Celeb HQ 데이터셋(Karras et al., 2018)이 PULSE의 평가에 쓰였다. Celeb HQ는 유명인사의 안면 그림으로 되어 있는 CelebA 데이터셋(Liu et al., 2015)으로부터 나왔다.

이제 일을 그르치게 만든 편향의 종류를 유추해보자. 첫째, 세계의 모든 사람을 위해 동작하는 모델을 구축하는 것이 의도였는지 아니면 오직 플리커를 사용하는 사람들을 위한 것인지에 대한 질문을 고려해보자. 세계의 모든 사람에게 통하는 모델을 구축하려는 의도였다면, 훈련 데이터에서 오직 플리커 이미지만을 사용함으로써 표현 편향을 가져왔음이 분명하다. 의도가 플리커 사용자만을 위한 모델을 구축하는 것이었다 하더라도, 라이선스가 허용된 이미지만이 쓰였으므로 여전히 표현 편향이 존재할 것이다.

둘째, 모델이 취합 편향에 피해를 입었을 수도 있다. 이 편향을 다루는 시작점은 이를 발견하는 것이다. 이는 통상적으로 전체 테스트 집합을 위한 정확도 지표 하나만을 사용하는 것과 반대로 개별 하위 그룹을 위한 정확도 지표를 보면서 한다. 이러한 특정 예제에서는 각 인종이 하위 그룹이 될 것이다. 그러나 어떠한 정확도 지표도 사용하지 않고, 단순히 모델의 출력을 검사하여 생성된 얼굴이 실제처럼 보이는지 결정했다. 즉, 더욱 다양한 테스트 데이터셋을 사용해 모델이 소수자들에게도 잘 동작하는지 확인했다면 이 문제를 드러냈을 것이다.

셋째, 테스트를 위해 Celeb HQ 데이터셋을 사용한 것이 평가 편향을 가져왔다. 유명 인의 물리적인 모습이 일반적인 인구의 물리적인 모습을 나타낼 가능성이 적다. 게다가 Celeb HQ는 아주 다변화되어 있지는 않음을 보여왔다. 사실 카라스[Karras]와 동료들 (2019)은 FFHQ 데이터셋을 소개할 때 이 새로운 데이터셋이 "연령, 인종 및 이미지 배경 측면에서 CelebA-HQ보다 훨씬 많은 변형을 포함하며, 또한 안경, 선글라스, 모자 같은 액세서리를 더 잘 포함하고 있다."고 말했다.

마지막으로, 다소 미묘하지만 배포 편향이 역할을 할 가능성이 있다고 생각한다. 앞서 언급했듯이 PULSE는 StyleGAN을 활용한다. 생성된 이미지가 실제처럼 보이도록 보장하기 위해 PULSE는 StyleGAN이 고려하도록 허용된 검색 공간을 제한하는데, StyleGAN에 대한 입력 매개변수에 제약을 가하여 이를 수행한다. 이렇게 하는 것이 StyleGAN이 본래 의도된 대로 쓰이는 것인지 우리에게는 불분명하다. 배포 편향이 문제를 발생시켰다고 추측하는 이유가 바로 이것이며, 특히 원본 StyleGAN 논문이 유색인의 실제적인 고해상도 이미지를 생성할 수 있음을 분명히 보여주고 있다는 점에서 그러하다.

메논[Menon], 다미안[Damian], 라비[Ravi], 루딘[Rudin]이 쓴 PULSE 논문(2020)의 좀 더 최근 버전에서는 편향에 관한 절을 추가했는데, PULSE가 입력 매개변수에 가하는 제약이 문제의 일부라는 이론을 포함하여 이러한 우려에 대해 이야기한다. 반면에 그들은 또 다른 연구에서(Salminen et al., 2020)는 StyleGAN에 의해 생성된 이미지에 인구학적 편향이 존재함을 보여준다는 사실도 지적했다. 이 편향은 다운스트림 모델이 이러한 편향을 제거하지 않는 한 모델을 사용하는 어떠한 다운스트림 모델의 출력이든지 영향을 줄 가능성이 있다.

PULSE 논문(Menon, Damian, Ravi, and Rudin, 2020)의 나중 버전에는 FairFace 데이터셋(Kärkkäinen and Joo, 2019)에서의 모델 평가도 포함되어 있는데, 이 데이터셋은 특히 인종 구성 측면에서 더 나은 균형을 제공하도록 디자인됐다. 이들은 또한 모델 스스로 저해상도 이미지에 잘 들어맞지 않는 이미지를 만들어내는 대신에 **수렴 실패**failure to converge를 보고하는 기능을 갖는 업데이트된 버전을 공개했다. 마지막으로, 의도하는 사용 사례 및 인종적 고려사항을 포함하여 모델에 대한 세부 내용을 묘사하는 **모델 카드**model card를 포함시켰다.

이 절은 편향에 초점을 맞추고 있으며, 편향되지 않은 데이터셋을 얻기만 하면 문제가 해결된다고 생각하는 함정에 빠지기가 쉽다. 사람들의 이미지로 작업을 할 때는 추가적으로 고려해야 할 윤리적 측면이 존재한다. 특히 애초에 이미지를 사용하는 것이 윤리적인지 고려하는 것이 중요하다. 그림에 있는 사람들이 그림을 사용하라고 동의를 해줬는가? 그들이 여러분이 작업 중인 사용 사례를 위해 그림을 사용하는 데 동의했는가? 이런 종류의 데이터로 작업하는 연구자 및 실무자가 스스로에게 물어봐야 하는 질문들이 바로 위와 같은 것들이다.

질문 체크리스트

방금 논의한 특정 문제에 유의하는 것 외에, 토마스(2019)는 팀 스스로 프로젝트의 개발 사이클 동안 다음과 같은 질문을 해볼 것을 추천했다.

- 우리가 이 일을 해야만 하는가?
- 데이터에 어떠한 편향이 있는가?
- 코드와 데이터를 감독할 수 있는가?
- 각기 다른 하위 그룹의 오차율은 얼마인가?

- 단순한 규칙 기반 대안의 정확도는 얼마인가?

- 항의나 실수를 다루기 위한 어떤 과정이 있는가?

- 이를 구축한 팀이 얼마나 다양화되어 있는가?

고려해볼 만한 그 밖의 좋은 질문들은 『Ethics in Tech Practice: A Toolkit』(Vallor, 2018)에서 찾을 수 있다. 또한 이 절의 상당 부분이 기반으로 하는 'Data Ethics'(Thomas, Howard, and Gugger, 2020)도 읽어보기를 권한다. 바엘[Baer]의 『Understand, Manage, and Prevent Algorithmic Bias: A Guide for Business Users and Data Scientists』 (2019) 또한 유용하다.

여러분이 아직 모르는 것들

이 책은 DL 분야의 많은 주제를 담고 있지만 모든 것을 다루지는 않는다. 그러므로 이 마지막 장은 우리가 생략한 중요한 주제들을 간단히 설명하고, 여러분의 학습 과정을 계속해나가는 데 있어 아이디어를 제공한다.

강화 학습

ML 분야는 주로 다음과 같은 세 가지로 나뉜다.

- 지도 학습

- 비지도 학습

- 강화 학습

이 책에서 설명하는 대부분의 메커니즘은 지도 학습의 범주에 속하지만, 비지도 학습의 예제 또한 일부 살펴봤다.

강화 학습은 이 책에서 사용되지 않았지만, 이것이 어떻게 다른 두 가지와 관련되는지 간단히 설명한다. 관심 있는 독자들은 이 주제와 관련된 다른 자료들을 읽어보기를 권한다.

지도 학습 알고리듬에서 모델은 학습하기를 원하는 특정한 정답을 나타내는 라벨링된 데이터셋으로부터 학습한다. 그러나 비지도 학습에서는 데이터셋이 라벨링되지 않으며, 알고리듬이 데이터에서 구조를 찾는 책임을 진다. 강화 학습은 누적 **보상**reward 함수를 최대화한다는 목표로 **에이전트**agent가 **환경**environment과 상호작용한다는 점에서 이 두 설정 모두와 다르다. 즉, 에이전트는 올바른 행위를 정의하는 정답을 제공받지 않지만, 행위 혹은 일련의 행위가 좋은지 나쁜지 설명하는 피드백(보상)이 주어진다. 에이전트 스스로 가능한 행위 시퀀스 공간을 탐험하고 보상을 어떻게 최대화하는지 학습해야 한다.

강화 학습 분야에 DL을 적용하는 방법을 보여주는 유명한 예제로는 므니Mnih와 동료들 (2013)이 보여준 아타리Atari 비디오 게임 학습이 있다.[2] 에이전트는 결과 점수를 최대화하기 위해 어떤 사용자 입력을 제공할지 학습했다. 이는 특정 입력(스크린의 픽셀)이 주어졌을 때 어떤 사용자 행동을 취해야 하는지를 보여주는 라벨링된 예가 없었으며 사용 가능한 행동의 집합을 탐색하고 무엇이 가장 좋은 누적 보상(게임의 최종 점수)을 야기하는지 배워야만 했다.

변형 오토인코더 및 생성적 적대 네트워크

12장 '신경 언어 모델과 단어 임베딩'에서 콘텐츠를 생성하는 데 언어 모델을 사용하는 방법에 관한 예제를 봤다. 문장의 앞부분이 주어지면 모델이 적절한 뒷부분을 생성했다. 이 생성된 텍스트는 단순히 이전에 봤던 문장의 기록이 아닌, 이전에 본 적 없는 새롭게 생성된 텍스트 시퀀스의 형태를 취할 수 있다. 그러나 이는 무작위 시퀀스가 아닌 학습한 문법적 구조를 따른다. 또한 17장에서는 오토인코더가 어떻게 더 좁은 중간적인 표현이 주어졌을 때 이미지를 재생성할 수 있는지 봤다. 그러나 이전에

---

2   여러분도 프로 바둑기사 이세돌과 대국했던 딥마인드 알파고(AlphaGo)의 열풍을 기억할 것이다. 이를 다룬 다큐멘터리 영화 〈알파고〉를 보면, 도입부에 딥마인드의 창업자 데미스 허사비스(Demis Hassabis)가 이 비디오 게임 학습을 보여준다. 개인적으로 AI에 관심 있는 모든 이에게 추천하는 영화다. – 옮긴이

본 적 없는 이미지를 생성할 수 있는 모델의 예시는 본 적이 없다. 이를 수행하는 인기 있는 두 모델로는 **변형 오토인코더**VAE, Variational Autoencoder와 **생성적 적대 네트워크**GAN, Generative Adversarial Network가 있다.

킹마Kingma와 웰링Welling(2013)이 소개한 VAE는 17장에서 설명한 보통의 오토인코더를 기반으로 한다. 이미지를 다시 만들어내도록 오토인코더를 훈련시키면, 네트워크의 디코더 부분을 사용해 새로운 이미지를 생성할 수 있다는 것이 아이디어다. 단순히 중간적인 표현을 취하고, 디코더가 새로운 유효한 출력 이미지를 출력할 것이라는 기대하에 이를 약간 수정한다. 보통의 오토인코더로 이 작업을 수행하면 결과가 나쁜 경우가 많다. 오토인코더가 훈련되는 방식은 중간적인 표현의 작은 변화가 꼭 올바르거나 실제적인 출력을 야기하도록 하는 것은 아니다. 변형 오토인코더는 모델이 그런 측면에서 더 정확하게 동작하도록 북돋기 위해 훈련 과정이 바뀐, 수정된 버전의 오토인코더다.

굿펠로Goodfellow와 동료들(2014)이 소개한 GAN은 다른 접근법을 취한다. 입력 이미지를 다시 만들어내기 위해 모델 하나를 훈련시키는 대신에, 2개의 다른 모델을 훈련시켜 2개의 다른 과제를 수행한다. **생성자**generator라 알려진 한 모델은 무작위 입력 집합을 기반으로 하여 이미지를 생성하도록 훈련시킨다. 이는 오토인코더의 디코더 부분이 좁은 중간 표현을 기반으로 하여 이미지를 생성하는 방법과 비슷하지만, 생성자 네트워크는 재생성할 정답 이미지를 제공받지 않는다는 점에서 이와 구별된다. 대신에 모델의 목적은 **판별자**discriminator라 알려진 다른 네트워크를 속이는 것이다. 판별자는 데이터셋의 참인 이미지와 생성기가 생성한 이미지 사이에서 판별을 하도록 훈련시킨다. 이 두 네트워크는 생성기가 지속적으로 판별자를 속이는 능력을 개선하려 하고 판별자는 지속적으로 생성기의 속임수를 밝혀내는 능력을 키우려 한다는 점에서 특성상(따라서 접근법의 이름도) **적대적**adversarial이다. 효과를 가감하면 데이터셋의 이미지와 구별할 수 없는 이미지를 무작위 입력으로부터 생성하는 생성자가 된다. 이러한 무작위 입력을 바꿈으로써 무작위 출력 이미지를 생성한다.

VAE는 처음에는 유망해 보였으나 더 나은 결과를 보여준 GAN이 나타나면서 인기를 잃었다. 특히 VAE가 생성한 이미지는 흐린 경우가 많다. 그러나 최근 논문에서 바다트 Vahdat와 카우츠Kautz(2020)는 어떠한 형태의 VAE를 사용해 선명한 이미지를 만드는 방법을 보여줬다. 그들의 작업은 VAE 분야에 대한 관심을 다시 불러일으킬 수 있었다.

이 절에서는 VAE와 GAN을 이미지 생성 측면에서 설명했다. 왜냐하면 이것이 이 기법들의 가장 인기 있는 적용 분야이기 때문이다. 그러나 이 개념은 좀 더 일반적이며 다른 형태의 데이터에도 적용 가능하다.

뉴럴 스타일 트랜스퍼

방금 설명한 두 기법은 훈련 데이터셋의 이미지와 같은 모습을 갖는 이미지를 생성할 수 있다. 또 다른 중요한 생성적 기법으로는 가티스Gatys, 에커Ecker, 베트게Bethge(2015)가 소개한 **뉴럴 스타일 트랜스퍼**neural style transfer가 있다. 이 기법은 이미지 내 **스타일**style로부터 **내용**content을 분리하는 데 쓰인다. 여기서 '내용'은 이미지에서 묘사된 물체를 뜻하며, '스타일'은 이미지 내 물체의 질감 및 색 체계 같은 속성을 뜻한다.

뉴럴 스타일 트랜스퍼는 한 이미지로부터 내용을 그리고 두 번째 이미지에서 스타일을 추출하고, 이 둘을 새로운 이미지로 조합할 수 있다. 가티스, 에커, 베트게는 논문에서 사진의 내용을 유명한 예술가들의 그림 스타일과 조합하는 예시를 보여줬다. 생성된 결과 이미지는 사진과 같은 물체를 포함하지만 스타일은 J. M. W. 터너(J. M. W. Turner), 빈센트 반 고흐Vincent van Gogh, 에드바르 뭉크Edvard Munch, 파블로 피카소Pablo Picasso, 바실리 칸딘스키Wassily Kandinsky 그림의 것이었다.

추천 시스템

DL은 추천 시스템에 큰 영향을 줬다. 이러한 시스템은 많은 온라인 서비스에서 사용자가 흥미로워할 만한 내용 및 상품으로 그들을 유도하는 데 사용된다. 예를 들어, 온라인 쇼핑 사이트는 이전 구매에 근거하여 아이템 구매를 추천하는 경우가 많다. 마찬가지로, 영화 및 음악 스트리밍 서비스는 사용자가 이전에 보인 관심에 근거하여 흥미로 워할 수도 있는 영화 제목 및 노래 추천을 제공한다. 이러한 시스템의 핵심 구성 요소는 개별 사용자의 과거 패턴을 보는 것뿐만이 아니라 같은 사이트에서 다른 사용자의 패턴으로부터 학습하는 것이다. 장Zhang과 동료들(2019)은 추천 시스템에 대한 더 많은 정보를 제공하는 유용한 참조들을 많이 담고 있는 조사 논문을 썼다.

구어를 위한 모델

이 책은 이미지 및 기록된 자연어에 집중한다. 인간-컴퓨터 상호작용에서 또 다른 중요한 주제는 구어다. DL이 컴퓨터 비전 및 텍스트 언어 처리에서 혁명을 일으켰듯이, 음성 인식(음성에서 텍스트로) 및 음성 합성(텍스트에서 음성으로)에서도 비약적인 발전을 야기했다. 음성 인식 작업에 관한 개요는 나시프Nassif와 동료들의 리뷰 논문(2019)에서 찾을 수 있다. 음성 합성의 예로는 Tacotron(Wang et al., 2017), Tacotron 2(Shen et al., 2018), Flowtron(Valle et al., 2020), TalkNet(Beliaev, Rebryk, and Ginsburg, 2020)이 있다. 참조 논문을 몇 개 읽어보고 적어도 논문의 링크를 따라가 온라인 데모를 해보며 이들이 어떻게 작동하는지에 대한 아이디어를 얻기를 권한다!

> 'Tacotron'이라는 이름이 어디서 나왔는지는 불분명하지만, 'talk-a-tron'의 말장난이라는 것이 우리의 추측이다. 이는 CNN 기반 물체 탐지 및 관련 기법을 위한 프레임워크인 Detectron과 비슷하게 들린다. 반면에 Tacotron 논문의 주석에서 저자들 중 몇 명이 타코를 정말 좋아하는 한편 다른 사람들은 초밥을 선호한다고 명시하고 있으므로, 이 주제를 너무 분석하지는 말아야 할 것이다.

음성 인식 및 음성 합성을 위한 DL은 나중에 읽으면 좋은 주제다.

다음 단계

더 읽을거리를 제시하며 이 책을 마치겠다. 여러분의 목표 및 관심에 따라 취할 수 있는 많은 길이 있으므로, 몇 가지 가능한 방향을 제시한다.

어쩌면 여러분은 이론은 당분간 됐고 코드를 원할 뿐이라고 생각할 수도 있다. 어쩌면 풀고자 하는 실제 문제가 있을 수도 있다. 그렇다면 해보자! 영감이 다소 필요하다면, 온라인에서 찾을 수 있는 많은 튜토리얼을 찾아보고 탐색을 시작해보자. 안내가 필요하다면 『Deep Learning with Python』(Manning, 2018)이 도움이 될 수도 있다. 이 책은 방금 언급한 기법인 뉴럴 스타일 트랜스퍼 및 VAE와 GAN으로 된 이미지 생성 예제를 비롯해 많은 유용한 코드 예제를 포함하고 있다.

또 다른 선택지는 이 책의 해당 부록을 읽어 특정 주제를 깊이 파고드는 것이다. 이 책에는 또한 더 읽을거리를 제안하는 노란 상자들이 곳곳에 있으며, 여러분 스스로 주제 관련 역사적 연구 문헌에 익숙해질 수 있도록 시작점으로 사용할 수 있는 참조를 많이 제공한다. 여러분은 관련이 있다고 찾아낸 논문을 인용하는 더욱 최근의 발간물을 온라인에서 찾고 가장 최근의 발견에 대해 배울 수 있다. 특정 주제에 집중하기로 했다면, 선택한 분야의 DL과 관련 없는 부분에도 시간을 들일 준비를 해야 한다. 예를 들어 언어 모델을 작업하고 싶다면 퍼플렉시티 지표를 이해해야만 하며, 머신 번역을 작업하고 싶다면 BLEU 점수를 이해해야 한다. 결국 DL은 폭넓은 문제 집합에 적용할 수 있는 방법의 모음일 뿐이며, 이를 특정 문제에서 잘하려면 문제 도메인, 해 공간(DL 및 non-DL 모두), 성공 지표를 이해해야 한다. 여러분은 이 책이 흥미롭다고 생각하면서도 전통적인 ML에 대한 인사이트를 얻고 강화 학습, VAE, GAN, 뉴럴 스타일 트랜스퍼와 같이 이 책이 다루지 않은 주제를 학습하고 싶을 수도 있다. 그렇다면 두 권으로 된 『Deep Learning: From Basics to Practice』(Glassner, 2018)를 읽어보자. 제1권은 전통적인 ML 개념 및 기본 신경망을 소개하며, 제2권은 DL에 집중한다.

이 분야에 대한 더 깊은 수학적인 이해를 원한다면, 『심층 학습』(제이펍, 2018)을 읽어보자. 특히 DL 분야에서 학술적 연구를 하고 논문을 쓰고자 하는 누구에게든지 이 책을 추천한다. 이 책은 주로 ML에서 그리고 특히 DL에서 유용한 수학 및 확률론의 개요로 시작해, 전통적인 머신러닝의 개요로 이어지며 그다음으로 깊은 DL 분야에 대한 설명이 나온다.

또 다른 선택지는 온라인 수업을 듣는 것이다. 우리가 발견한 이러한 대안 세 가지로는 엔비디아 딥러닝 연구소[NVIDIA Deep Learning Institute][3], 엔드류 응[Andrew Ng]의 코세라[Coursera] 수업[4], Lazy Programmer의 ML/DL 클래스[5]가 있다. 또 다른 대안은 유튜브에서 랙스 클립스[Lex Clips]의 비디오[6]를 보는 것이다. 제레미 하워드[Jeremy Howard]와 레이첼 토마스[Rachel Thomas]는 그들의 fast.ai 연구 그룹을 통해 끝내주는 무료 강좌를 제공한다.[7] 이 강좌가 매력적이라면, DL을 처음부터 가르치는 하워드[Howard]와 구거[Gugger]의 『Deep Learning for Coders with fastai and PyTorch』(2020)를 읽어볼 수도 있다. 우리 책과 내용이 많이 겹치긴 하지만, 저자들은 많은 독자가 유용하다고 생각할 수도 있는 하향식 접근법을 더욱 많이 취한다.

이 절은 계속 나아가는 방법에 관한 우리의 생각을 보여주고 있지만, DL은 매주 발표되는 새로운 논문으로 빠르게 발전하고 있으며, 책 또한 거의 같은 빈도로 나오고 있으므로 여러분 스스로 판단해야 한다. 여러분에게 이 책이 유용하고, 딥러닝을 계속 탐험하는 데 필요한 지식과 영감을 주기를 바란다.

---

3 https://www.nvidia.com/dli

4 https://www.coursera.org

5 https://lazyprogrammer.me

6 https://www.youtube.com/lexclips

7 https://www.fast.ai

선형 회귀와 선형 분류기

부록 A는 3장 '시그모이드 뉴런과 역전파' 다음에 이어지는 내용이다.

'들어가며'에서 설명했듯이 이 책의 접근법은 딥러닝^{DL}의 재미있는 부분을 빠르게 따라가는 것이다. 따라서 이 책은 여러 전통적인 머신러닝^{ML} 주제로 시작하지 않는다. 닐슨 ^{Nielsen}(2015)으로부터 영감을 받아서 처음 3개 장을 퍼셉트론과 다수준 네트워크를 사용한 **이진 분류**^{binary classification}에 할애했다. 이진 분류는 입력이 두 클래스 중 하나에 속하는 출력이 되는지 결정하는 것을 포함한다. ML을 소개하는 더 일반적인 방법은 이산적인 클래스 대신 실수를 예측하는 **회귀**^{regression} 문제로 시작하는 것이다. 이는 다음 몇 개 절에서 설명한다.

그 뒤 이진 분류를 위한 선형법의 설명으로 넘어간다. 즉, 1~3장에서 공부한 문제 형태를 풀지만 전통적인 ML 기법을 사용한다.

머신러닝 알고리듬으로서의 선형 회귀

하나 이상의 입력값 그리고 연관된 실숫값 출력으로 된 훈련 예제가 다수 있다고 해보자. 이는 회귀 문제다. ML 관점에서 이 문제는 수학적 모델을 훈련시켜 입력값을 제시했을 때 예상 출력값을 예측하는 것을 수반한다. 이는 다음 절에서 더 구체화한다. 아마도 이러한 문제를 푸는 데 시도할 수 있는 가장 단순한 모델은 선형 회귀일 것이다. 단일 입력 변수의 경우부터 살펴보자.

일변량 선형 회귀

우리는 만들어낸 문제를 사용해 단일 입력 변수로 된 선형 회귀를 보여준다. 여러분이 아이스크림 가게를 운영하고 있는데 내일 얼마나 많은 아이스크림이 팔릴지 아이디어를 얻고자 한다고 해보자. 여러분은 판매하는 아이스크림의 양이 그날의 기온과 관련이 있어 보인다는 점을 관찰했으며, 따라서 기온 예보를 사용해 아이스크림 수요를 예측할 수 있는지 조사하고자 한다. 이 아이디어가 가망이 있는지에 대한 인사이트를 얻기 위해, 과거 기온 데이터와 아이스크림 수요의 산포도를 만들었다. 그림 A-1의 빨간 표시들은 이들이 어떻게 보일 수 있는지 보여준다.

여러분은 빨간 표시를 사용해 데이터에 곡선과 같은 것을 적합시켜 특정 기온이 주어

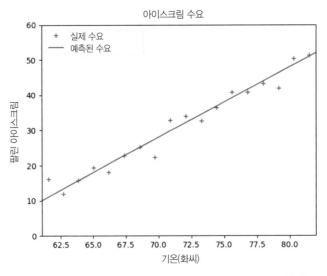

그림 A-1 기온과 판매된 아이스크림 개수 사이의 관계. 섭씨 온도 스케일이 더 익숙한 독자를 위해, 눈대중으로 보면 61°F는 대략 16°C이고 82°F는 약 28°C다(숫자를 뒤집기만 하면 됨).

졌을 때 수요를 예측하는 데 쓸 수 있는 공식을 만들어내도록 시도할 수 있다. 그림은 다음 형식의 초록색 직선을 어떻게 적합시켰는지 보여준다.

$$y = ax + b$$

이때 y는 수요를, x는 기온을 나타낸다. 그림의 선에서 매개변수는 $a = 2.0$이고 $b = -112$다. 이러한 매개변수 2개를 만들어내는 방법을 질문한다면, 그것이 바로 ML 알고리듬이 하는 일이다. 선형 회귀는 분석적 해법으로 만들 수 있지만, 경우에 따라서는 반복적 알고리듬을 사용하는 편이 더 효율적일 수 있다. 몇 개 절에서 해당 예제 모두를 볼 것이다. 먼저 이러한 회귀 문제의 변형을 보자.

다변량 선형 회귀

앞 절의 모델은 단일 입력 변수만을 사용했으므로 꽤 제한적이다. 아이스크림 수요는 바깥 기온뿐만 아니라 하루 전 텔레비전에서 보여준 광고의 양과도 관련이 있다고 상상할 수 있다. 이러한 추가적인 변수는 선형 모델을 2차원으로 확장해 다룰 수 있다. 그림 A-2는 이러한 모델의 예시를 보여준다. 그림에서 실제 데이터 지점은 보여주지 않고 오직 모델의 예측만을 보여준다.

입력 변수가 2개이므로, 이제 예측은 직선이 아닌 면의 형태를 띤다. 아이스크림의 판매 개수가 어떻게 기온 및 광고가 나오는 분 단위의 시간 모두와 함께 증가하는지 볼 수 있다. 평면의 방정식은 다음과 같다.

$$z = \beta_0 + \beta_1 x_1 + \beta_2 x_2$$

이때 z는 수요, x_1은 광고, x_2는 기온을 나타낸다. 매개변수는 $\beta_0 = -112$, $\beta_1 = 0.5$, $\beta_2 = 2.0$이다. 이전과 마찬가지로 이러한 매개변수를 만들어내는 것이 ML 알고리듬의 과제다.

2개의 입력 변수를 갖는 데 있어 어떠한 마법도 존재하지 않는다. 이 모델은 n개의 입

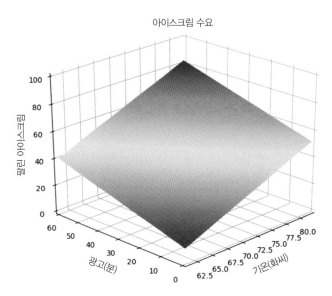

그림 A-2 기온 및 광고의 함수로 나타낸 아이스크림 수요 모델

력 변수로 일반화되며, 이때 n차원 초평면이 된다. 여기서 유일한 문제는 시각화하기 어렵다는 점이다.

선형 함수로 곡률 모델링하기

임의 개수의 입력 변수를 사용하도록 모델을 확장했지만, 모델은 오직 직선이나 (초)평면이 데이터에 잘 맞는다는 모델링 의존성하에서만 일을 잘 할 수 있다는 점에서 여전히 다소 제한되어 있다. 그렇지 않은 경우는 쉽게 상상할 수 있다. 예를 들어 아이스크림 예로 돌아가서, 61℉에서 82℉보다 더 높은 기온을 고려해보자. 범위의 상한인 100℉로 늘리면(약 38℃), 기온이 올라감에 따라 아이스크림 수요가 그만큼 증가하지 않음을 상상할 수 있다. 왜냐하면 사람들이 아이스크림을 사는 대신에 에어컨이 있는 건물에 남아 있는 것을 선택할 수도 있기 때문이다. 이는 그림 A-3이 보여준다.

초록색 직선의 데이터 적합에 더해서, 2차 다항식에 기반한 곡선(파란색)을 포함시켰다.

$$y = \beta_0 + \beta_1 x + \beta_2 x^2$$

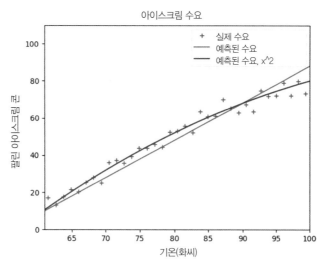

아이스크림 수요

그림 A-3 2차 곡선이 직선보다 더 잘 맞는 데이터 지점

이 공식에서 y는 수요, x는 기온, x^2은 기온의 제곱이다. 매개변수는 $\beta_0 = -220$, $\beta_1 =$ 5.0, $\beta_2 = -0.02$다. 이전 예제와 마찬가지로 선형 회귀 문제에서 이러한 매개변수를 만들어내는 것이 ML 알고리듬의 과제다. 이때 여러분은 우리가 이를 선형 회귀 문제라고 불렀을 때 방금 잘못 말했다고 생각할 수도 있다. 결과 곡선이 선형이 아닌 이차적quadratic으로 보이기 때문이다. 그러나 선형성은 우리가 추정하는 매개변수(β_0, β_1, ..., β_n)를 가리키므로, 이러한 매개변수를 거듭제곱하거나 여기에 다른 비선형 연산을 하지 않는 한 이는 여전히 선형 모델로 간주한다. 그러므로 이 문제는 선형 회귀 문제다. 이것이 직관적으로 보이지 않는다면, 앞 절의 다변량의 경우를 고려해보자. 여러분이 일변량의 경우를 둘 이상의 변수로 확장하는 것이 직관적이었음에 동의한다고 가정하면, 앞의 방정식도 다르지 않다. 모델은 두 번째 변수(x^2)를 첫 번째 것을 제곱하여 만들었음을 알지 못한다. 이는 우연히 x의 제곱과 같은 값을 취하는 독립적인 변수일 수도 있었다.

이 예제는 단일 입력 변수(기온)만을 사용했지만, 이 변수로부터 다른 변수(기온의 제곱)를 만들었으므로, 모델은 여전히 입력이 2개다. 또한 고차 다항식을 포함하도록 확장할 수 있다. 또한 이를 복수의 입력 변수(기온과 광고)가 있었던 앞 절에서 봤던 모델의 형태와 조합하고, 본래 입력 변수 모두의 고차 다항식을 만들 수도 있다. 그렇게 함으로써 여전히 선형 모델로 간주되는 꽤 복잡한 모델에 도달할 수 있다.

선형 회귀 계수 계산하기

지금까지 어떻게 **회귀 문제**regression problem라 알려진 선형 회귀를 사용해 실숫값 숫자를 예측할 수 있는지 설명했다. 그러나 해법을 위한 매개변수(계수)를 어떻게 만들어내는 지는 아직 설명하지 않았다. 다수의 데이터 지점에 직선을 적합시키는 데는 여러 좋은 방법이 존재한다. 아마도 가장 일반적으로 쓰이는 방법은 보통 최소제곱법OLS, Ordinary Least Squares이라 알려진 것이며, 이는 평균제곱오차MSE, Mean Squared Error의 최소화에 기반한다. 과거에 OLS를 본 적이 있다면 닫힌 해closed-form solution 또한 봤을 가능성이 있다. 즉, 수치적 방법으로 근사해를 계산하는 대신에 수학적 기호를 조작해 계산할 수 있다. 곧 닫힌 해에 대해 논의하겠지만, 먼저 경사 하강을 사용해 수치적 해에 반복적으로 도달하는 방법을 설명한다. 경사 하강은 2장 '기울기 기반 학습'에서 설명했다. 해가 어떻게 생겼는지에 관한 가설을 형식화하는 것으로 시작해보자. 입력 변수가 n개라면, 가장 직관적인 선형 회귀 가설은 다음과 같다.

$$y = w_0 + w_1 x_1 + w_2 x_2 + \ldots + w_n x_n$$

그러나 앞서 봤듯이 고차 항 또한 포함하는 더욱 복잡한 경우를 생각할 수 있다. 이제 선형 회귀 문제를 경사 하강을 사용해 반복적으로 푼다. 손실 함수는 MSE를 사용한다.

$$\frac{1}{m} \sum_{i=1}^{m} \left(y^{(i)} - \hat{y}^{(i)} \right)^2 \qquad \text{(평균제곱오차)}$$

선형 회귀에 손실 함수를 사용할 때 이는 **볼록 최적화 문제**convex optimization problem가 되며, 이는 모든 국소 최솟값은 또한 전역 최솟값임을 뜻한다. 학습률을 충분히 작게 고르면 경사 하강이 최적해로 수렴함을 의미하는데, 이는 좋게 들릴 수도 있지만 최적해가 가정한 가설 공간의 맥락 안에 있음을 주지하라. 선형 함수가 문제를 풀지 못하거나 잘 풀지 못하면, 선형 함수의 최적 매개변수 집합은 여전히 나쁜 해가 될 수 있다.

앞서 언급했듯이 이 문제를 닫힌 해로 계산할 수도 있다. 자세히 보지는 않겠지만, 접근법의 개요를 설명하고 최종 해를 서술한다. 흥미가 있다면, 선형 회귀를 자세히 설명하는 많은 책이 있다. 예를 들어 헤이스티[Hastie], 팁시라니[Tibshirani], 프리드먼[Friedman](2009)과 굿펠로[Goodfellow], 벤지오[Bengio], 쿠르빌[Courville](2016)이 쓴 책 모두 ML 측면에서 이를 논의한다.

닫힌 해는 경사 하강과 같은 생각에 기반한다. 명시한 손실 함수(MSE)가 있으며 이를 최소화한다. 이는 모든 훈련 예제에 대해 위 공식의 모든 합을 전개하고, 그 뒤 도함수를 계산하고 0에 대해 풀어서 수행한다. 만일 오직 몇 개의 훈련 예제 및 오직 하나의 입력 차원이 있다면 이는 보통의 대수학으로 직관적으로 할 수 있지만, 입력 예제 및 차원이 커짐에 따라 빠르게 골치 아픈 일이 된다. 이 문제의 해법은 대신에 문제를 행렬과 벡터로 서술하고 선형 대수로 푸는 것이다.[1] 만일 모든 입력 벡터를 행렬 X로, 출력값을 벡터 y로 정렬하면, 다음의 공식을 사용해 손실을 최소화하는 계수로 된 벡터 β의 계산이 가능함을 보일 수 있다.

$$\beta = \left(X^T X \right)^{-1} X^T y$$

이 공식은 이 책에서 본 적 없는, 역행렬이라 불리는 행렬에 첨자 −1로 표기하는 구성체를 사용한다. 이 공식에서 $(X^T X)$의 역행렬은 행렬 곱으로부터 나온 행렬이지만, 이는 역행렬 연산 그 자체와는 따로 떨어져 있다. 행렬의 역을 취하는 방법은 자세히 설명하지 않지만, 모든 행렬이 역을 취할 수 있는 것은 아님을 알아두면 좋다. 게다가 큰 행렬의 역을 취하면 연산 비용이 커진다. 이러한 연산 비용으로 인해, 훈련 예제가 많으면(수십만 혹은 수백만) 닫힌 해가 존재한다 하더라도 경사 하강을 선호한다. 이로써

---

1 설명이 매우 간략한 이유는 이것이 주로 선형 회귀를 선형대수로 푸는 방법을 이미 공부했던 독자들을 위한 복습이기 때문이다. 여러분이 이러한 내용을 본 적이 없다면, 해당 주제를 다룬 더욱 포괄적인 교재를 참고해야 할 것이다.

선형 회귀에 대한 논의를 마치며, 이제 회귀 대신 분류에 쓸 수 있는 관련된 방법으로 넘어간다.

로지스틱 회귀로 하는 분류

1장 '로젠블랫 퍼셉트론' 및 2장에서 퍼셉트론을 사용해 이진 분류 문제를 풀었지만, 다른 형태의 분류 알고리듬 또한 존재하며 한 가지 중요한 예시로는 로지스틱 회귀가 있다. 이는 회귀 문제가 아닌 분류 문제를 풀어내므로 이름을 다소 혼동할 수 있다. 이름은 우리가 곧 보게 될 선형 회귀의 변형인 로지스틱 회귀에서 유래한 것으로 보인다.

이제 우리가 아이스크림 가게의 주인이 아닌 손님이라고 해보자. 추가로 우리가 아이스크림을 정말로 좋아해서 기온과 상관없이 아이스크림을 사려고 한다고 가정해보자. 그러나 줄을 서는 것은 싫어서, 줄이 너무 길다면 아이스크림 가게를 가려 하지 않는다. 줄이 너무 긴지 알아내려고 아이스크림 가게에 가는 시간을 허비하지 않기 위해, 기온을 입력 데이터로 사용하고 줄이 너무 긴지 아닌지 예측을 시도하는 모델을 만들어내고자 한다. 우리의 관점에서 줄의 정확한 길이는 상관이 없다. 줄은 우리가 기다리려 할 만큼 충분히 짧거나, 아니면 집에 갈 정도로 너무 길 것이다. 즉, 이는 예측하려는 값이 참(너무 김)이거나 거짓(충분히 짧음)인 이진 분류 문제임을 뜻한다.

그림 A-4는 선형 회귀로 이 문제를 푸는 시도를 보여준다. 빨간 표시는 너무 긴 줄(값 = 1) 그리고 충분히 짧은 줄(값 = 0)의 실제 경우를 보여주며, 데이터 지점에 적합을 시도하는 초록색 직선을 볼 수 있다. 먼저 온도만으로 줄이 너무 긴지 완벽하게 예측하기란 불가능하다는 사실을 관찰할 수 있다. 왜냐하면 상단 및 하단 데이터 지점에 겹침이 존재하기 때문이다. 이는 놀랄 만한 일이 아니다. 두 번째로, 직선이 이산값이 아닌 실숫값 숫자를 예측함을 관찰할 수 있다. 이 문제는 0.5를 임계치로 가정함으로써 다룰 수 있다. 0.5보다 큰 어떤 값이든지 너무 긴 것으로, 0.5보다 적은 어떤 값이든지 충분히 짧은 것으로 해석한다. 관찰력 있는 독자들은 이것이 바로 퍼셉트론이 하는 일임을 알 수 있을 것이다.

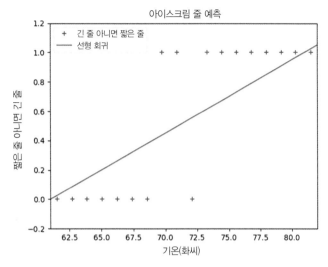

그림 A-4 선형 회귀를 사용해 이진 분류 문제를 푸는 시도

그림 A-4를 본 뒤 이전 절에서 2차 곡선이 데이터에 가장 잘 맞음을 봤던 아이스크림 예제를 고려하면, 직선 대신에 함수로 데이터를 더 잘 적합시킬 수 있는지 살펴보는 것이 적절할 것이다.

그림 A-5는 이러한 시도를 보여준다. 같은 차트에 로지스틱 시그모이드 함수의 변경된 버전을 아이스크림 줄이 너무 긴지를 나타내는 데이터 지점에 그렸다.

참조를 위해, 로지스틱 시그모이드 함수의 공식은 다음과 같다.[2] 이 공식은 이 책에서 신경 활성 함수로 이미 널리 쓰였다.

$$\text{로지스틱 함수: } S(x) = \frac{1}{1 + e^{-x}}$$

차트를 보면, 먼저 함수가 직선보다 더 나은 선택으로 보인다는 점을 관찰할 수 있다. 두 번째로 이는 퍼셉트론보다 그리 크게 개선되지는 않는 것으로 보인다. 그림 A-5의 곡선은 1장 그림 1-3의 퍼셉트론이 사용한 사인 함수를 보여주는 곡선과 비슷해 보인

---

2   여기서 설명하는 것은 로지스틱 함수의 특정한 인스턴스다. 이는 로지스틱 함수군의 여러 구성원 중 하나일 뿐이다.

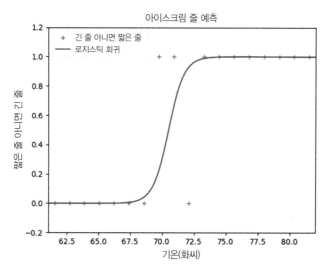

그림 A-5 로지스틱 시그모이드 함수가 어떻게 아이스크림 줄이 너무 긴지를 나타내는 데이터 지점에 적합되는지 보여주는 차트

다. 따라서 그림 A-4에서 직선에 임계치를 적용하는 것과 같은 움직임을 갖는다. 즉, 이 세 가지 접근법은 서로 꽤 관련이 있다. 그러나 로지스틱 회귀의 장점 한 가지는 그림 A-5의 곡선에서 퍼셉트론 함수 및 다른 모든 임계치 기반 접근법과 같은 불연속이 없다는 것이다. 이는 우리가 사용 가능한 손실 함수를 만들어내는 한, 불연속과 관련된 걱정 없이 경사 하강을 바로 적용할 수 있음을 뜻한다. 로지스틱 회귀를 위한 사용 가능한 손실 함수는 다음에서 보여준다.

$$\frac{1}{m}\sum_{i=1}^{m}-\left(y^{(i)}\cdot ln\left(\hat{y}^{(i)}\right)+\left(1-y^{(i)}\right)\cdot ln\left(1-\hat{y}^{(i)}\right)\right) \qquad \text{(교차 엔트로피 손실)}$$

이 손실 함수는 교차 엔트로피 손실 함수라 알려져 있으며, 이 또한 신경망의 맥락에서 쓰인다(5장 'DL을 향해: 프레임워크 및 네트워크 미조정'에서 설명함). 로지스틱 회귀 맥락에서 교차 엔트로피 손실 함수는 로지스틱 회귀 문제가 볼록 최적화 문제의 또 다른 예시가 된다는 점에서 좋은 속성을 갖는다. 즉, 충분히 적은 학습률 매개변숫값이 주어진다면 경사 하강은 언제든지 최적해로 수렴할 것이다. 선형 회귀와 반대로, 로지스틱 회귀의 일반적인 경우에는 알려진 닫힌 해가 존재하지 않는다. 이제 로지스틱 회귀 문제를 XOR 문제를 푸는 방식으로 서술할 수 있는지 보여주는 부분으로 넘어간다.

선형 분류기로 XOR 분류하기

교차 엔트로피 손실 함수와 결합된 로지스틱 시그모이드 함수는 **로지스틱 회귀**^logistic ^regression라 알려진 볼록 최적화 문제가 된다. 이는 경사 하강으로 반복적으로 풀 수 있다. 로지스틱 회귀는 선형 분리 가능성 측면에서 여전히 퍼셉트론과 같은 제약으로부터 피해를 입는다. 그림 A-6은 입력 변수가 2개인(x_1, x_2) 문제에서 이를 보여준다. 이때 두 클래스를 완벽하게 분리하는 직선을 그리는 것이 불가능함을 볼 수 있다. 이런 종류의 차트는 1장에서 퍼셉트론의 움직임 측면에서 소개했다. 그리고 2장에서 추가로 다시 봤다.

직선이 다소 제약적이라는 이전의 관찰을 바탕으로, 우리의 분류 함수를 추가로 수정해 선형으로 분리 가능하지 않은 문제 다루기를 시도할 수 있는지 살펴보는 것에 대해 놀라지 말기를 바란다. 이는 이미 봤던 선형으로 분리 가능하지 않은 문제인 XOR

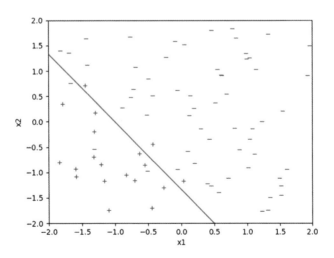

그림 A-6 로지스틱 회귀가 선형으로 분리 가능하지 않은 문제를 완벽하게 풀지 못하는 예시

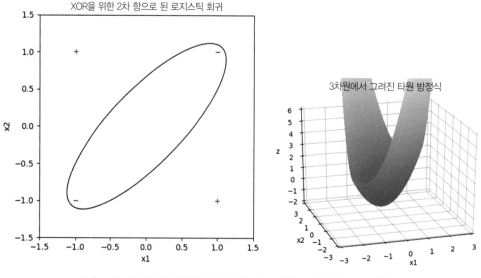

그림 A-7 어떻게 직선 대신에 타원의 함수를 사용해 XOR을 푸는지 보여주는 차트

을 다시 보면서 해본다. 그림 A-7은 직선보다 더 복잡한 모양을 사용하는 것이 허용된다면 어떻게 두 클래스(더하기와 빼기)를 분리할 수 있는지 보여준다. 이를 푸는 방법은 여러 가지가 있지만, 우리는 타원이 적절한 접근법이라 생각한다. 그림의 왼쪽 부분은 더하기를 마이너스로부터 분리하도록 타원을 그리는 것이 간단한 일임을 보여준다.

우리가 퍼셉트론을 위한 비슷한 차트를 봤을 때, 결정 경계를 나타냈던 직선이 평면의 3차원 그림으로부터 유래했으며 결정 경계가 z 값이 0인 평면 위의 선이었음을 봤다 (왜냐하면 그곳이 부호 함수가 출력값을 바꾼 곳이기 때문이다). 이 경우에도 같은 것을 할 수 있지만, 0 주변에서 중심을 가지고 각도 θ만큼 회전된 타원의 방정식으로 시작한다.

$$\left(\frac{x_1\cos(\theta)-x_2\sin(\theta)}{a}\right)^2+\left(\frac{x_1\sin(\theta)+x_2\cos(\theta)}{b}\right)^2=1$$

이 방정식을 0에 대해 풀고 결과 공식을 z라 부르면, 타원 바깥에서는 0보다 크고 안에서는 0보다 작은 방정식을 얻는다. 이 방정식은 다음과 같으며, 그림 A-7의 오른쪽 부분에 z가 x_1과 x_2에 대해 그려져 있다.

$$z = \left(\frac{x_1 \cos(\theta) - x_2 \sin(\theta)}{a} \right)^2 + \left(\frac{x_1 \sin(\theta) + x_2 \cos(\theta)}{b} \right)^2 - 1$$

이제 z를 로지스틱 시그모이드 함수의 입력으로 사용하면, 식 내 모든 상수를 생각해 낼 수 있다는 가정하에 이를 사용해 XOR 문제를 위한 데이터 지점을 올바르게 분류할 수 있다.

z를 위한 식은 다음과 같이 다시 정렬할 수 있다.

$$z = w_0 + w_1 x_1 x_2 + w_2 x_1^2 + w_3 x_2^2$$

이때

$$w_0 = -1$$

$$w_1 = 2 \cos(\theta) \sin(\theta) \left(\frac{1}{b^2} - \frac{1}{a^2} \right)$$

$$w_2 = \left(\frac{\cos^2(\theta)}{a^2} + \frac{\sin^2(\theta)}{b^2} \right)$$

$$w_3 = \left(\frac{\sin^2(\theta)}{a^2} + \frac{\cos^2(\theta)}{b^2} \right)$$

즉, z는 매개변수 w_0, w_1, w_2, w_3 측면에서 여전히 선형식이며, 이는 로지스틱 회귀에 입력 $x_1 x_2$, x_1^2, x_2^2을 제공하면 XOR 문제를 풀 수 있음을 뜻한다.

이 절을 마치기 전에, 타원을 위한 공식 사용이 이 문제를 푸는 유일한 방법은 아니며 더욱 간단한 해는 두 항 x_1과 $x_1 x_2$만을 사용하는 것으로, 이는 그림 A-8에서 보여주는 것과 비슷한 해가 된다는 점을 지적할 필요가 있다.

이런 종류의 해에 도달하려면 어떤 종류의 항을 방정식에 포함시켜야 하는지 알아내는 방법을 질문하는 것이 당연하다. **특성**feature이라 부르는 이러한 입력을 생각해내는

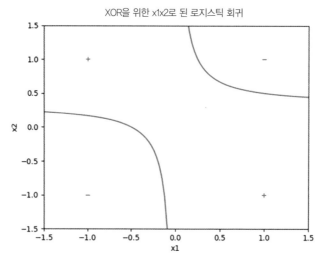

그림 A-8 XOR 문제의 다른 로지스틱 회귀 해

과정은 **특성 엔지니어링**^{feature engineering}이라 알려져 있으며 이는 전통적인 ML에서 중요한 부분이다. 특성 엔지니어링의 역할은 특성 추출의 책임이 주로 학습 알고리듬에 속하는 DL 측면에서는 덜 중요하다. 3장에서 이를 어떻게 신경망이 XOR 분류 문제를 풀어내도록 학습할 수 있었는지에 대한 예제와 함께 보여줬다. 이제 또 다른 중요한 선형 분류기로 가보자.

서포트 벡터 머신 분류

이미 언급했듯이 퍼셉트론과 로지스틱 회귀 모두 선형 분류기의 예다. ML에서 또 다른 중요한 선형 분류기는 서포트 벡터 머신^{SVM, Support Vector Machine}이다. 이 절은 SVM을 간단히 소개한다.

로지스틱 회귀 측면에서 모델의 매개변수를 정하기 위해 최적화 문제를 풀 때 모든 데이터 지점이 쓰였음을 봤다. SVM은 다른 접근법을 취한다. 그림 A-9의 모든 데이터 지점을 고려해보자. 일단 점선 및 화살표는 무시하라. 초록색 선이 두 클래스를 완벽

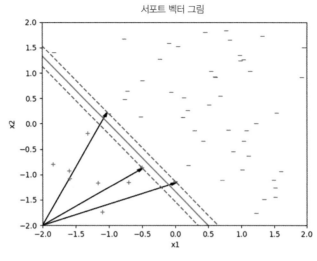

그림 A-9 서포트 벡터 머신의 결정 경계

하게 분리하지만, 초록색 선에 여러 다른 변형을 만들어 여전히 클래스를 완벽하게 분리할 수 있다. 예를 들어 선을 오른쪽, 왼쪽, 위, 아래로 약간 움직이거나 기울기를 수정하거나 혹은 이동 및 기울기 바꾸기 조합을 할 수 있다. 이때 현재 결정 경계로부터 멀리 떨어진 데이터 지점들, 특히 그림의 상단 오른쪽 구석의 것들을 걱정하는 것이 맞는지 질문할 수 있다. 이 데이터 지점은 이러한 약간의 미조정에 상관없이 올바르게 분류될 것이다. 그러므로 결정 경계 근처의 데이터 지점에만 주의를 기울이고 이들을 잘 적합시키는 선을 그리는 것이 한 가지 방법이다. SVM은 단지 경계를 정의하는 제한된 집합의 데이터 지점을 식별해 이를 해낸다.

SVM은 결정 경계(그림의 초록색 실선)에 더해서 경계의 각각 측면 위의 2개의 평행하는 선(그림에서 자홍색 점선) 사이의 거리로 되어 있는 마진을 정의한다. SVM은 이 두 점선 사이의 거리(마진)가 최대가 되는 방식으로 결정 경계를 선택한다. 그림에서 보여주듯이, 이는 몇 개의 데이터 지점이 이 선들 위에 있음을 뜻한다. 이는 선이 이러한 데이터 지점으로부터 지지된다고 말할 수 있다. 원점으로부터 이 점들의 벡터를 **서포트 벡터** support vector라 부르며, 이로부터 알고리듬의 이름이 주어졌다.

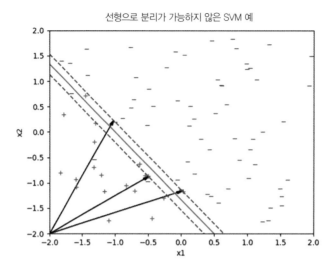

그림 A-10 클래스가 선형으로 분리 가능하진 않지만 직선이 결정 경계로 여전히 유효한 경우의 서포트 벡터 머신

이전에 봤듯이, 완벽하게 분리가 가능하진 않지만 직선이 여전히 적절한 경우가 존재한다. 예를 들어 데이터 내 잡음이 클래스가 겹치게 하거나, 모델에 포함되지 않는 알 수 없는 변수로 인해 겹침이 발생할 수 있다. 이는 그림 A-10이 보여주며, 소수의 더하기와 빼기 기호가 결정 경계의 잘못된 쪽에 위치하고 있다. 이러한 경우에도 여전히 SVM을 사용하는 것이 가능하지만, 이제 추가적인 상반관계가 만들어진다. 더 많은 훈련 예제가 마진 제약을 위반하도록(마진 선의 잘못된 쪽에 속하도록) 마진을 늘릴 수 있다. 반대로 마진을 줄여 마진 제약을 위반하는 훈련 예제의 수를 줄일 수 있다. 이러한 상반관계는 훈련 알고리듬의 조정 가능한 매개변수를 통해 통제한다.

먼저 본래의 입력 변수를 새로운 변수(특성)와 조합한다면 로지스틱 회귀를 XOR 문제에 쓸 수 있음을 봤는데, 이 또한 놀랍지 않게 SVM에서도 가능하다. SVM뿐만이 아닌 이러한 접근법의 문제는 훈련이나 분류를 하기 전에 추가적인 입력 특성 모두를 계산해놓아야 한다는 점이다. 몇몇의 경우 이는 연산적으로 비쌀 수 있다. SVM의 핵심 속성인 **커널 트릭**kernel trick이라 알려진 기법을 이용해 이러한 변환된 입력 공간 내에서 작업의 연산 비용을 줄일 수 있다.

커널 트릭이 어떻게 되는지를 자세히 설명하지는 않는다. 왜냐하면 SVM 알고리듬 자체의 수학적인 면부터 먼저 봐야 하기 때문이다. 그러나 몇몇 설명에서 우리 생각에 자명하지 않은 한 가지를 지적하고자 한다. SVM 및 커널 트릭의 특별한 점은 이들이 추가적인(엔지니어링된) 입력 특성으로 분류를 가능하게 하여 선형으로 분리 가능하지 않은 문제를 풀게 해준다는 것이 아니다. 앞서 설명했듯이 이는 로지스틱 회귀로도 가능하다. SVM과 함께 커널 트릭이 대단한 점은 이를 사용해 이러한 추가적인 입력 특성으로 작업하는 연산 복잡도를 줄일 수 있다는 데 있다.

이로써 선형 분류기에 대한 설명을 마친다. 퍼셉트론, 로지스틱 회귀, SVM은 사용 가능한 알고리듬의 일부분만을 보여줄 뿐이다. 또 다른 예로는 선형 판별 분석LDA, Linear Discriminant Analysis 및 나이브 베이즈naïve Bayes가 있다. SVM 알고리듬은 또한 회귀 문제 도메인으로 확장되어 왔으며, 관련된 알고리듬으로는 서포트 벡터 회귀가 있다. 헤이스티, 팁시라니, 프리드먼(2009)의 책은 이들 및 추가적인 기법을 설명하는 읽기 좋은 자료다.

이진 분류기를 위한 평가 지표

분류 문제를 풀고자 할 때 복수의 다른 모델을 만들어내는 일이 많다. 어떤 모델이 가장 좋은지 어떻게 평가하는지가 중요한 질문거리다. 직관적으로 볼 때, 정확도가 가장 높은 모델이 좋은 선택일 것이다. 정확도는 다음과 같이 정의된다.

$$정확도 = \frac{올바른\ 예측}{전체\ 예측}$$

그러나 일이 단순한 경우는 많지 않다. 풀어야 할 문제가 여러 변수가 주어졌을 때 환자가 심각한 의학적 컨디션의 초기 단계에 있는지를 예측하는 것이라 하자. 추가로, 평균적으로 환자 100명 중 4명만이 이러한 컨디션을 갖는다고 해보자. 언제나 환자가 이러한 컨디션을 갖지 않을 것이라고 예측하는 모델은 정확도가 95%이겠지만 실제로는 쓸모가 없을 것이다. 이 컨디션을 갖는 환자 5명 중 4명을 올바르게 식별하며 5명의 환자가 컨디션을 가질 것이라고 잘못 예측하는 모델은 오직 94%의 정확도를 가질 것이다. 왜냐하면 이는 (1 + 5)/100만큼 오분류했기 때문이다. 그러나 이는 어떤 환자가 추가적인 검사가 필요한지를 인식하는 초기적인 도구로서 더욱 유용할 것이다. 이는 정확도에 더해서 다른 지표들을 볼 필요가 있음을 강조한다. 일반적인 시작점으로는 표 A-1과 같이 **혼동 행렬**confusion matrix이라 알려진 표에 실제 클래스 및 예측된 클래스를 정리하는 것이다. 행은 예측된 클래스를, 열은 실제 클래스를 나타낸다. 예시로 모델은 컨디션을 가진 4명의 환자를 컨디션이 존재한다고 예측했다. 이는 상단 왼쪽 셀의 숫자 4로 나타나 있으며, 이때 컨디션이 모두 존재하는 것으로 예측되며 실제 컨디션이 존재한다. 이는 또한 **참 양성**TP, True Positive이라 알려져 있다. 전체적으로 4개의 조합이 있으며, 나머지 3개는 **거짓 양성**FP, False Positive, **거짓 음성**FN, False Negative, **참 음성**TN, True Negative이다.

FP는 또한 **제1종 오류**type I error라 알려져 있으며, FN은 **제2종 오류**type II error라 알려져 있다. 이 둘을 구별하는 것이 유용한 이유는 서로 다른 종류의 오차가 크게 다른 결과를 야기할 수 있기 때문이다. 이 예제에서 만일 목적이 환자가 추가적인 검사 및 처치가 필요한지 식별하는 것이라면, 건강한 환자가 컨디션을 갖는다고 틀리게 식별하는 것보다 컨디션을 가진 환자의 식별을 실패하는 것이 더 나쁘다고 쉽게 상상할 수 있다. 표의 숫자를 사용해 예측기가 어떻게 동작하는지에 대한 추가적인 인사이트를 얻는 데 쓸 수 있는 많은 지표를 계산할 수 있다. 표 A-2는 정확도를 포함하여 주로 사용되는 이러한 세 가지 지표를 포함하고 있다. 표에서 몇 가지 용어는 때때로 다른 이름으로 나타나기도 한다. 예를 들어, 재현율recall은 때때로 **민감도**sensitivity라고도 한다.

만일 식별하고자 하는 환자를 모델이 식별할 것이라는 점에서 얼마나 확신하는지에 관심이 있다면, 재현율이 좋은 지표가 된다. 예제에서 이 지표가 높은 비율을 보여준다는 점이 중요하다. 마찬가지로 정확도가 낮으면 이는 우리가 많은 거짓 양성을 식별하고 있음을 보여주며, 추가적인 검사 및 더 정확한 테스트 결과를 얻을 때까지 심각한 컨디션을 갖는다고 걱정하기 시작하는 환자의 정신적인 고통 모두에 있어 추가적인 비

표 A-1 가상적인 예측기의 혼동 행렬

		실제 클래스	
		컨디션이 존재	컨디션이 존재하지 않음
예측된 클래스	컨디션이 존재	4 TP	5 FP
	컨디션이 존재하지 않음	1 FN	90 TN

표 A-2 혼동 행렬로부터 계산한 공통적인 지표 세 가지

지표	공식	설명
정확도	$\dfrac{TP+TN}{P+N} = \dfrac{4+90}{5+95} = 94\%$	모든 예측이 올바르게 예측됐는지의 비율
재현율	$\dfrac{TP}{TP+FN} = \dfrac{4}{4+1} = 80\%$	예측기가 식별한 참인 결과의 비율
정밀도	$\dfrac{TP}{TP+FP} = \dfrac{4}{4+5} = 44\%$	참으로 예측한 결과 중 실제 참인 비율

용이 있을 것임을 뜻한다.

이 예시는 정확도 대신 다른 지표를 고려함으로써 모델의 강점 및 약점에 대한 추가적인 인사이트를 얻을 수 있음을 보여준다. 그러나 여러 모델의 혼동 행렬이 있다 하더라도, 어떤 모델을 고를지가 항상 명백한 것은 아니다. 추가적인 인사이트를 제공할 수 있는 한 가지 기법으로는 **수신자 조작 특성**ROC, Receiver Operating Characteristic 공간에 각 모델을 그리는 것이다. 이는 2차원 그림으로 x축에 거짓 양성 그리고 y축에 참 양성을 갖는다. 그림 A-11은 5개의 모델을 위한 이러한 그림을 보여주며, 각각은 그림에서 단일 데이터 지점으로 나타나 있다.

데이터 지점은 다음과 같다.

1. 거짓 양성률이 0.05이고 참 양성률이 0.8인 우리 예제에서 설명한 모델

2. 컨디션을 갖는 다섯 환자 모두를 식별하지만 20개의 거짓 양성을 갖는 더욱 민감한 모델로, 거짓 양성률은 0.21이며 참 양성률은 1이다.

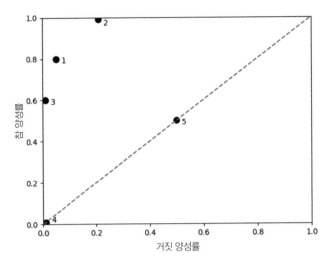

그림 A-11 수신자 조작 특성 공간 내 그려진 5개의 모델

3. 컨디션이 있는 5명의 환자 중 오직 3명만을 식별하지만 오직 하나의 거짓 양성을 갖는 덜 민감한 모델로, 거짓 양성률은 0.01이며 참 양성률은 0.6이다.

4. 언제나 '컨디션 없음'이라 예측하는 모델로, 거짓 양성률은 0이며 참 양성률은 0이다.

5. 거짓 양성률이 0.5이고 참 양성률이 0.5인 동전 던지기

이러한 거짓/참 양성률을 어떻게 얻는지 아직 명확하지 않다면, 혼동 행렬을 그리고 지표를 계산해 확인해보기를 권한다.

그림을 보면 단순한 모델(언제나 참이라 예측, 그리고 무작위 모델)의 데이터 지점이 대각에 위치하며 더 나은 모델들은 대각의 상단에 있음을 볼 수 있다. 이러한 관점에서 만일 데이터 지점이 대각의 아래에 있게 된다면, 이는 나쁜 모델이라고 먼저 생각할 수 있다. 왜냐하면 무작위로 골랐을 때의 결과보다 성능이 나쁘기 때문이다. 이는 올바른 관찰이지만, 우리가 이진 분류로 작업하고 있으므로 단순히 모델의 예측을 반대로 함으로써 승산보다 지속적으로 나쁜 모델을 좋은 모델로 쉽게 바꿀 수 있다. 즉, 나쁜 모델의 지표를 재계산하며 올바른 예측을 거짓으로 그리고 틀린 예측을 참으로 해석한다면

그림의 대각 위에 존재하는 데이터 지점을 얻게 될 것이다.

임계치처럼 연속적인 값으로 된 매개변수에 근거한 모델에서, 그 매개변수의 값이 다르면 ROC 공간에서 지점이 달라질 것이다. 이 다른 지점들을 매개변수가 변할 때마다 그린다면, 이는 **ROC 곡선**^{ROC curve}이라 알려진 무언가가 된다. ROC 곡선은 거짓 양성 및 참 양성 사이의 적절한 균형이 되는 매개변수를 선택하는 데 쓸 수 있다.

마지막으로, 거짓 양성률과 참 양성률 사이의 상반관계를 생각하지 않으면서 모델을 평가할 때 단일한 점수가 있으면 좋을 때가 있다. 이러한 경우 F_1 점수가 좋은 후보다.

$$F_1 \text{ 점수} = \frac{2TP}{2TP + FP + FN} = \frac{2*4}{2*4+5+1} = 0.57$$

점수가 높으면 좋은 모델에 해당한다. 이 방정식에서의 숫자는 표 A-1의 혼동 행렬에 해당한다. 예측기가 모든 것을 올바르게 예측했다면, F_1 점수는 1이 될 것이다.

이제 각 문제에서 어떤 지표가 적절한지 조심스럽게 고려하는 것이 얼마나 중요한지 분명해졌을 것이다. 이 절에서 설명한 지표는 고려할 다른 대안들의 좋은 시작점 역할을 한다.

부록 B

물체 탐지와 세분화

부록 B는 8장 '더 깊은 CNN 및 사전 훈련된 모델' 다음에 이어지는 내용이다.

7장 '이미지 분류에 적용된 합성곱 신경망'과 8장의 자세한 합성곱 신경망 설명은 물체 탐지에 집중했다. 목표는 이미지가 여러 클래스 중에서 무엇을 나타내는지 결정하는 것이었다. 이는 세계를 꽤 단순화하여 바라본다. 이미지에는 각기 다른 클래스에 속하는 여러 물체가 있는 경우가 많으며, 이로 인해 과제가 더욱 복잡해진다. 이러한 과제 세 가지로는 물체 탐지, 의미 세분화, 인스턴스 세분화가 있는데 그림 B-1에 나타나 있다. 물체 탐지는 이미지 내 개별 물체의 위치(경계 상자를 그려서)와 형태의 식별을 수반한다. 즉, 국소화 및 분류 문제의 조합이다. 의미 세분화는 이미지 내 각 픽셀이 어떤 종류의 물체에 해당하는지 식별하는 것을 수반한다. 인스턴스 세분화도 비슷하지만, 과제가 탐지된 각각의 물체 인스턴스를 위한 이미지 픽셀을 식별하는 것이라는 점에서 더욱 상세하다.

다음 몇 개 절에서는 물체 탐지, 의미 세분화, 인스턴스 세분화 방법을 설명한다. 이전 장처럼 자세히 들어가지 않고, 이러한 기법이 어떻게 동작하는지에 관한 큰 그림을 제공하는 것을 목표로 직관적인 설명을 제공하는 데 집중한다.

그림 B-1 왼쪽: 물체 탐지 — 물체를 탐지하고, 그 주위에 경계 상자를 그리고, 이들을 분류한다. 가운데: 의미 세분화 — 특정 물체에 해당하는 픽셀 모두를 식별한다. 오른쪽: 인스턴스 세분화 — 각 물체의 개별 인스턴스의 픽셀을 식별한다. 이미지는 부록 B의 끝에서 설명하는 Mask R-CNN 구현을 사용해 만들었다. 알고리듬은 또한 배경을 '식탁'으로 감지했지만, 우리는 이미지를 덜 어수선하게 만들기 위해 수동으로 숨겼다.

물체 탐지

우리는 이미지를 분류해 이미지 내 가장 가능성 있는 물체 타입을 얻는 방법을 이미 알고 있다. 이는 다수의 합성곱 층 다음 몇몇 완전 연결 층, 마지막으로 각 클래스의 확률을 제공하는 소프트맥스 층으로 해낸다. 또한 선형 출력 유닛을 사용해 수치를 예측할수 있다는 사실도 알고 있으며, 이는 **회귀 문제**regression problem라 알려져 있다. 이것이 바로 경계 상자를 예측할 때 하려는 것이다. 변형으로 상단 왼쪽 구석의 두 좌표(x, y) 그리고 너비와 높이 두 매개변수(w, h) 이렇게 4개의 값을 예측하기를 원한다.

그림 B-2는 이미지 특성 추출을 위한 합성곱 층, 그다음 몇몇 완전 연결 층으로 시작하는 단순한 네트워크 아키텍처를 보여준다. 그 후 네트워크는 2개의 자식 브랜치(헤드head 로도 알려져 있음)로 나뉜다. 하나는 1개 이상의 완전 연결 층 및 마지막 소프트맥스 출력 함수로 된 분류 브랜치다. 다른 브랜치는 경계 상자 매개변수를 예측하는 회귀 문제를 푼다. 이는 또한 완전 연결 층으로부터 구축되지만, 출력이 실수여야 하므로 출력 유닛은 활성 함수가 없는 선형 유닛이어야 한다. 5장 'DL을 향해: 프레임워크 및 네트워크 미조정'에서 설명했듯이 ReLU가 은닉 층을 위한 적절한 활성 함수다.

그림 B-2의 네트워크가 주어졌다면, 탐지 문제를 위한 단순한 해법을 어렵지 않게 상상해볼 수 있다. 우리는 작은 이미지를 입력으로 기대하는 네트워크를 디자인할 수 있

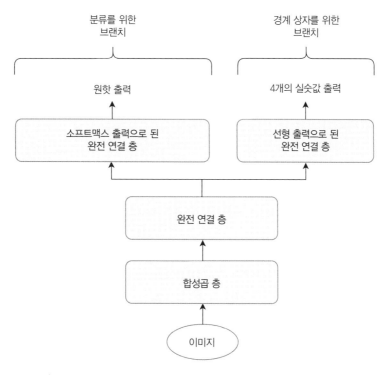

그림 B-2 물체 분류 및 해당 경계 상자의 매개변수를 예측할 수 있는 네트워크

다. 이 분류 네트워크를 클래스 하나가 '물체 없음'(예: 배경)을 나타내는 훈련 예제로 훈련시킬 수 있다. 경계 상자 브랜치는 물체 주변 경계 상자를 위한 좌표를 출력하도록 훈련시킨다. 이것이 되면, 이 네트워크를 더 큰 이미지의 각기 다른 영역에 반복적으로 적용한다(예를 들어, 슬라이딩 윈도 접근법을 사용해 네트워크가 물체를 포함한다고 분류하는 영역을 찾음). 이러한 단순한 구현은 연산적으로 비싸다. 왜냐하면 이미지 하나를 많은 횟수로 값매김하기 때문이며, 영역 크기가 고정되어 있다는 점 또한 제약적이다.

놀랍지 않게도 AlexNet이 분류에서 보여준 성공은 금방 비슷한 기법을 물체 탐지에 사용하려는 시도로 이어졌다. 이는 8장에서 설명한 분류에서의 발전과 병행하여 탐지에서의 빠른 발전을 야기했다. 특히 초기 기법을 더욱 정확하고 효율적이 되도록 점차 개선하는 일련의 논문이 흥미롭다. 이러한 일련의 논문은 **영역 기반 CNN**region-based CNN

(Girshick et al., 2014)으로 시작됐으며, 이 다음으로 **Fast R-CNN**(Girshick, 2015)이라 알려진 더 빠른 버전이 나왔다. 다음 몇 개 절은 이러한 발전의 개요를 보여주는 한편 세부 사항은 생략한다. 포함된 일부 세부 사항은 설명의 이해를 돕기 위한 것일 뿐, 더 최근의 기법에서 유의미한 것은 아니다. 그런 경우에는 이를 지적해 여러분이 너무 시간을 낭비하지 않게 할 것이다.

R-CNN

영역 기반 CNN^R-CNN, Region-based CNN 기법은 딥러닝과 다른 더욱 전통적인 컴퓨터 비전 기법의 조합으로 되어 있다. R-CNN 알고리듬의 모든 단계는 그림 B-3에 나타나 있다.

이는 이전에 개요를 설명했던 슬라이딩 윈도 접근법을 사용하는 대신에, 몇 개의 기존 컴퓨터 비전 기법 중 하나를 사용해 제안된 영역을 식별하며 시작한다. 나중에 더욱 개선된 모델 버전(Faster R-CNN)이 DL 기반 기법으로 대신 자리를 차지하므로 이 기법을 자세히 설명하지 않는다. R-CNN이 어떻게 되는지를 이해하는 목적에서, 다양한 크기의 대략 2,000개의 직사각형 모양 영역을 식별하는 전처리 단계가 이미지에 적용된다고 가정한다. 이러한 영역은 물체를 갖는 후보가 되지만, 많은 거짓 양성 또한 존재할 수도 있을 것이다.

R-CNN에서 다음 단계는 제안된 각 영역에 CNN 기반 분류 네트워크를 실행하는 것이며, 초기의 단순한 접근법의 네트워크와 같이 이 네트워크 또한 물체를 포함하지 않는

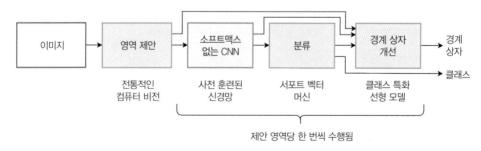

그림 B-3 R-CNN 파이프라인. 단계 중 오직 하나만이 딥러닝에 기반한다.

영역을 분류할 수 있다. R-CNN은 분류에 AlexNet 아키텍처의 변형을 사용한다. 네트워크는 먼저 ImageNet에서 사전 훈련된다. 즉, R-CNN은 전이 학습을 활용한다. 다음으로 원래와 같이 전체 네트워크를 사용하는 대신에 마지막 층(소프트맥스)이 제거되며, 따라서 네트워크의 출력은 4,096개 요소의 벡터다. 이 4,096차원 특성 벡터는 분류 단계 및 경계 상자 개선 단계(곧 설명함) 모두에서 입력으로 쓰인다.

논문을 읽어보면, R-CNN은 분류에서 소프트맥스 층 대신에 서포트 벡터 머신^{SVM}(부록 A에서 논의함)을 사용함을 알 수 있다. 이는 전통적인 머신러닝^{ML}의 이진 분류 기법이다. SVM은 4,096차원 특성 벡터를 입력으로 사용한다. 모든 현실적인 목적을 위해 분류가 마지막의 소프트맥스 층을 통해 이뤄지는 것을 여전히 상상할 수 있겠지만, 정확도는 약간 다를 것이다. 다뤄야 할 세부 사항 한 가지는 제안된 직사각형 영역은 임의적인 크기 및 형상비로 되어 있다는 점이다. R-CNN에서 이 문제는 먼저 원본 제안 영역이 물체를 잘라내는 위험을 줄이기 위해 약간의 패딩을 추가한 뒤, 이미지 영역을 예상 입력 크기로 왜곡시켜(크기 및 형상비를 바꿈) 해결한다. 나중에 Fast R-CNN은 다른 접근법을 사용함을 볼 것이다.

> 마지막 층에서 SVM 대 소프트맥스를 사용하는 주제는 다양한 맥락에서 연구가 이뤄져 왔다(Agarap, 2018; Lenc and Vedaldi, 2015; Liu, Ye, and Sun, 2018; Tang, 2013). 지금은 커뮤니티에서 소프트맥스가 기본 선택으로 정착된 것으로 보이지만, SVM의 사용 또한 물론 염두에 둘 만한 대안이다.

2,000개 영역은 많아 보일 수도 있다. 그러나 이는 슬라이딩 윈도의 것보다 훨씬 적다. 많은 영역이 여전히 겹칠 것이므로, 알고리듬은 다음 단계에서 겹치는지 분석을 하고 두 영역이 정말로 다른 물체를 분류하는지 본다. 이러한 겹침 분석은 DL을 사용하지 않고 임계치와 비교를 하는 IoU$^{Intersection\ over\ Union}$라 알려진 지표를 사용한다.

이제 알고리듬이 다수의 물체를 탐지하고 분류했으므로, R-CNN의 마지막 단계로 탐지된 각 물체의 경계 상자를 개선한다. 즉, 여기서의 생각은 본래의 제안 영역이 단순한 알고리듬으로부터 만들어졌으며 높은 정확도를 갖는다고 기대하지 않는다는 것이다. 이제 더 적은 수의 물체가 식별됐으므로, 더 정확한 예측기가 더 나은 경계 상자를 내놓을 수 있다. R-CNN에서 이는 클래스 특화 선형 회귀 모델을 사용해 수행한다. 즉, K개 클래스가 있으면, 알고리듬은 K개 선형 회귀 모델을 훈련시킨다. R-CNN이 나중에 물체를 탐지하고 분류할 때 해당 선형 회귀 모델을 사용해 주어진 물체의 경계 상자를 개선한다. 선형 회귀 모델은 원본 제안 영역의 좌표 및 네트워크로부터 추출된 4,096개 특성을 입력으로 사용한다. 그러므로 이 모델은 경계 상자를 만들고자 하는 물체의 복잡한 정보에 접근한다. 이러한 경계 상자 개선이 어떻게 이뤄지는지에 관한 자세한 설명은 생략하며, 이후의 모델은 선형 회귀 모델 대신에 완전히 신경망에 기반한 기법을 사용함을 주지하라.

FAST R-CNN

R-CNN의 주요한 성능적 병목은 2,000개의 제안 영역 각각이 합성곱 네트워크를 통한 포워드 패스가 된다는 점이다. 이 문제를 다루는 일이 Fast R-CNN을 만든 후속 작업에 크게 기여한 것 중 하나다. 다른 변화로는 AlexNet 대신에 VGGNet-16의 사용, 분류 및 경계 상자 개선을 위해 SVM 및 선형 회귀 대신에 신경망의 사용 등이 있다.

Fast R-CNN의 첫 번째 단계로 전체 이미지를 사전 훈련된 VGGNet-16 모델의 합성곱 및 맥스풀링 층을 통해 실행한다. 여기서 2개의 완전 연결 층, 소프트맥스 층뿐만 아니라 마지막 맥스풀링 층도 제거된다. 즉, 표 8-1의 VGGNet-16에서 마지막 4개 층이 제거된다. 또한 2개의 완전 연결 층이 ROI 풀링 층 다음에 다시 연결됨을 주지하라. 이는 다음 문단에 설명되어 있다. 이는 $\frac{W}{16} \times \frac{H}{16}$차원의 특성 맵이 되며, 이때 W와 H는 입력 이미지의 너비와 높이다.[1] Fast R-CNN은 R-CNN처럼 단순한 모델로부터 대략적으로 2,000개의 제안 영역을 받는 데 의존한다. 입력 이미지의 관심 있는 이러한 영역 하나가 주어지면, 특성 맵 내 해당 직사각형 영역으로의 매핑을 쉽게 찾을 수 있다. 이제 이러한 특성을 분류 네트워크의 입력으로 사용할 수 있다. 이것이 Fast R-CNN이 R-CNN보다 빠른 주된 이유다. 각 제안 영역을 모든 합성곱 층을 통해 포워드 패스를

---

1 온전히 합성곱 층 및 풀링 층으로 된 네트워크는 약간의 패딩이 주어진다면 어떠한 차원의 이미지든지 입력으로 받을 수 있다. 분모(16)는 각각 차원을 두 배만큼 줄이는 5개의 풀링 층을 갖는 네트워크로부터 유래한다.

하는 대신에, 전체 이미지를 한 번 포워드 패스한다. 전체 이미지는 각 제안 영역보다 크지만, 이는 2,000배 크지는 않다. 왜냐하면 많은 제안이 겹치는 영역을 가짐에 따라 속도가 상당히 빨라지기 때문이다.

모델은 이미지를 고정된 차원으로 왜곡시키는 대신에, ROI^{Region Of Interest} 풀링 층을 사용한다. 이 층은 특성 맵에 적용되며 맥스풀링을 사용해 특성 맵의 ROI를 크기 7×7의 특성 맵으로 변환한다. 이는 모델로부터 제거한 완전 연결 층의 입력 크기와 같다. 그러므로 ROI 풀링 층의 출력을 사전 훈련된 완전 연결 층에 연결할 수 있다. 그림 B-4는 ROI 풀링 층이 임의의 크기 영역을 고정된 크기로 변환하는 방법을 보여준다.

그림은 어떻게 4×8 영역이 2×2 영역으로 변환되는지 보여주고 있지만 실제로는 Fast R-CNN에서 목표 크기가 7×7이다. 그림은 오직 채널 하나만을 보여주지만 실제 특성 맵은 512개 채널로 되어 있다. 앞서 언급했듯이 ROI 풀링 층의 출력은 2개의 완전 연결 층으로 공급된다. 이 2개의 완전 연결 층의 출력은 4,096차원의 특성 벡터로 2개의 개별적인 **형제**^{sibling} 네트워크로 공급된다.

네트워크 중 하나는 영역을 많은 물체 형태 중 하나로 아니면 물체가 아닌 것(배경)으로 분류하는 책임을 진다. 이 네트워크는 단순히 완전 연결 층이며, 그다음으로 영역을 K개의 다른 물체 중 하나를 포함하거나 아니면 물체가 전혀 없는 영역으로 분류하는 $K + 1$개 출력의 소프트맥스 층이 온다. 두 번째 네트워크는 형제와 나란히 동작을 하며 더욱 정확한 경계 상자를 예측하는 책임을 진다. 이 네트워크 또한 완전 연결 네트

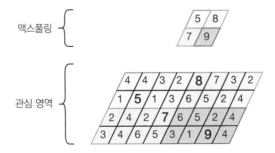

그림 B-4 맥스풀링을 사용해 임의 크기의 관심 있는 영역을 고정된 차원으로 변환하는 방법

워크이지만 4개 출력의 *K*개 집합으로 되어 있으며, 이는 *K*개의 각기 다른 경계 상자를 위한 4개의 좌표를 나타낸다. 즉, 고려해야 할 4개 출력의 집합은 네트워크가 탐지한 물체가 어떠한 형태인지에 의존한다. 전체 아키텍처는 그림 B-5가 보여준다.

한 가지 주의할 점은 이 좌표는 픽셀의 절대 숫자로 구체화되지 않는다는 것이다. 대신에 네트워크의 입력이었던 제안 영역을 위한 매개변수화된 절대 숫자 측면에서 표현이 된다. 완벽함을 위해 우리의 훈련 예제가 정답 좌표의 집합 G_x, G_y, G_w, G_h를 제공한다고 해보자. G_x와 G_y는 경계 상자의 중심을, G_w와 G_h는 각각 너비와 높이를 나타낸다. 또한 이에 해당하는 제안 영역 좌표 P_x, P_y, P_w, P_h를 모델의 초기 단계로부터 갖고 있다. 이제 네트워크가 t_x, t_y, t_w, t_h를 예측하도록 가르친다. 이때 매개변수는 다

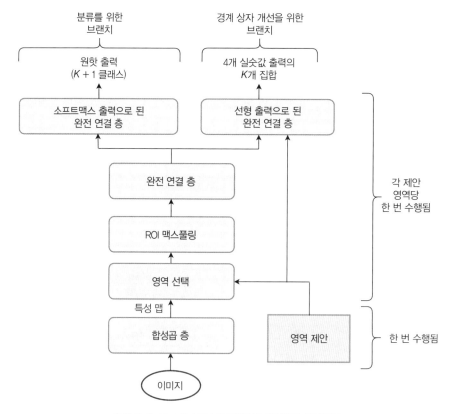

그림 B-5 Fast R-CNN 네트워크의 전반적인 아키텍처

음과 같이 정의된다.[2]

$$t_x = \frac{(G_x - P_x)}{P_w} \qquad t_y = \frac{(G_y - P_y)}{P_h} \qquad t_w = log\left(\frac{G_w}{P_w}\right) \qquad t_h = log\left(\frac{G_h}{P_h}\right)$$

R-CNN은 오직 물체 탐지 파이프라인에서 특성 추출 단계를 풀기 위해 DL을 사용했음을 주지하기 바란다. 반면에 Fast R-CNN은 분류 및 경계 상자 예측 단계를 위해 DL을 추가적으로 사용한다. 영역 제안은 여전히 더욱 전통적인 접근법을 사용해 만들어진다.

Faster R-CNN

최적화가 Fast R-CNN에 도입된 후, 영역 제안 단계가 성능의 병목으로 떠올랐다. Faster R-CNN은 이러한 병목을 미리 별도의 단계에 의존하는 대신에 자신만의 영역 제안을 제공하도록 신경망을 확장하여 다룬다. 전체 이미지를 Fast R-CNN과 같이 사전 훈련된 VGGNet-16으로부터의 합성곱 층을 통과시켜 특성 맵을 만든다. 이 특성 맵은 과거 모델의 더욱 전통적인 컴퓨터 비전 기법으로부터 만들어진 제안 영역을 만드는 영역 제안 네트워크RPN, Region Proposal Network의 입력으로 쓰인다. 이 RPN이 Faster R-CNN에서 핵심적인 공헌을 한다. 이는 성능을 잘 높이면서 전체 물체 탐지 문제의 엔드 투 엔드end-to-end DL 해법이 된다.

RPN은 $N \times N$ 특성을 입력(논문 [Shaoqing et al., 2015]에서 $N = 3$)으로 받고, 원본 이미지 내 해당 영역이 하나 이상의 물체를 포함하는지 예측한다. 그리고 포함한다면, 해당 물체를 위한 제안 영역을 제공한다. RPN을 특성 맵을 따라 슬라이딩시키면 이미지 내 모든 물체에 제안 영역을 만들어낸다. 네트워크가 임의의 출력 숫자를 갖도록 하는

---

2 우리가 왜 이러한 매개변수화가 좋은지 분명하게 아는 것은 아니지만, 이를 소개한 R-CNN 논문(Girshick et al., 2014)은 "이는 표준적인 정칙화된 최소제곱 문제로서 닫힌 형식으로 효율적으로 풀 수 있다."라고 명시하고 있다. 이러한 매개변수화는 아마도 네트워크가 해를 찾는 책임을 지는 Fast R-CNN에서도 도움이 될 것이며, 아니면 다른 매개변수화 또한 동일하게 잘될 것이다.

직관적인 방법이 존재하지 않으므로 RPN은 $N \times N$ 입력 특성의 각 집합에 K개의 제안 영역(논문에서 $K = 9$)을 제공하는 것으로 제한된다. RPN은 완전 연결 ReLU 층 하나, 그 다음 2개의 완전 연결 형제 층으로 되어 있다. 형제 층 중 하나는 K개의 출력을 제공하며, 이때 각 출력은 물체가 있는지를 가리킨다.[3] 두 번째 형제 층은 4개 출력의 K개 집합을 제공하며, 4개 출력의 각 집합은 네트워크가 있다고 간주하는 물체에 해당하는 영역의 위치를 가리킨다. 이는 Fast R-CNN에서 설명하는 분류 및 경계 상자 개선 네트워크와 비슷하지만, RPN은 다른 목적의 역할을 함을 기억하라.

이러한 RPN 설명은 완벽하지 않다. 네트워크는 영역 제안 기능이 더 잘되도록 하는 추가적인 메커니즘을 포함한다. 이 메커니즘은 **앵커 박스**^{anchor box}에 기반한다. 앵커 박스는 특정한 크기와 형상비의 직사각형으로 RPN의 현재 위치를 중심으로 갖는다. K개 제안 영역 각각이 고유한 크기 및 형상비를 갖는 앵커 박스에 기반한다. 특히 $K = 9$에서 3개의 각기 다른 크기 및 3개의 각기 다른 형상비의 조합 9개 모두에 해당하는 앵커 박스가 있다. 논문에서 크기 3개는 128^2, 256^2, 512^2이며 형상비 3개는 1:2, 1:1, 2:1 이고, 이는 (128^2, 1:2), (128^2, 1:1), (128^2, 2:1), (256^2, 1:2), (256^2, 1:1) 등의 조합이 된다. 최종 제안 영역은 특정 앵커 박스를 네트워크가 예측한 좌표와 조합해 계산한다. 예를 들어 만일 첫 번째 형제 층의 두 번째 출력이 물체가 있음을 나타내면, 다른 형제 층 출력의 두 번째 집합이 크기 128^2픽셀 및 1:1 형상비의 앵커 박스와 관계를 갖는 좌표를 예측한다. 좌표는 R-CNN에서 설명했던 경계 상자 개선과 같은 방식으로 매개변수화된다. 그림 B-6이 앵커 박스를 포함하여 RPN을 보여준다.

이제 네트워크가 특성 맵과 영역 제안 둘 다 가지며, 나머지는 Fast R-CNN과 동일함을 주지하라. 즉, 이러한 영역 제안을 사용해 특성 맵의 일부분을 식별하고 이를 ROI 맥스풀링 층에 통과시켜 고정된 크기의 특성 벡터를 만든다. 이 특성 벡터는 그 뒤 영역이 특정 클래스에 속하는지 아니면 물체가 아닌지를 분류하는 나머지 네트워크의 입력이 된다. 형제 네트워크는 추가로 제안 영역을 개선해 개선된 경계 상자가 되도록 한

---

3 원본 논문에 따르면, 물체 대 배경 모두를 위한 확률을 명시적으로 제공하기 위해 $2 \times K$개 출력을 제공한다. 또한 논문에는 K개의 출력만을 갖도록 구현하는 것이 가능하다고 명시되어 있다. 따라서 그림 B-6 네트워크의 좌측 출력은 $2 \times K$개 출력을 가질 수 있다.

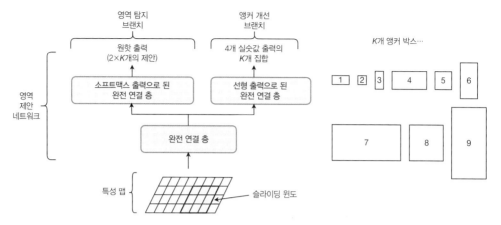

그림 B-6 왼쪽: 영역 제안 네트워크. 네트워크는 2개의 형제 브랜치로 되어 있다. 경계 상자 매개변수는 고정된 크기와 형상비의 사전 정의된 K개 앵커 박스 중 하나에 대해 예측된다. 오른쪽: 앵커 박스

다. 전체 아키텍처는 그림 B-7이 보여준다.

이전에 슬라이딩 윈도가 비효율적이라고 지적했는데도 슬라이딩 윈도를 사용하면 빠른 이유가 궁금할 수 있다.[4] 이 경우 슬라이딩 윈도 접근법이 가능한 것은 네트워크의 검색 공간 및 연산 비용이 줄어들었기 때문이다. 첫 번째로, RPN이 합성곱 층의 출력에 적용된다. 이 출력은 원본 이미지보다 해상도가 낮다. 두 번째로, RPN이 사용하는 앵커 박스 접근법은 한 번에 복수의 크기 및 형상비를 제안할 수 있으며 따라서 각 해상도 및 형상비 조합마다 한 번씩 네트워크를 값매김할 필요가 없다. 마지막으로, RPN은 매우 작은 네트워크이므로, 많은 수로 값매김하더라도 비용이 과도하게 비싸지 않다. 이는 각각의 슬라이딩 윈도 위치마다 기껏해야 9개 영역을 식별하므로, 9개의 클래스로 작동하는 분류 네트워크다. 이는 이보다 몇 배 규모로 더 많은, 전체적인 네트워크가 분류할 수 있어야 하는 많은 수의 각기 다른 물체 형태와 비교해볼 수 있다.

Faster R-CNN으로 물체 탐지 기법의 설명을 마친다. 다음 몇 개 절은 **의미 세분화**semantic segmentation라 알려진 다른 문제에 집중한다.

---

4   여기서 슬라이딩 윈도 접근법이 개념적이라는 점을 주지하기 바란다. 실제 구현에서는 통상적으로 합성곱 네트워크로 구현될 것이며, 이는 복수의 위치에 대해 같은 연산을 적용한다. 자세한 내용은 원본 논문을 참고하라.

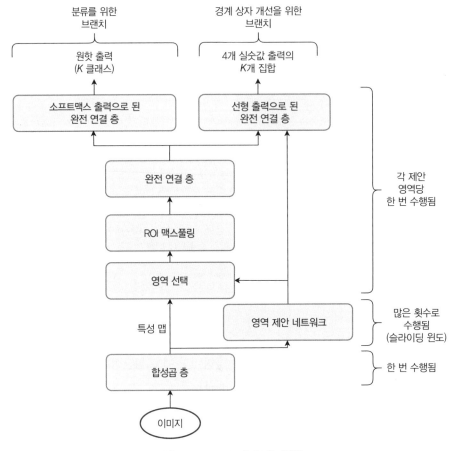

그림 B-7 Faster R-CNN 아키텍처

의미 세분화

의미 세분화 과제는 특정 형태 물체의 모든 픽셀을 같은 색으로 칠하여 이미지 내 각
픽셀을 물체 클래스로 할당하는 일을 포함한다. 예를 들어 고양이 두 마리와 개 한 마
리로 된 입력 이미지는 고양이 두 마리의 색은 노란색, 개의 픽셀은 빨간색, 배경 픽셀
은 초록색, 모든 하늘 픽셀은 파란색인 출력 이미지가 된다. 이 과제의 핵심 속성은 출
력의 너비 및 높이 차원이 입력의 너비 및 높이 차원과 같아야 한다는 점이다. 그러나
채널의 개수는 입력 및 출력에서 다르다. 입력은 통상적으로 3개의 입력 채널을 가지

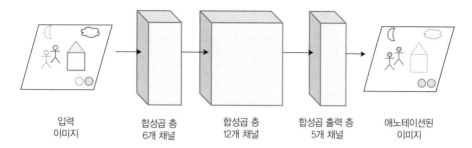

| 입력
이미지 | 합성곱 층
6개 채널 | 합성곱 층
12개 채널 | 합성곱 출력 층
5개 채널 | 애노테이션된
이미지 |

그림 B-8 의미 세분화의 단순한 아키텍처. 모든 층의 너비와 높이는 출력이 입력 이미지와 같은 해상도를 갖도록 크기가 같다. 3차원으로 된 상자는 각각 다수의 채널로 된 합성곱 층을 나타낸다.

며(RGB), 출력은 방금 설명한 예제의 경우 클래스의 개수 4개와 같은 채널을 갖는다. 그림 B-8은 이러한 속성을 만족시키는 네트워크를 만드는 단순한 시도를 보여준다.

이는 풀링 층이 전혀 없으며 각 층마다 보폭이 1인 합성곱 네트워크로 되어 있다. 채널의 수는 네트워크를 이동함에 따라 증가한다. 출력 층은 분류할 수 있기를 원하는 물체 형태의 전체 개수와 같은 채널 개수를 갖는다. 각 층의 경계에 적절하게 덧붙이기를 하면, 출력 층은 올바른 크기를 가질 것이다.

이 네트워크는 풀링 층 및 합성곱을 위한 큰 보폭이 없다. 이들이 없으면 비효율적이 되는 이유는 네트워크에서 더 깊이 있는 층이 많은 채널을 가질 뿐만 아니라 채널이 높고 넓어지기 때문이다(그림 B-8의 중간 층을 참고하라). 이는 네트워크에서 층마다 값의 전체 개수(특성)가 증가함을 뜻한다. 반면에 통상적인 CNN에서 너비와 높이는 네트워크로 깊이 들어갈수록 감소하며, 이는 특성의 전체 개수가 줄어들거나 아니면 일정하게 만든다.

의미 세분화 측면에서 더욱 전통적인 CNN(해상도가 네트워크 내에서 감소하는)을 사용할 수 있으려면, 마지막 층에서 무언가 해상도를 다시 증가시켜 마지막 층이 올바른 차원을 갖도록 해야 한다. 다음 절은 이를 어떻게 하는지 설명한다.

업샘플링 기법

이미지의 해상도를 늘리는 것은 **업샘플링**upsampling이라 알려져 있다. 이는 많은 다른 방법으로 할 수 있으며, 이 중 대부분은 DL에 특화된 것이 아니다. 먼저 **최근접 이웃 보간법**nearest neighbor interpolation과 **이중선형 보간법**bilinear interpolation이라는 가장 일반적인 기법 두 가지를 설명하며 시작한다. 그림 B-9는 3×3 이미지를 $2 \times$만큼 6×6 이미지로 업샘플링하는 시나리오를 보여준다. 그림의 가장 왼쪽 부분은 원본 3×3픽셀 이미지를 보여준다. 이로부터 오른쪽에서 원하는 6×6 출력 이미지를 보여준다. 더 오른쪽에서는 두이미지가 서로 위에 포개져 있다. 다소 직관적이지는 않지만, 업샘플링된 픽셀 하나(빨간색)는 원본 픽셀(파란색) 사이에서 등거리로 위치하지 않는다. 대신에 각 픽셀은 특정한 원본 픽셀과는 가깝고 다른 원본 픽셀과는 먼 위치에 자리를 잡게 된다. 이러한 배경하에서 최근접 이웃 보간법은 간단하게 설명할 수 있다. 업샘플링된 각 픽셀은 단순히 가장 가까운 원본 픽셀의 값을 취한다. 즉, 4개의 업샘플링된 픽셀의 각 그룹은 4개의 업샘플링된 픽셀의 중심에 위치하는 원본 픽셀과 같은 색을 취할 것이다. 결과 이미지는 36개의 픽셀로 되어 있지만, 이는 고유한 색을 절대로 9개보다 많이 갖지 않을 것이다. 이는 당연히 업샘플링된 이미지의 화소화된pixelated 모습이 된다.

화소화 문제를 해결하는 방법으로 이웃하는 픽셀의 색 사이에 보간을 한다. 이를 수행하는 방법은 많은데, 아마도 가장 일반적인 방법은 이중선형 보간법일 것이다. 이는 그림의 오른쪽 절반에서 보여준다. 밝은 빨간색 픽셀 및 4개의 파란색 주변 픽셀까지

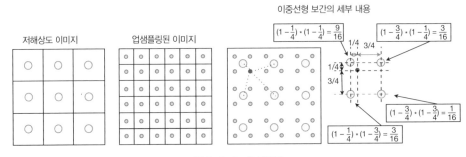

그림 B-9 $2 \times$업샘플링

의 거리를 고려해보자. 거리는 이 4개의 파란색 픽셀 간 거리의 분수로 측정한다. 가장 가까운 파란색 픽셀은 각 방향(x와 y)에서 1/4의 거리를 갖는다. 가장 먼 것은 각 방향에서 3/4의 거리다. 다른 2개는 (1/4, 3/4)와 (3/4, 1/4) 거리만큼 멀어져 있다. 이제 각 픽셀의 가중치를 계산하며, 이때 가중치는 $(1 - x_{distance}) \times (1 - y_{distance})$로 계산한다. 즉, 가장 가까운 픽셀의 가중치는 (3/4)×(3/4) = 9/16이다. 가장 먼 픽셀의 가중치는 (1/4)×(1/4) = 1/16이다. 다른 픽셀 2개의 가중치는 각각 (1/4)×(3/4) = 3/16이다. 가중치는 빨간색 픽셀과 파란색 픽셀 사이의 유클리드 거리에 비례하지 않음을 주지하라. 대신에 가중치는 차원 둘(x, y)의 각 (1 − 거리)의 곱으로 계산한다. 보간법에 대한 더 자세한 내용은 『Real-Time Rendering』(Akenine-Möller et al., 2018) 같은 컴퓨터 그래픽스 관련 교재에서 찾을 수 있다.

이중선형 보간법은 편리하게 합성곱의 형식으로 구현할 수 있는데, 그림 B-10의 왼쪽 부분이 보여준다. 먼저 픽셀에 따로 공간을 주고 각 원본 픽셀 사이에 값이 0인 더미 픽셀을 넣는 것이 요령이다. 그림은 원본 픽셀을 파란색으로, 더미 픽셀을 회색으로 보

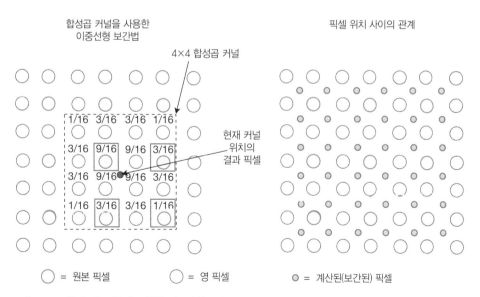

그림 B-10 합성곱을 사용해 구현한 이중선형 보간법. 현실에서 원본 이미지의 모서리에 더 많은 0 값으로 덧붙이거나 모서리 픽셀을 계산할 수 있게 해주는 기법을 필요로 한다.

여준다. 이제 4×4 합성곱 커널을 사용해 4×4픽셀의 중심에 있는 픽셀의 값을 계산한다. 커널의 모든 16개 요소의 값은 그림에서 찾을 수 있다. 합성곱 커널을 0이 아닌 값으로 된 4개의 픽셀에만 적용할 때 어째서 16개의 0이 아닌 값을 필요로 하는지 질문할 수 있다. 그 이유는 이웃하는 픽셀의 값을 계산하기 위해 커널을 움직일 때 값이 0인 픽셀의 상대적 위치가 바뀌기 때문이다.

같은 기법을 사용하면, 최근접 이웃 보간법을 구현하는 합성곱 커널을 구축할 수 있다. 이는 단순히 모든 요소의 값이 1인 2×2 커널이다.

어떻게 원본 픽셀, 더미 픽셀, 그리고 결과 보간 픽셀이 서로 연관되어 있는지 머릿속으로 시각화하는 것이 다소 혼란스러울 수 있다. 그림 B-10의 가장 오른쪽 부분은 이 모두를 같은 그림에서 보여준다.

역합성곱과 언풀링

앞의 프레임워크를 사용하면, 최근접 이웃 및 이중선형 보간법은 우리가 구현할 수 있는 합성곱 커널의 특별한 두 경우에 불과하다. 커널 내 가중치를 조심스럽게 선택하는 대신에, 이러한 가중치를 네트워크 훈련의 일부로서 학습시킬 수 있다. DL 분야에서 원본 픽셀을 값이 0인 더미 픽셀로 섞어놓고 그다음으로 합성곱 커널을 적용하는 것을 **역합성곱**deconvolution 연산이라 종종 부른다. 이 이름은 보통의 합성곱 층이 이미지를 다운샘플링하는 한편(보폭이 1보다 크다고 가정함), 방금 설명한 연산은 이미지를 업샘플링한다는 측면에 기인한다. 즉, 업샘플링 연산은 본래의 합성곱 연산을 어느 정도 반전시킨다. 그러나 역합성곱이라 부르는 다른 수학적 연산이 이미 존재한다는 점에서 이는 다소 안타까운 이름이다. 이러한 관점에서 이 용어는 맥락은 분명하지만 사용을 삼가는 것이 적절하다. 이 연산을 위한 다른 이름으로는 **전치 합성곱**transposed convolution과 **분수적 스트라이딩**fractional striding이 있다.

1보다 큰 보폭으로 합성곱 층을 사용하는 것이 합성곱 네트워크에서 이미지를 다운샘플링하는 유일한 방법이 아니다. 다른 기법으로는 픽셀의 영역을 같이 그룹화(풀링화)

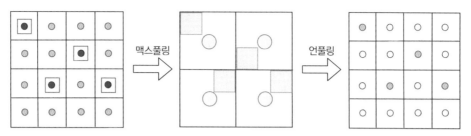

그림 B-11 맥스풀링과 언풀링

하고 최댓값 픽셀을 선택하는 맥스풀링 연산이 있다. 그림 B-11의 왼쪽 및 가운데 부분이 맥스풀링 연산을 보여준다. 4개 픽셀의 각 그룹(풀)에서, 더욱 강도가 높은 빨간색 점 및 빨간색 사각형으로 최댓값을 갖는 부분을 가리킨다. 그림의 가운데 부분은 어떻게 원본 이미지 내 4개 픽셀의 각 그룹이 맥스풀링 후 이미지 내 단일 픽셀이 되는지 보여준다. 초록색 사각형은 최댓값을 갖는 원본 픽셀의 위치를 보여준다.

합성곱을 원상태로 돌리기 위해 역합성곱을 사용할 수 있는 것과 같이 맥스풀링은 **언풀링**unpooling이라 알려진 연산으로 취소할 수 있는데, 그림 B-11의 오른쪽 부분이 보여준다. 언풀링은 픽셀을 따로 떨어뜨리고 값이 0인 더미 픽셀을 집어넣는다는 점에서 이중선형 보간법이나 역합성곱의 첫 번째 단계와 비슷하다. 그러나 이는 더미 픽셀을 균일하게 배치하는 대신에, 앞선 맥스풀링 연산으로부터의 정보를 활용한다. 그림은 언풀링 연산이 0이 아닌 픽셀을 맥스풀링 연산 전 본래 최댓값이 있는 곳에 해당하는 위치에 배치하는 방법을 보여준다. 현실에서 언풀링 연산은 통상적으로 맥스풀링 연산 다음에 바로 오지 않지만, 이 둘 사이에 흩어져 있는 다른 연산들이 존재한다.

역합성곱과 합성곱 사이의 관계

역합성곱 연산과 수학적 역합성곱 연산 사이의 혼란스런 이름에 더해서, 우리는 역합성곱 층이 합성곱 층과 어떻게 연관되어 있느냐는 측면에서 일부 혼란이 있다는 인상을 받았다. 역합성곱 층은 처음 자일러Zeiler와 동료들(2010)이 먼저 소개했다. 후속 작업에서(Zeiler and Furgus, 2014; Zeiler, Taylor, and Fergus, 2011) 저자들은 또한 언풀링 연산을 소개하고 이 둘을 조합하는 네트워크를 구축했다. 이는 이전의 합성곱 및 맥스풀링 층의 효과를 반전시킨다는 맥락 내에 있었다. 이들은 언풀링 및 역합성곱을 사용해 이미지 네트워크 내 특성을 픽셀 공간으로 매핑했다. 즉, 합성곱/역합성곱과 맥스풀링/언풀링 사이에는 일대일 대응이 존재한다. 그러나 자일러와 동료들은 역합성곱 층의 가중치를 별도로 훈련시키지는 않았다. 대신에 그들은 합성곱 층의 가중치를 재사용했는데, 왜냐하면 단순히 연산을 반전시키기를 원했기 때문이다. 각 가중치가 적절한 픽셀에 영향을 미치게 하려면, 합성곱 커널을 나타내는 행렬이 전치돼야 한다. 이것이 **전치 합성곱**transposed convolution이라는 대안적인, 그리고 아마도 더 나은 이름의 근거다. 역합성곱 층의 가중치가 별도로 학습되는 경우 행렬의 전치는 고려할 필요가 없다. 행렬의 초기 가중치는 어쨌든 무작위 값으로 초기화되므로 이를 어떻게 정렬하는지는 상관이 없다.

언풀링과 역합성곱의 조합은 혼란의 근원이 된다. 우리는 역합성곱을, 먼저 픽셀을 분리한 뒤 합성곱을 전치된 커널로 적용하는 업샘플링 연산으로 설명했었다. 언풀링과 역합성곱을 조합할 경우 무슨 일이 벌어지는지 질문할 수 있다. 언풀링 연산은 픽셀을 분리시키므로, 역합성곱 층이 이들을 추가로 분리하게 하는 것은 통상적으로 선호하는 일이 아니다. 이는 역합성곱 층에 보폭을 1로 사용하면 피할 수 있다. 보폭 매개변수는 입력을 얼마만큼 따로 떨어뜨리는지를 통제하며, 우리는 암묵적으로 예제에서 2의 보폭을 가정했었다. 보폭을 1로 두면, 보폭이 1인 합성곱 층에서와 같이 출력 크기와 입력 크기가 같아진다.

이는 맥스풀링이 뒤따라오는 합성곱을 다루는 방법과 비슷하다. 통상적으로 보폭이 1인 합성곱과 맥스풀링의 조합을 사용하거나 아니면 1보다 큰 보폭을 사용하고 단순히 맥스풀링 층을 생략한다. 전자의 경우 맥스풀링 층은 다운샘플링을 하고, 후자는 다운샘플링이 합성곱에 녹아 들어간다. 이는 그림 B-12에 나타나 있다.

이는 역합성곱 층을 다룰 때 혼동의 큰 원인이라고 생각하는 부분으로 우리를 끌고 간다. 역합성곱 층은 먼저 입력을 따로 떨어뜨리고 그 뒤 보통의 합성곱을 수행하지만 이

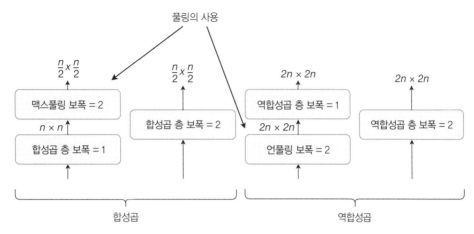

풀링의 사용

$\frac{n}{2} \times \frac{n}{2}$

맥스풀링 보폭 = 2

$n \times n$

합성곱 층 보폭 = 1

$\frac{n}{2} \times \frac{n}{2}$

합성곱 층 보폭 = 2

$2n \times 2n$

역합성곱 층 보폭 = 1

$2n \times 2n$

언풀링 보폭 = 2

$2n \times 2n$

역합성곱 층 보폭 = 2

합성곱

역합성곱

그림 B-12 합성곱/풀링과 언풀링/역합성곱. 합성곱과 역합성곱 둘 다 보폭을 1로 사용하면 입력의 차원을 바꾸지 않는다. 합성곱/풀링은 다운샘플링을, 언풀링/역합성곱은 업샘플링을 한다.

를 가중치 행렬의 전치된 버전으로 한다. 보폭이 1인 경우 입력은 따로 떨어지지 않는다. 게다가 만일 가중치가 학습되면(보통의 사용 사례), 전치 연산은 실제적인 중요성을 갖지 않는다. 즉, 역합성곱 층은 합성곱 층과 동등해진다! 언풀링 층 다음 보폭이 1인 역합성곱을 사용하는 구현이 여전히 일반적이지만, 이는 아마도 전체 네트워크가 업샘플링임을 분명히 하기 위해서일 것이다.

보폭 1 및 학습된 가중치로 역합성곱 층을 사용하는 것은 합성곱을 구현하는 매우 합성곱적인 방식으로 보인다.

체크보드 아티팩트 피하기

역합성곱 접근법의 한 가지 문제는 체크보드 아티팩트(Odena, Dumoulin, and Olah, 2016)의 결과가 보여준다. 이는 언풀링과 보폭이 1인 역합성곱을 사용하거나 아니면 언풀링을 건너뛰고 역합성곱에서 더 큰 보폭을 갖든지 간에 자주 나타난다. 합성곱을 사용해 이중선형 보간법을 구현했던 예제로 돌아가면, 이는 완벽하게 놀라운 일은 아니다. 우리는 수많은 영 숫자를 매우 규칙적인 패턴으로 갖는 입력 이미지에 합성곱을 적용하고 있다. 이중선형 보간법의 경우, 이러한 입력 패턴의 지식을 바탕으로 가중치를 조심스럽게 선택했다. 이와 같이 하지 않았다면, 당연히 입력 내 영 숫자로 된 격자가 출력에서 비슷한 패턴을 야기할 수 있다. 기술적으로 합성곱 커널은 이중선형 보간법을 학습하는 자율성을 갖지만, 왜 이것이 네트워크를 그리도 힘들게 만드는 것일까? 단순히 최근접 이웃이나 이중선형 보간법을 먼저 적용하고 그다음 합성곱이 오는 편이 더 낫지 않을까? 오데나Odena와 동료들은 이 문제를 연구한 뒤 최근접 이웃 보간법을 사용하고 그다음 보통의 합성곱이 오면 가장 좋은 결과를 내놓았다고 결론 내렸다.

이러한 개념에는 여러 변형이 존재한다. 합성곱 커널은 이중선형 보간법을 하도록 초기화되고 그 뒤 훈련 과정을 통해 조정될 수 있다(Long, Shelhamer, and Darrell, 2017). 이는 여전히 이전 맥스풀링 단계로부터의 정보를 활용하도록 언풀링을 먼저 하는 것과 조합할 수 있다(Badrinarayanan, Kendall, and Cipolla, 2017).

실제로 많은 애플리케이션에서 단순히 최근접 이웃이나 이중선형 보간법을 사용해 이미지를 업샘플링하고 그다음 일반적인 합성곱을 하면 구현하기 쉽고 좋은 결과를 내놓는다. 이러한 예시는 커뮤니티가 단순히 문제를 과도하게 복잡하게 만든 경우로 보인다.

많은 애플리케이션에서 최근접 이웃이나 이중선형 보간법을 사용하는 업샘플링 다음에 오는 합성곱 층이 좋은 결과를 내놓았다. 우리는 또한 이는 전치 합성곱(역합성곱) 층보다 이해하기가 쉽다고 생각한다.

이제 업샘플링을 어떻게 하는지 알고 있으므로, 의미 세분화를 위한 네트워크의 중간에서 더 낮은 해상도 층을 사용할 수 있는 더욱 발전된 네트워크를 설명할 준비가 됐다. 역합성곱 네트워크(Noh, Hong, and Han, 2015)와 U-Net(Ronneberger, Fischer, and Brox, 2015)을 설명할 텐데, 이 두 가지 모두 방금 설명한 것들의 논리적 확장이다. 두 네트워크 모두 완전 합성곱 네트워크FCN, Fully Convolutional Network의 예로, 오직 합성곱, 다운샘플링, 업샘플링 층만을 갖는다는 특징이 있다. 이들 모두 이전에 FCN을 의미 세분화에 사용하는 것을 제안한 롱Long, 셔해머Shelhamer, 대럴Darrell(2017)의 작업으로부터 만들어졌다.

역합성곱 네트워크

방금 설명한 업샘플링 기법이 주어졌을 때, 노^{Noh}, 홍^{Hong}, 한^{Han}(2015)이 제안한 역합성곱 네트워크는 직관적으로 이해할 수 있다. 이는 앞에서 개요를 설명한 단순 의미 세분화 네트워크의 확장이다. 차이점은 네트워크의 깊은 층의 차원을 일정하게 두는 대신에 이들이 줄어들도록 풀링 층을 사용하는 것이다. 이 다음에 언풀링과 역합성곱 층이 오며 출력 층의 너비와 높이가 입력 이미지와 같은 차원을 갖도록 한다.

네트워크의 첫 번째 부분은 VGGNet-16 네트워크이지만 마지막 소프트맥스 층이 없다. 여러분이 기억한다면 VGGNet-16은 2개의 완전 연결 층 및 소프트맥스 층으로 끝난다. 2개의 완전 연결 층이 소프트맥스 층처럼 버려지지 않는다는 점이 이상할 수도 있다. 완전 연결 층으로 된 네트워크가 어떻게 완전 합성곱 네트워크가 될 수 있을까? 롱, 셔해머, 대릴(2017)이 지적했듯이 4,096개 뉴런으로 된 완전 연결 층은 너비 = 1, 높이 = 1, 4,096개 채널로 된 합성곱 층으로 볼 수 있다는 것이 대답이다. 네트워크의 나머지 부분은 합성곱 및 맥스풀링 층을 미러링한다. 언풀링 층은 맥스풀링 층을 대체하며, 보폭이 1인 역합성곱 층은 합성곱 층을 대체한다(그림 B-13).

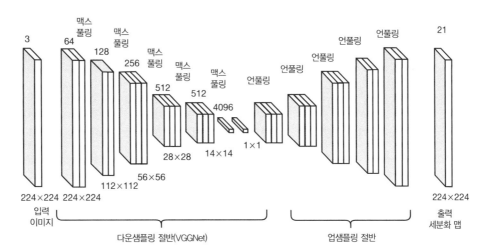

그림 B-13 의미 세분화를 위한 역합성곱 네트워크. 각 슬라이스 그룹은 VGGNet 기본 토대를 나타내며, 각 슬라이스는 합성곱 층을 나타낸다. 각 층의 채널 개수는 상단에 명시되어 있으며 VGGNet-16에서 쓰이는 것과 들어맞는다. 차원 축소는 2×2 맥스풀링(텍스트로 표시되어 있지만 그림에 명시적으로 표시되어 있지는 않음)을 사용해 수행한다. 네트워크의 업샘플링 절반은 다운샘플링 절반을 미러링하는 언풀링과 역합성곱을 사용한다.

네트워크의 입력은 224×224×3 RGB 이미지다. 네트워크의 출력은 224×224×21 차원의 세분화 맵이다. 입력 이미지의 224×224픽셀 각각은 세분화 맵 내의 해당하는 21개 요소 벡터를 갖는다. 이 벡터는 픽셀이 20개의 다른 물체 형태 중 하나에 해당하는지 아니면 어떠한 물체에도 해당하지 않는지를 가리킨다.

U-Net

그림 B-13의 역합성곱 네트워크를 보면, 네트워크가 어떻게 픽셀 데이터를 가장 좁은 부분의 데이터(4,096개 값)를 사용해 입력 해상도(50,000+ 픽셀)로 재창조할 수 있는지 마치 마법 같아 보인다. 앞 절에서 이러한 저차원의 중간적인 표현을 사용하는 것이 효율성을 위해서라고 정당화했다. 당연하게도 네트워크의 역합성곱 부분이 더 많은 데이터에 접근하면 의미 세분화 결과가 개선되는 것으로 밝혀진다. 특히 만일 이것이 저차원의 중간 표현 및 네트워크 입력과 가까운 곳으로부터 유래하는 고차원 표현 모두를 볼 수 있으면 도움이 된다. 로네버거Ronneberger, 피셔Fischer, 브롱스Brox(2015)가 바로 이를 하는 U-Net을 소개했다.

> JPEG 압축을 어느 정도 알고 있다면, 네트워크의 가장 얕은 부분이 오직 4,096개 값만으로 되어 있다는 점이 마법처럼 보이지는 않겠지만, 지금은 이를 무시하고 이 절의 극적인 소개를 망치지 않도록 하자.

네트워크 업샘플링의 절반에서, 각 업샘플링 단계마다 출력은 호환되는 해상도로 이전 층(네트워크의 다운샘플링 절반)의 출력과 연결된다. 그러므로 네트워크는 입력과 비슷한 자세한 픽셀 데이터 및 네트워크 내 깊게 위치하는 더욱 거친 계층적 표현을 활용할 수 있다. 이는 그림 B-14가 보여준다.

네트워크의 업샘플링 절반을 보면, 흰색 블록은 네트워크의 다운샘플링 부분으로부터 복사된 합성곱 층의 출력을 나타낸다. 빨간색 블록은 바로 이전 층의 출력을 업샘플링하는 합성곱 층을 나타낸다. 흰색과 빨간색 블록은 이제 연결되어 다음 합성곱 층의 입력으로 쓰인다(그림의 파란색 블록). 그림은 입력 이미지와 출력 세분화 맵을 생략

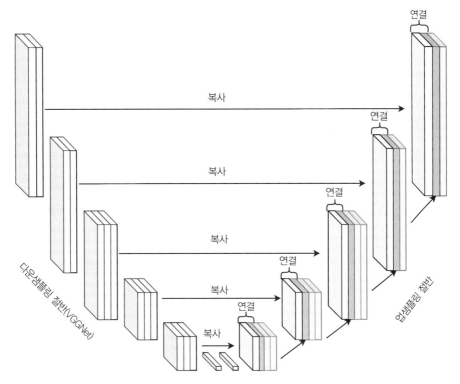

연결

복사

연결

복사

연결

복사

연결

복사

연결

복사

다운샘플링 절반(VGGNet)

업샘플링 절반

그림 B-14 U-Net 이름 자체가 설명해주지만, 실제로 네트워크는 앞서 보여준 역합성곱 네트워크와 동일한 수평적 모래시계 모양을 갖는다. U-Net에서 다른 점은 다운샘플링의 층으로부터의 출력을 네트워크의 업샘플링 부분으로 복사하고 이를 업샘플링된 층과 연결한다는 것이다.

하고 있다.

이제 의미 세분화의 다른 네트워크들을 설명했으므로, 관련된 주제인 인스턴스 세분화로 넘어간다.

Mask R-CNN으로 하는 인스턴스 세분화

의미 세분화 문제에서 특정 물체 형태의 모든 인스턴스는 출력 이미지에서 같은 색을 가졌다. 관련된 문제로는 **인스턴스 세분화**instance segmentation가 있다. 이는 인스턴스의 형태가 같더라도 다른 인스턴스에 다른 색을 할당한다. 즉, 이미지 내 고양이 두 마리는 출력 이미지에서 다른 색을 갖는다.

이 문제는 물체 탐지와 의미 세분화를 혼합한다. 모델은 개별 물체를 식별해야 하며 그 뒤 각 물체와 연관된 픽셀을 식별한다. 이 문제는 이미 물체의 국소화 문제를 다뤘던 Faster R-CNN 위에 구축해 해결한다. Mask R-CNN은 Faster R-CNN을 확장하는 모델로, 이 또한 인스턴스 세분화 과제를 구현한다(He et al., 2017). 이를 가능케 하는 주요 요인은 분류 브랜치 그리고 경계 상자 개선 브랜치와 병렬로 동작하는 네트워크의 세 번째 브랜치다. 이 세 번째 브랜치는 특성 맵을 입력으로 사용하고 이를 업샘플링한다. 브랜치의 출력은 인식된 물체에 해당하는 픽셀을 식별하는 픽셀 마스크다. 이를 생각해보면, 특성 맵에 업샘플링 브랜치를 추가할 경우 이전에 설명한 역합성곱 네트워크와 비슷한 무언가가 된다. 즉, 이 출력 층은 각 제안 영역에 의미 세분화를 제공할 것이며 이는 인스턴스 세분화를 하기 위한 모든 정보가 있음을 뜻한다. 분류 브랜치는 우리에게 제안 영역에 물체가 있는지 말해주며, 만일 그렇다면 그 물체가 어떤 클래스에 속하는지 말해준다. 세분화 브랜치는 각 물체 클래스마다 어떤 픽셀이 각 클래스에 속하는지 가리키는 채널 하나를 제공한다. 이제 단순히 분류 브랜치의 출력을 사용해 세분화 브랜치로부터의 어떤 채널에 관심이 있는지 선택한다. 이 채널은 탐지한 물체와 연관된 픽셀을 나타낸다. 원한다면 경계 상자 브랜치도 사용할 수 있으므로 물체 근처에 경계 상자를 그릴 수 있다. 전체 아키텍처는 그림 B-15에 나타나 있다.

Mask R-CNN의 설명을 마치기 위해, 헤[He]와 동료는 세분화 브랜치에 더해서 **ROI 정렬 층**[ROI align layer]을 도입해 ROI 맥스풀링 층을 대체했음을 언급한다. ROI 정렬 층은 단지 맥스풀링 연산을 사용하는 대신에 값 사이에 어떠한 보간법을 포함시킨다. 이는 공간적 관계를 더 잘 유지하게 해주며, 세분화 브랜치가 강조해야 할 정확한 픽셀을 더 잘 식별할 수 있게 해준다.

또 다른 언급할 점은 논문에서 마지막 마스크 해상도가 28×28픽셀로 제한되어 있다는 것이다(He et al., 2017). 이 크기를 넘어서는 물체의 경우, 마스크가 훈련 전에 더 작

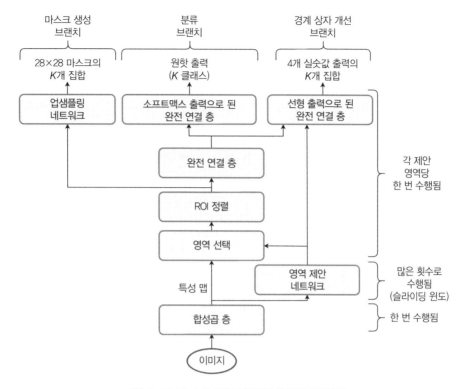

그림 B-15 Mask R-CNN 네트워크의 전체 아키텍처

게 스케일링된다. 추론 동안 예측된 경계 상자가 더 크다면, 네트워크가 예측한 마스크는 경계 상자의 크기로 업스케일링돼야 한다. 우리는 그들이 이러한 디자인을 선택한 이유가 연산적 요구를 줄이거나 아니면 이와 같이 하여 필요한 훈련 반복 횟수를 줄였기 때문이라고 추측한다.

마지막으로 R-CNN, Fast R-CNN, Faster R-CNN, Mask R-CNN의 모든 그림은 '합성곱 층'이라고 다소 대충 명시된, 또한 이러한 네트워크의 중추라고 알려진 블록을 포함한다. 탐지 및 세분화 네트워크는 우리가 합성곱 네트워크 아키텍처에서 빠른 진전을 봐오는 동안 수년에 걸쳐 발전해왔다. 이러한 진전은 탐지 및 세분화 영역으로 넘어갔으며, 시간에 따라 네트워크의 중추는 더욱 복잡해졌다. R-CNN은 AlexNet에 기반하는 한편, Fast 및 Faster R-CNN은 VGGNet을 사용한다. Mask R-CNN은 ResNet 및 몇 가지 다른 깊이로 된 ResNeXt(Xie et al., 2017) 그리고 린^{Lin}, 돌^{Doll}과 동료들(2017)이 제안한 특성 피라미드 네트워크 같은 여러 중추를 사용해 평가돼왔다.

부록 B의 프로그래밍 예제를 제공하는 대신에, 여러분이 다운로드 가능한 구현을 시도해보기를 권한다. 부록의 처음에 있는 세분화 예제 그림은 Mask R-CNN의 텐서플로 구현으로 만들어졌다(Mask R-CNN for Object Detection and Segmentation, 2019). 데모 애플리케이션을 다운로드하고, 설치하고, 사전 훈련된 네트워크를 사용해 여러분만의 이미지로 인스턴스 세분화를 시도하는 데 15분도 걸리지 않는다.

이로써 물체 탐지, 의미 세분화 및 인스턴스 세분화에 대한 설명을 마친다. 이제 이미지 분류에서 인간의 능력을 넘어선다 하더라도 DL이 모든 것을 할 수 있다는 뜻은 아니라는 점이 더욱 분명해질 것이다. 해결해야 할 더욱 복잡한 과제가 많이 존재한다.

word2vec과 GloVe 너머의 단어 임베딩

부록 C는 13장 'word2vec과 GloVe로부터의 단어 임베딩' 다음에 이어지는 내용이다.

13장에서 논의한 단어 임베딩에는 일부 한계가 있으며, 이는 최신 임베딩 체계에서 다룬다. 구체적으로 우리가 논의한 임베딩은 어휘 밖 단어를 다룰 방법이 없으며, 새로운 단어가 이미 알고 있는 단어의 약간의 변형이라 하더라도 그렇다. 예를 들어 'dog'라는 단어가 훈련 데이터에 포함되어 있지만, 복수형인 'dogs'는 그렇지 않아 해당하는 임베딩이 없는 경우를 고려해보자. 이 경우를 다룰 수 있는 임베딩 체계가 있다면 유용할 것이다.

다른 한계로는 특정 단어에 해당하는 임베딩은 오직 하나만이 존재하며, 그 단어가 다른 맥락에서 다른 의미를 갖는다 하더라도 그렇다는 점이다. 예를 들어, 문장 'Can I have a can of soda?'의 단어 'can'을 고려해보자. 처음에는 조동사로 등장하며 두 번째는 명사다. 만일 같은 단어의 이 두 인스턴스가 2개의 다른 임베딩이 된다면 유용할 것이다.

부록 C에서는 이러한 한계를 다루는 다른 체계를 설명한다. 시작으로 **단어조각**^{wordpieces}과 FastText를 설명한다. 이 방법들 모두 단어가 더 작은 유닛(하위 단어^{subwords})으로 나뉠 수 있다는 점을 활용하지만, 여전히 개별 문자보다는 더 큰 단위로 동작한다. 이 두 체계는 다른 문맥에서의 다른 의미 문제가 아닌 어휘 밖 문제만을 다룬다. 그런 다음 또한 어휘 밖 문제만을 다루는, 단일 문자에서 동작하는 방법을 설명한다. 그러나 문자 기반 방법은 ELMo^{Embeddings from Language Models}라 알려진 더욱 발전된 체계의 기본 토대로도 쓰인다. 이는 어휘 밖 단어 및 문맥 의존 임베딩 모두를 다룬다.

단어조각

이 방법은 그 자체로 임베딩 체계는 아니며 단순히 전체 단어 대신 하위 단어로 되어 있는 어휘를 만든다. 이러한 하위 단어를 위한 임베딩을 학습하기 위해서는 어떠한 적절한 방법이든지 사용할 수 있다. 여기에는 임베딩을 그것이 쓰이는 애플리케이션과 공동으로 학습하는 것이 포함된다. 이 기법은 본래 일본어와 한국어에서의 음성 검색 시스템을 위해 개발됐으며(Schuster and Nakajima, 2012), 또한 프로덕션에서 쓰이는 자연어 번역에서도 쓰였다(Wu et al., 2016). 또한 부록 D에서 설명하는 BERT라 알려진 모델에서도 쓰인다.

단어조각은 다음과 같은 방법으로 만들어진다. 초기 어휘는 훈련 말뭉치에서 발견된 개별 문자로 되어 있다. 우^{Wu}와 동료들(2016)은 서양 언어에서 대략 500개의 문자 수로 제한해 어휘를 희귀한 문자로 오염시키는 것을 피하고자 했다. 나머지 문자는 특별한 어휘 밖 기호로 대체된다. 어휘는 단순한 언어 모델(신경망 기반이 아닌)을 구축하는 데 쓰인다. 다음 단계는 2개의 기존 기호를 조합해 새로운 기호를 어휘에 추가한다. 즉, 극초반에 두 문자를 새로운 2문자 기호로 조합하고 이는 어휘에 추가된다. 기존 기호에서 모든 가능한 조합을 추가하면 적절하지 않을 것이 분명하다. 왜냐하면 이 중 일부는 흔하지 않거나, 심지어 훈련 말뭉치에 존재하지 않는 문자 시퀀스가 되기 때문이다. 이는 특히 각 기호가 더 많은 문자로 되어 있을 때, 과정의 후반에서 더욱 그러하다. 대신에 후보 기호는 기호가 어휘에 추가되면 언어 모델이 얼마나 잘 움직일지를 근거로 선택된다. 즉, K^2의 후보 기호(어휘에 K개의 기존 기호가 있다고 가정함)를 만들고, K^2 언어 모델을 평가하고, 가장 좋은 언어 모델이 되는 기호를 고른다. 이 과정은 사용자가 정의한 개수의 기호가 어휘에 추가될 때까지 반복된다. 이러한 기호는 이제 나중에 단어 임베딩을 만들 때 쓰이는 단어조각이 된다.

이를 더 엄밀하게 하기 위해, 작은 예시를 따라 해보자. 매우 제한적인 알파벳 'e', 'i', 'n', 'o'에 기반한 훈련 말뭉치를 가정해보자. 어휘는 단지 이 4개의 기호로 시작된다. 어휘에 추가할 다음 기호를 식별하기 위해, 16개의 조합 'ee', 'ii', 'nn', 'oo', 'ei', 'en', 'eo', 'ie', 'in', 'io' 등을 모두 만들어낸다. 이제 이 16개의 기호 중에서 어휘에 추가되면 가장 좋은 언어 모델이 되는 것이 무엇인지 식별하기를 원한다. 즉, 기호 {e, i, n, o, ee}로 되어 있는 어휘로 언어 모델 하나를 만든다. 이는 기호 {e, i, n, o, ii}를 대신 사용하는 언어 모델과 비교한다. 16개의 모델 모두가 평가되면, 가장 좋은 언어 모델이 되는 것을 고르고, 이는 우리 예제에서 {e, i, n, o, no}가 된다. 이제 이 과정을 반복하며, 이번에는 25개의 가능한 조합이 있다. 어휘는 각 반복마다 새로운 기호로 점차적으로 커진다.

{e, i, n, o, no}

{e, i, n, o, no, in}

{e, i, n, o, no, in, on}

{e, i, n, o, no, in, on, one}

{e, i, n, o, no, in, on, one, ni}

{e, i, n, o, no, in, on, one, ni, ne}

{e, i, n, o, no, in, on, one, ni, ne, nine}

결과 어휘는 모든 개별 문자 및 다양한 크기의 n그램으로 되어 있을 것이다. 우^{Wu}와 동료들(2016)은 8K에서 32K 사이의 어휘가 그들의 자연어 번역 과제에서 좋은 결과를 만들어냈다고 밝혔다. 우리는 단순한 구현을 설명했다. 실제로는 연산 복잡도를 줄이기 위한 구현 최적화가 되어 있다.

이제 이 어휘들을 사용해 입력 문장을 단어조각으로 쪼갤 수 있다. 단어가 단어조각 어휘에 존재한다면 이는 변하지 않은 채로 남아 있으며, 아니면 이는 단어조각 어휘 내 단어를 사용해 둘 이상의 조각으로 쪼개진다. 예를 들어 우리 예제에서의 결과 어휘는 단어 'none'을 포함하지 않으므로, 이는 두 단어조각 'n'과 'one'을 붙여 구성될 것이다. 어휘가 개별 문자를 포함하므로, 어휘 내 존재하는 조각을 조합해 언제나 어떤 단어든지 구성할 수 있다.

단어로 시작하는 단어조각은 특별한 문자가 앞에 덧붙여진다(예: 밑줄underscore). 이는 원본 텍스트가 단어조각으로 쪼개지면 원본 텍스트를 애매모호하지 않게 다시 만들 수 있도록 해준다. 원본 논문(Schuster and Nakajima, 2012)에서는 단어조각이 단어로 끝나면 특수기호가 추가됐지만, 후속 논문(Wu et al., 2016)에서 단순화됐다. 우리의 작은 예시에서 넘어가서 논문의 다음 예시를 보자.

단어: Jet makers feud over seat width with big orders at stake

단어조각: _J et _makers _fe ud _over _seat _width _with _big _orders _at _stake

이 예제에서는 단어 'Jet'과 'feud'가 어휘에 포함되어 있지 않으며 따라서 두 조각으로 쪼개졌음을 볼 수 있다. 'Jet'에서 이는 '_J'와 'et'가 됐으며, 'J' 앞의 밑줄 기호는 이것이 단어의 시작임을 알려준다. 이제 어떠한 적절한 방법이든지 사용해 단어조각을 어휘로 사용하는 단어 임베딩을 학습할 수 있다.

FastText

FastText(Bojanowski et al., 2017)는 word2vec의 연속적인 스킵그램 모델을 직접적으로 확장한다. 이는 어휘 밖 단어를 다룰 수 있는 단어 임베딩을 만들려는 의도를 갖고 있다. 13장에서 설명했듯이 연속적인 스킵그램 모델의 훈련 목적은 단어가 주어졌을 때 문장에서 그 단어를 둘러싸는 단어의 예측이다. 이는 단어를 둘러싸는 단어에는 1을, 그리고 일부 다른 무작위로 선택한 단어(**부정적인 샘플**negative sample이라 알려진)에는 0을 출력하는 이진 분류기를 훈련시켜 해낸다.

FastText는 입력 단어의 표현을 수정해 내부 구조의 일부를 포함하게 한다. 입력 데이터셋에서 각 단어마다 모델은 각 단어에 더해서 또한 그 단어의 모든 문자 n그램을 구성한다. 이전에 n개의 연속적인 단어로 된 n그램을 본 적이 있지만, 같은 개념을 단어 내 문자에도 적용할 수 있다. 이 부록의 나머지에서는 n그램이 단어가 아닌 n개의 연속적인 문자를 가리킴을 주지하라. FastText는 스스로를 n이 3보다 크거나 같으며 6보다 작거나 같은 n그램으로 제한한다. 단어 내 처음 n그램은 시작 기호 <가 앞에 덧붙여지며 단어 내 마지막 n그램은 끝 기호 >가 덧붙여진다. 보야노프스키와 동료들의 논문(2017) 예제에서 단어 'where'은 다음의 n그램이 된다.

<wh, whe, her, ere, re>, <where>

예제는 크기가 3인 n그램만을 보여주고 있으므로, 실제로 더 많은 n그램이 존재한다. 보다시피 본래 단어 자체에 시작 및 끝 기호 또한 추가되어 있다. 이는 단어 전체와 동일한 n그램은 별도의 단어로 취급될 것임을 뜻한다. 예를 들어 n그램 'her'는 전체 단어 〈her〉와 다르게 취급될 것이다.

FastText 모델에서 각 단어 및 모든 n그램은 해당하는 벡터를 갖는다. 특정 단어의 임베딩은 단어와 그 n그램 모두의 벡터를 평균해 구성한다. 훈련 목적의 관점에서, 이는 주어진 단어로부터 주위에 있는 단어의 예측뿐만 아니라 주어진 단어의 내부적인 n그램으로부터 주위에 있는 단어를 예측하는 모델을 훈련시키는 것이 된다.

FastText를 사용할 때, 어휘 밖 단어는 단순히 단어의 n그램의 평균을 통해 표현된다. 어휘 밖 단어가 기존 단어를 약간 변형한 것일 경우 어떻게 기존 단어의 벡터와 비슷한 벡터가 되는지 어렵지 않게 상상할 수 있다. FastText 임베딩은 다수의 언어를 위해 만들어져 있으며 온라인에서 다운받을 수 있다.

문자 기반 방법

모델을 훈련시키기 전에 단어를 하위 단어로 쪼개는 대신에 어휘 밖 단어를 다루는 다른 접근법으로는 단순히 단어 대신 문자로 작업하는 것이 있다. 우리가 단어 임베딩에 대해 이야기하고 있으므로 이는 이상하게 보일 수도 있지만, 단어나 하위 단어를 입력으로 사용하는 대신에 문자를 사용하는 단어 임베딩을 출력하는 모델을 구축할 수 있다. 이러한 모델은 이 절에서 설명한다. 이러한 모델의 또 다른 중요한 점은 이것이 컨텍스트 의존 단어 임베딩을 만드는 데 쓰이는 다른 모델의 기본이 된다는 점이다. 다음 절에서 이러한 후속 모델을 설명한다.

11장 'LSTM과 빔 검색으로 하는 텍스트 자동완성'과 12장 '신경 언어 모델과 단어 임베딩'에서 문자 및 단어에서 동작하는 자연어 모델의 예시를 봤다. 우리 코드 예제에서는 순환 네트워크에 기반했었다. 이러한 모델은 예측된 출력 기호가 다음 시간단계에서 네트워크에 입력으로 다시 공급된다는 점에서 자기회귀적이었다. 김^{Kim} 등(2016)은 비슷하지만 하이브리드 접근법을 사용하는 언어 모델을 설명한다. 이는 문자를 입력으로 사용하지만 단어를 출력으로 예측한다. 게다가 이는 1차원 합성곱 네트워크 다음 하이웨이 네트워크$^{highway\ network}$를 통과하는 문자 임베딩을 사용한다는 점에서 더욱 복잡하다. 이는 순환 층에 다시 공급되는 단어 임베딩을 만들어낸다. 먼저 문자에서 동작하여 단어 임베딩을 만드는 이러한 초기 층을 설명하며 시작한다.

이러한 단어 임베딩 체계에서 전반적인 아이디어는 단어가 포함하는 n그램을 통해 특징화될 수 있다는 것이다. 이 체계가 무엇을 하는지에 대한 인사이트를 얻기 위해 각 항목이 단어에 특정 n그램이 있는지 가리키는 벡터가 있다고 상상해보자. n그램이 있으면 항목은 1으로 두며 n그램이 없으면 0이다. 즉, n그램 단어주머니를 만든다. 이 벡터는 이제 임베딩으로 쓰일 수 있다. 단어 하나의 다른 변형인 두 단어(예를 들어 단수형과 복수형)는 비슷한 임베딩을 얻을 것이며, 오직 접미사의 n그램만이 다를 것이다. 그림 C-1이 단어 'supercalifragilisticexpialidocious'의 일부 예제를 보여준다. 이는 유명한 아동 영화인 〈메리 포핀스〉(Sherman and Sherman, 1963)의 노래 제목이다. 매우 특정한 훈련 말뭉치를 쓰지 않았다면 어휘에서 단어 전체를 찾기 힘들 것이다. 그러나 기본 토대(n그램)의 많은 것이 다른 텍스트에서 공통적으로 나타난다.

그림은 어떻게 이 단어 및 두 변형 'subcalifragilisticexpialidocious'와 'supercalirobusticexpialidocious'의 연속적인 문자를 통해 많은 n그램으로부터 n그램 주머니를 만들

입력 단어	super	sub	cali	fragi	robust	expia	doc	spoon	ful	sug
super cali fragilistic expiali docious	1	0	1	1	0	1	1	0	0	0
sub cali fragilistic expiali docious	0	1	1	1	0	1	1	0	0	0
super cali robustic expiali docious	1	0	1	0	1	1	1	0	0	0

(n그램 문자주머니)

그림 C-1 단어 'supercalifragilisticexpialidocious' 및 단어의 변형 두 가지에서의 n그램 일부에 기반한 n그램 주머니

수 있는지 보여준다. n그램은 이 예제에서 동작이 잘되도록 선택했다. 또한 모두 알려지지 않은 n그램이 입력 단어에서 나타날 것임을 보여주기 위해 단어에서 전혀 나타나지 않는 3개의 전혀 관련이 없는 n그램을 포함시켰다(그림의 가장 오른쪽). 이 예시는 이 연관된 단어 3개가 어떻게 단어 벡터가 서로 비슷하면서도 관련이 없는 단어와는 달라지는지 보여준다.

> 우리는 '완전히 무관한 n그램'의 경우 어조가 다소 강하다고 인식하고 있다.

이 절에서 논의하는 문자 기반 임베딩은 이 체계와 비슷하지만 중요하게 다른 점이 두 가지 있다. 첫째, 어떤 n그램을 찾을지 결정하는 대신에 모델로부터 n그램이 학습된다. 둘째, n그램이 존재하는지 여부를 나타내는 이진수를 사용하는 대신에 벡터 내의 항목이 실숫값이다. 값의 크기는 현재 단어의 n그램이 얼마나 목표 n그램과 비슷한지에 대한 측정치다. 훈련 집합에 없었던 n그램이라 할지라도 출력에 영향을 줄 수 있는데, 이는 그림 C-2가 보여준다. 목표 n그램의 일부가 이전 그림의 것과 약간 달라서 대략적인 매칭을 보여준다. 벡터 항목은 이제 실숫값이며 목표 n그램과 단어에서 찾은

입력 단어	super	sub	calista	fragile	robust	expiate	docent	spoon	ful	sug
super cali fragilistic expiali docious	1.0	0.2	0.7	0.9	0.1	0.9	0.8	0.1	0.1	0.2
sub cali fragilistic expiali docious	0.3	1.0	0.7	0.9	0.1	0.9	0.8	0.05	0.1	0.1
super cali robustic expiali docious	1.0	0.2	0.7	0.1	1.0	0.9	0.8	0.1	0.05	0.2

(n그램 문자주머니)

그림 C-2 각 벡터 항목이 목표 n그램과의 유사도를 나타내는 근사적인 n그램 주머니

n그램 사이의 유사도를 나타낸다.

두 그림 모두 우리가 분석하는 단어에서 나타나는 것과 같은 순서로 n그램을 나열했지만, 실제로 n그램 주머니는 n그램 사이의 순서를 포착하지 않으므로 순서는 임의적이다. 특히 각 n그램이 그림에서 같은 색을 갖는 특정 단어 중 하나에서만 점수를 받는 경우는 없다. 점수는 단어의 모든 n그램에 기반한다. 예를 들어 n그램 'robust'를 보자. 'fragilistic'을 포함하는 단어에서 점수를 0.0 대신에 0.1을 받는 것이 이상하게 보일 수도 있다. 'fragilistic'은 'robust'와 어떠한 유사점도 없기 때문이다. 그러나 일부 공통점이 있는 다른 부분의 단어가 존재한다. 예를 들어, 'docious'는 'robust'와 같은 순서를 갖는 글자 'o', 'u', 's'를 포함한다.

근사적인 n그램 주머니는 1차원 합성곱을 사용해 구현할 수 있으며, 이는 그림 C-3에서 보여준다. 우리는 이미지에서 $K \times K$ 커널로 슬라이딩하는 2차원 합성곱(그림의 왼쪽)과 이미 익숙하다. 커널은 커널의 중심 및 주변 픽셀에서 픽셀의 가중합을 계산한다. 커널이 특성 식별자로 행동하며 그에 따라 이미지 내 특정한 특성이 존재하는지 가리키는 특성 맵을 만드는 것을 봤다. 같은 개념을 너비가 w인 글자의 모든 문자를 훑는 1차원 커널로 1차원에서 적용할 수 있다. 어떠한 지점에서든지, 커널은 커널 아래 및 주변 단어의 글자의 가중합을 직접 계산할 것이다. 너비가 w이므로 이는 w개 문자로 된 n그램을 식별할 수 있다. 합성곱은 단어에서 특정한 n그램이 존재하는지 나타내는 1차원 특성 맵이 된다.

앞의 논의에서 우리가 얼버무린 한 가지는 개별 문자가 어떻게 표현되는지다. 그림

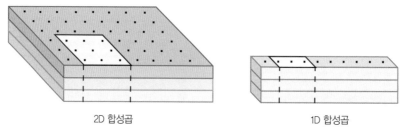

2D 합성곱   1D 합성곱

그림 C-3 2차원(왼쪽)과 1차원(오른쪽) 합성곱의 차이점

C-3에서 봤듯이 이미지 내 각 픽셀은 복수의 컬러 채널로 되어 있으므로 2차원 합성곱은 3차원에서 동작한다. 마찬가지로, 각 문자를 요소의 벡터로 인코딩하므로 1차원 합성곱은 그림에서와 같이 2차원에서 동작한다. 문자를 1차원 벡터로 인코딩하는 명백한 방법으로 원핫 인코딩을 사용하는 것이 있다. 또 다른 방법은 벡터 내 요소의 개수를 줄이는 밀집dense 문자 인코딩 학습이다. 이는 김Kim과 동료들(2016)이 사용한 방법이다.

이제 문자의 문자열로부터 단어 임베딩을 만드는 과정을 보여줄 준비가 됐다. 이 과정은 그림 C-4에서 보여준다.

단어는 j개 문자의 문자열로 되어 있다. 각 문자는 임베딩 층에서 d차원의 임베딩으로 변환된다. 이러한 문자 벡터 집합을 1차원 합성곱 층으로 입력한다. 이 논의는 단일 커널로만, 즉 그림 C-4에서 단일 수평 트랙으로 나타나는 단일 출력 채널로만 한정되어 있다. 너비 w의 커널이 단어의 모든 j개 문자에 적용되며 $j - w + 1$개 요소로 된 벡터가 된다(패딩이 쓰이지 않으므로 j가 아니다). 이 벡터는 커널에 해당하는 n그램이 발견된 위치를 가리킨다. 그러나 n그램의 위치를 아는 데는 관심이 없으며 오직 n그램이 단어에 포함되는지에만 관심이 있다. 그러므로 합성곱 층 다음으로 단일 출력으로 된 맥스풀링

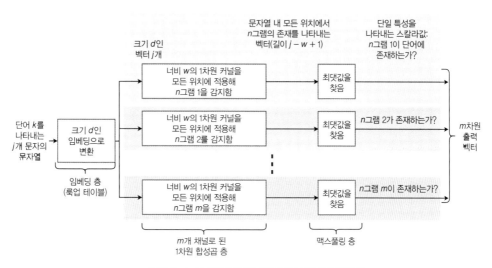

그림 C-4 문자의 문자열로부터 단어 임베딩 만들기

연산이 온다. 이는 m차원 단어 임베딩의 단일 요소를 만들어낸다. 이 과정은 그림에서 색이 다른 트랙으로 나타나 있는 각 출력 채널에 대해 한 번씩 반복된다. 각 채널은 그만의 n그램을 식별하고, 모든 채널의 결합된 출력은 문자의 문자열이 주어졌을 때 단어 임베딩을 구성한다. 이는 훈련 데이터셋에서 존재하지 않는 단어라 할지라도 이를 위한 단어 임베딩이 구성됨을 뜻한다.

이러한 임베딩의 약점은 임베딩이 포착할 수도 있는 단어 사이의 유사도가 스펠링에서의 유사도뿐이라는 점이다. 김과 동료들(2016)은 이러한 단점을 다수준 네트워크를 통해 임베딩을 지나가도록 하여 최종 임베딩을 만들어냄으로써 다뤘다. 이러한 추가적인 네트워크가 n그램 사이의 상호작용을 포착할 수 있다는 생각에서다. 한 가지 발견점은 일반적인 완전 연결 피드포워드 네트워크는 일을 아주 잘하지 못했지만, 하이웨이 네트워크는 잘했다는 것이다. 10장 '장단기 메모리'에서 설명했듯이 하이웨이 네트워크는 훈련 가능한 게이트를 통해 통제하는 스킵 연결로 된 피드포워드 네트워크다. 전체 네트워크는 그림 C-5에 나타나 있다.

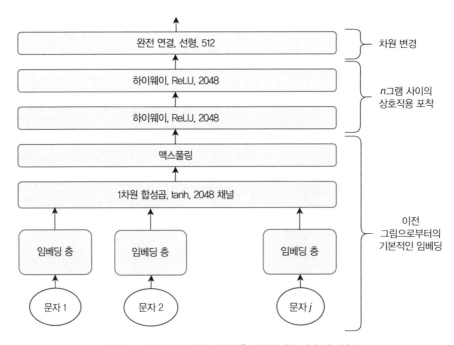

그림 C-5 문자 기반 단어 임베딩을 만들어내는 전체 네트워크

김과 동료들은 이러한 문자 기반 단어 임베딩을 장단기 메모리[LSTM] 셀을 사용하는 단일 순환 층 다음으로 오는 다음 단어를 예측하는 소프트맥스 층에 기반한 언어 모델의 입력으로 사용했다. 그림 C-5의 차원들은 저자들이 사용한 것과 약간 다르며, 또한 네트워크의 끝에 추가적인 프로젝션[projection] 층이 존재한다(활성 함수가 없는 완전 연결). 이는 다음 절에서 설명하는 ELMo 임베딩의 기본이 되는 네트워크와 매칭이 된다.

ELMo

ELMo라 알려진 언어 모델로부터의 임베딩(Peters et al., 2018)은 이전 절의 문자 기반 임베딩을 사용하는 언어 모델에 기반한다. 이 언어 모델은 조제포워츠[Jozefowicz]와 동료들(2016)이 먼저 연구했으며 2개의 양방향 LSTM 기반 순환 층을 사용한다. 이 연구는 여러 다른 층 설정 및 크기를 비교했다. 우리는 피터스[Peters]와 동료들(2018)이 나중에 ELMo 임베딩을 위해 사용했던 특정 설정에 집중한다. 이러한 임베딩의 주요 속성은 이들이 맥락 독립적이라는 점이다. 즉, 단어 하나는 단어가 쓰인 맥락에 따라 다른 임베딩을 가질 수 있다. 이는 우리가 공부한 다른 임베딩과 ELMo가 다른 유일한 점이 아니다. 사전 훈련된 임베딩을 그대로 사용하는 대신에, 이러한 임베딩은 최종 애플리케이션을 통해 튜닝되는 목적으로 하는 특정 매개변수를 갖는다.

단어 임베딩이 맥락 독립이 되도록 만들려면, 단어의 임베딩은 단어 그 자체만으로부터 찾기를 통해 가져올 수는 없음이 분명하다. 대신에 주변 단어(맥락) 또한 필요하다. ELMo는 이 문제를 양방향 언어 모델을 사용해 임베딩을 생성해 해결한다. 우리는 언어 모델이 이전 단어가 주어졌을 때 다음 단어를 예측하는 방법을 보여주는 예제를 이미 봤다. 양방향 언어 모델은 예측하고자 하는 단어의 앞선 그리고 후속 단어 모두에 접근한다.

여기서 주요 관찰사항은 언어 모델에 공급된 임베딩이 맥락 독립적이지만 언어 모델의 은닉 층 및 출력 층은 주변 단어에 대한 누적된 정보를 포함한다는 것이다. 특히 양방향 언어 모델에서 이러한 표현은 역사적 단어 및 미래 단어 모두에, 즉 전체 맥락에 의

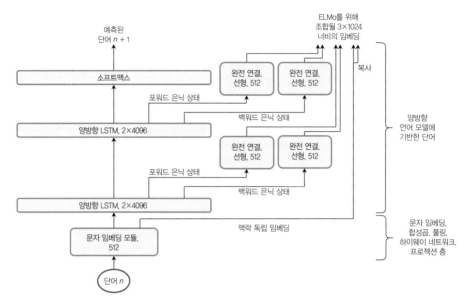

그림 C-6 ELMo 임베딩 생성을 위한 양방향 언어 모델

해 영향을 받을 것이다. ELMo가 사용한 언어 모델은 그림 C-6이 보여준다.

하단부터 시작하면, 첫 번째 모듈은 앞 절에서 설명한 문자 기반 단어 임베딩 체계를 사용하는 맥락 독립 단어 임베딩을 만들어낸다. 이 모듈은 문자 임베딩 층, 1차원 합성곱, 맥스풀링, 하이웨이 네트워크, 프로젝션 층으로 되어 있다. 1차원 합성곱은 서로 다른 크기의 2,048 커널(이는 2,048개 n그램을 찾을 수 있음)을 사용하지만, 프로젝션 층은 단어 임베딩 층을 512개로 줄인다. 이 모두 그림에서 '문자 임베딩 모듈'이라 표기한 것 안에 있다.

양방향 언어 모델은 각각 양방향에서 4,096개의 유닛을 갖는 2개의 양방향 LSTM 층을 기반으로 한다. 출력 층은 소프트맥스 층으로 시퀀스에서 없는 단어를 예측한다. 이러한 예측은 모델을 훈련시킬 때 중요하지만, 맥락 독립 단어 임베딩을 만들기 위해 모델을 사용할 때 예측은 버릴 수 있다.

각 LSTM 층의 은닉 상태는 차원을 4,096에서 512로 줄이는 프로젝션 층을 통해 공급된다. 각 LSTM이 양방향이므로, 각 층은 연결 후에 1,024(2×512)개 항목의 벡터가 된다. 입력 층은 오직 512개의 항목으로 되어 있지만, 이를 그 자신의 복사본과 연결하고, 이는 그림의 오른쪽 상단과 같이 1,024개 항목의 3개 집합이 된다.

ELMo 임베딩은 우리가 임베딩을 원하는 텍스트를 언어 모델을 통해 실행하고, 각 단어가 모델에 공급되고, 이 벡터 3개를 기록해 만들어진다. ELMo 임베딩은 이러한 벡터 3개의 가중합인 단일 벡터를 계산해 구성된다. 사용하는 가중치는 애플리케이션에 따라 다르며 최종 사용자 모델에 의해 학습된다. 이는 그림 C-7이 보여준다.

그림은 언어 모델을 단어 'can', 'i', 'have', 'a', 'can'을 입력으로 하여 시간으로 전개해 보여준다. 처음과 마지막 단어(초록색) 모두 'can'이지만 의미가 다름을 주지하라. 언어 모델은 각 시간단계마다 3개의 벡터($E1$, $E2$, $E3$)를 출력하며, ELMo 임베딩은 벡터 3개의 가중합이다. 단어 'can'의 인스턴스 2개에 대해 $E1$은 같을 것이다. 왜냐하면 이는 맥락에서 독립적이기 때문이다. $E2$와 $E3$는 주변 단어에 의존하며, 두 단어의 결과 EMLo 임베딩은 그렇게 함으로써 달라진다(두 번째 인스턴스는 빨간색으로 가리킴). ELMo 임베딩은 단독으로 쓰일 수 있지만, 피터스와 동료들(2018)은 이들을 또 다른 맥락 독립 임베딩 체계과 조합하면 이점이 있음을 보였다. 그림 C-7은 어떻게 사전 훈련된 GloVe 벡

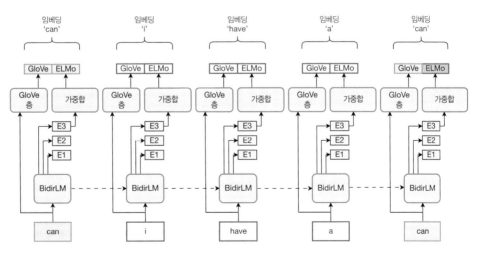

그림 C-7 ELMo 임베딩을 다른 어떠한 맥락 독립 임베딩과 붙여 맥락 독립 임베딩을 구성하는 과정

터를 맥락 독립 체계로 사용해 이를 수행할 수 있는지 보여준다.

앞서 언급했듯이 벡터 3개를 조합하는 데 쓰이는 가중치는 ELMo 벡터를 사용하는 모델의 훈련과 함께 훈련된다. 3개의 가중치(s_1, s_2, s_3)는 소프트맥스로 정규화되므로 이들을 더하면 1이다. 추가로 최종 벡터에 적용되는 단일 스케일링 인자(γ)가 학습된다. 즉, 특정 과제의 EMLo 임베딩은 다음으로 주어진다.

$$ELMo^{task} = \gamma^{task}\left(s_1^{task}E1 + s_2^{task}E2 + s_3^{task}E3\right), \quad \text{이때 } s_1 + s_2 + s_3 = 1$$

관련 작업

김과 동료들(2016)이 소개한 문자 기반 임베딩을 설명할 때, 어떻게 합성곱과 맥스풀링 연산이 근사적인 n그램 문자 주머니(아니면 간단히 n그램 주머니)가 되는지 언급했다. 12장에서 n그램 주머니의 주요한 변형 두 가지가 있다고 설명했다. 이들은 각 n그램(이진값 요소)의 존재 여부 혹은 각 n그램의 개수, 둘 중 하나를 나타낼 수 있다. 비에팅 Wieting과 동료들(2016)은 그들의 CHARAGRAM 임베딩 작업에서 후자를 사용했다. 이들은 합성곱을 사용하는 대신에 n그램 주머니를 명시적으로 생성하고 이 결과 벡터를 ReLU 활성 함수를 사용하는 단일 완전 연결 층의 입력으로 사용했다.

아티와라쿤Athiwaratkun, 윌슨Wilson, 아난드쿠마르Anandkumar(2018)는 FastText와 비슷하지만 복수의 단어 의미와 불확실한 정보를 포착하는 능력이 있는 임베딩 체계를 소개했다. 이는 체계가 드물거나 스펠링이 틀린, 아니면 본 적 없는 단어조차도 다룰 수 있게 해줬다. 이들은 해당 체계를 **확률적 FastText**Probabilistic FastText라 이름 붙였다.

ELMo는 맥락 독립 임베딩을 위한 유일하게 존재하는 체계가 아니다. 이는 맥락화된 단어 벡터contextualized word vector, 짧게는 CoVe(McCann et al., 2017)의 작업을 기반으로 한다. 그 작업에서 저자들은 맥락 독립 임베딩을 언어 모델 대신 기계 번역 모델로부터 만들어냈다. ELMo와의 또 다른 차이점은 CoVe는 모델의 최상층으로부터 표현만을 사용하는 반면, ELMo는 임베딩을 구성할 때 여러 층의 조합을 사용한다는 것이다.

부록 C는 13장에서 설명한 word2vec과 GloVe 임베딩보다 더욱 유연한 단어 임베딩을 만드는 기법을 설명했다. 단어 임베딩을 기반으로 만들어진 또 다른 작업으로는 문서 혹은 문단 임베딩이 있다. 목적은 단어 하나 대신에 전체 문단을 위한 임베딩을 찾는 것이다. 여기서 나중에 읽어볼 수 있는 참조를 제공하기 위해 몇 가지 예시를 언급한다. 첫 번째는 doc2vec이다(Le and Mikolov, 2014). 훈련 목적은 문단에서 다음 단어를 예측하는 것이다. 즉, doc2vec은 12장과 13장에서 설명한 언어 모델 기반 접근법과 비슷하지만, 단어 하나 대신에 단어의 시퀀스를 위한 임베딩을 만들어내도록 기법이 수정됐다. 단어 임베딩의 개발을 흉내 냄으로써, word2vec으로부터의 연속적인 스킵 그램 모델이 일반화되어 스킵 소우트skip-thought 모델(Kiros et al., 2015)이 됐다. 훈련 목적은 입력 문장이 주어졌을 때 주변 문장을 예측하는 것이며, 결과는 입력 문장을 위한 임베딩이다. 마지막으로 sent2vec(Pagliardini, Gupta, and Jaggi, 2018)은 단어 임베딩과 n그램 임베딩을 기본 토대로 사용해 문장 임베딩을 구성한다.

부록 D

GPT, BERT, RoBERTa

부록 D는 15장 '어텐션과 트랜스포머' 다음에 이어지는 내용이다.

15장에서 트랜스포머 아키텍처 및 이를 자연어 번역에 사용하는 방법을 설명했다. 트랜스포머는 또한 다른 자연어 처리^{NLP} 문제를 해결하는 기본 토대로 쓰여왔다. 부록 D에서는 이와 같은 예제 세 가지를 설명한다.

주요 아이디어는 기본 모델을 커다란 텍스트 말뭉치에 사전 훈련시키는 것이다. 이 사전 훈련의 결과로, 모델은 일반적인 언어 구조를 학습한다. 이 모델은 그 뒤 다른 종류의 과제를 해결하는 데 그대로 쓰이거나, 아니면 추가적인 층으로 확장되고 눈앞에 있는 실제 과제를 위해 미조정한다. 16장 '이미지 캡셔닝을 위한 일대다 네트워크'에서는 어떻게 이를 이미지에 적용하는지 봤다. 거기서 ImageNet 데이터셋에서 사전 훈련된 VGGNet을 이미지 캡션 네트워크의 기본으로 사용했다. 네트워크는 어떻게 사전 훈련을 위해 사용된 분류 과제에서 유용한 이미지 특성을 추출하는지 학습했다. 마지막 과제에서는 이 추출된 특성을 입력으로 사용해 이미지 캡션을 생성하는 네트워크의 디코더 부분을 추가했다.

이와 비슷하게 부록 D에서 논의하는 모델은 사전 훈련 동안 텍스트 데이터로부터 특성을 추출한다. 이 과정은 또한 12장 '신경 언어 모델과 단어 임베딩' 그리고 13장

'word2vec과 GloVe로부터의 단어 임베딩'에서 어떻게 단어 임베딩이 학습됐는지와 관련이 있다. 거기서 모델을 텍스트 데이터에서 사전 훈련시켰으며, 이는 유용한 단어 표현을 학습하는 모델의 첫 번째 층(임베딩 층)이 된다. 그런 다음 이 임베딩 층은 다른 모델에서 쓰일 수 있다. 이번 부록의 모델은 이 개념을 한 단계 더 밟는다. 임베딩 층만을 재사용하도록 제한하는 대신에, 사전 훈련된 모델의 여러 층이 마지막 애플리케이션에서 재사용된다.

GPT

생성적 사전 훈련GPT, Generative Pre-Training(Radford et al., 2018) 모델은 12장에서 설명한 것과 비슷한 자연어 모델이다. 입력 단어 시퀀스가 주어지면 모델이 다음 단어를 예측하도록 훈련시킨다. 우리는 이러한 모델이 어떻게 텍스트 자동완성을 하는 데 쓰일 수 있는지 이미 봤다. 즉, **사전 훈련**pretraining의 과제가 텍스트의 **생성**generate이며, 이 때문에 모델의 이름이 그러하다.

12장에서 소개한 언어 모델은 장단기 메모리LSTM 층에 기반하는 한편, GPT는 트랜스포머 아키텍처(15장에서 설명함)를 기반으로 한다. 이를 이해하기 위해서는 14장 '시퀀스 투 시퀀스 네트워크와 자연어 번역'의 자연어 번역 네트워크를 다시 보면 도움이 된다. 이는 LSTM 기반 인코더-디코더 아키텍처로 인코더가 중간적인 표현을 만들어내며, 디코더 네트워크는 목표 언어로 번역을 생성한다. 즉, 디코더는 중간적인 표현을 시작점으로 사용하는 언어 모델이다. 이러한 관점에서 트랜스포머의 디코더 요소는 LSTM 층이 아닌 셀프 어텐션 층에 기반한 언어 모델이다. 디코더를 단독 언어 모델로 사용할 때 크게 다른 점 한 가지는 인코더가 만들어낸 중간적인 표현에 주의를 기울이는 어텐션 층을 포함할 필요가 없다는 것이다. 왜냐하면 단순히 인코더가 존재하지 않기 때문이다. 마스킹된 셀프 어텐션 층은 여전히 존재한다. 그림 D-1이 기본 토대를 보여준다. 그림의 오른쪽은 어떻게 이러한 여러 기본 토대(GPT 모델에서 12개)가 트랜스포머 아키텍처에서처럼 조합되는지를 보여준다.

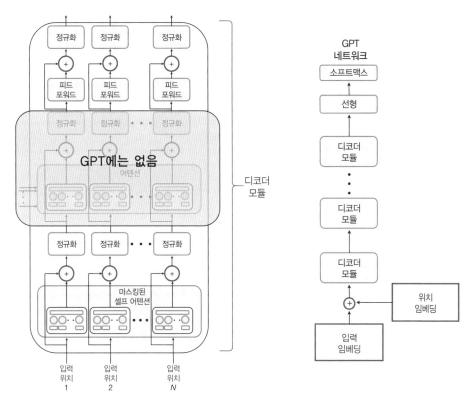

그림 D-1 왼쪽: 단독 언어 모델로 쓰이도록 수정된 트랜스포머 디코더. 오른쪽: 적층된 여러 디코더 모듈에 기반한 GPT 네트워크

그림 D-2는 모델의 사전 훈련을 보여준다. 모델은 임의의 문장을 입력으로 제시받는다. 그림에서 'gpt is pre trained on an lm task'를 예제로 사용한다. 모델이 예측을 위해 훈련하는 정답은 단어 하나가 옮겨진 같은 문장이다. 즉, 출력의 첫 단어는 문장의 두 번째 단어에 해당한다. 마스킹된 셀프 어텐션 메커니즘은 모델이 입력 문장의 '미래를 봄'으로써 속임수를 막는다.

그림에 있는 각각의 빨간 상자는 어휘 내 모든 단어의 확률을 제공하는 소프트맥스 활성 함수를 사용하는 층에 해당한다. 이 사전 훈련은 라벨링되지 않은 데이터에서 하며 따라서 막대한 양의 텍스트에서 할 수 있다.

그림 D-2 언어 모델 과제에 사전 훈련되는 GPT

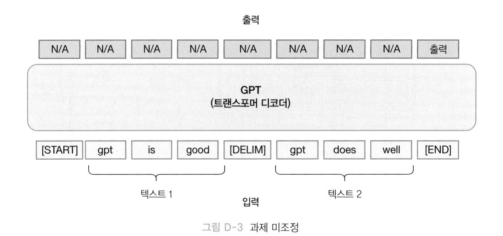

그림 D-3 과제 미조정

사전 훈련 후에, 모델은 라벨링된 데이터를 사용해 특정 과제에 미조정된다. 모델의 입력 및 출력 층은 모델이 쓰일 최종 과제에 더 잘 맞도록 약간 수정된다. 그림 D-3은 모델이 2개의 문장을 입력으로 제시받는 비슷한 과제를 보여준다. 과제로 두 문장이 비슷한지 결정한다. 이를 하기 위해 입력은 두 문장을 나타낼 수 있도록 수정돼야 하며, 이는 학습된 구분기호DELIM 토큰으로 한다. 추가로 입력은 시작에서 START 토큰이, 끝에서 END 토큰이 덧붙여진다.

입력 문장 형식의 수정과 별개로, 출력 층 또한 수정된다. GPT 논문(Radford et al., 2018)은 몇 가지 다른 형태의 과제에 대해 수정할 수 있는 방법을 설명한다. 여기서 보여주는 유사도 과제에서는 두 문장 사이에 본래 순서가 없으므로 모델을 두 번 값매 김하기를 추천한다. 두 번째 값매김에서 두 문장의 순서가 바뀐다. 그 뒤 이러한 값매 김 두 번 각각을 위한 END 토큰에 해당하는 출력이 요소별로 추가된다. 이는 사용되 는 트랜스포머 모듈로부터 날것으로 출력된다. 즉, 소프트맥스 층이 버려진다. 이렇 게 추가해서 나온 벡터는 두 문장이 비슷한지 나타내도록 훈련되는 선형 분류기의 입 력으로 쓰인다.

또 다른 사용 사례로는 입력이 단지 단일 텍스트 시퀀스인 감정 분석이 있으며, 따라서 구분기호 토큰이 쓰이지 않는다. 게다가 오직 단 한 번의 네트워크 값매김을 필요로 한 다. 유사도 과제에서와 같이, 선형 분류기는 단순히 END 토큰에 해당하는 출력을 입 력으로 사용해 훈련된다. 네트워크 출력을 사용해 다른 형태의 과제를 해결하는 방법 에 대한 자세한 내용은 원본 GPT 논문에서 찾을 수 있다.

몇 가지 언급할 만한 사항이 있다. 원본 트랜스포머 논문(Vaswani et al., 2017)에서 위 치 인코딩은 15장에서 설명한 공식을 사용해 계산했었다. GPT 모델은 위치 인코딩이 학습된다는 점에서 이 과제를 다르게 다룬다. 그림 D-4는 어떻게 트랜스포머 디코더 의 입력이 단어 임베딩을 같은 차원의 학습된 위치 임베딩에 추가함으로써 만들어지 는지 보여준다.

또 다른 세부사항은 어떻게 손실 함수를 구축하느냐다. 오직 선형 분류기만을 훈련시 키는 대신에, 미조정 단계 동안 모델이 언어 모델의 역할도 하도록 훈련시키면 도움이 된다는 사실이 밝혀진다. 그러므로 미조정된 손실 함수는 언어 모델 손실 함수와 최종 과제 손실 함수의 가중합이다. 마지막으로, GPT는 전체 단어의 어휘를 사용하지 않고

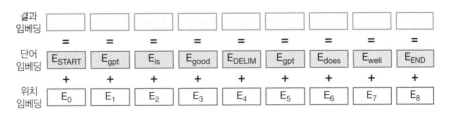

그림 D-4 GPT에서 입력 임베딩이 만들어지는 방법

바이트 페어 인코딩byte-pair encoding(Sennrich, Haddow, and Birch, 2016)이라 알려진 기법을 사용한다. 이 기법은 하위 단어를 기반으로 하며, 따라서 부록 C에서 이미 설명한 일부 기법과 비슷한 어휘 밖 문제를 피한다.

GPT가 소개됐을 때, 12개의 평가된 과제 중 9개에서 기존 모델보다 상당한 개선을 보여줬다. GPT는 또한 **제로샷 태스크 트랜스퍼**zero-shot task transfer 측면에서도 연구됐다. 이러한 환경에서 사전 훈련된 모델이 최종 과제를 위한 모델의 미조정 없이 다른 최종 과제에 적용된다. 논문에서의 한 가지 예로는 감정 분석의 과제가 있다. 센리치Sennrich, 하도우Haddow, 버치Birch(2016)는 먼저 문장을 단어 'very'와 연결하고 이 텍스트 시퀀스를 모델에 공급해 이를 수행했다. 모델의 출력은 그다음 예측되는 단어를 위해 두 단어 'positive'와 'negative'에 할당된 확률을 지켜보면서 해석했다. 감정 분석 테스트 집합에 평가했을 때, 모델은 문장이 긍정적인 감정을 나타낼 때 많은 경우에 단어 'positive'에 높은 확률을 올바르게 할당했고 그 반대도 그랬다. 즉, 모델이 감정 분석의 과제에 명시적으로 훈련되지 않았거나 아니면 데이터셋의 훈련 부분에 노출되지 않았다 하더라도, 이는 비지도 학습을 사용해 텍스트의 관계가 없는 본문으로부터 이러한 과제를 학습해낼 수 있었다. 제로샷 태스크 트랜스퍼에서의 GPT 아키텍처에 대한 더 자세한 평가가 나중 연구에서 GPT 모델의 확장된 버전인 GPT-2를 사용해 이뤄졌다(Puri and Catanzaro, 2019; Radford et al., 2019). 브라운Brown과 동료들(2020)은 GPT 아키텍처를 추가적으로 연구했으며 어떻게 더욱 큰 모델(GPT-3)이 전이 학습 환경에서 제한된 미조정 혹은 미조정 없이 최종 과제를 해결할 수 있는지 보였다.

BERT

트랜스포머로부터의 양방향 인코더 표현BERT, Bidirectional Encoder Representations from Transformers (Devlin et al., 2018)이라 알려진 모델은 GPT와 다소 다른 접근법을 취한다. BERT는 문장 내 단어 사이에 후방 및 전방 의존성 모두가 있다는 관찰사항을 활용한다. 11장 'LSTM과 빔 검색으로 하는 텍스트 자동완성'의 양방향 순환신경망RNN 절에서 이를 다뤘다. 트랜스포머 디코더에서의 마스킹된 셀프 어텐션 층은 명시적으로 네트워크가 미래의 기호에 대한 의존성을 고려하지 못하게 한다. 반면에 BERT는 트랜스포머 아키텍처의 이러한 제한이 없는 인코더 부분에 기반한다.

아키텍처의 양방향적 속성에 부응하기 위해, BERT는 전통적인 언어 모델을 사전 훈련 과제로 사용하지 않는다. 대신에 **마스킹된 언어 모델**masked language model 및 **다음 문장 예측**next-sentence prediction이라 알려진 두 과제에서 훈련된다. 해당 모델은 이 과제 모두에서 동시에 훈련된다. 두 사전 훈련 과제의 세부 사항은 다음 절에서 다룬다.

마스킹된 언어 모델 과제

GPT에서 설명했듯이 언어 모델 사전 훈련 과제는 문장 내 다음 단어의 예측으로 되어 있다. BERT를 위한 마스킹된 언어 모델 사전 훈련 과제에서 목적은 문장 내 역사적인 그리고 미래 단어 모두를 사용해 몇 개의 잃어버린(마스킹된) 단어를 예측하는 것이다. 논문(Devlin et al., 2018)에서 쓰인 문장과 비슷한 입력 문장 'my dog is a hairy beast'를 고려해보자. 이 문장을 받고 무작위로 단어 몇 개를 마스킹하면 모델은 없어진 단어를 예측하도록 훈련된다. 입력 예제는 다음과 같은 방식으로 구성된다.

- 입력 문장의 15%의 단어가 마스킹되도록 선택한다(예를 들어 단어 'hairy').
- 선택한 마스킹된 단어의 80%에서 단어 임베딩이 특별한 마스킹 임베딩으로 바뀐다. 따라서 이는 'my dog is a [MASK] beast'가 된다.
- 선택한 마스킹된 단어의 10%에서 단어 임베딩이 무작위로 선택된 단어로 바뀐다. 따라서 이는 'my dog is a apple beast'가 될 수도 있다.
- 선택한 마스킹된 단어의 나머지 10%에서 단어 임베딩을 바꾸지 않고 대신에 올바른 단어의 임베딩을 사용한다. 따라서 이는 'my dog is a hairy beast'가 된다. 이는 결국 단어가 마스킹되지 않은 것으로 보일 수도 있지만, 이 단어와 마스킹되지 않은 단어의 차이점은 여전히 이 단어를 예측해낼 수 있는지 여부를 기반으로 하여 모델이 평가된다는 것이다.

BERT는 마스킹되지 않은 단어를 포함해 문장 내 모든 단어를 예측하려 시도하겠지만, 훈련의 관점에서 보면 모델은 오직 15%의 마스킹된 단어에서 얼마나 잘하는지에 따라 점수를 얻는다.

다음 문장 예측 과제

마스킹된 언어 과제는 모델에게 문장 구조를 가르치는 것을 목표로 하는 한편, **다음 문장 예측** 과제는 모델에게 두 문장 사이의 관계를 가르치는 것을 목표로 한다. 이 과제는 두 범주 IsNext와 NotNext로 된 분류 문제다. 모델은 두 문장을 제시받고, 목표는 두 번째 문장이 논리적으로 처음 문장 다음에 오는지 결정하는 것이다. 만일 그렇다면 예제를 범주 IsNext로 분류해야 한다. 두 번째 문장이 첫 번째 문장을 논리적으로 따라오지 않는다면, 모델은 예제를 NotNext로 분류해야 한다. 즉, 훈련 동안 두 가지 경우가 있다.

- 50%의 경우, 단순히 텍스트 말뭉치로부터 2개의 연속적인 문장을 제시하고 모델이 범주 IsNext를 출력하도록 훈련시킨다. 예시 문장으로 'the man went to [MASK] store' 다음 'he bought a gallon [MASK] milk'가 있다. 두 과제가 같은 시간에 수행되고 있으므로 단어의 일부가 마스킹되어 있음을 주지하라.

- 50%의 경우, 텍스트 말뭉치로부터 2의 무관한(비연속적인) 문장을 제시하고 모델이 범주 NotNext를 출력하도록 훈련시킨다. 예시 문장으로 'the man went to [MASK] store' 다음 'penguins [MASK] flight ##less birds'가 있다.

'less' 이전의 2개의 해시 기호는 이것이 **단어조각**임을 나타낸다. BERT는 전체 단어 대신에 단어조각을 토큰으로 사용한다. 단어조각은 부록 C에서 설명했으며 이는 어휘 밖 단어를 더 잘 다룬다는 장점이 있다. 간단히 만일 단어가 훈련 어휘에 존재하지 않으면, 이는 하위 단어의 시퀀스로 대체된다. 이러한 단어조각은 보통의 임베딩 층에 통과시켜 임베딩으로 만든다. 이 예제에서 단어 'flightless'는 어휘에 없었으며 따라서 두 조각 'flight'와 'less'로 쪼개진다. 해시 기호 표기법은 BERT 논문(Devlin et al., 2018)의 표기법을 따르며 부록 C에서 사용된 밑줄 표기법과는 다르다.

이들 예시가 실제 문장을 사용했음에도 불구하고, 실제로 BERT 사전 훈련 과제는 문장이 단순히 말뭉치로부터의 연속적인 단어 모음인 더 넓은 정의를 사용한다. 따라서 각 '문장'은, 두 문장의 전체 단어 개수가 모델 너비를 넘을 수 없다는 제약을 갖는 복수의 실제적인 문장으로 잘 이뤄져 있을 수도 있다. 통상적인 BERT 모델의 경우 단어 개수 제약이 512개다.

BERT 입력 및 출력 표현

방금 보여준 2개의 사전 훈련 과제 및 다른 NLP 과제를 다룰 수 있으려면, BERT는 문장 2개를 입력으로 받을 수 있어야 한다. 이는 또한 범주형 예측(IsNext 또는 NotNext) 및 입력 문장의 각 단에 해당하는 단어 예측을 출력할 수 있어야 한다. BERT는 이를 특별한 토큰 및 **분할 임베딩**segment embedding이라 알려진 개념을 조합하여 다룬다. 그림 D-5는 BERT를 위한 입력과 출력 토큰의 조직화를 보여준다. 입력은 분류 토큰 CLS 다음 첫 번째 문장을 위한 토큰으로(예를 들어 질문-답변 과제에서의 질문) 되어 있다. 첫 번째 문장은 구분 토큰 SEP로 끝난다. 그다음에 선택적인 두 번째 문장의 토큰이 오며, 이 또한 SEP 토큰으로 끝난다.

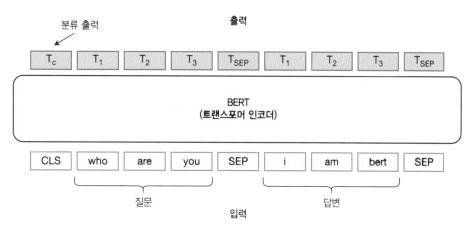

그림 D-5 BERT 입력과 출력. 입력은 특별한 분류 CLS 토큰으로 시작한다. 그다음에 질문 토큰의 시퀀스 및 답변 토큰의 시퀀스가 온다. 이들 그룹 각각은 특별한 구분 SEP 토큰으로 끝난다.

오직 단일 입력 문장만을 필요로 하는 과제에서(예: 감정 분석), 입력은 단순히 CLS 토큰 다음 질문이 오며 SEP 토큰으로 끝난다.

BERT의 출력은 각 입력 기호(단어)에 해당하는 벡터 하나의 형태를 취한다. 입력 내 CLS 토큰은 개별 단어만이 아닌 전체 문장의 정보의 취합이 필요한 과제에 쓰일 수 있는 해당 출력이 된다. 이러한 과제의 예로는 분류 과제가 있다. 이러한 출력 위치를 분류에 사용하려면, 앞서 설명에서 GPT를 위해 했던 것과 비슷하게 이러한 위치로부터의 출력 벡터를 입력으로 사용하는 선형 분류기를 훈련시킨다. 즉, BERT를 분류하고자 하는 범주의 개수와 맞는 소프트맥스 출력으로 된 추가적인 완전 연결 층으로 확장한다. 이러한 완전 연결 층은 CLS 출력 벡터를 입력으로 사용한다. 다음 문장 사전 훈련 과제에서 이러한 소프트맥스 층은 출력 IsNext와 NotNext 2개를 가질 것이다(기술적으로 범주가 오직 2개이므로 이는 로지스틱 시그모이드 뉴런 하나가 될 수도 있었다).

CLS와 SEP 토큰과는 별개로, 이미 설명했던 MASK 마스킹 토큰이 존재한다. 이는 그림 D-5에 없지만, 마스킹된 언어 모델 과제에서 이 토큰은 하나 이상의 입력 단어를 대체할 것이다.

BERT는 GPT 모델처럼 위치 임베딩을 학습한다. 누군가는 특별 토큰과 위치 임베딩의 조합으로 충분해야 한다고 주장할 수도 있다. 그러나 네트워크의 학습을 더욱 단순화하기 위해, BERT 또한 **분할 임베딩**을 학습한다. 첫 번째 문장에 해당하는 분할 임베

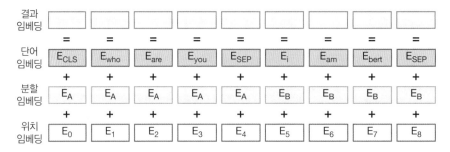

그림 D-6 인코더 네트워크의 입력 벡터가 구성되는 방법. 각 입력 벡터는 임베딩 3개의 합이다. 첫 번째는 단어에 해당하는 임베딩이다. 두 번째는 분할 임베딩(단어가 질문 혹은 대답의 일부인지를 나타냄)이다. 세 번째는 위치 임베딩이다.

딩 E_A 그리고 두 번째 문장에 해당하는 분할 임베딩 E_B가 존재한다. 그림 D-6에서 보여주는 바와 같이 E_A는 첫 번째 문장의 각 단어 임베딩에 추가되고, E_B는 두 번째 문장의 각 단어 임베딩에 추가된다.

BERT를 NLP 과제에 적용하기

BERT는 유연함을 보여왔으며 다양한 과제에서 적용돼왔다. 원본 논문(Devlin et al., 2018)은 무려 11개의 NLP 과제에서 최상의 결과를 나타냈다. 이 중 일부를 여기에 나열한다.

- 12장에서 논의한 트윗 및 영화 리뷰 예제와 비슷한 텍스트 감정 분석

- 스팸 탐지

- 두 번째 문장이 첫 번째 문장에 대해 한정entailment, 모순contradiction, 중립neutral인지 결정하기

- 답변을 포함하는 질문 및 텍스트 문단이 주어졌을 때, 질문에 답변하는 단어의 특정 집합 식별하기. 예를 들어 질문 'Where do water droplets collide with ice crystals to form precipitation?(물방울은 어디에서 얼음 결정과 응결되어 강수를 형성하는가?)' 그리고 문단 'Precipitation forms as smaller droplets coalesce via collision with other rain drops or ice crystals within a cloud(강수는 더 작은 물방울이 구름 내의 다른 빗방울 또는 얼음 결정과 충돌하여 응결되면서 형성된다)'가 주어졌을 때, 네트워크의 목표는 'within a cloud(구름 내에서)'를 출력으로 만들어내는 것이다.

이러한 과제를 해결하려면, 마스킹된 언어 모델 및 다음 문장 예측 과제에서 사전 훈련된 BERT 모델이 시작점이다. BERT는 그 뒤 주어진 과제에 미조정된 추가적인 층이 덧붙여진다. 예를 들어 처음 3개의 과제에서, 분류를 제공하기 위해 완전 연결 네트워크 다음에 소프트맥스 출력을 추가한다. 네 번째 과제(대답 식별하기)에서 BERT는 답변 문장에서 개별 출력 단어와 더불어 시작 및 끝 위치를 가리키도록 훈련된 메커니즘이 덧붙여진다. 이 두 위치는 실제 답변을 포함하는 특정한 단어 시퀀스를 나타낸다.

알라마르^{Alammar}(2018a)는 트랜스포머에서와 같이 다운로드 가능한 구현의 링크를 포함하는 BERT를 설명하는 블로그 포스트를 썼다.

RoBERTa

BERT 아키텍처는 다른 NLP 문제에 BERT를 적용하는 많은 후속 연구를 낳았다. 다른 연구들은 BERT 아키텍처를 수정해 본래 모델 결과의 개선을 보여줬다. 리우^{Liu}, 오트^{Ott}와 동료들(2019)은 다른 연구들의 결과를 비교하는 것이 어려운 일임을 언급했다. 왜냐하면 다른 훈련 매개변수 및 일부는 공개되지 않는 데이터셋에서 수행하는 경우가 많기 때문이다. 따라서 저자들은 BERT를 수정하는 대신에, BERT 연구를 복제해 훈련 매개변수와 데이터셋 크기의 영향을 조사했다. 이들은 BERT가 크게 과소훈련^{undertrained}되어 있음을 알게 됐다. 훈련 접근법 및 더 큰 데이터셋을 사용함으로써, 이들은 본래 BERT 아키텍처가 심지어 더욱 성능이 좋도록 만들어낼 수 있었다. 그들은 게다가 이것이 BERT 아키텍처를 확장했던 더욱 최근에 공개된 작업보다 성능이 더욱 좋음을 발견했다. 이러한 발견은 논란이 없지 않음을 주지하라. 이 내용은 부록 D 내의 관련된 절에서 논의한다. 리우, 오트와 동료들은 그들의 작업을 '로버스트하게 최적화된 BERT 사전 훈련 접근법^{Robustly Optimized BERT Pretraining Approach}'을 줄인 RoBERTa라고 명명했다.

원본 BERT 논문에서 마스킹된 언어 모델링 과제는 먼저 훈련 데이터셋에서 단어를 정적으로 마스킹하고 그 뒤 이 마스킹된 버전의 데이터셋을 각 훈련 에포크에서 반복적으로 사용해 훈련됐다. RoBERTa는 데이터셋을 처음부터 정적으로 마스킹하는 대신에, 훈련 동안 동적으로 마스킹한다. 모델은 따라서 다른 훈련 에포크 동안 다른 단어가 마스킹됨을 보게 될 것이다.

BERT는 마스킹된 언어 모델 및 다음 문장 예측 이렇게 2개의 사전 훈련 과제를 사용한다. 원본 BERT 논문에서 데빈^{Devin}과 동료들은 절제^{ablation} 연구를 했으며 다음 문장 예측 과제가 도움이 됐다고 결론 내렸다. 왜냐하면 오직 마스킹된 언어 모델만을 훈련 목표로 사용했을 때 다운스트림 과제에서 모델 정확도가 낮아졌기 때문이다. 흥미롭게도 리우, 오트와 동료들(2019)이 연구를 복제했을 때는 다른 결론에 도달했다. 그들은 마스킹된 언어 모델만을 사전 훈련 과제로 사용했을 때 모델 성능이 더 나았음을 발견했다. 이러한 두 결과가 다른 이유는 미묘하다. BERT 논문을 읽으면 다음을 볼 수 있다. 다음 문장 예측 사전 훈련 없이 실행하는 절제 연구의 설명에서, 데빈과 동료들(2018)은 그들이 '정확히 같은 사전 훈련 데이터'를 사용한다고 명시한다. 우리는 이를 기준 시스템에서와 같이 50%의 훈련 예제가 2개의 인접하지 않은 문장으로 되어 있을 것이라고 해석한다. 유일한 차이점은 모델이 마스킹된 단어를 예측하는 능력에만 근거하여 점수가 매겨졌다는 것이다.

리우, 오트와 동료들(2019)은 RoBERTa에서 다른 접근법을 취했다. 오직 마스킹된 언어 모델만을 사전 훈련 과제로 사용하는 경우, 추가적으로 텍스트의 인접한 문장만을 사용하도록 확실시했다. 다음 문장 예측에서 반대되는 결과를 제시할 때는 "원본 BERT 구현은 손실 항만을 제거하는 한편 여전히 SEGMENT-PAIR 입력 형식은 남겨뒀을 수도 있다."라고 명시했다. 우리는 그들 역시 두 실험 사이의 차이점을 인식했다고 생각한다. 그리고 이는 BERT 논문에서 명시한 것과 일치하는 것으로 보인다. 전반적으로 볼 때, 다음 문장 예측이 사전 훈련 과제로 포함되지 않는다면 훈련 예제는 50%가 서로 관련이 없는 2개의 텍스트 블록이 함께 연결된 것으로 되어 있는 대신에 모든 예제가 연속적인 텍스트 블록으로 되어 있을 것이며, 모델은 당연히 이로부터 혜택을 받을 것이다. 다소 연관된 것으로 란[Lan]과 동료들(2020)이 ALBERT[A Lite BERT]를 소개했으며, 문장 순서 예측[SOP, Sentence Order Prediction]이라 알려진 사전 훈련 과제에 더해 마스킹된 언어 모델 사전 훈련 과제를 사용하면 다음 문장 예측 사전 훈련 과제보다 성능이 개선됐음을 보였다.

RoBERTa가 소개한 세 번째 변화들은 더 큰 미니배치 크기, 증가된 훈련 에포크 수, 상당히 더 큰 훈련 데이터셋의 사용이다. 리우, 오트와 동료들(2019)은 256개(BERT에서 사용된 것)에서 8K개의 미니배치 크기를 평가했다. 결론은 2K의 미니배치 크기가 전체 연산량을 일정하게 유지할 때 가장 좋은 선택이었다. 그러나 더 큰 데이터셋 크기의 경우 더 많은 병렬화를 가능하게 하기 위해, 가장 큰 실험에서 8K의 미니배치 크기를 사용했다. BERT는 책과 위키피디아의 조합으로 된, 전체 16GB의 데이터셋을 사용했다. RoBERTa에서 데이터셋은 3개의 추가적인 텍스트 말뭉치를 사용해 10배인 160GB로 커졌다. 마지막으로, RoBERTa 연구는 훈련 단계의 수도 다섯 배 늘렸다.[1]

결론적으로 이러한 변화는 이전에 보고된 BERT로부터의 개선보다 더 나은 결과를 낳았다. 리우와 동료들은 다른 아키텍처를 찾지 않기로 결정했으며 이는 미래 작업으로 고려할 수 있다고 명시적으로 지적했다. 전반적으로 이 연구는 모델 아키텍처뿐만 아니라 훈련 매개변수 및 훈련 데이터 또한 중요함을 보여준다. 부록 D의 맨 마지막에 이 주제를 다시 다룰 것이다.

GPT와 BERT로 이어지는 역사적 작업

GPT와 BERT 모두 비지도 사전 훈련 및 그다음에 오는 지도 과제에 특화된 미조정에 의존한다. 이는 반지도 학습semi-supervised learning이라 알려져 있다. GPT는 NLP 분야에서 반지도 학습을 사용하는 첫 번째 모델이 아니었다. 13장에서 어떻게 단어 임베딩이 비지도적인 방식으로 학습될 수 있는지 그리고 뒤따르는 지도 학습 과제에 쓰일 수 있는지 설명했다. 그 경우 첫 번째 층(임베딩 층)의 가중치만이 모델에 옮겨져 미조정에 쓰였다.

다이Dai와 르Le(2015)는 텍스트 분류(예: 감정 분석) 측면에서 그들의 반지도 시퀀스 학습 작업에서 이 개념을 한 단계 더 가져갔다. 그들은 2개의 사전 훈련 과제를 연구했다. 하나는 12장의 설명과 비슷한 언어 모델 과제로, 목표는 앞선 단어들의 시퀀스로부터 다음 단어를 예측하는 것이었다. 다른 하나는 모델이 먼저 입력 단어 시퀀스를 소비하고 내부적 표현을 만드는 오토인코더 과제로, 목표는 그 뒤 같은 단어 시퀀스를 출력으로 생성하는 것이었다. 다이와 르는 LSTM 기반 RNN이 텍스트 분류에서 무작위로 초기화된 가중치를 그냥 사용하는 대신에 이 과제들 중 하나로부터 학습한 가중치로 초

---

1 우리는 에포크가 아닌 훈련 단계(미니배치)에 관해 이야기하고 있다. 왜냐하면 데이터셋 크기가 증가할 때 에포크에 포함된 훈련 예제의 전체 수가 일정하지 않기 때문이다.

기화되면 성능이 더 좋음을 보였다.

다이와 르가 도메인 특화 텍스트(영화 리뷰)를 비지도 사전 훈련에 사용한 한편, 하워드 Howard와 루더Ruder(2018)는 최종 과제에 직접적으로 관련이 없는 커다란 텍스트 본문에 사전 훈련을 함으로써 모델 성능을 개선할 수 있음을 보였다. 이러한 관찰은 사전 훈련 과제가 비지도라는 사실과 결합하면서 의미심장해진다. 사전 훈련 과제는 조심스럽게 선택하고 라벨링된 데이터를 필요로 하는 대신에, 온라인에서 얻을 수 있는 모든 막대한 양의 텍스트 데이터를 사용할 수 있다. 하워드와 루더는 복수의 텍스트 분류 과제에서 인상적인 결과를 보여줬다. 언어 모델을 사전 훈련 과제로 사용하고 그들의 작업을 보편적 언어 모델 미조정ULMFiT, Universal Language Model Fine-tuning이라 이름 붙였다.

이제 GPT와 BERT를 맥락에 넣을 수 있다. GPT는 ULMFiT과 비슷하지만 LSTM 기반 모델이 아닌 트랜스포머 **디코더** 블록에 기반한다. GPT는 ULMFiT과 같이 언어 모델을 사전 훈련 과제로 사용한다. BERT는 트랜스포머 **인코더** 블록에 기반한다. 그러나 BERT는 언어 모델 사전 훈련 과제 대신에 다이와 르(2015) 또한 사용했던 오토인코더 사전 훈련 과제의 형태를 사용한다. BERT에서 쓰인 사전 훈련 과제는 **디노이징 오토인코더**denoising autoencoder라 불리는데, 그 이유는 과제가 입력으로 제시된 데이터와 같은 출력을 실제로 다시 만들어내는 것이 아니기 때문이다. 대신에 BERT의 목표는 손상된 버전(일부 단어가 MASK 토큰으로 바뀜)의 문장이 주어졌을 때 문장을 다시 만드는 것이다. GPT와 BERT의 주요한 차이점은 BERT의 사전 훈련 과제가 양방향적이라는 것이다. 이는 BERT가 출력을 예측할 때 문장에서 역사적인 그리고 미래의 단어 모두를 활용할 수 있음을 뜻한다.

트랜스포머에 기반한 그 밖의 모델

15장에서 설명했듯이 트랜스포머는 전적으로 어텐션에 의존하며 순환은 사용하지 않는다. 이에 따른 단점은 역사적 컨텍스트의 길이에 강한 제약을 갖는다는 것이다. 이 문제를 다루기 위해 다이와 동료들(2019)은 트랜스포머를 순환 연결과 조합하여 확장했다. 이를 트랜스포머-XL이라 불렀으며, XL은 'eXtra Long'을 뜻한다. 그들은 또한 위치 인코딩이 절대적 위치 대신에 상대적 위치에 기반하도록 수정해 모델이 다양한 크기의 입력으로 작업할 수 있게 했다. 전체적으로 트랜스포머-XL은 본래의 트랜스포머보다 더 긴 기간의 의존성을 식별할 수 있다.

지식 통합을 통한 강화된 표현Enhanced Representation through Knowledge Integration, 혹은 ERNIE는 BERT와 동일한 아키텍처를 사용하지만 이것이 훈련되는 방법을 수정해 성능을 개선한다(Sun et al., 2019). 이렇게 수정한 것 중 하나는 단어 하나가 아닌 여러 개의 단어 개체를 마스킹한다. 예를 들어 입력 문장이 2개의 연속적인 단어 'Harry Potter'를 갖는다면, 이는 단어 모두를 2개의 개별적인 단어가 아닌 하나의 엔티티로 다룰 것이다. 즉, 사전 훈련 동안 BERT가 두 단어 중 하나를 마스킹할 경우에 ERNIE는 두 단어를 같이 마스킹할 것이다. 비슷하게 ERNIE는 여러 개의 단어를 구phrase로 그룹화한다. 예를 들어 세 단어 'a series of'는 구를 구성하므로 같이 모두 마스킹될 것이다. ERNIE 2.0은 훈련 과정의 추가적인 조정과 함께 더욱 많은 사전 훈련 과제를 추가한다. 이는 또한 모델이 현재 풀기를 기대하는 과제가 무엇인지에 의존하는 과제 특화 임베딩 개념을 추가한다. 이러한 과제 특화 임베딩은 그림 D-6에서 보여준 위치 임베딩과 분할 임베딩에 더해서 쓰인다. ERNIE 2.0은 영어와 중국어 모두의 여러 NLP 과제에서 BERT의 성능을 앞선다.

ERNIE가 대부분의 BERT 아키텍처를 변하지 않은 채로 유지하는 한편(입력 수정을 위해 쓰이는 과제 임베딩을 제외하고), XLNet은 모델 자체에 변화를 가했다(Yang et al., 2019). 먼저 이는 본래 트랜스포머 대신에 트랜스포머-XL을 사용해 트랜스포머 아키텍처의 개선에 다가갔다. 즉, 순환 연결 및 위치 인코딩에 연관된 변화를 사용한다. 그 밖의 주요한 변화들은 다소 미묘한 것들이다. 양Yang과 동료들은 BERT를 위한 마스킹된 언어 모델 사전 훈련 과제(앞서 언급한 **디노이징 오토인코더** 과제)가 강력하긴 하지만 이는 모델이 마지막 과제에서 만나게 될 것과 유사하지 않음을 언급했다. GPT가 쓰는 전통적인 언어 모델은 더욱 현실적이다. 특히 BERT 훈련 목표는 마스킹된 단어(모든 단어의 15%)가 독립적이라는 가정을 세운다. 이는 참이 아닌데, 왜냐하면 이들이 같은 문장에서 나타나며 같은 문장 내에서 단어 사이의 의존성이 예상되기 때문이다. XLNet은 언어 모델 접근법을 사용하지만, 미래 단어를 포함하여 입력 문장의 단어 순서에서 복수의 치환permutation을 사용함으로써 이 두 세계 모두에서 최선을 다하려 한다. 이는 모델이 BERT의 양방향성으로부터 이점을 얻는 한편 마스킹된 단어 사이의 의존성 문제를 피할 수 있게 해준다.

양과 동료들(2019)은 XLNet이 BERT의 성능을 앞지른다는 사실을 보였다. 반면에 RoBERTa 연구(Liu, Ott, et al., 2019)는 과소훈련 문제를 다룰 때 BERT 아키텍처가 XLNet을 앞선다고 결론 내렸다. XLNet 논문(Yang et al., 2019)의 최근 버전은 XLNet과 RoBERTa 사이에서 공정한 비교를 하는 시도를 포함하며, XLNet이 특히 더 긴 컨텍스트를 수반하는 과제에서 여전히 더 나음을 보였다. 양과 동료들은 결과가 트랜스포머-XL 기반 아키텍처에 따른 것임을 강조한다.

이러한 엎치락뒤치락은 아키텍처 대 훈련 과정의 영향을 명확하게 하기가 어렵다는 것을 보여준다. 그러므로 두 아키텍처 간 공정한 비교를 하기가 어려울 수 있다. 또 다른 큰 문제는 모델과 데이터셋이 이제 모델의 훈련에 막대한 연산 자원을 필요로 할 만큼 커졌다는 점이다. 이를 보여주기 위해 RoBERTa 논문의 다음 문장을 고려해볼 수 있다. "우리는 모델을 1,024개의 V100 GPU를 사용해 대략 하루 동안 사전 훈련시킨다"(Liu, Ott, et al., 2019). 또 다른 예시로 쇼에비Shoeybi와 동료들(2019)은 Megatron-LM에서의 작업 애플리케이션에서 15.1 페타플롭을 지탱하기 위해 512개의 V100 GPU를 사용한다. 비슷하게, 라펠Raffel과 동료들(2019)은 텍스트 투 텍스트 전이 트랜스포머T5, Text-To-Text Transfer Transformer 작업에서 모델의 훈련에 막대한 양의 연산이 필요하며 텐서 처리 유닛TPU, Tensor Processing Unit 포드pod의 조각을 사용한다고 설명한다. 추가로 TPU 포드를 1,024개 TPU 칩으로 된 멀티랙multirack ML 슈퍼컴퓨터라 설명한다. 이 연구 당시, V100 GPU는 DL 훈련을 위한 가장 고급의 GPU였으며, TPU는 텐서 연산을 가속하기 위해 특별히 만들어진 칩이다. 512~1,024개로 이뤄진 이러한 시스템에 긴 시간 동안 접근하면 비용이 저렴할 수가 없었다. 벤더Bender와 동료들(2021)은 추가로 대형 언어 모델 및 훈련 데이터 크기에 대한 주제를 환경적인 영향과 윤리를 포함하여 다른 각도에서 살펴봤다. 이러한 우려하에서 시간이 지남에 따라 더욱 효율적인 언어 모델 아키텍처가 나타난다고 하더라도 놀라운 일이 아닐 것이다. 또한 우리는 윤리적 우려가 심각하게 받아들여지고 산업 및 연구 커뮤니티가 커다란 데이터셋에서 훈련된 언어 모델이 해를 끼치지 않게 하는 혁신적인 방안을 고안해내기를 기대한다.

뉴턴-랩슨 대 경사 하강

부록 E는 2장 '기울기 기반 학습'과 관련이 있다.

딥러닝[DL]에서 기울기 조정을 위해 널리 쓰이는 방법은 경사 하강으로, 함수의 출력값을 최소화하는 데 쓰이는 반복법이다. 많은 독자가 **뉴턴-랩슨**[Newton-Raphson]이라 알려진 반복적인 최소화 방법과 이미 친숙하리라 믿는다. 두 방법이 어떻게 서로 관련이 있는지 궁금한 독자들을 위해 부록 E를 실었다.

> 이름이 자주 생략되는 불쌍한 랩슨에게 안타까운 마음이 들 때가 많다. 이 방법이 보통 간단하게 뉴턴법으로 불리기 때문이다.

뉴턴-랩슨은 2장에서 경사 하강을 소개할 때와 비슷하게 단일 차원에서 설명한다. 이 방법은 방정식에서 해(근)를 찾거나 최적화 문제 풀기(최솟값 찾기) 모두에 쓸 수 있다. 근 찾기 방법으로 시작하자.

뉴턴-랩슨 근 찾기 방법

2장에서 훈련 예제가 주어졌을 때 다음 방정식을 풀려고 하는 것으로 우리의 학습 문제를 수학적으로 서술할 수 있다고 언급했다.

$$y - \hat{y} = 0$$

우리는 절대로 특정한 문제를 경사 하강으로 풀려고 하지는 않았으며 대신에 평균제곱오차MSE 함수를 도입해 문제를 최소화 문제로 바꿨다. 이제 대신에 뉴턴-랩슨의 근 찾기 버전을 사용해 이 방정식을 푸는 방법을 살펴보자.

함수[1] $y = f(x)$가 있는 단일 차원의 경우, 이 방법은 $f(x) = 0$이 되는 x의 값을 찾을 것이다. 뉴턴-랩슨법은 해 x_0의 초기 추측값으로 시작해, x가 실제로 찾은 해와 충분히 가까워질 때까지 이를 반복하여 다듬는다. 그림 E-1은 뉴턴-랩슨법의 동작 방식을 기하학적으로 보여준다.

먼저 초기 추측값 $x_0 = 1.75$로 시작한다. 이를 $f(x)$에 집어넣고 결과가 0이 아니라고 결론 내린다. 차트에서 보면 $f(x_0)$가 약 4.5임을 볼 수 있다(빨간색 점선의 높이). 탄젠트

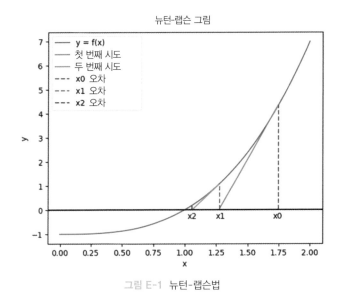

그림 E-1 뉴턴-랩슨법

---

1 이러한 맥락에서 y는 네트워크 출력을 뜻하지 않으며, 단순히 우리가 0에 대해 풀고자 하는 어떠한 수학적 함수다.

(차트에서 오렌지색 선)를 위한 방정식을 만들고 이를 $y = 0$에 대해 풀면, 새로운 추측값 $x_1 = 1.28$이 된다. 이 값을 $f(x)$에 넣고 결과가 약 1.0임을 볼 수 있다(보라색 점선의 높이). 이는 여전히 0에 충분히 가깝지 않다. 새로운 시도를 만들고, 두 번째 반복의 탄젠트를 계산하고(초록색 선), 새로운 추측값 $x_2 = 1.06$을 얻는다. 이 값을 $f(x)$에 넣고 0에 가까운지 본 뒤, $x = 1.06$이 $f(x) = 0$의 근사적인 해라고 결론 내린다.

그림 E-1을 보면, 이전 값 x_n이 주어졌을 때 다듬어진 값 x_{n+1}을 계산하는 공식을 유도할 수 있다. 다음 등식은 그림을 따른다.

$$f'\left(x_n\right) = \frac{f\left(x_n\right)}{x_n - x_{n+1}}$$

왜 그런지 이해하기 위해 $n = 0$이라 가정해보자. 도함수(등식의 왼쪽)는 오렌지색 선의 빗면과 같다. 이 빗면은 $\frac{\Delta y}{\Delta x}$로 계산할 수 있으며, 이때 Δy는 빨간색 점선의 높이이며 Δx는 x_0와 x_1 사이의 거리다. 주어진 반복 n에 대한 Δy는 서술한 등식 오른쪽의 분자인 $f(x_n)$으로 계산할 수 있다. 마찬가지로, Δx는 분자인 $(x_n - x_{n+1})$로 계산할 수 있다. 이는 왜 등식이 참인지 설명해준다. x_{n+1}에 대해 풀면, 다음을 얻는다.

$$x_{n+1} = x_n - \frac{f\left(x_n\right)}{f'\left(x_n\right)}$$

이렇게 반복적으로 뉴턴-랩슨법에 따라 해를 찾는다. 이 방법은 x의 초기 추측값의 결과가 음의 함숫값이라 하더라도 동작한다. 왜냐하면 공식에서의 빼기 부호와 음의 함숫값의 조합이 x_{n+1}이 x_n보다 크게 만들기 때문이다.

최적화 문제에 적용된 뉴턴-랩슨

2장에서 실제로는 여러 훈련 예제의 오차를 단일 지표로 조합하는, MSE 같은 오차 함수를 사용하기를 원한다고 언급했다.

$$\frac{1}{m}\sum_{i=1}^{m}\left(y^{(i)}-\hat{y}^{(i)}\right)^2 \qquad (평균제곱오차)$$

또한 이렇게 하면 오차 함수가 0이 되는 해가 존재하지 않을 수도 있다는 문제를 야기한다고 설명했다. 이는 MSE에 근거한 오차 함수를 그리는 그림 E-2의 상단에서 보여

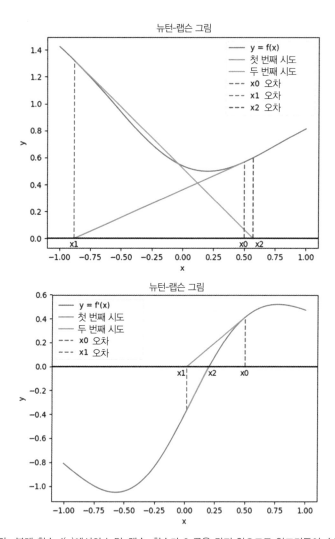

그림 E-2 상단: 본래 함수 $f(x)$에서의 뉴턴-랩슨. 함수가 0 근을 갖지 않으므로 알고리듬이 수렴하지 않는다. 하단: 도함수 $f'(x)$에서의 뉴턴-랩슨. 알고리듬이 미분이 0인 지점을 찾는다. 이는 원본 함수 $f(x)$의 국소 최솟값에 해당한다.

준다. 초기 추측값 x_0는 오차의 최솟값과 꽤 가깝지만, 뉴턴-랩슨이 함수가 0인 지점을 찾으려 하기 때문에 이는 왼쪽으로 긴 걸음을 취하고(오렌지색 선), 그다음 오른쪽으로 긴 걸음(초록색 선)을 취하면서 절대 수렴하지 않는다. 근이 없는 방정식에서 근 찾기 알고리듬을 사용하면 의미가 없음이 분명하다.

대신에 뉴턴-랩슨 최적화 버전을 사용할 수 있다. 이 버전은 경사 하강과 같이 함수를 0에 대해 푸는 대신에 최소화를 목표로 한다. 이는 뉴턴-랩슨을 본래 함수의 도함수에 적용해 수행한다. 왜냐하면 도함수가 0이면 국소 최솟값과 같은 극단점을 의미하기 때문이다. 이는 그림의 상단 부분에서 이미 공부한 함수의 미분을 그리는 그림 E-2에서 보여준다. 초기 추측값 x_0를 제공하고 알고리듬이 점 x_1으로 걸음을 취하면(오렌지색 선) 해를 지나가버린다. 이는 x_2로 또 다른 걸음을 취하고(거의 파란색 함수 위에 있는 초록색 선), 이는 실제 해와 매우 가까워진다.

뉴턴-랩슨과 경사 하강 사이의 관계

뉴턴-랩슨 최적화 버전의 한 가지 문제는 먼저 오차 함수의 도함수를 계산해 0에 대해 풀 함수를 얻고, 각 단계마다 이 새로운 함수의 도함수를 계산해야 한다는 점이다. 즉, 오차 함수의 도함수 및 이계도함수를 계산해야 한다. 더 형식적으로는 뉴턴-랩슨의 최적화 버전은 이계 최적화법이다. 반면에 경사 하강은 오직 일계도함수만을 필요로 한다는 점에서 일계 최적화법이다. 이는 필요한 연산 및 저장소 모두에서 양을 줄여주며, 특히 수백만 개의 매개변수로 되어 있는 함수를 최적화할 때 의미가 크다.

숫자 분류 네트워크의 행렬 구현

부록 F는 4장 '다중클래스 분류에 적용된 완전 연결 네트워크'와 관련이 있다.

부록 F는 숫자 분류 네트워크의 두 가지 구현을 담고 있다. 첫 번째 구현의 아이디어는 층 내 모든 뉴런의 가중치를 단일 행렬로 조직화하고, 이때 행렬 내 각 행은 뉴런을 나타낸다는 것이다. 뉴런의 전체 층의 가중합은 이 행렬을 입력 벡터로 곱하여 계산할 수 있다. 그 뒤 이를 확장해 미니배치 또한 다룬다. 미니배치의 모든 입력 예제를 행렬 하나로 조직화한다. 그 뒤 미니배치 내 모든 입력 예제에 대한 뉴런의 전체 층의 가중합은 이 두 벡터의 단일 곱으로 계산할 수 있다.

단일 행렬

미니배치 없는 구현으로 시작하면, 4장의 코드 예제와 비교하여 바뀌는 함수는 forward_pass, backward_pass, adjust_weights다. 이 함수들은 코드 F-1에서 보여준다.

```python
def forward_pass(x):
    global hidden_layer_y
    global output_layer_y
    # 은닉 층을 위한 활성 함수
    hidden_layer_z = np.matmul(hidden_layer_w, x)
    hidden_layer_y = np.tanh(hidden_layer_z)
    hidden_output_array = np.concatenate(
        (np.array([1.0]), hidden_layer_y))
    # 출력 층을 위한 활성 함수
    output_layer_z = np.matmul(output_layer_w,
        hidden_output_array)
    output_layer_y = 1.0 / (1.0 + np.exp(-output_layer_z))

def backward_pass(y_truth):
    global hidden_layer_error
    global output_layer_error
    # 각 출력 뉴런을 위해 오차를 역전파시킨다.
    error_prime = -(y_truth - output_layer_y)
    output_log_prime = output_layer_y * (
        1.0 - output_layer_y)
    output_layer_error = error_prime * output_log_prime
    # 각 은닉 뉴런을 위해 오차를 역전파시킨다.
    hidden_tanh_prime = 1.0 - hidden_layer_y**2
    hidden_weighted_error = np.matmul(np.matrix.transpose(
        output_layer_w[:, 1:]), output_layer_error)
    hidden_layer_error = (
        hidden_tanh_prime * hidden_weighted_error)

def adjust_weights(x):
    global output_layer_w
    global hidden_layer_w
    delta_matrix = np.outer(
        hidden_layer_error, x) * LEARNING_RATE
    hidden_layer_w -= delta_matrix
    hidden_output_array = np.concatenate(
        (np.array([1.0]), hidden_layer_y))
    delta_matrix = np.outer(
        output_layer_error,
        hidden_output_array) * LEARNING_RATE
    output_layer_w -= delta_matrix
```

이 함수에서는 더 이상 개별 뉴런을 따라 루프를 돌며 내적을 하지 않는다. 대신에 행렬 연산을 사용해 전체 층을 병렬로 다룬다.

forward_pass는 직관적인 함수다. 넘파이 matmul 함수를 사용해 가중치 함수를 입력 벡터로 곱하고 결과 출력 벡터에 활성 함수 tanh를 적용한다. 그 뒤 연결 함수를 사용해 출력 층을 위해 필요한 편향을 덧붙이고 출력 층을 위한 행렬 연산 및 활성 함수 적용한다.

backward_pass 함수는 그리 복잡하지 않다. 오차 함수와 활성 함수의 미분을 계산하지만 이 모든 연산이 벡터에서 수행됨을 주지하라(즉, 모든 뉴런이 병렬로). 또 다른 주지할 점은 수학 연산자 +, −, *가 요소별 연산자라는 것이다. 즉, *와 matmul 함수 사이에는 커다란 차이가 있다. 한 가지 주의할 점은 np.matrix.transpose 호출 및 output_layer_w[:, 1:]로 하는 인덱싱이다. 전치 연산은 가중치 행렬의 차원이 오차 벡터와의 행렬 곱에 필요한 것과 맞도록 하는 데 필요하다. 인덱싱은 은닉 뉴런의 오차 항을 계산할 때 편향 가중치를 제거하는 데 쓰인다. 왜냐하면 출력 층의 편향 가중치는 이 연산에서 필요하지 않기 때문이다. 결국 여러분이 행렬 연산에 익숙하지 않다면, 함수에서 무슨 일이 벌어지는지 알기가 어렵다. 일을 제대로 하고 있는지 스스로 납득하는 방법은 작은 크기의 문제에서(뉴런 2개와 같은) 펜과 종이로 벡터와 행렬식을 전개하고 이전 구현과 같은 일을 하는지 보는 것이다.

adjust_weights 함수는 약간 까다롭다. 두 층 각각에서 그 층을 위한 가중치 행렬과 같은 차원을 갖는 행렬을 만들어야 한다. 그러나 요소들은 가중치로부터 뺄 델타를 나타낸다. 이 델타 행렬의 요소는 가중치에 공급되는 입력값을 가중치가 연결되는 뉴런의 오차 항과 곱하고 마지막으로 학습률을 곱하여 얻는다. 이미 벡터로 정렬된 오차 항 hidden_layer_error와 output_layer_error가 있다. 마찬가지로, 두 층을 위해 벡터로 정렬된 입력값 x와 hidden_layer_y가 있다. 이제 각 층에서 두 벡터의 외적을 계산하는 np.outer 함수를 사용해 입력 벡터와 오차 벡터를 조합한다. 이는 바로 우리가 원하는 요소가 두 벡터 요소들의 쌍별 곱이 되는 행렬이 된다. 행렬을 학습률로 곱한 뒤 가중치 행렬로부터 뺀다. 다시 한번 말하지만 옳은 일을 하고 있는지 스스로 납득하는 가장 좋은 방법은 파이썬 인터프리터에서 작은 예제를 통과하며 벡터와 행렬이 어떻게 조합되는지 보는 것이다.

이 프로그램을 실행할 때, 비행렬 구현과 비교해 매우 비슷한 출력을 얻지만 루프 대신 행렬-벡터 곱을 사용한 더 효율적인 구현 덕분에 더 빠르게 실행된다.

미니배치 구현

이 예제에서 한 걸음 더 들어가서 미니배치를 소개한다. 이는 복수의 입력 예제를 취하고 이들을 각 열이 입력 벡터이며 열의 개수가 미니배치 크기와 같은 행렬로 정렬한다. 이제 미니배치 내 모든 예제를 위해 이 두 벡터를 곱하여 층 내 모든 뉴런의 가중합을 계산할 수 있다. 결과는 그 층 내 미니배치의 모든 예제의 모든 가중합으로 된 새로운 행렬이 될 것이다. 같은 계산을 각각의 층에 한 뒤 비슷한 방식으로 전체 미니배치에 역전파를 수행한다. 마지막으로 N개의 업데이트 행렬을 구축하는데, 이때 N은 미니배치 내 예제의 개수다. 그 뒤 이 모든 행렬의 요소별 평균을 곱한다. 이는 가중치를 업데이트하기 위해 미니배치로부터 계산한 평균 기울기를 사용해 가중치 행렬로부터 뺄 수 있는 최종 행렬이 된다. 초기화 코드 및 과정과 도표를 인쇄하는 코드는 바뀌지 않았으므로, 예제에서 이를 반복하지는 않는다.

뉴런과 연결을 나타내는 코드는 코드 F-2에서 보여준다. 이전에 벡터 변수였던 것은 이제 새로운 차원이 미니배치 크기인 행렬이 된다. 프로그래밍 예제는 BATCH_SIZE 변수가 값 32로 초기화됨을 가정한다.

코드 F-2 미니배치 구현의 가중치, 출력, 오차 항을 나타내는 행렬

```
def layer_w(neuron_count, input_count):
    weights = np.zeros((neuron_count, input_count+1))
    for i in range(neuron_count):
```

```
        for j in range(1, (input_count+1)):
            weights[i][j] = np.random.uniform(-0.1, 0.1)
    return weights

# 뉴런을 나타내는 행렬과 벡터 선언
hidden_layer_w = layer_w(25, 784)
hidden_layer_y = np.zeros((25, BATCH_SIZE))
hidden_layer_error = np.zeros((25, BATCH_SIZE))

output_layer_w = layer_w(10, 25)
output_layer_y = np.zeros((10, BATCH_SIZE))
output_layer_error = np.zeros((10, BATCH_SIZE))
```

코드 F-3은 포워드 패스, 백워드 패스, 가중치 조정을 위한 함수를 보여준다. forward_pass 함수는 직관적이다. 유일한 차이점은 출력 층의 입력을 만들 때 이제 이를 단지 편향 항 하나가 아닌 편향 항의 벡터로 확장해야 한다는 것이다. 이것이 벡터인 이유는 미니배치 내 각 예제마다 편향 요소 하나가 필요하기 때문이다. 또 다른 차이점은 이제 x가 단일 예제를 나타내는 벡터가 아닌 훈련 예제의 배치를 나타내는 행렬이라는 것이다. 코드 자체는 바뀌지 않았지만, matmul의 인수가 이제 행렬과 벡터가 아닌 행렬 2개임을 주지하는 게 좋다.

backward_pass 함수는 이제 입력 y_truth가 행렬이라 하더라도 바뀌지 않는다. 함수에서 사용되는 전역 변수 hidden_layer_error, output_layer_error에도 같이 적용된다.

adjust_weights에서 편향 항의 벡터(기술적으로 1차원의 값이 1인 행렬)를 은닉 층의 출력에 덧붙여야 한다. 이때 벡터 길이는 배치 크기를 나타낸다. 우리는 미니배치 내 모든 예제를 따라 루프를 돌고, delta_matrix 내 델타를 누적시키고, 미니배치 크기로 나누는 for 루프를 추가했다. 이것이 우리가 기울기의 평균을 계산하는 방법이다. 그 뒤 이전 구현과 같이 가중치 업데이트를 하지만 이제는 대신에 이러한 평균된 행렬을 사용한다.

```python
def forward_pass(x):
    global hidden_layer_y
    global output_layer_y
    # 은닉 층을 위한 활성 함수
    hidden_layer_z = np.matmul(hidden_layer_w, x)
    hidden_layer_y = np.tanh(hidden_layer_z)
    hidden_output_array = np.concatenate(
        (np.ones((1, BATCH_SIZE)), hidden_layer_y))
    # 출력 층을 위한 활성 함수
    output_layer_z = np.matmul(output_layer_w,
        hidden_output_array)
    output_layer_y = 1.0 / (1.0 + np.exp(-output_layer_z))

def backward_pass(y_truth):
    global hidden_layer_error
    global output_layer_error
    # 각 출력 뉴런을 위해 오차를 역전파시킨다.
    error_prime = -(y_truth - output_layer_y)
    output_log_prime = output_layer_y * (
        1.0 - output_layer_y)
    output_layer_error = error_prime * output_log_prime
    # 각 은닉 뉴런을 위해 오차를 역전파시킨다.
    hidden_tanh_prime = 1.0 - hidden_layer_y**2
    hidden_weighted_error = np.matmul(np.matrix.transpose(
        output_layer_w[:, 1:]), output_layer_error)
    hidden_layer_error = (
        hidden_tanh_prime * hidden_weighted_error)

def adjust_weights(x):
    global output_layer_w
    global hidden_layer_w
    delta_matrix = np.zeros((len(hidden_layer_error[:, 0]),
                             len(x[:, 0])))
    for i in range(BATCH_SIZE):
        delta_matrix += np.outer(hidden_layer_error[:, i],
                                 x[:, i]) * LEARNING_RATE
    delta_matrix /= BATCH_SIZE
    hidden_layer_w -= delta_matrix
```

```
        hidden_output_array = np.concatenate(
            (np.ones((1, BATCH_SIZE)), hidden_layer_y))
        delta_matrix = np.zeros(
            (len(output_layer_error[:, 0]),
             len(hidden_output_array[:, 0])))
        for i in range(BATCH_SIZE):
            delta_matrix += np.outer(
                output_layer_error[:, i],
                hidden_output_array[:, i]) * LEARNING_RATE
        delta_matrix /= BATCH_SIZE
        output_layer_w -= delta_matrix
```

마지막으로, 코드 F-4는 미니배치 구현의 훈련 루프를 보여준다. 훈련 및 테스트 예제를 따라 루프를 하는 for 루프는 이제 반복마다 미니배치 하나를 다루도록 바뀐다. 이는 다수의 훈련 예제를 포워드 및 백워드 패스 함수에 전달되는 행렬로 모으는 로직을 포함한다.

바깥 루프에서(인덱스 j) 훈련 및 테스트 집합이 미니배치 크기로 균등하게 나눠지지 않을 때 이들을 제대로 다루지 않고 약간의 속임수를 썼다. 부분적으로 채워진 행렬을 어떻게 사용할지 걱정하는 대신에, 단순히 마지막 몇 개의 훈련 및 테스트 예제를 지나간다. 이는 프로덕션 구현에서는 받아들이지 못할 수도 있지만 코드를 더욱 짧고 이해하기 쉽게 만든다.

코드 F-4 미니배치 구현을 위한 훈련 루프

```
index_list = list(range(int(len(x_train)/BATCH_SIZE)))
# 네트워크 훈련 루프
for i in range(EPOCHS): # EPOCHS회 훈련함
    np.random.shuffle(index_list) # 순서의 무작위화
    correct_training_results = 0
    for j in index_list:
        j *= BATCH_SIZE
        x = np.ones((785, BATCH_SIZE))
        y = np.zeros((10, BATCH_SIZE))
```

```
        for k in range(BATCH_SIZE):
            x[1:, k] = x_train[j + k]
            y[:, k] = y_train[j + k]
        forward_pass(x)
        for k in range(BATCH_SIZE):
            if(output_layer_y[:, k].argmax()
                    == y[:, k].argmax()):
                correct_training_results += 1
        backward_pass(y)
        adjust_weights(x)

    correct_test_results = 0
    for j in range(0, (len(x_test) - BATCH_SIZE),
                    BATCH_SIZE): # 네트워크 값매김
        x = np.ones((785, BATCH_SIZE))
        y = np.zeros((10, BATCH_SIZE))
        for k in range(BATCH_SIZE):
            x[1:, k] = x_test[j + k]
            y[:, k] = y_test[j + k]
        forward_pass(x)
        for k in range(BATCH_SIZE):
            if(output_layer_y[:, k].argmax()
                    == y[:, k].argmax()):
                correct_test_results += 1
    # 경과 보여주기
    show_learning(i, correct_training_results/len(x_train),
                    correct_test_results/len(x_test))
plot_learning() # 도표 만들기
```

이 구현을 실행하면 이전 구현과는 다른 움직임을 얻을 것이다. 미니배치를 사용하면
업데이트가 다른 기울기로 되며, 또한 에포크마다 전체 가중치 업데이트가 더 적다. 그
결과 우리의 새로운 설정에서 다른 매개변숫값으로 실험을 하는 것이 적절하다. 미니
배치 크기가 32인 미니배치 구현에서, 우리의 실험은 학습률을 0.01에서 0.1로 높이면
학습이 더 잘되는 것으로 나타난다.

합성곱 층을 수학적 합성곱과 연관시키기

부록 G는 7장 '이미지 분류에 적용된 합성곱 신경망'과 관련이 있다.

부록 G의 의도는 **합성곱**convolution의 수학적 정의를 간단히 설명하고 해당 정의와 합성곱 네트워크에서의 적용 사이의 갭을 연결하는 것이다. 이 설명은 합성곱과 이미 어느 정도 친숙한 독자를 대상으로 한다. 이전에 이 개념을 본 적이 없다면, 합성곱을 더 폭넓게 다루는 교재를 먼저 봐야 할 수도 있다. 통상적으로 신호와 시스템을 다루는 어떤 책에서든지 찾을 수 있는데, 그중 하나로 발머Balmer(1997)가 쓴 책이 있다. 다소 직관적이지는 않지만, 우리는 합성곱을 자세히 이해하면 합성곱 네트워크를 기본적으로 이해한다는 측면에서 꽤 도움이 된다는 것에 의구심이 든다고 생각한다.

과거에 합성곱을 본 적이 있다면, 신호 처리[1] 측면에서의 1차원 합성곱이었을 가능성이 있으며 연속적인 신호에 적용됐을 가능성이 크다. 이러한 측면에서 일반적인 합성곱의 사용 사례는 오디오 필터[2]의 임펄스 응답을 수립해 필터의 특성을 결정하는, 즉 어떻게 각기 다른 주파수의 신호가 감쇠되는지를 결정하는 것이다. 반대로 딥러닝 기반 이미지 분류의 측면에서 보면, 통상적으로 이산적인 신호에 적용된 2차원 합성곱

---

1   우리가 틀렸으며 우리 경험을 여러분에게 투영하고 있을 가능성이 있다. 우리 시대에는 합성곱이 아날로그 오디오에서 쓰였지만, 요즘에는 사람들이 디지털 이미지 처리에서 합성곱을 만날 수도 있다.

2   오디오 필터는 오디오 시스템에서 트레블(treble)을 베이스와 비교하여 얼마나 억제시킬지를 통제하는 데 쓰인다.

을 사용한다. 합성곱 커널은 패턴/특성 식별자로 사용된다. 구현 관점에서 합성곱 대신에 관련된 연산 교차 상관^{operation cross-correlation}을 하는 것이 일반적이다. 이 설명 마지막에 이를 다룬다.

합성곱은 두 함수 $f(t)$와 $g(t)$에 적용되는 연산이며 새로운 함수 $(f * g)(t)$가 되고, 이때 *는 합성곱 연산자다. 더 구체적으로 합성곱으로부터 나오는 함수는 다음과 같이 정의된다.

$$(f * g)(t) = \int_{-\infty}^{\infty} f(\tau) g(t - \tau) d\tau$$

합성곱이 적분이므로, 합성곱의 값은 곡선 하 면적을 나타낸다. 우리가 적분하는 곡선은 f를 g의 미러링된 시간이동 버전으로 곱하여 얻는다. 변수 t는 함수 g를 얼마나 시간이동시키는지 결정한다.

이를 더 명확히 하기 위해³ 오디오 필터 예제에서 f는 오디오 신호를, g는 필터 함수를 나타낼 것이다. 그림 G-1에서 그래프적 표현을 보라. 상단의 차트 2개는 두 함수 f와 g를 보여준다. 하단의 차트 2개는 어떻게 g가 y축에 대해 미러링되고 시간이동됐는지 보여준다. 시간에 따라 g의 미러링된 버전을 왼쪽에서 오른쪽으로 슬라이딩시킨다. g의 각 시간이동된 위치는 합성곱 함수의 값이 된다. 그림은 입력값이 2일 때 어떻게 합성곱을 계산하는지 보여준다. 먼저 f와 g(미러링되고 2만큼 시간 이동된) 사이의 곱을 계산하고, 이는 그림의 빨간색 곡선이 된다. 그 뒤 이 함수에 대해 적분을 하고, 이는 초록색 곡선이 된다. 즉, 초록색 곡선은 빨간색 곡선 하 면적을 나타낸다.

하단 오른쪽 차트는 모든 입력값의 전체 합성곱 함수를 보여준다. 3.0에서 고점으로, 이는 g가 f에 완전히 겹치는 위치에서의 빨간색 곡선 하 면적이다.

이제 합성곱을 연속적인 신호가 아닌 이산적인 신호, 예를 들어 연속적인 오디오 신호의 이산적 샘플에 적용하는 경우를 고려해보자. 그러면 적분은 합으로 바뀐다.

---

3 앞서 언급했듯이 여기선 여러분이 전에 합성곱을 본 적이 있다고 가정한다. 그렇지 않다면 이것이 여러분에게 명확하기가 어려울 것이다.

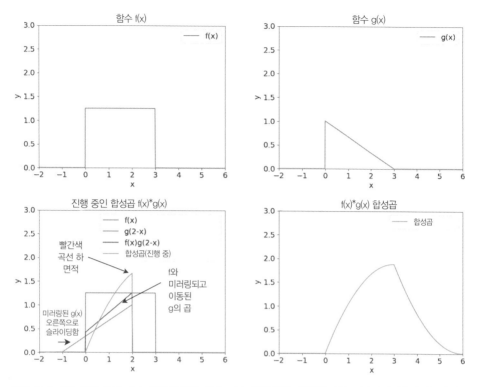

그림 G-1 상단 왼쪽: 함수 $f(x)$. 상단 오른쪽: 함수 $g(x)$. 하단 왼쪽: 합성곱 과정. $g(x)$의 미러링된 버전이 왼쪽에서 오른쪽으로 슬라이딩한다. 빨간색 곡선은 이 두 곡선의 곱을 나타낸다. 합성곱은 빨간색 곡선 하 면적을 나타낸다.

$$(f*g)[i] = \sum_{m=-\infty}^{\infty} f[m]g[i-m]$$

많은 경우 무한으로 작업하면 불편하므로(그리고 비현실적이다) 유한한 시퀀스에서의 작업으로 물러서면 이산 합성곱은 다음으로 바뀐다.

$$(f*g)[i] = \sum_{m=-M}^{M} f[m]g[i-m]$$

그림 G-2는 이전 그림의 f와 g의 이산적 버전을 사용한 이산 합성곱의 그래프 표현을 나타낸다. 하단 왼쪽 차트에서 g의 시간이동을 이전 예제와 같은 2 대신에 1로 선택했

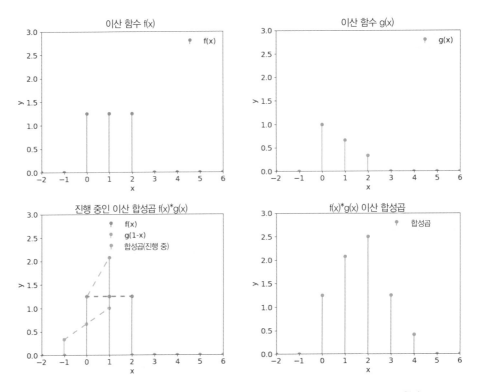

그림 G-2 이산 합성곱. 차트는 그림 G-1의 차트를 흉내 내지만, g가 2 대신 1만큼 이동한다.

다. 빨간색 곡선은 생략하고 하단 오른쪽 차트에서의 각 함수의 데이터 지점을 연결하는 점선을 추가해 더 읽기 좋게 했다.

오디오 신호의 경우, 합성곱은 독립 변수가 시간인 시간 도메인 내에서 이뤄진다. 시간 t의 출력은 시간 t, $t-1$, …, $t-n$에서의 입력 함수가 될 것이다. 또 다른 사용 사례로는 이미지 처리가 있으며, 합성곱이 공간적 도메인 및 2차원 내에서 이뤄진다. 출력을 일련의 역사적 값에 기반하여 계산하는 대신에, 이미지 필터가 픽셀의 영역을 입력값으로 사용해 픽셀값을 계산한다. 이는 입력 이미지를 흐리게 혹은 명확하게 하거나 또한 경계 탐지edge detection를 수행하는 데도 쓰일 수 있다. 후자의 사용 사례가 우리의 합성곱 네트워크와 관련성을 갖기 시작한다.

이산 2차원 합성곱의 공식은 다음과 같다.

$$(f*g)[i, j] = \sum_{m=-M}^{M} \sum_{n=-N}^{N} f[i,j]\, g[i-m, j-n]$$

방정식을 조사해보면, $M \times N$ 그레이스케일 픽셀(단일 색 채널)을 뉴런에 입력으로 공급할 때 쓰이는 계산과 거의 비슷함을 볼 수 있다. 이때 f는 픽셀을, g는 뉴런 가중치를 나타낸다고 가정한다. i와 j 두 인덱스는 수용 영역 중심에서의 픽셀 위치를 나타낸다. 한 가지 복잡한 요인은 g 함수의 인수에 있는 음의 부호다. 이것은 우리가 픽셀값을 뉴런에 공급할 때의 계산과 들어맞도록 양의 부호로 바뀌어야 한다.

이는 우리에게 교차 상관의 개념을 가져다준다. g 함수의 음의 부호를 양의 부호로 바꾸면, 방정식은 더 이상 합성곱 연산을 묘사하지 않는다. 대신에 관련성이 있는 연산인 **교차 상관**cross-correlation을 묘사한다. 신경망의 경우 함수 g(뉴런 가중치로 정의된)가 자동적으로 훈련 동안 학습되기 때문에 유의성이 거의 없으므로, 이는 단지 어떤 가중치가 무슨 값을 얻느냐의 문제일 뿐이다. 이러한 관점에서 만일 신경망의 실제 구현이 g에 해당하는 가중치를 갖는 행렬을 뒤집거나, 아니면 앞선 방정식에서 설명한 방식대로 행렬을 둔다고 하더라도 상관이 없다. 결과는 합성곱 네트워크를 구현하는지 아니면 교차 상관 네트워크를 구현하는지에 상관없이 같을 것이다. 이러한 혼동을 막기 위해 2차원 교차 상관의 수학 공식을 서술한다.

$$(f * g)[i, j] = \sum_{m=-M}^{M} \sum_{n=-N}^{N} f[i,j]\, g[i+m, j+n]$$

합성곱 공식의 음의 부호가 교차 상관 공식에서 양의 부호로 바뀌었음을 주지하라. 이제 합성곱 연산이 어떻게 합성곱 네트워크에서 사용했던 패턴 식별자와 관련이 있는지 명확해졌다.

게이트 순환 유닛

부록 H는 10장 '장단기 메모리'와 관련이 있다.

10장에서 호흐라이터[Hochreiter]와 슈미드후버[Schmidhuber]가 1997년에 소개한 장단기 메모리[LSTM]를 소개했다. 2014년에 조[Cho]와 동료들(2014b)이 게이트 순환 유닛[GRU, Gated Recurrent Unit]을 소개했는데, "LSTM의 영감을 받았지만 계산하고 구현하기가 훨씬 단순하다."라고 설명되어 있다. LSTM과 GRU 모두 현대 순환신경망[RNN]에서 자주 쓰인다. 여러분의 기억을 되돌리기 위해 10장의 그림 10-6에서 보여줬던 LSTM 기반 층의 그림 H-1로 시작한다.

LSTM 셀의 이 네트워크를 보면, 왜 상태 2개가 필요한지 궁금할 수 있다. 상수 오차 캐러셀[CEC, Constant Error Carousel]은 오직 하나의 상태 집합으로 구축이 가능한 것으로 보인다. GRU가 바로 이를 수행하는 것이며, 또한 출력 활성 함수 및 출력 게이트를 제거한다. 이는 또한 기억 게이트와 망각 게이트를 단일 업데이트 게이드로 조합한다. GRU의 다른 두 가지 버전은 그림 H-2가 보여준다. 다른 버전이 2개인 이유는 GRU가 제안됐던 논문의 원본 버전은 구현 하나를 포함하지만(Cho et al., 2014a), 이 구현은 나중 버전에서 다소 변경됐기 때문이다(Cho et al., 2014b). 우리는 두 구현 모두 논의한다.

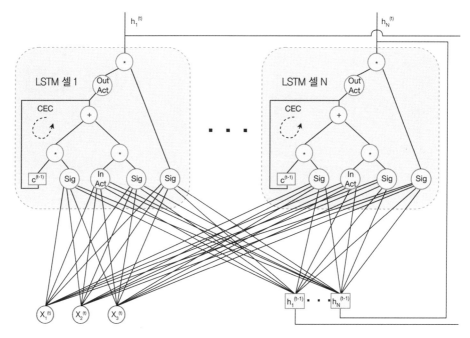

그림 H-1 LSTM 셀의 네트워크

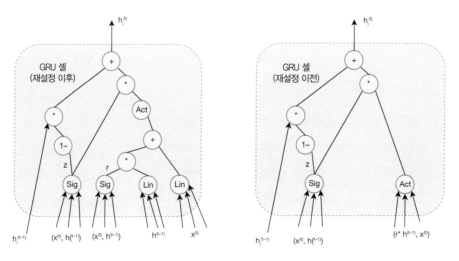

그림 H-2 GRU의 두 가지 버전. 왼쪽: 재설정 이후 구현. 오른쪽: 재설정 이전 구현

GRU 셀은 별도의 내부 상태가 없고 전역 순환 연결을 사용해 CEC를 구현한다. 이 또한 기억 게이트와 망각 게이트를 단일 업데이트 게이트로 조합한다.

본래 구현은 왼쪽에서 보여준다. CEC의 c 상태가 셀에서 제거됐으며, CEC는 이제 이전 시간단계의 출력을 사용하는데, 그림의 가장 왼쪽 입력 화살표가 이를 나타내주고 있다. 이는 단일(스칼라) 값이며, 각 셀은 이전 시간단계로부터 그 자신만의 출력을 받는다. 그림의 다른 모든 입력은 벡터 입력으로, 현재 시간단계의 모든 x 값 및 이전 시간단계의 모든 출력값에 해당한다.

가장 왼쪽 로지스틱 시그모이드 뉴런(값 z를 계산하는)은 **업데이트 게이트**[update gate]라 알려져 있다. 이는 LSTM의 망각 게이트와 기억 게이트를 대체한다. 그림에서 보여주듯이 유입되는 h 값으로 z를 직접 곱하는 대신에, 노드는 1로 마킹된다. 이는 먼저 $(1-z)$를 계산함을 뜻하며, 이는 그림에서 가장 왼쪽의 곱이 망각 게이트의 역할을 하도록 한다. 한편 바뀌지 않은 z 값은 활성 함수(Act라 표기된)로부터 오는 값의 문 역할을 하는 데 쓰인다. 즉, 업데이트 게이트 출력이 1일 때 CEC는 활성 함수의 출력으로 업데이트될 것이며, 한편 업데이트 게이트 출력이 0일 때는 이전 시간단계의 상태를 기억할 것이다.

이제 활성 함수의 입력이 무엇인지 보자(즉, 셀이 기억할 새로운 값으로 무엇이 공급될지). 왼쪽으로부터 두 번째 로지스틱 시그모이드 뉴런(r 값을 계산하는)은 재설정 게이트[reset gate]라 알려져 있다. 이 게이트는 이전 시간단계의 얼마만큼이 새롭게 계산되는 값에 영향을 줘야 하는지 결정한다. 이 계산은 먼저 $h^{(t-1)}$을 활성 함수가 없는(선형) 뉴런으로 공급함으로써, 이전 시간단계로부터의 출력 가중합을 계산해 수행한다. 그 뒤 이 둘을 같이 곱하여 하나의 값을 구성한다. 이 값은 현재 시간단계의 x 입력의 가중합(가장 오른쪽의 Lin 뉴런으로 함)의 출력에 더해진다. 이 두 값의 합은 그다음 활성 함수로 공급된다. 결국 GRU의 오른쪽 구석의 뉴런 집합은 r 값으로 스케일링된 입력 $h^{(t-1)}$ 및 스케일링되지 않은 입력 $x^{(t)}$를 받는 단일 뉴런으로 볼 수 있다. 편향 항은 그림에서 생략되어 있다.

요약하자면, GRU는 LSTM과 비교하여 여러 단순화를 가져왔다. 여기에는 내부적인 셀 상태가 없다. GRU는 이전 시간단계로부터의(내부 상태 대신에) 출력 상태 그리고 현재 시간단계를 위한 입력 활성 함수의 가중합으로 출력을 계산함으로써, 여전히 많은 시간단계에 걸쳐 상태를 기억하는 능력이 있다. 이 두 가중치는 LSTM과 같이 동적으로 통제되지만, 이는 2개의 개별적인 게이트(기억과 망각)를 사용하는 대신에 단일 **업데이트** 게이트를 사용한다. 마지막으로, GRU는 출력 게이트 혹은 출력 활성 함수가 없다. 출력은 단순히 현재 시간단계로부터의 입력 활성화 그리고 이전 시간단계의 출력 상태의 가중합이다.

GRU의 대안적인 구현

이제 그림 H-2 오른쪽의 대안적인 구현을 보자. 얼핏 보면 단순한 구현처럼 보이지만 활성화 뉴런(Act라 이름 붙인 가장 오른쪽 뉴런)의 입력이 벡터 $r * h^{(t-1)}$을 받음을 주지하라. 식에서 r은 벡터이며, $*$는 요소별 곱을 나타낸다. 즉, 이 버전의 GRU를 사용하기 위해서는 먼저 유닛 바깥의 재설정값의 벡터를 계산해야 한다. 자세한 내용은 곧 보겠지만 먼저 이 유닛이 무엇을 하는지 고려해보자. GRU의 이전 버전에서와 같이 셀이 기억할 수 있는 후보 값은 활성 뉴런에 의해 계산되며, 이는 r 값을 통해 요소별로 스케일링된 입력 $h^{(t-1)}$ 그리고 스케일링되지 않은 $x^{(t)}$를 받는다. 다시 말해 가장 큰 차이점은 $h^{(t-1)}$의 가중치 행렬과의 곱 '이전'에 스케일링이 이뤄진다는 것이며, 한편 GRU의 처음 버전에서는 스케일링이 행렬 곱 '이후'에 이뤄졌다.

GRU 기반 네트워크

그림 H-3은 재설정 이후$^{reset-after}$ GRU로부터 구축된 RNN 층을 보여준다. 학습할 매개변수(가중치)의 수는 단순한 RNN의 세 배다. LSTM과 비교하면 더 이상 네트워크 내에서 상태의 2개 집합을 갖지 않으며, 하나의 활성 함수와 2개의 게이트 함수만이 있

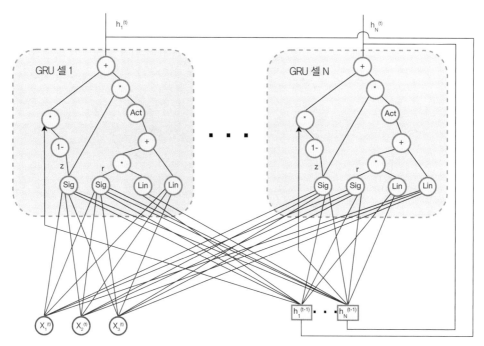

그림 H-3 재설정 이후 GRU로부터 구축된 순환신경망 층. 이 그림은 시간에서의 전개를 보여주지 않는다.

을 뿐이다.

그림 H-4는 재설정 이전$^{reset\text{-}before}$ GRU로부터 구축된 RNN 층을 보여준다. 활성 뉴런으로의 입력에만 집중하기 위해 많은 연결을 생략했다. 앞서 언급했듯이 이제 각 $\boldsymbol{h}^{(t-1)}$ 값을 셀에 공급하기 전에 먼저 스케일링하기 위해 유닛 바깥의 $\boldsymbol{h}^{(t-1)}$ 각 요소를 위한 r 값을 계산해야 한다.

> GRU에는 **재설정 이전**과 **재설정 이후**라는 두 버전이 있다.

두 번째 버전(재설정 이전)은 GRU의 가장 일반적인 버전이다(그러나 케라스는 둘 다 구현한다[1]). 청^{Chung}과 동료들(2014)에 따르면 제한적인 실험으로 두 대안 모두 학습 능력에

---

1 케라스가 두 버전을 모두 구현하는 것은 맞지만, 재설정 이후 버전의 편향 항 개수에 약간의 차이가 있음을 주지하라.

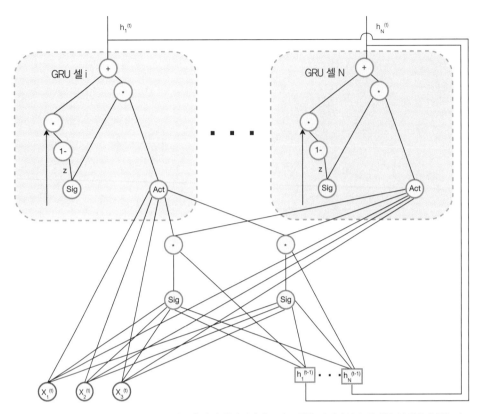

그림 H-4 재설정 이전 GRU로부터 구축된 순환신경망 층. 이 그림은 시간에서의 전개를 보여주지 않는다.

서 견줄 만함을 보였다(연구에서 주석 하나에 언급됨). 두 번째 버전의 GRU가 네트워크 토폴로지를 얼마나 복잡하게 만드는지를 보면, 상당한 학습적 이점이 없음에도 불구하고 누가 이를 고안해낼 수 있는지 이상하게 보일 수도 있다. 아마도 많은 사람이 유닛을 꼭 별개로 생각하지는 않고, 유닛의 전체 층을 기본 토대로 보기 때문이라고 설명할 수 있을 듯하다. 그림 H-5는 어떻게 GRU 층(하단)이 LSTM 층(상단)과 비교되는지를 'Understanding LSTM Networks'(Olah, 2015)에서 사용된 것과 동일한 스타일로 보여준다.

그림의 하단 부분에서 볼 수 있듯이 재설정 게이트(출력 r)가 tanh 뉴런에 공급되기 전에 $h^{(t-1)}$에 적용된다. 즉, 이는 재설정 이전 변형이다(이 부록에서 학습한 두 번째 버전). 전체

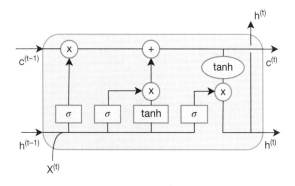

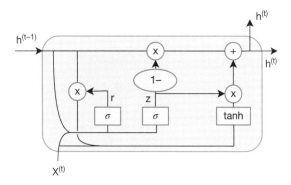

그림 H-5 LSTM 층(상단)과 재설정 이전 GRU 층(하단)(출처: Olah, C., *Understanding LSTM Networks*, August 2015, https://colah.github.io/posts/2015-08-Understanding-LSTMs)

층을 개체로 보면, 이 변형은 개별 유닛을 볼 때만큼 난해하지 않아 보임이 분명하다.

방정식 H-1은 행렬 표기법을 사용해 GRU 층을 보여준다. 이는 재설정 이전 변형을 또 다시 설명하며, 이때 W와 행렬 곱을 하기 전에 (3)에서 $\boldsymbol{h}^{(t-1)}$을 $\boldsymbol{r}^{(t)}$로 (요소별로) 곱한다.

방정식 H-1 GRU 층을 설명하는 방정식

$$\boldsymbol{z}^{(t)} = \sigma\left(W_z\left[\boldsymbol{h}^{(t-1)}, \boldsymbol{x}^{(t)}\right] + \boldsymbol{b}_z\right) \tag{1}$$

$$\boldsymbol{r}^{(t)} = \sigma\left(W_r\left[\boldsymbol{h}^{(t-1)}, \boldsymbol{x}^{(t)}\right] + \boldsymbol{b}_r\right) \tag{2}$$

$$\tilde{\boldsymbol{h}}^{(t)} = \tanh\left(W\left[\boldsymbol{r}^{(t)} * \boldsymbol{h}^{(t-1)}, \boldsymbol{x}^{(t)}\right] + \boldsymbol{b}_{\tilde{h}}\right) \tag{3}$$

$$h^{(t)} = (1 - z^{(t)}) * h^{(t-1)} + z^{(t)} * \tilde{h}^{(t)} \tag{4}$$

대신에 재설정 이후 버전을 설명하고자 한다면, 간단히 (3)을 다음으로 바꾼다.

$$\tilde{h}^{(t)} = \tanh\left(W x^{(t)} + r^{(t)} * U h^{(t-1)} + b_{\tilde{h}}\right)$$

이러한 추상적 수준에서 작업할 때 이 두 변형은 서로 비슷하다.

> 구현 관점에서 행렬 곱 이후에 재설정을 하면 도움이 될 수 있음이 밝혀진다(Keras Issue Request, 2016).

LSTM을 사용할지 아니면 GRU를 사용할지 선택하는 측면에서, 어떤 유닛이 가장 좋은 선택일지 선제적으로 말하는 방법은 알지 못한다. LSTM은 더 많은 조정 가능한 매개변수 때문에 때때로 GRU보다 더 낫다. 반면에 LSTM 또한 GRU보다 더 나쁠 수도 있다. 두 유닛 형태 모두 시도해보고 풀고자 하는 문제에 가장 잘 동작하는 것을 사용하면 적절한 경우가 많다.

개발 환경 설정

부록 I는 적절한 개발 환경을 설정해 이 책에서 제공하는 코드 예제를 시도하는 방법을 설명한다. 코드 예제는 리눅스, 맥 OS, 윈도우와 같이 파이썬 3 그리고 텐서플로나 파이토치 중 하나(사용하고자 하는 딥러닝^{DL} 프레임워크에 따라)를 쓸 수 있는 어떠한 플랫폼에서든지 동작해야 한다. 처음 몇 개 장의 예제는 CPU만 가능한 플랫폼에서 실행이 가능하다. 그러나 더욱 발전된 예제에서는 여러분만의 그래픽 처리 유닛^{GPU}을 갖고 있거나 아니면 아마존 웹 서비스^{AWS, Amazon Web Services} 같은 클라우드 서비스로부터 이를 몇 분간 대여함으로써 GPU 가속 플랫폼[1]에 접근할 수 있다면 훨씬 더 나은 경험을 하게 될 것이다.

마찬가지로 처음 4개 장의 프로그래밍 예제는 DL 프레임워크를 필요로 하지 않고 오직 파이썬, 몇몇 기본 라이브러리, MNIST 데이터셋만을 사용해 실행할 수 있다. 그러므로 빨리 시작하고 싶다면 이 부록의 처음 몇몇 질에서 시작해 MNIST에 대한 절 다음에서 멈출 수 있다. 그런 다음 5장 'DL을 향해: 프레임워크 및 네트워크 미조정'을 읽을 준비가 되면 DL 프레임워크 설치로 다시 돌아오라.

여러분이 파이토치 버전의 코드 예제에 집중하고 싶다면, 파이토치와 텐서플로의 주요

---

1 여러분이 CPU에서 모든 프로그래밍 예제를 실행하는 것을 방해하는 것은 없지만 더 오랜 시간이 걸릴 것이다.

차이점을 강조하는 부록 I의 마지막 절을 읽어보자.

파이썬

이 책의 모든 예제는 파이썬 3.x에 기반한다. 파이썬이 처음이라면 파이썬 3는 파이썬 2와 (비슷하지만) 다른 언어라는 점을 알지 못할 수도 있다. 그러므로 여러분의 파이썬 버전은 적어도 3.0이어야 한다. 정확한 버전은 여러분이 사용하는 DL 프레임워크의 버전과 호환되는 한 그리 중요하지 않다. 여러분의 시스템에 파이썬이 이미 설치되어 있을 수도 있으며, 여러분의 셸/커맨드 프롬프트에서 다음의 두 명령줄 중 하나를 타이핑하여 파이썬 설치 여부와 버전을 확인할 수 있다.

```
python --version
python3 --version
```

python 명령이 버전 3에 연결되어 있거나 아니면 버전 2를 참조할 수도 있으므로, 올바른 것을 고르기를 바란다. 파이썬이 설치되어 있지 않으면, https://www.python.org/downloads에서 쉽게 다운로드하고 설치할 수 있을 것이다.

파이썬이 설치되면 DL 프레임워크가 필요하지 않은 초기 예제들을 진행할 수 있어야 한다. 예시의 실행은 실행하고자 하는 파이썬 파일을 포함하는 디렉터리로 바꾸고 파이썬을 실행할 때 파일 이름을 인수로 주는 것과 같이 간단해야 한다.

```
python3 my_example.py
```

또한 수치 계산, 그리기, MNIST 데이터셋과 이미지 읽기에 쓰이는 numpy, matplotlib, idx2numpy, pillow 패키지가 필요하다. 다음 명령을 치면 모든 설치된 패키지를 출력해 이들이 설치되어 있는지 확인할 수 있다.

```
pip3 list
```

설치되어 있지 않다면 설치가 필요하다. 먼저 pip3를 가장 최신 버전으로 업그레이드

하고 패키지를 설치하라.[2]

```
pip3 install pip3
pip3 install numpy
pip3 install matplotlib
pip3 install idx2numpy
pip3 install pillow
```

프로그래밍 환경

단순히 모든 코드를 텍스트 파일에 넣고 커맨드 프롬프트에서 파이썬 인터프리터로 실행할 수도 있지만, 우리는 더욱 발전된 프로그래밍 환경이 디버깅 능력 및 생산성 모두를 개선해준다고 굳게 믿는다. 설명하는 것이 가장 좋거나 유일한 환경이라고 주장하지는 않지만, 적절하다고 생각한다. 그러므로 파이썬이 처음이며 최선의 선택을 탐색하는 데 시간을 들이고 싶지 않다면, 단순히 우리의 추천을 따를 것을 권한다.

주피터 노트북

주피터 노트북^{Jupyter Notebook}은 웹 브라우저에서 프로그램을 쓰고 실행하는 환경이다. 여러분이 더욱 전통적인 프로그래밍 환경에서 왔다면 처음에는 다소 이상해 보일 수도 있지만, 이를 시도해보면 좋은 기능들이 있음을 발견할 것이다. 유용한 기능 중 하나는 여러분이 프로그램의 일부를 처음부터 다시 시작하지 않고 실행, 수정, 재실행할 수 있다는 점이다. 선언된 변수는 상태를 유지한다. 여러분은 잘될 때까지 이들을 시도하고 어떤 변수든지 새로운 인쇄문을 추가해 쉽게 검사할 수 있다. 만일 여러분이 더욱 전통적인 프로그래밍 환경에서 왔다면, 이 또한 전통적인 디버거에서 할 수 있다고

---

2 저자는 정오표 페이지에서 일부 코드 및 라이브러리가 scipy 그리고 scikit-learn을 필요로 함을 언급하고 있다. 다음 명령으로 이를 설치해야 할 수도 있다.

```
pip3 install scipy
pip3 install sklearn
```

자세한 내용은 정오표 페이지(https://ldlbook.com/errata/)를 참고하라. – 옮긴이

주장할 수도 있다. 그러나 일단 여러분이 주피터 노트북에 대한 감을 잡으면 여기서 큰 이점이 있음을 알게 될 것이라고 믿으므로, 시도해보기를 강력히 권한다. 또한 코드와 문서화를 훌륭하게 믹스 앤 매치할 수 있다. 이 책의 프로그래밍 예제를 위해 전통적인 파이썬 파일을 제공하는 것에 더해서 주피터 노트북 파일을 쓸 수 있게 했다. 주피터 노트북을 설치하는 방법에 대한 더 많은 정보는 http://jupyter.org에서 찾을 수 있다.

여러분의 플랫폼과 환경에 따라, 주피터로 도표를 제대로 얻기 위해 다음을 파일의 맨 위에 추가해야 할 수도 있다.

```
%matplotlib inline
```

이는 주피터에게 그림을 다루는 방법을 알려주는 빌트인 **매직 커맨드**magic command라 알려져 있다.

통합 개발 환경 사용하기

주피터 노트북은 프로토타이핑에 좋지만, 언젠가 더 큰 애플리케이션 구축을 진지하게 고민하고 있다면, 쉽게 프로그램을 나누고 여러 파일로 분할할 수 있게 해주는 적절한 통합 개발 환경IDE, Integrated Developer Environment을 사용해야 한다고 믿는다.

IDE의 또 다른 장점은 오류 메시지와 스택 트레이스에만 의존하는 대신에 중단점을 설정하고 DL 프레임워크의 깊은 안쪽 함수에 한 걸음 더 들어갈 수 있게 해주는 디버거가 따라온다는 것이다.

인기 있는 IDE가 많이 존재하며, http://www.jetbrains.com/pycharm에서 찾을 수 있는 PyCharm을 추천한다.

또 다른 대안으로는 PyDev 확장이 지원되는 이클립스Eclipse를 사용하는 것이다. 이는 이클립스에 이미 친숙하다면 쉽게 시작할 수 있는 방법이다. 이클립스와 PyDev를 설치하는 방법은 http://www.eclipse.org/downloads와 http://www.pydev.org에서 찾을 수 있다.

프로그래밍 예제

모든 프로그래밍 예제는 텐서플로 2.4와 파이토치 1.8.0에서 테스트됐다. 파이썬 파일과 주피터 노트북은 https://github.com/NVDLI/LDL/ 아니면 http://ldlbook.com 에서 다운로드할 수 있다.

리포지토리의 루트에는 다음 4개의 디렉토리가 있다.

* **data**: 데이터셋이 다운로드돼야 할 디렉토리
* **stand_alone**: DL 프레임워크가 필요 없는 코드 예제를 포함하는 디렉토리
* **tf_framework**: 텐서플로 프레임워크에 의존하는 코드 예제를 포함하는 디렉토리
* **pt_framework**: 파이토치 프레임워크에 의존하는 코드 예제를 포함하는 디렉토리

tf_framework와 pt_framework 두 디렉토리의 코드 예제는 일대일 매핑된다.

각 코드 예제는 cXeY_DESCRIPTION.py 패턴을 따르며, 이때 X는 장의 수를, Y는 해당 장에서의 예제 번호를, DESCRIPTION은 예제가 무엇을 하는지에 대한 간단한 설명이다.

각 코드 예제는 데이터셋에 접근하는 데 상대 경로를 사용하므로, 코드 예제가 위치하는 디렉토리 내에서 실행할 것을 요구한다. 즉, stand_alone 디렉토리 안에 위치한 예제를 실행하기 전에 그곳으로 디렉토리를 이동해야 한다.

DL 알고리듬의 확률적 특성으로 인해 결과는 실행마다 다를 수 있다. 즉, 여러분의 결과는 책에 서술된 결과를 정확히 다시 만들어내지 않을 것이다.

보조 스프레드 시트

최상단 수준의 디렉토리 설명과는 별개로, 리포지토리의 루트는 network_example. xlsx라는 이름의 스프레드 시트도 포함한다. 이는 뉴런의 기본 동작 및 학습 과정에 대한 추가적인 인사이트를 제공한다. 탭은 3개가 있으며, 각각은 초기 장들의 특정 절에 해당한다.

- perceptron_learning: 1장 '로젠블랫 퍼셉트론'의 '퍼셉트론 학습 알고리듬' 절에 해당한다.
- backprop_learning: 3장 '시그모이드 뉴런과 역전파'의 '역전파를 사용해 기울기 계산하기' 절에 해당한다.
- xor_example: 3장의 '프로그래밍 예제: XOR 함수 학습하기' 절에 해당한다.

데이터셋

이 책의 프로그래밍 예제 대부분은 다양한 데이터셋 혹은 다른 자원에 접근해야 한다. 이 중 일부는 코드 예제 혹은 DL 프레임워크에 포함되어 있으며, 다른 것들은 여러분의 로컬 컴퓨터에 다운로드해야 한다. 여러분이 다운로드해야 하는 것들을 나열했다. 모든 프로그래밍 예제는 다운로드한 데이터셋이 코드 예제 디렉토리 트리 루트 안의 data 디렉토리에 있다고 가정한다.

MNIST

손글씨 숫자의 MNIST 데이터베이스는 http://yann.lecun.com/exdb/mnist에서 얻을 수 있다.

다음 파일을 다운로드하라.

- train-images-idx3-ubyte.gz
- train-labels-idx1-ubyte.gz
- t10k-images-idx3-ubyt.gz
- t10k-labels-idx1-ubyte.gz

다운로드 후, data/mnist/ 디렉토리에 gunzip[3] 하라. 이 버전의 MNIST 데이터셋을 사

---

3 gunzip은 리눅스에서 파일 압축, 해제 등에 쓰이는 명령어다. 제대로 압축이 해제된다면 무엇을 쓰든 상관없다. – 옮긴이

용하기 위해서는 파이썬 패키지 **idx2numpy**가 필요하다. 이 패키지는 모든 플랫폼에서 사용 가능한 것은 아니다. 다른 대안은 책 웹사이트(http://ldlbook.com)를 참고하라.[4]

인구조사국의 서점 매출 데이터

미국 인구조사국의 매출 데이터는 https://www.census.gov/econ/currentdata에서 얻을 수 있다.

Monthly Retail Trade and Food Services를 선택하고 Submit 버튼을 클릭하라. 그림 I-1 과 같이 5개의 단계를 지정해야 하는 페이지로 갈 것이다. 그림에서와 같이 선택을 하고, Not Seasonally Adjusted 체크박스를 체크했는지 확인하라. 그 뒤 GET DATA 버튼을 눌러라.

데이터값으로 된 테이블이 나올 것이다. TXT 링크를 클릭해 CSV^Comma-Separated Values(쉼 표로 구분된 값) 파일을 다운로드하라. 다운로드한 파일에서 처음의 몇 줄을 지워 파일이 'Period,Value'라는 제목을 갖는 한 줄로 시작해 각 월을 위한 줄이 따라오게 하라. 추

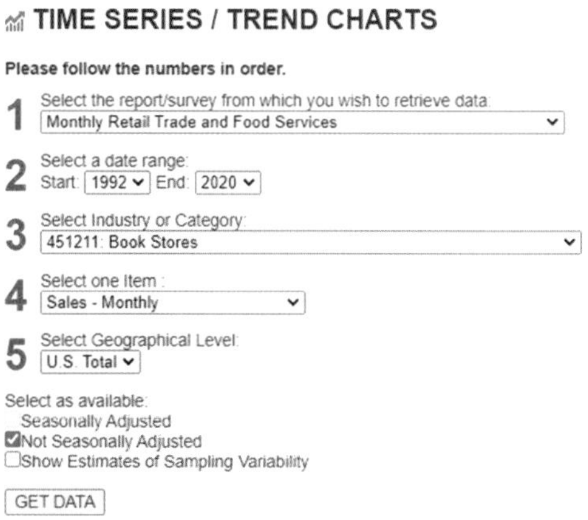

그림 I-1 올바른 데이터 파일을 다운로드하기 위한 필드 채우기

---

4 윈도우에서는 이 패키지를 사용할 수 없다. 언급된 책 웹사이트에 대안이 잘 설명되어 있으니 확인해보기 바란다. – 옮긴이

가로 파일의 끝에서 'NA'와 같이 숫자가 아닌 값으로 된 줄을 모두 지워라. 파일의 이름을 book_store_sales.csv로 하고 data 디렉토리에 복사하라.[5]

프로젝트 구텐베르크의 프랑켄슈타인

메리 셸리[Mary Shelley]의 『Frankenstein』은 https://www.gutenberg.org/files/84/84-0.txt에서 다운로드할 수 있다.

파일 이름을 frankenstein.txt라 바꾸고 data 디렉토리에 복사하라.

GloVe 단어 임베딩

GloVe 단어 임베딩 파일은 크기가 1GB에 가까우며, http://nlp.stanford.edu/data/glove.6B.zip에서 다운로드할 수 있다.

다운로드 후 압축을 풀고 glove.6B.100d.txt 파일을 data 디렉토리에 복사하라.

ANKI 이중언어 문장 쌍

Anki 이중언어 문장 쌍은 http://www.manythings.org/anki/fra-eng.zip에서 다운로드할 수 있다. 다운로드 후 압축을 풀고 fra.txt를 data 디렉토리에 복사하라.

COCO

data 디렉토리에 coco라는 이름의 디렉토리를 만들어라.

다음 파일을 다운로드하라.

http://images.cocodataset.org/annotations/annotations_trainval2014.zip

---

5 이 책의 서점 매출 예제는 2020년 3월을 포함한 이전의 데이터를 사용하고 있으므로, 책과 동일한 데이터를 원한다면 마지막 몇 개 데이터를 삭제해야 한다. 자세한 내용은 책 웹사이트의 정오표 페이지를 참고하라. - 옮긴이

압축을 풀고 captions_train2014.json 파일을 coco 디렉토리에 복사하라.

다음의 13GB 파일을 다운로드하라.

http://images.cocodataset.org/zips/train2014.zip

이를 data/coco/ 디렉토리에 압축을 풀면 압축이 풀린 디렉토리의 경로는 data/coco/train2014/가 된다.

DL 프레임워크 설치하기

텐서플로와 파이토치를 설치하는 방법은 여러 가지가 있으며, 어느 정도는 사용하는 플랫폼에 따른다. 이 절에서는 일반적인 방법을 설명하는데, 다음의 네 가지 방법으로 구별을 한다.

- 시스템 설치
- 가상 환경 설치
- 도커 컨테이너 실행하기
- 클라우드 서비스 사용하기

이 책의 코드 예제는 텐서플로 버전 2.4와 파이토치 버전 1.8.0에서 테스트됐다.

시스템 설치

이는 시스템의 나머지로부터 프레임워크를 격리하는 어떠한 메커니즘도 활용하지 않으므로 이를 설치하는 가장 직관적인 방법이다. 이는 프레임워크 및 의존하는 어떠한 패키지/라이브러리든지 시스템에 설치한다. 운이 좋으면 단순한 일이겠지만, 운이 나쁘다면 이미 설치된 라이브러리가 잘못된 버전을 갖고 있기 때문에 문제에 부딪힐 수 있다. 그러면 적절한 버전으로의 업그레이드 혹은 다운그레이드를 결정할 수 있지만, 이는 여러분 시스템의 특정한 설치 버전에 의존하는 소프트웨어 일부를 망가뜨릴 수도 있다. 그럼에도 여러분이 지금은 가상 환경이나 도커 컨테이너를 배우기가 꺼려진다면 시도를 해볼 수 있다. 간단히 다음을 셸에서 입력해 텐서플로를 설치하라.

```
pip3 install tensorflow
```

만일 최신 버전이 아닌 특정 버전, 예를 들면 코드 예제를 개발했던 버전 2.4를 설치하고 싶다면 다음을 입력하라.

```
pip3 install tensorflow==2.4
```

마찬가지로, 다음의 명령줄을 사용해 파이토치를 설치한다.

```
pip3 install torch torchvision
```

최신 버전이 아닌 특정 버전을 설치하고 싶다면, 어떤 torch 버전과 torchvision 버전이 호환되는지 찾을 필요가 있다. 그 뒤 올바른 버전을 함께 설치하라. 예를 들어 파이토치 1.8.0은 다음과 같다.[6]

```
pip3 install torch==1.8.0 torchvision==0.9.0
```

프레임워크 설치에 따라 나오는 오류 메시지에 주의를 기울여라. 오류 메시지는 없는 패키지에 대한 의존성 혹은 이미 설치된 패키지가 잘못된 버전을 갖고 있음을 나타낼 수 있다. 후자의 경우 충돌하는 패키지 버전의 조정을 시작하는 것이 좋은지 아니면 가상 환경으로 옮기는 것을 선호하는지 결정해야 한다.

가상 환경 설치

이는 시스템 설치 과정과 비슷하지만, 먼저 virtualenv 도구를 설치한다. 이 도구는 시스템에 하나 이상의 가상 환경을 만들 수 있게 해준다. 이 도구의 장점은 각 가상 환경이 설치된 패키지의 그 자체 버전을 갖도록 할 수 있다는 것이다. 그러므로 여러분 시

---

6   일관성을 위해 pip 대신 pip3를 사용하는 것이 좋다. 이는 저자의 정오표 페이지에도 나와 있다. – 옮긴이

스템에 설치된 한 버전의 패키지가 있고 여러분의 프레임워크가 다른 패키지를 필요로 한다면, 기존 버전을 제거할 필요가 없다. 대신에 프레임워크 및 의존하는 모든 패키지를 그만의 가상 환경에 설치한다. virtualenv 도구를 설치하고 가상 환경을 만드는 방법에 대한 자세한 내용은 https://virtualenv.pypa.io에서 찾을 수 있다.

GPU 가속

GPU 가속을 원한다면 추가적인 단계가 필요하다. CUDA와 CuDNN이 필요하며, 세부 사항은 실행 중인 시스템에 따른다. GPU 가속과 함께 혹은 없이 텐서플로를 설치하는 데 대한 더 자세한 정보는 tensorflow.org/install을 참고하라.

파이토치는 같은 정보를 https://pytorch.org/get-started/locally에서 찾을 수 있다.

그러나 처음 몇 개 프로그래밍 예제에서는 GPU 가속이 필요 없으므로 단순한 설정으로 시작하고, GPU 가속은 나중에 신경 쓸 수도 있다.

도커 컨테이너

또 다른 선택지는 도커Docker 컨테이너를 사용하는 것이다. 이는 프레임워크를 모두 함께 설치하는 과정을 피하는 방법이다. 대신에 먼저 시스템에 도커 엔진Docker Engine을 설치해야 한다. 그 뒤 필요한 모든 것(텐서플로 혹은 파이토치 그리고 의존하는 모든 라이브러리)이 이미 이미지에 설치된 도커 이미지를 다운받는다. 그다음 도커 엔진에게 이미지를 바탕으로 도커 컨테이너를 만들 것을 지시한다. 도커 컨테이너는 가상 머신과 다소 비슷하게 그 안에서 실행되는 소프트웨어를 환경으로부터 격리시킨다. 그러나 이는 운영체제 자체를 포함하지 않으므로 무게가 더 가볍다. 도커 컨테이너의 사용은 DL 프레임워크를 실행하는 인기 있는 방법이며, 이는 또한 아마도 여러분 시스템의 GPU를 활용하도록 설정하는 가장 단순한 방법일 것이다.

클라우드 서비스 사용하기

마지막으로 여러분이 시스템에 어떤 것도 설치하고 싶지 않다면, 대신에 클라우드 서비스를 사용할 수 있다. 시스템에 GPU가 없지만 이를 구입하기 전에 GPU 가속으로 장난을 해보고 싶다면 클라우드 시스템의 사용 또한 좋은 대안이다.

한 가지 대안으로는 구글 Colab이 있으며, 이는 GPU 가속을 포함하여 머신 접근권을 무료로 제공한다. 여기에는 이미 텐서플로와 파이토치가 설치되어 있다. 데이터 파일을 입력으로 필요로 하는 코드 예제를 위해서는 여러분의 구글 드라이브 계정의 데이터에 접근하는 방법을 배워야 할 것이다.

또 다른 대안은 AWS로, 이는 머신을 분 단위로 빌릴 수 있다. AWS는 텐서플로와 파이토치를 실행할 준비가 된 사전 설정된 머신을 제공한다. 그러나 계정 설정, 빌릴 머신 결정하기, 머신을 끌 때 사라지지 않는 영속성 저장소를 빌리는 방법, 보안 그룹 및 네트워크 접근 설정 등과 같이 시작하는 데 약간의 학습 곡선이 있다. AWS가 이미 DL 프레임워크를 설정했으므로 이를 설정하는 노력이 들지 않는다는 것이 장점이다.

텐서플로 특화 고려사항

이 책에서 텐서플로는 모든 프로그래밍 예제에서 쓰이므로, 텐서플로에 대한 정보가 책에 흩어져 있다. 우리는 텐서플로가 특히 GPU를 사용할 때 다소 출력이 장황해질 수 있음을 여기에서 상술하는 것이 적절하다고 생각했다. 프로그램을 실행할 때 이러한 장황한 정도verbosity를 줄이고 싶다면, 환경 변수 TF_CPP_MIN_LOG_LEVEL을 2로 설정할 수 있다. 이는 여러분이 배시bash를 사용한다면 다음의 명령줄로 할 수 있다.

```
export TF_CPP_MIN_LOG_LEVEL=2
```

아니면 각 프로그램의 상단에 다음 코드를 추가할 수 있다.

```
import os
os.environ['TF_CPP_MIN_LOG_LEVEL'] = '2'
```

파이토치와 텐서플로의 주요 차이점

이 절에서는 파이토치와 텐서플로의 주요한 차이점을 지적한다. 이러한 차이점을 각 파이토치 프로그래밍 예제에서도 강조했지만, 이렇게 한 곳에 요약해두는 것도 도움이 된다고 믿는다. 여기서 설명하는 내용의 대부분은 이 책에서 가르친 기술들을 필요로 하므로, 이 절을 처음부터 읽기보다는 책을 읽는 과정 동안 이 절을 다시 볼 것을 권한다.

전반적으로 파이토치 대 케라스 API로 된 텐서플로의 프로그래밍 경험을 비교할 때, 차이점이 하나의 주요한 그리고 하나의 중요치 않은 범주에 속한다는 것이 우리의 의견이다. 가장 주요한 차이점은 케라스 API에 의해 다뤄지는 무언가를 파이토치에서는 명시적으로 다뤄야 한다는 점이다. 이는 초심자의 시작을 약간 어렵게 만들지만 다져진 길을 약간 벗어나고자 할 때 유연성을 제공한다는 측면에서 장기적으로 보상을 준다. 중요치 않은 차이점으로는 단순히 두 프레임워크 사이에서의 사소한 디자인/API 선택이 있다.

두 프레임워크 모두 빠르게 발전하고 있으므로, 이 절은 시간이 지남에 따라 구식이 될 가능성이 있다. 각자가 사용하는 프레임워크의 가장 최신 문서를 참고할 것을 권한다.

여러분만의 FIT/TRAINING 함수를 작성해야 할 필요성

초심자에게 있어서 텐서플로(케라스 API를 사용하는)와 비교하여 파이토치에서의 가장 큰 장해물 중 하나는 모델 훈련을 위해 여러분만의 함수를 작성해야 한다는 점이다. 텐서플로에서 모델을 정의하면, 단순히 적절한 매개변수로 fit() 함수를 호출하고, 프레임워크가 포워드 패스 및 백워드 패스 실행, 가중치 조정 등 많은 세부 사항을 다룬다. 추가로 이는 손실과 정확도 같은 여러 유용한 지표를 훈련 집합 및 테스트 집합 모두에서 인쇄해준다. 파이토치에서는 이러한 체계를 직접 다뤄야 한다.

이는 번잡해 보일 수도 있지만, 실제로 많은 코드를 쓸 필요는 없다. 추가로 코드 예제에서 보여주듯이, 많은 모델에서 재사용할 수 있는 여러분만의 라이브러리 함수를 간단히 쓸 수 있다. 이것이 우리가 시작할 때 파이토치가 텐서플로보다 약간 더 어렵다고 생각하는 주된 예시다. 반면에 이는 이러한 코드 조각을 쉽게 수정할 수 있는 강력함이 있는데, 훈련 루프의 텐서플로 구현이 다소 난해했던 자연어 번역 예제(14장 '시퀀스 투 시퀀스 네트워크와 자연어 번역')와 이미지 캡셔닝 예제(16장 '이미지 캡셔닝을 위한 일대다 네트워크')에서 보여준다.

여러분만의 훈련 루프 작성의 일부분으로, 다음의 단계를 포함시켜야 할 것이다.

- 선택한 옵티마이저에 zero_grad() 메서드를 호출해 옵티마이저에 모든 기울기를 0으로 재설정할 것을 지시한다. 왜냐하면 여러 단계에서 기울기를 누적하는 것이 기본이기 때문이다.
- Module 객체의 인스턴스[7]를 호출하면 이는 forward() 메서드의 호출이 되어 포워드 패스가 된다.
- 손실을 계산하고 backward()를 호출해 백워드 패스를 진행한다.
- 선택한 옵티마이저에 step() 메서드를 호출해 현재 기울기를 바탕으로 가중치를 업데이트한다.

포워드 패스, 손실 계산, 백워드 패스, 가중치 조정을 명시적으로 다루는 것을 제외하고, 또한 훈련 및 테스트 데이터를 미니배치로 나누는 기능을 구현해야 한다. 이는 통상적으로 DataLoader 객체로 수행한다. 케라스 API로 텐서플로를 사용할 때는 이 기능들 모두 fit() 함수가 다룬다.

넘파이와 파이토치 사이의 명시적 데이터 이동

텐서플로의 케라스 API는 텐서의 표현으로 넘파이 배열을 사용한다. 예를 들어 텐서를 모델에 넘길 때, 형식은 다차원 넘파이 배열의 형태를 가질 것으로 기대한다. 반대로 파이토치에서 넘파이 배열과 파이토치 텐서 사이에 데이터 변환을 명시적으로 해

---

7 파이썬 3에서는 객체의 인스턴스 변수 이름을 함수 이름으로 사용할 수 있다. 이 함수를 호출할 때, 객체의 __call__() 메서드를 호출할 것이다. 파이토치에서 Module 객체의 __call__() 메서드는 forward() 메서드를 호출할 것이다.

야 한다.

파이토치는 정보를 계속 추적하여 파이토치 텐서에서 자동적인 미분(역전파를 사용해)을 가능하게 한다. 즉, 파이토치 텐서로 작업하는 한, 함수를 정의할 때 텐서 데이터 타입이 지원하는 모든 연산을 사용할 수 있으며, 나중에 자동으로 함수의 편도함수를 계산할 수 있다. 텐서로부터 그리고 텐서로의 명시적 이동은 파이토치가 이 기능을 어떤 변수에 제공할지 추적할 수 있게 해준다.

이와 관련된 함수들은 다음과 같다.

- `from_numpy()`는 넘파이 배열을 파이토치 텐서로 변환한다.

- `numpy()`는 파이토치 텐서를 넘파이 배열로 변환한다.

- `detach()`는 파이토치 텐서를 만든다. 이는 저장소를 본래 파이토치 텐서와 공유하지만 자동 미분이 지원되지 않는다.

- `clone()`은 파이토치 텐서로부터 파이토치 텐서를 만들지만 두 텐서 사이에 저장소를 공유하지 않는다.

- `item()`은 파이토치 텐서에서의 요소 하나를 넘파이값으로 변환한다.

- `torch.no_grad()`로 이 생성자의 스코프 내 자동 미분의 지원을 끈다.

초심자에게는 이러한 함수 및 생성자가 어떻게 모두 연관되어 있는지 이해하기가 어려울 수 있으며, 특히 `detach().clone().numpy()`와 같은 조합문을 만날 때 그러할 것이다. 다른 것들과 마찬가지로 익숙해지는 데 시간이 조금 걸리겠지만, 이해를 하면 그리 복잡하지 않을 것이다.

CPU와 GPU 사이의 명시적 데이터 전송

넘파이와 파이토치 사이의 명시적인 데이터 이동에 더해서, CPU와 GPU 사이에서 반드시 명시적으로 데이터(그리고 모델)를 이동해야 한다. 이는 다음의 두 함수를 사용해 수행한다.

- `to(DEVICE)`는 데이터를 특정 장치로 이동한다(보통 GPU로).

- `cpu()`는 데이터를 CPU로 이동한다.

우리의 의견상 이는 익숙해지기 쉽지만 처음에는 여전히 여러분을 힘들게 할 수도 있으며, 특히 앞서 제공했던 메커니즘과 조합될 때 그리고 `.cpu().detach().numpy()`와 같은 조합문을 만날 때 특히 그러하다.

훈련과 추론의 명시적 구별

Dropout과 BatchNormalization 같은 몇몇 층 형태는 훈련 동안 추론과 다르게 움직인다. 텐서플로는 훈련(`fit`) 및 추론(`predict`)을 위한 명시적인 함수가 존재하므로 자동으로 이를 다룬다. 앞서 설명했듯이 파이토치에서는 반드시 이 함수를 직접 작성해야 한다. 그러므로 여러분은 모델에 훈련용인지 추론용인지도 말을 해줘야 하는데, 다음 함수로 수행한다.

- `train()`은 모델을 훈련 모드로 설정한다.

- `eval()`은 모델을 추론 모드로 설정한다.

초심자는 `eval()`과 앞서 설명한 `no_grad()`의 기능을 혼동하기 쉬울 수 있다. 둘 다 추론 동안 사용하는 것은 맞다. 차이점은 `eval()`이 올바른 움직임을 얻는 데 필요한 한편, `no_grad()`는 자동 미분(추론 동안 필요치 않다)에 필요한 추가 상태를 추적하지 않는다.

시퀀셜 대 펑셔널 API

이제 사소하지만 알아두면 좋은 차이점으로 넘어가자. 대부분의 텐서플로 프로그래밍 예제는 케라스 시퀀셜 API를 사용한다. 파이토치는 `nn.Sequential` 클래스가 매우 비슷한 개념을 갖는다.

더욱 발전된 프로그래밍 예제에서는 약간 다르다. 텐서플로에서는 층을 선언하는 과정과 이들을 한데 연결하는 과정이 분리된 케라스 펑셔널 API를 사용한다. 파이토치에서는 대신에 nn.Module 클래스를 상속하고 forward() 함수를 오버라이딩하는 맞춤 모델을 만들어 다른 방식으로 다룬다.

두 방법론 모두 지원하는 층의 형태를 사용할 때는 복잡도 수준이 비슷하지만, 프레임워크가 내재적으로 지원하지 않는 층을 구현할 때는 파이토치 방법론이 다소 더 단순할 수도 있다는 것이 우리의 의견이다. 어텐션 층의 기능을 파이토치 버전으로 구현하는 16장의 프로그래밍 예제가 그 예다. 덧붙이자면 이는 텐서플로가 어텐션 층을 제공하는 한편 파이토치는 그렇지 않다는 점에서 또 다른 작은 차이를 드러내고 있다.

컴파일 기능의 부재

텐서플로에서는 fit() 함수를 호출해 모델을 훈련하기 전에, compile() 함수를 호출해 손실 함수와 옵티마이저를 선택해야만 한다. 파이토치에서는 여러분만의 훈련 루프를 작성한다는 사실에 따라 그럴 필요가 없다. 이러한 과정의 일부로서, 여러분은 명시적으로 여러분만의 손실 함수와 옵티마이저를 호출해야 하므로 프레임워크에게 처음부터 무슨 함수를 쓸지 말할 필요가 없다.

순환 층과 상태 다루기

순환 층(예: LSTM)에서 텐서플로와 파이토치의 주요한 차이점이 두 가지 있다. 첫째, 파이토치에서 LSTM 층의 적층은 복수의 인스턴스를 서로의 다음에 선언하는 대신에 간단히 LSTM 층 생성자에 매개변수를 제공해 수행할 수 있다.

둘째, 순환 층을 사용하는 프로그래밍 예제에서 텐서플로가 어떤 식으로 상태가 있는 순환 층을 아니면 그렇지 않은 순환 층을 선언하는 기능을 갖는지 보여줬으며, 자동회귀 모델을 구축할 때 이를 활용했다. 파이토치에는 상태 개념이 명시적으로 존재하지 않지만, 프로그래밍 예제의 파이토치 버전에서 이를 모방하는 방법을 보여준다.

교차 엔트로피 손실

교차 엔트로피 손실 구현에서 파이토치와 텐서플로를 비교할 때 두 가지 주요한 차이점이 있다. 첫째, 파이토치에서 교차 엔트로피 손실 함수는 또한 암묵적으로 마지막 뉴런의 로지스틱 시그모이드 함수를, 아니면 다중클래스 분류 문제에서 소프트맥스를 모델링한다. 즉, 네트워크를 정의할 때 활성 함수도 정의하는 대신에 선형 출력 유닛을 사용해야 한다. 둘째, 파이토치에서 교차 엔트로피 손실 함수는 원핫 인코딩된 목표 대신에 정수 목표를 기대한다. 즉, 목푯값을 원핫 인코딩할 필요가 없다. 이는 메모리 사용 측면에서 더욱 효율적인 구현을 야기한다.

만일 여러분이 텐서플로를 사용한다면, 같은 움직임을 얻도록 하는 옵션이 존재하지만 기본 움직임이 다르므로 이들을 명시적으로 지정해주어야 한다.

view/reshape

넘파이는 넘파이 배열의 차원을 바꾸는 데 쓰이는 reshape() 함수를 제공하며, 텐서플로에는 텐서의 모양을 바꾸기 위한 해당 함수가 있다. 파이토치는 view()라는 이름의 함수로 같은 종류의 기능을 구현한다.

치트 시트

인공 뉴런

$X_0 = 1$
(편향)

X_1 w_0
X_2 W_1
     W_2

X_n W_n

$+$ → z → 활성 → y

피드포워드 네트워크

출력 유닛의 활성 함수

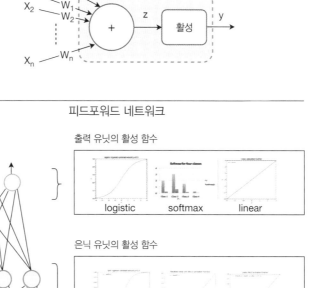

logistic softmax linear

은닉 유닛의 활성 함수

tanh ReLU leaky ReLU

elu softplus maxout

입력 인코딩

| 표준화된 수치 | 원핫 인코딩된 클래스 | 임베딩 층으로부터의 단어 임베딩 |

이 치트 시트의 큰 버전은 http://informit.com/title/9780137470358에서 다운로드할 수 있다.

층 형태

형태	설명	사용 예시
완전 연결 (fully connected)	각 뉴런이 이전 층의 각 출력과 연결됨. 또한 활성 함수가 쓰이지 않으면 프로젝션 층이라고도 부름	특수화된 층이 추가적인 가치를 제공하지 않을 경우
합성곱 (convolutional)	드문드문 연결됨. 가중치 공유를 활용함. 여러 채널로 되어 있음. 각 채널은 2개의 차원으로 정렬되어 있는 경우가 많음	이미지 처리(2차원 합성곱) 및 텍스트 처리(1차원 합성곱)
단순한 순환 (simple recurrent)	순환 연결. 이전 시간단계로부터의 출력이 입력으로 쓰임. 시간단계 사이에서 가중치 공유	텍스트 처리와 같은 가변 길이의 시퀀스 데이터
장단기 메모리 (LSTM, Long Short-Term Memory)	더욱 복잡한 유닛으로 된 순환 층. 각 유닛은 내부적인 메모리 셀을 포함함. 기억 및 망각을 위한 게이트 통제	텍스트 처리와 같은 긴 시퀀스
게이트 순환 유닛 (GRU, Gated Recurrent Unit)	LSTM의 단순화 버전. 내부적 메모리 셀은 없지만 이전 출력값을 기억 및 망각할 때를 통제하기 위한 게이트를 여전히 가짐	텍스트 처리와 같은 긴 시퀀스
임베딩 (embedding)	희박한 원핫 인코딩된 데이터를 밀집 표현으로 변환함. 룩업 테이블로 구현함	텍스트 입력 데이터를 단어 임베딩으로 변환함
어텐션 (attention)	출력 벡터는 복수의 입력 벡터의 가중합임. 가중치는 동적으로 선택되어 가장 중요한 벡터에 주의를 기울임	긴 텍스트 시퀀스나 이미지로부터 정보를 추출함

선형 대수 표현

단일 뉴런의 가중합: $z = \mathbf{wx}$

완전 연결 층의 가중합: $\mathbf{z} = W\mathbf{x}$

미니배치의 완전 연결 층을 위한 가중합: $Z = WX$

순환 층: $\mathbf{h}^{(t)} = \tanh(W\mathbf{h}^{(t-1)} + U\mathbf{x}^{(t)} + \mathbf{b})$

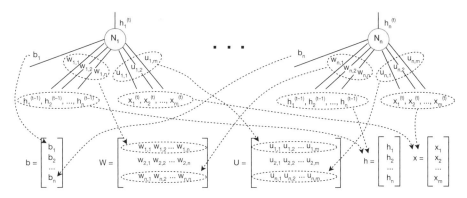

주: 위에서 편향 항은 순환 층의 경우를 제외하고 모두 암묵적으로 포함된다.

데이터셋

0 1 2 3 4 5 6 7 8 9

통상적인 분할

큰 데이터셋: 60/20/20(훈련/검증/테스트)

작은 데이터셋: 80/20(훈련/테스트) 그리고 k 폴드 교차 검증

훈련 알고리듬 종류

알고리듬	설명
확률적 경사 하강 (SGD, Stochastic Gradient Descent)	기울기는 훈련 예제의 미니배치에 기반하여 계산함
모멘텀(momentum)	SGD에 추가된 것으로, 가중치 조정이 이전 조정으로부터의 기울기 및 현재 기울기에 의존함
AdaGrad	SGD의 변형으로 훈련 동안 학습률을 적응적으로 조정함
Adam	적응적 학습률과 모멘텀 모두를 갖는 SGD의 변형
RMSProp	SGD의 변형으로, 최근 기울기의 평균 제곱근(RMS)을 사용해 기울기를 정규화함

정칙화 기법

조기 중단

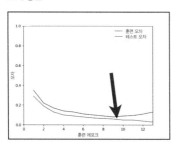

드롭아웃

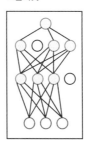

데이터 증대

L1/L2 정칙화

오차 함수에 가중치 불이익을 추가함

$$L1 = \lambda w \qquad L2 = \lambda w^2$$

기울기를 건전하게 유지하기

기법	기울기 소실 완화	기울기 폭증 완화
글로럿(Glorot) 혹은 헤(He) 가중치 초기화	예	아니요
배치 정규화(batch normalization)	예	아니요
ReLU와 같은 포화되지 않는 뉴런	예	아니요
기울기 클리핑(clipping)	아니요	예
상수 오차 캐러셀(constant error carousel)	예	예
스킵 연결(skip connection)	예	아니요

문제 형태

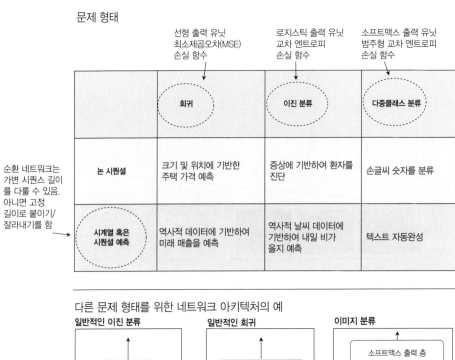

	회귀	이진 분류	다중클래스 분류
	선형 출력 유닛 최소제곱오차(MSE) 손실 함수	로지스틱 출력 유닛 교차 엔트로피 손실 함수	소프트맥스 출력 유닛 범주형 교차 엔트로피 손실 함수
논 시퀀셜	크기 및 위치에 기반한 주택 가격 예측	증상에 기반하여 환자를 진단	손글씨 숫자를 분류
시계열 혹은 시퀀셜 예측	역사적 데이터에 기반하여 미래 매출을 예측	역사적 날씨 데이터에 기반하여 내일 비가 올지 예측	텍스트 자동완성

순환 네트워크는 가변 시퀀스 길이를 다룰 수 있음. 아니면 고정 길이로 붙이기/잘라내기를 함

다른 문제 형태를 위한 네트워크 아키텍처의 예

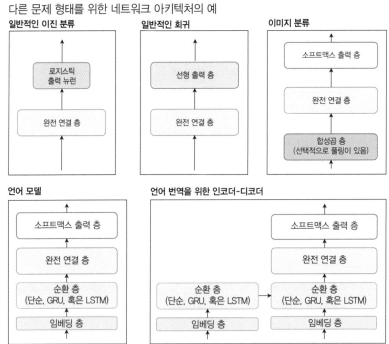

일반적인 이진 분류
- 로지스틱 출력 뉴런
- 완전 연결 층

일반적인 회귀
- 선형 출력 층
- 완전 연결 층

이미지 분류
- 소프트맥스 출력 층
- 완전 연결 층
- 합성곱 층 (선택적으로 풀링이 있음)

언어 모델
- 소프트맥스 출력 층
- 완전 연결 층
- 순환 층 (단순, GRU, 혹은 LSTM)
- 임베딩 층

언어 번역을 위한 인코더-디코더
- 소프트맥스 출력 층
- 완전 연결 층
- 순환 층 (단순, GRU, 혹은 LSTM) → 순환 층 (단순, GRU, 혹은 LSTM)
- 임베딩 층 / 임베딩 층

입력/출력 데이터 관계

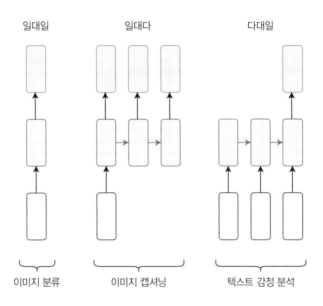

일대일

일대다

다대일

이미지 분류

이미지 캡셔닝

텍스트 감정 분석

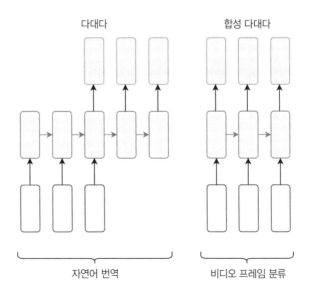

다대다

합성 다대다

자연어 번역

비디오 프레임 분류

단어 임베딩

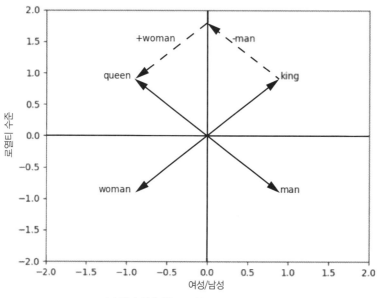

단어 벡터 연산: King – Man + Woman = Queen

단어 임베딩 체계

임베딩 체계	참고
word2vec	휴리스틱을 사용해 유도된 '전통적인' 것
GloVe	수학적으로 유도됨
단어조각	하위 단어로 작업하여 어휘 밖 단어를 다룸
FastText	어휘 밖 단어를 다루기 위한 word2vec의 확장
ELMo	문맥에 따라 같은 단어가 다른 임베딩이 됨

트랜스포머 기반 NLP 아키텍처

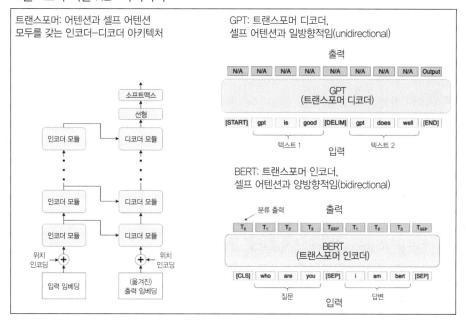

트랜스포머: 어텐션과 셀프 어텐션
모두를 갖는 인코더-디코더 아키텍처

GPT: 트랜스포머 디코더,
셀프 어텐션과 일방향적임(unidirectional)

BERT: 트랜스포머 인코더,
셀프 어텐션과 양방향적임(bidirectional)

전통적인 NLP 기법

기법	설명	응용 예제
n그램	단순한 통계적 언어 모델. 단어 시퀀스의 확률을 계산	음성 인식에서 가능성 있는 문장 후보를 찾음. 텍스트 자동완성
스킵 그램	n그램 모델의 확장	위와 같음
단어주머니	순서 없는 문서 요약 기법	감정 분석 및 문서 비교에서 기본 토대임
n그램 주머니	단어주머니의 확장으로 단어 순서에 대한 일부 개념이 있음	위와 같음
문자 기반 n그램 주머니	단어 대신에 문자로 작업을 하는 단어주머니	단어 간 유사도를 결정함

컴퓨터 비전

네트워크	주요 속성
LeNet, LeNet-5	DL 붐 이전의 CNN
AlexNet	ImageNet의 첫 DL 기반 승자
VGGNet	깊이(depth)의 중요성을 보여줌
Inception	병렬 경로로 된 복잡한 기본 토대. GoogLeNet에서 쓰임
ResNet	스킵 연결을 도입함. 이전 네트워크보다 훨씬 깊음
EfficientNet	더욱 효율적인 아키텍처를 위한 여러 차원 사이의 상반관계를 살펴봄
MobileNets, Exception	더욱 효율적인 구현을 위한 깊이별 분리 가능한 합성곱
Inception v2, v3, v4, Inception-ResNet, ResNeXt	심층 하이브리드 아키텍처

분류를 위한 네트워크(다른 모델에서 중추로도 쓰임)

탐지

모델: R-CNN, Fast R-CNN, Faster R-CNN

의미 세분화

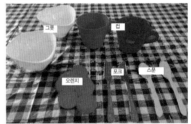

모델: 역합성곱 네트워크, U-Net

인스턴스 세분화

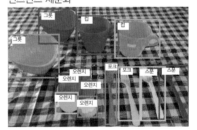

모델: Mask R-CNN

참고문헌

Agarap, A. (2018). "A Neural Network Architecture Combining Gated Recurrent Unit (GRU) and Support Vector Machine (SVM) for Intrusion Detection in Network Traffic Data." In *Proceedings of the 2018 10th International Conference on Machine Learning and Computing,* 26–30. New York: Association for Computing Machinery.

Akenine-Möller, T., E. Haines, N. Hoffman, A. Pesce, M. Iwanicki, and S. Hillaire. (2018). *Real-Time Rendering,* 4th ed. Boca Raton, FL: AK Peters/CRC Press.

Alammar, J. (2018a). "The Illustrated BERT, ELMo, and Co (How NLP Cracked Transfer Learning)" (blog). http://jalammar.github.io/illustrated-bert/.

Alammar, J. (2018b). "The Illustrated Transformer" (blog). http://jalammar.github.io/illustrated-transformer/.

Alammar, J. (2019). "The Illustrated Word2vec" (blog). http://jalammar.github.io/illustrated-word2vec/.

Athiwaratkun, B., A. Wilson, and A. Anandkumar. (2018). "Probabilistic FastText for Multi-Sense Word Embeddings." *Proceedings of the 56th Annual Meeting of the Association for Computational Linguistics* (Volume 1: Long Papers), 1–11. Stroudsburg, PA: Association for Computational Linguistics.

Azulay, A., and Y. Weiss. (2019). "Why Do Deep Convolutional Networks Generalize So Poorly to Small Image Transformations?" *arXiv.org.* https://arxiv.org/pdf/1805.12177v2.

Ba, L., J. Kiros, and G. Hinton. (2016). "Layer Normalization." *arXiv.org.* https://arxiv.org/pdf/1607.06450v1.

Badrinarayanan, V., A. Kendall, and R. Cipolla. (2017). "SegNet: A Deep Convolutional Encoder-Decoder Architecture for Image Segmentation." *IEEE Transactions on Pattern Analysis and Machine Intelligence* 39(12): 2481–2495.

Baer, T. (2019). *Understand, Manage, and Prevent Algorithmic Bias: A Guide for Business Users and Data Scientists.* Berkeley, CA: Apress.

Bahdanau, D., B. Cho, and Y. Bengio. (2014). "Neural Machine Translation by Jointly Learning to Align and Translate." *arXiv.org.* https://arxiv.org/pdf/1607.06450v1.

Balmer, L. (1997). *Signals and Systems.* Hertfordshire, UK: Prentice Hall.

Baltrušaitis T., C. Ahuja, and L. Morency. (2017). "Multimodal Machine Learning: A Survey and Taxonomy." *arXiv.org.* https://arxiv.org/pdf/1705.09406.

Beliaev, S., Y. Rebryk, and B. Ginsburg. (2020). "TalkNet: Fully-Convolutional Non-Autoregressive Speech Synthesis Model." *arXiv.org.* https://arxiv.org/pdf/2005.05514.

Bender E., Gebru T., McMillan A., and Shmitchell S. (2021). "On the Dangers of Stochastic Parrots: Can Language Models Be Too Big?" In *Proceedings of the 2021 ACM Conference on Fairness, Accountability, and Transparency,* 610–623. New York: Association for Computing Machinery.

Bengio, J., R. Ducharme, P. Vincent, and C. Janvin. (2003). "A Neural Probabilistic Language Model." *Journal of Machine Learning Research* 3(6): 1137–1155.

Bengio, Y., P. Simard, and P. Frasconi. (1994). "Learning Long-Term Dependencies with Gradient Descent Is Difficult." *IEEE Transactions on Neural Networks* 5(2): 157–166.

Blum, A., and T. Mitchell. (1998). "Combining Labeled and Unlabeled Data with Co-training." In *Proceedings of the Eleventh Annual Conference on Computational Learning Theory (COLT'98),* 92–100. New York: Association for Computing Machinery.

Bojanowski, P., E. Grave, A. Joulin, and T. Mikolov. (2017). "Enriching Word Vectors with Subword Information." *Transactions of the Association for Computational Linguistics* 5: 135–146.

Bolukbasi, T., K. Chang, J. Zou, V. Saligrama, and A. Kalai. (2016). "Man Is to Computer Programmer as Woman Is to Homemaker? Debiasing Word Embeddings." *Advances in Neural Information Processing Systems* 29: 4349–4357.

Bostrom, N. (2003). "Ethical Issues in Advanced Artificial Intelligence." In *Cognitive, Emotive and Ethical Aspects of Decision Making in Humans and in Artificial Intelligence, Volume 2,* (IIAS-147-2003), edited by I. Smit, W. Wallach, and G. E. Lasker, 12–17. Tecumseh, ON: International Institute of Advanced Studies in Systems Research and Cybernetics.

Brown T., B. Mann, N. Ryder, M. Subbiah, J. Kaplan, P. Dhariwal, A. Neelakantan, et al. (2020). "Language Models Are Few-Shot Learners." *arXiv.org.* https://arxiv .org/pdf 2005.14165.

Buolamwini, J. (n.d.). *Algorithmic Justice League.* https://www.ajl.org/.

Buolamwini, J., and T. Gebru. (2018). "Gender Shades: Intersectional Accuracy Disparities in Commercial Gender Classification." *Proceedings of the 1st Conference on Fairness, Accountability and Transparency, in PMLR* 81: 77–91.

Cho, K., B. van Merrienboer, C. Gulcehre, D. Bahdanau, F. Bougares, H. Schwenk, and Y. Bengio. (2014a, June). "Learning Phrase Representations Using RNN Encoder-Decoder for Statistical Machine Translation" (v. 1). *arXiv.org.* https://arxiv .org/pdf/1406.1078v1.

Cho, K., B. van Merrienboer, C. Gulcehre, D. Bahdanau, F. Bougares, H. Schwenk, and Y. Bengio. (2014b, Sept.). "Learning Phrase Representations Using RNN Encoder-Decoder for Statistical Machine Translation" (v. 3). *arXiv.org.* https://arxiv .org/pdf/1406.1078v3.

Chollet, F. (2016). "Xception: Deep Learning with Depthwise Separable Convolutions." *arXiv.org.* https://arxiv.org/pdf/1610.02357.

Chollet, F. (2018). *Deep Learning with Python.* Shelter Island, NY: Manning Publications.

Chung, J., C. Gulcehre, K. Cho, and Y. Bengio. (2014). "Empirical Evaluation of Gated Recurrent Neural Networks on Sequence Modeling." *arXiv.org.* https://arxiv.org/ pdf/1412.3555.

Ciresan, D., U. Meier, J. Masci, L. Gambardella, and J. Schmidhuber. (2011). "Flexible, High Performance Convolutional Neural Networks for Image Classification." *Proceedings of the Twenty-Second International Joint Conference on Artificial Intelligence (IJCAI'11),* 1237–1242. Menlo Park, CA: AAAI Press/ International Joint Conferences on Artificial Intelligence.

Collobert, R., and J. Weston. (2008)."A Unified Architecture for Natural Language Processing: Deep Neural Networks with Multitask Learning." In *ICML'08: 25th International Conference on Machine Learning,* 160–167. New York: Association for Computing Machinery.

Cordonnier, J., A. Loukas, and M. Jaggi. (2020). "On the Relationship between Self-Attention and Convolutional Layers." *International Conference on Learning Representations (ICLR 2020). arXiv.org.* https://arxiv.org/pdf/1911.03584.

Crawshaw, M. (2020). "Multi-Task Learning with Deep Neural Networks: A Survey." *arXiv.org.* https://arxiv.org/pdf/2009.09796.

Dai, A., and Q. Le. (2015). "Semi-Supervised Sequence Learning." In *Proceedings of the 28th International Conference on Neural Information Processing Systems (NIPS'15).* 3079–3087. Cambridge, MA: MIT Press.

Dai, B., S. Fidler, and D. Lin. (2018). "A Neural Compositional Paradigm for Image Captioning." *Advances in Neural Information Processing Systems* 31: 658–668.

Dai, Z., Z. Yang, Y. Yang, J. Carbonell, Q. Le, and R. Salakhutdinov. (2019). "Transformer-XL: Attentive Language Models Beyond a Fixed-Length Context." In *Proceedings of the 57th Annual Meeting of the Association for Computational Linguistics,* 2978–2988. Stroudsburg, PA: Association for Computational Linguistics.

De-Arteaga, M., A. Romanov, H. Wallach, J. Chayes, C. Borgs, A. Chouldechova, S. Geyik, K. Kenthapadi, and A. T. Kalai. (2019). "Bias in Bios: A Case Study of Semantic Representation Bias in a High-Stakes Setting." *Proceedings of the Conference on Fairness, Accountability, and Transparency.* 120–128. *arXiv.org.* https://arxiv.org/pdf/1901.09451.

Devlin, J., M. Chang, K. Lee, and K. Toutanova. (2018). "BERT: Pre-training of Deep Bidirectional Transformers for Language Understanding." *arXiv.org.* https://arxiv.org/pdf/1810.04805.

Dickson, E. (2019, October 7). "Deepfake Porn Is Still a Threat, Particularly for K-Pop Stars." *Rolling Stone.* https://www.rollingstone.com/culture/culture-news/deepfakes-nonconsensual-porn-study-kpop-895605/

dos Santos, C., and M. Gatti. (2014). "Deep Convolutional Neural Networks for Sentiment Analysis of Short Texts." *Proceedings of the 25th International Conference on Computational Linguistics (COLING'14): Technical Papers,* Vol. 1, 69–78. Dublin, Ireland: Dublin City University and Association for Computational Linguistics.

Duchi, J., E. Hazan, and Y. Singer. (2011). "Adaptive Subgradient Methods for Online Learning and Stochastic Optimization." *Journal of Machine Learning Research* 12: 2121–2159.

Dugas, C., Y. Bengio, F. Bélisle, and C. Nadeau. (2001). "Incorporating Second-Order Functional Knowledge for Better Option Pricing." In *Advances in Neural Information Processing Systems 13 (NIPS'00)*, 472–478. Cambridge, MA: MIT Press.

Elsken, T., Metzen J., and Hutter F. (2019). "Neural Architecture Search: A Survey." *Journal of Machine Learning Research* 20: 1–21.

Fisher, R. (1936). "The Use of Multiple Measurements in Taxonomic Problems." *Annals Eugenics* 7(2): 179–188.

Frome, A., Corrado G., Shlens J., Bengio S., Dean J., Ranzato M., and Mikolov T. (2013). "DeViSE: A Deep Visual-Semantic Embedding Model." In *Proceedings of the 26th International Conference on Neural Information Processing Systems— Volume 2,* edited by C. J. C. Burges, L. Bottou, M. Welling, Z. Ghahramani, and K. Q. Weinberger, 2121–2129. Red Hook, NY: Curran Associates.

Fukushima, K. (1980). "Neocognitron: A Self-Organizing Neural Network Model for a Mechanism of Pattern Recognition Unaffected by Shift in Position." *Biological Cybernetics* 36(4): 193–202.

Gatys L., Ecker A., Bethge M. (2015). "A Neural Algorithm of Artistic Style." *arXiv .org.* https://arxiv.org/pdf/1508.06576.

Gebru, T., J. Morgenstern, B. Vecchione, J. Wortman Vaughan, H. Wallach, H. Daumé III, and K. Crawford. (2018). "Datasheets for Datasets." *arXiv.org.* https://arxiv.org/pdf/1803.09010.

Gehring, J., M. Auli, D. Granger, D. Yarats, and Y. Dauphin. (2017). "Convolutional Sequence to Sequence Learning." In *Proceedings of the 34th International Conference on Machine Learning (ICML'17),* edited by D. Precup and Y. W. Teh, 1243–1252. JMLR.org.

Gers, F., J. Schmidhuber, and F. Cummins. (1999). "Learning to Forget: Continual Prediction with LSTM." *Ninth International Conference on Artificial Neural Networks (ICANN 99). IEEE Conference Publication* 2, (470): 850–855.

Gers, F., N. Schraudolph, and J. Schmidhuber. (2002). "Learning Precise Timing with LSTM Recurrent Networks." *Journal of Machine Learning Research* 3: 115–143.

Girshick, R. (2015). "Fast R-CNN." *Proceedings of the 2015 IEEE International Conference on Computer Vision (ICCV'15),* 1440–1448. Washington, DC: IEEE Computer Society.

Girshick, R., J. Donahue, T. Darrell, and J. Malik. (2014). "Rich Feature Hierarchies for Accurate Object Detection and Semantic Segmentation." *Proceedings of the 2014 IEEE Conference on Computer Vision and Pattern Recognition (CVPR'14)*, 580–587. Washington, DC: IEEE Computer Society.

Glassner, A. (2018). *Deep Learning: From Basics to Practice.* Seattle, WA: The Imaginary Institute,

Glorot, X., A. Bordes, and Y. Bengio. (2011). "Deep Sparse Rectifier Neural Networks." Fourteenth International Conference on Artificial Intelligence and Statistics (AISTATS 2011). *Journal of Machine Learning Research* 15: 315–323.

Glorot, X., and Y. Bengio. (2010). "Understanding the Difficulty of Training Deep Feedforward Neural Networks." Thirteenth International Conference on Artificial Intelligence and Statistics (AISTATS). *Journal of Machine Learning Research* 9: 249–256.

Goodfellow, I., D. Warde-Farley, M. Mirza, A. Courville, and Y. Bengio. (2013). "Maxout Networks." In *Proceedings of the 30th International Conference on Machine Learning (ICML'13),* edited by S. Dasgupta and D. McAllester, III-1319–III-1327. JMLR.org.

Goodfellow, I., Y. Bengio, and A. Courville. (2016). *Deep Learning.* Cambridge, MA: MIT Press.

Goodfellow, I., Pouget-Abadie J., Mirza M., Xu B., Warde-Farley D., Ozair S., Courville A., and Bengio Y. (2014). "Generative Adversarial Nets." *arXiv.org.* https://arxiv.org/pdf/1406.2661.

Graves, A., M. Liwicki, S. Fernandez, R. Bertolami, H. Bunke, and J. Schmidhuber. (2009). "A Novel Connectionist System for Unconstrained Handwriting Recognition." *IEEE Transactions on Pattern Analysis and Machine Intelligence* 31(5): 855–868.

Harrison, D., and D. Rubinfeld. (1978). "Hedonic Housing Prices and the Demand for Clean Air." *Journal of Environmental Economics and Management* 5: 81–102.

Hastie, T., R. Tibshirani, and J. Friedman. (2009). *The Elements of Statistical Learning Data Mining, Inference, and Prediction.* New York: Springer.

He, K., G. Gkioxari, P. Dollár, and R. Girshick. (2017). "Mask R-CNN." 2017 IEEE International Conference on Computer Vision (ICCV). *IEEE Transactions on Pattern Analysis and Machine Intelligence* PP(99): 2980–2988.

He, K., X. Zhang, S. Ren, and J. Sun. (2015a.) "Deep Residual Learning for Image Recognition." *arXiv.org.* https://arxiv.org/pdf/1512.03385.

He, K., X. Zhang, S. Ren, and J. Sun. (2015b). "Delving Deep into Rectifiers: Surpassing Human-Level Performance on ImageNet Classification." In *Proceedings of the 2015 IEEE International Conference on Computer Vision (ICCV),* 1026–1034. Washington, DC: IEEE Computer Society.

He, K., X. Zhang, S. Ren, and J. Sun. (2016). "Identity Mappings in Deep Residual Networks." Computer Vision—ECCV 2016: 14th European Conference. *Lecture Notes in Computer Science* 9908: 630–645.

Heck, J., and F. Salem. (2017). "Simplified Minimal Gated Unit Variations for Recurrent Neural Networks." IEEE 60th International Midwest Symposium on Circuits and Systems (MWSCAS 2017). *arXiv.org.* https://arxiv.org/pdf/1701.03452.

Hinton, G. (n.d.). *Coursera Class Slides.* https://www.cs.toronto.edu/~tijmen/csc321/slides/lecture_slides_lec6.pdf.

Hinton, G., and R. Salakhutdinov. (2006). "Reducing the dimensionality of data with neural networks." *Science* 303(5786): 504–507.

Hinton, G., J. McClelland, and D. Rumelhart. (1986). *Distributed Representations.* Vol. 1, in *Parallel Distributed Processing: Explorations in the Microstructure of Cognition*, edited by D. Rumelhart and J. McClelland, 77–109. Cambridge, MA: MIT Press.

Hinton, G., S. Osindero, and Y. Teh. (2006). "A Fast Learning Algorithm for Deep Belief Nets." *Neural Computation* 18(7): 1527–1554.

Hochreiter, S., and J. Schmidhuber. (1997). "Long Short-Term Memory." *Neural Computation Archive* 9(8): 1735–1780.

Hodosh, M., P. Young, and J. Hockenmaier. (2013). "Framing Image Description as a Ranking Task: Data, Models and Evaluation Metrics." *Journal of Artificial Intelligence Research* 47: 853–899.

Hopfield, J. (1982). "Neural Networks and Physical Systems with Emergent Collective Computational Abilities." *Proceedings of the National Academy of Sciences of the United States of America* 79(8): 2554–2558.

Howard, A., M. Zhu, B. Chen, D. Kalenichenko, W. Wang, T. Weyand, M. Andreetto, and H. Adam. (2017). "MobileNets: Efficient Convolutional Neural Networks for Mobile Vision Applications." *arXiv.org*. https://arxiv.org/pdf/1704.04861.

Howard, J., and S. Gugger. (2020). *Deep Learning for Coders with fastai and PyTorch.* Sebastopol, CA: O'Reilly,

Howard, J., and S. Ruder. (2018). "Universal Language Model Fine-tuning for Text Classification." *Proceedings of the 56th Annual Meeting of the Association for Computational Linguistics,* 328–339. Stroudsburg, PA: Association for Computational Linguistics.

Howley, D. (2015, June 29). *Yahoo Tech.* https://finance.yahoo.com/news/google-photos-mislabels-two-black-americans-as-122793782784.html.

IMDb Datasets. (n.d.). https://www.imdb.com/interfaces/.

Ioffe, S., and C. Szegedy. (2015). "Batch Normalization: Accelerating Deep Network Training by Reducing Internal Covariate Shift." *arXiv.org*. https://arxiv.org/pdf/1502.03167.

Ivakhnenko, A., and V. Lapa. (1965). *Cybernetic Predicting Devices.* New York: CCM Information.

Jin H., Song Q., and Hu X. (2019). "Auto-Keras: An Efficient Neural Architecture Search System." *arXiv.org*. https://arxiv.org/pdf/1806.10282.

Jozefowicz, R., O. Vinyals, M. Schuster, N. Shazeer, and Y. Wu. (2016). "Exploring the Limits of Language Modeling." *arXiv.org*. https://arxiv.org/pdf/1609.02410.

Kärkkäinen, K., and J. Joo. (2019). "FairFace: Face Attribute Dataset for Balanced Race, Gender, and Age." *arXiv.org*. https://arxiv.org/pdf/1908.04913.

Kalchbrenner, N., L. Espehold, K. Simonyan, A. van den Oord, A. Graves, and K. Kavukcuoglu. (2016). "Neural Machine Translation in Linear Time." *arXiv.org*. https://arxiv.org/pdf/1610.10099.

Karpathy, A. (2015, May). *The Unreasonable Effectiveness of Recurrent Neural Networks.* http://karpathy.github.io/2015/05/21/rnn-effectiveness/.

Karpathy, A. (2019a, April). *A Recipe for Training Neural Networks.* April http://karpathy.github.io/2019/04/25/recipe/.

Karpathy, A. (2019b). "Tesla Autopilot and Multi-Task Learning for Perception and Prediction." *Lex Clips.* https://www.youtube.com/watch?v=IHH47nZ7FZU.

Karpathy, A., and F. Li. (2014). "Deep Visual-Semantic Alignments for Generating Image Descriptions." *arXiv.org.* https://arxiv.org/pdf/1412.2306.

Karras, T., S. Laine, and T. Aila. (2019). "A Style-Based Generator Architecture for Generative Adversarial Networks." In *Proceedings of the IEEE/CVF Conference on Computer Vision and Pattern Recognition (CVPR).* 4396–4405. Los Alamitos, CA : IEEE Computer Society.

Karras, T., T. Aila, L. Samuli, and J. Lehtinen. (2018). "Progressive Growing of GANs for Improved Quality, Stability, and Variation." *International Conference on Learning Representations. arXiv.org.* https://arxiv.org/pdf/1710.10196.

Keras Issue Request: Speedup GRU by Applying the Reset Gate Afterwards? (2016, Sept.). https://github.com/keras-team/keras/issues/3701.

Kim, Y., Y. Jernite, D. Sontag, and A. Rush. (2016). "Character-Aware Neural Language Models." In Proceedings of the *Thirtieth AAAI Conference on Artificial Intelligence (AAAI'16),* 2741–2749. Palo Alto, CA: AAAI Press.

Kingma, D., and J. Ba. (2015). "Adam: A Method for Stochastic Optimization." Proceedings of 3rd International Conference on Learning Representations (ICLR'15). *arXiv.org.* https://arxiv.org/pdf/1412.6980.

Kingma, D., Welling M. (2013). "Auto-Encoding Variational Bayes." *arXiv.org.* https://arxiv.org/pdf/1312.6114.

Kiros, R., Y. Zhu, R. R. Salakhutdinov, R. Zemel, R. Urtasun, A. Torralba, and S. Fidler. (2015). "Skip-Thought Vectors." *Advances in Neural Information Processing Systems* 28 (NIPS 2015): 3294–3302.

Krizhevsky, A. (2009). *Learning Multiple Layers of Features from Tiny Images.* Technical report. University of Toronto.

Krizhevsky, A., I. Sutskever, and G. Hinton. (2012). "ImageNet Classification with Deep Convolutional Neural Networks." *Advances in Neural Information Processing Systems* 25 (NIPS 2012): 1106–1114.

Lan, Z., M. Chen, S. Goodman, and K. Gimpel. (2020). "ALBERT: A Lite BERT for Self-supervised Learning of Language Representations." *Proceedings of International Conference on Learning Representations (ICLR 2020).*

Le, Q., and T. Mikolov. (2014). "Distributed Representations of Sentences and Documents." Proceedings of the 31st International Conference on International Conference on Machine Learning (ICML'14). *Journal of Machine Learning Research* 32: 1188–1196.

LeCun, Y., Boser, B. Denker, J. S. Henderson, D. Howard, R. E. Hubbard, W., and Jackel, L. D. (1990). "Handwritten Digit Recognition with a Back-Propagation Network." In *Advances in Neural Information Processing Systems 2, 396–404.* Denver, CO: Morgan Kaufmann.

LeCun, Y., L. Bottou, G. Orr, and K. Müller. (1998). "Efficient BackProp." In *Neural Networks, Tricks of the Trade*, edited by G. Orr, 9–50. London: Springer-Verlag.

LeCun, Y., L. Bottou, Y. Bengio, P. Haffner, and LeCun. (1998). "Gradient-Based Learning Applied to Document Recognition." *Proceedings of the IEEE* 86(11): 2278–2324.

Lenc, K., and A. Vedaldi. (2015). "R-CNN Minus R." In *Proceedings of the British Machine Vision Conference (BMVC)*, 5.1–5.12. Norfolk, UK: BMVA Press.

Lieberman, H., A. Faaborg, W. Daher, and J. Espinosa. (2005). "How to Wreck a Nice Beach: You Sing Calm Incense." In *Proceedings of the 10th International Conference on Intelligent User Interfaces (IUI '05)*, 278–280. New York: Association for Computing Machinery.

Lin, M., Q. Chen, and S. Yan. (2013). "Network In Network." *arXiv.org.* https://arxiv.org/pdf/1312.4400.

Lin, T., M. Maire, S. Belongie, L. Bourdev, R. Girshick, J. Hays, P. Perona, D. Ramanan, C. L. Zitnick, and P. Dollár. (2015). "Microsoft COCO: Common Objects in Context." *arXiv.org.* https://arxiv.org/pdf/1405.0312v3.

Lin, T., P. Doll, R. Girshick, K. He, B. Hariharan, and S. Belongie. (2017). "Feature Pyramid Networks for Object Detection." *2017 IEEE Conference on Computer Vision and Pattern Recognition (CVPR).* 936–944. Los Alamitos, CA: IEEE Computer Society.

Lin, Z., M. Feng, C. dos Santos, M. Yu, B. Xiang, and B. Zhou. (2017). "A Structured Self-Attentive Sentence Embedding." *arXiv.org.* https://arxiv.org/pdf/1703.03130.

Linnainmaa, S. (1970). "The Representation of the Cumulative Rounding Error of an Algorithm as a Taylor Expansion of the Local Rounding Errors." Master thesis, University of Helsinki.

Lipton, Z., J. Berkowitz, and C. Elkan. (2015). "A Critical Review of Recurrent Neural Networks for Sequence Learning." *arXiv.org.* https://arxiv.org/pdf/1506.00019v4.

Liu, A., M. Srikanth, N. Adams-Cohen, M. Alvarez, and A. Anandkumar. (2019). "Finding Social Media Trolls: Dynamic Keyword Selection Methods for Rapidly-Evolving Online Debates." *arXiv.org.* https://arxiv.org/pdf/1911.05332.

Liu, T., X. Ye, and B. Sun. (2018). "Combining Convolutional Neural Network and Support Vector Machine for Gait-based Gender Recognition." *2018 Chinese Automation Congress (CAC),* 3477–3481.

Liu, Y., M. Ott, N. Goyal, J. Du, M. Joshi, D. Chen, O. Levy, M. Lewis, L. Zettlemoyer, and V. Stoyanov. (2019). "RoBERTa: A Robustly Optimized BERT Pretraining Approach." *arXiv.org.* https://arxiv.org/pdf/1907.11692.

Liu, Z., P. Luo, X. Wang, and X. Tang. (2015). "Deep Learning Face Attributes in the Wild." In *Proceedings of International Conference on Computer Vision (ICCV),* 3730–3738.

Long, J., E. Shelhamer, and T. Darrell. (2017). "Fully Convolutional Networks for Semantic Segmentation." *IEEE Transactions on Pattern Analysis and Machine Intelligence* 39(4): 640–651.

Luong, M. (2016). "Neural Machine Translation." Doctoral dissertation, Stanford University.

Luong, T., H. Pham, and C. Manning. (2015). "Effective Approaches to Attention-based Neural Machine Translation." *Proceedings of the 2015 Conference on Empirical Methods in Natural Language Processing,* 1412–1421. Stroudsburg, PA: Association for Computational Linguistics.

Mao, J., W. Xu, Y. Yang, J. Wang, and A. Yuille. (2014). "Explain Images with Multimodal Recurrent Neural Networks." *arXiv.org.* https://arxiv.org/pdf/1410.1090.

Mask R-CNN for Object Detection and Segmentation. (2019). https://github.com/matterport/Mask_RCNN.

McCann, B., J. Bradbury, C. Xiong, and R. Socher. (2017). "Learned in Translation: Contextualized Word Vectors." *Advances in Neural Information Processing Systems 30 (NIPS 2017):* 6297–6308.

McCulloch, W., and W. Pitts. (1943). "A logical calculus of the ideas immanent in nervous activity." *Bulletin of Mathematical Biophysics* 5: 115–133.

Menon, S., A. Damian, N. Ravi, and C. Rudin. (2020). "PULSE: Self-Supervised Photo Upsampling via Latent Space Exploration of Generative Models." *arXiv.org.* https://arxiv.org/pdf/2003.03808.

Menon, S., A. Damian, S. Hu, N. Ravi, and C. Rudin. (2020). "PULSE: Self-Supervised Photo Upsampling via Latent Space Exploration of Generative Models." *arXiv.org.* https://arxiv.org/pdf/2003.03808v1.

Mikolov, T., I. Sutskever, K. Chen, G. Corrodo, and J. Dean. (2013). "Distributed Representations of Words and Phrases and their Compositionality." In *Proceedings of the 26th International Conference on Neural Information Processing Systems, Volume 2,* edited by C. J. C. Burges, L. Bottou, M. Welling, Z. Ghahramani, and K. Q. Weinberger, 3111–3119. Red Hook, NY: Curran Associates.

Mikolov, T., J. Kopecky, L. Burget, O. Glembek, and J. Cernocky. (2009). "Neural Network Based Language Models for Highly Inflective Languages." In *Proceedings of the 2009 IEEE International Conference on Acoustics, Speech and Signal Processing,* 4725–4728. Washington, DC: IEEE,

Mikolov, T., K. Chen, G. Corrado, and J. Dean. (2013). "Efficient Estimation of Word Representations in Vector Space." *arXiv.org.* https://arxiv.org/pdf/1301.3781.

Mikolov, T., M. Karafiat, L. Burget, J. Cernocky, and S. Khudanpur. (2010). "Recurrent neural network based language model." In *Proceedings of the 11th Annual Conference of the International Speech Communication Association (INTERSPEECH 2010),* 1045–1048. Red Hook, NY : Curran Associates.

Mikolov, T., W. Yih, and G. Zweig. (2013). "Linguistic Regularities in Continuous Space Word Representations." In *Proceedings of the 2013 Conference of the North American Chapter of the Association for Computational Linguistics: Human Language Technologies,* 746–751. Stroudsburg, PA: Association for Computational Linguistics.

Minsky, M., and S. Papert. (1969). *Perceptrons.* Cambridge, MA: MIT Press.

Mitchell, M., S. Wu, A. Zaldivar, P. Barnes, L. Vasserman, B. Hutchinson, E. Spitzer, I. D. Raji, and T. Gebru. (2018). "Model Cards for Model Reporting." *Proceedings of the Conference on Fairness, Accountability, and Transparency, in PMLR* 81: 220–229.

Mnih, V., Kavukcuoglu L., Silver D., Graves A., Antonoglou I., Wierstra D., Riedmiller M. (2013). "Playing Atari with Deep Reinforcement Learning." *arXiv.org.* https://arxiv.org/pdf/1312.5602.

Morin, F., and Y. Bengio. (2005). "Hierarchical Probabilistic Neural Network Language Model." *AISTATS,* 246–252.

Nassif, A., I. Shahin, I. Attili, M. Azzeh, and K. Shaalan. (2019). "Speech Recognition Using Deep Neural Networks: A Systematic Review." *IEEE Access* 7: 19143–19165.

Nesterov, Y. (1983). "A Method of Solving a Convex Programming Problem with Convergence Rate O(1/k^2)." *Soviet Mathematics Doklady* 27: 372–376.

Ng, A. Andrew Ng's Machine Learning Course | Learning Curves. https://www.youtube.com/watch?v=XPmLkz8aS6U.

Nielsen, M. (2015). *Neural Networks and Deep Learning* (ebook). Determination Press.

Nissim, M., R. Noord, and R. Goot. (2020). "Fair is Better than Sensational: Man is to Doctor as Woman is to Doctor." *Computational Linguistics* 03: 1–17.

Noh, H., S. Hong, and B. Han. (2015). "Learning Deconvolution Network for Semantic Segmentation." In *Proceedings of the 2015 IEEE International Conference on Computer Vision (ICCV'15),* 1520–1528. Piscataway, NJ: IEEE.

Odena, A., V. Dumoulin, and C. Olah. (2016). "Deconvolution and Checkerboard Artifacts." *Distill* 1(10).

Olah, C. (2015). *Understanding LSTM Networks.* https://colah.github.io/posts/2015-08-Understanding-LSTMs.

Olazaran, M. (1996). "A Sociological Study of the Official History of the Perceptrons Controversy." *Social Studies of Science* 26(3): 611–659.

Pagliardini, M., P. Gupta, and M. Jaggi. (2018). "Unsupervised Learning of Sentence Embeddings Using Compositional n-Gram Features." In *Proceedings of the 2018 Conference of the North American Chapter of the Association for Computational Linguistics: Human Language Technologies,* 528–540. Stroudsburg, PA: Association for Computational Linguistics.

Papineni, K., S. Roukos, T. Ward, and W. Zhu. (2002). "BLEU: a Method for Automatic Evaluation of Machine Translation." *Proceedings of the 40th Annual Meeting of the Association for Computational Linguistics,* 311–318. Stroudsburg, PA: Association for Computational Linguistics.

Pennington, J., R. Socher, and C. Manning. (2014). "GloVe: Global Vectors for Word Representations." *2014 Conference on Empirical Methods in Natural Language Processing (EMNLP),* 1532–1543. Stroudsburg, PA: Association for Computational Linguistics.

Peters, M., M. Neumann, M. Iyyer, M. Gardner, C. Clark, K. Lee, and L. Zettlemoyer. (2018). "Deep Contextualized Word Representations." *2018 Conference of the North American Chapter of the Association for Computational Linguistics: Human Language Technologies,* 2227–2237. Stroudsburg, PA: Association for Computational Linguistics.

Philipp, G., D. Song, and J. Carbonell. (2018). "The Exploding Gradient Problem Demystified—Definition, Prevalence, Impact, Origin, Tradeoffs, and Solutions." *arXiv.org.* https://arxiv.org/pdf/1712.05577v4.

Press, O., and L. Wolf. (2017). "Using the Output Embedding to Improve Language Models." *15th Conference of the European Chapter of the Association for Computational Linguistics.* Association for Computational Linguistics, 157–163.

Puri, R., and B. Catanzaro. (2019). "Zero-Shot Text Classification with Generative Language Models." Third Workshop on Meta-Learning at NeurIPS. *arXiv.org.* https://arxiv.org/pdf/1912.10165.

Radford, A., J. Wu, R. Child, D. Luan, D. Amodei, and I. Sutskever. (2019). *Language Models Are Unsupervised Multitask Learners.* Technical Report, San Francisco: OpenAI.

Radford, A., K. Narasimhan, T. Salimans, and I. Sutskever. (2018). *Improving Language Understanding by Generative Pre-Training.* Technical Report, San Francisco: OpenAI.

Raffel, C., N. Shazeer, A. Roberts, K. Lee, S. Narang, M. Matena, Y. Zhou, W. Li, and P. J. Liu. (2019). "Exploring the Limits of Transfer Learning with a Unified Text-to-Text Transformer." *arXiv.org.* https://arxiv.org/pdf/1910.10683.

Raji, D., and J. Buolamwini. (2019). "Actionable Auditing: Investigating the Impact of Publicly Naming Biased Performance Results of Commercial AI Products." In *Proceedings of the 2019 AAAI/ACM Conference on AI, Ethics, and Society,* 429–435. New York : Association for Computing Machinery.

Ren, P., Xiao Y., Chang X., Huang P., Li Z., Chen X., Wang X. (2020). "A Comprehensive Survey of Neural Architecture Search: Challenges and Solutions." *arXiv.org.* https://arxiv.org/pdf/2006.02903.

Ronneberger, O., P. Fischer, and T. Brox. (2015). "U-Net: Convolutional Networks for Biomedical Image Segmentation." *Medical Image Computing and Computer-Assisted Intervention (MICCAI 2015), Lecture Notes in Computer Science* 9351: 234–241.

Rosenblatt, Frank. (1958). "The Perceptron: A Probabilistic Model for Information Storage and Organization in the Brain." *Psychological Review* 65(6): 386–408.

Ruder S. (2017). "An Overview of Multi-Task Learning in Deep Neural Networks." *arXiv.org.* https://arxiv.org/pdf/1706.05098.

Rumelhart, D., G. Hinton, and R. Williams. (1986). *Learning Internal Representations by Error Propagation.* Vol. 1, in *Parallel distributed processing: explorations in the microstructure of cognition*, by D. Rumelhart and J. McClelland, 318–362. Cambridge, MA: MIT Press.

Russakovsky, O., J. Deng, H. Su, J. Krause, S. Satheesh, S. Ma, Z. Huang, et al. (2015). "ImageNet Large Scale Visual Recognition Challenge." *International Journal of Computer Vision* 115: 211–252. https://doi.org/10.1007/s11263-015-0816-y.

Salminen, J., S. Jung, S. Chowdhury, and B. Jansen. (2020). "Analyzing Demographic Bias in Artificially Generated Facial Pictures." *Extended Abstracts of the 2020 CHI Conference on Human Factors in Computing Systems,* 1–8.

Sample, I. (2020, January 13). "What Are Deepfakes—And How Can You Spot Them?" *The Guardian.* https://www.theguardian.com/technology/2020/jan/13/what-are-deepfakes-and-how-can-you-spot-them

Santurkar, S., D. Tsipras, A. Ilyas, and A. Mądry. (2018). "How Does Batch Normalization Help Optimization?" In *Proceedings of the 32nd International Conference on Neural Information Processing Systems (NIPS 18),* 2488–2498. Red Hook, NY: Curran Associates.

Schmidhuber, J. (2015). "Deep Learning in Neural Networks: An Overview." *Neural Networks* 61: 85–117.

Schuster, M., and K. Nakajima. (2012). "Japanese and Korean Voice Search." *International Conference on Acoustics, Speech and Signal Processing,* 5149–5152. Piscataway, NJ: IEEE.

Schuster, M., and K. Paliwal. (1997). "Bidirectional Recurrent Neural Networks." *IEEE Transactions on Signal Processing* 45(11): 2673–2682.

Sennrich, R., B. Haddow, and A. Birch. (2016). "Neural Machine Translation of Rare Words with Subword Units." *Proceedings of the 54th Annual Meeting of the Association for Computational Linguistics (Volume 1: Long Papers).* 1715–1725. Red Hook, NY: Curran Associates.

Shah, A., E. Kadam, H. Shah, S. Shinde, and S. Shingade. (2016). "Deep Residual Networks with Exponential Linear Unit." *Proceedings of the Third International Symposium on Computer Vision and the Internet (VisionNet'16)*, 59–65. New York: Association for Computing Machinery.

Shaoqing, R., K. He, R. Girshick, and J. Sun. (2015). "Faster R-CNN: Towards Real-time Object Detection with Region Proposal Networks." In *Proceedings of the 28th International Conference on Neural Information Processing Systems—Volume 1 (NIPS'15)*, 91–99. Cambridge, MA: MIT Press.

Sharma, P., N. Ding, S. Goodman, and R. Soricut. (2018). "Conceptual Captions: A Cleaned, Hypernymed, Image Alt-text Dataset for Automatic Image Captioning." In *Proceedings of the 56th Annual Meeting of the Association for Computational Linguistics.* Stroudsburg, PA: Association for Computational Linguistics, 2556–2565.

Shelley, M. (1818). *Frankenstein; or, The Modern Prometheus.* Lackington, Hughes, Harding, Mavor & Jones.

Shen, J., R. Pang, R. J. Weiss, M. Schuster, N. Jaitly, Z. Yang, Z. Chen, et al. (2018). "Natural TTS Synthesis by Conditioning Wavenet on MEL Spectrogram Predictions." *2018 IEEE International Conference on Acoustics, Speech and Signal Processing (ICASSP)*, 4779–4783. Piscataway, NJ: IEEE.

Sheng, E., K. Chang, P. Natarajan, and N. Peng. (2019). "The Woman Worked as a Babysitter: On Biases in Language Generation." In *Proceedings of the 2019 Conference on Empirical Methods in Natural Language Processing and the 9th International Joint Conference on Natural Language Processing*, 3405–3410. Stroudsburg, PA: Association for Computational Linguistics.

Sherman, Richard, and Robert Sherman. (1963). "Supercalifragilisticexpialidocious." From Walt Disney's *Mary Poppins.*

Shoeybi, M., M. Patwary, R. Puri, P. LeGresley, J. Casper, and B. Catanzaro. (2019). "Megatron-LM: Training Multi-Billion Parameter Language Models Using Model Parallelism." *arXiv.org.* https://arxiv.org/pdf/1909.08053.

Simonyan, K., and A. Zisserman. (2014). "Very Deep Convolutional Networks for Large-Scale Image Recognition." *arXiv.org.* https://arxiv.org/pdf/1409.1556.

Sorensen, J. (n.d.). *Grounded: Life on the No Fly List.* https://www.aclu.org/issues/national-security/grounded-life-no-fly-list.

Srivastava, N., G. Hinton, A. Krizhevsky, I. Sutskever, and R. Salakhutdinov. (2014). "Dropout: A Simple Way to Prevent Neural Networks from Overfitting." *Journal of Machine Learning Research* 15: 1929–1958.

Srivastava, R., K. Greff, and J. Schmidhuber. (2015). "Highway Networks." *arXiv.org*. https://arxiv.org/pdf/1505.00387.

Sun, Y., S. Wang, Y. Li, S. Feng, H. Tian, H. Wu, and H. Wang. (2020). "ERNIE 2.0: A Continual Pre-Training Framework for Language Understanding." *Thirty-Fourth AAAI Conference on Artificial Intelligence.* New York: Association for the Advancement of Artificial Intelligence.

Sun, Y., S. Wang, Y. Li, S. Feng, X. Chen, H. Zhang, X. Tian, D. Zhu, H. Tian, and H. Wu. (2019). "ERNIE: Enhanced Representation through Knowledge Integration." *arXiv .org.* https://arxiv.org/pdf/1904.09223.

Sun, Y., X. Wang, and X. Tang. (2013). "Hybrid Deep Learning for Face Verification." *Proceedings of International Conference on Computer Vision.*

Suresh, H., and J. Guttag. (2019). "A Framework for Understanding Unintended Consequences of Machine Learning." *arXiv.org.* https://arxiv.org/pdf/1901.10002.

Sutskever, I., O. Vinyals, and Q. Le. (2014). "Sequence to Sequence Learning with Neural Networks." In *Proceedings of the 27th International Conference on Neural Information Processing (NIPS'14).* Cambridge, MA: MIT Press, 3104–3112.

Szegedy, C., Liu, W., Jia, Y., Sermanet, P., Reed, S., Anguelov, D., Erhan, D., Vanhoucke, V., and Rabinovich, A. (2014). "Going Deeper with Convolutions." *28th IEEE Conference on Computer Vision and Pattern Recognition (CVPR),* 1–9. Piscataway, NJ: IEEE.

Szegedy, C., Zaremba, W., Sutskever, I., Bruna, J., Erhan, D., Goodfellow, I., and Fergus, R. (2014). "Intriguing Properties of Neural Networks." *International Conference on Learning Representations.*

Szegedy, C., S. Ioffe, V. Vanhoucke, and A. Alemi. (2017). "Inception-v4, Inception-ResNet and the Impact of Residual Connections on Learning." In *Proceedings of the Thirty-First AAAI Conference on Artificial Intelligence (AAAI-17),* 4278–4284. Palo Alto, CA: AAAI Press.

Szegedy, C., V. Vanhoucke, S. Ioffe, J. Shlens, and Z. Wojna. (2016). "Rethinking the Inception Architecture for Computer Vision." In *Proceedings of IEEE Conference on Computer Vision and Pattern Recognition.* Piscataway, NJ: IEEE.

Tan, M., and Q. Le. (2019). "EfficientNet: Rethinking Model Scaling for Convolutional Neural Networks." *36th International Conference on Machine Learning,* 6105–6114. Red Hook, NY: Curran Associates.

Tang, Y. (2013). "Deep Learning Using Linear Support Vector Machines." *Challenges in Representation Learning, Workshop in Conjunction with the 30th International Conference on Machine Learning (ICML 2013).*

TensorFlow. (n.d.). *Text Classification with Movie Reviews.* https://www.tensorflow .org/hub/tutorials/tf2_text_classification

Thomas, R. (2018). "An Opinionated Introduction to AutoML and Neural Architecture Search." *fast.ai.* https://www.fast.ai/2018/07/16/auto-ml2/.

Thomas, R. (2019). "Keynote at Open Data Science Conference West."

Thomas, R., J. Howard, and S. Gugger. (2020). "Data Ethics." In *Deep Learning for Coders with fastai and PyTorch,* edited by J. Howard and S. Gugger. Sebastopal, CA: O'Reilly Media.

Vahdat, A., Kautz J. (2020). "NVAE: A Deep Hierarchical Variational Autoencoder." *arXiv.org.* https://arxiv.org/pdf/2007.03898.

Valle, R., K. Shih, R. Prenger, and B. Catanzaro. (2020). "Flowtron: An Autoregressive Flow-Based Generative Network for Text-to-Speech Synthesis." *arXiv.org.* https://arxiv.org/pdf/2005.05957.

Vallor, S. (2018). "Ethics in Tech Practice: A Toolkit." Markkula Center for Applied Ethics, Santa Clara University.

Vaswani, A., N. Shazeer, L. Kaiser, I. Polosukhin, N. Parmar, J. Uszkoreit, L. Jones, and A. N. Gomez. (2017). "Attention Is All You Need." *Proceedings of the 31st International Conference on Neural Information Processing (NIPS'17),* edited by U. von Luxburg, I. Guyon, S. Bengio, H. Wallach, and R. Fergus, 6000–6010. Red Hook, NY: Curran Associates.

Vinyals, O., A. Toshev, S. Bengio, and D. Erhan. (2014). "Show and Tell: A Neural Image Caption Generator." *arXiv.org.* https://arxiv.org/pdf/1411.4555.

Wang, Y., R. J. Skerry-Ryan, D. Stanton, Y. Wu, R. J. Weiss, N. Jaitly, Z. Yang, et al. (2017). "Tacotron: Towards End-to-End Speech Synthesis." *INTERSPEECH 2017,* 4006–4010.

Werbos, P. (1981). "Applications of Advances in Nonlinear Sensitivity Analysis." *Proceedings of the 10th IFIP Conference,* 762–770. Berlin: Springer-Verlag.

Werbos, P. (1990). "Backpropagation Through Time: What It Does and How to Do It." *Proceedings of the IEEE* 78 (10): 1550–1560.

Wieting, J., M. Bansal, K. Gimpel, and K. Livescu. (2016). "Charagram: Embedding Words and Sentences via Character n-grams." *Proceedings of the 2016 Conference on Empirical Methods in Natural Language Processing,* 1504–1515. Stroudsburg, PA: Association for Computational Linguistics.

Wojcik, S., S. Messing, A. Smith, L. Rainie, and P. Hitlin. (2018). "Bots in the Twiitersphere." *Pew Research Center.* https://www.pewresearch.org/internet/2018/04/09/bots-in-the-twittersphere/

Wu, H., and X. Gu. (2015). "Towards Dropout Training for Convolutional Neural Networks." *Neural Networks* 71 (C): 1–10.

Wu, Y., Y. Wu, M. Schuster, Z. Chen, Q. V. Le, M. Norouzi, W. Macherey, et al. (2016). "Google's Neural Machine Translation System: Bridging the Gap between Human and Machine Translation." *arXiv.org.* https://arxiv.org/pdf/1609.08144.

Xiao, H., Rasul, K., and Vollgraf, R. (2017). "Fashion-MNIST: a Novel Image Dataset for Benchmarking Machine Learning Algorithms." *arXiv.org.* https://arxiv.org/pdf/1708.07747.

Xie, S., R. Girshick, P. Dollár, Z. Tu, and K. He. (2017). "Aggregated Residual Transformations for Deep Neural Networks." *2017 IEEE Conference on Computer Vision and Pattern Recognition (CVPR).* IEEE, 5987–5995.

Xu, B., N. Wang, T. Chen, and M. Li. (2015). "Empirical Evaluation of Rectified Activations in Convolutional Networks." *Deep Learning Workshop held in conjunction with International Conference on Machine Learning.*

Xu, K., J. Ba, R. Kiros, K. Cho, A. Courville, R. Salakhutdinov, R. Zemel, and Y. Bengio. (2015). "Show, Attend and Tell: Neural Image Caption Generation with Visual Attention." *Proceedings of the 32nd International Conference on International Conference on Machine Learning (ICML'15),* edited by F. Bach and D. Blei, 2048–2057. JMLR.org.

Yang, Z., Z. Dai, Y. Yang, J. Carbonell, R. Salakhutdinov, and Q. Le. (2019). "XLNet: Generalized Autoregressive Pretraining for Language Understanding." *Advances in Neural Information Processing Systems 32 (NIPS 2019),* 5753–5763. Red Hook, NY: Curran Associates.

Zaremba, W., I. Sutskever, and O. Vinyals. (2015). "Recurrent Neural Network Regularization." *arXiv.org.* https://arxiv.org/pdf/1409.2329v5.

Zeiler, M., and R. Fergus. (2014). "Visualizing and Understanding Convolutional Networks." *Computer Vision–ECCV 2014,* 818–833. Cham, Switzerland: Springer.

Zeiler, M., D. Krishnan, G. Taylor, and R. Fergus. (2010). "Deconvolutional Networks." *2010 IEEE Computer Society Conference on Computer Vision and Pattern (CVPR'10),* 2528–2535. Piscataway, NJ: IEEE.

Zeiler, M., G. Taylor, and R. Fergus. (2011). "Adaptive Deconvolutional Networks for Mid and High Level Feature Learning." *Proceedings of the 2011 International Conference on Computer Vision (ICCV'11),* 2018–2025. Washington, DC: IEEE Computer Society.

Zhang, S., L. Yao, A. Sun, and Y. Tay. (2019). "Deep Learning Based Recommender System: A Survey and New Perspectives." *arXiv.org.* https://arxiv.org/pdf/1707.07435.

Zhuang F., Qi Z., Duan K., Xi D., Zhu Y., Zhu H., Xiong H., and He Q. (2020). "A Comprehensive Survey on Transfer Learning." *arXiv.org.* https://arxiv.org/pdf/1911.02685.

찾아보기

딥러닝 초보자를 위한 엔비디아 가이드북

엔비디아 현업 아키텍트가 저술한 검증된 딥러닝 입문서

발 행 | 2023년 2월 28일

지은이 | 매그너스 에크만
옮긴이 | 이 판 호

펴낸이 | 권 성 준
편집장 | 황 영 주
편 집 | 김 진 아
　　　　임 지 원
디자인 | 윤 서 빈

에이콘출판주식회사
서울특별시 양천구 국회대로 287 (목동)
전화 02-2653-7600, 팩스 02-2653-0433
www.acornpub.co.kr / editor@acornpub.co.kr

한국어판 ⓒ 에이콘출판주식회사, 2023, Printed in Korea.
ISBN 979-11-6175-724-7
http://www.acornpub.co.kr/book/learning-deep-learning

책값은 뒤표지에 있습니다.